公司产品涵盖聚硫、硅酮、丁基、环氧、聚氨酯、复合胶膜等几大系列，满足欧洲标准、美国标准、中国标准、行业标准，广泛应用于航空、军工、汽车、轨道交通、建筑、防腐、太阳能光伏、电子等多个领域。

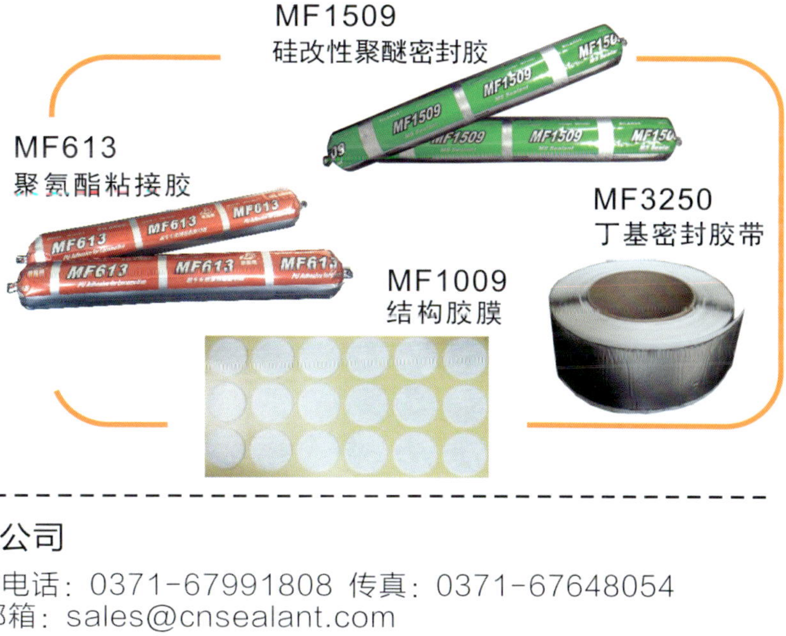

思藍德®

郑州中原思蓝德高科股份有限公司

地址：郑州高新区冬青西街28号　电话：0371-67991808　传真：0371-67648054
网址：www.cnsealant.com　邮箱：sales@cnsealant.com

汽车胶粘剂密封胶实用手册

中国汽车工业协会汽车相关工业分会　组织编写

中国石化出版社

内 容 提 要

《汽车胶粘剂密封胶实用手册》分为基础篇、品种篇、应用篇、测试篇、施工篇，共五篇十八章。该书按照我国汽车制造企业焊装、涂装、总装、底盘、汽车零部件等几大工艺路线并结合研发、生产与应用实际，全面、系统、详细地介绍了汽车胶粘剂密封胶实际应用知识及我国汽车胶粘剂密封胶行业的整体现状，同时对轻量化、NVH、新能源汽车用胶等行业最新技术与产品等也进行了阐述。

《汽车胶粘剂密封胶实用手册》不仅可以作为汽车主机厂设计、采购、工艺及施工人员的实用参考工具书，而且也是汽车胶粘剂密封胶企业研发、生产、管理及销售人员的必备参考资料，同时也可作为汽车维修保养、汽车后市场人员和大专院校师生的培训、辅导教材。

图书在版编目（CIP）数据

汽车胶粘剂密封胶实用手册 / 中国汽车工业协会汽车相关工业分会组织编写. —北京：中国石化出版社，2018. 5
ISBN 978-7-5114-4849-1

Ⅰ. ①汽… Ⅱ. ①中… Ⅲ. ①汽车-密封胶粘剂-手册 Ⅳ. ①U473. 7-62

中国版本图书馆 CIP 数据核字(2018)第 072166 号

中国石化出版社出版发行
地址:北京市朝阳区吉市口路 9 号
邮编:100020　电话:(010)59964500
发行部电话:(010)59964526
http://www. sinopec-press. com
E-mail:press@ sinopec. com
北京富泰印刷有限责任公司印刷
全国各地新华书店经销
*
787×1092 毫米 16 开本 36 印张 4 彩插 708 千字
2018 年 4 月第 1 版　2018 年 4 月第 1 次印刷
定价：198. 00 元

《汽车胶粘剂密封胶实用手册》

编写委员会

主　任： 李　静　陈　海

副主任： 杨　丹　朱纯金

委　员： 周　崎　韩庆国　雷文民　陶小乐
王东川　曲　军　李士学

主要撰稿人

第一篇：基础篇 李　静　曲　军　张保觉

第二篇：品种篇 杨　丹　周　崎　雷文民　陶小乐　高之香
张晓红　曾天辉

第三篇：应用篇 陈　海　张爱平　张俊华　张　鹏　袁　挺
任万里　雷文民　陶小乐　王东川　胡建华
胡东昇　韩庆国　谢　雷　李有刚

第四篇：测试篇 朱纯金　徐　丹　蔡　琦

第五篇：施工篇 张晓瑾　徐桥华　陈　海

前　言

汽车胶粘剂密封胶是汽车生产过程中重要的工艺材料，与汽车的安全性、环保性、轻量化、NVH(噪声、振动与声振粗糙度)及舒适性都密切相关。我国汽车胶粘剂密封胶行业伴随中国汽车工业的高速发展不断成长壮大，已成为汽车零部件行业的重要组成部分。

1992年，中国汽车工业用了40年的时间才实现第一个汽车年产量100万辆的突破；

2002年，中国汽车工业年产量达到328万辆，同时通过合资引进大量车型和技术；

2009年，中国汽车工业年产量达到1379万辆，首次成为世界产销第一大国；

2017年，中国汽车工业年产量已达到2902万辆，连续九年位居汽车产量世界第一位。

我国汽车工业从发展初期就十分注重汽车胶粘剂密封胶的开发与应用研究。

1993年9月，由中国汽车工业总公司科学技术司编著了第一版《汽车粘接剂密封胶应用手册》，以内部资料印发。该书由中国汽车工业总公司组织汽车行业内长期从事汽车胶粘剂密封胶试制、应用研究工作的专家，对国内汽车制造厂家(含生产轿车的合资企业)进行深入细致的调查研究，在收集大量资料数据的基础上，编著了93版《汽车粘接剂密封胶应用手册》。

随着中国汽车工业的快速发展，汽车胶粘剂密封胶的应用水平也得到不断提高，至2003年，93版《汽车粘接剂密封胶应用手册》大部分资料已经过时，不能适应我国汽车工业的应用现状。为此，中国汽车工业协会汽车相关工业分会决定对93版《汽车粘接剂密封胶应用手册》进行全面修订。汽车相关工业分会组织当时仍然从事汽车胶粘剂密封胶研究、生产、应用工作的原书作者并吸收新生力量组成编写委员会。2003年10月，由中国石化出版社正式出版了2003版《汽车粘接剂密封胶应用手册》，受到汽车主机厂和汽车胶粘剂密封胶生产企业的高度好评。

《汽车粘接剂密封胶应用手册》的最大特点是按照汽车制造的生产工艺路线，明确提出了各工序岗位所采用胶粘剂密封胶的名称、技术要求；给出了当时所应用胶粘剂密封胶的品种牌号、基本组成、技术指标、用途、特点及生产厂家，性能测试方法，涂敷方法及设备。本书因针对性和实用性强，读者对象明确，深受业内人士欢迎。

到2017年，高速发展的中国汽车工业已发生巨大变化，汽车胶粘剂密封胶的应用品种、应用范围、技术水平也得到更新换代的提高。汽车工业已经成为了仅次于建筑和轻工业以外最大的胶粘剂密封胶应用领域，几乎涵盖了所有类型的胶粘剂密封胶。而且随着轻质金属、复合材料和塑料在汽车上的应用使得汽车用胶粘剂密封胶的应用范围越来越广，用量也持续增长。再次修订《汽车粘接剂密封胶应用手册》成为行业迫不及待的要求和任务。受广大会员企业的委托，中国汽车工业协会汽车相关工业分会再次组织编委会对2003版《汽车粘接剂密封胶应用手册》进行修订，并根据具体使用情况将本书更名为《汽车胶粘剂密封胶实用手册》。

重新修订的《汽车胶粘剂密封胶实用手册》指导思想仍然坚持紧紧围绕汽车胶粘剂密封胶的主题不变，维持原著风格特点不变，力争使之成为从事汽车胶粘剂密封胶研究、试制、生产、应用、教学工作的工程技术人员、管理人员、生产施工人员及教师、学生手中必备的工具书。

在此，特别感谢为本手册做出过突出贡献的周一兵先生和已故的张郧生先生。

目　录

第一篇　基础篇

第二篇　品种篇

第三篇　应用篇

第四篇 测试篇

第五篇　施工篇

第一篇 基础篇

第一章　汽车胶粘剂密封胶的现状与发展

第一节　胶粘剂密封胶简介

一、概述

胶粘剂和密封胶由于其独特的功能和作用，在人们生产、生活的各个领域中已受到普遍重视，获得了越来越广泛的应用。

胶粘剂是指能将两种或两种以上同质或异质物体或材料连接在一起，固化后具有足够强度的物质。用胶粘剂来连接物体或零件的方法称为粘接。

胶粘剂可以说是一种既古老又新颖的材料，有“天然”和“合成”两大类。人类利用天然胶粘剂如骨胶、虫胶、树胶、沥青等已有非常悠久的历史。远在5000多年前，人们就知道使用沥青灌注箭头，用生漆制漆器，至于用水和粘土和泥粘合就更早了。

合成胶粘剂则是近代随着高分子化学及合成材料工业的进步和发展而得到的高分子材料。这种合成胶粘剂的产生与应用时间虽短，但其发展速度很快。现在合成胶粘剂已基本取代天然胶粘剂，其类别和品种成千上万，不可胜数。

密封胶的出现受胶粘剂的启发，或者说是起源于胶粘剂。很早以前，人们就用动物胶密封木船缝隙。在20世纪初，人们知道将诸如虫胶、硝化棉、油漆之类材料加进一些填料做成膏状物，用在固体垫两面，以提高固体垫片的密封性能。现在，广泛应用的密封胶也都是人工合成的，其主要成分也是高分子材料。与胶粘剂不同之处在于，密封胶主要承担密封作用，其粘合力较低或无粘合力。它独立于胶粘剂，自成体系，与其说是由于材料本身特点，倒不如说是由于其功能或作用更为恰当。

二、粘接密封技术的主要特点

粘接密封技术的主要特点有：

（1）可以实现同种和异种材料（包括金属和非金属）的连接，解决用其他工艺方法，如焊、铆、螺栓等难以实现的连接。

（2）保证接头和接合面完全密封、绝缘，提高抗腐蚀性能，因为接合面间胶粘剂和密封胶能阻止电偶腐蚀，潮气和腐蚀物质不能存留。

（3）接合面间的胶层对振动有阻尼作用，粘接接头有良好的防松吸振性能。

（4）粘接件可以增加结构件强度，减轻质量。

（5）粘接和密封一般可在常温下进行，最高工艺温度不高于200℃，因此，可减少工件受热变形，工件表面平滑、美观，无应力集中，提高疲劳强度。

（6）粘接和密封工艺操作简单，便于实施机械化和自动化。

（7）利用胶粘剂的渗透性，渗透进工件孔隙或砂眼中起修补作用。

三、粘接密封工艺的不足之处

粘接密封工艺的不足之处有如下几方面：

（1）大部分有机类胶粘剂和密封胶耐热性能有限，长期工作温度一般不超过150℃，个别的也只能达到200~300℃。

（2）有部分胶粘剂和密封胶产品含有一定可燃性、刺激性、毒性的溶剂。因此，开发无溶剂、低VOC含量、低气味的胶粘剂密封胶产品符合市场发展的趋势。

（3）粘接质量易受各种条件影响，且分散性大，判断粘接质量和使用寿命比较困难。

（4）在施工时，被粘物表面和密封界面要加以必要的处理。

（5）粘接件更换、拆卸较困难。

四、粘接密封技术应用工作的内容

粘接密封技术应用工作的内容有：

（1）了解胶粘剂和密封胶性能，正确选择胶种。

（2）了解各种胶类应用工艺，正确选择工艺参数，编制应用工艺文件和设计施工工具。

（3）了解胶粘剂和密封胶质量检测方法，针对产品需要制定质量检测规范。

（4）了解其他与粘接密封技术有关的技术，如安全、管理、贮存、运输等。

第二节　汽车胶粘剂密封胶的现状与发展

一、我国汽车胶粘剂密封胶行业发展历程和现状

胶粘剂密封胶在汽车制造过程中虽然只是辅助工艺材料，但是由于这类材料的应用可以简化汽车生产工艺，节省材料的使用量，增加零部件的强度，尤其在防振、隔热、防腐、防锈、防松、防漏、降低噪声、减轻自重、提高汽车的舒适性和安全性等方面有着特殊的作用。胶粘剂密封胶已经成为现代汽车工业生产中必不可少的工艺材料。

汽车生产中使用胶粘剂密封胶的历史始于20世纪30年代，即在汽车生产中使用粘接的方法来安装车门等密封条，以及粘接顶棚的内衬材料。到了60年代，国外的胶粘剂被用来粘接汽车风挡玻璃。

50年代中期，随着中国第一汽车制造厂在吉林省长春市的落成，我国的汽车工业从卡车起步进入了汽车制造工业时代。由于当时沿用苏联的设计，技术相对落后，新材料应用几乎空白。粘接密封技术在汽车上的应用处于很低的水平，表现为胶粘剂品种少、用量少、技术含量低。80年代中期以前，汽车行业用的胶粘剂密封胶品种屈指可数，这些低技术含量胶种的使用，既不能保证汽车产品的质量，还给环境和人体健康带来危害。而车身焊装则无用胶设计要求，也无可应用的胶粘剂密封胶品种。

80年代中后期，我国汽车工业相继从国外引进整车和关键零部件制造技术近70项，汽车工业出现了勃勃生机的发展。与此同时，也促进了我国汽车胶粘剂密封胶行业的发展。1988年东风汽车公司引进日产车身生产技术，涉及10多种国内从没用过的胶粘剂密封胶新品种。东风汽车公司和北京航空材料研究所、航天部襄樊42研究所等研究单位合作，实现了引进车型所需胶粘剂密封胶的国产化，满足了新车型生产的需求。同时期，上海大众、一汽大众、天津夏利、北京切诺基、南汽依维柯等引进的车型，同样对汽车用胶提出了开发应用需求。在此期间，我国汽车胶粘剂密封胶产品的研发和应用开始进入一个快速成长期。

进入90年代，随着我国汽车工业进入高速发展阶段，对汽车胶粘剂密封胶行业提出了新的要求并带来了发展机遇。在此期间，我国汽车胶粘剂密封胶产品的研发和应用向着高性能、多品种、系列化和专业化方向发展，汽车胶粘剂密封胶行业进入了一个高速发展阶段。

进入新世纪的近20年来，国内汽车在打造自主品牌的过程中，满足环保法规要求的汽车胶粘剂密封胶的开发应用已成为人们关注的热点。轻质金属、复合材料和塑料等新材料在汽车上的应用使得汽车用胶粘剂密封胶用量也持续增长，其中汽车内饰件用胶是胶粘剂用量迅速增长的一个很大领域。

目前，就我国汽车行业来说，汽车胶粘剂密封胶的应用，无论是用胶品种，还是使用部位以及单车平均用量均已接近世界先进水平。但是还应当看到，国产胶粘剂密封胶品种虽然发展很快，但仍未能完全满足汽车工业使用的特殊要求。其表现是胶粘剂密封胶的性能尚有差距，质量不够稳定，产品没有形成系列化、标准化，部分品种和原材料还需进口。此外，国内相关行业对汽车工业所需的专用涂胶设备的研制远远落后于汽车胶粘剂品种的开发，在某种程度上制约了优异胶种的推广应用或良好性能的体现。

随着汽车制造工艺水平的提高，新材料新技术的应用，以及客户对汽车经济性、舒适性要求的提高，汽车胶粘剂密封胶的新品种、新工艺在汽车上的应用越来越广泛，其品种已经达数十种，单车的用胶量可达20~40kg。

我国汽车工业在80年代，胶粘剂密封胶应用量只有每年1000t左右，仅占全国胶粘剂总产量的0.3%。2017年我国汽车产销均超过2900万辆，连续9年产量位居世界第一。按单车用量推算，全年汽车行业用胶粘剂密封胶消耗总量约为每年600kt以上。随着我国汽车工业研发能力的提高，在汽车轻量化、新能源等新技术的驱动下，未来的汽车用胶市场规模及用量，将会继续稳步增长。据不完全统计，现在全国汽车胶粘剂密封胶生产厂家约有3500多家，其产品涵盖了当前汽车工业几乎所有类型的胶粘剂密封胶，而且应用范围越来越广，整车用量比例也越来越高。

近年来，汽车胶粘剂密封胶行业市场产量与销售额快速增长，新产品、新设备不断涌现，外资企业快速发展，环保型胶粘剂密封胶生产技术及产品备受重视。但是，通用型的中、低档产品供大于求的现象仍较严重，市场竞争激烈，部分重要的原材料和高新技术产品需要进口，一部分重要原料价格上涨幅度过大，加剧了企业的生产成本负担。

二、汽车胶粘剂密封胶主要品种发展前景

随着我国汽车工业新材料、新工艺的不断发展，汽车胶粘剂密封胶也随之完善和专业化。汽车胶粘剂密封胶不仅在安全性、舒适性、环保性和轻量化等方面做出了贡献，而且为汽车发展的持久性、为解决汽车使用多种新材料提供了有效的解决方案。新型高品质汽车胶粘剂密封胶的开发和应用已经成为汽车制造急需的创新方向。以下重点介绍五大类汽车胶粘剂密封胶新产品的研究和应用发展概况以及未来胶种的应用发展前景。

（一）焊装车身连接用耐冲击结构胶粘剂

长期以来，汽车的安全性一直是人们关注的目标。20世纪80年代，新型单组分环氧树脂抗冲击折边胶的问世不仅大大地提高汽车在碰撞时的安全性，而且对汽车的轻量化具有巨大的贡献。经过近20年的不断开发和应用研究，各种环氧树脂抗冲击结构胶被越来越多的汽车制造商应用。

使用结构胶粘剂不仅可以提高车身扭转刚度和弯曲刚度，还可以改善汽车的振动噪声问题，提高汽车的舒适性和可靠性，也可以通过提高局部刚度与强度，增加车身变形的能量吸收能力，从而提高汽车的碰撞安全性。同时，还可以通过使用结构胶粘剂，解决因降低高强度钢极厚度带来的局部刚度不足的问题，从而实现汽车轻量化。

随着近年来铝合金等轻金属材料的广泛应用，特别是混合材料车身结构的出现，结构胶粘剂在异种金属的连接上同样具有广泛的应用前景。例如，轻金属车顶与钢车身骨架的连接、轻金属或复合材料翼子板与钢车身骨架车的连接、铝合金地

板与钢车身骨架的连接等，都大量采用结构粘接技术。结构粘接技术已成为汽车制造业发展和汽车结构用胶的新趋势。

瑞士西卡公司的汽车用环氧树脂结构胶经 175℃ 固化 30min 后，剪切强度约 30MPa，冲击剥离强度约 35N/mm。这一款结构胶是采用单组分聚氨酯增韧改性环氧树脂的新技术，其结构为环氧树脂形成了连续相，弹性聚氨酯为分散相的两相体系。该结构胶在落球冲击实验中，能良好地吸收冲击能量，具有很高的冲击剥离强度和抗冲击性能，在大众汽车公司得到了广泛的应用 。

德国汉高公司的耐冲击结构胶粘剂于 2004 年在美国上市，福特将其应用于 F-150 皮卡系列，从而取得了同类车中最高的抗撞等级。这种耐冲击结构胶粘剂，使福特汽车公司的 2008 福特福克斯车型的质量减少了 1.7kg。通用汽车公司也认为采用这种耐冲击结构胶粘剂可以不用铆接，焊接和摩擦焊接等方法，能够减轻车身质量。

美国陶氏化学汽车事业部也推出了系列结构胶粘剂，在保证同样扭转刚度的情况下，焊点数量最多可以减少 50%。

(二) 涂装用焊缝密封胶和抗石击车底涂料

涂装工序用的焊缝密封胶、抗石击车底涂料是汽车用胶的主要品种，也是目前用胶量最大的工序。按国内不同车型单车用胶量进行估算，乘用车单车平均用量在 7.4kg 左右(其中每车焊缝密封胶 0.9kg，抗石击涂料 6.5kg)，约占每辆乘用车用胶量的一半左右。

由于 PVC 塑溶胶在整车报废后的分解过程中有含氯气体释放，美国、日本等国的汽车以行业认同性的方式废止了 PVC 塑溶胶的使用。一些国外知名汽车胶粘剂密封胶制造企业推出了以丙烯酸树脂为主体材料的环保型密封材料。在国内，日系的丰田、本田系列车型几乎全部采用了这种环保型材料。

为了实现节能、环保、轻量化的要求，焊缝密封胶、抗石击车底涂料的发展方向是：

1. 向轻量化发展

低密度 PVC 焊缝密封胶、低密度 PVC 抗石击车底涂料等的应用，从降低车体的自重、降低燃油消耗着手，提高车辆的经济性。

普通 PVC 焊缝密封胶的密度为 1.40g/cm^3，而低密度 PVC 焊缝密封胶的密度可以达到 0.9~1.0g/cm^3，在使用相同厚度(体积)密封材料的情况下可以降低质量 30%~35%。

2. 向节能化发展

湿碰湿和低温塑化型 PVC 焊缝密封胶、抗石击涂料等的应用，这种工艺要求焊缝密封胶、抗石击涂料对中涂漆有良好的配套性。

湿碰湿工艺，即在施工工序中，可以直接在未塑化湿态的 PVC 材料表面喷涂中涂涂料，它可以不经过预固化(预凝胶)，而随同中涂烘干工艺和中涂层同时烘干。现在的涂装车间已经可以不使用预烘干炉，这样就可节约能源。这种工艺要求焊缝密封胶、抗石击车底涂料对中涂漆有良好的配套性，要求塑化后不出现“发花”、“流挂”、“缩孔”、“针孔”等现象。此外，具有较好工艺适应性的低温塑化型 PVC 塑溶胶的焊缝密封胶和抗石击车底涂料，也是正在应用和发展中的新材料。

3. 绿色环保型

采用水基丙烯酸树脂为主体材料的环保型密封材料，可以替代目前广为使用的 PVC 塑料溶胶型的抗石击车底涂料。这种丙烯酸树脂型水基涂料，可以分为自干型和烘干型，而且阻尼系数比 PVC 塑料溶胶型和沥青材料高，对环境污染小，应用前景较好。

目前，新型轻质和湿碰湿型的 PVC 焊缝密封胶和绿色环保丙烯酸树脂的抗石击车底涂料，由于它的用量大以及是汽车车身用胶的非常重要的品种，它们已在汽车制造过程中得到应用，而且具有很好的发展前景。

(三) 总装车窗玻璃用单组分聚氨酯胶粘剂

汽车车窗玻璃用单组分聚氨酯胶粘剂，是以聚氨酯预聚体为主要成分并配以其他辅助材料混合而成的单组分膏状体，挤出后通过空气中湿气固化，形成对基材有粘接密封作用的高强度、坚韧弹性体。它是用于汽车前后风挡玻璃和侧窗玻璃粘接密封的单组分聚氨酯胶粘剂。

将汽车风挡玻璃直接粘接到车体的工艺始于 20 世纪 60 年代的美国，早期的多组分聚硫橡胶胶粘剂、丁基胶带都曾是汽车风挡玻璃直接粘接的主要材料。单组分湿气固化聚氨酯胶粘剂最先由美国 ESSEX 化学公司在 70 年代初研制成功，并成功应用在美国通用汽车风挡玻璃的直接粘接；1976 年奥迪汽车公司也在奥迪 C2 车型应用。随后日本及其他欧洲汽车厂家相继采用风挡玻璃的直接粘接工艺，均得到了成功应用。由于这种胶型具有施工简便且采用机械涂胶方法，不同于以前使用的多组分聚硫橡胶胶粘剂，无需现场配胶的特点，目前世界上粘接风挡玻璃及侧窗玻璃有 95%以上采用这种胶粘剂。

现代化汽车的车速不断提高，对风挡玻璃的安全性也要求日益增加。为了提高汽车的安全性和密封性，保障乘员的安全，防止在高速行进中急刹车或撞车时因车窗玻璃装配不牢而使乘客受到伤害，国内外汽车制造业均采用了车窗玻璃(主要是前后风挡玻璃)直接粘接工艺。采用这种粘接工艺方法，能使风挡玻璃和车身紧密地结合成一个整体，不仅增加了车体刚性及抗扭曲能力，而且保证了密封效果、提高了汽车的安全性。美国联邦汽车安全标准(FMVSS)第 212 项规定，汽车以 50km/h 速度与混凝土墙壁冲撞时，风挡玻璃的粘接完整率必须在 75%以上。目前在美、日、德、法等汽车先进生产大国和我国在轿车风挡玻璃的安装中几乎全部采用此工艺，同时在客车的风挡和侧窗玻璃粘接也采用了此粘接方法。

国外也有对瞬时定位型风挡玻璃胶的报道，如在风挡玻璃装配时通过配备加热涂布装置，使微热的胶料对被粘面立刻产生较高的初粘强度，保证了车窗玻璃的定位，然后逐步达到完全固化，从而解决了聚氨酯胶固化速度慢、需要夹具配合装配的不便。

单组分湿气固化聚氨酯风挡玻璃胶粘剂的发展方向是：

(1) 高绝缘性　随着铝质车身的出现和玻璃内置天线的应用，要求使用的玻璃胶粘剂具有高的电阻率，防止引起车体的腐蚀和对天线接收效果的不良影响。

(2) 高模量　通过采用高模量型玻璃胶粘剂可以提高车体的刚性，提高抗扭曲性，保证车内人员的安全。

(3) 快速固化　快速固化及对湿度不敏感型单组分聚氨酯风挡玻璃胶粘剂，使风挡玻璃胶粘剂的固化过程不受施胶环境湿度的影响，完全固化时间由 168h 缩短到几个小时，固化速度加快有助于提升汽车生产厂家的生产效率。

(四) 汽车内饰零部件用环保胶粘剂

汽车内饰件种类繁多，材料性质各不相同。汽车内部装饰大多数使用聚氯乙烯或聚氨酯超纤人造革、聚氨酯泡沫塑料、皮革、各类成型塑料、人造地毯、纺织面料、无纺布等多种非金属材料。内饰胶把内饰材料粘接为整体内饰件，例如顶蓬、地毯、门板、仪表盘等，增加了车内美观性。而内饰件对车内环境的污染问题已越来越引起人们的关注，并逐步推进了汽车车内空气质量等环保法规的制订。禁止溶剂型胶粘剂在汽车上的使用，加快无溶剂低 VOC 胶粘剂、水基内饰胶、热熔胶等环保胶粘剂的推广应用，已是迫在眉睫的问题。

1. 内饰件用水基胶粘剂

近年来，在汽车上水基型环保胶粘剂正在取代传统的溶剂型胶粘剂，用于汽车内饰件的粘接，并且增长速度迅猛。水基胶粘剂由于以水为溶剂，不含有毒溶剂，甚至可以做到 VOC 几乎为零。目前以日本汽车为例，汽车内饰胶几乎全部实现水性化。

汽车内饰最常用的水基型胶粘剂主要有水基聚氨酯胶粘剂、改性水基聚氨酯胶粘剂、聚丙烯酸酯胶粘剂。

1) 汽车内饰用水基胶粘剂的国内外发展状况

在汽车内饰用水基胶粘剂研制方面，美国、日本和西欧走在前列。日本 Sunstar、Sunnex 公司开发了用于汽车内饰的离子型水基聚氨酯胶粘剂，具有良好的粘接性和储存稳定性，特别适合于 PVC 基材的粘接。他们研制的单组分和双组分水基聚氨酯胶粘剂已批量用于汽车内部装饰上。

美国 Evode-Tanner 公司开发了 EVO-Tech385 系列水基聚氨酯胶粘剂，所粘接的硬质基材为 ABS、聚丙烯纤维板等，粘接的软质基材包括织物、乙烯基塑料等，具有耐高温、耐水、粘接强度高等性能，用于汽车的仪表板、前车门、后车门和杂物箱等部位。

荷兰 ZenecaResins 公司开发的 NeoRez 系列水基聚氨酯胶粘剂在低活化温度下具有良好初粘性和最终粘接强度，且能耐温 50℃，对 ABS 塑料有较好粘接性。

20 世纪 80 年代初期，日本 Sunstar 化学公司研制成功喷涂混合型双组分水基丙烯酸酯胶型的水基顶棚胶。这种胶粘剂是一种由聚丙烯酸酯乳液为主剂和能对该乳液起快速凝胶作用的有机金属盐水溶液为胶凝剂的双组分水基胶。它在喷涂时凝胶迅速、初粘强度高，但两组分配比要求严格，需要专用涂胶设备，目前已在日本的汽车行业得到推广应用。

我国水基聚氨酯胶粘剂的应用和研究尚处于逐步成熟阶段，研究开发工作虽十分活跃，但应用水平不高，生产厂家不多，且品种单一，产品也多为中、低档产品，在性能方面与 Bayer 等公司还有较大差距。特别是高档水性聚氨酯胶粘剂全部为进口产品，主要来自 Bayer 公司、罗门哈斯公司、日本 DIC 公司等。我国的水系聚氨酯胶粘剂的开发与生产仍需追赶。

2）汽车内饰用水基胶粘剂的发展前景

随着人们环保意识的增强以及环保法规的不断健全，溶剂型汽车胶粘剂必将会被环保型胶粘剂如水基胶粘剂所取代，尤其是水基汽车内饰胶的推广应用已是迫在眉睫。随着新型汽车塑料部件的用量增加以及汽车内饰胶的不断水性化，水基胶粘剂在汽车上的用量将会不断增加。西欧、日本等先进的汽车生产国的水基聚氨酯胶粘剂每年以 8%~10%的速率增长，美国水基胶粘剂已占总量的 60%，日本的汽车内饰胶几乎全部实现水性化。我国目前已跃居为世界汽车第一生产大国，汽车内饰胶占到汽车胶总量的 20%以上，如果内饰胶全部实现水性化，不仅可以极大提升车内空气质量，由于水基胶粘剂有巨大的用量，将创造可观的经济效益。所以水基型内饰件用胶的应用应得到极大的重视，现已将它列为我国环保用胶发展的主要品种之一。

2. 汽车内饰用热熔胶

热熔胶是现今最环保，又适合高速自动流水线作业的一类胶种。随着汽车生产自动化水平的提高，汽车工业需要大量快速粘接、能适应高速自动化生产又环保的胶粘剂，热熔胶刚好能符合以上全部要求，所以热熔胶在汽车工业中的运用越来越广泛，使用量也逐年上升，已成为汽车工业无法替代的胶种。

1）汽车内饰用热熔胶的优点及类型

（1）固化速度快，适合现代化的高速流水线作业。

（2）粘接材料广泛，汽车主要由大量金属和非金属的零部件构成，热熔胶正适合此类产品的粘接。如汽车上大量使用的 ABS(丙烯腈、丁二烯、苯乙烯的环共聚物)、PP(聚丙烯)、PE(聚乙烯)、毛毡等。

（3）施工方便，热熔胶可以有很多种上胶方式，可以喷涂、辊涂、刮涂等。

（4）热熔胶是 100%的固含量，存贮方便，又节能、环保、无毒，不会对环境产生二次污染。

(5) 现今世界资源紧张，我国已对汽车报废后的再回收利用率提出了要求，热熔胶有加热即熔的特性，在汽车回收拆解时更有优势。

汽车制造过程中不同部件和用途会选择不同种类的热熔胶。按其功能可分为粘接型和密封型两大类，密封型主要使用丁基类的热熔胶；若按用途和施工温度划分，可以分为普通型和耐热型，汽车主要在室外行驶，一般都要求热熔胶有一定的耐热性能；若按材料分类，有 EVA、橡胶、APAO 以及 PUR、PA、PES 等；按形状有块状、膜类、棒状、颗粒以及粉末状等。

2) 热熔胶在汽车上的应用部位及胶种

(1) 车灯　传统的方法是用带孔的橡胶密封条，通过螺丝压紧密封。改用热熔胶后，可以迅速粘接同时又起着密封的作用，既降低了成本又有利于自动化生产。热熔胶的类型主要有丁基热熔胶和反应型聚氨酯热熔胶，其耐温性好，粘接玻璃强度高，同时耐振动。目前也有使用单、双组分有机硅胶粘剂的。牌照灯也有使用耐温型的热熔胶棒固定线束和电子元器件。

(2) 仪表板、通风道、内饰固定扣等　过去都是利用机械方法进行固定连接，不仅费时费力，而且效率低，密封性能也不好。采用热熔胶后，大大提高了生产效率和产品质量。主要使用耐温型的热熔胶棒，基材有 EVA 和聚烯烃类。

(3) 顶棚　顶棚主要是在聚氨酯复合玻璃纤维板表面涂布聚乙烯热熔胶粉，先熔化附着，再冷却待用。成型时复合板加热后与面料压制成型，即为汽车内饰顶棚。

(4) 车门内护板　车门内护板组装需要使用热熔胶粘接，有 PP 件粘接、音响和线束固定，主要用 APAO 和耐温型胶棒。

(5) 地毯和地板隔热垫、行李箱内扣　这是汽车使用热熔胶最多的地方。热熔胶的类型有胶块、胶粒和胶棒。种类有压敏胶、EVA 胶粒、胶棒和 APAO。要求开放时间长，便于大件组装贴合，耐热性好，气味小。

(6) 线束固定　汽车内部有大量的导线，这么多的线束无法像我们家庭装修一样用线管来固定，用热熔胶有一定的弹性，不会在行驶颠簸中脱落，需要维修的时候又很容易拆卸。主要使用胶棒和 APAO 类型的热熔胶。

(五) 汽车轻量化材料粘接用胶

由于环境污染等问题，车身轻量化受到越来越多的关注。特别是新能源汽车，与传统汽车不同，它采用了电池作为动力来驱动汽车运行，因此受到电池重量、续航里程的制约，在车辆设计和材料应用上，车身轻量化是首要考虑的问题。未来的汽车车身将由钢和铝合金、镁合金、碳纤维、塑料等轻质材料共同制造，即混合材料车身。

近年来，在一些高端车型中出现了一种新的粘接技术。与传统的辅助焊接手段不同，旨在以铆接和粘接技术相结合或仅采用粘接技术，来大量减少或者全面取代焊接工艺。比如捷豹 F-TYPE，全铝车身结构完全采用铆接和粘接。一般车身重量 300kg，而 F-TYPE 的白车身重量仅为 261kg，减重近 40kg。

德国 BMW 公司通过采用碳纤维增强复合来实现汽车的轻量化，例如他们在限量版的 BMW M3CSL 车型上采用了碳纤维增强复合材料的车门、顶盖、前端模块、行李箱盖以及后保险杠横梁等。并采用结构粘接技术将复合材料零部件粘接在车身金属架上。特别是其复合材料顶盖仅有 6kg，不仅降低了汽车重量，而且使汽车重心下降，提高了车身稳定性和操作性。

另外，宝马 7 系列轿车和德国奥迪 A8 轿车，选用了双组分聚氨酯胶粘剂，使得金属车身和铝制顶棚之间的粘接堪称完美。德国一家汽车制造商也将双组分聚氨酯胶粘剂应用于轿车钢制车身和铝制车顶间的粘接，解决了钢和铝不能焊接的难题，在消除了热胀冷缩影响的同时，丝毫不影响粘接车身的稳定性，同时还具有较高的玻璃化温度。

宝马汽车公司对双组分聚氨酯结构胶粘剂还开展了全面的确认试验研究，包括动态和静态扭转试验、搭接剪切试验、动态力学性能分析、剥离试验、老化、气候应力试验和实际碰撞试验，使用了不同的钢板的油漆涂料以及表面制备方法和固化时间等进行试验。其性能符合在 80℃ 使用的条件（在炎热的气候条件下车顶所达到的最高温度）下，不同材料粘接接头的结构性能试验，结果显示在此条件下仍具有充足的弹性（50%伸长率）来承受振动载荷。

三、汽车胶粘剂密封胶行业面临的挑战与机遇

汽车胶粘剂密封胶未来的发展不仅取决于基础化学工业及新材料工业技术的发展，还与未来汽车的技术发展密切相关。换言之，未来汽车技术的发展将给汽车胶粘剂密封胶带来新的挑战与新的发展机遇。随着未来汽车轻量化、新能源化以及更加环保绿色化，未来的汽车技术发展将呈现五大趋势——驱动电动化、系统模块化、材料结构轻量化、环保零排放化、生产低能耗化。因此汽车胶粘剂技术也将伴随着汽车未来发展的五大趋势，面临新的挑战。同时，这五大发展趋势，也将为汽车胶粘剂密封胶的发展提出新的要求和新的发展空间。

（一）驱动电动化与智能化

2017 年前 3 季度，国内新能源汽车产量 32.5 万辆，其中纯电动车 25.8 万辆，同比增长 75.1%，而同期内燃机乘用车同比增长仅 3.3%。尽管目前纯电动车总的生产量仅占内燃机乘用车的近 1.5%，纯电动车在短期内不可能撼动以内燃机为主的常规动力汽车市场，但从今后 5~10 年的发展来看，未来汽车电动化的趋势明显。据报道，荷兰于 2013 年就宣布到 2025 年禁售传统燃油汽车；美国加州与德国也相继宣布 2030 年起禁售传统燃油汽车。目前很多国家的汽车主机厂也在大力开发纯

电动汽车，相信在未来5~10年，电动汽车会进入一个快速发展阶段。

同时，一个不可忽视的新技术已经悄然兴起，即随着计算机技术和人工智能技术的快速发展，未来电动车将向轮边电机(或称之为轮毂电机)驱动方向发展。这项技术一旦被广泛应用，将从根本上颠覆目前的汽车动力系统，传动轴、变速箱将不复存在，当前汽车的振动激励模式也会随之改变。这一技术的发展会对目前的汽车胶粘剂密封胶行业带来新的挑战与机遇。随着内燃机和变速箱的消失，传统的耐油型平面密封胶也将消失，取而代之的将是一些满足电机密封工况条件的密封材料，一些新的胶种将孕育而生，例如高导热绝缘密封材料、耐高温绝缘密封胶等。

（二）系统模块化

这里的系统模块化是指广义的系统，今后的汽车不仅车型平台架构模块化，而且车身系统、内饰系统以及动力总成系统也将模块化。充分的模块化将实现客户的特性需求，同时也将简化生产系统，实现模块内的规模效应，降低成产成本。模块化的结构方式将更加支持材料的多样化或混合材料化以及结构的轻量化。因此在模块组合连接技术中，将为特种结构胶粘剂提供更广阔的应用市场。这就要求胶粘剂密封胶厂家为适应未来的发展，开发不同金属之间、不同复合材料之间，以及不同金属与不同复合材料之间的结构胶粘剂。

（三）材料结构轻量化

为了适应轻量化需求，未来的车身结构将大量使用轻金属材料、塑料材料及其纤维增强复合材料，甚至混合材料车身技术将成为主流。特别是玻璃纤维增强塑料(FRP)和片状模塑复合材料(SMC)被广泛应用于汽车上。FRP和SMC制造的车身面板和外饰件(如车身顶棚、座舱顶盖等)在美国、欧洲和日本相继广泛采用，但FRP和SMC不能使用传统的焊接技术与车身构架组装，必须采用粘接技术。

同时，即使在传统车身体系中，也将广泛采用壁厚更薄的高强钢材料。随着轻量化技术的深入，未来基于钢板的传统点焊密封胶以及折边胶粘剂市场将受到冲击，取而代之的将要求胶粘剂行业提供适合各种轻金属材料、复合材料的结构粘接密封胶，以及不同金属材料与非金属材料连接用的高强度、高稳定性的结构胶粘剂。

（四）环保零排放化

所谓零排放，是广义上的零排放。未来的汽车，随着电动化的实现，不仅取消了内燃机的燃油排放，而且要求汽车所用的零部件与材料不含任何有害物质，或必须满足苛刻的有害物质限值标准。同时必须做到可回收、低噪声、绿色环保。未来将完全实现Non-PVC(禁用PVC)化。随着新的环保有害物质限值标准的日益严苛，未来将要求胶粘剂密封胶行业进行升级换代，全面实现水基化、热熔化和无害化。

（五）生产低能耗化

未来汽车工业的发展，不仅要求汽车在使用过程中节能，同时要求汽车在生产过程中同样节能环保。因此目前的高温烘烤油漆技术将会实现技术升级，未来的发展方向将广泛采用低温烘烤，以实现生产过程中的节能。为此，目前的高温烘烤固化的胶粘剂密封胶以及发泡胶都将面临技术升级要求。应尽早开发基于低温烘烤固化的各种胶粘剂密封胶技术。

* 西卡(中国)有限公司郑小瑰参与了本节的编写。

第二章　名词术语简释

第一节　一般术语与材料

粘接——是借助胶粘剂将相同或不同材料通过界面的粘接力及胶粘剂的内聚力连接成为一个牢固整体的方法。

被粘物——采用胶粘剂而被其粘接的制件或材料，称为被粘物。

脱胶——由于胶粘剂与被粘物界面破坏引起的分离现象。

胶层——胶粘剂在被粘物界面上固化后所形成的薄膜，即粘接件中的胶粘剂层。

粘接力——胶粘剂与被粘物界面上所产生的化学键力，分子间力、机械嵌合力的统称。

初粘力——被粘物粘接后不久所测得的粘接强度，如剥离强度。

粘附——胶粘剂与被粘物的界面依靠化学力、物理力或两者兼有的动态变换力，使其结合在一起的状态。

内聚——单一物质内部各分子靠主价键力(化学键力)、次价键力(分子间力)结合在一起的状态。

机械粘附——两个表面通过胶粘剂的咬合作用而产生的结合。

溶解——高聚物的溶解要比低分子物质溶解复杂得多，溶解过程要经过两个阶段，先是溶胀，然后才是高分子分散在溶剂中，形成均相体系的高分子溶液。

溶解度参数——分子间作用力的一种量度。使大分子聚集在一起的作用能称为内聚能。单位体积的内聚能称为内聚能密度(CED)。内聚能密度的平方根定义为溶解度参数。

相容性——两种或两种以上的物质混合时，具有相互亲和的能力。

润湿——亦称浸润，是液体与固体接触时分子相互作用所发生的现象。润湿包括铺展、浸湿和接触三种类型。

表面能——处于液体或固体表面的分子，其能量要比内部分子的大，这多余的能量即为表面能。

表面张力——垂直通过液体表面上任一单位长度、与液面相切的收缩表面的力。从能量角度来理解，表面张力则是可逆地增加单位表面积液体时所引起系统吉布斯自由能的增量。

渗透——液体扩散渗入孔隙的过程。

塑炼——利用机械或热作用，机械与加热结合的方法，使橡胶大分子链发生化学反应，降低相对分子质量(以下简称分子量)，增加可塑性和可溶性的工艺过程。

混炼——利用机械方法将助剂均匀地分散在橡胶之中的工艺过程。

溶胀——高聚物吸收溶剂分子而产生体积或质量增大的现象。

单体——与同种或它种分子聚合的小分子的统称。

树脂——最先是由树木分泌出来的脂质而得名，至今被沿用。树脂是半固态、固态或假固态、流动态的透明或半透明的无定形高分子物质。没有固定熔点，只有软化温度或熔化温度范围，加热变软，熔化发粘，不导电，可溶于有机溶剂。树脂分为：天然树脂如虫胶、松香、琥珀等；合成树脂如酚醛树脂、环氧树脂等。

高聚物——又称高分子化合物、聚合物、聚合体或大分子化合物。它是由单体经聚合反应，而形成的由许多重复单元以共价键相连结的较大分子量的化合物。

乳液——由悬浮在液体介质中的微粒或液滴组成的稳定分散体系。

胶乳——橡胶微粒分散在水中所形成的稳定的水乳液体系，有天然胶乳和合成胶乳。

胶浆——由混炼胶与溶剂配成的一定浓度的胶液。

橡胶——橡胶是在室温下具有高弹性，即当外力作用时产生很大的形变，外力解除后又能恢复原状的一种高分子化合物。它是具有可逆形变的高弹性材料。

天然橡胶——由橡胶树分泌的胶乳提炼而得，其化学成分为顺式1，4-聚异戊二烯。其特点是弹性好，使用温度范围较宽，但耐老化和耐溶剂性较差。

合成橡胶——由单体经聚合或共聚合而制成的高弹性聚合物。经过硫化可制成各种橡胶制品。用于配制胶粘剂和密封胶，具有优良的耐油、耐热、耐老化、耐腐蚀等性能。

生橡胶——未经硫化的天然橡胶和合成橡胶的总称。

再生橡胶——将废旧橡胶制品和生产中的边角余料，回收挑选清理，用化学或物理方法加工处理后所得。如硫化橡胶制品再生。

热塑性弹性体——又称热塑性橡胶，是一类常温下显示橡胶弹性、高温下又能塑化成型的合成材料。它是在室温下可反复拉伸为原来长度2倍以上，外力解除后，可恢复原来长度，可用热塑性塑料的加工方法直接加工成橡胶制品的弹性体。这种弹性体不需硫化，在室温下就具有橡胶的弹性和韧性，作为橡胶使用。

混炼胶——利用机械方法，将生胶与配合剂混合，并尽可能不降低橡胶的强力所制成的胶料。

塑料——指以合成或天然高分子化合物为基本成分，添加或不加配合剂，在一定温度和压力下塑制成型，并能保持制品形状不变的固体材料。

热塑性塑料——加有一定助剂、辅料的热塑性树脂。一般是线型结构的高分子化合物制品，受热软化，溶剂可溶，可反复塑制，对塑料的性能基本无影响。

热固性塑料——以热固性树脂为主要成分，配合以各种必要的添加剂通过交联固化过程成型成制品的塑料。在成型前是可溶可熔的，一旦固化成型，则变成体型结构，质地坚硬，不溶不熔，强热时会分解，不可反复塑制，具有较高的强度和耐热性及抗蠕变性。

通用塑料——指产量大、价格低、用途广、影响面宽的一些塑料品种，性能多样，强度不高，耐热不好，只能生产日用品或一般工农业用品。

工程塑料——具有优良的机械强度和耐热、耐磨和耐化学腐蚀等性能，可制成轴承、齿轮等机械零件以代替金属等，即能够用作结构材料的塑料。

难粘塑料——指以普通方法和一般胶粘剂难以粘接的塑料，主要指聚烯烃塑料，如聚乙烯、聚丙烯、聚四氟乙烯等。

复合材料——泛指多相结构材料。它是以树脂为胶粘剂，与适当填料形成的，如玻璃钢、碳纤维增强材料等。

玻璃钢——玻璃纤维增强塑料的俗称，它是以树脂为胶粘剂，玻璃纤维或织物为增强材料制成的一种比强度与钢差不多的复合材料。

碳纤维增强材料——以树脂为胶粘剂，碳纤维为增强材料制成的一种比强度很高的复合材料。

第二节　胶粘剂密封胶成分术语

粘料——又称基料或胶料，它是决定胶粘剂性能的基本成分。

固化剂——一种可以使低分子聚合物或单体经一定化学反应，生成高分子化合物或使线型高分子化合物交联成体型高分子化合物的物质。

硫化剂——一切具有使橡胶交联作用的物质均称为硫化剂。

交联剂——能与大分子主链或支链上的基团反应，在大分子之间形成化学键，使之成为不溶的网状或体型的不饱和或多功能团的物质。某些固化剂或硫化剂也是交联剂。

偶联剂——在分子两端含有性质不同基团的化合物。其一端能与被粘物表面的分子作用，另一端能与胶粘剂分子反应，或以化学键形式将两种不同物质分子结合在一起的物质。

助剂——在塑料、橡胶、纤维、涂料、胶粘剂等生产过程中添加的以改善工艺性能和产品性能的各种辅助成分。助剂亦称添加剂或配合剂。

改性剂——加入胶粘剂配方中，能够改善其某种性能的组分。

增塑剂——亦称软化剂，为提高工艺过程中的混合性和涂敷性，并使胶层具有柔软性而加入胶粘剂内的物质，一般为高沸点的液体或低熔点的固体。

增柔剂——一般为预聚物，具有活性基团，并与胶粘剂中的树脂混溶，且能参与反应而引进柔性链段，增大了柔性，如液体聚硫橡胶、低分子聚酰胺等。

增韧剂——又称抗冲改性剂。为减少脆性、提高弯曲强度及冲击强度而加入的有机或高分子物质，不完全混溶，可以分相，可参与或不参与胶粘剂中树脂的反应，如丁腈橡胶、聚砜、端羧基液体丁腈橡胶等。

增粘剂——能增加胶粘剂表面粘性的物质，如叔丁基酚醛树脂、萜烯树脂、环氧树脂、古马隆树脂等。

促进剂——凡能降低胶粘剂的固化温度或加快固化反应速率的物质。

填充剂——亦称填料。是一种粉状或纤维状的无机物或有机物，加入胶粘剂中可改善物理、力学和工艺性能，降低收缩率和热胀系数，增加耐热性和导热性，提高剪切强度，降低成本。

稀释剂——又称粘度调节剂。能够降低粘度，提高浸润性，便于混合均匀，增大填料用量，利用涂覆操作，并可延长适用期的易流动液体。分为能参与固化反应的活性稀释剂和只发生物理混合的挥发或不挥发的惰性稀释剂。

引发剂——又称聚合引发剂。引起单体分子活化产生自由基促使聚合反应进行的化合物。

催化剂——能使胶粘剂的固化速率明显加快而加入的少量物质，实际上往往是促进剂。

触变剂——又称防淌剂。能与聚合物形成氢键和某些其他结构的比表面积很大的物质，受力变稀，静止变稠。如气相二氧化硅，当搅拌或涂布时，受到剪切作用，使胶粘剂变稀静止后又变稠，不流淌，用于垂直面上粘接，防止流淌。

防老剂——又称老化防止剂。包括抗氧剂、光屏蔽剂、热稳定剂、变价金属抑制剂、紫外线吸收剂等，是种类繁多的胺类、酚类、酯类有机化合物，用以延缓、抑制胶粘剂的老化延长粘接件的使用寿命。

抗氧剂——能防止或抑制胶粘剂因氧化而引起变质的物质。

阻燃剂——能使可燃性胶粘剂难燃以至不燃的一类助剂。可以降低燃烧速率，提高可燃胶粘剂的着火点。即在接触火焰时燃烧很慢，离火后能很快停止燃烧而自熄。

发泡剂——能使胶粘剂形成微孔结构的固体或液体物质。使胶粘剂具有质轻、隔音、隔热、绝缘、填充等良好性能。

消泡剂——防止胶粘剂制造中产生气泡、或使已产生的气泡迅速逸散的物质。

表面活性剂——溶于液体时可以降低其表面张力并改变其润湿性的化合物。

第三节 胶粘剂密封胶分类术语

胶粘剂——能将两种或两种以上同质或异质的制件(或材料)连接在一起，固化后具有足够强度的一类物质。

密封胶——亦称液体垫圈。能防止内流体渗漏，外部灰尘或雨水侵入，防止机械松动或冲击损伤的胶粘剂，兼具粘接性和密封性，能够耐受压力，维持真空等。

有机胶粘剂——它是以有机化合物，如有机物、预聚物、天然或合成的树脂或橡胶等为基料配制而成的胶粘剂，品种多样性能各异，但耐热性能较差。

无机胶粘剂——它是以无机化合物，如磷酸盐、硅酸盐、硫酸盐、硼酸盐等为基料配制而成的胶粘剂，耐高温性能好，但脆性较大。

天然胶粘剂——由天然物质制取的胶粘剂，如虫胶、淀粉、糊精、天然橡胶等。

合成胶粘剂——由合成树脂或合成橡胶，如环氧树脂、酚醛树脂、氯丁橡胶、丁腈橡胶等为主要原料配制而成的胶粘剂。

热固胶粘剂——胶粘剂在热或固化剂的作用下，变成体型结构，受热不熔，遇溶剂不溶，具有很高的粘接强度，耐热、耐介质，抗蠕变。

热塑性胶粘剂——通过溶剂挥发，熔体冷却或乳液凝聚的方式实现固化，为线型结构，其产物受热软化，遇溶剂可溶，粘接强度较低，耐热性能较差。

橡胶型胶粘剂——以合成橡胶或天然橡胶为主体材料配制而成的胶粘剂。适于柔性或软质材料的粘接，但粘接强度较低，耐热性差。

混合型胶粘剂——由合成树脂与橡胶并用而配制成的胶粘剂。改善了脆性，又保持了耐热性。

通用胶粘剂——又称非结构胶粘剂。不能承受较大的载荷，耐热性不高。主要用于粘接受力比较小或不受力的制件，或作定位、紧固、堵漏、密封、灌注等用。

结构胶粘剂——又称结构胶。用于粘接受力结构和次受力结构，能够传递载荷，承受较大的应力，具有较高的粘接强度，一般要求室温剪切强度不低于15MPa。

特种胶粘剂——具有特殊的性能，粘接特殊的对象，用于特殊场合，满足特殊需要的一类胶粘剂，如耐高温、超低温、导电、导磁、导热、应变、光敏等胶粘剂。

反应型胶粘剂——通过化学反应，如聚合、缩合、缩聚、交联和接枝等反应，引起结构变化，使其固化而且具有较高强度的一类胶粘剂的总称。

溶液胶粘剂——将天然或合成的树脂、橡胶或塑料，溶于适当的挥发性溶剂中，配成一定浓度的溶液，可将单体直接聚合成一定固体物含量的溶液，称溶液胶粘剂。它不包括以水为溶剂的胶粘剂。

乳液胶粘剂——又称分散胶粘剂。一般是以水为介质，在乳化剂的保护下，将聚合物分散于介质中，构成相对稳定的多相体系，如天然胶乳、乳白胶等。

水基胶粘剂——包括以水为溶剂或介质的溶液胶粘剂和乳液胶粘剂。由于无污染、无毒害，是胶粘剂发展的重要方向。

压敏胶粘剂——由橡胶或热塑性弹性体为主剂配制而成的含溶剂或不含溶剂的胶粘剂。具有足够的内聚强度和弹性，能保持永久的粘性，施加轻微压力，即可瞬时粘合，能够反复多次使用。

热熔胶粘剂——通称热熔胶。是一种无溶剂的热塑性固体胶粘剂。使用时利用加热使其熔化获得流动性，浸润被粘表面，冷却之后固化实现粘接，固化速率快，毒性小，无公害，适于连续作业，但需要专用设备或工具。

泡沫胶粘剂——由于许多气孔存在而使表观密度显著降低的胶粘剂。既能粘接，质量又轻。主要是在配方中辅以一定量的发泡剂、催化剂等。

无溶剂胶粘剂——不含溶剂的液状、糊状、固态的胶粘剂。

光敏胶粘剂——依靠光能引发固化的胶粘剂。

耐水胶粘剂——粘接件经常接触水分、湿气而不引起粘接性能明显下降的胶粘剂。

粘接带——又称胶带。在纸、布、薄膜等基材的一面或两面涂胶的带状制品。

密封腻子——一种膏状物，在室温下可塑性好，用于较宽缝隙的封填。

低温固化胶粘剂——在室温以下至-10℃温度范围内固化的胶粘剂。

室湿固化胶粘剂——不需要加热，在室温(20~30℃)下即可固化的胶粘剂。

中温固化胶粘剂——在室温至130℃温度范围内可以固化的胶粘剂。

高温固化胶粘剂——需加热至130℃以上才固化的胶粘剂。

厌氧型胶粘剂——氧气存在时起抑制作用，隔绝氧气时就自行固化的胶粘剂。

胶囊型胶粘剂——把反应性组分的颗粒或液滴包封在保护膜(微胶囊)中，在用适当的方法破坏保护膜之前能防止固化的胶粘剂。

第四节　粘接工艺常用术语

表面处理——采用机械、物理、化学等方法清洁、干燥、粗糙、活化被粘物表面，以利良好浸润、牢固粘接所施行的一切处理。

脱脂——采用棉纱、溶剂、碱液等方法消除被粘物表面油污的操作。

打磨——以砂布、锉刀、钢丝刷等工具去除被粘物表面的锈蚀，并适当粗化表面的操作。

喷砂——采用机械离心法或压缩空气将磨料砂高速喷射到被粘物表面上，以冲击和摩擦的作用除去锈蚀和一切污物的操作。是一种有效的表面处理方法，可提高粘接强度。

酸蚀——可将被粘物置于一定种类和浓度的酸性溶液中，在一定的温度下侵蚀一定的时间，水洗烘干后再粘接。酸蚀可以除去被粘物表面的氧化物，活化表面，增加粘接强度。

阳极氧化——为保护金属表面或使其适于粘接，将金属被粘物作为阳极，利用电化学法使其表面形成氧化薄膜的过程。

火焰处理——用强氧化焰使塑料表面氧化的过程。主要用于提高聚烯烃塑料的粘接性。

涂胶——将胶粘剂以刷、喷、刮、漏、滚、注等方式，视需要涂布于被粘物表面上的操作。

喷涂——用涂胶枪把胶液喷涂在被粘物上的操作。

涂胶量——涂于被粘物单位粘接面积上的胶粘剂量。

分开涂胶法　双组分胶粘剂涂布时，两组分分别涂于两个被粘物上，将两者叠合在一起即可形成粘接的方法。

底胶——为了改善粘接性能，涂胶前在被粘物表面涂布的一种涂层。

浸胶——将被粘物浸入胶粘剂溶液或胶粘剂分散液中进行涂布的方法。

刷胶——用毛刷将胶粘剂涂布在被粘物表面的一种手工涂布法。适用于溶剂挥发速率较慢的胶液。

干燥时间——在规定的温度和压力下，从涂胶到胶粘剂干燥的时间。

干燥温度——涂胶后胶粘剂干燥所需的温度。

滑动——在粘接过程中，被粘物彼此间相对的滑动。

定位——粘接时，被粘物在理想位置上固定。

晾置——被粘物涂胶后，在室温下或高温下放置一段时间，以挥发或吸收方式除去溶剂。或者吸收微量水分引发聚合固化，对于溶剂型胶粘剂和某些靠微量水分固化的胶粘剂，适当晾置是不可缺少的。

晾置时间——被粘物表面涂胶后合拢前暴露于空气中的时间。

叠合时间——涂胶表面叠合后到施加压力前的时间。

装配时间——从胶粘剂施涂于被粘物到装配件进行加热或加压、或既加热又加压的时间。

层压——将涂有胶粘剂的基材重叠压合在一起的方法或过程。

热压——对装配件加热加压的一种粘接方法。

冷压——对装配件不加热只加压的一种粘接方法。

高频粘接——把装配件置于高频强电场内，由电感应产生的热进行粘接的方法。

局部粘接——对仅需粘接的部位进行加热粘接的方法。

粘性保持期——胶粘剂从涂胶起至粘性丧失的时间间隔。

合拢——把涂胶后经过晾置的被粘物对正位置叠合在一起，称为合拢。

凝胶——可流动的液体，经初步反应，分子量增大和交联，反应达到一定程度，凝聚成固体网络，形成半固体状态，称为凝胶。

固化——胶粘剂通过溶剂挥发、熔体冷却、乳液凝聚的物理作用，或交联、缩聚、加聚的化学反应，使其变为固体，并具有一定强度的过程。

硫化——使橡胶分子形成交联键，增加弹性、减少塑性、提高强度的交联或固化过程。

交联——由于热或交联剂的作用，使胶粘剂形成三维网状空间结构，可改善剪切强度，提高耐热、耐油和耐溶剂性能。

固化温度——使胶粘剂固化获得一定的力学性能所需要的温度。

固化时间——粘接件合拢后，从加热、加压或者二者同时施加，或在室温下直到胶粘剂完全固化的时间间隔。

室温固化——在 20~30℃温度范围内进行的固化。

固化压力——有些胶粘剂含有溶剂或在固化过程中放出低分子，固化时需要施加一定的压力，此压力即称固化压力。

接触压力——由被粘物自身的重量所产生的压力称为接触压力，即不另外再施加压力。

后固化——将固化后的粘接件在一定温度下保持一定时间，起到补充固化的作用，并且可以消除内应力，提高粘接强度。

过固化——装配件中的胶粘剂固化时，超过粘接工艺要求(温度过高、时间过长等)，使粘接性能变坏的现象。

欠固化——胶粘剂固化不足称为欠固化。

隔离纸——胶膜、胶带的保护用纸，使用前后很容易从胶膜或胶带上撕去。

白化——由于胶粘剂中溶剂挥发速率过快，在粘接界面或周边凝结水蒸气而发白的现象。

装配件——涂胶后叠在一起的已完成粘接的组合件。

粘接件——已完成粘接的组合件。

结构粘接件——能长期可靠地承受并传递较大静态或动态负荷的粘接件。

粘接接头——通过胶粘剂将被粘物连接成为一个整体的过渡受力或不受力的粘接部位。

搭接接头——将一个被粘物叠在另一个被粘物上形成的接头，接头宜宽不宜长，是应用最多的接头形式。

面接接头——两个被粘物主表面粘接在一起形成的接头。

对接接头——被粘接的两个端面与被粘物主表面垂直的接头。

角接接头——两被粘物的主表面端部形成一定角度的粘接接头。

斜接接头——将两被粘物切割成非 90℃的对应断面，并使该两断面粘接成具有同一平面的接头。

T 型粘接接头——两个被粘物主表面呈 T 型的粘接接头。

槽接接头——榫槽式的粘接接头。

套接接头——两被粘物的粘接部位形成销轴或套状结构的接头(如棒材与管材，管材与管材)。

欠接接头——胶量不足，未能得到满意的粘接效果的接头。

调胶机——混合或配制胶粘剂用的装置。

涂胶枪——在压力作用下，将胶粘剂喷涂或注射到被粘物表面的器械。

涂胶器械——将胶粘剂涂布在被粘物表面上的工具或装置。

刮胶刀、刮胶片、刮胶棒——一种能调节胶粘剂的厚度并使之均匀地涂布在涂胶辊或待涂表面的器械。

涂胶辊——以不同的表面速度反向旋转所产生的揩抹作用来调节涂胶量的辊筒。

浸胶机——用胶粘剂浸渍纸张、织物之类的设备，它一般由转辊、浸胶槽、压辊、刮刀和干燥装置等部件组成。

固化夹具——装配件在固化时所用的定位加压装置。

垫片——一种可变形的或弹性的片状材料，将它放在待粘接的装配件与加压器之间，或者分布在装配件的叠层之间，有助于粘接面受压均匀。

压机——对装配件施加压力使之粘接的机器。

真空袋——用抽真空的方法对袋内装配件施加压力的一种软质袋。

热压罐——用于装配件固化的一种加温加压的圆筒形装置。

第五节 胶粘剂密封胶性能与测试常用术语

不挥发物含量——在规定的测试条件下，测得胶粘剂中非挥发物质的质量分数，即为干燥后剩余物质量与试样质量的比值，是溶液和乳液胶粘剂的一个重要指标。

粘度——胶粘剂内部阻碍其相对流动的一种特性，定义为流体在层流时剪切应力与剪切速率之比。

流动性——指胶粘剂在力、热作用下分子运动引起流动与形变能力的大小，一般以粘度表征。粘度大，流动小性；粘度小，流动性大。

粘性——指外力引起的变形，在外力解除后仍能保持形变后的形态的性能。

开裂——胶层受内应力、外部冲击或环境条件等的影响而在表面或内部所产生的裂纹。

脆化温度——材料呈脆性时的温度，表示高聚物保持其力学性能的最低温度，是高聚物作为受力材料使用的最低温度。

分解温度——高聚物受热时大分子断裂的温度，是评定高聚物耐热性的指标之一。

弹性——物体在不大的外力作用下发生变形(形变量没有时间的依赖性)，外力解除后又能恢复原来的形状，而无残余形变的性质，即形变是可逆的，这就是弹性。

塑性——物体受外力作用产生形变后，即使除去外力，形变也不能完全消失，即能够产生永久变形的性质称为塑性。

柔性——物体受外力作用发生弯曲、扭曲和压缩的难易的性质。

刚性——物体在外力作用下不易产生变形的性质，即物体抵抗变形的能力。

脆性——物体在外力作用下，不发生形变或微小形变而破坏的性质。一般以脆化温度衡量脆性的大小，脆化温度越高，脆性越大。

耐热性——表示胶粘剂能耐受得住的温度，在该温度下仍能保持其物理机械性能不变的特性。耐热性有两种含义：一是指在一定温度条件下保持粘接性能不变，即耐温性；二是指胶粘剂发生热老化而迅速破坏的温度范围，即耐热性。

耐寒性——胶粘剂能保持其物理机械性能基本不变，尚可使用的最低温度。

耐磨性——能够降低摩擦系数，减小磨损的性质。

阻燃性——抵抗暴露于火焰中的能力。

耐介质性——耐水、耐蒸气、耐油、耐有机溶剂、耐化学药品性能等的总称。

耐油性——胶层抵抗油类引起的溶胀、溶解、开裂、变形或物理机械性能降低的能力。

耐烧蚀性——粘接接头抵抗高温火焰及高速气流冲刷的能力。

耐化学药品性——粘接接头对酸、碱、盐等化学药品作用的抵抗能力。

尺寸稳定性——在环境条件变化的情况下，胶层保持形状和尺寸的能力。

降解——由气候、热、光、氧、射线等作用引起的大分子主链或侧基发生断裂的现象。

老化——在加工、贮存和使用过程中，由于受到外界因素的作用，发生一系列物理或化学变化，使胶层变脆、裂解发粘、变色龟裂、粗糙起泡、表面粉化、分层剥落、粘接性能逐渐变坏，以至丧失力学性能不能使用的现象。

人工老化——也称加速老化。在实验室内，以专用设备，仿照与模拟自然条件进行加速老化试验，获得老化数据，估算使用寿命。该方法周期短。

大气老化——也称自然老化。在室外自然条件下，以大气曝晒的方法测试老化性能，比较接近实际情况，但所需时间较长。

老化系数——试样老化后与老化前物理机械性能的比值，一般用拉伸强度、伸长率的比值表示。

线膨胀系数——也称热膨胀系数。压力一定时，温度每升高 1℃，每 1cm 长的物质伸长的厘米数。合成胶粘剂的线膨胀系数一般是金属的 10 倍左右。

导热系数——单位厚度之试样温差 1℃时，在单位时间内单位面积所通过的热量。合成胶粘剂的导热系数一般都较小，为钢材的百分之一左右。

介电常数——以绝缘材料为介质与以真空为介质制成同尺寸电容器的电容量之比。

绝缘电阻——绝缘材料的电阻。

介电强度——材料抵抗电击穿能力的量度。

内应力——接头在未受到外力作用时，内部所具有的应力。有的可能是永久的，如收缩应力；有的可能是暂时的，如热应力。

收缩应力——在粘接过程中，因体积变化而产生的应力。它将保留在粘接体系中，是一种永久性内应力。

热应力——在固化和使用过程中，因胶粘剂与被粘物线膨胀系数之差异，由于温度变化而引起的应力为热应力，在温度均匀后即可消失。

收缩——由于固化或冷却而使尺寸的减小。胶粘剂不论以何种方式固化，如溶剂挥发、乳液凝聚、聚合交联、相态转变，都会有体积收缩发生。如固化过程中有低分子物放出，收缩就更严重。

收缩率——收缩量与收缩前尺寸之比。收缩量为收缩前后尺寸差。

应力松弛——形变固定，应力随作用时间延长而下降的现象。

蠕变——当应力保持不变，应变随时间的增长而逐渐发展，最后达到平衡的现象。

冷流——室温下发生的蠕变。

应力——单位截面积上附加的内力，其大小等于单位面积上所受到的外力。

应变——物体在应力作用下产生的尺寸变化与原始尺寸之比值。

形变——物体在外力作用下，其形状和尺寸任一方面或两方面同时发生的变化。

杨氏模量——又称弹性模量。是物体刚性的量度，表征物体抵抗变形的能力的大小，即产生单位应变所需要的弹性应力。

硬度——胶层对压印、压缩、刮痕的抵抗能力。有布氏硬度、巴氏硬度、邵氏硬度、洛氏硬度等。

伸长率——材料破裂前的应变值。

应力集中——形成分布不均匀的集中应力。

剪切应力——作用于给定平面切线方向的应力或应力的分力。

内聚破坏——胶粘剂本身(胶层)发生的破坏。

界面破坏——胶层全部与被粘物表面脱开。这是因为胶粘剂与被粘物未能形成足够的粘接力。这种破坏也叫粘接破坏或粘附破坏。

混合破坏——内聚破坏与界面破坏兼而有之，或者是内聚破坏、被粘物破坏和界面破坏同时存在。

被粘物破坏——被粘物本身发生破坏。

强度——材料或制件受外力作用时，抵抗破坏的能力。用单位面积或长度的材料或制件所承受的极限力表示。

破坏强度——单位面积或长度的材料或制件所能承受的最大载荷。

粘接强度——在外力作用下，引起粘接接头破坏时，单位粘接面积或粘接长度上所能承受的最大载荷。

不均匀扯断强度——金属薄片与金属构件粘接，受力时薄片中间下垂，最后脱粘，受到不均匀扯离力的作用，所能承受的最大载荷。

疲劳强度——由于受到不断循环交变应力的作用，而使粘接接头强度迅速下降，以致造成破坏的现象称为疲劳。在一定条件下对接头重复施加一定载荷至规定次数而不引起破坏的最大应力称为疲劳强度。

强度极限——通常把 10000h 内的持久强度称为强度极限。

浸渍试验——将粘接试样置于一定温度的水、溶剂等介质中，浸渍一段时间后测定试样粘接性能变化的试验。

燃烧鉴别试验——鉴别塑料、橡胶和胶粘剂的简易试验方法。将它们靠近火焰，从其有无软化、火焰的性状、颜色、燃烧难易、有无自熄性、臭味、石蕊试纸反应等来判断其属类。

第三章　粘接接头的设计与表面处理

第一节　粘接接头的设计原则

若要获得良好的粘接效果，不仅要选择良好并合适的粘接剂材料，按照施工要求严格操作，而且还要充分考虑粘接接头的受力状况、应力应变情况、使用工况、环境条件及其设计寿命等。在进行金属(或非金属)材料之间的粘接接头设计时，必须清楚地认识到一般粘接剂材料的力学性能，如拉伸强度、破坏应力等都会远低于被粘接物材料。

例如，在进行车床刀具或钻头的粘接时，如果采用对接接头形式，即便选用剪切强度在40~50MPa的高性能粘接剂材料，由于刀具或钻头工作时其受力载荷会直接施加在粘接剂材料上，而粘接剂材料根本无法承受如此大的工作载荷，势必造成粘接剂材料立即破坏，从而引起粘接系统失效。但是如果改用套接或嵌接的粘接接头形式，即便选用剪切强度在20~30MPa的普通粘接剂，由于这种接头形式下刀具或钻头的受力载荷不会直接传递或施加在粘接剂材料上，因此不会发生早期的粘接材料力学破坏，从而确保了刀具或钻头粘接可以正常工作。

因此，必须根据受力状况、应力方向来设计粘接的接头形式，以确保粘接系统的结构强度。同时，在粘接接头设计时，还要充分考虑工况条件(如温度、光照、湿气以及介质等)对粘接剂材料的影响，避免由于工况条件对粘接系统的早期破坏。因此说，粘接接头的设计直接关系到粘接结构的性能。

一、粘接接头的破坏类型

粘接头就是通过胶粘剂将被粘物连接成为一个整体的过渡受力或不受力的粘接部位，如图3-1所示。

粘接接头在外力作用下主要受到四种力的作用，即剪切、拉伸、剥离和不均匀扯离力的作用，见图3-2。

粘接接头在受到外力和内力作用时，如发生破坏，大致有四种破坏类型，即内聚破坏、本体破坏、界面破坏和混合破坏，如图3-3所示。

研究结果表明，完全的界面破坏一般只发生在无法粘接的材料表面，即很少出现真正的界面破坏，发生界面破坏时，粘接强度最低。粘接接头胶粘剂的内聚破坏是最佳破坏形式，但完全的内聚破坏也并不太多，以内聚破坏为主的混合破坏是比较实际的接头形式。

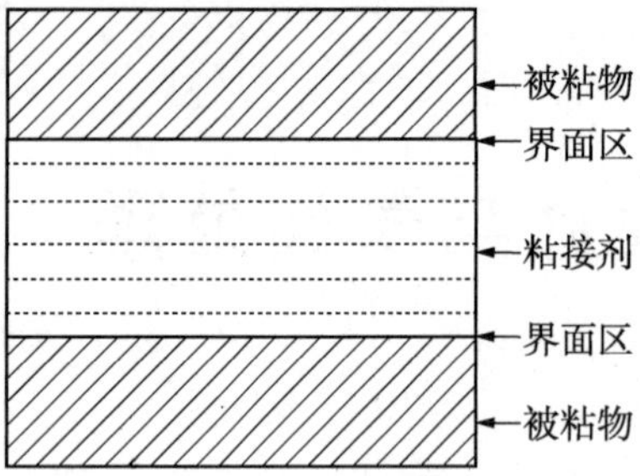

图 3-1　粘接接头示意图

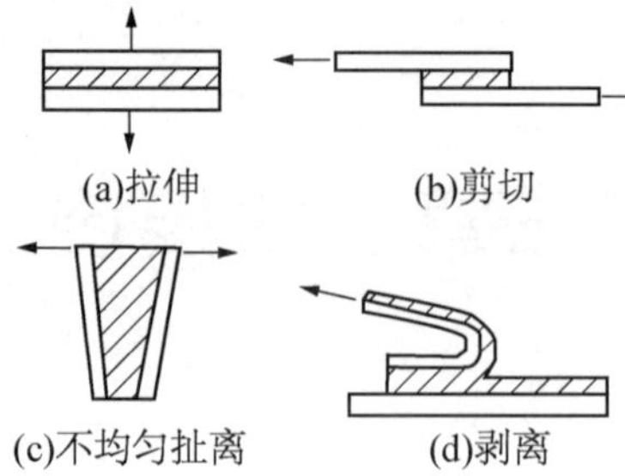

图 3-2　粘接接头受力类型

二、粘接接头的结构设计

从力学性能的角度考虑，粘接接头结构的拉伸、剪切、抗压强度是比较高的，而其剥离、抗弯、冲击强度相对较低，因此在粘接接头设计时要遵循如下的基本原则：

(1) 尽可能承受剪切应力，尽量避免剥离与扯离的作用。

(2) 尽可能增加粘接面积，提高接头的承载能力。

(3) 防止层压材料间的剥离，可以用斜接法。

粘接接头的基本形式有对接、角接、T 接和平接四种，生产实际中的接头不管多么复杂，都是以上四种类型的采用或组合，详见表 3-1。图 3-4 是四种基本接头结构图。

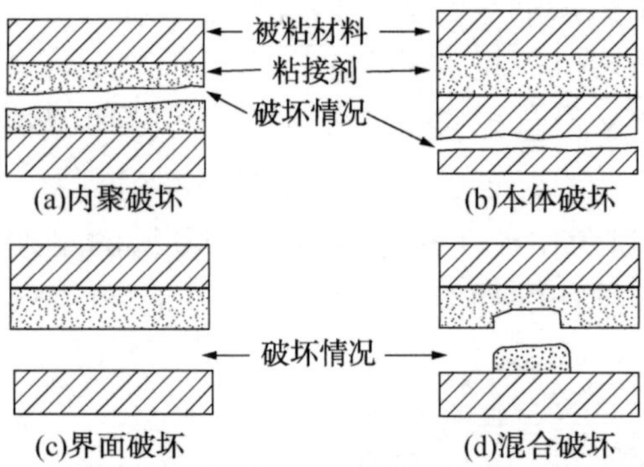

图 3-3　接头破坏类型

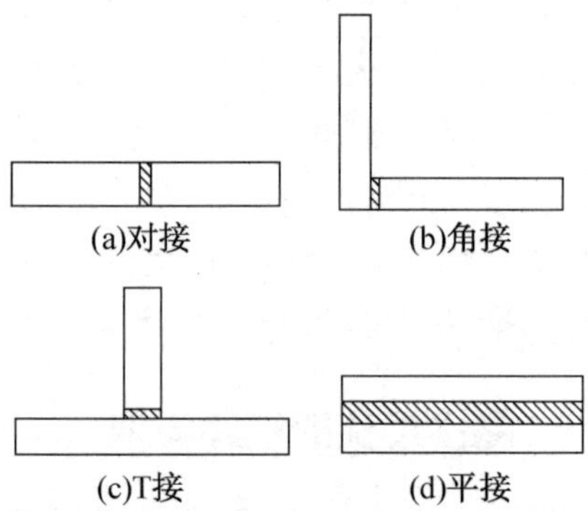

图 3-4　接头基本类型

表 3-1　几种常见粘接接头结构及特性

接头形式	接头结构	特　性
对接	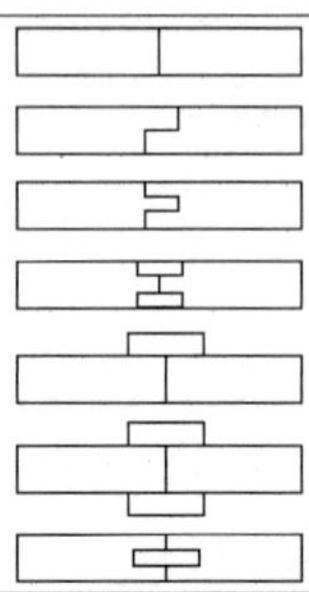	对接是将两个被粘接面对合在一起。这种方法粘接的接头粘接面积小，承受的是不均匀扯离力的作用，容易引起应力集中，强度很低，效果不好，大多在修补时使用。在受力不大的情况下可以使用；如果受力较大，则应加大粘接面积

续表

接头形式	接头结构	特　性
斜接		将接头制成一定角度的斜面以后再对接，承受剪切力，应力分布均匀，粘接面积比对接大，承载能力高
搭接	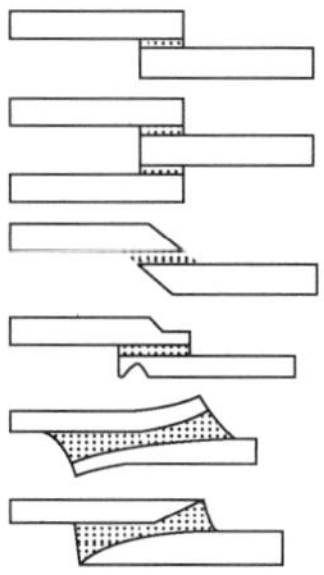	这种接头所承受的作用力一般是剪切力，适当地选择接头尺寸(接头宜宽不宜窄)，应力分布也比较均匀，有较高的粘接强度。这种接头加工比较容易，在实际生产中应用最多
嵌接	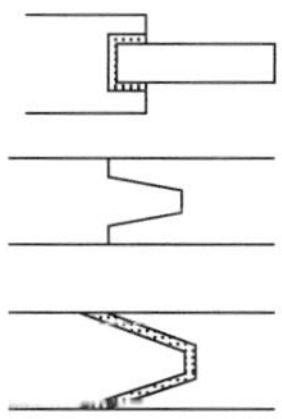	嵌接接头是效能最好的接头之一。根据理论分析，纯嵌接接头几乎没有应力集中现象，甚至可以达到粘接强度超过材料本身强度的水平
套接	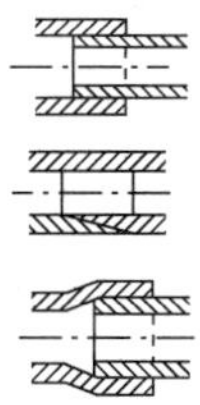	套接是将接头的一端插入另一端孔内，或是外加套管内对接，其粘接面积大，受力情况好，承载能力强，粘接强度高，适用于圆管和棒的粘接
平接	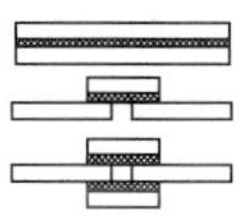	平接是将两个被粘接平面结合在一起，虽然应力分布不太均匀，但粘接面积大，可以获得很高的粘接强度，适用于柔性材料之间或柔韧材料与刚性材料之间的粘接
T接	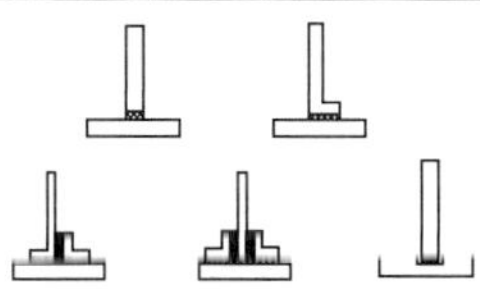	纯T接接头接触面积小，粘接强度低，一般很少使用，加以改进后尚能得到较好的效果
角接	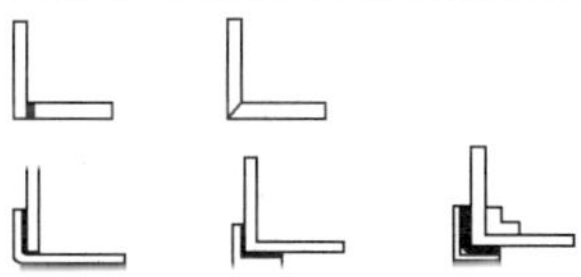	单纯的角接粘接面积小，而且要承受的力是不均匀扯离力，所以强度低。稍加改进的一些组合补救措施可以增加接头的强度

三、粘接接头的设计原则

在粘接接头设计时要遵循以下原则：

(1) 尽量使粘接接头所受应力均匀分布，避免或减少应力集中现象出现。

(2) 使粘接接头的胶层承受剪切力、拉力的作用，避免受到剥离力、劈裂力或弯曲力。

(3) 合理地增加粘接面积，提高接头的承受能力。

(4) 采用套接、嵌接接头，增加接头的强度。

(5) 采用粘接-点焊、粘接-螺接等复合形式，充分发挥各自优点，提高可靠性。

(6) 注意考虑接头的工艺性、经济性。

第一，注意到粘接接头的应力集中问题常常是造成粘接失效的主要原因，这与接头受力形式、结构、胶粘剂、被粘材料的性能直接相关。试验证明，斜接接头能够使被粘物应力分布均匀，避免出现应力集中。但是只有厚板材料才能制成斜接接头，并且加工较复杂。通常要减少粘接接头的应力集中，应该使接头处被粘材料刚度一致，并采用柔韧性较好的胶粘剂。

第二，即使高强度的结构胶粘剂的剥离强度和劈裂强度也只有300~400N/cm，因此在接头设计中应尽量避免上述力的产生。弯曲力也要避免，因为它往往引起剥离力和劈裂力。图3-5提供了几种减少剥离力的方法。

适当增加粘接接头的粘接面积，才能提高承载能力，避免剥离力、劈裂力的产生。搭接接头应该增加搭接宽度，对接接头应该采用嵌、套或贴垫片等方法加大粘接面积。

如上所述，粘接车刀时，如用平接接头，胶层使用中承受不均匀扯离力的作用，强度低，不能正常使用，如改用嵌接方式，增大了粘接面积，胶层受力也变为剪切力，可靠性增加。

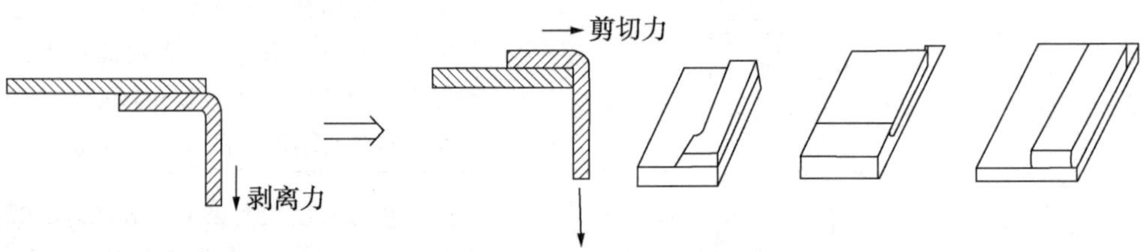

图3-5　避免和减少剥离力的方法

第三，粘接和机械连接复合的接头形式在实际中也较广泛，因为两者并用起到了互相补充的作用。机械连接还可以有效地承受粘接接头不宜承受的剥离力、冲击力、劈裂力的作用。同时，采用粘接又可以显著减轻或消除机械连接所固有的应力集中现象，提高接头的疲劳强度和使用寿命。

第四，考虑到温度对接头的影响，在不同温度下，由于接头的相互膨胀系数不同，会引起内应力影响接头的强度。接头设计时应尽可能选择膨胀系数相近的材料，如果在套接时，接头的膨胀系数不同，可将膨胀系数大的材料作为外套件使用，而不应作为内套件，防止产生收缩应力。

在设计粘接接头时，人们往往希望能够通过计算得出粘接接头所能承受的最大强度，但目前要做到这一点还比较困难，只能由分析和计算的方法进行估计。

受拉力作用的对接接头和角接接头，其应力分布均匀，粘接接头的抗拉伸强度用粘接面积乘以单位抗拉伸强度即可以计算出来；但对于搭接接头，由于应力分布不均匀，不能简单地计算出最大承受力。最佳搭接长度可由下式求得：

$$\sigma = l\tau/t \tag{3-1}$$

式中 σ——接头金属内部的拉应力；

τ——胶层内部的剪切应力；

l——搭接长度；

t——金属的厚度。

由式(3-1)可以看出，接头金属越厚，搭接长度可以适当加长，通常搭接接头的搭接长度以材料厚度的5~10倍为宜。

必须指出，粘接接头的设计只是工业产品总体设计的一个部分，实际工作中不能仅从接头力学性能这一方面考虑，而必须综合考虑其他诸多因素，才能设计出满意的粘接接头。

第二节 粘接接头的表面处理

一、被粘物表面处理的作用

在确定了粘接方式，选择了适当的胶粘剂密封胶，设计了良好的粘接接头以后，粘接并不一定能获得一个十分完美的结果。其原因在于粘接接头的强度是由胶粘剂与被粘材料之间的粘附力和胶粘剂的内聚强度所决定的。被粘物表面处理得如何，直接关系到粘接强度的高低、密封性能的优劣及耐久性，是粘接密封工艺中不可忽视的一个重要组成部分。只有当胶粘剂与被粘物表面完全润湿时，才能获得良好的粘接。表面处理的作用不仅是为了改变其表面不利于粘接的状态，获得一个清洁、干燥、粗糙、活性的表面，确保胶粘剂与被粘物充分润湿、紧密结合，以实现牢固的粘接，而且还为了得到等同的粘接表面，进一步提高粘接质量和使用寿命。

被粘材料在加工、运输、贮存等过程中，其表面不可避免地要受到污染而影响粘接。这些污染主要有以下几种情况：

(1) 被粘物表面被油、水等污染、这些油污大多是非极性的，表面张力小，难以被胶粘剂润湿。

(2) 固体材料表面会吸附空气、水蒸气等气体分子，这些被吸附的气体往往起着被粘材料与胶粘剂之间的隔离剂的作用。

(3) 金属材料与空气接触后，表面形成较为疏松的氧化物层，由于内聚强度低，若不彻底清除，则必然影响粘接强度。

(4) 高分子材料大多是非极性或弱极性的，表面张力小，化学活性低，不易与极性胶粘剂产生良好的粘附作用，必须进行表面活化处理，才能获得良好的粘接效果。

(5) 极性大的高分子材料模塑加工时表面带有脱膜剂，使得粘接难以成功，必须进行表面处理。

二、表面处理方法

(一) 金属材料的表面处理

金属材料的表面受到环境气氛的影响，在表面上吸附有污染物、气体层(氮气、氧气、二氧化碳等)、氧化物层、加工硬化层等，如图 3-6 所示。

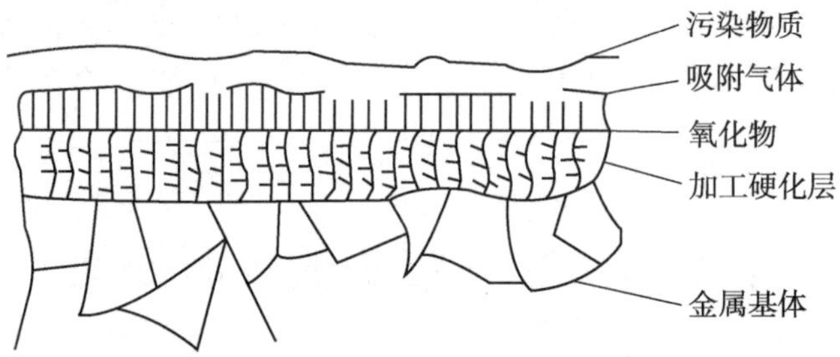

图 3-6　金属表面结构

金属材料的表面可以分为工艺表面、洁净表面和纯表面三类。金属材料的表面处理主要包括除油、除锈和活化。

1. 金属材料表面除油

金属材料在机械加工和贮存过程中，表面通常附着油污(加工中的润滑油、为防锈而涂的防锈油、加工人员手上含油的分泌物等)，虽然油脂的种类不同，但它的存在严重影响良好粘接力的形成。当油脂类在金属表面上以单分子层以上的厚度存在时，就会形成一个薄的界面层，在粘接之前必须将它们全部去除。除油的方法主要有以下四种：

1) 有机溶剂除油

有机溶剂可以将金属表面的各种油污溶解，且不腐蚀金属，操作方便，应用比较多，常用的除油溶剂有汽油、丙酮、酒精、甲苯、三氯乙烯、四氯化碳等。

通用的溶剂除油法是用棉纱蘸着有机溶剂擦洗金属表面，但这种方法适用单件生产，效率低，对人体毒性较大。近几年来气相溶剂除油法应用较多。它是将密闭容器下部放入低沸点的有机溶剂，工件挂在容器中，稍经加热后使溶剂挥发成蒸气，在工作表面凝结成液滴并落下，使工作表面油污溶解于溶剂中，如三氯乙烯、二氟三氯乙烷气相除油法。采用气相除油法可避免操作人员与溶剂接触。

有机溶剂除油法，有时不能一次将油污完全去除，需要多次反复清洗。

2）碱液除油

碱液除油具有无毒、不燃、经济的特点，在有条件的单位应用比较多。碱液除油的原理是借助皂化和乳化作用来实现除油。所谓皂化是指油脂与碱反应生成高级脂肪酸盐和甘油。乳化作用是烷类矿物油在碱液中破裂为不连续的油珠，并在油珠表面包裹碱液，降低油、水界面的张力，减少了油对工作的亲和力，使油滴进入溶液中，达到除油的目的。

碱液除油的配方很多，下面列出的是钢铁件除油的典型配方(g/L)：

氢氧化钠	30~50
碳酸钠	20~30
磷酸钠	50~70
水玻璃	10~15

按上述配比制成溶液，在 80~100℃除油，时间为 30min。然后水洗、干燥。

此外，还可以用下述溶液于 80~100℃将被粘材料处理 10~15min。其配方(质量份数)如下：

硅酸钠	10
重铬酸钠	30
磷酸钠	30
氢氧化钠	30
水	1000

使用碱液处理被粘物后，必须用水多次充分洗涤，将工件表面的残留碱液除去，否则将大大影响粘接强度。

近年来出现了一些新型表面活性剂类除油清洗剂，如 801、802、310 等，具有除污力强、使用简便、无废液污染的优点，其中 801 金属清洗剂组成(质量分数)如下：

脂肪醇聚氧乙烯醚硫酸酯钠盐 脂肪酸酰二乙醇胺 烷基酚聚氧乙烯醚 脂肪醇聚氧乙烯醚 脂肪胺聚氧乙烯醚	35
水	65

3）电解除油

电解除油是清除油污的有效手段，其除油原理是在碱性电解液中，由于油与碱液之间的表面张力降低，促使油膜出现裂纹，同时电极通电极化使金属与碱液之间的表面张力减小，二者间的接触面积增大，迫使金属表面吸附的油污变成细小的油珠。在电流的作用下，电极表面产生氢气泡或氧气泡，滞留在小油珠上，随着电解的进行，气泡逐渐变大，当达到足够的浮力时，气泡就携带油珠脱离金属表面，达到除油目的。电解法除油与碱液除油相比，效率高，质量好。

电解法除油，除油温度70～90℃，电流密度10～15A/dm^2，电压8～12V，时间为10～20min。电解液可按下面配方(g/L)制成：

氢氧化钠	15
碳酸钠	25
磷酸钠	60
水玻璃	8
水	892

4)超声波除油

超声波除油是将欲除油的工件放到超声波清洗槽中，槽中放有溶剂或含有表面活性剂的溶液，然后开动高频发生器，当超声波频率达到20～5000Hz时，产生的能量使槽内溶液翻动，并对工作表面进行冲刷，使油污等被冲击下来。这种方法一般只适用于小型精密件的除油。

超声波除油时，可根据被除油污工作的种类选择适宜的溶剂。

2. 金属材料表面除锈

金属材料表面的锈蚀层和污染物可以用机械或化学处理方法除掉。

1）机械除锈

物理机械方法是工业上常用的表面处理方法之一，可以直接去除表面的污物，而且还能获得一定的表面粗糙度，这对粘接密封十分有利。适当地提高被粘物表面的粗糙度，可增加粘接强度。图3-7是粗糙度与粘接强度的关系曲线。

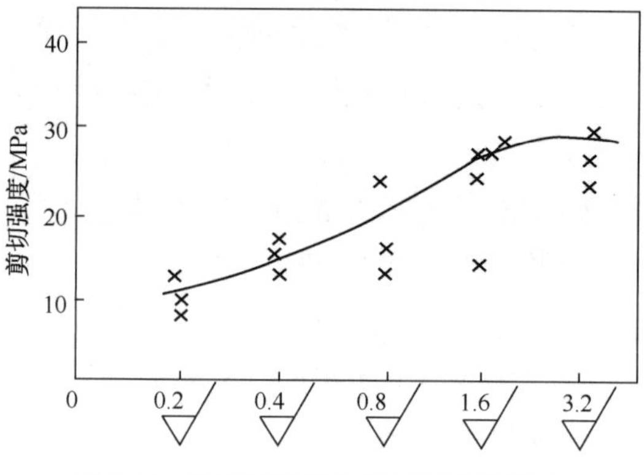

图3-7　表面粗糙度与粘接强度的影响

（1）手工除锈　主要用砂布、砂纸、铲等工具清除金属表面的锈蚀，这是最简便的方法，但由于工效低、劳动强度大，只适用于数量少、要求不高的工件。

（2）电动工具除锈　是用电动砂轮、电动刷、除锈枪等工具除锈，效率高、质量好。

(3) 喷砂除锈　是通过压缩空气将砂石喷射到金属表面，经强力摩擦与冲击作用清除锈蚀。用于喷砂的砂料有矿砂、河砂、海砂、刚玉砂、金刚砂、石英砂、玻璃珠、金属弹丸等，大面积工件的处理常用这种方法。一般是先将表面先脱脂再喷砂，这样就能避免油污的转移，喷砂也能进一步除去表面含有的微量油污。

喷砂处理分为干法喷砂和湿法喷砂，干法喷砂又可分为露天喷砂和密闭喷砂。用化学方法难以处理的合金表面及表面上含有较多磷片及氧化物时，用干法喷砂最有效。

干法露天喷砂是以压力为 0.4MPa 以上的压缩空气，将砂石喷射到工件表面。这种喷砂法简便易行，多用于处理大面积金属表面。但工作时粉尘浓度较大，空气污染比较严重，并且砂粒不易回收。

干法密封喷砂是将喷砂枪和工件都放在密封的工作室里进行喷砂处理。此法的优点是污染小，砂粒可以回收，但不适于大面积工件的喷砂。

湿法喷砂是将磨料、液体和空气混合在一起使用。它的主要优点是减少了粉尘的飞扬，避免了干法喷砂粉尘大的缺点。一般是将砂粒用 0.4%～0.6% 亚硝酸钠水溶液处理后，洗去砂粒上的粉尘后再喷砂。此法可使用范围较宽的磨料，但只有不怕水的被粘材料才能用此法处理。

不管使用什么喷砂法，磨料的大小和特性都是比较重要的因素，用尖锐的切割式磨料喷砂效果最好，而圆球形磨料的效果比较差。表 3-2 是几种喷砂方法处理时磨料大小的范围。

喷砂方法不适宜用于厚度在 1.2mm 以下的板材和形状比较复杂的零件，因为高速的砂粒会使薄板变形，而复杂零件有些部位被遮蔽，难以处理干净。

表 3-2　喷砂磨料大小的适用范围

被粘接物种类	喷砂方式	磨料规格/目	被粘接物种类	喷砂方式	磨料规格/目
钢	干法	80～100	黄铜	湿法	140～325
铝	湿法	140～325	不锈钢	湿法	140～325
黄铜	干法	80～100			

2）化学除锈

化学除锈是将金属在活性溶液中进行化学腐蚀处理，不仅能使表面活化或钝化，还能在金属表面形成具有良好内聚强度的表面氧化层，这对形成牢固的粘接非常有利。化学除锈有化学浸蚀和电化学浸蚀两种。

(1) 化学浸蚀　钢铁材料表面的锈蚀层主要成分是三氧化二铁，也有些是氧化亚铁，其质地疏松，必须在粘接之前除去。通用化学浸蚀是用无机酸(如硫酸、盐酸或其他混合酸)处理。钢铁材料被硫酸处理时，发生下列反应：

$$FeO+H_2SO_4 = FeSO_4+H_2O$$

$$Fe_2O_3+3H_2SO_4 = Fe_2(SO_4)_3+3H_2O$$
$$Fe+H_2SO_4 = FeSO_4+H_2\uparrow$$

通过这些反应使氧化物变成可溶盐而清除掉。为防止产生的氢气向金属内部扩散而造成氢脆，一般可以在处理液中加入若丁或邻二甲苯硫脲，在处理铸铁件时，应加入一些氢氟酸，以使其含有的硅变成氟硅酸。

铝和铝合金可以用10%氢氧化钠水溶液浸蚀后，再用硝酸处理。

表3-3列出几种金属的化学处理法。

表3-3　常见金属化学浸蚀法

金属种类	浸蚀液	温度/℃	时间/min
钢铁	浓硫酸　200g/L 若丁　3~5g/L	30~60	1~3
	盐酸　500~400g/L 若丁　3~5g/L	20~40	1~3
不锈钢	浓硝酸　200~400g/L 氢氟酸　25~50g/L	20~40	1
铜及铜合金	盐酸　37%	20~30	0.5~1
	浓硫酸　100~150g/L	20~30	0.5~1
铝及铝合金	氢氧化钠　10%	80~100	0.5~1
	浓硝酸	20~30	0.1~0.2

（2）电化学浸蚀　是将金属放在电解槽中，作为电极(阴极或阳级)，在直流电的作用下，借助金属的电化学和化学溶解及金属上析出的气泡将表面的氧化皮层清除。把处理的金属作为阳极时，在电流作用下，金属表面析出氧气泡；作为阴极时析出的是氢气泡。

电化学浸蚀法速度快、酸液消耗少，且可以处理合金钢等。阳极浸蚀用的电解液是15%~20%硫酸溶液，温度10~30℃，电流密度500~1000A/m^2。

3. 金属表面的活化处理

对于一般的金属材料经过脱脂除油、除锈处理之后，即可以进行粘接。如果想进一步提高金属材料的粘接强度，减少粘接强度的分散性，可以对其表面进行活化处理，进一步清除金属表面的惰性物质，使表面呈高的表面能状态，利于胶粘剂的润湿，见表3-4。

除了通过活化处理金属表面，在金属表面处理时还经常用到磷化。磷化是指钢铁在磷化液中处理，在表面沉积形成一层不溶于水的结晶型磷酸盐转化膜的过程。通过磷化处理的钢铁，耐蚀性好，漆膜与钢铁件的附着力增加，减少了在粘接过程中胶粘剂被腐蚀和带漆膜与钢板脱离的可能性，提高了粘接强度。

表 3-4 金属材料活化处理法

材料名称	处理方法		温度/℃	时间/min	后处理方法
钢铁	重铬酸钠 蒸馏水 浓硫酸	20 份 150 份 50 份	70~75	10	用 5%稀盐酸清洗，再用净水洗干净
铝合金	重铬酸钠 蒸馏水 浓硝酸	20 份 70 份 50 份	60~70	5	净水冲洗干净
	阳极氧化，重铬酸钾水溶液封闭				
铜合金	三氯化铁 浓硝酸 水	15 份 30 份 200 份	室温	3	净水冲洗干净
不锈钢	重铬酸钠 水 浓硫酸	3.5 份 3.5 份 200 份	70~75	15~20	2%稀盐酸冲洗，再用净水冲洗，烘干
	盐酸 磷酸 氢氟酸	80 份 8 份 4 份	80~85	1~2	
镁及镁合金	铬酸 硫酸钠 蒸馏水	10 份 0.05 份 100 份	25	3	净水冲洗，烘干
	十二烷基磺酸钠 水	4 份 450 份	70~90	10	
	偏硅酸钠 焦磷酸钠 氢氧化钠	8.5 份 4 份 4 份	25	5	
钛	氟化钠 三氧化铬 浓硝酸 水	10 份 5 份 50 份 250 份	25	5~10	净水冲洗，烘干
	浓硝酸 氢氟酸 水	9 份 7 份 30 份	50	20	

续表

材料名称	处理方法	温度/℃	时间/min	后处理方法
锌	20%盐酸	25	2~4	净水冲洗，烘干
	20%乙酸	25	3~5	
	磷酸 5份 水 95份	25	5	
镍	浓硝酸 14份 蒸馏水 30份 氢氟酸 1份	50	20	净水冲洗，烘干
铬	盐酸 50份 蒸馏水 50份	90	1~5	净水冲洗，烘干

4. 金属表面涂底胶活化

在处理过的金属表面涂一层底胶，能够改善粘接性能。涂底胶的作用有：①改善粘接性能。②保护金属表面清洁，延长处理好表面的有效期。③改善被粘接物表面的粘附性能。最典型的是涂硅烷偶联剂，使硅烷偶联剂与被粘材料之间形成良好的化学键，使粘接强度和接头抵御外界影响的能力提高。此外还可用钛酸酯类、有机酸类、有机胺等作为偶联剂。

（二）非金属材料的表面处理

非金属材料包括橡胶、塑料、玻璃、陶瓷、木材等，尤其是高分子村料，如聚四氟乙烯、聚丙烯、聚乙烯等，表面能低，很难完全被浸润，必须表面处理后才能粘接。非金属材料的表面处理有以下几种。

1. 机械处理

与金属材料表面处理方法相同，非金属材料表面处理通常也是用砂纸打磨，去除表面的油污、脱膜剂、增塑剂等，才能涂胶粘接。

2. 物理处理

物理处理法是用电场、火焰等物理手段对被粘材料进行表面处理，主要用于非极性高分子材料。其设备造价高，处理工时长，但效果比较好。

1）火焰处理

以可以燃烧的气体火焰在被粘物表面进行瞬时灼烧，使其表面氧化，得到含碳的极性表面。如氧乙炔火焰处理聚乙烯、聚丙烯后，就可以用普通胶粘剂进行粘接施工。

2）放电处理

在真空或惰性气体环境中，对非金属材料进行高压气体放电处理，使其表面氧化或交联而产生极性表面，根据不同的装置可分为电晕、接触、电弧、辉光等放电法。尤其适用于聚烯烃材料。

3）等离子放电

等离子处理是用无电极的高频电场连续不断地提供能量，使等离子室内的气体分子激化成带正电离子和电子的等离子体，这些等离子以几百至几千毫升/分的气流速度碰撞要处理的材料表面，使其生成极性层。这种方法适用范围极广，可以处理所有高分子材料，但设备造价较高，一般难以应用。

3. 化学处理

非金属材料的化学处理是用酸、强氧化剂等将其表面的一切油污杂质清除掉，或将非极性表面通过氧化作用生成一层含碳极性物质以增强粘接效果。常用方法见表 3-5。

表 3-5　非金属材料化学处理法

材料种类	处理液/mL	温度/℃	时间/min	后处理
玻璃、陶瓷	重铬酸钠 66 浓硫酸 66 水 1000	70	10	用 5%稀盐酸清洗，水冲洗，烘干
聚乙烯	重铬酸钾 4.5 浓硫酸 87.5 水 8	25	5	用 5%稀盐酸清洗，水冲洗，烘干
	浓硫酸 300 重铬酸钾 25 水 15	25	1～2	
硅橡胶 硅塑料	硅烷表面活性剂处理	25		晾干
	硅烷偶联剂涂敷			
普通橡胶	脱脂打磨后，浸于 1000mL 浓硫酸、50g 硫酸锂配成的糊状液中	25	30	水洗，烘干
	脱脂打磨后，浸入 85%～95%浓硫酸中		5～10	
聚甲醛	浓硫酸 300 重铬酸钾 25 水 15	25	0.2～0.4	用 5%稀盐酸清洗，水冲洗，烘干
涤纶薄膜	先浸于 30%氢氧化钠水溶液中，再用 50%氯化亚锡水溶液浸泡	80 25	5 5	水洗，烘干

4. 辐射接枝处理

对于非极性聚合物，为了增加表面极性，有利于胶粘剂润湿，可以用极性单体如聚甲基丙烯酸甲酯（PMMA）、聚丙烯酸酯（PA）、乙酸乙烯酯（VAc）等经过 Co^{60} 辐射后，使表面能提高。聚乙烯、聚丙烯、氟塑料等非极性材料都能用此法处理。

国外已成功地将以上表面处理方法如通过等离子放电处理，将偶联剂等施加到被粘物表面。

（三）表面处理的检验

被粘物表面经过处理之后能否达到洁净、润湿良好的要求，可用水膜法检验，既简单又方便的方法是在经处理后的材料表面洒上水，若表面处理得好，则水能铺展成一个连续的水膜；反之，则会出现水滴滚动或水膜破裂的情况，说明表面仍有脏物，需要重新处理。

（四）材料表面处理后的有效时间

经过表面处理后的被粘物表面最好立即进行粘接，放置时间不宜过长，因为经过处理的表面有一个有效期，有效期的长短与材料的种类、处理方法有关。表 3-6 是几种金属材料表面处理的有效期。粘接应在表面处理的有效期内进行，避免重复处理。

表 3-6　几种金属材料表面处理的有效期

材料种类	处理方法	有效期/h
铝	湿法喷砂 硫酸-重铬酸盐处理 阳极化处理	72 144 720
钢	喷砂	4
不锈钢	硫酸腐蚀	720
黄铜	湿法喷砂	8

第三节　粘接接头的老化及影响因素

粘接部件在使用或存放的过程中，不可避免地要受到热、光、空气等环境因素的作用，使粘接接头的性能逐渐下降，以致难以使用，这就是粘接接头的老化。一个粘接接头形成以后，除了对它的力学性能进行一系列检测外，还要对它进行老化试验，才能确定是否可靠、适用。

在汽车上应用的胶粘剂密封胶在行驶和存放中，受到日光、风雨、大气、温度及温度交变等气候因素的作用，必须研究胶粘剂密封胶的耐老化性。目前广泛采用的试验方法有大气曝晒试验和各种人工加速老化试验。这里着重介绍粘接接头的老化机理及改善耐老化性能的措施。

一、金属粘接接头的大气老化

（一）金属粘接接头大气老化机理

1. 水的作用

水在自然界中以蒸汽形式普遍存在。尤其在潮湿而炎热的地区，大气中水的含量很高，由于水分子的体积小、极性大，很容易渗透到粘接接头的胶层和界面中。水可以渗入胶粘剂密封胶主体材料的聚合物本体中，并与其发生两种类型的作用：

第一，水分子可以破坏聚合物之间的氢键和其他次价键，使聚合物发生增塑作用，引起胶粘剂密封胶力学性能和其他物理性能下降。

第二，对于以聚酯、聚酰胺、聚酯-聚氨酯为主体的胶粘剂，水分子可以造成高分子链的断裂，引起聚合物的化学降解。

第一种作用往往是可逆的，除去水后可使胶粘剂性能恢复，而第二种作用性能则是不可逆的。

水对胶粘剂密封胶层的增塑作用对接头常温粘接强度的影响不大，但能降低热变形温度，致使高温粘接强度大幅度下降。图 3-8 是一种环氧树脂胶粘剂的耐水性试验结果。表 3-7 是常用胶粘剂的耐老化性能。

水对金属粘接接头耐大气老化性能的影响除以上两点外，还能促进应力对接头的破坏作用。

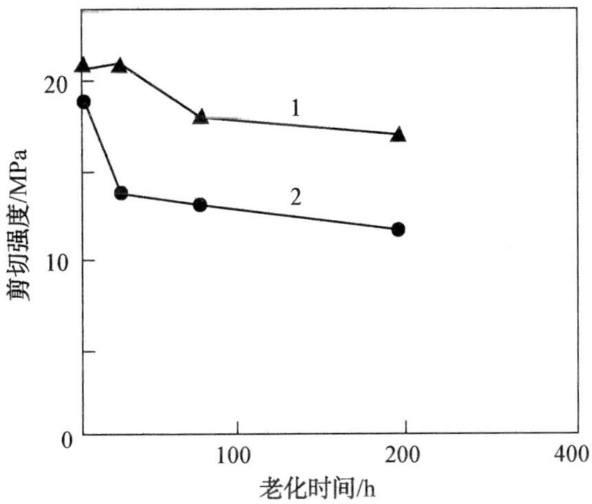

图 3-8　一种环氧树脂胶粘剂在 93℃饱和水蒸气中加速老化后的强度变化

1—室温；2—135℃

表 3-7　几种常用胶粘剂耐老化性能

胶粘剂	潮湿试验 1000h 强度保持率/%	热带海洋老化 3 年 强度保持率/%	热带大气老化 6 年 强度保持率/%	100℃老化 1000h 强度保持率/%
环氧-聚酰胺胶 A	44	0	0	—
环氧-丁腈胶	102	42	98	100
环氧-聚硫胶	100	32	—	—
胺固化环氧胶	98	0	25	—
酸酐固化环氧胶	96	0	31	—
双氰胺固化环氧胶	92	20	30	—

续表

胶粘剂	潮湿试验 1000h 强度保持率/%	热带海洋老化 3 年 强度保持率/%	热带大气老化 6 年 强度保持率/%	100℃老化 1000h 强度保持率/%
环氧-聚酰胺胶 B	103	35	36	—
聚氨酯胶	100	100	92	97
酚醛-缩醛胶	105	41	35	98
酚醛-丁腈胶	104	43	78	98
不饱和聚酯胶	100	0	—	—
丙烯酸酯胶	100	18	—	—
α-氰基丙烯酸酯	0	0	—	—
聚乙酸乙烯胶	75	0	—	—
氯丁胶	95	30	31	—

2. 应力对接头耐大气老化性能的影响

应力在粘接接头中的存在是引起接头大气老化的另外一个重要原因。表 3-8 列出几种胶粘剂在外应力作用下经三年大气老化的情况。

表 3-8　应力对几类胶粘剂粘接接头耐老化性能的影响

胶粘剂种类	老化前的剪切强度/MPa	无外应力情况		外应力存在情况	
		剪切强度/MPa	强度保留/%	剪切强度/MPa	强度保留/%
丙烯酸胶粘剂 A	2. 38	1. 35	54	0. 36	15
丙烯酸胶粘剂 B	3. 88	3. 94	105	2. 9	75
酚醛-缩醛胶粘剂	3. 96	3. 8	96	3. 01	75
酚醛-丁腈胶粘剂	2. 8	2. 47	88	1. 68	60
环氧-酚醛胶粘剂	2. 35	1. 99	85	1. 31	55

从表 3-8 可以看出，在外应力存在下，接头的大气老化速率加快了。粘接接头中存在着外应力和内应力，内应力是胶层中或界面上气泡或其他杂质的存在、胶粘剂固化时体积的收缩及胶层与被粘材料热膨胀系数不同而造成的应力；由于胶粘剂和被粘材料弹性模量不同、密度不同、热膨胀系数不同，在老化过程中会在接头产生新的内应力。此外，老化过程中胶层吸收水分发生溶胀，而被粘材料一般不被水所溶胀，这样也会产生新的内应力。

即使没有其他环境因素的影响，外应力和内应力的结合就往往可以在粘接界面及胶层内部引起部分分子链和分子内键的断裂，最终使粘接接头发生破坏。在应力存在下粘接接头的老化过程中，由于粘接接头的破坏有利于水对接头的渗透，水对接头的破坏，应力和环境介质的相互影响、相互作用，大大加速接头的老化，发生所谓应力腐蚀开裂。

3. 被粘金属表面腐蚀对接头耐大气老化性能的影响

各种金属在大气中，如防锈不好等原因，不可避免地会发生表面腐蚀现象，由此导致粘接接头的损坏。图 3-9 是三种胶粘剂粘接的接头经过 36 个月耐大气老化后剪切强度下降的情况。图中 AF-111 和 MB 324 由于被粘材料表面有腐蚀现象，对粘接界面影响很大，粘接强度大大降低；而 FM-97 情况则不同，其粘接界面没有腐蚀现象，粘接强度下降小。

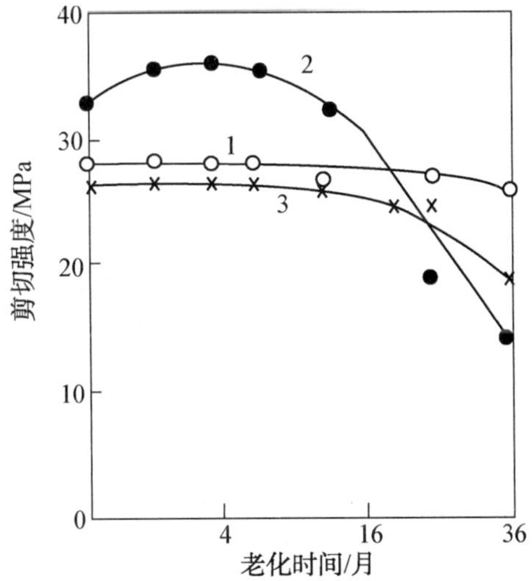

图 3-9 三种结构胶粘剂接头耐大气老化结果

1—FM-97；2—AF-111；3—MB324

一般来讲，能够与被粘接材料表面形成较多化学键的胶粘剂密封胶对金属表面有一定的保护作用，而主要依靠物理吸附为主的胶粘剂密封胶则没有这种作用。因为胶粘剂分子在界面上一旦被水分子吸附，金属表面就会暴露在空气之下，在界面上也会发生金属表面的腐蚀，造成接头破坏。空气中盐分较大的地区，会加速金属的腐蚀。此外，胶粘剂密封胶在大气环境影响下也可能对被粘金属造成腐蚀，在选择金属用胶粘剂时要考虑对金属表面是否有腐蚀。

（二）提高金属粘接接头耐大气老化性能的方法

为了提高粘接接头抵御大气老化的能力，应根据使用情况的要求采取措施进行预防，具体方法有以下几种：

1. 选择具有良好化学结构的胶粘剂密封胶

（1）胶粘剂密封胶本身耐水性好，不易被水降解成吸水率比较低。

（2）胶粘剂密封胶能够与被粘物表面形成化学键，增加接头的耐老化性能。

（3）具有良好的韧性。

含有酯键或酰胺键的胶粘剂容易被水降解，增加胶粘剂本体的交联密度可以减少胶层的吸水率，加入一些弹性体可以改善胶粘剂的韧性，提高耐大气老化性能。

2. 正确选择及使用底胶或偶联剂

涂布底胶可以改善粘接界面的状况，提高粘接强度和胶层的老化性能。通常底胶是由未加填料的胶粘剂经一定改进并用溶剂稀释而成的，涂在清洁金属表面，待溶剂挥发后再涂布胶粘剂。与底胶配合好的胶粘剂可与被粘金属表面形成良好的化学键，有利于增加接头的耐老化性能。表 3-9 是底胶对硅酮密封胶剥离强度的影响。

表 3-9　底胶对 RTV 硅橡胶密封胶剥离强度的影响

涂胶情况	老化条件	T 剥离强度/(N/cm)	破坏情况
涂布底胶	—	13.4	100%内聚破坏
不涂底胶	—	0	粘附破坏
涂布底胶	20d，90%RH	12.0	100%内聚破坏

偶联剂可以作为金属表面预处理剂或胶粘剂填加剂使用。它的一端能与金属表面的氧化物作用形成化学键，另一端又能与胶粘剂分子反应，在被粘材料与胶粘剂之间起到桥梁作用。偶联剂不仅增加了接头的强度，而且大大提高了其耐老化性能。常用偶联剂是有机硅类，对聚氨酯、环氧、酚醛类胶粘剂有明显改进效果。图 3-10 为一种胶粘剂经偶联剂处理后老化的情况。

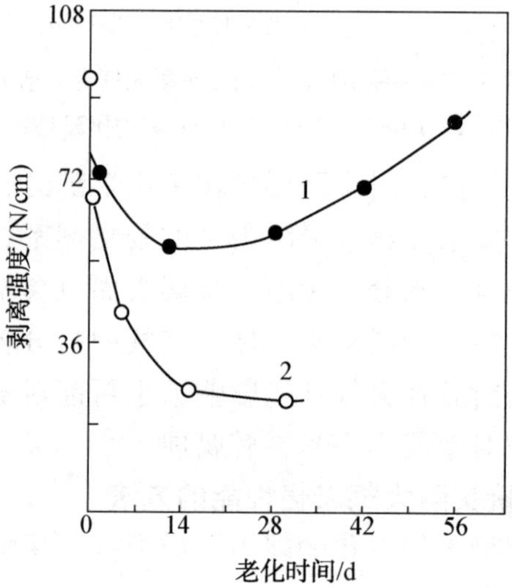

图 3-10　偶联剂对 PU 铝粘接接头耐老化性能的影响

1—采用偶联剂；2—无偶联剂

二、金属粘接接头的热老化

有些金属粘接密封件的工作温度比较高，如发动机上使用的胶粘剂密封胶要长期处于较高温度之下，因此，粘接接头的热老化问题应该引起人们的注意。

（一）热老化机理

胶粘剂密封胶的主体材料大都是有机高分子材料，和其他同类物质一样，受热后会发生两种变化：一种是物理性变化，表现为线型高分子材料的软化或熔融、体型高分子材料的变形；二是发生化学性变化，即发生氧化分解。一旦接头受热温度超过胶粘剂密封胶主体材料的玻璃化温度或热变形温度，就会造成接头力学性能的显著降低，如果温度高至熔点或其分解温度，则不能再使用这种胶粘剂或密封胶。

氧气的存在是促使胶粘剂密封胶热老化的重要因素。在高温热老化时，胶层往往从边缘开始逐渐发脆、变色，粘接强度和密封性能很快下降最后完全丧失。

在较高温度下，除了发生氧化分解外，还出现明显的热分解。氧气首先将胶粘剂密封胶中易被氧化的化学键氧化生成氧化物，分解成为自由基，引起连锁性自由基分解反应。热分解则发生 C—C 键裂解。

在氧化分解和热分解共同作用下，致使胶粘剂密封胶的力学强度逐渐下降，直至最后破坏。

（二）改善粘接接头耐热老化性能的途径

1. 选择热稳定性优良的胶粘剂密封胶

含有脂环、芳香环或其他一些杂环有机化合物的胶粘剂密封胶不仅具有较好的氧化稳定性，热分解稳定性也较高。以脂环族环氧树脂为主体的胶粘剂的耐热老化性能比普通的双酚 A 型环氧树脂配制的胶粘剂为好。聚酰亚胺、聚苯并咪唑、聚芳砜等杂环芳香族聚合物胶粘剂耐热老化性能优良，其中聚酰亚胺胶粘剂粘接的试件在 260℃空气中老化 800d 后，剪切强度下降很小。

将一些无机元素硅、硼等引入主体材料的主链上，既增加主链化学键的能量，又改善了热稳定性，以有机硅树脂配制的胶粘剂密封胶在 200℃可长期应用而不影响其性能。

2. 在胶粘剂密封胶中加入热稳定剂

正确使用热稳定剂能降低金属离子对有机化合物分解的催化作用，提高热稳定性。表 3-10 是几种可以改善酚醛-环氧胶粘剂耐热老化性能的热稳定剂加入后的效果。

表 3-10　几种热稳定剂对酚醛-环氧胶粘剂耐热老化性能的影响

热稳定剂	剪切强度（288℃×200h）/MPa	热稳定剂	剪切强度（288℃×200h）/MPa
未加	4.7	没食子酸	5.8
8-羟基喹啉	6.8	水杨酸	5.6
邻苯二酚	6.9	2，5-己二酮	6.8

从表 3-10 可以看出，加入稳定剂后的耐老化性能明显提高。此外，砷、锰、锡的氧化物或硫化物也能降低或者消除被粘金属表面的过渡金属离子对胶粘剂的催化活性，提高热稳定性。

三、橡胶、塑料等粘接接头的老化问题

与金属粘接接头一样，橡胶、塑料等粘接接头也存在着老化问题，但这些接头的耐大气老化性能比同种胶粘剂粘接的金属接头要好。因为塑料、橡胶等高分子材料的表面与金属表面不同，大多是疏水性的，一个粘接得很好的橡胶或塑料接头不易受水等老化介质的侵蚀。然而，接头性能也同样会逐渐下降，这种降低主要是由于接头材料或胶粘剂密封胶本身的老化而引起的。

表 3-11 列出几种高分子材料的老化性能。

表 3-11　高分子材料老化性能

材　料	用　　途	老化情况
聚氨酯	胶粘剂	室内 10 年，粘接强度基本不变
	泡沫塑料	室内 3 年，表面变色并粉化
聚氯乙烯	胶粘剂	10 年以上，粘接强度不变
	塑料薄膜	一般条件下 2 年变硬，强度下降 10%
氯丁橡胶	胶粘剂	5 年粘接强度无变化
	橡胶制品	室外 1 年以后变硬，强度下降
环氧树脂	胶粘剂	40℃、RH95%，3 个月粘接强度不变
	玻璃钢	40℃、RH95%，1 个月后强度下降 100%
酚醛-丁腈橡胶	胶粘剂	室外 3 年，粘接强度不变

第二篇

品种篇

第四章　汽车胶粘剂密封胶的分类与品种

第一节　汽车胶粘剂密封胶的分类

汽车胶粘剂和密封胶的品种、牌号十分繁杂，而且新品种还在不断出现。为便于选用，常将汽车胶粘剂和密封胶按以下几种方式进行分类。

一、按主要成分分类

这是胶粘剂用得最普遍的分类方法，大致可分为有机和无机两大类，有机类中还可分为天然和合成两种类型，如图 4-1 所示。

- 胶粘剂
  - 无机胶粘剂
    - 硅酸盐类
    - 磷酸盐类
    - 硫酸盐类
    - 硼酸盐类
    - 玻璃陶瓷胶类
    - 金属氧化物
    - 其他
  - 有机胶粘剂
    - 合成类
      - 树脂型
        - 热固型——酚醛树脂、脲醛树脂、环氧树脂、聚氨酯、聚丙烯酸酯、有机硅树脂、聚酰亚胺、聚苯并咪唑、不饱和聚酯等
        - 热塑型——聚乙酸乙烯酯、聚乙烯醇缩醛、聚酰胺、聚苯乙烯、纤维素、氰基丙烯酸酯、醇酸树脂等
      - 橡胶型——丁腈橡胶、氯丁橡胶、丁基橡胶、丁苯橡胶、硅橡胶、氟橡胶、聚硫橡胶、羟基橡胶等
      - 混合型——环氧酚醛、环氧聚酰胺、环氧聚氨酯、酚醛缩醛、有机硅酚醛、酚醛缩醛环氧、环氧聚硫、酚醛氯丁、酚醛丁腈等
    - 天然类
      - 动物胶——皮胶、骨胶、虫胶、酪朊等
      - 植物胶——淀粉、糊精、松香、阿拉伯胶等
      - 矿物胶——沥青等

图 4-1　胶粘剂按主要成分分类

二、按形态类型分类

(1) 溶剂型　基料在可挥发溶剂中配成一定粘度的溶液，通过胶粘剂中所含溶剂挥发而干燥固化，实现粘接。按照基料类型包括丁苯橡胶类、氯丁橡胶类、聚丙烯酸酯类、聚氨酯类等。

(2) 水基型　基料分散于水中形成水溶液或乳液，通过胶粘剂中所含水分挥发而干燥固化，实现粘结。按照基料类型包括聚丙烯酸酯乳液、聚醋酸乙烯乳液、聚醋酸乙烯-乙烯(EVA)乳液、聚氨酯分散体、氯丁胶乳等。

(3) 反应型　通过化学反应使胶粘剂发生固化交联，实现粘接。按照基料类型包括有机硅、聚氨酯、环氧树脂、丙烯酸酯、厌氧胶等。

(4) 热熔型　通过加热的方式使固态胶粘剂熔融，冷却成固态就实现粘接。按照基料类型包括乙烯-醋酸乙烯共聚物(EVA)、苯乙烯嵌段共聚物(SBS、SIS、SEBS)、聚烯烃类、聚氨酯、聚酰胺等。

(5) 压敏型　使用时需施加一定压力，一般均为胶带或胶条，能够反复多次使用。

三、按粘接强度分类

(1) 结构胶　有较高的粘接强度，用于粘接受力部件，一般要求粘接接头能承受的应力和被粘物体自身强度基本相当。

(2) 非结构胶　不要求严格的力学性能，用于非主要受力部位，一般称通用胶。

(3) 次(准)结构胶　粘接强度界于结构胶和非结构胶之间，能承受一定大小的载荷。

四、按固化方式分类

(1) 室温固化型　在常温范围内能进行固化。

(2) 热固化型　通过加热的方式引发固化或熔融。

(3) 紫外光固化型　通过紫外光能引发固化。

(4) 厌氧固化型　氧气存在时起抑制固化作用，隔绝氧气时就自行固化。

第二节　汽车胶粘剂密封胶的品种

一、汽车胶粘剂密封胶品种框架图

汽车胶粘剂密封胶品种框架图，见图4-2。

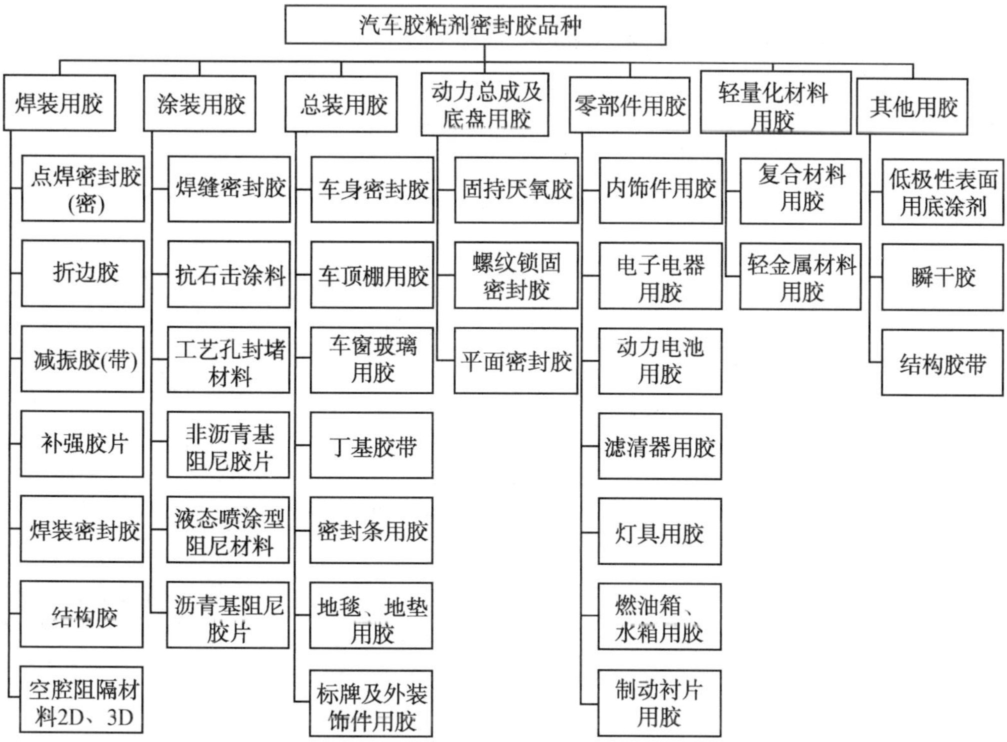

图 4-2　汽车胶粘剂密封品种框架图

二、汽车胶粘剂密封胶主要品种一览表

汽车胶粘剂密封胶主要品种一览表，见表 4-1。表中汇集了国内 30 多家汽车胶粘剂密封胶生产企业所提供的汽车胶粘剂密封胶主要品种，其特点是高性能、多品种、系列化和专业化，全面反映了我国汽车胶粘剂密封胶的应用现状和技术水平。通过本书的收编和介绍，希望能对汽车主机厂技术人员、汽车胶粘剂密封胶生产企业起到参考作用，从而促进我国汽车胶粘剂密封胶行业更快、更高、更强的发展。

表 4-1　汽车胶粘剂密封胶主要品种一览表

分类	用胶名称	基材类型	牌号举例	
车身装焊用胶粘剂密封胶	点焊密封胶（带）	合成橡胶 环氧树脂	LY-301 SY-231 SnugFlex701 BKT-SS#2010 1241 P571 WD7571 W002 PENGUIN CEMENT #2231 ST-102 SikaPower-415P1 7170 ZS-8	北京龙苑伟业新材料有限公司 三友（天津）高分子技术有限公司 杭州之江有机硅化工有限公司 保光（天津）汽车零部件有限公司 沈阳帕卡濑精有限总公司 十堰福波新材料有限公司 上海康达化工新材料股份有限公司 科建高分子材料（上海）股份有限公司 盛势达（广州）化工有限公司 广东时利和汽车实业集团有限公司 西卡（中国）有限公司 湖北回天新材料股份有限公司 上海众盛胶粘剂有限公司

续表

分类	用胶名称	基材类型	牌号举例
车身装焊用胶粘剂密封胶	折边胶	环氧树脂 丁腈橡胶	SY-241 三友(天津)高分子技术有限公司 LY-38 北京龙苑伟业新材料有限公司 SnugFlex703A 杭州之江有机硅化工有限公司 BKT-HS#2010 保光(天津)汽车零部件有限公司 P551 十堰福波新材料有限公司 AP500 沈阳帕卡濑精有限总公司 2301 科建高分子材料(上海)股份有限公司 MF1501 郑州中原思蓝德高科股份有限公司 ZS-9520 上海众盛胶粘剂有限公司 Versilok253 洛德化学(上海)有限公司 Penguin CementSH-320T 盛势达(广州)化工有限公司 ST-103 广东时利和汽车实业集团有限公司 7160 湖北回天新材料股份有限公司 SikaPower-492G 西卡(中国)有限公司 AMV 167 S31 博尔泰(上海)化工科技发展有限公司
	减振胶(带)	合成橡胶 合成树脂	BKT-MS#2010 保光(天津)汽车零部件有限公司 7151 湖北回天新材料股份有限公司 SY-227 三友(天津)高分子技术有限公司 LY-180 北京龙苑伟业新材料有限公司 SnugFlex702 杭州之江有机硅化工有限公司 AMV 153 W24 CW 博尔泰(上海)化工科技发展有限公司 PENGUIN CEMENT #1548D 盛势达(广州)化工有限公司 ST-101 广东时利和汽车实业集团有限公司 SikaPower-710LS 西卡(中国)有限公司 P561 十堰福波新材料有限公司 AP-4150 沈阳帕卡濑精有限总公司 ZS-8242 上海众盛胶粘剂有限公司 MF3610 郑州中原思蓝德高科股份有限公司
	补强胶片	玻纤布 环氧树脂	SY-272 三友(天津)高分子技术有限公司 LY-306 北京龙苑伟业新材料有限公司 5188 科建高分子材料(上海)股份有限公司 SikaReinforcer-670 西卡(中国)有限公司 SnugRein 301 杭州之江有机硅化工有限公司 BKT-EP#3610 保光(天津)汽车零部件有限公司 LHZN—RBQ 贵州联洪合成材料有限公司 PENGUIN STIFFNER #1190 盛势达(广州)化工有限公司

续表

分类	用胶名称	基材类型	牌号举例
车身装焊用胶粘剂密封胶	焊装密封胶	聚氨酯 改性环氧树脂	Sikaflex-360 HC　西卡(中国)有限公司 SY-3103　三友(天津)高分子技术有限公司 JS-900SP　杭州之江有机硅化工有限公司 Surtek3989　北京高盟新材料股份有限公司 AMV 160 500　博尔泰(上海)化工科技发展有限公司 8360HC　湖北回天新材料股份有限公司 AM-160HC　山东北方现代化学工业有限公司 PU302D　淄博海特曼新材料科技有限公司 TEROSON Z41　汉高(中国)股份有限公司
	结构胶	改性环氧树脂	BM1630　陶氏化学中国投资有限公司 SikaPower-492　西卡(中国)有限公司 TEROSON EP 5089　汉高(中国)股份有限公司 EP506　杭州之江有机硅化工有限公司 LY-0505　北京龙苑伟业新材料有限公司 BKT-ST#3310　保光(天津)汽车零部件有限公司 MF1009　郑州中原思蓝德高科股份有限公司 SY-248　三友(天津)高分子技术有限公司 AMV 167 S30　博尔泰(上海)化工科技发展有限公司 PENGUIN CementSW-701　盛势达(广州)化工有限公司 ST-103A　广东时利和汽车实业集团有限公司 AP-5200　沈阳帕卡濑精有限总公司 ZS-9543A　上海众盛胶粘剂有限公司 P553　十堰福波新材料有限公司
	空腔阻隔材料 2D、3D	三元乙丙	SikaBaffle-250NT　西卡(中国)有限公司 空腔密封材料 3D　汉高(中国)股份有限公司 SnugBaffle101　杭州之江有机硅化工有限公司 LY-306T　北京龙苑伟业新材料有限公司 BKT-SP#3010　保光(天津)汽车零部件有限公司 SY-275　三友(天津)高分子技术有限公司 PENGUIN Foam #3902　盛势达(广州)化工有限公司 ZS-325　上海众盛胶粘剂有限公司

续表

分类	用胶名称	基材类型	牌号举例	
车身涂装用胶粘剂密封胶	焊缝密封胶	PVC 聚丙烯酸酯	PVC	广东时利和汽车实业集团有限公司
			BKT-BS#1121	保光(天津)汽车零部件有限公司
			SnugFlex705	杭州之江有机硅化工有限公司
			1690	沈阳帕卡濑精有限总公司
			P511	十堰福波新材料有限公司
			WD7511	上海康达化工新材料股份有限公司
			SY-211	三友(天津)高分子技术有限公司
			BS-1015	博尔泰(上海)化工科技发展有限公司
			LY-2T	北京龙苑伟业新材料有限公司
			PU302S	淄博海特曼新材料科技有限公司
			Surtek 3621	北京高盟新材料股份有限公司
			PENGUIN SEAL#1577	盛势达(广州)化工有限公司
			M-105	濮阳市万泉化工有限公司
	抗石击涂料	PVC 聚丙烯酸酯 聚氨酯	PVC	广东时利和汽车实业集团有限公司
			SY-251	三友(天津)高分子技术有限公司
			384	沈阳帕卡濑精有限总公司
			P531	十堰福波新材料有限公司
			BS-1016	博尔泰(上海)化工科技发展有限公司
			WD7531	上海康达化工新材料股份有限公司
			SikaGard-6620	西卡(中国)有限公司
			BKT-RP#1412	保光(天津)汽车零部件有限公司
			SnugFlex802	杭州之江有机硅化工有限公司
			WS T-210	济南北方泰和新材料有限公司
			PENGUIN COAT #1622	盛势达(广州)化工有限公司
	工艺孔封堵材料	PVC 丁基橡胶	SY-261	三友(天津)高分子技术有限公司
			LY-12	北京龙苑伟业新材料有限公司
			P518	十堰福波新材料有限公司
			MF3020	郑州中原思蓝德高科股份有限公司
			AP-1010	沈阳帕卡濑精有限总公司
			Thiemite 11-1138	汉高(中国)股份有限公司

续表

分类	用胶名称	基材类型	牌号举例	
车身涂装用胶粘剂密封胶	非沥青基阻尼胶片	丁基橡胶	LHZN-ZFH	贵州联洪合成材料有限公司
			BKT-BU#3703	保光(天津)汽车零部件有限公司
			SnugDamp201	杭州之江有机硅化工有限公司
			LY-191	北京龙苑伟业新材料有限公司
			SY-271R	三友(天津)高分子技术有限公司
			3M™Stand-off	3M中国有限公司
			MF3130B	郑州中原思蓝德高科股份有限公司
			663	科建高分子材料(上海)股份有限公司
			TEROSON RB 203H	汉高(中国)股份有限公司
	液态喷涂型阻尼材料(LASD)	聚丙烯酸酯	LASD	广东时利和汽车实业集团有限公司
			SY-901	三友(天津)高分子技术有限公司
			BKT-WA#4001	保光(天津)汽车零部件有限公司
			LASD BRT-5001	博尔泰(上海)化工科技发展有限公司
			SnugDamp203	杭州之江有机硅化工有限公司
			AP-9200W	沈阳帕卡濑精有限总公司
			Teroson 7171	汉高(中国)股份有限公司
	沥青基阻尼胶片	沥青	LHZN—C	贵州联洪合成材料有限公司
			P701	十堰福波新材料有限公司
汽车总装用胶	车身密封胶	聚氨酯 硅烷改性聚合物	WD8852	上海康达化工新材料股份有限公司
			JS-317	杭州之江有机硅化工有限公司
			SY-313	三友(天津)高分子技术有限公司
			BETAFILL C710N	陶氏化学中国投资有限公司
			Sikaflex-211WR	西卡(中国)有限公司
			Surtek 3959	北京高盟新材料股份有限公司
			AM-120C	山东北方现代化学工业有限公司
			MS712	淄博海特曼新材料科技有限公司
			7937	湖北回天新材料股份有限公司
			PENGUIN SEAL #2588	盛势达(广州)化工有限公司
			MF1506	郑州中原思蓝德高科股份有限公司
			8771	广东普赛达密封粘胶有限公司
			Teroson MS 930	汉高(中国)股份有限公司
	顶棚用胶	聚氨酯 氯丁橡胶	JS-318	杭州之江有机硅化工有限公司
			WD8160	上海康达化工新材料股份有限公司
			Sikaflex-252	西卡(中国)有限公司
			FN-303	山东北方现代化学工业有限公司
			7103	湖北回天新材料股份有限公司
			MS735	淄博海特曼新材料科技有限公司
			Surtek 3969	北京高盟新材料股份有限公司

续表

分类	用胶名称	基材类型	牌号举例
汽车总装用胶	车窗玻璃用胶	聚氨酯	JS-311 杭州之江有机硅化工有限公司
			SY-701 三友(天津)高分子技术有限公司
			WD8856 上海康达化工新材料股份有限公司
			Surtek 3668 北京高盟新材料股份有限公司
			8881 广东普赛达密封粘胶有限公司
			MF613 郑州中原思蓝德高科股份有限公司
			1956 北京天山新材料技术有限公司
			AM-140 山东北方现代化学工业有限公司
			AMV169 430 博尔泰(上海)化工科技发展有限公司
			PU310 淄博海特曼新材料科技有限公司
			ST-501 广东时利和汽车实业集团有限公司
			8960 湖北回天新材料股份有限公司
			Sikaflex-265 西卡(中国)有限公司
			BETASEAL 1870-3 陶氏化学中国投资有限公司
			Teroson 8590 汉高(中国)股份有限公司
			PENGUIN HARDNER #100 盛势达(广州)化工有限公司
			PU306 淄博海特曼新材料科技有限公司
			M-101 濮阳市万泉化工有限公司
	车窗玻璃用胶(底涂、清洗剂)	聚氨酯	DT-3000 杭州之江有机硅化工有限公司
			Surtek Primer130 北京高盟新材料股份有限公司
			MF2031 郑州中原思蓝德高科股份有限公司
			DT-01 山东北方现代化学工业有限公司
			8906 湖北回天新材料股份有限公司
			1002 广东普赛达密封粘胶有限公司
			BODY PRIMER #435-40 盛势达(广州)化工有限公司
			T-01 濮阳市万泉化工有限公司
	丁基胶带	丁基橡胶	SY-27 三友(天津)高分子技术有限公司
			LY-19 北京龙苑伟业新材料有限公司
			228 上海康达化工新材料股份有限公司
			BKT-BU#3703 保光(天津)汽车零部件有限公司
			P751 十堰福波新材料有限公司
			LHZN-QM-9 贵州联洪合成材料有限公司
			AP-70 沈阳帕卡濑精有限总公司
			MF3000M 郑州中原思蓝德高科股份有限公司
			669 科建高分子材料(上海)股份有限公司
			PENGUIN SEAL #1880 盛势达(广州)化工有限公司
			ST-105 广东时利和汽车实业集团有限公司
			SikaLastomer-710 西卡(中国)有限公司

续表

分类	用胶名称	基材类型	牌号举例	
汽车总装用胶	地毯、地垫用胶	聚氨酯 硅烷改性聚醚 丁苯橡胶	JS-312	杭州之江有机硅化工有限公司
			P752	十堰福波新材料有限公司
			CN-706	山东北方现代化学工业有限公司
			7939	湖北回天新材料股份有限公司
			PU302CK	淄博海特曼新材料科技有限公司
			Surtek 3959	北京高盟新材料股份有限公司
			PENGUIN BOND #1235	盛势达(广州)化工有限公司
			MF1509	郑州中原思蓝德高科股份有限公司
			8781	广东普赛达密封粘胶有限公司
动力总成及底盘用胶	固持厌氧胶	聚丙烯酸酯	1608	北京天山新材料技术有限公司
			680	上海康达化工新材料股份有限公司
			7603	湖北回天新材料股份有限公司
			648	汉高(中国)股份有限公司
	螺纹锁固密封胶	聚丙烯酸酯	1243	北京天山新材料技术有限公司
			WSJ-6231	济南北方泰和新材料有限公司
			271	上海康达化工新材料股份有限公司
			7204	湖北回天新材料股份有限公司
			2045	汉高(中国)股份有限公司
	平面密封胶	有机硅 聚丙烯酸酯	JS-589	杭州之江有机硅化工有限公司
			1591	北京天山新材料技术有限公司
			586	成都硅宝科技股份有限公司
			SEMICOSIL 988CIPG	瓦克化学(中国)有限公司
			598	上海康达化工新材料股份有限公司
			7587RTV	湖北回天新材料股份有限公司
			WSJ-6515	济南北方泰和新材料有限公司
			MF212	郑州中原思蓝德高科股份有限公司
			598	濮阳市万泉化工有限公司
			Loctite 5970	汉高(中国)股份有限公司
汽车内饰用胶	顶棚面料与骨架复合胶	聚氨酯 聚烯烃树脂	PK-2618	重庆中科力泰高分子材料股份有限公司
			JS-PUR800	杭州之江有机硅化工有限公司
			WS J-6601V	济南北方泰和新材料有限公司
			PUR 631	濮阳市万泉化工有限公司
			1911-C	盛势达(广州)化工有限公司
			M-658SC	东莞市成铭胶粘剂有限公司

续表

分类	用胶名称	基材类型	牌号举例	
汽车内饰用胶	门板、仪表板胶	水性聚氨酯 聚烯烃树脂	JS-PUR800-2	杭州之江有机硅化工有限公司
			PK-2688C	重庆中科力泰高分子材料股份有限公司
			SikaMelt-9632	西卡(中国)有限公司
			300	盛势达(广州)化工有限公司
			swift® col 2607-3	富乐(中国)粘合剂有限公司
	行李厢、搁物板用胶	聚氨酯	PK-6902	重庆中科力泰高分子材料股份有限公司
			321	盛势达(广州)化工有限公司
			PK-9823	重庆中科力泰高分子材料股份有限公司
	天窗支架用胶	聚氨酯	WD8549M	上海康达化工新材料股份有限公司
			PK-9822	重庆中科力泰高分子材料股份有限公司
			9791	广东普赛达密封粘胶有限公司
			M-658SA	东莞市成铭胶粘剂有限公司
	汽车内饰胶	聚氨酯	8932	湖北回天新材料股份有限公司
			JYNS7250A	上海九元石油化工有限公司
			PL 3200-02	汉高(中国)股份有限公司
	反应型热熔胶	聚氨酯	WD8549B	上海康达化工新材料股份有限公司
			MC0608	上海九元石油化工有限公司
			TECHNOMELT PUR 9700	汉高(中国)股份有限公司
	汽车地毯胶	聚烯烃树脂	PK-1418	重庆中科力泰高分子材料股份有限公司
	座椅水性快粘胶	聚丙烯酸酯	PK-903	重庆中科力泰高分子材料股份有限公司
	免处理胶	氯丁橡胶	PK-359	重庆中科力泰高分子材料股份有限公司
	内饰隔音棉用胶	聚烯烃树脂	S801	盛势达(广州)化工有限公司
	地板用胶	SIS 树脂	BY-301	山东北方现代化学工业有限公司
汽车零部件用胶	电子电器用胶	有机硅	4815C	成都硅宝科技股份有限公司
			JS-606	杭州之江有机硅化工有限公司
			SILGEL 612	瓦克化学(中国)有限公司
			Loctite Flexseal 5100	汉高(中国)股份有限公司
	动力电池用胶	有机硅 环氧树脂 聚甲基丙烯酸酯	4926	成都硅宝科技股份有限公司
			2532	北京天山新材料技术有限公司
			WD3707	上海康达化工新材料股份有限公司
			JS-1184	杭州之江有机硅化工有限公司
			HT 8655	湖北回天新材料股份有限公司
			3612	广州回天新材有限公司
			MF211	郑州中原思蓝德高科股份有限公司
			15000	汉高(中国)股份有限公司

续表

分类	用胶名称	基材类型	牌号举例
汽车零部件用胶	滤清器用胶	聚烯烃树脂	M-658B 东莞市成铭胶粘剂有限公司 WD352 上海康达化工新材料股份有限公司 Isa-pur 2061 富乐(南京)化学有限公司 1495 北京天山新材料技术有限公司 P501 十堰福波新材料有限公司
	汽车灯具用胶	聚氨酯 有机硅 丁基橡胶	JS-PUR700 杭州之江有机硅化工有限公司 NP2075VF-149 富乐(南京)化学有限公司 661 成都硅宝科技股份有限公司 LUMISIL® 7601 瓦克化学(中国)有限公司 210 上海康达化工新材料股份有限公司 4060F 上海回天新材料有限公司 Sikaflex-630HD-2 西卡(中国)有限公司 MF280 郑州中原思蓝德高科股份有限公司 PUR 630 濮阳市万泉化工有限公司 PUR-FECTLOK® 34-858B 汉高(中国)股份有限公司
	橡胶零部件用胶	有机硅	Chemlok 205 洛德化学(上海)有限公司 Thixon P11EF 陶氏化学(中国)投资有限公司 PU960 济南北方泰和新材料有限公司 WT4112 3M 中国有限公司
轻量化材料用胶	复合材料用胶	聚氨酯 环氧树脂 聚丙烯酸酯	Sikaflex-254+Booster 20W 西卡(中国)有限公司 Surtek3999 北京高盟新材料股份有限公司 JS-3210 杭州之江有机硅化工有限公司 8664 湖北回天新材料股份有限公司 TS856 北京天山新材料技术有限公司 LORD7542 洛德化学(上海)有限公司 WD3010 上海康达化工新材料股份有限公司 PENGUIN SEAL #8800 盛势达(广州)化工有限公司 9781 广东普赛达密封粘胶有限公司 LOCTITE® MAX 汉高(中国)股份有限公司
	轻金属材料用胶	聚氨酯 环氧树脂 聚丙烯酸酯	8662 湖北回天新材料股份有限公司 WD3705 上海康达化工新材料股份有限公司 PENGUIN CEMENT SW-701 盛势达(广州)化工有限公司 9782 广东普赛达密封粘胶有限公司

第五章　汽车用胶粘剂密封胶的组成与性能

第一节　车身焊装用胶粘剂密封胶

一、点焊密封胶(带)

1. 用途与特点

点焊密封胶(带)用于汽车车身钣金件焊点周围及焊点之间缝隙的密封，起到防锈、防水、防风等作用。产品可油面粘接，耐磷化处理和酸碱液清洗，不污染电泳漆系统，不影响点焊强度，固化后的胶层具有适宜的粘接强度、良好的密封性能和优异的防腐蚀性能。

2. 主要技术指标

点焊密封胶(带)的主要技术指标以及生产、应用厂家详见表5-1。

表5-1　点焊密封胶(带)

产品名称/基本组分	主要技术指标	生产厂家	主要应用厂家
点焊密封胶 LY-301系列 / 合成橡胶 增塑剂 增粘树脂 交联剂	外观：黑色均匀膏状 密度：1.30～1.60g/cm^3 不挥发物含量：≥95% 流动性：≤5mm 固化条件：170℃×20min 硬度(邵氏A)：5～55 剪切强度：0.4～1.5MPa(非膨胀型) 0.2～1.5MPa(膨胀型) 体积变化率：≤10%（非膨胀型） 20%～350%(膨胀型) 水密性：无漏水现象	北京龙苑伟业新材料有限公司	北汽福田 长城汽车 奇瑞汽车 郑州宇通 厦门金龙 一汽解放 郑州日产 华晨金杯 长安汽车 福田戴姆勒 中航黑豹汽车
点焊密封胶带 LY-303系列 / 合成橡胶 增塑剂 增粘树脂 交联剂	外观：黑色带状 密度：≤1.50g/cm^3 不挥发物含量：≥90% 固化条件：170℃×30min 硬度(邵氏A)：15～50 剪切强度：≥0.3MPa 体积变化率：0～60%(低膨胀型) 80%～120%(高膨胀型) 耐腐蚀性：基材无腐蚀	北京龙苑伟业新材料有限公司	北汽福田 华晨金杯 厦门金龙

续表

产品名称/基本组分	主要技术指标	生产厂家	主要应用厂家
点焊密封胶 SY-231 系列 / 丁腈橡胶 PVC 树脂 增塑剂 硫化剂 交联剂 发泡剂	外观：黑色均匀膏状 流动性：≤3mm 固化条件：160℃×30min 硬度(邵氏 A)：10～20 剪切强度：0.1～0.6MPa(可调) 体积变化率：10%～80%(可调)	三友(天津)高分子技术有限公司	河北长安 北京长安 合肥长安 长沙众泰 天汽美亚 中国重汽 上汽通用五菱
点焊密封胶 SY-231A / 丁腈橡胶 顺丁橡胶 PVC 树脂 增塑剂 硫化剂	外观：黑色均匀膏状 流动性：≤3mm 固化条件：160℃×30min 硬度(邵氏 A)：30～60 剪切强度：≥0.6MPa 体积变化率：≤10%	三友(天津)高分子技术有限公司	长安铃木 重庆长安 东风渝安 北汽银翔 绵阳华瑞
点焊密封胶 SnugFlex701 系列 / 合成橡胶 环氧树脂 液体聚丁烯橡胶	外观：黑色膏状 密度：1.3～1.6g/cm^3 不挥发物含量：>95% 剪切强度：≥0.3～1.5MPa(可调) 体积变化率：0≤10%(非膨胀) 50%～150%(中膨胀) 150%～250%(高膨胀)	杭州之江有机硅化工有限公司	北京现代 悦达起亚
点焊密封胶 BKT-SS#2010 / 合成橡胶 填料 液体橡胶 硫化剂	外观：黑色膏状 密度：1.3～1.5g/cm^3 不挥发物含量：≥95% 固化条件：(160～200)℃(底材温度)×20min 剪切强度：0.4～1MPa，90%以上 CF 体积变化率：0～20%	保光(天津)汽车零部件有限公司	长城汽车 北京现代
点焊密封胶 1241 系列 / 丁苯橡胶 增塑剂 促进剂	外观：浅黄色膏状 密度：1.25～1.50g/cm^3 不挥发物含量：≥96% 固化条件：160℃(底材温度)×30min 剪切强度：0.2～1.2MPa	沈阳帕卡濑精有限总公司	丰田汽车 日产汽车 一汽吉林

续表

产品名称/基本组分	主要技术指标	生产厂家	主要应用厂家
点焊密封胶 AP-3100 / 合成橡胶 增塑剂 填料 硫化剂	外观：黑色均质膏状 密度：≤1.6g/cm³ 体积变化率：65%±15% 剪切强度：0.1~0.6MPa，CF 低温发泡率：20%~80% 低温剪切强度：0.1~0.6MPa，CF	沈阳帕卡濑精有限总公司	天津一汽 中华汽车
点焊密封胶 P571 / 反应型橡胶 PVC 树脂 固化剂	外观：黑色均质胶体 密度：≤1.50g/cm³ 不挥发物含量：≥95% 流动性：≤5mm 油面附着性：无滑移、流挂现象 固化条件：170℃×20min 点焊性：下降率≤10% 常态剪切强度：≥0.8MPa，CF 耐低温烘烤性：下降率≤30% 耐高温烘烤性：下降率≤30%	十堰福波新材料有限公司	东风汽车 东风越野车 陕汽宝华
点焊密封胶 WD7571 / PVC 树脂 增粘树脂 DOP	外观：黑色均质胶体 密度：≤1.5g/cm³ 粘度(23℃)：5~50Pa·s 不挥发物含量：≤1.5% 剪切强度：≥0.8MPa，CF	上海康达化工新材料股份有限公司	柳州五菱
点焊密封胶带 W002 / 丁基橡胶类型	初期密度：<1.45g/cm³ 固化后密度：<1.25g/cm³ 体积变化率：90%~180% 剪切强度：≥0.4MPa 低温柔韧性：-40℃无裂纹 耐热性(80℃×2h)：无流淌	科建高分子材料(上海)股份有限公司	长城汽车 南汽集团
点焊密封胶 PENGUIN CEMENT #2231 / 合成橡胶 增塑剂	外观：白色膏体 密度：1.30~1.50g/cm³ 不挥发物含量：≥95% 固化条件：140℃以上，20~30min 体积变化率：约 30% 硬度(邵氏 A)：约 10 剪切强度：>0.25MPa 断裂断裂伸长率：>150%	盛势达(广州)化工有限公司	东风日产

续表

产品名称/基本组分	主要技术指标	生产厂家	主要应用厂家
点焊密封胶 ST-102 / 合成橡胶 丙烯酸树脂 增粘树脂 助剂	不挥发物含量：>95% 固化条件：170℃×20min 硬度(邵氏 A)：25~50 剪切强度：>0.25MPa 断裂伸长率：>100% 体积变化率：<5% 点焊强度下降率：<10%	广东时利和汽车实业集团有限公司	广汽乘用车 东风乘用车 海马汽车 长丰汽车
发泡型点焊密封胶 ST-102A / 合成橡胶 丙烯酸树脂 增粘树脂 助剂	不挥发物含量：>95% 固化条件：170℃×20min 硬度(邵氏 A)：15~35 剪切强度：>0.25MPa 断裂伸长率：>100% 体积变化率：10%~60% 点焊强度下降率：<10%	广东时利和汽车实业集团有限公司	东风日产 广汽丰田 广汽三菱 上汽通用五菱
SikaPower-415P1 / 改性环氧树脂 增韧剂 固化剂	外观：黑色膏状 密度：1.30~1.5g/cm^3 固化条件：175℃(底材温度)×20min 剪切强度：1~2MPa 断裂伸长率：约 100%	西卡(中国)有限公司	一汽大众 上海大众
点焊密封胶 7170 / 反应型橡胶 PVC 树脂 固化剂	外观：黑色均质胶体 密度：1.30~1.50g/cm^3 不挥发物含量：≥95% 流动性：≤5mm 油面附着性：无滑移、流挂 固化条件：170℃×30min 剪切强度：≥0.3MPa，CF 点焊强度下降率：≤10% 耐高、低温烘烤性：下降率≤30%	湖北回天新材料股份有限公司	北汽福田 奇瑞汽车 齐星汽车
点焊密封胶 ZS-8 系列 / 合成橡胶 填料 硫化剂 液体橡胶	外观：黑色膏状 不挥发物含量：≥95% 固化条件：(170~190)℃×30min 剪切强度：≥0.2MPa，CF 油面附着性：无滑移、流挂	上海众盛胶粘剂有限公司	比亚迪 上汽集团 吉利汽车

续表

产品名称/ 基本组分	主要技术指标	生产厂家	主要应用厂家
发泡型点焊密封胶 ZS-685 / 合成橡胶 PVC 树脂 固化剂	外观：黑色膏状 不挥发物含量：≥95% 油面附着性：无滑移、流挂 固化条件：(165~190)℃×30min 剪切强度：≥1.0MPa，CF 膨胀率：150%~350%	上海众盛胶粘剂有限公司	上汽集团 北汽宝沃 吉利汽车

二、折边胶粘剂

1. 用途与特点

折边胶粘剂主要用于车门、发动机罩、后备箱罩等 4 门 2 盖或类似零件的折边部位，也可用于部分点焊部位。产品包括单组分热固化和双组分常温固化两种类型，具有良好的油面附着性和抗流挂性，耐磷化处理和脱脂液浸泡，不污染电泳漆，可机械或人工涂布，固化后对折边或点焊部位起到结构粘接、密封防腐作用。

2. 主要技术指标

折边胶粘剂的主要技术指标以及生产、应用厂家详见表 5-2。

表 5-2　折边胶

产品名称/ 基本组分	主要技术指标	生产厂家	主要应用厂家
折边胶 SY-241 系列 / 环氧树脂 稀释剂 固化剂 固化促进剂 增韧剂	外观：黑色或红色均匀膏状 流动性：纵、横向流淌≤2mm 固化条件：160℃×30min 剪切强度：≥20MPa 过烘烤性(180℃×40min)：不开裂，不焦化 剥离强度：≥50N/25mm	三友(天津)高分子技术有限公司	长安铃木 河北长安 北京长安 合肥长安 中国重汽 河北中兴 上汽通用五菱
折边胶 SY-242 / 改性环氧树脂 稀释剂 固化剂 固化促进剂 增韧剂 填料 实心增强微珠	外观：黑色或红色均匀膏状 流动性：纵、横向流淌≤2mm 固化条件：160℃×30min 剪切强度：≥25MPa 过烘烤性(180℃×40min)：不开裂，不焦化 剥离强度：≥100N/25mm	三友(天津)高分子技术有限公司	重庆长安 重庆长安铃木 东风渝安 北汽银翔

续表

产品名称/基本组分	主要技术指标	生产厂家	主要应用厂家
折边胶 LY-38 系列 / 改性环氧树脂 增韧剂 降粘剂 固化剂	外观：黑色均匀膏状 粘度：适用于冬季低温 密度：1.30～1.50g/cm^3 不挥发物含量：≥98% 流动性：≤5mm 固化条件：170℃×20min 剪切强度：22～27MPa 剥离强度(SPCE 板，0.8mm)： ≥50N/25mm(普通型) ≥100N/25mm(增韧型) 耐盐雾性(剪切强度)：≥15MPa	北京龙苑伟业新材料有限公司	福田戴姆勒 北汽福田 长城汽车 厦门金龙 庆铃汽车 陕西大运 一汽客车 一汽解放 重庆嘉陵川江
折边胶 LY-38A / 改性环氧树脂 增韧剂 降粘剂 固化剂 玻璃微珠	外观：黑色或红色均匀膏状 密度：1.30～1.50g/cm^3 不挥发物含量：≥98% 流动性：≤5mm 固化条件：170℃×20min 剪切强度：22～30MPa 剥离强度(SPCE 板，0.8mm)： 140～190N/25mm 耐盐雾性(剪切强度)：≥15MPa	北京龙苑伟业新材料有限公司	华晨金杯 重庆双福 长城汽车 长安汽车 陕西通家 北方奔驰重卡 常州东风日产
折边胶 SnugFlex703A / 环氧树脂	外观：黑色糊状 密度：≤1.6g/cm^3 不挥发物含量：≥98% 固化条件：(160～210)℃×(20～30)min 剪切强度：≥20MPa 玻璃微珠含量：4%～5%	杭州之江有机硅化工有限公司	北京现代 悦达起亚
折边胶 SnugFlex703B 冲击性能加强 / 环氧树脂	外观：黑色糊状 密度：≤1.3g/cm^3 不挥发分：≥98% 固化条件：(160～210)℃×(20～30)min 剪切强度：≥25MPa 冲击剥离强度：≥35N/mm T 型剥离强度：≥180N/25mm 玻璃微珠含量：2%～3%	杭州之江有机硅化工有限公司	北京现代 悦达起亚

续表

产品名称/基本组分	主要技术指标	生产厂家	主要应用厂家
折边胶 BKT-HS#2010 / 改性环氧树脂 增韧剂 填料 玻璃微珠	外观：黑色膏状 密度：1.18~1.45g/cm³ 不挥发物含量：≥98% 固化条件：(160~200)℃×20min 剪切强度：20~30MPa 剥离强度：≥6N/mm	保光(天津)汽车零部件有限公司	北京现代
折边胶 BKT-IS#2011 / 改性环氧树脂 增韧剂 填料	外观：黑色膏状 密度：1.18~1.45g/cm³ 不挥发物含量：≥98% 固化条件：(160~200)℃×20min 剪切强度：30~40MPa 剥离强度：≥3.2N/mm	保光(天津)汽车零部件有限公司	北京现代
折边胶 P551 / 改性树脂 反应型橡胶 固化剂	外观：蓝色均质胶体 密度：≤1.50g/cm³ 粘度(23℃，ϕ3mm，0.5MPa，20g)：5~95s 不挥发物含量：≥98% 流动性：≤5mm 固化条件：180℃×30min 油面附着性：无滑移、流挂现象 常态剪切强度：≥15MPa，CF 耐高温烘烤性：≥13MPa，CF 剥离强度：≥62.5N/25mm，CF	十堰福波新材料有限公司	东风汽车 陕汽宝华
折边胶 AP-5000 / 改性环氧树脂 增韧剂 促进剂	外观：黑色均质膏状，无异物 密度：≤1.6g/cm³ 粘度：1000~6000mPa·s 不挥发物含量：≥96.0% 剪切强度：≥14.7MPa 剥离强度：≥98N/25mm	沈阳帕卡濑精有限总公司	天津夏利 中华汽车
折边胶 2301 / 环氧树脂 填料类型	密度：1.5g/cm³±0.1g/cm³ 粘度(23℃)：(1.8~7.0)×10⁴mPa·s 不挥发物含量：≥97% 剪切强度：>19MPa(23℃) >15MPa(80℃) >15MPa(5%盐雾 20d)	科建高分子材料(上海)股份有限公司	长城汽车

续表

产品名称/基本组分	主要技术指标	生产厂家	主要应用厂家
折边胶 MF1501 / 环氧树脂	固化条件：170℃×30min 剪切强度：≥25MPa(23℃) ≥20MPa(80℃) ≥20MPa(-30℃) T 型剥离强度：≥100N/25mm 耐老化性(80℃×240h)：≥25MPa 耐盐雾性(180h)：≥20MPa 过烘烤性(210℃×20min)：≥25MPa 耐水性(40℃温水×240h)：≥20MPa 耐湿热性(50℃，95%RH，240h)：≥20MPa	郑州中原思蓝德高科股份有限公司	北方凌云工业
折边胶 ZS-9520 系列 / 环氧树脂 固化剂	外观：红色膏状 密度：约 1.4g/cm^3 压流粘度：20~60g/min 不挥发物含量：≥98% 固化条件：180℃×30min 剪切强度：≥20MPa	上海众盛胶粘剂有限公司	比亚迪 上汽集团 大众汽车 吉利汽车
玻璃珠折边胶 ZS-9572G / 改性环氧 固化剂 玻璃微珠	外观：蓝色膏状(可调) 密度：约 1.4g/cm^3 不挥发物含量：≥98% 固化条件：180℃×30min 剪切强度：≥25MPa 剥离强度：≥200N/25mm	上海众盛胶粘剂有限公司	上汽集团 宝沃汽车 吉利汽车
双组分结构胶 Versilok253/254 271/331 / 丙烯酸酯 环氧树脂	主剂：Versilok253 外观：白色膏状 密度：1.2g/cm^3±0.1g/cm^3 布氏粘度(5r/min，25℃)：(1.6~5.2)×10^{5}mPa·s 固化剂：Versilok254 外观：灰色膏状 密度：1.45g/cm^3±0.25g/cm^3 布氏粘度(5r/min，25℃)：(1.0~3.0)×10^{5}mPa·s 固化条件：室温固化 混合比例：3.4:1(质量比)或4:1(体积比) 操作时间：<18min 初始剪切强度(45min)：约 3MPa 常态剪切强度：>15MPa T 型剥离强度：>5.3N/mm * Versilok271/33 与 Versilok253/254 性能相当，混合 1h 内强度更高	洛德化学(上海)有限公司	北京奔驰 福建奔驰 上汽通用 广汽菲克 重庆力帆 菲亚特克莱斯勒

续表

产品名称/ 基本组分	主要技术指标	生产厂家	主要应用厂家
焊装用包边胶 Versilok500 VLC/331 / 双组分丙烯酸	主剂：500VLC 外观：琥珀色膏状 密度：1.04g/cm^3±0.03g/cm^3 粘度(Brookfield)： (0.55~2.0)×10^{5}mPa·s 固化剂：331 Hardener 外观：灰色膏状 密度：1.45g/cm^3±0.05g/cm^3 粘度(Brookfield)：(1.3~4.0)×10^{5}mPa·s 固化条件：室温固化 混合比例：2.9∶1(质量比)或4∶1(体积比)	洛德化学(上海) 有限公司	菲亚特克莱 斯勒(北美)
折边胶 Penguin Cement SH-320T / 环氧树脂 玻璃微珠	外观：黑色膏状 密度：1.45g/cm^3 流动性：≤3mm 固化条件：140℃以上，20~30min 剪切强度：>20MPa 剥离强度：>100N/25mm	盛势达(广州)化工有限公司	广汽丰田 天津丰田
高强度折边胶 ST-103 / 丁腈橡胶 环氧树脂 增韧环氧树脂	不挥发物含量：>97% 固化条件：170℃×20min 剪切强度：>20MPa 剥离强度：>150N/25mm	广东时利和汽车实业集团 有限公司	广汽本田 东风乘用车 广汽乘用车 海马汽车
高强度折边胶 ST-103G / 丁腈橡胶 环氧树脂 增韧环氧树脂 实心玻璃珠	不挥发物含量：>97% 固化条件：170℃×20min 剪切强度：>20MPa 剥离强度：>150N/25mm	广东时利和汽车实业集团 有限公司	广汽丰田 广汽本田 广汽乘用车 海马汽车 东风日产
折边胶 7160(806) / 液体橡胶	外观：黑色糊状 密度：约1.50g/cm^3 压流粘度：50~80g/min 流动性：≤5mm 不挥发物含量：≥99% 剪切强度：≥5MPa	湖北回天新材料股份 有限公司	神龙汽车

续表

产品名称/基本组分	主要技术指标	生产厂家	主要应用厂家
折边胶 7160H/T / 改性环氧树脂	外观：黑色糊状 密度：1.45g/cm^3±0.10g/cm^3(7160H) 1.50g/cm^3±0.10g/cm^3(7160T) 压流粘度：20~50g/min(7160H) 30~70g/min(7160T) 不挥发物含量：≥99% 剪切强度：28.4MPa，CF(7160H) 26.6MPa，CF(7160T) T型剥离强度：180N/25mm 腐蚀试验(35℃，5%盐溶液，1000h)：无腐蚀 阻燃性(离火后燃烧时间)：≤2s (7160H)	湖北回天新材料股份有限公司	陕西汽车 北京汽车 奇瑞汽车
SikaPower- 492G / 改性环氧树脂 增韧剂 固化剂	外观：黑色膏状 密度：1.20~1.45g/cm^3 不挥发物含量：≥99% 固化条件：175℃×20min 剪切强度：30~40MPa	西卡(中国)有限公司	一汽大众 上海大众
折边胶 AMV 167 S31 / 改性环氧树脂	外观：黑色膏状 密度：约1.3g/cm^3 不挥发物含量：≥99% 固化条件：175℃(底材温度)×20min 剪切强度：≥30MPa	博尔泰(上海)化工科技发展有限公司	一汽大众
折边胶 TEROSON 5027 / 环氧树脂	颜色：黑色糊状 密度(20℃)：约1.4g/cm^3 粘度(20℃)：70Pa·s±7Pa·s 不挥发物含量：>99% 硬度(邵氏D)：72~78 使用温度范围：-40~90℃	汉高(中国)股份有限公司	浙江吉利

三、减振胶(带)

1. 用途与特点

减振胶(带)主要用于车门、侧围板、支撑梁、箱盖、发动机盖等外板与加强筋或骨架之间的柔性粘接，可增加车身稳定性，加固车体结构，改变车体固有振动频率，降低部分外板产生的共振和共鸣，提升NVH性能。产品对各种金属处理工艺如酸洗、碱洗、磷化、电泳涂装等无不良影响。

2. 主要技术指标

减振胶(带)的主要技术指标以及生产、应用厂家详见表5-3。

表5-3 减振胶(带)

产品名称/基本组分	主要技术指标	生产厂家	主要应用厂家
减振胶 BKT-MS#2010 / 合成橡胶 发泡剂 填料 液体橡胶 硫化剂	外观：灰色膏状(或按客户要求) 密度：1.4~1.6g/cm³ 不挥发物含量：≥98% 固化条件：(160~200)℃(底材温度)×20min 剪切强度：0.3~0.5MPa 体积变化率：5%~35%	保光(天津)汽车零部件有限公司	长城汽车 北京现代
减振胶 7151/7152 / 合成橡胶	7151　　7152 外观：黑色糊状　　黑色糊状 密度：(1.45±0.05)g/cm³　　≤1.50g/cm³ 不挥发物含量： ≥99%　　≥99% 流动性： <5mm　　<5mm 剪切强度： ≥0.78MPa，CF　　≥0.2MPa，CF 压流粘度： 20~70g/min　　≥120g/min 断裂伸长率： ≥100%　　/ 体积变化率： 15%±5%　　30%~50%	湖北回天新材料股份有限公司	奇瑞汽车 东风汽车 重汽王牌
减振胶 7155 / 合成橡胶	外观：黑色糊状 密度：≤1.20g/cm³ 不挥发物含量：≥99% 压流粘度：≥120g/min 流动性：<5mm 剪切强度：≥0.3MPa，CF 体积变化率：50%~80%	湖北回天新材料股份有限公司	神龙汽车 东风股份
减振胶 SY-227系列 / 合成橡胶 PVC树脂 增塑剂 硫化剂 发泡剂 填料	外观：黑色或白色均匀膏状 密度：1.20~1.60g/cm³ 不挥发物含量：≥95% 流动性：纵、横向流淌≤5mm 固化条件：160℃×30min 硬度(邵氏A)：15~80(可调) 剪切强度：≥0.5MPa(可调) 体积变化率：20%~150%(可调)	三友(天津)高分子技术有限公司	长安集团 东风渝安 长沙众泰 天汽美亚 河北中兴 上汽通用五菱

续表

产品名称/基本组分	主要技术指标	生产厂家	主要应用厂家
减振胶 LY-180 系列 / 合成橡胶 PVC 树脂 增塑剂 增粘树脂 交联剂 发泡剂	外观：黑(灰、白)色均匀膏状 密度：1.30～1.60g/cm^3 不挥发物含量：≥95% 固化条件：170℃×20min 流动性：≤5mm 硬度(邵氏 A)：10～40 剪切强度：≥0.3MPa(2mm 胶层) 体积变化率：20%～400%(可调)	北京龙苑伟业新材料有限公司	北汽福田 长城汽车 重庆双福 东风渝安 杭州长江 湖北齐星 厦门金龙 海马汽车
减振胶 LY-182 系列 / 合成橡胶 液体橡胶 增塑剂 增粘树脂 交联剂	外观：黑色均匀膏状 密度：1.30～1.60g/cm^3 不挥发物含量：≥95% 流动性：≤5mm 固化条件：170℃×20min 硬度(邵氏 A)：5～30(可调) 剪切强度(2mm 胶层)：≥0.4MPa 断裂伸长率：≥100% 体积变化率：≤25%	北京龙苑伟业新材料有限公司	郑州日产 奇瑞汽车 江铃汽车 一汽轿车 云南五龙 福田汽车 东风渝安
减振胶 SnugFlex702A / 合成橡胶 环氧树脂	外观：黑色糊状 密度：≤1.55g/cm^3 不挥发物含量：≥98% 流动性：<5mm 剪切强度：≥0.2MPa 体积变化率：35%～45%	杭州之江有机硅化工有限公司	北京现代 悦达起亚
减振胶 SnugFlex702B / 合成橡胶 环氧树脂	外观：黑色糊状 密度：≤1.55g/cm^3 不挥发物含量：≥98% 流动性：<5mm 剪切强度：≥0.3MPa 体积变化率：25%～35%	杭州之江有机硅化工有限公司	北京现代 悦达起亚
减振胶 AMV 153 W24 CW / 烯烃均聚物	外观：黑色膏状 固化条件：(170～210)℃×30min 剪切强度：1.2～1.5MPa	博尔泰(上海)化工科技发展有限公司	一汽-大众

续表

产品名称/基本组分	主要技术指标	生产厂家	主要应用厂家
减振胶 PENGUIN CEMENT #1548D / 合成橡胶 环氧树脂 增塑剂	外观：白色膏状 密度：1.40g/cm³ 不挥发物含量：≥96% 固化条件：170℃×20min 硬度(邵氏 A)：约 10 剪切强度：>0.15MPa 断裂伸长率：>100% 体积变化率：15%~45%	盛势达(广州)化工有限公司	丰田汽车
减振胶 ST-101 / 合成橡胶 合成树脂 增粘树脂 填料 助剂	不挥发物含量：>95% 固化条件：170℃×20min 硬度(邵氏 A)：15~35 剪切强度：>0.8MPa 断裂伸长率：>100%	广东时利和汽车实业集团有限公司	东风日产 广汽本田 广汽三菱 海马汽车 广汽乘用车 上汽通用五菱
发泡型减振胶 ST-101A / 合成橡胶 合成树脂 增粘树脂 填料 助剂	不挥发物含量：>95% 固化条件：170℃×20min 硬度(邵氏 A)：15~25 剪切强度：>0.4MPa 断裂伸长率：>100% 体积变化率：40%~60%	广东时利和汽车实业集团有限公司	海马汽车 东风乘用车 长丰汽车 东风日产 广汽乘用车 上汽通用五菱
SikaPower- 710LS / 丁基橡胶	外观：灰色膏状 密度：1.25~1.35g/cm³ 不挥发物含量：约 93% 固化条件：175℃(底材温度)×20min 剪切强度：0.2MPa 体积变化率：40%~70%	西卡(中国)有限公司	一汽大众 上海大众
减振胶 P561A、P561B / 反应型橡胶 PVC 树脂 固化剂	外观：灰色均质胶体 密度：≤1.50g/cm³ 粘度（23℃，Φ3mm，0.5MPa，20g）：20~150s 不挥发物含量：≥95% 流动性：≤5mm 油面附着性：无脱离、拉丝现象 固化条件：170℃×20min 体积变化率：±3%以内(P561A) 20%~50%(P561B) 剪切强度：≥0.78MPa，CF 低温烘烤性：剪切强度下降率≤30% 高温烘烤性：剪切强度下降率≤30%	十堰福波新材料有限公司	东风汽车 东风越野车

续表

产品名称/基本组分	主要技术指标	生产厂家	主要应用厂家
减振胶 AP-4150 / 合成橡胶 增塑剂 填料 硫化剂	外观：黑色均质膏状 密度：≤1.6g/cm^3 不挥发物含量：≥90.0% 硬度(邵氏 A)：15±5 体积变化率：45%±15% 剪切强度≥0.15MPa，CF 断裂伸长率：≥80%	沈阳帕卡濑精有限总公司	天津夏利 中华汽车
减振胶 ZS-8242/ 8243/8244 / 合成橡胶 PVC 树脂 固化剂	外观：黑色膏状 不挥发物含量：≥95% 流动性：<5mm 固化条件：(170~190)℃×30min 剪切强度：≥0.2MPa 体积变化率：30%~160%	上海众盛胶粘剂有限公司	比亚迪 上汽集团 吉利汽车
减振胶 ZS-843 / 合成橡胶 固化剂	外观：黑色膏状 固化条件：(170~190)℃×30min 抗流淌性：<5mm 剪切强度：约 0.4MPa 体积变化率：10%~80%	上海众盛胶粘剂有限公司	大众汽车 吉利汽车 北汽宝沃
减振胶 TEROSON Z69 / 合成橡胶 固化剂	外观：黑色膏状 气味：特征性气味 密度：约 1.4g/cm^3 不挥发物含量：≥95% 油面附着力：≥10s 固化条件：180℃×30mins 硬度(邵氏 A)：约 12 剪切强度：约 0.50MPa 体积变化：<5% 盐雾试验：无腐蚀，无附着力损失	汉高(中国)股份有限公司	奇瑞汽车
膨胀胶带 LY-302/32/320 系列 / 合成橡胶 增塑剂 增粘树脂 填料 交联剂 发泡剂	外观：黑色成型条状 密度：1.30~1.50g/cm^3 不挥发物含量：≥95% 固化条件：170℃×20min 硬度(邵氏 A)：5~50 剪切强度：≥0.25MPa 体积变化率：40%~300% 耐腐蚀性：基材无腐蚀	北京龙苑伟业新材料有限公司	华晨金杯 杭州长江 厦门金龙 陕西重型 郑州宇通 长城汽车 福田汽车 比亚迪

续表

产品名称/基本组分	主要技术指标	生产厂家	主要应用厂家
膨胀胶带 LY-302K 系列 / 合成橡胶 增塑剂 增粘树脂 交联剂	外观：黑色成型条状 密度：1.30~1.50g/cm^3 不挥发物含量：≥95% 固化条件：170℃×20min 硬度(邵氏 A)：25~55 剪切强度：≥0.4MPa 体积变化率：≤40% 耐腐蚀性：基材无腐蚀	北京龙苑伟业新材料有限公司	福田戴姆勒 海马轿车 一汽解放 福田多功能
膨胀胶带 BKT-ET#3210 / 合成橡胶 发泡剂 硫化剂 促进剂	密度：≤1.3g/cm^3 体积变化率：≥100% 剪切强度：≥0.1MPa	保光(天津)汽车零部件有限公司	北京现代
膨胀胶带 MF3610 / 丁基橡胶 软化剂 增塑剂 发泡剂	外观：黑色胶泥状 密度：1.35~1.45g/cm^3 不挥发物含量：≥95% 固化条件：170℃×20min 剪切强度：≥0.25MPa 体积变化率：40%~300%	郑州中原思蓝德高科股份有限公司	浙江金龙
膨胀胶带 ZS-409 / 合成橡胶填料 发泡剂	外观：黑色成型条状 密度：1.40~1.60g/cm^3 不挥发物含量：≥97% 固化条件：(170~190)℃×30min 硬度(邵氏 A)：5~50 剪切强度：≥0.2MPa(可调) 体积变化率：20%~150%(可调) 吸水率：≤5% 耐腐蚀性：基材无腐蚀	上海众盛胶粘剂有限公司	比亚迪 上汽集团 吉利汽车
膨胀胶片(块) SY-276 / 合成橡胶 热塑性树脂 增塑剂 增粘树脂 硫化剂 发泡剂	外观：黑色胶块(条)状 不挥发物含量：≥95% 固化条件：160℃×30min 硬度(邵氏 A)：5~30 剪切强度：≥0.3MPa 体积变化率：20%~200%(可调) 吸水率：≤5%	三友(天津)高分子技术有限公司	河北长安 东风渝安 绵阳华瑞

续表

产品名称/基本组分	主要技术指标	生产厂家	主要应用厂家
高膨胀阻尼泡沫材料 HDF / 橡胶基材	颜色：黑色 密度：1.30g/cm^3 不挥发物含量：≥99% 固化条件：160℃×20min 体积变化率：300%～500% 损耗因子：≥0.20	汉高(中国)股份有限公司	长安福特

四、补强胶片

1. 用途与特点

补强胶片用于车门、车顶、引擎盖、行李箱盖等大面积钣金部位。产品经电泳或涂装工序后固化粘接在钢板上，可增加粘接部位的局部刚度，提升车身 NVH 性能。产品对金属基材具有优异的初粘性，耐磷化处理和脱脂液清洗，不污染电泳漆系统。

2. 主要技术指标

补强胶片的主要技术指标以及生产、应用厂家详见表 5-4。

表 5-4 补强胶片

产品名称/基本组分	主要技术指标	生产厂家	主要应用厂家
补强胶片 SY-272 系列 / 玻纤布 环氧树脂 丁腈橡胶 增塑剂 增粘树脂 固化剂 硫化剂	外观：黑色片状，覆玻纤布 油面的粘接性：不位移，不分离 初粘力(20℃)：≥5N/25mm 补强倍率： 挠度 2.5mm：≥1.2 挠度 5mm：≥1.5 最大负荷时：≥2.0 抗冲击性：补强胶片与钢板无脱落现象	三友(天津)高分子技术有限公司	长安铃木 重庆长安 北京长安 合肥长安 上汽通用五菱
补强胶片 SY-272R / 玻纤布 环氧树脂 丁腈橡胶 增塑剂 增粘树脂 硫化剂 固化剂	外观：黑色片状，覆玻纤布 油面的粘接性：不位移，不分离 初粘力(20℃)：≥5N/25mm 补强倍率： 挠度 2.5mm：≥2.0 挠度 5mm：≥3.0 最大负荷时：≥4.0 抗冲击性：补强胶片与钢板无脱落现象	三友(天津)高分子技术有限公司	一汽夏利 陕西通家

续表

产品名称/ 基本组分	主要技术指标	生产厂家	主要应用厂家
补强胶片 LY-306D 系列 LY-306G 系列 / 玻纤布 合成橡胶 增粘剂 改性环氧树脂 固化剂	外观：黑色片状，覆玻纤布 厚度：1.2~2.0mm，或按客户要求 固化条件：170℃×20min 外板表面适应性：无翘起、无脱落，位移≤2mm 初粘力：≥3N/25mm 补强倍数： A 型　B 型　C 型 挠度 2.5mm：≥1.2　≥2.0　≥3.0 挠度 5mm：≥1.5　≥3.0　≥4.0 最大负荷时：≥2.0　≥4.0　≥5.0 抗冲击性：补强胶片与钢板无脱落现象	北京龙苑伟业新材料 有限公司	北汽福田 重庆双福 东风汽车 华晨汽车 郑州日产 郑州宇通 比亚迪 一汽解放 一汽轿车 重庆长安 秦皇岛金程
膨胀型补强胶片 LY-306F / 玻纤布 合成橡胶 增粘剂 改性环氧树 脂发泡剂 固化剂	外观：黑色片状，覆玻纤布 厚度：1.0~1.5mm 固化条件：170℃×20min 初粘性：无裂纹、剥离和位移 补强倍数： 挠度 2.5mm：≥2.0 挠度 5mm：≥3.0 最大负荷时：≥4.0 抗冲击性：补强胶片与钢板无脱落现象	北京龙苑伟业新材料 有限公司	郑州日产
补强胶片 5188 / 环氧树脂 PVC 树脂 橡胶类型	密度：$1.6g/cm^3±0.1g/cm^3$ 初粘性：无剥离、脱落、移位现象 高温粘接性：无剥离、移位 2mm 以下 弯曲强度： 挠度 2.5mm：≥127N 最大负荷时：≥343N	科建高分子材料(上海) 股份有限公司	长丰汽车
补强胶片 SikaReinforcer-670 / 环氧树脂材料	外观：黑色片状，覆玻纤布 密度：$1.4\sim1.6g/cm^3$ 厚度：1.0~4.0mm，或按客户要求 固化条件：160~180℃×20min 补强倍数：3~8	西卡(中国)有限公司	神龙汽车 长城汽车 上汽通用五菱

续表

产品名称/基本组分	主要技术指标	生产厂家	主要应用厂家
补强胶片 SnugRein 301 系列 / 玻纤布 环氧树脂 橡胶 硫化剂 固化剂	SnugRein 301A　SnugRein 301B 外观：黑色或灰色片状，覆玻纤布 厚度：　1.0~1.3mm　　1.3~1.6mm 油面粘接性：无滑移、剥离等 固化条件：(140~215)℃×20min 硬度(邵氏 A)： 80±5　　85±5 补强倍率： 挠度 2.5mm： ≥1.2　　≥1.5 挠度 5mm： ≥1.5　　≥2.0 最大负荷时： ≥3.5　　≥4.0 初粘力(25℃)：≥3N/25mm 抗冲击性：不破碎、不脱落	杭州之江有机硅化工有限公司	吉利汽车 东风裕隆 合众汽车
补强胶片 SnugRein 302 / 玻纤布 环氧树脂 橡胶 硫化剂 固化剂 发泡剂	外观：黑色或灰色片状，覆玻纤布 密度：≤1.50g/cm^3 油面粘接性：无滑移、剥离等 初粘性(25℃)≥3N/25mm 固化条件：(140~215)℃×20min 隔离纸剥离性：剥离后无残胶 补强倍率： 挠度 2.5mm：≥1.2 挠度 5mm：　≥1.5 最大负荷时：≥3.5 抗冲击性：不破碎、不脱落	杭州之江有机硅化工有限公司	吉利汽车 东风裕隆 合众汽车
补强胶片 BKT-EP#3610 / 改性环氧树脂 固化剂	外观：黑色胶体带白色织物 密度：≤1.65g/cm^3 不挥发物含量：≥96% 固化条件：20min×150℃×2 次 发泡倍率：≥200% 补强倍率： 挠度 2.5mm ≥2.0 最大负荷时 ≥4.0	保光(天津)汽车零部件有限公司	一汽丰田 长城汽车 北汽福田

续表

产品名称/基本组分	主要技术指标	生产厂家	主要应用厂家
加强阻尼板 LHZN—RBQ / 环氧树脂层 玻璃布 隔离纸	密度：1.3g/cm^3±0.1g/cm^3 初粘力：≥5N/25mm 固化条件：(170~190)℃×20min 弯曲强度：200~250N 燃烧性：≤80mm/min	贵州联洪合成材料有限公司	广汽传祺 东风本田 海马汽车 上汽通用五菱
可喷涂型补强胶 PENGUIN STIFFNER #1190 / 环氧树脂 合成橡胶	外观：黑色膏体 密度：1.31g/cm^3 厚度：根据客户要求 补强倍数：3~8	盛势达(广州)化工有限公司	三菱自动车
补强胶片 PENGUIN STIFFNER #1191 / 环氧树脂 玻璃纤维	外观：黑色片状+玻璃纤维 密度：1.32g/cm^3 厚度：根据客户要求 补强倍数：3~5	盛势达(广州)化工有限公司	三菱自动车
环氧密封胶 TEROSON EP 16301 / 环氧树脂	外观：黑色胶片 密度：1.0~1.3g/cm^3 固体含量：98%以上 闪点：>205℃ 理想固化条件：(165~176)℃×10min 最低固化条件：121℃×30min 最高固化条件：205℃×60min 固化时膨胀：100%垂直膨胀	汉高(中国)股份有限公司	上海通用 上汽集团

五、焊装密封胶

1. 用途与特点

焊装密封胶用于客车、轿车等搭接部位的焊缝密封。产品具有湿气和热固化双重机理，室温初固凝胶后具有一定强度，可避免被槽液冲刷开裂、脱落，同时可满足电泳高温烘烤固化要求。

2. 主要技术指标

焊装密封胶的主要技术指标以及生产、应用厂家详见表5-5。

表 5-5　焊装密封胶

产品名称/基本组分	主要技术指标	生产厂家	主要应用厂家
单组分密封胶 Sikaflex-360 HC / 聚氨酯预聚体 特殊固化剂 增塑剂 填料 助剂	外观：黑色膏状 密度：1.2g/cm^3 操作时间：60min 固化条件：180℃(底材温度)×30min 固化速度(23℃，50%RH)：≥3mm/24h 硬度(邵氏 A)：55 剪切强度：5.5MPa 拉伸强度：7.5MPa 断裂伸长率：350% 撕裂强度：12N/mm	西卡(中国)有限公司	郑州宇通 厦门金龙
密封胶 SikaPower-415P1 / 改性环氧树脂 增韧剂 固化剂	外观：黑色膏状 密度：1.30~1.5g/cm^3 固化条件：175℃(底材温度)×20min 剪切强度：1~2MPa 断裂伸长率：约 100%	西卡(中国)有限公司	一汽大众 上汽大众
单组分密封胶 SY-3103 / MS 树脂 去水剂 增强材料	外观：白色、黑色或用户指定颜色，细腻膏状 密度：1.40g/cm^3±0.05g/cm^3 不挥发物含量：≥98% 表干时间(25℃，RH50%)：30min 固化速度：>3mm/24h 硬度(邵氏 A)：30~50 剪切强度：≥1.5MPa 拉伸强度：≥1.5MPa 断裂伸长率：≥350%	三友(天津)高分子技术有限公司	郑州宇通
密封胶 JS-900SP / 聚合物 增塑剂 填料 有机溶剂 助剂 催化剂	表干时间：20~40min 固化速度(23℃，50%RH)：≥3mm/24h 硬度(邵氏 A)：40~55 剪切强度：≥1.2MPa 拉伸强度：≥2MPa 断裂伸长率：≥250% 撕裂强度：≥7N/mm 使用温度范围：-40~100℃(短期可到 140℃)	杭州之江有机硅化工有限公司	厦门金龙 厦门金旅 广西汽车

续表

产品名称/基本组分	主要技术指标	生产厂家	主要应用厂家
电泳专用耐高温密封胶 Surtek3989 / 特殊树脂 填料 增塑剂	外观：黑(白、灰)色膏状 密度：1.30~1.5g/cm³ 不挥发物含量：≥99% 固化条件：常温湿气固化 剪切强度：≥1.0MPa 拉伸强度：≥2.0MPa 断裂伸长率：≥400% 耐温性：250℃	北京高盟新材料股份有限公司	中通客车 株洲中车时代
高温快固电泳胶 3360HC / 聚氨酯树脂 增塑剂 增粘剂 填料	外观：黑色膏状 密度：1.25~1.35g/cm³ 不挥发物含量：≥94% 固化条件：180℃(底材温度)×25min 剪切强度：3.0~4.5MPa	北京高盟新材料股份有限公司	中通客车 株洲中车时代
密封胶 AMV 160 500 / 环氧改性聚氨酯	外观：黑色膏状 密度：1.26~1.45g/cm³ 不挥发物含量：≥97% 固化条件：180℃(底材温度)×25min 结膜/预固化时间：3~4h/160℃×5min 剪切强度：>1.5MPa	博尔泰(上海)化工科技发展有限公司	一汽-大众
单组分密封胶 8360HC / 异氰酸酯 吸水稳定剂 炭黑 热固化剂	密度：1.20~1.35g/cm³ 表干时间/操作时间：>45min 固化条件：(120~200)℃×(10~60)min 剪切强度：≥3.5MPa(180℃×45min 固化) 拉伸强度：≥8.0MPa(180℃×45min 固化) 断裂伸长率：≥300%(180℃×45min 固化)	湖北回天新材料股份有限公司	郑州宇通 安凯客车 重汽王牌
耐高温密封胶 AM-160HC / 改性聚氨酯 聚合物 增塑剂 炭黑	外观：黑色均匀膏状 表干时间：15~60min 固化条件：180℃×30min 硬度(邵氏 A)：45~65 剪切强度：≥4.0MPa 拉伸强度：≥6.0MPa 断裂伸长率：≥300% 撕裂强度：≥10.0N/mm	山东北方现代化学工业有限公司	

续表

产品名称/基本组分	主要技术指标	生产厂家	主要应用厂家
单组分密封胶 PU302D / 聚氨酯树脂 增塑剂 填料 固化剂	外观：黑(白、灰、军绿色)膏状 密度：1.4~1.6g/cm^3 固化条件：常温湿气固化 硬度(邵氏 A)：35~55 剪切强度：≥1.5MPa 拉伸强度：≥2MPa 断裂伸长率：≥400% 撕裂强度：≥7N/mm 耐温性：短时间可耐受 150℃	淄博海特曼新材料科技有限公司	郑州宇通 厦门金旅 厦门金龙 苏州金龙
密封胶 TEROSON Z41 / 橡胶	外观：黑色膏状 密度：约 1.45g/cm^3 不挥发物含量：≥95% 固化条件：180℃×30min 硬度(邵氏 A)：约 8 剪切强度：约 0.50MPa 体积变化率：<5%	汉高(中国)股份有限公司	浙江吉利

六、结构胶

1. 用途与特点

结构胶用于车身立柱、底板、框架梁、顶盖、侧围等部位的结构粘接。产品具有高强高韧性特点，可用于各种冷轧钢、镀锌冷轧钢等基材表面，固化后可提升车身刚性、抗冲撞性、抗疲劳性，同时有利于减少焊点，提高车辆可靠性及轻量化水平。

2. 主要技术指标

结构胶的主要技术指标以及生产、应用厂家详见表 5-6。

表 5-6 结构胶

产品名称/基本组分	主要技术指标	生产厂家	主要应用厂家
单组分结构胶 BM1630 / 改性环氧树脂 固化剂	外观：红色膏状 密度：1.20~1.32g/cm^3 不挥发物含量：≥99% 固化条件：175℃(底材温度)×20min 剪切强度：25~29MPa 冲击剥离强度：35~47N/mm	陶氏化学中国投资有限公司	北京奔驰

续表

产品名称/ 基本组分	主要技术指标	生产厂家	主要应用厂家
单组分结构胶 SikaPower-492 / 改性环氧树脂 固化剂 增韧剂	外观：黑色膏状 密度：1.20~1.45g/cm³ 不挥发物含量：≥99% 固化条件：175℃(底材温度)×20min 剪切强度：30~40MPa	西卡(中国)有限公司	一汽-大众 上海大众
单组分结构胶 TEROSON EP 5089 / 环氧树脂	外观：紫色 密度：1.05~1.20g/cm³ 不挥发物含量：>98.5% 拉伸强度：>30MPa 断裂伸长率：>8.5% 拉伸模量：>1400MPa 粘度(40mm 平行板，50℃，剪切速率 30s⁻¹)：30~50 Pa·s 使用温度范围：20~50℃	汉高(中国)股份有限公司	上海通用
单组分结构胶 EP506 / 环氧树脂 固化剂 增韧剂 填料	外观：膏状(颜色可调) 密度：1.2~1.4g/cm³ 粘度(23℃)：>400Pa·s 不挥发物含量：>98% 固化条件：160~210℃×20~30min 剪切强度：>30MPa T 剥离强度：150~300N/mm 拉伸强度：>20MPa 断裂伸长率：1%~5% E-模量：1500~3500MPa 冲击剥离强度(23℃)：>40N/mm 冲击剥离强度(-40℃)：5~40N/mm	杭州之江有机硅化工 有限公司	吉利汽车
结构胶 SnugFlex704 / 合成橡胶 环氧树脂 填料	外观：紫色、黑色糊状或黑色带状 密度：≤ 1.4g/cm³ 不挥发物含量：≥98% 固化条件：160~210℃×20~30min 剪切强度：≥25MPa 冲击剥离强度：≥35N/mm	杭州之江有机硅化工 有限公司	北京现代 悦达起亚

续表

产品名称/ 基本组分	主要技术指标	生产厂家	主要应用厂家
结构胶 LY-0505/ 0508 系列 / 改性环氧树脂 增韧剂 降粘剂 固化剂	LY- 0505　　LY-0508 外观：黑色或白色膏状　白色膏状 密度：1.1～1.5g/cm^3　1.1～1.5g/cm^3 固化条件：170℃×20min 剪切强度： ≥25MPa　≥30 剥离强度： SPCE，0.8mm： ≥150N/25mm　≥200N/25mm SPCC，0.8mm： ≥200N/25mm　≥300N/25mm 冲击剥离强度： 25～55N/mm　37～65N/mm	北京龙苑伟业新材料有限公司	杭州长江 郑州日产 一汽解放 江苏新万宝
结构胶(胶带) LY-308 系列 / 改性环氧树脂 橡胶 固化剂	外观：黑色带状 密度：≤1.6g/cm^3 不挥发物含量：≥95% 固化条件：170℃×20min 剪切强度：≥8MPa（可调） T 型剥离强度：≥40N/25mm(可调) 耐盐雾性(剪切强度)：≥6MPa	北京龙苑伟业新材料有限公司	长城汽车 福田雷沃 华晨金杯 江铃汽车
结构胶 D 型 / 改性环氧树脂 增韧剂 固化剂	外观：紫色膏状，或按客户要求 密度：1.18～1.45g/cm^3 不挥发物含量：≥99% 固化条件：160～200℃(底材温度)×20min 剪切强度：30～40MPa T 型剥离强度：10～16N/mm 冲击剥离强度：≥35N/mm	保光(天津)汽车零部件有限公司	北京现代
结构胶带 BKT-ST#3310 / 环氧树脂 固化剂 促进剂 填料 增粘剂	密度：≤1.2g/cm^3 不挥发物含量：≥98% 剪切强度：≥25MPa T 型剥离强度：≥4N/mm	保光(天津)汽车零部件有限公司	北京现代

续表

产品名称/ 基本组分	主要技术指标	生产厂家	主要应用厂家
结构胶膜 MF1009 / 环氧树脂 丁腈橡胶的复合型结构胶膜	外观：灰色均质片状 厚度：0.51mm±0.08mm 密度：约 1.15g/cm^3±0.05g/cm^3 固化机理：高温高压固化 常态垂直扭矩：50～60N·m 常态平行扭矩：80～90N·m 剪切强度：13.5MPa	郑州中原思蓝德高科股份有限公司	比亚迪 郑州日产 长安马自达 东风悦达起亚
高强度结构胶 SY-248 / 改性环氧树脂 高补强树脂 高强度潜伏性固化剂 活性稀释剂 触变剂 阻燃剂	外观：黄色、黑色膏状或按客户要求 固化条件：160℃（底材温度）×30min 剪切强度： ≥35MPa（常态）；≥35MPa（冷热交变）； ≥35MPa（耐热老化）；≥28MPa（耐湿热） T 型剥离强度： ≥10N/mm（常态）；≥10N/mm（冷热交变）； ≥10N/mm（耐热老化）； ≥8N/mm（耐湿热） 拉伸强度：≥25MPa 冲击剥离强度：≥30N/mm	三友（天津）高分子技术有限公司	河北长安
高强度结构胶 SY-249 / 改性环氧树脂 高补强树脂 高强度潜伏性固化剂 活性稀释剂 触变剂 阻燃剂	外观：黄色、黑色膏状或按客户要求 固化条件：160℃（底材温度）×30min 剪切强度： ≥30MPa（常态）；≥30MPa（冷热交变）； ≥30MPa（耐热老化）；≥24MPa（耐湿热） T 型剥离强度： ≥8N/mm（常态）；≥8N/mm（冷热交变） ≥8N/mm（耐热老化）；≥6.4N/mm（耐湿热） 拉伸强度：≥25MPa 冲击剥离强度：≥20N/mm	三友（天津）高分子技术有限公司	绵阳华瑞 洛阳北方易初
结构胶 AMV 167 S30 / 改性环氧树脂 固化剂 增韧剂	外观：黑色膏状 密度：1.20～1.45g/cm^3 不挥发物含量：≥99% 固化条件：175℃（底材温度）×20min 剪切强度：30～40MPa	博尔泰（上海）化工科技发展有限公司	一汽-大众

续表

产品名称/基本组分	主要技术指标	生产厂家	主要应用厂家
高韧性结构胶 PENGUIN Cement SW-701 / 环氧树脂	外观：红色膏状 密度：1.22g/cm^3 不挥发物含量：≥98% 流动性：≤3mm 固化条件：140℃以上，20~30min 剪切强度：>25MPa 断裂伸长率：>10% T型剥离强度：>200N/25mm	盛势达(广州)化工有限公司	本田汽车
高强度结构胶 ST-103A / 丁腈橡胶 改性环氧树脂 增韧树脂 填料	不挥发物含量：>97% 固化条件：170℃(底材温度)×20min 剪切强度：>25MPa T型剥离强度：>200N/25mm 冲击剥离强度：>20N/mm	广东时利和汽车实业集团有限公司	广汽丰田 广汽乘用车 上汽通用五菱
结构胶 AP-5200 / 环氧树脂 增塑剂 固化剂 促进剂	外观：黑色均质膏状 密度：≤1.6g/cm^3 不挥发物含量：≥96% 初始剥离强度：≥98N/25mm 剪切强度：≥10MPa 耐电泳液： 外观：电泳漆附着充分 剥离强度：≥98N/25mm 剪切强度：≥10MPa	沈阳帕卡濑精有限总公司	天津夏利 中华汽车 黄海汽车
结构胶 ZS 9543A系列 / 改性环氧树脂 固化剂	外观：绿色膏状 密度：约1.4g/cm^3 不挥发物含量：≥98% 固化条件：(170~180)℃×30min 剪切强度：≥30MPa T型剥离强度：>200N/25mm 冲击剥离强度：>20N/mm	上海众盛胶粘剂有限公司	比亚迪 上汽集团 吉利汽车 北汽宝沃

续表

产品名称/基本组分	主要技术指标	生产厂家	主要应用厂家
高强度高韧性结构胶 ZS-9540A / 改性环氧树脂 固化剂	外观：蓝色膏状 密度：约 1.4g/cm³ 不挥发物含量：≥98% 固化条件：(165~180)℃×30min 剪切强度：≥30MPa T 型剥离强度：>200 N/25mm 冲击剥离强度：>30N/mm	上海众盛胶粘剂有限公司	上汽集团 吉利汽车 北汽宝沃
铝合金用高强度高韧性结构胶 ZS-9540L / 改性环氧树脂 固化剂	外观：蓝色膏状，或按客户要求 密度：约 1.3g/cm³ 不挥发物含量：≥98% 固化条件：(165~180)℃×30min 剪切强度：≥30MPa T 型剥离强度：>200N/25mm 冲击剥离强度：>30N/mm	上海众盛胶粘剂有限公司	蔚来汽车
高强度结构胶 P553 / 改性树脂 合成橡胶 固化剂	外观：黑色均质胶体 密度：≤1.50g/cm³ 不挥发物含量：≥98% 流动性：≤5mm 固化条件：170℃×20min 油面附着性：无滑移、流挂现象 常态剪切强度：≥17MPa，CF 100℃剪切强度：≥8MPa，CF 耐低温烘烤性：≥15MPa，CF 耐高温烘烤性：≥15MPa，CF T 型剥离强度：≥98N/25mm，CF	十堰福波新材料有限公司	东风汽车

七、空腔阻隔材料 2D、3D

1. 用途与特点

空腔阻隔材料 2D、3D 适用于各门柱、车轮罩和横梁等空腔部位。产品经电泳工序后迅速膨胀，对空腔起到填充阻隔作用，可降低汽车行驶过程中的风噪声和路面噪声，提升车辆 NVH 性能。产品对油面金属基材具有优异的粘接性，易施工，对前处理液、电泳液无污染，不含有机溶剂、石棉或重金属，无毒、无刺激性气味。

2. 主要技术指标

空腔阻隔材料 2D、3D 的主要技术指标以及生产、应用厂家详见表 5-7。

表 5-7 空腔阻隔材料 2D、3D

<table>
<tr><th>产品名称/
基本组分</th><th>主要技术指标</th><th>生产厂家</th><th>主要应用厂家</th></tr>
<tr><td>隔断块
SikaBaffle- 250NT
/
尼龙 66
EVA 改性材料</td><td>发泡材料：
密度：0. 95～1. 05g/cm³
不挥发物含量：≥99%
固化条件：(160～180)℃×20min
体积变化率：200%～2300%（可调）
骨架：
维卡软化点：>210℃
卡扣插入力：<50N
卡扣拔出力：>147N
耐候性：10 个气候循环无变形
磷化液、油漆配套性：无异变</td><td>西卡(中国)有限公司</td><td>一汽大众
上海大众
华晨宝马
北京奔驰
沃尔沃
长安福特
上海通用
长城汽车
比亚迪
神龙汽车
上汽通用五菱</td></tr>
<tr><td>空腔密封材料 3D
/
PA66 尼龙支架
EVA 发泡材料</td><td>骨架：
维卡软化点：>210℃
卡扣插入力：小于 50N
卡扣拔出力：大于 150N
耐候性：10 个气候循环无变形
磷化液、油漆配套性：无异变
材料满足 GB8410 技术要求
发泡材料：
密度：0. 95～1. 05g/cm³
不挥发物含量：≥99%
固化条件：160～180℃×20min
体积变化率：300%～1500%</td><td>汉高(中国)股份有限公司</td><td>上海通用
长安福特
北京奔驰
北京现代
东风本田
东风标致
奇瑞汽车
江淮汽车
一汽轿车
广汽菲亚特
东风雪铁龙</td></tr>
<tr><td>车身膨胀胶片 2D
SnugBaffle101
/
发泡层：
合成橡胶
发泡剂
硫化剂
填料
粘接层：
橡胶硫化剂
填料</td><td>外观：发泡层为黑色或灰色
粘贴层为蓝色的条状胶片
密度：1. 2g/cm³±0. 2g/cm³
不挥发物含量：≥90%
流动性：无脱落及严重位移
固化条件：140～210℃×20～30min
膨胀率：≥800%
气味性：≤3 级
耐盐雾：基材无腐蚀
粘接性：与钢板粘接良好无脱落位移</td><td>杭州之江有机硅化工
有限公司</td><td>神龙汽车
吉利汽车
合众汽车
东风裕隆</td></tr>
</table>

续表

产品名称/基本组分	主要技术指标	生产厂家	主要应用厂家
车身膨胀胶片 3D SnugBaffle102 / PA66 卡扣及支架 发泡材料： EVA 发泡剂 促进剂 交联剂 填料	外观：发泡层可为蓝(黄、黑、红)色 卡扣及骨架为黑色 密度：1.05g/cm³±0.1g/cm³ 不挥发物含量：≥95% 吸水率：≤10%； 固化条件：(140~210)℃×(20~30)min 膨胀率：400%~1800% 气味性：≤3 级 耐盐雾：基材无腐蚀 耐高低温性：无脆化开裂或明显变形损失	杭州之江有机硅化工有限公司	神龙汽车 吉利汽车 合众汽车 东风裕隆
高膨胀胶带 2D LY-306T 系列 / 合成橡胶 增塑剂 增粘树脂 交联剂 发泡剂 填料	外观：黑色带状 密度：≤1.50g/cm³ 不挥发物含量：≥90% 初粘性：不脱落、无位移 固化条件：170℃×20min 膨胀率：300%~1200%(可调) 耐腐蚀性：基材无腐蚀	北京龙苑伟业新材料有限公司	北汽福田 重庆双福 江苏九龙 陕西重汽
高发泡 2D BKT-SP#3010 / 合成橡胶 发泡剂 硫化剂 促进剂 软化剂 填料	密度：≤1.3g/cm³ 固化条件：(170~200)℃×30min 剪切强度：≥0.02MPa 体积变化率：≥1000%	保光(天津)汽车零部件有限公司	北京现代 长城汽车 北汽福田
支架发泡 3D BKT-FB#3110 / EVA 发泡剂 固化剂 促进剂 阻燃剂 填料	密度：≤1.2g/cm³ 固化条件：(155~190)℃×20min 体积变化率：≥600%~2000% 粘接强度：≥0.2MPa 吸水率：≤10%	保光(天津)汽车零部件有限公司	北京现代 江西昌河 北汽银翔 北汽福田 天津一汽夏利

续表

产品名称/基本组分	主要技术指标	生产厂家	主要应用厂家
隔音膨胀胶块 3D SY-275 / 骨架材料： 铝箔和PA66 两种类型； 发泡材料： EVA树脂 发泡剂 发泡促进剂 交联剂 助交联剂	发泡材料(EVA)： 外观：黄色或灰色 吸水率：≤5% 固化条件：(150~180)℃×20min 体积变化率：600%~2500%(可调) 骨架材料(PA66)： 卡扣插入力：≤47N 卡扣拔出力：≥149N 耐高温性(220℃×30min)：无变形，无发粘现象	三友(天津)高分子技术有限公司	长安铃木 临沂众泰 河北长安 长沙众泰 长江汽车 广东福迪 山东国金
隔音膨胀胶块 2D SY-279 / EPDM 软化剂 发泡剂 硫化剂 交联剂 填料 丁基橡胶 增粘树脂	外观：黑色片状 固化条件：170℃×20min 体积变化率：≥800% 流动性：垂直烘烤位移≤5cm 粘接性：与钢板粘接完好	三友(天津)高分子技术有限公司	临沂众泰 河北长安 长沙众泰 广东福迪 长江汽车 陕西通家 山东国金
发泡防音材料 PENGUIN Foam #3902 / 合成橡胶 发泡剂 增塑剂	外观：灰色膏状 密度：1.25g/cm^3 固化条件：140℃以上，20~30min 体积变化率：≥900% 流动性：≤3mm	盛势达(广州)化工有限公司	东南三菱
膨胀胶带 SikaBaffle-229 / EPDM改性 发泡材料	外观：自带粘结层的双层结构 固化条件：(160~180)℃×20min 体积变化率：≥600%	西卡(中国)有限公司	一汽大众 上海大众 华晨宝马 北京奔驰 沃尔沃 长城汽车 比亚迪

续表

产品名称/基本组分	主要技术指标	生产厂家	主要应用厂家
膨胀胶片 2D 膨胀胶条 ZS-325 系列 / 合成橡胶 发泡剂 硫化剂 填料	外观：黑色带状，覆热熔胶膜 密度：约 1.2g/cm^3 不挥发物含量：≥98% 固化条件：(160~180)℃×20~30min 体积变化率：100%~≥1000%(可调) 粘接性：与钢板粘接良好，无脱落位移 耐腐蚀：基材覆盖处无锈蚀	上海众盛胶粘剂有限公司	比亚迪 上汽集团 吉利汽车
发泡材料 ZS-204 系列 / EVA 发泡材料	外观：黄色或灰色发泡材料 密度：约 1.1g/cm^3 不挥发物含量：≥98% 固化条件：(160~180)℃×20min 体积变化率：300%~≥1000%(可调)	上海众盛胶粘剂有限公司	上汽集团
空腔密封材料 3D / PA66 尼龙支架 EVA 发泡材料	骨架： 熔点：约 260℃ 卡扣插入力：<49N 卡扣脱拔力：>147N 耐候性：交变循环 50 周期无失效等 干态断裂应力：≥70MPa 发泡材料： 密度：约 1.1g/cm^3 不挥发物含量：>97% 固化条件：(160~180)℃×20min 体积变化率：200%~3000%(可调)	上海众盛胶粘剂有限公司	上汽集团

第二节　车身涂装用胶粘剂密封胶

一、焊缝密封胶

1. 用途与特点

焊缝密封胶涂敷于车身钢板内、外焊缝及钢板搭接部位，随面漆烘烤一同固化，起防漏防锈蚀、增加车体美观性的作用。具有易涂覆、附着力强、涂装性好、耐老化及耐腐蚀特点。

2. 主要技术指标

焊缝密封胶的主要技术指标以及生产、应用厂家详见表 5-8。

表 5-8 焊缝密封胶

产品名称/基本组分	主要技术指标	生产厂家	主要应用厂家
焊缝密封胶 PVC 系列 / PVC 树脂 增塑剂 附着力促进剂 功能助剂	外观：白色糊状 密度：0.85~1.70g/cm^3 粘度：(5~15)×10^4mPa·s 不挥发物含量：≥95% 固化条件：(130~160)℃×(20~30)min 拉伸强度：≥1.0MPa 油漆配套性：适用于湿碰湿涂装工艺	广东时利和汽车实业集团有限公司	广汽本田 东风本田 东风日产 广汽丰田 一汽大众 上汽通用 广汽乘用车
焊缝密封胶 / 丙烯酸树脂 增塑剂 附着力促进剂 功能助剂	外观：白色糊状 密度：1.40~1.60g/cm^3 不挥发物含量：≥95% 固化条件：(130~160)℃×(20~30)min 拉伸强度：≥1.0MPa	广东时利和汽车实业集团有限公司	广汽本田 东风本田
焊缝密封胶 BKT-BS#1121 / PVC 树脂 增塑剂 附着力促进剂 纳米碳酸钙	外观：白色糊状 密度：1.20~1.60g/cm^3 不挥发物含量：≥97% 固化条件：140℃×30min 剪切强度：≥0.7MPa 断裂伸长率：≥40%	保光(天津)汽车零部件有限公司	北京现代
油性密封胶 BKT-OS#1513 / PVC 树脂 增塑剂 附着力促进剂 纳米碳酸钙	外观：白色糊状 密度：1.20~1.60g/cm^3 不挥发物含量：≥95% 固化条件：140℃×30min 剪切强度：≥0.7MPa 断裂伸长率：≥40%	保光(天津)汽车零部件有限公司	北京现代
焊缝密封胶 SnugFlex705 / PVC 填料	外观：灰色糊状 密度：≤1.6g/cm^3 不挥发物含量：≥98% 固化条件：140℃×20min 或 150℃×15min 体积变化率：0 流动性：无流淌	杭州之江有机硅化工有限公司	北京现代 悦达起亚

续表

产品名称/基本组分	主要技术指标	生产厂家	主要应用厂家
焊缝密封胶 1690 系列 / PVC 树脂 固化剂 增塑剂	外观：白色均质膏状 密度：1.53g/cm³±0.03g/cm³ 不挥发物含量：≥95% VOC 含量：≤770g/L 固化条件：40℃×30min 剪切强度：1.95MPa±0.65MPa，CF 拉伸强度：1.40MPa±0.40MPa 断裂伸长率：≥100%	沈阳帕卡濑精有限总公司	长安汽车
焊缝密封胶 2690 系列 / PVC 树脂 增粘剂 增塑剂	外观：白色均质膏状 密度：≤1.60g/cm³ 不挥发物含量：≥95% 硬度(邵氏 A)：55~70 剪切强度(120℃×30min)：≥0.7MPa，CF (140℃×30min)：≥1.3MPa，CF 拉伸强度：≥1.0MPa 断裂伸长率：≥120% 湿态喷涂：无开裂、起泡、变色现象	沈阳帕卡濑精有限总公司	一汽丰田 一汽吉林 三菱汽车
焊缝密封胶 P511 / PVC 树脂 增塑剂 增粘剂	外观：白色均质膏状 密度：1.30~1.60g/cm³ 粘度(25℃)：(0.5~1.0)×10⁴mPa·s 不挥发物含量：≥95% 流动性：纵、横向流淌≤3mm 固化条件：140℃×30min 剪切强度：≥1.0MPa 拉伸强度：≥0.8MPa 断裂伸长率：≥100% 附着力：内聚破坏	十堰福波新材料有限公司	东风汽车 十堰正和 湖北三环车身 东风特种车身
焊缝密封胶 WD7511 / PVC 树脂 增塑剂 增粘剂 填料	外观：均质膏状 密度：≤1.3~1.6g/cm³ 细度：<120μm 粘度(23℃)：(2.0~5.0)×10⁴mPa·s 不挥发物含量：≥95% 流动性：纵、横向流淌≤5mm 剪切强度：≥0.9MPa 拉伸强度：≥0.8MPa 断裂伸长率：≥90% 附着性：内聚破坏、无整片剥离现象 过烘烤性：无开裂、起泡、明显变色现象 湿态喷涂：无开裂、起泡、变色现象	上海康达化工新材料股份有限公司	中兴汽车 东风商用车

续表

产品名称/基本组分	主要技术指标	生产厂家	主要应用厂家
焊缝密封胶 SY-211 系列 / PVC 树脂 增塑剂 增粘树脂 填料	外观：白色均质膏状 密度：1.30～1.50g/cm^3 粘度：(2.9～4.5)×10^4mPa·s 不挥发物含量：≥95% 流动性：横、纵向流淌≤5mm 固化条件：140℃×30min 硬度(邵氏 A)：35～65 剪切强度：≥1.0MPa 拉伸强度：≥1.0MPa 断裂伸长率：≥100%	三友(天津)高分子技术有限公司	河北长安 北汽集团 长沙众泰 华泰汽车 上汽通用五菱
焊缝密封胶 SY-213 系列 / 改性 PVC 树脂 增塑剂 增粘树脂 填料	外观：白色均质膏状 密度：1.30～1.50g/cm^3 粘度：(3.4～5.7)×10^4mPa·s 不挥发物含量：≥98% 流动性：横、纵向流淌≤5mm 固化条件：140℃×30min 硬度(邵氏 A)：35～65 剪切强度：≥1.0MPa	三友(天津)高分子技术有限公司	北汽福田 天汽美亚 河北中兴 潍坊汉唐
焊缝密封胶 BS-1015 / PVC 树脂 增塑剂 促进剂 填料及添加剂	外观：白色膏状 密度：1.35～1.50g/cm^3 不挥发物含量：≥95% 固化条件：140℃(底材温度)×15min 剪切强度：≥1.5MPa	博尔泰(上海)化工科技发展有限公司	一汽大众
焊缝密封胶 LY-2T / PVC 树脂 增塑剂 增粘剂 填料	外观：白色均质膏状 密度：1.30～1.50g/cm^3 不挥发物含量：≥95% 固化条件：(130～170℃)×(30～60)min 硬度(邵氏 A)：20～60 剪切强度：≥0.6MPa	北京龙苑伟业新材料有限公司	洛阳中集凌宇
单组分密封胶 PU302S / 聚氨酯预聚物 增塑剂 气相二氧化硅 纳米碳酸钙	外观：白色或灰色膏状 密度：1.4～1.6g/cm^3 不挥发物含量：≥99% 固化条件：常温湿气固化 硬度(邵氏 A)：35～55 剪切强度：≥1.5MPa 拉伸强度：≥2MPa 断裂伸长率：≥500% 撕裂强度：≥6N/mm 气味等级：≤3.5	淄博海特曼新材料科技有限公司	郑州宇通 厦门金旅 苏州金龙 厦门金龙

续表

产品名称/基本组分	主要技术指标	生产厂家	主要应用厂家
焊缝密封胶 Surtek 3621 / 聚氨酯 增塑剂 碳酸钙	外观：白(黑、灰)色膏状 密度：1.20~1.40g/cm^3 不挥发物含量：≥96.0% 固化条件：湿气固化 剪切强度：1.0~2.0MPa	北京高盟新材料股份有限公司	宇傲集团 上饶客车厂
焊缝密封胶 PVC 系列 PENGUIN SEAL#1577 / PVC 树脂 功能助剂	外观：白色膏状 密度：1.5g/cm^3 不挥发物含量：99% 拉伸强度：1.7MPa 剪切强度：1.7MPa	盛势达(广州)化工有限公司	郑州日产 东风日产
焊缝密封胶 M-105 / 聚氨酯树脂 固化剂 填料	颜色：白(灰、黑)色膏状 密度：1.2g/cm^3±0.1g/cm^3 表干时间：50min±5min 固化速度：3mm/24h±0.5mm/24h 抗流挂性：无流挂 硬度(邵氏 A)：45±5 剪切强度：≥1.6MPa 拉伸强度≥2.6MPa 断裂伸长率：≥400% 撕裂强度：≥ 9N/mm	濮阳市万泉化工有限公司	河南少林 中通轻客 重庆恒通 桂林大宇 北汽福田 云南汽车 武汉扬子 东风嘉龙
密封胶 MS-201 / 硅改性聚醚 固化剂 填料	外观：黑色膏状 密度：1.35g/cm^3 表干时间：8min 固化速度：4mm/24h 硬度(邵氏)：55 拉伸强度：3.5MPa 断裂伸长率：200% 工作温度范围：-40~100℃	濮阳市万泉化工有限公司	河南少林 中通轻客 重庆恒通 桂林大宇 北汽福田 云南汽车 武汉扬子 东风嘉龙

续表

产品名称/基本组分	主要技术指标	生产厂家	主要应用厂家
焊缝密封胶 Teroson 3558 / PVC	外观：浅灰色糊状 密度：约 1.4g/cm^3 粘度：约 2.3×10^{5}mPa·s 不挥发物含量：>96% 拉伸强度：≥1.0MPa 剪切强度：≥1.0MPa 抗流挂性(电泳板，3mm 厚，20min)：≤5mm 过烘烤性(180℃×30min)：无裂纹，无气泡 耐盐雾性：不降低附着力	汉高(中国)股份有限公司	北汽集团

二、抗石击涂料

1. 用途与特点

抗石击涂料的用途与特点是：喷涂于汽车轮罩、底盘及车身下侧部，起抗石击和防腐蚀作用。具有触变性好、柔韧性强及优异的耐候、耐介质性。

2. 主要技术指标

抗石击涂料的主要技术指标以及生产、应用厂家详见表 5-9。

表 5-9 抗石击涂料

产品名称/基本组分	主要技术指标	生产厂家	主要应用厂家
抗石击涂料 PVC 系列 / PVC 树脂 增塑剂 附着力促进剂 功能助剂	外观：灰色糊状 密度：1.00~1.60g/cm^3 不挥发物含量：≥92% 固化条件：130~160℃×20~30min 拉伸强度：≥1.0MPa 膨胀率(干膜厚度增加)：0~300%	广东时利和汽车实业集团有限公司	一汽-大众 上汽通用 广汽本田 东风本田 东风日产 广汽丰田 广汽乘用车
抗石击涂料 / 丙烯酸树脂 增塑剂 附着力促进剂 功能助剂	外观：灰色糊状 密度：1.20~1.40g/cm^3 不挥发物含量：≥95% 固化条件：(130~160)℃×(20~30)min 拉伸强度：≥1.0MPa 膨胀率(干膜厚度增加)：0~300%	广东时利和汽车实业集团有限公司	东风本田

续表

产品名称/基本组分	主要技术指标	生产厂家	主要应用厂家
抗石击涂料 SY-251 系列 / PVC 树脂 增塑剂 增粘树脂 填料	外观：灰色或黑色均质膏状 密度：≤1.0g/cm^3(低密度型) 1.30~1.50g/cm^3(通用型) 粘度：1300~4000mPa·s 细度：≤90μm 流动性：横、纵向流淌≤5mm 固化条件：140℃×30min 硬度(邵氏 A)：35~65 剪切强度：≥1.0MPa 抗石击性：≥40kg	三友(天津)高分子技术有限公司	河北长安 北汽集团 长沙众泰 绵阳华瑞 河北中兴 上汽通用五菱
抗石击涂料 384 系列 / PVC 树脂 固化剂 增塑剂	外观：灰黑色均质膏状 密度：≤1.37g/cm^3 不挥发物含量：≥95% 硬度(邵氏 A)：40~60 剪切强度：≥0.5MPa，CF 抗张强度：≥1.0MPa 断裂伸长率：≥120% 冲击音：≤75dB	沈阳帕卡濑精有限总公司	丰田汽车 三菱汽车
抗石击涂料 P531 系列 / PVC 树脂 增塑剂 增粘剂 发泡剂	外观：灰色均质糊状 密度：1.30~1.60g/cm^3 粘度(25℃)：2000~6000mPa·s 不挥发物含量：≥90% 流动性：横、纵向流淌≤5mm 固化条件：140℃×30min 膨胀率：0~300% 附着性：内聚破坏 抗石击性：涂料平均滞留量≥96%，不露底	十堰福波新材料有限公司	东风汽车 东风越野车 东风特种车身 十堰正和车身 湖北神风机械
抗石击涂料 BS-1016 / PVC 树脂 增塑剂 促进剂 填料 添加剂	外观：黑色膏状 密度：1.23~1.32g/cm^3 不挥发物含量：≥95% 固化条件：140℃(底材温度)×15min 剪切强度：≥1.5MPa	博尔泰(上海)化工科技发展有限公司	一汽-大众

续表

产品名称/基本组分	主要技术指标	生产厂家	主要应用厂家
抗石击涂料 WD7531 / PVC 树脂 增塑剂 增粘剂 无机填料	外观：均质糊状 密度：≤1.3~1.6g/cm³ 粘度(23℃)：10000~30000mPa·s 不挥发物含量：>95% 硬度(邵氏 A)：30~60 剪切强度：≥0.8MPa 附着性：涂膜附着 95%以上 抗弯曲性：无开裂或脱落 耐石击性(3 次)：涂膜无剥落，无破坏 耐介质性：无明显变色、软化溶胀或剥落 流动性：横、纵向流淌≤5mm 喷涂作业性：连续一致，无凝块	上海康达化工新材料股份有限公司	中兴汽车
抗石击涂料 SikaGard-6620 / 水性丙烯酸酯涂料	外观：黑色液体 不挥发物含量：约 60% 表干时间：55min 使用温度范围：-20~80℃	西卡(中国)有限公司	金龙客车
裙边胶 BKT-RP#1412 / PVC 树脂 增塑剂 附着力促进剂 纳米碳酸钙	外观：白色或灰黑色膏状 密度：≤1.45g/cm³ 不挥发物含量：≥96% 固化条件：140℃×30min 硬度(邵氏 A)：≥70	保光(天津)汽车零部件有限公司	北京现代
裙边胶 SnugFlex802 / PVC 填料	外观：白色糊状物 密度：≤1.4g/cm³ 不挥发物含量：≥95% 流动性：横、纵向流淌<10mm 固化条件：135℃×20min 或 150℃×15min	杭州之江有机硅化工有限公司	北京现代 悦达起亚
蜡基防锈涂料 WS T-210 / 改性树脂 增韧剂 溶剂	外观：深褐色液体 光泽：哑光 不挥发物含量：40%~45% 实干时间(20℃)：7d 高温蠕变性(80℃×8h)：≤2mm 耐盐雾性(168h)：无锈蚀，无裂纹	济南北方泰和新材料有限公司	金龙联合

续表

产品名称/基本组分	主要技术指标	生产厂家	主要应用厂家
裙边胶 SY-281 / PVC 树脂 增塑剂 增粘树脂 填料	外观：深灰色细腻糊状物 密度：1.30~1.50g/cm^3 细度：≤90μm 粘度：1300~300mPa·s 不挥发物含量：≥94% 固化条件：140℃×30min 硬度(邵氏 A)：50~70 抗石击性：≥40kg	三友(天津)高分子技术有限公司	北京长安
裙边涂料 / 聚氨酯树脂 附着力促进剂 功能助剂	外观：灰色糊状 密度：1.40~1.60g/cm^3 不挥发物含量：≥70% 固化条件：(130~160)℃×(20~30)min	广东时利和汽车实业集团有限公司	东风日产
底涂胶 SnugFlex801 / PVC 填料	外观：灰色及深灰色糊状 密度：≤1.5g/cm^3 不挥发物含量：≥95% 流动性：横、纵向流淌<10mm 固化条件：135℃×20min 或 150℃×15min 膨胀率：≥40%	杭州之江有机硅化工有限公司	北京现代 悦达起亚
底涂胶 BKT-FC#1341 / PVC 树脂 增塑剂 附着力促进剂 纳米碳酸钙	外观：黑色糊状 密度：≤1.40g/cm^3 不挥发物含量：≥95% 固化条件：140℃×30min 膨胀率：30%~50% 断裂伸长率：≥70%	保光(天津)汽车零部件有限公司	北京现代
水基减振胶 P708 / 聚合乳液树脂 填料	外观：灰色均质糊状 密度：1.30~1.60g/cm^3 粘度(25℃)：2000~6000mPa·s 不挥发物含量：≥60% 固化条件：80℃×120min 表干时间(25℃，50%RH)：≤4h 实干时间(25℃，50%RH)：≤24h 附着性：内聚破坏 耐水性：无气泡、脱落 隔热性(Δt)：≥20℃	十堰福波新材料有限公司	东风客车

续表

产品名称/基本组分	主要技术指标	生产厂家	主要应用厂家
底盘装甲胶 SY-351 系列 / 热塑性弹性树脂 增粘树脂 沥青 触变剂 填料	外观：黑色均质膏状 密度：1.10~1.30g/cm^3 不挥发物含量：≥50% 表干时间：≤30min 实干时间：24~48h 附着力/级：≤2 冲击强度：30kg·cm 纹理效果：有凹凸感	三友(天津)高分子技术有限公司	北方客车 潍坊汉唐
底盘装甲胶 WS T-5027 / 功能性弹性体 改性树脂 溶剂	外观：黑色液体 光泽：哑光 不挥发物含量：43%~48% 实干时间(20℃)：24h 耐冲击性：40cm(20℃)、40cm(-20℃) 耐 120#汽油(4h)：无起泡，无脱落 耐盐雾性(168h)：无锈蚀，无裂纹	济南北方泰和新材料有限公司	北方车辆集团
PENGUIN COAT #1622 / PVC 树脂	外观：深灰色膏状 密度：1.39g/cm^3 不挥发物含量：≥95%以上 面漆配套性：可用于湿碰湿工艺	盛势达(广州)化工有限公司	新龙马
底部涂料 TEROSON 8532QI / PVC	外观：浅灰色 密度：1.4g/cm^3 不挥发物含量：≥93% 粘度：1.5×10^5mPa·s 拉伸强度：≥1.0MPa 断裂伸长率：≥100% 抗石击性：不穿透，不脱落	汉高(中国)股份有限公司	重庆长安

三、工艺孔封堵材料

1. 用途与特点

工艺孔封堵材料用于汽车车身电泳后工艺孔、大缝隙或其他缺陷的密封、填平。具有单组分、高固含量、触变性及良好的面漆配套性特点。

2. 主要技术指标

工艺孔封堵材料的主要技术指标以及生产、应用厂家详见表 5-10。

表 5-10　工艺孔封堵材料

产品名称/ 基本组分	主要技术指标	生产厂家	主要应用厂家
指压密封胶 SY-261 / PVC 树脂 增粘剂 增塑剂 触变剂 滑爽剂 填充剂	外观：灰白色腻子 密度：1.40~1.60g/cm^3 不挥发物含量：≥98% 针入度：(8~20)1/10mm 固化条件：140℃×30min 剪切强度：≥1.0MPa	三友(天津)高分子技术有限公司	河北长安 河北中兴 北汽集团 绵阳华瑞 上汽通用五菱
指压密封胶 LY-12 / 合成橡胶 PVC 树脂 增塑剂 增粘剂 填料	外观：灰白色腻子 密度：1.50~1.80g/cm^3 不挥发物含量：≥98% 固化条件：140℃×20min 剪切强度：≥1.0MPa	北京龙苑伟业新材料有限公司	北汽福田 长城汽车 比亚迪 华晨金杯
指压密封胶 P518 / PVC 树脂 增塑剂 增粘剂	外观：白色腻子 密度：≤1.70g/cm^3 不挥发物含量：≥95% 固化条件：140℃×30min 附着性：内聚破坏	十堰福波新材料有限公司	东风越野车 湖北三环
丁基密封胶 MF3020 / 丁基橡胶 软化剂 增塑剂	外观：黑色胶泥 密度：1.25~1.35g/cm^3 针入度(25℃)：(40~100)1/10mm	郑州中原思蓝德高科股份有限公司	株洲南车时代 南车青岛四方
指压密封胶 AP-1010 / 合成橡胶 增塑剂 增粘剂 填料	外观：均匀腻子 密度：1.40g/cm^3±0.1g/cm^3 不挥发物含量：≥95% 硬度(邵氏 A)：30~40 针入度：(20~35)1/10mm 初粘性：不脱落 固化条件：170℃×20min 剪切强度：≥0.25MPa 燃烧性：持续燃烧时间 2s 以内	沈阳帕卡濑精有限总公司	广汽乘用车

续表

产品名称/基本组分	主要技术指标	生产厂家	主要应用厂家
指压密封胶 AP-1020 / PVC 树脂 增塑剂 增粘剂 填料	外观：白色均质固体 比重：≤1.6g/cm³ 不挥发物含量：≥95% 硬度：40~70 初粘性：不脱落 剪切强度：≥0.5MPa，90%CF 耐冲击：无开裂、无剥落 耐酸、耐碱、耐油：无明显变色、软化、膨泡、剥离等异常	沈阳帕卡濑精有限总公司	众泰汽车
密封胶 Thiemite 11-1138 / PVC	气味：无有毒有害气味 不挥发物含量：>95% 密度：1.71g/cm³ 发烟性(191℃)：轻微发烟 防腐性(1 小时内 196℃降到 38℃，100% RH)：密封胶接触面无明显锈蚀 耐温性(149℃)：不超过 17h 耐寒性(-29℃，1.7J)：细微裂纹，粘合力不下降	汉高(中国)股份有限公司	上汽通用

四、非沥青基阻尼胶片

1. 用途与特点

非沥青基阻尼胶片用于门板、侧围板、顶盖、底板等白车身钣金件表面贴覆，可起到抑制低频振动，减少辐射噪声和车身低频噪声的作用。产品不含沥青基材，具有环保优势，适用于涂装及总装工序，可通过复合不同的约束层改善其阻尼特性。

2. 主要技术指标

非沥青基阻尼胶片的主要技术指标以及生产、应用厂家详见表 5-11。

表 5-11　非沥青基阻尼胶片

产品名称/基本组分	主要技术指标	生产厂家	主要应用厂家
自粘复合型 阻尼板 LHZN-ZFH / 丁基胶 铝箔 隔离纸	密度：1.6g/cm³±0.2g/cm³ 剥离力：≥14N/25mm 燃烧性：≤80mm/min 损耗因子(厚度 2mm)： 0℃：≥0.17 10℃：≥0.25 20℃ ≥0.20 30℃ ≥0.14 40℃ ≥0.11	贵州联洪合成材料有限公司	广汽传祺 广汽本田 东风柳汽 广汽菲克 上汽通用五菱

续表

产品名称/基本组分	主要技术指标	生产厂家	主要应用厂家
丁基防振板 BKT-BU#3703 / 丁基橡胶 增粘树脂 填充剂 液体橡胶	外观：黑色片状(颜色可调) 密度：1.5g/cm³±0.3g/cm³ 不挥发物含量：≥98% 剪切强度：≥0.04MPa 剥离强度：≥30N/25mm 阻尼系数：≥0.25 耐高温性(160℃×30min)：垂直放置，无脱落、翘角、分层等异常，流淌距离≤2mm	保光(天津)汽车零部件有限公司	天津夏利
阻尼胶片 SnugDamp201 / 铝箔 丁基橡胶 填料	外观：敷铝箔的黑色或灰色胶片 密度：≤2.0g/cm³ 厚度：1.5~2.5mm，或按客户要求 不挥发物含量：98% 剪切强度：≥0.04MPa 180°剥离强度：≥8N/25mm 电泳钢板附着性：无翘起脱离 损耗因子： 20℃：0.3； 30℃：0.27 40℃：0.20 耐腐蚀性：胶片下钢板无腐蚀 耐高低温性：无开裂和脱落 耐磷化液性：通过 油面粘接性：不位移，不分离 隔离纸剥离性：可剥离且剥离后无残胶 使用温度范围：15~35℃	杭州之江有机硅化工有限公司	神龙汽车 吉利汽车 汉腾汽车 东风裕隆
阻尼胶片 LY-191 / 铝箔 合成橡胶 增粘剂 软化剂 颜填料	外观：黑色片状，覆铝箔 密度：1.5~1.8g/cm³ 厚度：1.5~2.5mm，或按客户要求 不挥发物含量：≥95% 180°剥离强度：≥14.7N/25mm 加热位移性：≤10mm 损耗因子(20℃)：≥0.25 耐水性：无龟裂和脱落 耐热性：无开裂和脱落 耐低温性：无开裂和脱落	北京龙苑伟业新材料有限公司	郑州日产 杭州长江

续表

产品名称/ 基本组分	主要技术指标	生产厂家	主要应用厂家
消音胶片 SY-271R / 丁基橡胶 聚异丁烯 增粘剂 硫化剂 减振消音材料	外观：黑色胶片 密度：≤1.55g/cm^3 不挥发分：≥99% 油面粘接性：不位移，不分离 初粘力(20℃)：≥5N/25mm 损耗因子(20℃)：≥0.30	三友(天津)高分子技术有限公司	长安铃木 郑州宇通
阻尼贴片 3M™Stand-off / 聚丙烯 铝箔	外观：多孔状复合结构，表面覆铝箔 密度：<0.5g/cm^3 材料面密度：<1.5kg/m^2 厚度：2.9mm 和 1.6mm 90°剥离强度：>3.5N/cm 阻尼损耗因子(20℃)：>0.25 耐高温：150℃，2h 阻燃特性：FMVSS 302 三点抗弯刚度：增加 10%~20% 固化条件：无需 使用温度范围：-20~60℃	3M 中国有限公司	
阻尼胶片 MF3130R / 丁基橡胶 软化剂 增塑剂	外观：黑色胶片状 密度：1.30~1.70g/cm^3 材料面密度：<1.5kg/m^2 气味：≤4 分 剪切强度：≥0.50MPa 拉伸强度：≥0.60MPa 甲醛释放量：≤0.12mg/m^3 有机物挥发(以 C 计)：≤50μg/g	郑州中原思蓝德高科股份有限公司	山西成功 沈阳森源 艾思特福
阻尼胶片 663 / 丁基橡胶	密度：1.7g/cm^3±0.1g/cm^3 气味：≤3.5 级 VOC，SVOC：PASS 不挥发物含量：≥99.9% 剥离强度：0.4N/mm 阻燃性：≤100mm/min 损耗因子：≥0.13 雾翳：PASS 耐热性：80℃，2h，无流淌 低温柔韧性：-40℃，无裂纹	科肆高分子材料(上海)股份有限公司	通用汽车 吉利汽车 北汽银翔

续表

产品名称/基本组分	主要技术指标	生产厂家	主要应用厂家
TEROSON RB 203H / 离型纸 丁基橡胶基阻尼材料 金属约束层箔片	外观：黑色胶片，敷铝箔并带黄色离型纸 密度：2.15g/cm³±0.15g/cm³ 燃烧特性：满足 GB8410 耐低温性：-40℃，无开裂，无脱落 耐高温性：+80℃，无下垂，无脱落 损耗因子： 20℃：>0.28 40℃：>0.24 60℃：>0.12	汉高(中国)股份有限公司	上海通用 长安福特 北京奔驰 北京现代 东风本田 奇瑞汽车 江淮汽车 东风雪铁龙
TEROSON RB 5001 / 离型纸 丁基橡胶基阻尼材料 金属约束层箔片	外观：黑色胶片，敷铝箔并带黄色离型纸 密度：1.6g/cm³±0.2g/cm³ 燃烧特性：满足 GB8410 损耗因子(-20~80℃)：>0.1 使用温度范围：-20~80℃	汉高(中国)股份有限公司	上海大众

五、液态喷涂型阻尼材料 LASD

1. 用途与特点

液态喷涂型阻尼材料 LASD 主要用于车身地板、侧围、前围以及顶盖等部位，是一种可替代沥青阻尼片的环保、可喷涂型轻量化材料。该类产品可分为水基和油基两种类型，具有发泡和不发泡两种固化形态。产品不含多环芳烃类有害物质，需配备专用设备定置定量喷涂或人工喷涂。

2. 主要技术指标

液态喷涂型阻尼材料 LASD 的主要技术指标以及生产、应用厂家详见表 5-12。

表 5-12　液态喷涂型阻尼材料 LASD

产品名称/基本组分	主要技术指标	生产厂家	主要应用厂家
丙烯酸型 LASD / 水性丙烯酸树脂 分散剂 增稠剂 功能助剂 水	外观：黑色糊状 密度：1.40~1.70g/cm³ 不挥发物含量：≥70% 固化条件：140℃×30min 发泡性：可做成发泡型或不发泡型	广东时利和汽车实业集团有限公司	日本马自达 日本本田

续表

产品名称/基本组分	主要技术指标	生产厂家	主要应用厂家
耐磨阻尼地垫胶 SY-256 / 改性 PVC 树脂 增塑剂 增粘树脂 填料	外观：灰色均匀膏状 固化条件：140℃×30min 硬度(邵氏 A)：35~65 剪切强度：≥2.5MPa 拉伸强度：≥1.0MPa 断裂伸长率：≥100% 抗石击性：≥40kg 膨胀率：≥20%	三友(天津)高分子技术有限公司	北汽福田
水性阻尼涂料 SY-901 / 丙烯酸酯乳液 减振阻尼材料 分散剂 润湿剂 消泡剂 增稠剂	外观：均匀糊状 涂膜外观：基本平整，无流挂 施工性：可刮涂或高压喷涂，湿膜 3mm 无流挂 干燥时间(实干)：≤48h 附着力/级：≤2 损耗因子(20℃)：≥0.2	三友(天津)高分子技术有限公司	北汽福田
喷涂阻尼板 BKT-WA#4001 / 水性丙烯酸乳液 无机填料 助剂 水	外观：黑色膏状，或按客户要求 密度：1.5~1.7g/cm^3 粘度：60~100Pa·s 不挥发物含量：≥80% 固化条件：(120~180)℃×30min 或室温×48h 抗流挂性(4mm 厚)：无流挂 耐低温冲击(-40℃×4h)：无裂纹 耐水性(40℃)：≥15d 耐盐雾性：500h	保光(天津)汽车零部件有限公司	
水性阻尼涂料 LASD BRT-5001 / 水性丙烯酸乳液 无机填料 助剂	外观：浅灰至黑色膏状 密度：1.4~1.7g/cm^3 不挥发物含量：≥70% 固化条件：140℃×30min 抗流挂性：无流挂 耐盐雾性：720h	博尔泰(上海)化工科技发展有限公司	

续表

产品名称/ 基本组分	主要技术指标	生产厂家	主要应用厂家
喷涂型阻尼涂料 SnugDamp 203 / 丙烯酰胺树 脂乳胶 填料 环氧树脂	外观：黑色或灰色膏状 密度：≤2.0g/cm³ 不挥发物含量：73% 剪切强度≥1.5MPa 损耗因子(20~40℃)：0.12~0.3 耐腐蚀性：胶片下钢板无腐蚀 耐高低温性：无开裂和脱落	杭州之江有机硅化工 有限公司	北京现代 悦达起亚
喷涂型阻尼涂料 AP-9200W / 丙烯酸乳液 减震阻尼材料 无机填料	外观：匀质膏状 密度：1.35~1.50g/cm³ 不挥发物含量：≥75% 粘度：60~400Pa·s 干膜密度：0.9g/cm³ 膨胀率：≥30%	沈阳帕卡濑精有限总公司	吉林轻型汽车
水性丙烯酸 基材 LASD / 水性丙烯酸	外观：黑色糊状 密度：1.50g/cm³ 膨胀率：≤30% 不挥发物含量：≥80% 固化条件：140℃×30min	汉高(中国)股份有限公司	长城汽车
丙烯酸涂料 Teroson 7171 / 水性丙烯酸 降噪涂料	外观：黑色糊状 密度：1.35~1.55g/cm³(固化前) 1.00~1.10g/cm³(固化后) 不挥发物含量：>75% 粘度：40Pa·s 抗流挂性：≤3mm 膨胀率：≤30%	汉高(中国)股份有限公司	奇瑞捷豹路虎

六、沥青基阻尼胶片

1. 用途与特点

沥青基阻尼胶片的用途与特点是：适用于汽车驾驶室地板、侧围表面贴覆。产品可根据需要制成不同厚度及各种形状，在烘烤时受热软化与被覆盖处的部件形状吻合附贴，冷却后即与车体牢固结合，起减振、降低低频噪声作用。

2. 主要技术指标

沥青基阻尼胶片的主要技术指标以及生产、应用厂家详见表5-13。

表 5-13 沥青基阻尼胶片

产品名称/基本组分	主要技术指标	生产厂家	主要应用厂家
磁吸型阻尼板 LHZN—C / 沥青 磁粉 不同种类的功能性填料	密度：2.4g/cm³±0.2g/cm³ 剪切强度：≥0.5MPa 拉伸强度：≥0.60MPa 灰分：≤75% 蒸发量：≤1% 磁感应强度：≥18mT 燃烧性：≤100mm/min 下垂性：≥10mm 热流动性：≤10mm 收缩率：≤2% 损耗因子： 0℃：≥0.05 20℃：≥0.10 40℃：≥0.05	贵州联洪合成材料有限公司	长安福特 东风柳汽 广汽三菱 广汽菲克 海马汽车 广汽乘用车 一汽红塔 重庆长安 重庆庆铃 上汽通用五菱
热熔型阻尼板 LHZN—R / 沥青 云母粉 不同种类的功能性填料	密度：1.50g/cm³±0.2g/cm³ 灰分：≤60% 蒸发量：≤1% 燃烧性：≤100mm/min 凹陷性：≥10mm 热流动性：≤10mm 固化温度：（140~170℃）×20min 剪切强度：≥0.5MPa 拉伸强度：≥0.60MPa 收缩率：≤2% 损耗因子： 0℃：≥0.05 20℃：≥0.10 40℃：≥0.05	贵州联洪合成材料有限公司	广汽丰田 东风日产 长安福特 长安汽车 东风柳汽 广汽三菱 广汽菲克 海马汽车 广汽乘用车 一汽红塔 重庆庆铃 上汽通用五菱
热熔型防振隔热垫 P701 / 沥青 橡胶 助剂 填料	外观：黑色片材 密度：≤2.0g/cm³ 剪切强度：≥0.49MPa 流动性：下淌≤15mm，不断裂 蒸发量：≤0.6% 凹陷性：≥6mm 收缩率：≤3% 发烟温度：≥140℃ 燃烧速率：≤100mm/min 损耗因子：≥0.2	十堰福波新材料有限公司	东风特种车身

续表

产品名称/基本组分	主要技术指标	生产厂家	主要应用厂家
磁吸型阻尼板 P703 / 沥青 橡胶 助剂 填料	外观：黑色片材 密度：2.0~2.6g/cm^3 剪切强度：≥0.49MPa 蒸发量：≤0.6% 收缩率：≤3% 燃烧速率：≤100mm/min 损耗因子：≥0.2 弯曲性能：ϕ20，允许有微小裂纹 ϕ50，无裂纹 流动性：下淌为0，不断裂 热贴合性能：无龟裂，试样与试验板不脱离 磁性(以离心转速表示)：320r/min	十堰福波新材料有限公司	东风特种车身

第三节　汽车总装用胶

一、车身密封胶

1. 用途与特点

车身密封胶适用于汽车车身焊缝和部分零件如地板塑料件、车顶空调、车窗玻璃等装配部位的内外密封。产品通常为单组分湿固化胶，可与金属、漆面、塑料、木材等多种材质粘接，耐候性优良。

2. 主要技术指标

车身密封胶的主要技术指标以及生产、应用厂家详见表5-14。

表5-14　车身密封胶

产品名称/基本组分	主要技术指标	生产厂家	主要应用厂家
单组分聚氨酯密封胶 WD8852 / 聚氨酯预聚体 聚醚多元醇 偶联剂 交联剂 除水剂	外观：黑(白、灰)色膏状 密度：1.3g/cm^3±0.1g/cm^3 表干时间：≤90min 硬度(邵氏A)：45±5 剪切强度：≥1.0MPa 拉伸强度：≥2.0MPa 断裂伸长率：≥400% 撕裂强度：≥5kN/m 使用温度范围：-40~90℃	上海康达化工新材料股份有限公司	中兴汽车

续表

产品名称/ 基本组分	主要技术指标	生产厂家	主要应用厂家
聚氨酯钣金胶 JS-317 / 聚合物 增塑剂 填料 助剂 催化剂	外观：黑色膏状 不挥发物含量：≥95% 流动性：≤3.0mm 表干时间：≤180min 固化速度：≥3.0mm/24h 硬度(邵氏A)：≥35 剪切强度：≥0.8MPa 拉伸强度：≥1.5MPa 断裂伸长率：≥400% 100%定伸强度：≥0.8MPa 撕裂强度：≥5.0N/mm	杭州之江有机硅化工 有限公司	西沃客车 比亚迪客车
硅烷改性聚醚 MS密封胶 JS-920 / 聚合物 有机溶剂 增塑剂 填料 助剂 催化剂	表干时间：20~40min 固化速度(23℃，50%RH)：≥3mm/24h 硬度(邵氏A)：32~38 剪切强度：≥1.5MPa 拉伸强度：≥2.5MPa 断裂伸长率：≥400% 撕裂强度：≥10N/mm 使用温度范围：-35~80℃（短期可到140℃）	杭州之江有机硅化工 有限公司	西沃客车 比亚迪客车 厦门金龙 厦门金旅
密封胶 SY-313 / 合成橡胶 增粘树脂 溶剂 触变剂 填料	外观：白色均匀膏状 密度：1.1~1.3g/cm³ 不挥发物含量：≥50% 表干时间(25℃)：≤0.5h 固化时间(25℃)：≤48h	三友(天津)高分子技术 有限公司	郑州宇通 河北长安 天汽美亚 河北中兴 洛阳北方易初
单组分聚氨酯 密封胶 BETAFILL C710N / 邻苯二甲酸酯 新癸酸二甲基锡 二乙基醚 炭黑 碳酸钙 聚氨酯预聚体	外观：黑色膏状 密度：1.20~1.25g/cm³ 不挥发物含量：≥95% 固化速度(23℃，50%RH)：≥2mm/24h 硬度(邵氏A)：>35 剪切强度：>1.5MPa 断裂伸长率：>400%	陶氏化学中国投资有限公司	郑州宇通

续表

产品名称/ 基本组分	主要技术指标	生产厂家	主要应用厂家
单组分聚氨酯 填缝胶 Sikaflex-211WR / 聚氨酯预聚体 增塑剂 填料 助剂 催化剂	外观：黑色膏状 密度：1.25g/cm^3 表干时间：30min 硬度(邵氏A)：40 拉伸强度：1.8MPa 断裂伸长率：600%	西卡(中国)有限公司	郑州宇通 苏州金龙 中车集团
单组分聚氨酯 密封胶 Sikaflex-221 / 聚氨酯预聚体 增塑剂 填料 助剂 催化剂	外观：黑(白、灰)色膏状 密度：1.3g/cm^3 表干时间：60min 硬度(邵氏A)：40 拉伸强度：1.8MPa 断裂伸长率：500%	西卡(中国)有限公司	郑州宇通 苏州金龙 中车集团
硅烷改性密封胶 Surtek 3959/ 69/79 / MS树脂 增塑剂 增粘剂	外观：黑(白、灰)色膏状 密度：1.65g/cm^3±0.05g/cm^3 不挥发物含量：≥99% 下垂性：不下垂 固化速度：≥3~4mm/24h 剪切强度：≥1.0~3.5MPa(可调) 拉伸强度：≥1.5~3.5MPa(可调) 断裂伸长率：≥200%~500%(可调) 耐高低温性：-40~120℃(短期可到150℃)	北京高盟新材料股份有限公司	山西大运 舞阳市昱鑫 郑州翎羽 出口
单组分聚氨酯 密封胶 Surtek 3626 / 聚氨酯 增塑剂 碳酸钙	外观：黑(白、灰)色膏状 密度：1.20~1.40g/cm^3 不挥发物含量：≥99.0% 固化条件：湿气固化 剪切强度：1.0~2.0MPa	北京高盟新材料股份有限公司	东风商用车 济南中集 河南冰熊 上饶客车厂

续表

产品名称/基本组分	主要技术指标	生产厂家	主要应用厂家
聚氨酯密封胶 AM-120C / 聚氨酯预聚体 增塑剂 触变剂	外观：黑(白、灰)色均匀膏状 表干时间：20~80min 硬度(邵氏 A)：35~50 剪切强度：≥1.0MPa 拉伸强度：≥1.5MPa 断裂伸长率：≥400% 撕裂强度：≥7.0N/mm 使用温度范围：-45~90℃	山东北方现代化学工业有限公司	郑州宇通 中通客车 金龙客车 黄海客车
聚氨酯密封胶 AM-130 / 聚氨酯预聚体 增塑剂 触变剂	外观：黑(白、灰)色均匀膏状 表干时间：30~60min 固化速度：≥3.0mm/24h 硬度(邵氏 A)：35~55 剪切强度：≥1.5MPa 拉伸强度：≥1.8MPa 断裂伸长率：≥400% 撕裂强度：≥7.0N/mm	山东北方现代化学工业有限公司	郑州宇通 中通客车 考格尔特种车
硅烷改性密封胶 MS-1955 / 硅烷改性聚合物 增塑剂 触变剂	外观：黑(白、灰)色均匀膏状 表干时间：15~60min 固化速度：≥3.0mm/24h 硬度(邵氏 A)：35~50 剪切强度：≥1.5MP 拉伸强度：≥2.0MPa 断裂伸长率：≥300% 剥离粘接性：90%以上 CF	山东北方现代化学工业有限公司	中通客车
单组分硅烷改性聚醚密封胶 MS712 / 硅烷封端聚醚 增塑剂 补强填料 固化剂	外观：均匀膏状，颜色可调 密度：1.40g/cm^3±0.2g/cm^3 不挥发物含量：≥99% 固化条件：室温湿气固化 剪切强度：≥1.5MPa 拉伸强度：≥3MPa 撕裂强度：≥10N/mm	淄博海特曼新材料科技有限公司	金龙联合 金龙旅行 中国南车

续表

产品名称/基本组分	主要技术指标	生产厂家	主要应用厂家
聚氨酯密封胶 SPUR935 / 硅烷改性聚氨酯树脂 增塑剂 补强填料 固化剂	外观：均匀膏状，颜色可调 密度：1.40g/cm^3±0.2g/cm^3 不挥发物含量：≥99% 固化条件：室温湿气固化 剪切强度：≥2.5MPa 拉伸强度：≥4.5MPa 撕裂强度：≥10MPa	淄博海特曼新材料科技有限公司	中国南车 金龙联合 金龙旅行
单组分聚氨酯密封胶 PU306 / 聚氨酯预聚物 补强填料 增塑剂 催化剂	外观：黑色均匀膏状 密度：1.20g/cm^3±0.2g/cm^3 不挥发物含量：≥98% 固化条件：室温湿气固化 剪切强度：≥4.0MPa 拉伸强度：≥6.0MPa 断裂伸长率：≥450% 撕裂强度：≥15MPa	淄博海特曼新材料科技有限公司	重庆力帆 重庆长安
单组分聚氨酯密封胶 PU304 / 聚氨酯预聚物 补强填料 增塑剂 催化剂	外观：黑色均匀膏状 密度：1.20g/cm^3±0.2g/cm^3 不挥发物含量：≥99% 固化条件：室温湿气固化 剪切强度：≥2.0MPa 拉伸强度：≥4.0MPa 断裂伸长率：≥400% 撕裂强度：≥12N/mm	淄博海特曼新材料科技有限公司	郑州宇通 金龙联合
单组分 MS 密封胶 7937 / 硅烷改性聚醚 碳酸钙 催化剂	外观：黑、白、灰色均匀膏状 密度(25℃)：1.35~1.55g/cm^3 表干时间(23℃、50%RH)：5~15min 固化速度(23℃、50%RH)≥2.5mm/24h 硬度(邵氏 A)：≥45 剪切强度：≥1.8MPa 拉伸强度：≥2.5MPa 断裂伸长率：≥300% 使用温度范围：40~120℃	湖北回天新材料股份有限公司	恒通客车 金龙汽车 金旅汽车 江铃汽车

续表

产品名称/ 基本组分	主要技术指标	生产厂家	主要应用厂家
单组分聚氨酯 密封胶 8921 黑、白、灰 / 异氰酸酯 吸水稳定剂 催化剂 填料	不挥发物含量：≥99.0% TVOC(VDA277)：≤50×10^{-6} 气味等级：≤3.5 表干时间(23℃、50%RH)：40~60min 固化速度：3~5mm/24h 硬度(邵氏 A)：35~50 拉伸强度：1.5~2.5MPa 断裂伸长率：≥500% 撕裂强度：7kN/m 使用温度范围：-40~90℃	湖北回天新材料股份有限公司	郑州宇通 江淮汽车 欧辉客车
PENGUIN SEAL #2588 系列 / MS 树脂	外观：黑(白、灰)色膏状 密度：1.40g/cm^3 表干时间：<30min 工作温度：-40~120℃ 模量：分高模量 HM 和低模量 LM 两种	盛势达(广州)化工有限公司	合肥日立 苏州普美
硅改性聚醚 密封胶 MF1506 / 聚合物 增塑剂 固化剂 填料	外观：黑(白、灰)色均匀膏状 表干时间：10~20min 硬度(邵氏 A)：55~60 剪切强度：≥2.0MPa 拉伸强度：≥3.5MPa 断裂伸长率：≥250% 撕裂强度：≥16MPa 使用温度范围：-20~80℃(短期可到 140℃)	郑州中原思蓝德高科股份有限公司	印度尼西亚 PT. Diamond Diaci Anugrah Jaya 长春迪达隆
聚氨酯密封胶 韧驰 8771 / PU 预聚体 增塑剂 补强填料 催化剂	外观：黑色均质膏状 表干时间：30~60min 下垂度：≤3mm 固化速度≥3mm/24h 不挥发物含量：≥95% 硬度(邵氏 A)：40~60 拉伸强度：≥1.8MPa 断裂伸长率：≥300% 使用温度范围：-40~90℃	广东普赛达密封粘胶有限公司	安凯客车

续表

产品名称/基本组分	主要技术指标	生产厂家	主要应用厂家
单组分弹性密封胶 Teroson MS 930 / 硅烷改性聚醚胶	外观：白(灰、黑)色膏状 密度：约 1.5g/cm^3 不挥发物含量：100% 抗流挂性：不流挂 固化方式：湿气固化 表干时间：约 20min 固化速度：4mm/24h 硬度(邵氏 A)：约 27 拉伸强度：约 0.9MPa 断裂伸长率：约 300%	汉高(中国)股份有限公司	苏州金龙 厦门金龙

二、车顶棚用胶

1. 用途与特点

车顶棚用胶适用于汽车车顶泡沫海绵、聚氯乙烯塑料板材、车内装饰板、车门防风防雨条、隔音材料等粘接密封。产品分为湿气固化和溶剂挥发固化两种，具有初粘性强，粘接强度高，耐老化性好的特点。

2. 主要技术指标

车顶棚用胶的主要技术指标以及生产、应用厂家详见表 5-15。

表 5-15　车顶棚用胶

产品名称/基本组分	主要技术指标	生产厂家	主要应用厂家
聚氨酯密封胶 JS-318 / 聚合物 增塑剂 填料 助剂 催化剂	外观：黑色膏状 不挥发物含量：≥95% 抗流挂性：无流挂 表干时间：≤60min 固化速度：≥3.0mm/24h 硬度(邵氏 A)：≥45 剪切强度：≥2.5MPa 拉伸强度：≥3.5MPa 断裂伸长率：≥400% 100%定伸强度：≥1.0MPa 撕裂强度：≥5.0N/mm	杭州之江有机硅化工有限公司	比亚迪客车 江苏友谊 丹东黄海 常熟华东

续表

产品名称/基本组分	主要技术指标	生产厂家	主要应用厂家
硅烷改性聚醚密封胶 JS-930 / 聚合物 增塑剂 填料 助剂 催化剂	表干时间：10~20min 硬度(邵氏 A)：48~55 固化速度(23℃，50%RH)：≥3mm/24h 剪切强度：≥2MPa 拉伸强度：≥3.5MPa 断裂伸长率：≥250% 撕裂强度：≥15N/mm 使用温度范围：-35~80℃（短期可到140℃）	杭州之江有机硅化工有限公司	西沃客车 丹东黄海
聚氨酯密封胶 WD8160 / 聚氨酯预聚体	外观：深灰色膏状(A组分) 白色膏状(B组分) 表干时间：6~20min 固化速率(23℃)：1~2h基本固化，24h可达到使用强度 硬度(邵氏 A)：70~90 下垂度：≤2mm 剪切强度(钢-钢)：≥5.0MPa 拉伸强度：≥5.0MPa 断裂伸长率：≥200% 撕裂强度：60.0~80.0N/mm 使用温度范围：-50~90℃	上海康达化工新材料股份有限公司	上汽集团 上汽通用 广汽本田
聚氨酯密封胶 Sikaflex-252 / 聚氨酯预聚体 增塑剂 填料 助剂 催化剂	外观：白(黑、灰)色膏状 表干时间：40min 固化速率：>4mm/24h 硬度(邵氏 A)：50 剪切强度：≥2.5MPa 拉伸强度：≥3MPa 断裂伸长率：≥400% 撕裂强度：7N/mm	西卡(中国)有限公司	郑州宇通 厦门金龙 中车集团
氯丁胶粘剂 FN-303 / 氯丁橡胶 增粘树脂 溶剂 助剂	外观：浅黄色至棕色粘稠液体 密度：0.93g/cm³ 剥离强度：≥2.5kN/m(铝-橡胶，24h) ≥3.0kN/m(铝-橡胶，48h) 拉伸强度：≥1.3MPa(45号钢-橡胶，24h) ≥1.5MPa(45号钢-橡胶，24h)	山东北方现代化学工业有限公司	军用汽车内饰

续表

产品名称/基本组分	主要技术指标	生产厂家	主要应用厂家
氯丁胶粘剂 CN-703 / 氯丁橡胶 酚醛树脂 助剂	外观：浅黄色至深褐色粘稠液体 粘度：400~800mPa·s 不挥发物含量：≥23% 剥离强度：≥50N/2.5cm(24h)； ≥75N/2.5cm(48h)	山东北方现代化学工业有限公司	中车集团时代电动车
氯丁胶粘剂 7103(7103T) / 以进口氯丁胶为基材组成	外观：棕黄色粘稠液体 密度：1.05~1.15g/cm^3 粘度：≥200mPa·s 不挥发物含量：15%~22% 180°剥离强度：≥50N/25mm 使用温度范围：-40~90℃	湖北回天新材料股份有限公司	福建龙马
单组分硅烷改性聚醚密封胶 MS735 / 硅烷封端聚醚 增塑剂 补强填料 固化剂	外观：均匀膏状，颜色可调 密度：1.40g/cm^3±0.2g/cm^3 不挥发物含量：≥99% 固化条件：室温湿气固化 表干时间：≤60min 固化时间：≥3.5mm/24h 剪切强度：≥2.0MPa 拉伸强度：≥3MPa 撕裂强度：≥10N/mm 气味等级：≤3.5	淄博海特曼新材料科技有限公司	郑州宇通 厦门金旅 中国南车 厦门金龙
单组分硅烷改性聚氨酯密封胶 SPUR937 / 硅烷改性聚氨酯树脂 增塑剂 补强填料 固化剂	外观：均匀膏状，颜色可调 密度：1.40g/cm^3±0.2g/cm^3 不挥发物含量：≥99% 固化条件：室温湿气固化 剪切强度：≥3.0MPa 拉伸强度：≥4.5MPa 撕裂强度：≥12N/mm 表干时间：≤45min 固化时间：≥4.0mm/24h 气味等级：≤3.5	淄博海特曼新材料科技有限公司	郑州宇通 厦门金旅 中国南车 厦门金龙
顶棚密封胶 Surtek 3969 / MS树脂 增塑剂 增粘剂	外观：黑、白、灰色膏状 密度：1.50g/cm^3±0.05g/cm^3 不挥发物含量：≥99% 下垂性：不下垂 固化速度：≥3mm/24h 拉伸强度：≥2.5MPa 断裂伸长率：≥500% 剪切强度：≥2.0MPa 耐温性：-40~120℃(短期可到150℃)	北京高盟新材料股份有限公司	昱鑫重工 济源福龙

三、车窗玻璃用胶

1. 用途与特点

车窗玻璃用胶用于汽车前后风挡玻璃、侧窗玻璃、三角窗玻璃等与车身的粘接和密封。产品为湿气固化胶，通常需匹配底涂以及表面处理助剂使用，具有粘接力强、动态疲劳性好、耐老化的热点，有利于增强车身的刚性，提高汽车安全性。

2. 主要技术指标

车窗玻璃用胶的主要技术指标以及生产、应用厂家详见表 5-16。

表 5-16 车窗玻璃用胶

产品名称/ 基本组分	主要技术指标	生产厂家	主要应用厂家
单组分聚氨酯玻璃胶 JS-311 / 聚合物 增塑剂 填料 助剂 催化剂	外观：黑色膏状 不挥发物含量：≥99% 硬度(邵氏 A)：≥45 流挂性：无流挂 表干时间：≤60min 固化速度：≥3.0mm/24h 剪切强度：≥4.5MPa 拉伸强度：≥8.0MPa 100%定伸强度：≥2.5MPa 断裂伸长率：≥300% 撕裂强度：≥10N/mm	杭州之江有机硅化工有限公司	比亚迪 中通客车 吉利汽车 江苏友谊 江铃晶马 丹东黄海
双组分聚氨酯风挡玻璃胶 JS-311TPF / 聚合物 增塑剂 填料 助剂 催化剂	外观：黑色膏状 不挥发物含量：≥97% 硬度(邵氏 A)：≥55 流挂性：无流挂 表干时间：≤60min 初始剪切强度(6h)：≥2.0MPa 常态剪切强度：≥3.5MPa 拉伸强度：≥6.0MPa 断裂伸长率：≥350% 100%定伸强度：≥2.0MPa 撕裂强度：≥10N/mm	杭州之江有机硅化工有限公司	比亚迪
聚氨酯多用途密封胶 JS-312 / 聚合物 增塑剂 填料 助剂 催化剂	外观：黑色膏状 不挥发物含量：≥96% 硬度(邵氏 A)：≥45 流挂性：无流挂 表干时间：≤60min 固化速度：≥3.0mm/24h 剪切强度：≥2.0MPa 拉伸强度：≥2.5MPa 断裂伸长率：≥400% 100%定伸强度：≥3.5MPa 撕裂强度：≥5.0N/mm	杭州之江有机硅化工有限公司	比亚迪客车 江苏友谊 丹东黄海 常熟华东

续表

产品名称/基本组分	主要技术指标	生产厂家	主要应用厂家
聚氨酯风挡玻璃胶 SY-701 / 聚氨酯预聚体 吸水剂 增塑剂 填料 催化剂	外观：黑色均匀膏状 表干时间：40~50min 固化速度：≥4.0mm/24h 硬度(邵氏 A)：55±5 剪切强度：≥4.5MPa 拉伸强度：≥7.5MPa 断裂伸长率：≥500%	三友(天津)高分子技术有限公司	河北长安
单组分聚氨酯胶粘剂 WD8856 / 聚氨酯预聚体 聚醚多元醇 偶联剂 交联剂 除水剂	外观：黑色膏状 密度：1.2g/cm^3±0.1g/cm^3 表干时间：≤60min 硬度(邵 A)：55±5 剪切强度：≥3.5MPa 拉伸强度：≥6.0MPa 断裂伸长率：≥450% 撕裂强度：≥15kN/m 使用温度范围：-40~90℃	上海康达化工新材料股份有限公司	中兴汽车
高强度聚氨酯胶粘剂 Surtek 3668 / 聚氨酯预聚体 增塑剂 填料	外观：黑色膏状 密度：1.20~1.30g/cm^3 不挥发物含量：≥99% 固化速度：≥3.3mm/24h 剪切强度：≥5.5MPa 拉伸强度：≥8.0MPa 断裂伸长率：≥450%	北京高盟新材料股份有限公司	中通客车 天津比亚迪 上饶客车
耐候型玻璃填缝密封胶 Surtek3621WR / 耐侯型聚氨酯	外观：黑色膏状 密度：1.20~1.30g/cm^3 不挥发物含量：≥97% 固化速度：≥3mm/24h 拉伸强度：≥4MPa 断裂伸长率：≥500%	北京高盟新材料股份有限公司	聊城中通 比亚迪
双组分聚氨酯车窗玻璃胶 Surtek 3693 / 聚氨酯预聚体 增塑剂 填料	外观：黑色膏状 密度：1.20~1.30g/cm^3 不挥发物含量：≥99% 固化条件：催化固化 剪切强度：≥4.0MPa 拉伸强度：≥7.0MPa 断裂伸长率：≥350%	北京高盟新材料股份有限公司	比亚迪

续表

产品名称/基本组分	主要技术指标	生产厂家	主要应用厂家
无溶剂型免底涂密封胶 Surtek 3356 / 聚氨酯预聚体 碳黑 偶联剂	外观：黑色膏状 密度：1.2~1.4g/cm^3 表干时间：20~50min 不挥发物含量：≥99% 流挂性：无流挂 拉伸强度：≥7.0MPa 断裂伸长率：≥300% 固化速度：≥3mm/24h	北京高盟新材料股份有限公司	正美丰业 福耀玻璃
聚氨酯胶粘剂 韧驰 8881 / PU 预聚体 增塑剂 补强填料 催化剂	外观：黑色均质膏状 不挥发物含量：≥99% 硬度(邵氏 A)：45~60 表干时间：10~400min 固化速度：≥3mm/24h 拉伸强度：≥6MPa 断裂伸长率：≥400% 剪切强度：≥3.5MPa 撕裂强度：≥8N/mm 前处理：免底涂 使用温度范围：-40~90℃	广东普赛达密封粘胶有限公司	长沙众泰 广东福迪
耐候型聚氨酯密封胶 韧驰 8791 / PU 预聚体 增塑剂 补强填料 催化剂	外观：黑色均质膏状 不挥发物含量：≥99% 硬度(邵氏 A)：40~55 表干时间：20~60min 固化速度：≥3mm/24h 拉伸强度：≥2MPa 断裂伸长率：≥400% 撕裂强度：≥5N/mm 耐候性：不流黑水 使用温度范围：-40~90℃	广东普赛达密封粘胶有限公司	安凯客车
聚氨酯胶粘剂 MF613 / 聚氨酯预聚体	外观：黑色均质膏状 密度(未固化)：约1.2g/cm^3+0.05g/cm^3 硬度(邵氏 A)：55~65 流挂性：无流挂 表干时间：45min 固化速率：约 4mm/24h 体积收缩率：<1% 剪切强度：4.5MPa 拉伸强度：8.0MPa 断裂伸长率：450% 撕裂强度：15N/mm 低温脆性：-45℃无断裂	郑州中原思蓝德高科股份有限公司	厦门金龙联合 山西成功 浙江金港 河南凯普达 苏州华东 沈阳森源 艾思特福

续表

产品名称/基本组分	主要技术指标	生产厂家	主要应用厂家
聚氨酯密封胶 MF203 / 聚氨酯预聚体	外观：黑色均质膏状 密度：1.3g/cm³±0.05g/cm³ 硬度(邵氏A)：约40 抗流挂性：无流挂 施工温度：5~40℃ 表干时间：约45min 固化速率：约3mm/d 拉伸强度：2.5MPa 断裂伸长率：500% 撕裂强度：10N/mm 低温脆性：-45℃无断裂	郑州中原思蓝德高科股份有限公司	郑州宇通
聚氨酯密封胶 1956 / 聚异氰酸酯预聚物	外观：黑色均质膏状 密度：约1.18g/cm³ 抗流挂性：无流挂 表干时间：40~60min 固化速率：4mm/24h 硬度(邵氏A)：约55 拉伸强度：6.0MPa 断裂伸长率：约500% 撕裂强度：20N/mm 剪切强度：4.0MPa 使用温度范围：-40~90℃	北京天山新材料技术有限公司	比亚迪 中博汽车 时风汽车
聚氨酯密封胶 1925UV / 聚异氰酸酯预聚物	颜色：黑(灰、白)色均匀膏状 密度：约1.2g/cm³ 表干时间：35~55min 硬度(邵氏A)：33~55 拉伸强度：2.0MPa 断裂伸长率：约600% 撕裂强度：12N/mm 使用温度范围温度：-40~90℃	北京天山新材料技术有限公司	比亚迪 中博汽车 时风汽车
聚氨酯风挡玻璃胶 AM-140 / 聚氨酯预聚体 增塑剂 炭黑	外观：黑色均匀膏状物 表干时间：15~60min 硬度(邵氏A)：45~60 剪切强度：≥4.0MPa 拉伸强度：≥6.0MPa 撕裂强度：≥10.0N/mm 断裂伸长率：≥400% 环保性：VOC及气味等级满足各主机厂要求 使用温度范围：-45~90℃	山东北方现代化学工业有限公司	长安汽车 吉利汽车 金龙客车 中通客车 黄海客车

续表

产品名称/基本组分	主要技术指标	生产厂家	主要应用厂家
聚氨酯汽车玻璃胶 AM-120A / 聚氨酯预聚体 增塑剂 炭黑	外观：黑色均匀膏状物 表干时间：30~90min 硬度(邵氏 A)：40~60 剪切强度：≥2.5MPa 拉伸强度：≥3.0MPa 撕裂强度：≥7.0N/mm 断裂伸长率：≥400%	山东北方现代化学工业有限公司	中通客车 黄海客车 福耀玻璃
单组分聚氨酯维修专用胶 AM-1206 / 聚氨酯预聚体 增塑剂 炭黑	外观：黑色均匀膏状物 表干时间：30~70min 硬度(邵氏 A)：45~65 剪切强度：≥2.0MPa 拉伸强度：≥2.5MPa 断裂伸长率：≥350% 撕裂强度：≥6.0N/mm	山东北方现代化学工业有限公司	山东新能源车
聚氨酯汽车玻璃胶 AMV169 430 / 聚氨酯	外观：黑色膏状 密度：1.35g/cm^3 表干时间：约 30min 收缩率：<1% 剪切强度：约 6.9MPa	博尔泰(上海)化工科技发展有限公司	一汽-大众
聚氨酯汽车玻璃胶 AMV169 630 / 聚氨酯	外观：黑色膏状 密度：1.2g/cm^3 表干时间：约 20min 收缩：<1% 剪切强度：约 7.0MPa	博尔泰(上海)化工科技发展有限公司	一汽-大众
高强度聚氨酯胶粘剂 PU310 / 聚氨酯预聚物 补强填料 增塑剂 催化剂	外观：黑色均匀膏状 密度：1.20g/cm^3±0.2g/cm^3 不挥发物含量：≥99% 剪切强度：≥5MPa 拉伸强度：≥8MPa 撕裂强度：≥20N/mm	淄博海特曼新材料科技有限公司	江铃汽车 上汽通用
聚氨酯风挡玻璃胶 ST-501 / 聚氨酯预聚体 炭黑 增粘树脂 填料 助剂	表干时间：20~40min 不挥发物含量：>99% 硬度(邵氏 A)：40~60 剪切强度：>4MPa 拉伸强度：>4MPa 断裂伸长率：>400%	广东时利和汽车实业集团有限公司	广汽乘用车 海马汽车 广汽本田 东风本田 广汽丰田

续表

产品名称/ 基本组分	主要技术指标	生产厂家	主要应用厂家
聚氨酯胶粘剂 ST-501A / 聚氨酯预聚体 炭黑 填料 增粘树脂	表干时间：20~40min 不挥发物含量：>99% 硬度(邵氏 A)：40~60 剪切强度：>4MPa 拉伸强度：>4MPa 断裂伸长率：>350%	广东时利和汽车实业集团有限公司	广汽丰田
高强度单组分 聚氨酯胶粘剂 8960 / 异氰酸酯 吸水稳定剂 炭黑 催化剂	密度：1.15~1.25g/cm^3 不挥发物含量：≥99% 硬度(邵氏 A)：50~65 表干时间(23℃，50%RH)：20~60min 剪切强度：4~5MPa 拉伸强度：≥6MPa 断裂伸长率：≥450% 撕裂强度：≥20kN/m 工作温度：-40~90℃	湖北回天新材料股份有限公司	东风日产 重汽汽车 众泰汽车
单组分聚氨酯 密封胶 8921U / 异氰酸酯 吸水稳定剂 炭黑 紫外线吸收剂 催化剂	密度(25℃)：1.20~1.35g/cm^3 不挥发物含量：≥99.0% 硬度(邵 A)：35~55 表干时间(23℃，50%RH)：20~60min 拉伸强度：≥1.5MPa 断裂伸长率：≥450% 撕裂强度：≥7kN/m TVOC(VDA277)：≤50×10^{-6} 使用温度范围：-40~90℃	湖北回天新材料股份有限公司	郑州宇通 江淮汽车 欧辉客车
单组分聚氨酯 玻璃胶 Sikaflex-265 / 聚氨酯预聚体 增塑剂 填料 助剂 催化剂	外观：黑色膏状 密度：1.2g/cm^3 表干时间：45min 硬度(邵氏 A)：50 剪切强度：4MPa 拉伸强度：6MPa 断裂伸长率：450%	西卡(中国)有限公司	郑州宇通 厦门金龙 中通客车

续表

产品名称/基本组分	主要技术指标	生产厂家	主要应用厂家
单组分聚氨酯玻璃胶 Sikaflex-250系列 / 聚氨酯预聚体 增塑剂 填料 助剂 催化剂	外观：黑色膏状 密度：1.2g/cm^3 表干时间：20~35min 固化时间：约3mm/24h（其中Sikaflex-250HMA-3与Sika Booster-20W固化促进剂复配，2~3h快速固化） 收缩率：<1% 剪切强度：约4.0~6.0MPa	西卡（中国）有限公司	一汽大众 捷豹路虎 北京奔驰 沈阳宝马 沃尔沃 比亚迪 东风柳汽
单组分聚氨酯玻璃胶 BETASEAL 1870-3 / 聚氨酯预聚体 邻苯二甲酸酯 脂肪族聚异氰酸酯 炭黑 加氢石脑油 粘土	外观：黑色膏状 密度：1.25~1.30g/cm^3 不挥发物含量：≥98% 固化条件（23℃，50%RH）：>2mm/24h 安全驶离时间：6h 剪切强度：>4MPa 剥离强度：>5N/mm^2	陶氏化学中国投资有限公司	福特汽车
单组分聚氨酯结构胶 Teroson 8590 / 聚氨酯	外观：黑色膏状 密度：1.20~1.30g/cm^3 表干时间：20~40min 不挥发物含量：100% 固化速度：4mm/24h 剪切强度：≥4MPa 拉伸强度：≥6MPa 断裂伸长率：≥400% 体积变化率：≤1%	汉高（中国）股份有限公司	郑州宇通 奇瑞汽车
聚氨酯玻璃胶 PENGUIN SEAL#560-C / 聚氨酯树脂	外观：黑色膏状 密度：1.25g/cm^3 不挥发物含量：≥98% 表干时间：约40min（夏季用）； 约28min（冬季用） 剪切强度：≥4.0MPa 拉伸强度：≥6.0MPa 断裂伸长率：≥450%	盛势达（广州）化工有限公司	东风日产 广汽本田 天津丰田 广汽丰田 四川一汽丰田 广汽乘用 东南汽车 上汽大通

续表

产品名称/基本组分	主要技术指标	生产厂家	主要应用厂家
玻璃胶固化剂 PENGUIN HARDNER #100 / 多元醇	外观：淡黄色膏状 密度：1.25g/cm^3 不挥发物含量：≥99% 固化速度：与 PENGUIN SEAL#560-C 以 10:1 比例进行混合，即可实现 24h 内快速粘接固化	盛势达(广州)化工有限公司	马自达汽车 丰田汽车
单组分聚氨酯 密封胶 PU306 / 聚氨酯预聚物 增塑剂 填料 催化剂	外观：黑色膏状 密度：1.2~1.4g/cm^3 不挥发物含量：≥99% 表干时间：≤60min 固化时间：≥3mm/24h 硬度(邵氏 A)：40~60 剪切强度：≥3.5MPa 拉伸强度：≥6MPa 断裂伸长率：≥350% 撕裂强度：≥12N/mm 气味等级：≤3.5	淄博海特曼新材料科技有限公司	重庆力帆 重庆小康 比亚迪 福耀玻璃
聚氨酯玻璃胶 M-101 / 聚氨酯树脂 填料 固化剂	外观：黑色膏状 密度：1.2g/cm^3±0.1g/cm^3 表干时间：50min±5min 固化速度：≥3mm/24h 下垂度：≤10mm 硬度(邵氏 A)：50±5 剪切强度：≥4MPa 拉伸强度：≥6MPa 断裂伸长率：≥350% 撕裂强度：≥20N/mm	濮阳市万泉化工有限公司	河南少林 中通轻客 重庆恒通 桂林大宇 北汽福田 云南汽车 武汉扬子 东风嘉龙
硅改性聚氨酯 密封胶 SPU-301 / 硅烷封端聚氨酯树脂 填料 固化剂	外观：黑色膏状 密度：1.2g/cm^3±0.1g/cm^3 表干时间：30min±5min 固化速度：≥4mm/24h±0.5mm/24h 硬度(邵氏 A)：50±5 剪切强度：≥5MPa 拉伸强度：≥6MPa 断裂伸长度：≥300% 撕裂强度：≥25N/mm	濮阳市万泉化工有限公司	河南少林 中通轻客 重庆恒通 桂林大宇 北汽福田 云南汽车 武汉扬子 东风嘉龙

续表

产品名称/ 基本组分	主要技术指标	生产厂家	主要应用厂家
耐候型玻璃填缝 有机硅密封胶 Surtek3988 / 聚合物 增塑剂 填料 助剂 催化剂	外观：黑色膏状 密度：1.30~1.50g/cm^3 不挥发物含量：≥95% 固化速度：≥3mm/24h 拉伸强度：≥2MPa 断裂伸长率：≥400% 光泽：哑光	北京高盟新材料股份 有限公司	上饶客车
耐候型聚氨酯 玻璃胶 M-105A / 聚氨酯树酯 填料 固化剂	颜色：黑色膏状 密度：1.2g/mL±0.1g/mL 表干时间：50min±5min 固化速度：3mm/24h±0.5mm/24h 下垂度：≤0mm 硬度(邵氏 A)：45±5 剪切强度：≥3MPa 拉伸强度：≥4.5MPa 断裂伸长率：≥400% 撕裂强度：≥16N/mm	濮阳市万泉化工有限公司	河南少林 中通轻客 重庆恒通 桂林大宇 北汽福田 云南汽车 武汉扬子 东风嘉龙
底涂和清洗剂等			
玻璃底涂剂 DT-3000 / 乙酸乙酯 异氰酸酯 炭黑 助剂 氨基硅烷 聚氨基甲酸酯	外观：黑色液体 密度：0.95g/cm^3±0.5g/cm^3 粘度：≤20s 表干时间：0.5~5min 不挥发物含量：25%~35%	杭州之江有机硅化工 有限公司	吉利汽车 北汽福田 昌河汽车
漆面底涂剂 DT-4000 / 丁酮 丙酮 异氰酸聚亚甲基 聚亚苯基酯 炭黑 助剂	外观：黑色液体 密度：0.95g/cm^3±0.5g/cm^3 粘度：≤20s 表干时间：0.5~5min 不挥发物含量：25%~35%	杭州之江有机硅化工 有限公司	北汽福田

续表

产品名称/ 基本组分	主要技术指标	生产厂家	主要应用厂家
底涂剂 Surtek Primer130 / 丁酮 乙酯 聚合物 炭黑 助剂	外观：黑色液体 密度：0.86g/cm^3±0.05g/cm^3 不挥发物含量：≥28%±2%	北京高盟新材料股份有限公司	上饶客车厂 比亚迪 十堰冠达 洛阳北方易初 天津宇傲集团
PP 专用底涂剂 Surtek Primer161 / 丁酮 乙酯 聚合物 助剂	外观：透明液体 密度：0.86g/cm^3±0.05g/cm^3 不挥发物含量：≥28%±2%	北京高盟新材料股份有限公司	郑州翎羽 山西大运
聚氨酯胶粘剂 底涂剂 MF2031 / 聚氨酯预聚物	外观：黑色液体 密度：约 1.05g/cm^3 不挥发物含量：40% 闪点：-4℃ 覆盖量：约 150mL/m^2 表干时间：10~30min	郑州中原思蓝德高科股份有限公司	厦门金龙联合 山西成功 浙江金港 河南凯普达 苏州华东
玻璃底涂剂 DT-01 / 成膜物 固化剂 炭黑	外观：黑色均匀液体 密度：0.9g/cm^3±0.1g/cm^3 表干时间：≤10min 不挥发物含量：36%±2% 附着力：1 级 使用温度范围：-45~90℃	山东北方现代化学工业有限公司	长安汽车 厦门金龙 中通客车 黄海客车
聚氨酯胶底涂剂 8906 / 异氰酸酯 吸水稳定剂 炭黑 催化剂 乙酸乙酯	外观：黑色液体 密度：0.9~1.1g/cm^3 粘度：10~50mPa·s 闪点：-4℃ 覆盖量：50~150mL/m^2	湖北回天新材料股份有限公司	江淮汽车 欧辉客车 北京汽车 海马汽车 奇瑞汽车 众泰汽车

续表

产品名称/基本组分	主要技术指标	生产厂家	主要应用厂家
聚氨酯胶底涂剂 1002 / 聚氨酯预聚体 乙酸乙酯 乙酸丁酯 炭黑 助剂	外观：黑色均质液体 密度：0.85～1g/cm³ 表干时间：0.5～5min 不挥发物含量：25%～40%	广东普赛达密封粘胶有限公司	长沙众泰 广东福迪
1001 活化剂 / 乙醇 硅烷	外观：无色透明 表干时间：1～5min 有效成分：≥5% 密度：0.8g/cm³±0.1g/cm³	广东普赛达密封粘胶有限公司	长沙众泰 广东福迪
玻璃底涂剂 BODY PRIMER #435-40 / 硅烷类化合物	外观：黑色液体 密度：0.9g/cm³ 不挥发物含量：31% 可使用时间：1min～24h	盛势达(广州)化工有限公司	广汽本田 东风本田 东风日产 长春一汽 上汽大通
玻璃底涂剂 T-01 / 反应性聚氨酯 炭黑 溶剂	外观：黑色液体 密度：0.98g/cm³ 不挥发物含量：38%	濮阳市万泉化工有限公司	河南少林 中通轻客 桂林大宇 北汽福田 云南汽车
清洗活化剂 ZJ-1000 / 有机溶剂 异氰酸酯 硅烷偶联剂	外观：无色或淡黄色透明液体 密度：0.75g/cm³±0.5g/cm³ 表干时间：0.5～5min	杭州之江有机硅化工有限公司	比亚迪 中通客车 吉利汽车 江铃晶马 丹东黄海 华东汽车
活化剂 JH-04 / 偶联剂 有机溶剂	外观：无色或浅黄色透明液体 密度：0.8g/cm³±0.1g/cm³ 表干时间：5～10min	山东北方现代化学工业有限公司	长安汽车 吉利汽车 厦门金龙 中通客车 黄海客车

续表

产品名称/基本组分	主要技术指标	生产厂家	主要应用厂家
聚氨酯胶活化剂 MF2030 / 聚氨酯预聚体	外观：无色至浅黄色 密度：约0.75g/cm^3 粘度：约2mPa·s 表干时间：最短5min 闪点：-4℃ 覆盖量：约50mL/m^2	郑州中原思蓝德高科股份有限公司	厦门金龙联合 山西成功 浙江金港 河南凯普达 苏州华东

四、丁基胶带

1. 用途与特点

丁基胶带适用于车门防水膜、装饰件、车灯及客车车身板与骨架的减震粘贴以及车窗密封条、前风挡等部位密封。该类材料是以异丁橡胶为主要原料的一种不固化型自粘胶，具有良好的粘接密封性能，防渗漏、耐高低温、耐候、耐老化。

2. 主要技术指标

丁基胶带的主要技术指标以及生产、应用厂家详见表5-17。

表5-17　丁基胶带

产品名称/基本组分	主要技术指标	生产厂家	主要应用厂家
丁基胶带 SY-271 / 丁基橡胶 聚异丁烯 增粘剂 硫化剂 填料	外观：黑色均匀带状 密度：≤1.40g/cm^3 针入度：(60~90)1/10mm 剥离强度：≥0.5kN/m 初粘力：≥5N/25mm 流淌性(室温×2h，120℃×2h)：不流淌 密封性：不漏水 低温弯曲性：经-40℃试验后，试件弯曲90℃时试片应不断裂，并保持粘性	三友(天津)高分子技术有限公司	比亚迪 东风渝安 河北中兴 丹东黄海 山西成功 洛阳北方易初
丁基胶带 LY-19 / 丁基橡胶 增粘剂 软化剂 填料	外观：黑色盘式条状 密度：1.3~1.5g/cm^3 不挥发物含量：≥98% 断裂伸长率：≥1000% 耐温性：40~120℃无开裂和脱落 水密封性：良好	北京龙苑伟业新材料有限公司	陕西通家 烟台舒驰 郑州宇通

续表

产品名称/ 基本组分	主要技术指标	生产厂家	主要应用厂家
丁基胶带 228 / 丁基胶带 丁基橡胶 助剂	外观：黑色均匀带状 针入度：≥(50)1/10mm 初粘性：<30mm 断裂伸长率：≥400% 使用温度范围：-40～100℃	上海康达化工新材料股份有限公司	比亚迪 中兴汽车
丁基防振板 BKT-BU#3703 / 丁基橡胶 增粘树脂 填充剂 液体橡胶	外观：黑色片状，颜色可调 密度：1.5g/cm³±0.3g/cm³ 不挥发物含量：≥98% 剪切强度：≥0.04MPa 剥离强度：≥30N/mm 损耗因子：≥0.25 耐高温性(160℃×3min)：垂直放置，无脱落、翘角、分层等异常现在，流淌距离≤2mm	保光(天津)汽车零部件有限公司	长城汽车 天津夏利
丁基胶带 P751 / 丁基橡胶 增粘树脂 填料	外观：黑色、光亮均质弹性体 密度：≤1.5g/cm³ 不挥发物含量：≥98% 针入度：(50±10)1/10mm 剪切强度：≥0.04MPa 拉伸强度：≥0.02MPa 断裂伸长率：≥1000% 剥离强度：≥0.7kN/m，CF 加热下垂性：经加热后，试样下垂部分比原长大10mm时，应≥50℃	十堰福波新材料有限公司	东风汽车 东风越野车
丁基胶条 LHZN-QM-9 / 丁基橡胶 增粘树脂 填料	外观：黑色、光亮均质带状 密度：1.2g/cm³±0.2g/cm³ 不挥发物含量：≥98% 热变形性：不变形、不流淌 剪切强度：≥40kPa(冬季)； ≥20kPa(夏季) 剥离力：≥0.80N/mm(冬季)； ≥0.35N/mm(夏季) 防水性：标准温度下：≥100mm不漏水 高温下(40℃)：≥30mm不漏水 热老化后：≥100mm不漏水 腐蚀性：标准温度下及热老化后均无腐蚀	贵州联洪合成材料有限公司	东风柳汽 一汽红塔 上汽通用五菱

续表

产品名称/ 基本组分	主要技术指标	生产厂家	主要应用厂家
丁基胶带 AP-70 / 丁基橡胶 聚异丁烯 填料	外观：黑色均匀胶条 密度：$1.20g/cm^3±0.20g/cm^3$ 不挥发物含量：≥98% 针入度：(90±20)1/10mm 剪切力：≥9N 拉伸强度：≥30kPa 断裂伸长率：≥1600%	沈阳帕卡濑精有限总公司	一汽吉林
丁基密封胶 MF3000 / 丁基橡胶 软化剂 增塑剂	外观：黑色胶泥状 密度：$1.25～1.35g/cm^3$ 剪切强度：≥0.02MPa 剥离强度：≥400N/m 水蒸气透过率：≤$0.8g/m^2·d$	郑州中原思蓝德高科股份有限公司	福耀集团 信义集团
丁基胶带 MF3250 / 铝箔 软化剂 丁基橡胶 增塑剂	外观：黑色带状 密度：$1.25～1.35g/cm^3$ 锥入度：70±30(1/10mm) 剥离强度：≥400N/m 水蒸气透过率：≤$0.8g/m^2·d$ 热失重：≤0.75%	郑州中原思蓝德高科股份有限公司	郑州宇通 浙江金龙 上海万象 沈阳森源 比亚迪
丁基胶条 669 / 丁基橡胶类型	密度：$1.25g/cm^3±0.1g/cm^3$ 不挥发物含量：≥99.9% 剥离强度：≥1000N/mm(GM 标准) ≥5.5N/mm(FORD 标准) 耐热性：90℃×2h，无流淌 低温柔韧性：-40℃，无裂纹 气味：≥6 级(GM 标准)或 ≤3 级(FORD 标准) VOC，SVOC：PASS 雾翳：PASS 阻燃性：≤100mm/min	科建高分子材料(上海)股份有限公司	上汽通用 上汽大众 江淮汽车

续表

产品名称/基本组分	主要技术指标	生产厂家	主要应用厂家
丁基不干胶 698 / 丁基橡胶	密度：1.35g/cm³±0.1g/cm³ 不挥发物含量：≥99% 粘度(30℃)：1800~2600mPa·s 耐热性(93℃×1.5h)：无垂流 低温柔韧性：-40℃无裂纹 气味：≥6级(GM标准) VOC，SVOC，醛硐：PASS 雾翳：PASS 阻燃性：≤100mm/min	科建高分子材料(上海)股份有限公司	上汽通用 福特汽车 上海大众
车门防水密封胶 PENGUIN SEAL #1880 / 合成橡胶 增塑剂	外观：黑色膏状 密度：1.25g/cm³ 剪切强度：>2N/6.25cm² 水密性：不漏水	盛势达(广州)化工有限公司	广汽本田 东风本田
车门防水密封胶 ST-105 / 丁基橡胶 丁苯橡胶 增粘树脂	不挥发物含量：>99% 剪切力：>5N 水密封性：无漏水 再粘贴性：10次无异常	广东时利和汽车实业集团有限公司	海马汽车 广汽本田 东风本田
丁基密封胶 SikaLastomer-710 / 丁基橡胶 增粘树脂	外观：黑色膏状 密度：1.4g/cm³ 表干时间：10~30min 使用温度范围：-30~80℃	西卡(中国)有限公司	各主机厂

五、地毯、地垫用胶

1. 用途与特点

地毯、地垫用胶用于车厢内ABS、PVC等塑料件及地板材料的粘接密封。产品与金属、漆面、塑料、木材等多种材质粘接良好，便于施工。

2. 主要技术指标

地毯、地垫用胶的主要技术指标以及生产、应用厂家详见表5-18。

表 5-18 地毯、地垫用胶

产品名称/ 基本组分	主要技术指标	生产厂家	主要应用厂家
聚氨酯密封胶 JS-312 / 聚合物 增塑剂 填料 助剂 催化剂	外观：黑色膏状物 不挥发物含量：≥96% 流挂性：无流挂 表干时间：≤60min 固化速度：≥3.0mm/24h 硬度(邵氏 A)：≥45 剪切强度：≥2.0MPa 拉伸强度：≥2.5MPa 断裂伸长率：≥400% 100%定伸强度：≥1.0MPa 撕裂强度：≥5.0N/mm	杭州之江有机硅化工有限公司	比亚迪客车 江苏友谊 丹东黄海 化东汽车
硅烷改性聚醚密封胶 JS-920 / 聚合物 有机溶剂 增塑剂 填料 助剂 催化剂	表干时间：20~40min 固化速度(23℃，50%RH)：≥3mm/24h 硬度(邵氏 A)：32~38 剪切强度：≥1.5MPa 拉伸强度：≥2.5MPa 断裂伸长率：≥400% 撕裂强度：≥10N/mm 使用温度范围：-35~80℃（短期可到 140℃）	杭州之江有机硅化工有限公司	西沃客车 比亚迪客车 丹东黄海
防水密封胶带 P752 / 高分子材料 填料 其他助剂	外观：黑色、光亮均质弹性体 密度：≤1.8g/cm³ 不挥发物含量：≥95% 针入度：(40±10)1/10mm 剪切强度：≥20kPa 拉伸强度：≥20kPa 断裂伸长率：≥300% 剥离强度：≥0.2kN/m，CF 加热下垂性：经加热后，试样下垂部分比原长大 10mm 时，应≥40℃	十堰福波新材料有限公司	东风客车
胶粘剂 CN-706 / 丁苯橡胶 溶剂助剂 树脂	外观：浅黄色至深黄色粘稠液体 不挥发物含量：≥30% 粘度：150~280mPa · s 剥离强度：30N/cm	山东北方现代化学工业有限公司	宁津三岭汽车

续表

产品名称/基本组分	主要技术指标	生产厂家	主要应用厂家
胶粘剂 CN-707 / 丁苯橡胶 树脂 助剂	外观：浅绿色粘稠液体 不挥发物含量：≥30% 粘度：100~260mPa·s 剥离强度(24h)：≥40N/2.5cm	山东北方现代化学工业有限公司	中通客车 金龙客车
胶粘剂 SN-001 / 丁苯橡胶 树脂 助剂	外观：浅黄色至深黄色粘稠液体 不挥发物含量：≥30% 粘度：200~280mPa·s 剥离强度(24h)：≥30N/cm	山东北方现代化学工业有限公司	珠海客车
单组分 MS 密封胶 7939 / 硅烷改性聚醚 碳酸钙 催化剂	外观：黑(白、灰)色均匀膏状 密度：1.35~1.55g/cm³ 表干时间(23℃，50%RH)：5~30min 硬度(邵氏 A)：≥30 剪切强度：≥1.2MPa 拉伸强度：≥2.0MPa 断裂伸长率：≥350% 固化速度(23℃，50%RH)：≥2.5mm/24h 使用温度范围：-40~120℃	湖北回天新材料股份有限公司	上海胜狮 安凯客车
单组分聚氨酯密封胶 PU302CK / 聚氨酯预聚物 增塑剂 气相二氧化硅 纳米碳酸钙 糊树脂	外观：黑(白、灰)色膏状 密度：1.4~1.6g/cm³ 不挥发物含量：≥99% 表干时间：≤60min 固化时间：≥3mm/24h 硬度(邵氏 A)：35~55 剪切强度：≥1.5MPa 拉伸强度：≥2MPa 断裂伸长率：≥400% 撕裂强度：≥6N/mm 气味等级：≤3.5	淄博海特曼新材料科技有限公司	厦门金旅 苏州金龙 厦门金龙 上海申龙
硅烷改性密封胶 Surtek 3959 / MS 树脂 增塑剂 增粘剂	外观：黑(白、灰)色膏状 密度：1.65g/cm³±0.05g/cm³ 不挥发物含量：≥99% 下垂性：不下垂 固化速度：≥3mm/24h 拉伸强度：≥1.5MPa 断裂伸长率：≥200% 使用温度范围：-40~120℃(短期可到 150℃)	北京高盟新材料股份有限公司	东风专用车

续表

产品名称/基本组分	主要技术指标	生产厂家	主要应用厂家
PENGUIN BOND #1235 / 丙烯酸树脂	外观：乳白色液体 粘度(23℃)：2000mPa·s 密度：1.01g/cm^3 不挥发物含量：48% pH 值：7.6	盛势达(广州)化工有限公司	四川丰田
硅烷改性密封胶 MF1509 / 聚合物 增塑剂 固化剂 填料	外观：黑(白、灰)色均匀膏状 表干时间：10~20min 硬度(邵氏 A)：55~60 剪切强度：≥2.0MPa 拉伸强度：≥2.5MPa 断裂伸长率：≥220% 撕裂强度：≥14MPa 使用温度范围：-20~80℃(短期可到140℃)	郑州中原思蓝德高科股份有限公司	印度尼西亚 PT. Diamond Diaci Anugrah Jaya 长春迪达隆
聚氨酯密封胶 韧驰 8781 / PU 预聚体 补强填料 增塑剂 催化剂	外观：黑色均质膏状 不挥发物含量：≥99% 表干时间：20~60min 下垂度：≤3mm 固化速度：≥3mm/24h 硬度(邵氏 A)：40~55 拉伸强度：≥1.8MPa 断裂伸长率：≥400% 撕裂强度：≥5N/mm 使用温度范围：-40~90℃	广东普赛达密封粘胶有限公司	安凯客车

六、标牌及装饰条用胶

1. 用途与特点

标牌及装饰条用胶适用于车身外饰附件如字牌标牌、装饰亮条、防擦条、脚踏板、大包围组件等部位的粘接。产品粘接强度高、耐老化性能好，适用于多种材料及漆面粘接。

2. 主要技术指标

标牌及装饰条用胶的主要技术指标以及生产、应用厂家详见表 5-19。

表 5-19 标牌及装饰条用胶

产品名称/基本组分	主要技术指标	生产厂家	主要应用厂家
3M™丙烯酸泡棉胶带 / 丙烯酸树脂	外观：灰色或白色中密度泡棉胶带，带PE、纸基、PET等种类离型膜 90°剥离强度：>1.0N/mm	3M中国有限公司	一汽大众 上海通用 华晨宝马 北京奔驰
结构胶 326 / 环氧丙烯酸酯 甲基丙烯酸酯 乙酰苯肼	外观：淡琥珀色或黄色液体 粘度(23℃)：14~22Pa·s 固化速度(23℃)：≤10min 全固时间(23℃)：24h 剪切强度：≥15.0MPa 使用温度范围：-40~120℃	上海康达化工新材料股份有限公司	上汽荣威
通用型超强结构胶 WD1226 / 丙烯酸酯 填料	外观：蓝色粘稠液体(A组分)； 红色粘稠液体(B组分) 粘度：5.0~8.0Pa·s(A组分)； 8.0~15.0Pa·s(B组分) 剪切强度：≥20MPa 拉伸强度：≥15MPa 使用温度范围：-60~120℃	上海康达化工新材料股份有限公司	上汽荣威
丙烯酸酯结构胶 1420(双组分) / 甲基丙烯酸酯类胶粘剂	粘度：90000~160000mPa·s (A组分)； 60000~110000mPa·s (B组分) 操作时间：6~10min 定位时间：18~25min 全固时间：24h 粘接间隙：0.75~4mm 剪切强度：15~20MPa 拉伸强度：17~20MPa 断裂伸长率：100%~125%	湖北回天新材料股份有限公司	一汽解放
结构粘接厌氧胶 7326 / 甲基丙烯酸酯单体 促进剂 助剂 引发剂	外观：淡黄色至棕色胶液 密度：1.00~1.15g/cm³ 粘度：10000~25000mPa·s 定位时间(23℃)：≤2min 全固时间：24h 剪切强度：≥15MPa 工作温度：-50~150℃	湖北回天新材料股份有限公司	中联重科

续表

产品名称/基本组分	主要技术指标	生产厂家	主要应用厂家
NT 高强度丙烯酸结构胶 SikaFast-5215 / 甲基丙烯酸酯 引发剂 填料 增塑剂	外观：灰色触变性膏状 定位时间(23℃)：15min 剪切强度：≥10MPa	西卡(中国)有限公司	郑州宇通 中车集团

第四节　动力总成及底盘用胶

一、固持厌氧胶

1. 用途与特点

固持厌氧胶用于汽车碗形塞、花键、轴承、衬套等零件的装配，起粘接固定及密封作用，系列化产品可满足不同粘度、强度和使用温度要求。

2. 主要技术指标

固持厌氧胶的主要技术指标以及生产、应用厂家详见表 5-20。

表 5-20　固持厌氧胶

产品名称/基本组分	主要技术指标	生产厂家	主要应用厂家
碗型塞密封固持剂 1608 / 甲基丙烯酸酯双酚A 富马酸酯糖精 白碳黑 异丙苯过氧化氢 *N*,*N*-二烷基苯胺	外观：红色均质触变性胶液 粘度(4#转子，20r/min)：4000~8000mPa·s 初固时间：5~15min 剪切强度：≥10.0MPa 使用温度范围：-60~150℃	北京天山新材料技术有限公司	上柴股份 长城汽车

续表

产品名称/基本组分	主要技术指标	生产厂家	主要应用厂家
碗型塞密封固持剂1662 / 甲基丙烯酸酯 双酚A富马酸酯 异丙苯过氧化氢 *N*,*N*-二烷基苯胺 糖精	外观：红色均质触变性胶液 粘度(3#转子，20r/min)：1400~3500mPa·s 初固时间：5~30min 剪切强度：≥9.0MPa 使用温度范围：-60~150℃	北京天山新材料技术有限公司	长安发动机 北京福田 环保动力
圆柱形固持剂680 / 甲基丙烯酸酯	外观：绿色均质胶液 粘度(23℃)：1.3~3.0Pa·s 初固时间：≤30min 全固时间：24h 剪切强度：≥21MPa 使用温度范围：-55~150℃	上海康达化工新材料股份有限公司	东安动力
圆柱形固持厌氧胶7603 / 甲基丙烯酸酯	外观：绿色均质胶液 密度：1.00~1.5g/cm³ 粘度(2#转子，20 r/min)：100~200mPa·s 最大填充间隙：0.10mm 初固时间：≤30min 全固时间：24h 剪切强度：20~35MPa 使用温度范围：-50~150℃	湖北回天新材料股份有限公司	东风康明斯 东风汽车泵业
圆柱形固持厌氧胶7686 / 甲基丙烯酸酯	外观：红色均质胶液 密度：1.00~1.15g/cm³ 粘度(6#转子，2.5 r/min)：25000~50000mPa·s 最大填充间隙：0.25mm 初固时间：≤20min 全固时间：24h 剪切强度：20~40MPa 使用温度范围：-50~150℃	湖北回天新材料股份有限公司	东风渝安 长城汽车
固持厌氧胶乐泰648 / 聚氨酯 丙烯酸酯	外观：绿色均质胶液 荧光性：具有荧光性 粘度(2#转子，20r/min)：400~600 压剪强度(碳钢样件，22℃×15min)：≥13.5MPa (碳钢样件，22℃×24h)：≥25MPa 使用温度范围：-54~180℃	汉高(中国)股份有限公司	福特汽车 吉利汽车

续表

产品名称/ 基本组分	主要技术指标	生产厂家	主要应用厂家
固持厌氧胶 乐泰 962T / 聚氨酯 丙烯酸酯	外观：红色液体 荧光性：具有荧光性 粘度(3#转子)： 2.5r/min：4000~13000mPa·s 20r/min：1400~3500mPa·s 压剪强度（碳钢样件，22℃×24h）：≥10MPa 使用温度范围：-54~150℃	汉高(中国)股份有限公司	通用汽车 长安汽车

二、螺纹锁固密封胶

1. 用途与特点

螺纹锁固密封胶用于发动机、变速箱等总成螺纹连接件的装配，起锁固与密封的作用，系列化产品可满足不同粘度、固化速度、强度和使用温度要求。胶料分为现涂和预涂两大类。

2. 主要技术指标

螺纹锁固密封胶的主要技术指标以及生产、应用厂家详见表 5-21。

表 5-21 螺纹锁固密封胶

产品名称/ 基本组分	主要技术指标	生产厂家	主要应用厂家
螺纹锁固密封剂 1243 / 二甲基丙烯酸 聚乙二醇酯 聚乙二醇二辛酸酯 聚醋酸乙烯 聚乙烯 糖精 白碳黑 马来酸 异丙苯过氧化氢 1-乙酰基-2-苯肼	外观：蓝色均质触变性胶液 粘度(3#转子，20r/min)：1500~3500mPa·s 初固时间：5~30min 破坏扭矩：4~25N·m 使用温度范围：-60~150℃	北京天山新材料技术有限公司	长城汽车 上汽通用

续表

产品名称/基本组分	主要技术指标	生产厂家	主要应用厂家
螺纹锁固密封剂 1262 / 聚乙二醇二甲基丙烯酸酯 双酚 A 富马酸酯 聚乙烯 白碳黑 糖精 异丙苯过氧化氢 *N*，*N*-二烷基苯胺	外观：红色均质触变性胶液 粘度(3#转子，20r/min)：1800~3000mPa·s 初固时间：10~30min 破坏扭矩：15~35N·m 使用温度范围：-60~150℃	北京天山新材料技术有限公司	青特车桥 汉德车桥
厌氧胶 WSJ-6231 / 甲基丙烯酸酯 羟乙酯 过氧化物	外观：红色均质胶液 粘度：1.0~3.0Pa·s 拆卸扭矩：≥25N·m	济南北方泰和新材料有限公司	某军工厂 (火控系统)
厌氧胶 WSJ-624 / 甲基丙烯酸酯 羟乙酯 过氧化物	外观：蓝色均质胶液 粘度：1.0~3.0Pa·s 破坏扭矩：≥20N·m 拆卸扭矩：≤15N·m	济南北方泰和新材料有限公司	某军工厂 (水陆两栖坦克)
螺纹锁固密封剂 271 / 环氧丙烯酸酯 甲基丙烯酸酯 乙酰苯肼	外观：红色均质胶液 粘度(23℃)：400~800mPa·s 初固时间(23℃)：≤30min 全固时间(23℃)：24h 破坏扭矩：≥18N·m 拆卸扭矩：≥20N·m 使用温度范围：-55~150℃	上海康达化工新材料股份有限公司	上汽集团 中国重汽
管螺纹密封剂 569 / 环氧丙烯酸酯 甲基丙烯酸酯 乙酰苯肼	外观：棕色均质胶液 粘度(23℃)：300~500mPa·s 初固时间(23℃)：≤30min 全固时间(23℃)：24h 破坏扭矩：2.0~6.0N·m 拆卸扭矩：1.0~3.0N·m 耐压值：≥69MPa 使用温度范围：-55~150℃	上海康达化工新材料股份有限公司	中国重汽集团 济南卡车

续表

产品名称/ 基本组分	主要技术指标	生产厂家	主要应用厂家
预涂型(微胶囊) 螺纹锁固厌氧胶 回天 7204 / 水 甲基丙烯酸酯类单体 乳化剂 增稠剂 促进剂 微胶囊引发剂	外观：红色均质胶液(A 组分) 白色粉末(B 组分) 密度：1.00~1.15g/cm^3 A 组分粘度(5#转子)： 2.5r/min：46000~60000mPa·s 20r/min：7000~15000mPa·s 初固时间：≤30min 全固时间：72h 破坏扭矩：20~45N·m 拆卸扭矩：10~30N·m 使用温度范围：-50~150℃	湖北回天新材料股份有限公司	郑州宇通 陕西汽车 东风汽车 华晨汽车 北京汽车 比亚迪 陕西法士特
螺纹锁固厌氧胶 回天 7243 / 甲基丙烯酸酯类单体 促进剂 增塑剂 引发剂 触变剂	外观：蓝色均质胶液 密度：1.00~1.15g/cm^3 粘度(3#转子)： 2.5r/min ：6000~9000mPa·s 20r/min ：1600~1900mPa·s 最大填充间隙：0.13mm 初固时间：≤20min 全固时间：24h 破坏扭矩：15~25N·m 拆卸扭矩：5~15N·m 使用温度范围：-50~150℃	湖北回天新材料股份有限公司	陕西法士特 上汽通用五菱
预涂型(微胶囊) 螺纹锁固胶 乐泰 2045 / 甲基丙烯酸酯	外观：红色均质胶液(A 组分) 黄色均质胶液(B 组分) 白色粉末(C 组分) 粘度：600~3000mPa·s(A 组分) 3000~5000mPa·s(B 组分) 破坏力矩：≥10N·m (22℃×24h，M10×1.5 碳钢螺栓) 拆卸力矩：≥5N·M (22℃×24h，M10×1.5 碳钢螺栓) 使用温度范围：-54~180℃	汉高(中国)股份有限公司	大众汽车
厌氧性螺纹锁固胶 乐泰 263 / 甲基丙烯酸酯	外观：红色均质胶液 荧光性：具有荧光性 粘度(2#转子，20r/min)：400~600mPa·s 压剪强度(碳钢螺栓，22℃×24h)：≥9MPa 使用温度范围：-54~180℃	汉高(中国)股份有限公司	长安汽车 长城汽车 比亚迪

三、平面密封胶

1. 用途与特点

平面密封胶应用于发动机油底壳、缸体、变速箱壳体、端盖等动力总成法兰面的密封，分为厌氧型平面密封胶和硅橡胶平面密封胶两大类。硅橡胶平面密封胶吸湿固化，填隙能力强、弹性大；厌氧型平面密封胶固化速度快、强度高。

2. 主要技术指标

平面密封胶的主要技术指标以及生产、应用厂家详见表 5-22。

表 5-22　平面密封胶

产品名称/基本组分	主要技术指标	生产厂家	主要应用厂家
平面密封剂 JS-589 / α，ω-二羟基聚二甲基硅氧烷 填料 偶联剂 脱肟型交联剂 有机锡催化剂	密度：1.4g/cm^3±0.1g/cm^3 表干时间：5~30min 固化速度：2~4mm/d 硬度(邵氏 A)：30~50 剪切强度(铝-铝)：≥1.2MPa 拉伸强度：≥1.5MPa 断裂伸长率：≥250% 最大密封间隙：6mm 最大密封压力：12MPa 使用温度范围：-45~250℃	杭州之江有机硅化工有限公司	浙江双联、无锡材油机厂
平面密封剂 JS-599 / α，ω-二羟基聚二甲基硅氧烷 填料 交联剂 催化剂 偶联剂	密度：1.4g/cm^3±0.1g/cm^3 表干时间：5~30min 固化速度：2~4mm/d 硬度(邵氏 A)：50~70 剪切强度(铝-铝)：≥1.2MPa 拉伸强度：≥2MPa 断裂伸长率：≥150% 最大密封间隙：6mm 最大密封压力：12MPa 使用温度范围：-45~250℃	杭州之江有机硅化工有限公司	安徽华阳威亚发动机
硅橡胶平面密封剂 1591 / 改性聚二甲基硅氧烷 碳酸钙 白碳黑 酮肟基硅烷 甲基乙基酮肟	外观：黑色均质膏状 密度：1.36g/cm^3 表干时间：5~15min 硬度(邵氏 A)：45 剪切强度：2.0MPa 拉伸强度：2.8MPa 断裂伸长率：约 450% 使用温度范围：-54~210℃	北京天山新材料技术有限公司	比亚迪 长安汽车

续表

产品名称/ 基本组分	主要技术指标	生产厂家	主要应用厂家
硅橡胶平面密封剂 1596Fa / 改性聚二甲基 硅氧烷 碳酸钙 白碳黑 酮肟基硅烷	外观：灰色均质膏状 密度：1.42g/cm^3 表干时间：7~20min 硬度(邵氏A)：65 剪切强度 2.5MPa 拉伸强度：3.0MPa 断裂伸长率：约 220% 使用温度范围：-54~210℃	北京天山新材料技术 有限公司	比亚迪 长安汽车 长城汽车
硅酮免垫片密封胶 硅宝 586 / 有机硅	外观：灰色均质膏状 密度：1.40g/cm^3 表干时间：20min 硬度(邵氏A)：45 剪切强度：1.2MPa 拉伸强度：2.0MPa 断裂伸长率：320%	成都硅宝科技股份 有限公司	重庆江潮 浙江优耐特 中国重汽(大 同)齿轮箱厂
密封胶 SEMICOSIL 988CIPG / 室温硫化硅橡胶	外观：黑色或透明均质膏状 密度(23℃)：1.1g/cm^3 固化条件：130℃×30min 硬度(邵氏A)：35 拉伸强度：4.5MPa 断裂伸长率：350% 100%模量值：0.5MPa 撕裂强度：24N/mm 介电强度：23kV/mm 体积电阻：$10^{15}\Omega\cdot cm$	瓦克化学(中国) 有限公司	通用汽车 大众汽车
硅橡胶平面密 封剂 SEMICOSIL 987FIPG / 室温硫化硅橡胶	外观：黑色或透明均质膏状 密度(23℃)：1.1g/cm^3 固化条件：130℃×30min 硬度(邵氏A)：50 拉伸强度：4.5MPa 断裂伸长率：200% 100%模量值：3.0MPa 介电强度：23kV/mm 体积电阻：$10^{15}\Omega\cdot cm$	瓦克化学(中国) 有限公司	通用汽车 大众汽车

续表

产品名称/基本组分	主要技术指标	生产厂家	主要应用厂家
硅橡胶平面密封剂 598 / 液体硅橡胶 填料 交联剂 偶联剂	外观：黑色膏状 表干时间(23℃)：≤30min 下垂度：≤3mm 拉伸强度：≥2.0MPa 断裂伸长率：≥300% 使用温度范围：-70~260℃	上海康达化工新材料股份有限公司	上汽集团 中国重汽
硅橡胶平面密封剂 5699 / 液体硅橡胶 填料 交联剂 偶联剂	外观：灰色膏状 表干时间(23℃)：≤30min 下垂度：≤3mm 拉伸强度：≥2.5MPa 断裂伸长率：≥100% 使用温度范围：-55~260℃	上海康达化工新材料股份有限公司	上汽集团 中国重汽
平面密封硅橡胶 7587RTV / 端羟基聚硅氧烷 碳酸钙	外观：蓝色均质膏状 表干时间：2~30min 压流粘度(10g，ϕ3mm，0.5MPa)：5~20s 硬度(邵氏A)：≥30 剪切强度：≥1.2MPa 拉伸强度：≥1.5MPa 断裂伸长率：≥400% 耐油性能(125℃×24h)： 拉伸强度：≥1MPa 断裂伸长率：≥400% 硬度变化(邵氏A)：≤20 耐温性能(200℃×168h)： 拉伸强度：≥1MPa 断裂伸长率：≥300% 硬度变化(邵氏A)：≤20	湖北回天新材料股份有限公司	德纳车桥

续表

产品名称/ 基本组分	主要技术指标	生产厂家	主要应用厂家
平面密封厌氧胶 7515 / 甲基丙烯酸酯类单体 促进剂 引发剂 触变剂	外观：紫色膏状 密度：1.00~1.15g/cm^3 粘度(7#转子)： 2.5r/min：(1.5~5)×10^{5}mPa·s 20r/min：(4~15)×10^{4}mPa·s 初固时间：≤60min 全固时间：24h 剪切强度：≥5MPa 最大填充间隙：0.25mm 最大密封压力：34MPa 使用温度范围：-50~150℃	湖北回天新材料股份 有限公司	北京汽车 陕西汽车
厌氧型平面密封剂 1510 / 聚乙二醇- 二甲基丙烯酸酯 双酚 A 富马酸树脂 聚丁二醇 马来酰胺	外观：粉红色均质膏状 粘度(20r/min)：(4~14)×10^{4}mPa·s 初固时间：3~15min 剪切强度：≥5MPa 使用温度范围：-60~204℃	北京天山新材料技术 有限公司	上柴股份 潍柴动力
脱醇型硅橡胶密封剂 1597 / 碳酸钙 肟基硅烷 甲基乙基酮肟	颜色：黑灰色均质膏状 密度(未固化)：约 1.39g/cm^3 表干时间：5~20min 硬度(邵氏 A)：48 剪切强度：1.8MPa 拉伸强度：2.5MPa 断裂伸长率：约 420% 使用温度范围：-54~210℃	北京天山新材料技术 有限公司	
厌氧胶 WSJ-6515 / 甲基丙烯酸酯 改性聚酯 过氧化物	外观：紫红色均质膏状 粘度：30~250Pa·s 固化速度(初固/全固)：2h/24h 最大填充间隙：0.25mm 最大密封压力：32MPa 使用温度范围：-54~149℃	济南北方泰和新材料 有限公司	某军工厂 (坦克发动机)

续表

产品名称/基木组分	主要技术指标	生产厂家	主要应用厂家
耐油密封胶 MF212 / 107 胶 硅油 填料 固化剂	外观：均匀膏状 密度：1.5g/cm³±0.1g/cm³ 表干时间：15~25min 固化速度：2~4mm/d 硬度(邵氏 A)：35~45 拉伸强度：≥2.0MPa 断裂伸长率：≥240% 耐机油性能(125℃×100h)： 强度变化率：<20% 伸长变化率：<20%	郑州中原思蓝德高科股份有限公司	郑州宇通
硅酮密封胶 MF285 / 107 胶 硅油 填料 固化剂	外观：均匀膏状 密度：1.4g/cm³±0.02g/cm³ 表干时间：15~25min 固化速度：2~4mm/d 硬度(邵氏 A)：35~45 拉伸强度：≥2.0MPa 断裂伸长率：≥240% 耐机油性能(125℃×100h)： 强度变化率：<20% 伸长变化率：<20%	郑州中原思蓝德高科股份有限公司	上海优升东
硅橡胶平面密封剂 598 / 单组分中性 RTV 型硅橡胶 填料 硫化剂	外观：黑色膏状 密封压力：≤12MPa 填充间隙：≤6mm 断裂伸长率：300% 固化速度(初固/全固)：0.5h/24h 使用温度范围：-60~260℃	濮阳市万泉化工有限公司	河南少林 中通轻客 重庆恒通 桂林大宇 北汽福田 云南汽车
硅橡胶平面密封剂 Loctite 5970 / RTV 硅胶	外观：黑色均质膏状 密度：1.38~1.44g/cm³ 表干时间(23℃，50%RH)：≤25min 挤出率：40~80g/min 拉伸强度：≥1.5MPa 断裂伸长率：≥200%	汉高(中国)股份有限公司	大众汽车 通用汽车 华晨宝马 北京奔驰

续表

产品名称/基本组分	主要技术指标	生产厂家	主要应用厂家
Loctite 5810 系列 / 聚丙烯酸酯	外观：黑色或灰色均质膏状 密度：1.25~1.45g/cm^3 挤出率：25~85g/min 硬度(邵氏 A)：18~35 剪切强度：≥1MPa 拉伸强度：≥1MPa 断裂伸长率：≥150%	汉高(中国)股份有限公司	通用汽车 本田汽车
平面密封厌氧胶 Loctite 5188 / 丙烯酸	外观：红色均质膏状 密度：1.1g/cm^3 粘度：11000~32000mPa·s 剪切强度：≥3MPa	汉高(中国)股份有限公司	福特汽车 通用汽车

第五节　汽车零部件用胶

一、汽车内饰用胶

1. 用途与特点

汽车内饰用胶用于汽车内部各零部件如仪表台、扶手、贮物盒、门板等的表皮复合粘接。产品具有单组分、低粘度、高固含量耐氧化性好的特点，适于皮革、泡沫海绵、PVC 等多种内饰材料的粘接，需控制 VOC 以满足整车对空气质量的严格要求。

2. 主要技术指标

汽车内饰用胶的主要技术指标以及生产、应用厂家详见表 5-23。

表 5-23　汽车内饰用胶

产品名称/基本组分	主要技术指标	生产厂家	主要应用厂家
水性顶棚面料与骨架复合胶 PK-2618 / 改性水性聚氨酯异氰酸酯固化剂	外观：粉红色液体 密度：1.05g/cm^3 不挥发物含量：45.0%±1.0% pH 值：6~8 粘度：2000~3000mPa·s 热压温度：100~105℃ 热压时间：30~60s 剥离强度：≥30N/50mm 或基材破坏	重庆中科力泰高分子材料股份有限公司	长安汽车

续表

产品名称/ 基本组分	主要技术指标	生产厂家	主要应用厂家
溶剂型顶棚面料 与骨架复合胶 PK-6801 / 聚氨酯预聚体 环保溶剂	外观：无色至淡黄色半透明均匀胶液 不挥发物含量：>33% 粘度(25℃)：150~250mPa·s 开放时间：<2 min 热压温度：90~110℃ 热压时间：≥30s 剥离强度：≥30N/50mm 或基材破坏	重庆中科力泰高分子材料 股份有限公司	长安汽车 长安铃木
面料复合胶 PK-2211 / 改性水性聚氨酯	外观：乳白色均匀胶液 不挥发物含量：48.0%~52.0% 粘度(25℃)：2500~4500mPa·s pH 值：6~8 剥离强度：≥10N/50mm 或海绵破坏 ＊适用于面料与海绵的粘接，可替代火焰复合	重庆中科力泰高分子材料 股份有限公司	长安汽车
顶棚骨架胶 PK-618S / 改性聚氨酯 (无溶剂)	外观：黄棕色液体 密度：1.19~1.21g/cm^3 不挥发物含量：≥98% 开放时间：2.5h 热压温度：120℃±5℃ 热压时间：≥20s 上胶量：80~120g/m^2 剥离强度(面料-PU 芯材)：≥5.0N/30mm (无纺布/ PU 芯材)：≥3.5N/30mm	重庆中科力泰高分子材料 股份有限公司	长安汽车
顶棚用热熔胶 JS-PUR800 / 聚氨酯树脂 填料 固化剂 增粘剂	外观：水白色固体(常温) 熔融粘度(120℃)：15.0~25.0Pa·s 开放时间：1min 定位时间：2~3min	杭州之江有机硅化工 有限公司	柳州方鑫 汽车内饰
顶棚用胶 WS J-6601V / 合成橡胶 增粘树脂 有机溶剂	外观：蓝色或无色溶液 粘度：200mPa·s±20mPa·s 不挥发物含量：20%±2% 固化条件：25℃×72h 剥离强度≥25kN/m	济南北方泰和新材料 有限公司	长城汽车

续表

产品名称/ 基本组分	主要技术指标	生产厂家	主要应用厂家
顶棚胶 PUR 631 / 端异氰酸酯 聚氨酯预聚体	外观：白色固体 密度：1.12g/cm^3 粘度(120℃)：6000~12000mPa·s 不挥发物含量：100% 操作温度：120~150℃ 操作时间：50~80s	濮阳市万泉化工 有限公司	河南少林 中通轻客 重庆恒通 桂林大宇 北汽福田 云南汽车 武汉扬子 东风嘉龙
顶棚面料复合 1911-C / 水性聚氨酯 异氰酸酯固化剂	外观：蓝色或淡黄色液体 粘度(20℃)：3000mPa·s 不挥发物含量：50% 剥离强度：≥30N/50mm 耐热、耐候，可用于真空吸附工艺	盛势达(广州)化工有限公司	上汽大众 上汽荣威
顶棚天窗支架 包边热熔胶 M-658SC / 聚烯烃树脂 增粘剂 合成蜡	外观：白色粒状 密度：0.92g/cm^3 不挥发物含量：100% 软化点：130℃ 粘度(175℃)：4000mPa·s 涂胶温度：160~180℃ 开放时间：约 20s	东莞市成铭胶粘剂 有限公司	广汽本田 广汽丰田 东风日产
门板 仪表板用热熔胶 JS-PUR800-2 / 聚氨酯树脂 填料 固化剂 增粘剂	固化后外观：水白色固体(常温) 不挥发物含量：100% 初始剪切强度(ABS-ABS，5min)：≥0.3MPa 最终剪切强度(ABS-ABS，3d)：≥5MPa 拉伸强度：12MPa 断裂伸长率：400% 粘度(120℃)：30~35Pa·s VOC：≤60μg/g 开放时间(25℃)：50~120s 定位时间(25℃)：240~300s	杭州之江有机硅化工 有限公司	广西嘉诚
水性门板胶 PK-2688C / 改性水性聚氨酯 异氰酸酯固化剂	外观：浅蓝色液体 密度：1.05g/cm^3 粘度：4000~6000mPa·s pH 值：6~8 不挥发物含量：50.0%±2.0% 热激活温度：≥55℃ 剥离强度：≥20N/50mm 或基材破坏	重庆中科力泰高分子材料 股份有限公司	吉利汽车

续表

产品名称/基本组分	主要技术指标	生产厂家	主要应用厂家
门板用 POR 热熔胶 PK-9616 / 聚烯烃 增粘树脂	外观：淡黄不透明固体 粘度(150℃)：20000mPa·s±5000mPa·s 密度：约 0.9g/mm^3 开放时间：约 30s 剥离强度(7d)：≥200N/25mm 或基材破坏 贮存温度：10~35℃	重庆中科力泰高分子材料股份有限公司	长安福特
门板用胶 SikaMelt-9632 / 聚氨酯预聚体	外观：半透明白色固体 密度：1.2g/cm^3 不挥发物含量：100% 粘度(130℃)：35000mPa·s 固化时间：24h	西卡(中国)有限公司	上汽通用 华晨宝马 一汽-大众 北京奔驰
门板用胶 SikaMelt-9171 / 聚烯烃热熔胶	外观：淡黄色固体 密度：0.9g/cm^3 不挥发物含量：100% 粘度(180℃)：27000mPa·s	西卡(中国)有限公司	东风雷诺 一汽-大众 华晨宝马 东风悦达
门板 扶手包覆用胶 300 氯丁橡胶 增粘树脂 环保溶剂	外观：蓝色或淡黄色液体 粘度(20℃)：180mPa·s 不挥发物含量：21% 剥离强度：≥50N/50mm *适用于粘接 PP 等极性较小的材料	盛势达(广州)化工有限公司	上汽通用 东风日产 广汽丰田 东风本田 长城汽车 江淮汽车
门板 中控台 仪表板用聚氨酯胶 swift® col 2607-3 swift® hardener 9151 Black / 组分 A(100)： 聚氨酯树脂 乙酸乙酯 丙酮 组分 B(6)： 聚异氰酸酯、颜料	外观：半透明液体(A 组分) 黑色液体(B 组分) 粘度： A 组分(2#，10r/min，20℃)：800~1200mPa·s B 组分(3#，20r/min，20℃)：1000~1500mPa·s *适用于 ABS/PC 以及处理过的 PP 与皮革的粘接	富乐(中国)粘合剂有限公司	大众汽车 上汽通用 福特汽车 标致汽车 北京奔驰 华晨宝马

续表

产品名称/ 基本组分	主要技术指标	生产厂家	主要应用厂家
门板 中控台 仪表板用湿 固化热熔胶 Swift®lock 2U464 / 聚氨酯、 二苯基甲烷 二异氰酸酯(MDI)	外观：白色固体 密度(20℃)：1.1g/cm^3 粘度(BF DV-II 27#，121℃)： 70000mPa·s 开放时间：约 30s 软化点：约 107℃(完全固化前)	富乐(南京)化学 有限公司	福特汽车 一汽-大众 埃驰内饰 延锋汽车内饰
门板 中控台 仪表板用水 性聚氨酯胶 thermonex® 063-05A thermonex® hardener 006B / 组分 A(100)： 聚氨酯分散体 水； 组分 B(5.5)： 聚异氰酸酯 颜料	外观：乳白色液体(A 组分) 蓝色液体(B 组分) 粘度： 组分 A(Z3，300 s^{-1}，23℃)： 200~400mPa·s 组分 B(Z3，100 s^{-1}/23℃)： 250~550mPa·s *适用于 ABS/PC 以及处理过的 PP 与皮革、顶棚/盖板/饰件等的粘接	富乐(中国)粘合剂 有限公司	一汽-大众 上汽通用 福特汽车 北京奔驰 华晨宝马
仪表板胶 SikaTherm -4208+SikaCure -4901 / 固化剂 聚氨酯乳液	外观：蓝色液体 密度：1.0g/cm^3 不挥发物含量：约 42% 粘度：7000mPa·s 固化时间：72h	西卡(中国) 有限公司	一汽-大众 东风汽车
水性仪表板胶 PK-2688 / 改性水性聚氨酯 异氰酸酯固化剂	外观：浅蓝色液体 密度：1.065g/cm^3 不挥发物含量：50.0%±2.0% pH 值：6~8 粘度：2000~5000mPa·s 热激活温度：55~65℃ 热压时间：60~120s 剥离强度：20N/50mm 或基材破坏 *适用于 PVC(TPO)/IXPP 泡沫、PVC 等软质材料与 ABS、麻毡板、PP(火焰处理)等热压成型或吸塑成型	重庆中科力泰高分子材料 股份有限公司	一汽-大众 长城汽车

续表

产品名称/基本组分	主要技术指标	生产厂家	主要应用厂家
备胎盖板胶 PK-6902 / 聚氨酯预聚体 环保溶剂	外观：无色至淡黄色透明均匀胶液 粘度(25℃)：100~150mPa·s 不挥发物含量：≥33% 开放时间：3~7min 初始剥离强度(5min)：≥20N/50mm 最终剥离强度(3d)：≥30N/50mm *适用于纤维板、PU 蜂窝复合板与毛毡的粘接	重庆中科力泰高分子材料股份有限公司	奇瑞汽车 江铃汽车
行李厢盖板置物板用胶 321 / 氯丁橡胶 增粘树脂 环保溶剂	外观：蓝色或淡黄色液体 粘度(20℃)：180mPa·s 不挥发物含量：21% 剥离强度：≥50N/50mm *适用于粘接 PP 等极性较小的材料	盛势达(广州)化工有限公司	广汽丰田 广州本田 一汽丰田
置物板用 PUR 湿固化热熔胶 PK-9823 / 聚氨酯预聚体	外观：白色非透明固体 粘度(130℃)：15000mPa·s±5000mPa·s 密度：约 1.05g/mm^3 开放时间：4~8min 初始剥离强度(5min)：≥90N/25mm 最终剥离强度(3d)：≥200N/25mm 或材料破坏 *适用于汽车搁物板、衣帽架 PHC 板与 PET 毛毡等基材的粘接	重庆中科力泰高分子材料股份有限公司	华晨宝马
天窗支架用聚氨酯热熔胶 WD8549M / 聚氨酯预聚体 聚醚 多元醇	外观：黑色固体(常温)、黑色液体(120℃) 不挥发物含量：100% 初始剪切强度(ABS－ABS，5min)：≥0.3MPa 最终剪切强度(ABS－ABS，5min)：≥5MPa 断裂伸长率：400% 粘度(120℃)：20.0~25.0Pa·s 开放时间(25℃)：50~120s 定位时间(25℃)：240~300s 内聚强度：12MPa VOC：达到 VDA278 标准 *适用于汽车天窗支架 ABS 与顶棚面料、PUF、无纺布等基材的粘接	上海康达化工新材料股份有限公司	广汽本田 东风本田 上汽集团 中国重汽

续表

产品名称/ 基本组分	主要技术指标	生产厂家	主要应用厂家
天窗支架 PUR 湿固化热熔胶 PK-9822 / 聚氨酯预聚体	外观：白色固体 粘度(130℃)：15000mPa·s±5000mPa·s 密度：约 1.08g/mm^3 开放时间：1~2min 初始剥离强度(5min)：≥120N/25mm 最终剥离强度(7d)：≥200N/25mm 或材料破坏 贮存温度：10~35℃ *适用于汽车天窗支架 ABS、镀锌板与顶棚面料等基材的粘接	重庆中科力泰高分子材料股份有限公司	上汽大众
天窗支架用硅烷 改性聚醚密封胶 韧驰 9791 / MS 树脂 增塑剂 补强填料 催化剂	外观：黑色均质膏状 不挥发物含量：≥99% 表干时间：20~60min 下垂度：≤3mm 固化速度≥3mm/24h 硬度(邵氏 A)：40~55 拉伸强度：≥1.8MPa 断裂伸长率：≥400% 撕裂强度：≥5N/mm 使用温度范围：-40~90℃	广东普赛达密封粘胶有限公司	安凯客车
顶棚天窗支架 包边热熔胶 M-658SA / 聚烯烃树脂 增粘剂 合成蜡	外观：黄色粒状 密度：0.95g/cm^3 不挥发物含量：100% 软化点：150℃ 粘度(175℃)：7000mPa·s 涂胶温度：170~190℃ 开放时间：约 15s	东莞市成铭胶粘剂有限公司	广汽本田
汽车内饰胶 8932 / 改性 SIS 树脂	外观：无色至雾状液体 密度：0.85g/cm^3 粘度：550mPa·s pH 值：7~8 不挥发物含量：44% *适用于皮料、泡沫海绵、PVC 等材料的粘接	湖北回天新材料股份有限公司	安凯客车

续表

产品名称/基本组分	主要技术指标	生产厂家	主要应用厂家
耐高温内饰胶 回天 8933 / 聚氨酯树脂	外观：无色至雾状液体 密度：约 1.10% 粘度：100~200mPa·s 不挥发物含量：30%±2% 开放时间(25℃)：10min 耐热性：最高约 120℃ 剥离强度：≥18N/25mm 或基材破坏 *适用于无纺布、PU 泡沫、ABS 等材料的复合粘接	湖北回天新材料股份有限公司	时风汽车
水性内饰胶 回天 8935 / 水性聚氨酯	外观：白色乳液 密度：1.05g/cm³ 粘度(20℃)：2000~3000mPa·s pH 值：7~8 不挥发物含量：45%±1% 软化点：45~50℃ 操作时间：8h 耐温性：与固化剂配合可达到 90℃ *适于低温粘接	湖北回天新材料股份有限公司	长城汽车
汽车内饰胶 组分 A：JYNS7250A / 聚氨酯树脂 环保溶剂 组分 B：JYD-37 / 固化剂 异氰酸酯聚合物	组分 A： 外观：蓝色或无色透明溶液 粘度(25℃)：300~1200mPa·s 组分 B：黑色液体 粘度(25℃)：800~2500mPa·s 配比：A∶B=100∶5~8 干燥条件：室温~35℃×(5~15)min 上胶量：40~120g/m² 剥离强度：>30N/3cm 或材料破坏 *可室温定位、反复加热贴合	上海九元石油化工有限公司	众泰控股 上汽集团 郑州宇通
水性内饰胶 WPU9200-7 / 水性聚氨酯 水溶性固化剂 JYD-34 / 聚合脂肪族异氰酸酯	外观：蓝色或白色乳液 不挥发物含量：50%±5% 粘度(25℃)：2000mPa·s±500mPa·s 最佳烘干条件：(35~60)℃×(3~15)min 上胶量：40~120g/m² 最低活化温度：50℃ 固化剂添加比例：5%~10% 后固化条件：室温×(24~96)h 剥离强度：15~60N/3cm 耐水性：室温水浸泡 7d，剥离力衰减≤5% 耐高温性(80℃×24h)：存放后包边不反弹	上海九元石油化工有限公司	北汽宝沃 长城汽车

续表

产品名称/ 基本组分	主要技术指标	生产厂家	主要应用厂家
水性聚氨脂分散体 Aquence PL 3200-02 / 聚氨酯	外观：白色乳液 粘度(25℃)：4500mPa·s 不挥发物含量：47.5% 固化剂：Teroson PU Hardener Green/ Blue 固化温度：>50℃	汉高(中国)股份 有限公司	上汽大众 东风汽车 比亚迪 江淮汽车
反应型聚氨 酯热熔胶 WD8549B / 聚氨酯 聚醚 多元醇	外观：黑色固体 粘度(120℃)：10.0~20.0Pa·s 开放时间：2min 定位时间：3min 固化时间：24h	上海康达化工新材料股份 有限公司	无锡吉兴
聚氨酯内饰胶 MC0608 / 湿气固化型聚氨酯	外观：蓝色或无色透明液体 不挥发物含量：40%±5% 粘度(25℃)：100~500mPa·s 预固化条件：室温~40℃×(1~5)min 上胶量：40~120g/m^2 上胶部位：可单面上胶也可双面上胶 后固化条件：室温×24h 固化后剥离强度：(30~110)N/3cm 耐温性(30~110℃循环)：剥离强度衰减≤5% 耐水性(23℃水浸泡7d)：剥离强度衰减≤5% 耐高温性(80℃×24h)：剥离强度衰减≤5% 耐湿热性(75℃，95%RH，500h)：剥离强度衰减≤15%	上海九元石油化工 有限公司	上汽通用五菱
反应型聚氨 酯热熔胶 TECHNOMELT PUR 9700 / 反应型聚氨酯	外观：乳白色液体 粘度(150℃)：45Pa·s 不挥发物含量：100% 固化温度：70℃	汉高(中国)股份 有限公司	华晨宝马
汽车地毯胶 PK-1418 / 聚烯烃 增粘树脂	外观：白色固体 密度：0.90g/cm^3 粘度(170℃)：12000mPa·s 开放时间(3mm)：120s 施工温度：170℃ 热压时间：30s 剥离强度 ≥130N/25mm 或基材破坏 使用温度范围：-40~90℃ *适用于汽车 PET 化纤地毯、PE 地毯、绒毡、PU 泡沫等粘接	重庆中科力泰高分子材料 股份有限公司	长安福特

续表

产品名称/基本组分	主要技术指标	生产厂家	主要应用厂家
座椅水性快粘胶 PK-903 / 丙烯酸酯 氯丁橡胶 乙烯 醋酸乙烯酯共聚物 聚氨酯	外观：乳白至微黄、无杂质均匀胶液 粘度(25℃)：400~900mPa·s 密度：约 1.10g/cm^3 不挥发物含量：51.0%~55.0% 开放时间：约 12min 耐热性：最高约 80℃ 初始剥离强度(5min)：≥5N/50mm 最终剥离强度(2d)：≥10N/50mm 或海绵破坏 *适用于汽车座舱软体泡沫的修补粘接，海绵与海绵以及海绵与无纺布等基材的粘合	重庆中科力泰高分子材料股份有限公司	长安福特 北京奔驰
免处理胶 (手工包覆) PK-359 / 氯丁橡胶 增粘树脂 环保溶剂	外观：浅蓝色均匀胶液 粘度(25℃±1℃)：100~300mPa·s 不挥发物含量：≥20% 剥离强度：20N/50mm 或基材破坏 *适用于汽车内饰 PP 泡沫、PU 发泡面料、PVC(带布基)与 PP 骨架、ABS 的粘接	重庆中科力泰高分子材料股份有限公司	江淮汽车
PP 胶(吸塑) PK-300 / 丁苯橡胶 增粘树脂 环保溶剂	外观：无色至微黄色半透明均匀胶液 粘度(25℃)：400~700mPa·s 不挥发物含量：≥21% 剥离强度：20N/50mm 或基材破坏 *适用于汽车内饰 PP、PU、XPE、复合面料、纤维板等粘接，一般采用真空或热压成型	重庆中科力泰高分子材料股份有限公司	上汽大众
内饰隔音棉垫片用热熔胶 S801 / 聚烯烃	外观：乳白色固体 密度：约 0.95g/cm^3 布氏粘度(170℃，Sp27)：约 8400mPa·s 布氏粘度(180℃，Sp27)：约 6400mPa·s 软化点(环球法)：约 141℃ 耐热性(S.A.F.T)：约 95℃ 可操作时间(23℃，60% RH)：170℃约 50s	盛势达(广州)化工有限公司	东风日产 一汽-大众 奇瑞汽车
地板用热熔压敏胶 DY-301 / SIS 橡胶 增塑剂 树脂	外观：白色或淡黄色粘性固体 软化点：>90℃ 剥离强度：>10N/cm 施工温度：150~180℃ *适用于汽车内饰、塑料配件、金属薄膜、PE 泡沫、TPO、TPR、三元乙丙橡胶等材料的粘接	山东北方现代化学工业有限公司	

二、电子电器用胶

1. 用途与特点

电子电器用胶适用于汽车电子和汽车电器零部件的灌封、粘接、渗补，具有导热、绝缘、阻燃、耐高低温冲击及吸震的特点。

2. 主要技术指标

电子电器用胶的主要技术指标以及生产、应用厂家详见表 5-24。

表 5-24 电子电器用胶

产品名称/基本组分	主要技术指标	生产厂家	主要应用厂家
单组分有机硅密封胶 4815C / 有机硅聚合物 补强填料 助剂 交联剂	外观：白色膏状 表干时间：≤30min 硬度(邵氏 A)：35~45 拉伸强度：≥1.5MPa 断裂伸长率：≥200% 击穿电压强度：21kV/mm 体积电阻率：$6.5\times10^{14}\Omega\cdot cm$	成都硅宝科技股份有限公司	深圳易事特 苏州科易新 智航科技
单组分阻燃导热有机硅密封胶 4815ZL / 有机硅聚合物 功能性填料 助剂 交联剂	外观：白色膏状 表干时间：≤40min 硬度(邵氏 A)：50~60 拉伸强度：≥1.5MPa 击穿电压强度：19.5kV/mm 体积电阻率：$5\times10^{14}\Omega\cdot cm$ 导热系数：≥0.7W/(m·K) UL94 阻燃等级：V0	成都硅宝科技股份有限公司	蓝微电子 智航科技
双组分灌封胶 4925 / 有机硅聚合物 功能性填料 助剂 交联剂	外观：透明膏状 密度：$0.97g/cm^3$ 粘度(25℃)：500~1500mPa·s 混合比例(质量比)：1:1 适用期(25℃)：40~80min 固化时间(25℃)：8h 锥入度(25℃)：100~280(1/10mm) 击穿电压强度：≥18kV/mm 体积电阻率：$\geq1\times10^{14}\Omega\cdot cm$	成都硅宝科技股份有限公司	威铭能源 镭蒙(宁波)

续表

产品名称/基本组分	主要技术指标	生产厂家	主要应用厂家
单组分有机硅密封胶 JS-606 / 107基胶 填料 交联剂 催化剂	低导热型　高导热型 外观：细腻均匀膏状物　细腻均匀膏状物 密度：1.4g/cm³±0.05g/cm³　1.55g/cm³±0.1g/cm³ 表干时间(23℃，50%RH)：5~30min 固化速度(23℃，50%RH)：≥2mm/24h 拉伸强度：≥2MPa　≥1.5MPa 断裂伸长率：≥250%　≥100% 硬度(邵A)：35~55　40~60 体积电阻率：≥1×10¹⁴Ω·cm　≥1×10¹⁴Ω·cm 导热系数：≥0.4W/m·K　≥0.7W/m·K 介电强度：18kV/mm　25kV/mm UL94阻燃等级：/　V0	杭州之江有机硅化工有限公司	华宏汽车电子
双组分灌封凝胶 ZJ-6300系列 / 基胶 填料 交联剂 催化剂	外观：透明粘稠液体 密度：0.97g/cm³ 针入度(150g中空锥)：(290~310)(1/10mm) 固化条件：25℃×8h或100℃×15min 介电强度：23kV/mm 体积电阻：10¹⁶Ω·cm 介电损耗(50Hz)：2.7 介电常数(50Hz)：10×10⁻⁴ 抗漏电起痕：≥600CTI 表面电阻：10¹⁴Ω	杭州之江有机硅化工有限公司	中车时代电子
双组分灌封胶 SILGEL 612 / 有机硅聚合物 功能性填料 助剂 交联剂	外观：透明粘稠液体 密度(23℃)：0.97g/cm³ 针入度(150g中空锥)：300(1/10mm) 固化条件：室温×8h或100℃×15min 介电强度：23kV/mm 介电损耗(50Hz)：2.7 体积电阻：10¹⁶Ω·cm 介电常数(50Hz)：10×10⁻⁴ 抗漏电起痕：>600 CTI 表面电阻：1×10¹⁴Ω	瓦克化学(中国)有限公司	通用汽车 大众汽车

续表

产品名称/基本组分	主要技术指标	生产厂家	主要应用厂家
耐高温灌封胶 SEMICOSIL 915HT / 有机硅聚合物 功能性填料、 助剂、 交联剂	外观：透明粘稠液体 密度(23℃)：0.97g/cm^3 固化条件：配合不同催化剂可获得不同固化速度硬度(邵氏 A)：10 介电强度：>30kV/mm 体积电阻率：$10^{15}\Omega\cdot cm$	瓦克化学(中国) 有限公司	通用汽车 大众汽车
电子元器件 浸渗密封胶 Loctite Flexseal 5100 / 丙烯酸甲酯	外观：无色或浅黄色，紫外灯下呈蓝色液体 密度：(25℃)：1.0g/cm^3 固化条件：厌氧固化 硬度(邵氏 D)：77 耐温性：177℃(205℃下可耐受 24h)	汉高北美	安费诺 Valeo TE

三、动力电池用胶

1. 用途与特点

动力电池用胶适用于电池包灌封、电芯固定及壳体防水密封。产品具有导热、绝缘、阻燃特性，针对不同的用途可选用硅酮胶、环氧或丙烯酸酯类结构胶粘剂。

2. 主要技术指标

动力电池用胶的主要技术指标以及生产、应用厂家详见表 5-25。

表 5-25　动力电池用胶

产品名称/基本组分	主要技术指标	生产厂家	主要应用厂家
双组分硅酮灌封胶 4926 系列 / 聚硅氧烷 功能填料 交联剂 催化剂	外观：A 组分白色，B 组分深灰色 密度：1.25~2.00 g/cm^3 粘度(混合后)(25℃)：1000~8000mPa·s 混合比例(质量比)：1∶1 适用期(25℃)：50~90min 导热系数：0.45~1.20W/(m·K) UL94 阻燃等级：≥V1 硬度(邵氏 A)：20~60	成都硅宝科技股份 有限公司	福斯特新能源 广州天劲 亿纬锂能 杭州弘源汽车 上海德朗能 猛狮科技 江苏智航科技 上海鼎研智能

续表

产品名称/基本组分	主要技术指标	生产厂家	主要应用厂家
单组分阻燃导热有机硅密封胶 硅宝 4815Z / 有机硅聚合物 功能性填料 助剂 交联剂	外观：白色膏状体 表干时间：≤30min 硬度(邵氏 A)：50~60 拉伸强度：≥2.0MPa 击穿电压强度：19kV/mm 体积电阻率：$6\times10^{14}\Omega\cdot cm$ 导热系数：≥0.8 W/(m·K) UL94 阻燃等级：V0 *适用于软包电芯粘接，方形电池底部散热及粘接固定，电池支架固定	成都硅宝科技股份有限公司	兴能新源科技 北京科易动力 衡远新能源 江苏智航科技 天津鸥瑞智 诺新能源
导热硅脂 GZ-180 / 聚硅氧烷 功能填料 助剂	锥入度(25℃)：210~260(1/10 mm) 油离度(200℃，24h)：≤0.5% 挥发分(200℃，24h)：≤0.6% 导热系数：≥1.8 W/(m·K) *适用于发热器件热传导，软包电芯和方形电池底部散热	成都硅宝科技股份有限公司	哈尔滨东轻、 天津鸥瑞智 诺新能源
单组分有机硅密封胶 4815W / 有机硅聚合物 补强填料 助剂 交联剂	外观：灰/白色膏状体 表干时间：20min 硬度(邵氏 A)：40~50 拉伸强度：≥2.0MPa 断裂伸长率：≥200% 击穿电压强度：≥18kV/mm 体积电阻率：$\geq1\times10^{14}\Omega\cdot cm$ *适用于新能源电池箱壳体的防水密封	成都硅宝科技股份有限公司	北京科易动力 福斯特新能源
双组分加成型导热灌封胶 2532 / 聚硅氧烷 填料 助剂	外观(A/B)：灰色(白色/黑色) 配比(A：B)：1：1(体积比) (A：B)：1：1(质量比) 粘度(23℃)： 1000~5000mPa·s(A 组分) 3000~4000mPa·s(B 组分) 混合粘度(23℃)：4000~5000mPa·s 操作时间(23℃)：1h 固化条件：50℃×40min 或 23℃×24h 导热系数(ASTM C177)：0.5~1.8W/m·K 硬度(邵氏 A)：58 密度：1.23~1.6g/cm^3 热膨胀系数(CTE)：220×10^{-6}/℃ UL94 阻燃等级：V0 体积电阻率(GB/T1692)：$1.0\times10^{15}\Omega\cdot cm$	北京天山新材料技术有限公司	北京国能电池科技有限公司

续表

产品名称/ 基本组分	主要技术指标	生产厂家	主要应用厂家
高韧性环氧结构胶 TS816 / 环氧树脂 增韧剂 固化剂 硅微粉 气相白炭黑	外观：灰色均质胶液(A组分)； 灰黄色均质胶液(B组分) 质量比(A∶B)：1∶1 操作时间：40~60min 固化时间：24h 固化条件：室温固化 使用温度范围(固化后)：-60~120℃ 对接拉伸强度：≥30MPa 剪切强度：≥24MPa 剥离强度：≥3N/mm UL94 阻燃等级：V0 *适用于电池塑料边框粘接	北京天山新材料技术有限公司	江阴协诺
丙烯酸结构胶 TS820 / 甲基丙烯酸酯 丁腈橡胶	外观：蓝色液体(A组分)； 浅绿色膏状(B组分) 密度(GB/T 13477)：1.05g/cm^3(A组分)； 1.04 g/cm^3(B组分) 质量比(A∶B)：1∶1； 体积比(A∶B)：1∶1 混合后外观：淡黄色膏状 操作时间：5~8min 初固时间：10~15min 剪切强度：22.6MPa(铝-铝) 24.5MPa(不锈钢-不锈钢) 23.8MPa(碳钢-碳钢) 25.4MPa(镀锌钢-镀锌钢) 6.1MPa(SMC-SMC) 5.5MPa(ABS-ABS) 拉伸强度：20.0MPa 剥离强度：33.1N/cm UL94 阻燃等级：V0 固化后收缩率：0.01cm/cm * 低气味丙烯酸胶粘剂，适用于电池壳体塑料件粘接	北京天山新材料技术有限公司	长春富维

续表

产品名称/ 基本组分	主要技术指标	生产厂家	主要应用厂家
快固型柔性环氧胶 WD3707 / 环氧树脂 固化剂 补强填料 助剂 交联剂	外观：黄色或黑色 剪切强度：≥10MPa(铝-铝) ≥9MPa（45#钢-45#钢） ≥3MPa（PVC/ABS/PC-PVC/ABS/PC） 粘度(23℃)：10.0~40.0Pa·s 硬度(邵氏 A)：70~90 操作时间(25℃)：≤30min 初固时间(25℃)：≤2.5h 达到使用强度所需固化时间：24h 全固时间：7d 90°剥离强度：> 45N·cm	上海康达化工新材料股份有限公司	上汽集团
导热硅胶 WD6061 / 聚硅氧烷 填料 助剂	固化前性能：外观 A/B 灰色(白色/黑色) 粘度(23℃)： 3000~4000mPa·s(A 组分) 3000~4000mPa·s(B 组分) 混合后粘度(23℃)：3500~50000mPa·s 硬度(邵氏 A)：50~70 操作时间(25℃)：≤60min 初固时间(25℃)：≤2.5h 达到使用强度所需固化时间：24h 导热系数(ASTM C177)：0.8~1.2W/m·K ＊低粘度导热阻燃型双组分硅胶适用于动力电池组的灌封	上海康达化工新材料股份有限公司	江苏索尔新能源有限公司
双组分加成型灌封胶 JS-1184 系列 / 重量比或 体积比 1∶1 A 组分： 液体基胶、 填料、催化剂 B 组分： 液体基胶、 填料、固化剂	低导热　高导热 外观：细腻均匀流体无结皮无凝胶 混合后密度：1.25~1.30g/cm^3　1.50~1.55g/cm^3 混合后粘度：1000~2000mPa·s　3000~5000mPa·s 操作时间(25℃)：≥20min　≥20min 固化时间(25℃)：2~3h　2~3h 加热固化(70℃)：10~20min　10~20min 硬度(邵氏 A)：30~55　40~60 导热系数：≥0.40W/m·K　≥0.70W/m·K 体积电阻率：≥1×10^{14}Ω·cm 击穿电压：≥15kV/mm UL94 阻燃等级：V0 ＊适用于动力电池及于电子电器的灌封	杭州之江有机硅化工有限公司	众泰汽车

续表

产品名称/基本组分	主要技术指标	生产厂家	主要应用厂家
导热硅脂 ZJ-DR2015 / 聚硅氧烷 功能填料 助剂	颜色：白色 粘度：206000mPa·s 油离率：<0.01% 导热系数：1.8W/m·K 热变电阻(275.8kPa)：0.25℃·cm^2/W 击穿电压：9kV/mm 体积电阻率：2.89×10^{15}Ω·cm *适用于各种发热的功率器件	杭州之江有机硅化工有限公司	中车时代电子
双组分聚氨酯结构胶 HT 8655 / A 组分： 多元醇 填料 催化剂 B 组分： 异氰酸酯 填料	外观：浅灰色膏状物(A 组分) 白色膏状物(B 组分) 体积比(A：B)：1：1 密度：1.4±0.1g/cm^3(A 组分) 1.4±0.1g/cm^3(B 组分) 剪切强度(23℃×7d，铝-铝)：≥5MPa 混合后状态：浅灰色膏状，略具触变性 表干时间：5~15min 定位时间：≤20min 绝缘强度：≥20kV/mm UL94 阻燃等级：V1 使用温度范围：-40~90℃	湖北回天新材料股份有限公司	方型电池的结构粘接
双组分丙烯酸酯胶 1315 / A 组分： 甲基丙烯酸异辛酯 三元共聚物 MBS 硫脲类促进剂 B 组分： 甲基丙烯酸异辛酯 三元共聚物 MBS 环氧树脂 过氧类固化剂	质量比(A：B)：1：1 体积比(A：B)：1：1 外观：淡黄色(A 组分) 绿 色(B 组分) 操作时间：3~5min 定位时间：7~10min 剪切强度：>16MPa(180℃×60min) >14MPa(200℃×60min)	湖北回天新材料有限公司	亿纬锂能 鹏辉新能源 振华科技

续表

产品名称/ 基本组分	主要技术指标	生产厂家	主要应用厂家
UV 固化丙烯酸酯胶 3612 / 丙烯酸酯单体 促进剂 助剂 光引发剂	外观：无色或琥珀色液体 粘度：200mPa·s 固化能量：1500mJ/cm^2 湿气表干时间(25℃，85%RH)：48h 硬度(邵氏 D)：70 体积电阻率：2.7×10^{13}Ω·cm 耐湿热性(85℃，85RH%，3d)：胶体不脱落 耐冷热交变性(－40℃×30min，100℃×30min，48 个循环)：胶体不脱落 ＊适用于线路板披覆，可 UV、湿气双重固化	广州回天新材有限公司	欣旺达科技
UV 固化丙烯酸酯胶 3512 / 丙烯酸酯单体 促进剂 助剂 光引发剂	外观：琥珀色半透明膏状 粘度：30000mPa·s 固化能量：1200mJ/cm^2 硬度(邵氏 D)：72 粘接力：≥150N 耐湿热性(85℃，85RH%，3d)：≥150N 耐冷热交变性(40℃×30min，100℃×30min，48 个循环)：粘接力≥150N ＊适用于电池电芯与 PC 套粘接	广州回天新材有限公司	亿纬锂能 振华科技
双组分导热硅胶 5296N / A 组分： 液体基胶 催化剂 B 组分： 液体基胶 固化剂	外观：灰色膏状 混合比例(A∶B)：1∶1(质量比、体积比) 混合后密度：1.9~2.0g/cm^3 挤出速度：20~30g/s 初固时间(25℃)：≤15min 初固时间(80℃)：≤2min 硬度(邵氏 A)：20~30 导热系数：1.00~2.00W/m·K 体积电阻率：≥1×10^{14}Ω·cm 击穿电压：≥15kV/mm UL94 阻燃等级：V0 ＊适用于新能源汽车电池电芯、模组中的散热	广州回天新材料有限公司	骆驼股份 天津捷威

续表

产品名称/基本组分	主要技术指标	生产厂家	主要应用厂家
单组分有机硅导热胶 9665E / 107 硅橡胶 硅油 填料 交联剂	外观：白色半流淌 密度：2.5g/cm^3 硬度(邵氏 A)：65~75 剪切强度(Al-Al)：≥1.0MPa 断裂伸长率：≥50% 拉伸强度：≥3.0MPa 粘度：40000~70000mpa·s 表干时间：20~40min 击穿电压：20kV/mm 介电常数：2.8 体积电阻率：$10^{15}\Omega \cdot cm$ 导热系数：1.2W/m·K UL94 阻燃等级：V0 *适用于软包电芯的导热粘接	广州回天新材料有限公司	桑顿新能源
双组分有机硅加成型灌封胶 5297 / 107 硅橡胶 硅油 填料 助剂 交联剂	外观：灰色流体(A 组分)； 白色流体(B 组分) 密度：1.20g/cm^3(A 组分)； 1.27g/cm^3(B 组分) 硬度(邵氏 A)：20~30 粘度：1000~1500mPa·s(A 组分)； 1000~1500mPa·s(B 组分) 固化时间(80℃)：15~35min 介电强度：≥20kV/mm 体积电阻率：≥$1.5\times10^{14}\Omega \cdot cm$ 导热系数：0.40~0.45W/m·K UL94 阻燃等级：V0 * 适用于软包、圆柱体电池和导热灌封	广州回天新材料有限公司	多氟多 骆驼新能源
双组分加成型固灌封胶 MF211 / 聚硅氧烷 填料 交联剂 催化剂	质量比或体积比(A：B)：1：1 粘度(混合后、25℃)：1500~1800mPa·s 硬度(邵氏 A)：30~60 使用期(25℃)：120min 导热系数：≥0.7W/(m·K) UL94 阻燃等级：V0 体积电阻率：≥$1\times10^{14}\Omega \cdot cm$ 固化温度：80℃×30min * 适用于动力电池及电子电器的灌封	郑州中原思蓝德高科股份有限公司	昆山达鑫 东莞幸康 苏州顶升 宁波伊斯贝尔 台湾安雄电源 上海海丰灯具

续表

产品名称/基本组分	主要技术指标	生产厂家	主要应用厂家
单组分导热密封胶 MF282 / 聚硅氧烷 填料 交联剂 催化剂	外观：黑色、白色、灰色 粘度：膏状、无流动 硬度(邵氏 A)：50~60 剪切强度：≥1.5MPa 拉伸强度：≥2MPa 导热系数：1W/m·K UL94 阻燃等级：V0 体积电阻率：≥$1\times10^{14}\Omega\cdot cm$ * 适用于 IC 基材、外壳与盖子及散热器之间的粘接	郑州中原思蓝德高科股份有限公司	苏州昆拓 苏州根茂 苏州明纬电源
Bonderite 15000 / 丙烯酸类	外观：黑色液体 粘度：600mPa·s 不挥发物含量：18% VOC：42g/L 表面电阻(25μm 干膜厚)：$25\Omega/m^2$ 电性能测试：1C、2C、5C 充电循环 1000 次 容积保持率测试：1000 次，>80%	汉高(中国)股份有限公司	比亚迪 深圳华云 广州纳米新材料
Bonderite EB012 / PVD 类	外观：黑色液体 粘度：50~200mPa·s 密度：1.09~1.14g/cm^3 不挥发物含量：29%~31% VOC：10g/L 表面电阻(25μm 干膜厚)：<$30\Omega/m^2$ 电性能测试：1C、2C、5C 充电循环 1000 次 容积保持率测试：1000 次，>80%	汉高(中国)股份有限公司	东风本田 广州纳米新材料

四、滤清器用胶

1. 用途与特点

滤清器用胶适用于发动机滤清器纸质滤芯与金属端盖的粘接、端盖与中心管之间的粘接、端盖咬口密封，产品具有粘接力强、耐介质性能良好的特点。

2. 主要技术指标

滤清器用胶的主要技术指标以及生产、应用厂家详见表 5-26。

表 5-26 滤清器用胶

产品名称/ 基本组分	主要技术指标	生产厂家	主要应用厂家
滤芯器边框和 折线用热熔胶 M-658B / 聚烯烃树脂 增粘剂 合成蜡	外观：乳白色粒状 密度：0.95 g/cm³ 粘度(175℃)：12000mPa·s 不挥发物含量：100% 软化点：135℃ 涂胶温度：150~180℃ 开放时间：约 20s 气味：低气味	东莞市成铭胶粘剂 有限公司	华晨宝马
通用型厌氧胶 WD352 / 环氧丙烯酸酯 甲基丙烯酸酯 乙酰苯肼	外观：淡黄色或黄色液体 粘度(23℃)：550~950mPa·s 初固时间(23℃)：≤25min 全固时间(23℃)：24h 破坏扭矩：≥25N·m 拆卸扭矩：≥20N·m 使用温度范围：-55~120℃ *适用于机油滤清器底盖咬口密封	上海康达化工新材料股份 有限公司	吉利汽车
空气过滤器 灌封用胶 Isa-pur 2061 / 多元醇、 碳酸钙、 二氧化钛	外观：白色；固化后为乳白色 密度：1.32g/cm³ 粘度(3#转子，20r/min)：1450mPa·s 不挥发物含量：100% 混合比(质量比)：Isa-pur2061 : Harter 414=100 : 42 可操作时间(20℃)：12min 硬度(邵氏 D)：70	富乐(南京)化学 有限公司	AAF、 U-air
瞬干胶 1495 / 氰基丙烯酸乙酯 PMMA	外观：无色透明液体 粘度(LV62#，30r/min)：100~130mPa·s 固化条件：吸湿固化 定位时间：3~10s 剪切强度：≥15MPa 使用温度范围：-50~80℃	北京天山新材料技术 有限公司	平原滤清器

续表

产品名称/基本组分	主要技术指标	生产厂家	主要应用厂家
热固滤芯胶 P501 / PVC 树脂、 助剂	外观：白色至黄色粘稠流体 密度：1.3~1.8g/cm³ 不挥发物含量：≥95% 粘度(25℃±1℃)：7000~20000mPa·s 固化条件：160℃×30min 或等效条件 剪切强度：≥2.0MPa 耐油性(135℃×192h)：不脱胶、不龟裂 抗拉性能：不脱胶、滤纸断裂 气泡试验：正常	十堰福波新材料有限公司	湖北申龙
常温固化滤芯胶 P508 / 聚氨酯树脂、 其他高分子材料	外观：浅黄色粘稠流体(A 组分) 黄棕色透明液体(B 组分) 混合比例(质量比)A/B：6∶1 可操作时间：30 min 凝胶时间(23℃)：3~4h 固化时间(23℃)：24 h 剪切强度(钢-钢，室温)：≥1.3MPa 抗拉性能(纸质滤芯)：不脱胶、滤纸断裂	十堰福波新材料有限公司	湖北申龙

五、汽车灯具用胶

1. 用途与特点

汽车灯具用胶适用于汽车前大灯、雾灯、尾灯等灯罩与灯壳粘接。产品绝缘、防潮、抗震、耐电晕、抗漏电，具有良好的耐候耐介质性及抗应力变化性能。通常分为热熔聚氨酯胶、单双组分硅胶及热熔丁基胶。

2. 主要技术指标

汽车灯具用胶的主要技术指标以及生产、应用厂家详见表 5-27。

表 5-27 汽车灯具用胶

产品名称/基本组分	主要技术指标	生产厂家	主要应用厂家
车灯用湿固化 聚氨酯热熔胶 JS-PUR700 / 聚氨酯树脂 固化剂 增粘剂	外观：黑色固体 可操作时间：1min 左右 熔融粘度(120℃)：15Pa·s 固化条件：常温固化，40~50℃可加速固化 气密性（常温固化 8~15min）：10~20kPa 拉伸强度：≥1.2MPa 断裂伸长率：≥150% 剥离强度(PC-PP)：≥300N/25mm	杭州之江有机硅化工有限公司	上海小糸、 星宇车灯、 华中车灯厂

续表

产品名称/ 基本组分	主要技术指标	生产厂家	主要应用厂家
车灯胶 JS-8100 / 107 胶 交联剂 催化剂	单组分车灯胶　双组分车灯胶 外观：膏状　膏状流体 表干时间：≤30min　10～30min 固化速度：≥2mm/24h　/ A∶B 混合比例：7.5～14∶1(质量比) 5.5～10.5∶1(体积比) 拉伸强度：≥2MPa　≥1.6MPa 断裂伸长率：≥300%　≥150% 使用温度：-50～200℃　-50～180℃ 下垂度：0mm	杭州之江有机硅化工 有限公司	浙江嘉利 江苏常诚车灯 台州轩金车灯 江苏坤华车灯 宁波海宇车灯
湿固化型 PU 热熔胶 NP2075VF-149 / 二苯基甲烷 二异氰酸 酯(MDI)	外观：黑色固体 密度(20℃)：1.1g/cm³ 粘度（BF DV－II 27#，163℃）：约 9000mPa·s 可操作时间：约 30s *适用于车灯 ABS、PC、PP 等材料的粘接与密封	富乐(南京)化学 有限公司	福特汽车、 GM
中性硅酮密封胶 硅宝 661 / 聚二甲基硅氧烷 PE(聚乙烯) PP(聚丙烯) PC(聚碳酸酯)	外观：黑色膏体 密度：1.40g/cm³ 表干时间(23℃，50%RH)：30min 拉伸强度：2.3MPa 断裂伸长率：270% 硬度(邵氏 A)：46 表面处理方式：对于低表面能的材料，需进行等离子火焰处理	成都硅宝科技股份 有限公司	上海小糸车灯 常州星宇车灯
双组份车灯专用胶 硅宝 662 / 聚二甲基硅氧烷 PE(聚乙烯) PP(聚丙烯) PC(聚碳酸酯)	外观：白色膏体(A 组分)； 黑色膏体(B 组分) 混合比例：A∶B=12∶1(质量比) 拉断时间(23℃，50%RH)：45min 硬度(邵氏 A)：50 拉伸强度：2.2MPa 断裂伸长率：210% 表面处理方式：对于低表面能的材料，需进行等离子火焰处理	成都硅宝科技股份 有限公司	南京燎旺车灯 浙江嘉利车灯

续表

产品名称/基本组分	主要技术指标	生产厂家	主要应用厂家
高透光率透镜胶 LUMISIL® 7601 / 聚二甲基硅氧烷	密度：1.02g/cm^3 固化条件：170℃×15min 硬度(邵氏 A)：50~80 拉伸强度：5.6MPa 断裂伸长率：350% 撕裂强度：20N/mm	瓦克化学(中国)有限公司	通用汽车 大众汽车
丁基热熔密封胶 210 / 丁基橡胶	外观：灰色或黑色粘性胶块 软化点：≥135℃ 熔融粘度(180℃)：35Pa·s±10Pa·s 开放时间：90s 剪切强度：≥0.3MPa 耐高温性：135℃ 耐寒性：-40℃	上海康达化工新材料股份有限公司	浦东车灯厂
有机硅密封胶 WD6602A / 液体硅橡胶 交联剂 偶联剂 填料	外观：灰色膏状 操作时间(23℃)：10min 初固时间(23℃)：≤30min 硬度(邵氏 A)：40~60 拉伸强度：≥1.6MPa 伸长率：≥250% 使用温度范围：-55~260℃	上海康达化工新材料股份有限公司	浦东车灯厂
双组分缩合型硫化硅橡胶 4060F / PE(聚乙烯) PP(聚丙烯) PC(聚碳酸酯) 配合剂为底涂剂	粘度(25℃)： (1.0~2.5)×10^5 mPa·s(A 组分)； (0.2~1.0)×10^5mPa·s(B 组分) 混合比例：A：B－10：1（质量比） 固化方式：室温固化 表干时间(25℃)：6~15min 硬度(邵氏 A)：30~40 拉伸强度：≥1.7MPa 断裂伸长率：≥500% 使用温度范围：-50~200℃	上海回天新材料有限公司	比亚迪 江苏常诚 帝宝车灯 山东鲁德贝 重庆秦川 扬州嘌泰

续表

产品名称/ 基本组分	主要技术指标	生产厂家	主要应用厂家
单组分缩合型 硫化硅橡胶 9661 / PE(聚乙烯) PP(聚丙烯) PC(聚碳酸酯) 配合剂为底涂剂	密度：1.30~1.45g/cm^3 挤出率(ϕ3mm，0.5MPa)：(10~20)g/15s 表干时间(25℃，60%RH)：5~15min 固化条件：常温固化 固化深度(25℃，60%RH)：≥3mm/24h 硬度(邵氏 A)：≥30 拉伸强度：≥2.2MPa 断裂伸长率：≥400% 使用温度范围：-60~200℃	上海回天新材料 有限公司	比亚迪 江苏文光 江苏彤明 丹阳谊善车灯
单组分聚氨酯胶 Sikaflex-630HD-2 / 聚氨酯预聚体 增塑剂 助剂 催化剂	外观：黑色膏状 密度：1.2g/cm^3 不挥发物含量：99% 拉伸强度：8MPa 断裂伸长率：800% 耐热性：≤95℃	西卡(中国) 有限公司	大众汽车 上汽通用 长城汽车 华晨宝马 北京现代 北京奔驰
单组份缩合型 硫化硅橡胶 MF280 / 聚硅氧烷 交联剂 催化剂	外观：黑(白、灰)色及透明膏状 硬度(邵氏 A)：30~50 拉伸强度：≥2MPa 断裂伸长率：≥500% UL94 阻燃等级：HB 体积电阻率：≥$1\times10^{15}\Omega\cdot cm$ 使用温度范围：-60~200℃	郑州中原思蓝德高科股份 有限公司	宁波奥圣
车灯胶 PUR 630 / 端异氰酸酯聚 氨酯预聚体	外观：灰色或黑色固体 密度：1.12g/cm^3 粘度(140℃)：12000mPa·s 不挥发物含量：100% 操作温度：120~140℃ 操作时间：3~6min	濮阳市万泉化工 有限公司	河南少林 中通轻客 重庆恒通 桂林大宇 北汽福田 云南汽车
聚氨酯湿固化 反应性热熔胶 PUR-FECTLOK® 34-858B / 反应型聚氨酯	外观：黑色膏体 粘度(135℃)：22000mPa·s 体积密度：1.05g/cm^3 粘度(BF DV-Ⅱ 27#)：约 22000mPa·s	汉高(中国)股份 有限公司	上汽通用

续表

产品名称/ 基本组分	主要技术指标	生产厂家	主要应用厂家
聚氨酯反应性 热熔胶 PUR-FECTLOK® 34-712A / 反应型聚氨酯	外观：黑色膏体 密度：1.07g/cm³ 粘度（BF DV-Ⅱ 27#，120℃）： 约9000mPa·s 闪点：>163℃ 气味：刺激性	汉高（中国）股份 有限公司	福特汽车

六、燃油箱、水箱用胶

1. 用途与特点

燃油箱、水箱用胶用于燃油箱底部抗石击及燃油箱、水箱接缝和咬口部位的密封。产品具有良好的粘接、密封和防锈蚀性。

2. 主要技术指标

燃油箱、水箱用胶的主要技术指标以及生产、应用厂家详见表5-28。

表5-28 燃油箱、水箱用胶

产品名称/ 基本组分	主要技术指标	生产厂家	主要应用厂家
油箱用抗石击涂料 SY-253A / PVC树脂 增塑剂 增粘树脂	外观：黑色均匀膏状 粘度：3500~5500mPa·s 固化条件：140℃×30min 剪切强度：≥1.0MPa 拉伸强度：≥1.0MPa 断裂伸长率：≥50% 抗石击性：≥40kg	三友（天津）高分子技术 有限公司	上汽通用
点焊密封胶 （喷塑工艺专用） LY-301 / 合成橡胶 增塑剂 增粘树脂 交联剂	外观：黑色均匀膏状 密度：1.3~1.6g/cm³ 不挥发物含量：≥98% 抗流挂性：≤5mm 固化条件：170℃×30min 硬度（邵氏A）：30~70 剪切强度：≥1.5MPa 体积变化率：≤10% 过烘烤性：表面无裂纹鼓泡 水密性：无漏水现象 耐盐雾性：基材无腐蚀	北京龙苑伟业新材料 有限公司	诸城海 得威机械

续表

产品名称/基本组分	主要技术指标	生产厂家	主要应用厂家
咬口密封胶 P506 / PVC 树脂 增塑剂	外观：白色细腻均质膏状 密度：≤1.60g/cm^3 不挥发物含量：≥98% 固化条件：(135~145)℃×30min 拉伸强度：≥1MPa 断裂伸长率：≥50% 即时密封性(咬口后试压 0.2MPa)：无泄漏 耐高低温(-40℃×24h+160℃×24h)：密封率 100% 耐汽油(50℃×72h)：密封率 100% 耐柴油(50℃×72h)：密封率 100% 耐水性(90℃×72h)：密封率 100%	十堰福波新材料有限公司	十堰高山

七、后三角窗、天窗用胶

1. 用途与特点

后三角窗、天窗用胶用于后三角窗及天窗包边等部位。产品可分为单组分或双组分胶粘剂，对 EPDM、PVC、RIM、TPE、TPV 等不同基材和弹性体均有良好的粘接性。

2. 主要技术指标

后三角窗、天窗用胶的主要技术指标以及生产、应用厂家详见表 5-29。

表 5-29　后三角窗、天窗用胶

产品名称/基本组分	主要技术指标	生产厂家	主要应用厂家
玻璃底涂或 RIM 包边胶 Chemlok® 134、144 / 硅类 溶剂	外观：浅黄至琥珀色液体，144 含有荧光剂 密度：0.86~0.90g/cm^3 粘度(25℃)：0~8mPa·s 不挥发物含量：4.8%~6.2% 闪点：1.6℃ 干膜厚度：1.52~3.81μm	洛德化学(上海)有限公司	一汽-大众、上汽大众、上汽通用、福特汽车

续表

产品名称/ 基本组分	主要技术指标	生产厂家	主要应用厂家
PVC 注塑胶 Chemlok® 489/456、485/44 / 氯化聚合物 溶剂	A 组分： 外观：透明至琥珀色液体 密度：0.85～0.890g/cm^3 粘度(25℃)：80～195mPa·s 不挥发物含量：9%～11% B 组分： 外观：淡琥珀色液体 粘度(25℃)：<25mPa·s 密度：1.01～1.03g/cm^3 不挥发物含量：49%～51% 混合比例：489：456=100：4～6 (注：当基材为玻璃时需要预涂 AP134 或 144) 干膜厚度：2.5～12.70μm	洛德化学(上海)有限公司	涵盖大部分大型主机厂的一级供应商(包含国内及国外，如福耀)
EPDM 注塑硫化包边胶 Chemlok® 6108、6253 / 氯磺化聚乙烯 溶剂	外观(目视)：黑色液体 密度：0.950～1.00g/cm^3 粘度(25℃)：300～1000mPa·s 不挥发物含量：22%～26% 固化条件：160～180℃ (注：当基材为玻璃时需要预涂 AP134 或 144)干膜厚度：25～35μm	洛德化学(上海)有限公司	涵盖大部分大型主机厂的一级供应商(包含国内及国外，如福耀)
TPE/TPV 注塑胶 Chemlok® 487A/B 油性 / 聚氨酯类 溶剂	A 组分： 外观(目视)：透明浅黄色液体 粘度(25℃)：100～350mPa·s 密度：0.860～0.91g/cm^3 不挥发物含量：12.6%～15% B 组分： 外观(目视)：透明雾状 粘度(25℃)：1～10mPa·s 密度：0.780～0.82g/cm^3 不挥发物含量：1%～2% 固化条件：常温×1h 或 93℃×10min 混合比例(质量比)：487A：487B=100：13.6 (注：当基材为玻璃时需要预涂 AP134or144) 干膜厚度：17.8～25.40μm	洛德化学(上海)有限公司	涵盖大部分大型主机厂的一级供应商(包含国内及国外，如福耀)

续表

产品名称/ 基本组分	主要技术指标	生产厂家	主要应用厂家
TPE/TPV 注塑胶 Sipiol® WP8508 / 聚氨酯类 水	外观：奶黄色液体 密度：0.95~0.97g/cm³ 质量固含量：14%~17% 固化条件：常温×10~15min (鼓风干燥箱中 100℃×15s 即可完成) 起始反应温度：>130℃ * 可作为低极性弹性体的表面能改善底涂剂	洛德化学(上海) 有限公司	华晨宝马 一汽奥迪
TPE/TPV 注塑胶 Sipiol® WP8555 / 聚氨酯类 水	外观(目视)：不透明黄色液体 密度：0.95~1.05g/cm³ 质量固含量：7%~9% 固化条件：常温×10~15min (鼓风干燥箱中 100℃×15s 即可完成) 起始反应温度：>130℃ * 可作为低极性弹性体的表面能改善底涂剂	洛德化学(上海) 有限公司	欧洲客户

八、制动衬片用胶

1. 用途与特点

制动衬片用胶适用于制动衬片的生产。产品一般为单组分热固化的胶粘剂，具有高强度和良好的耐热性能。

2. 主要技术指标

制动衬片用胶的主要技术指标以及生产、应用厂家详见表 5-30。

表 5-30　制动衬片用胶

产品名称/ 基本组分	主要技术指标	生产厂家	主要应用厂家
制动衬片胶 J-6900 / 耐高温酚醛 树脂改性助剂 工业乙醇	外观：浅黄色或红褐色液体 粘度：20~80mPa·s 不挥发物含量：37%~43% 凝胶时间(150℃)：20~80s	济南北方泰和新材料 有限公司	山东金麒麟 信义集团

续表

产品名称/ 基本组分	主要技术指标	生产厂家	主要应用厂家
制动衬片胶 WSJ-671B / 耐高温酚醛树脂 改性助剂 工业乙醇	外观：黑紫色或蓝黑色均匀液体 不挥发物含量：37%~43% 凝胶时间(150℃)：40~90s 稀释剂：无水酒精或丙酮	济南北方泰和新材料有限公司	山东金麒麟、信义集团
自硬型酚醛树脂 FFD-301 / 苯酚 甲醛	外观：棕褐色半透明粘性液体 粘度(20℃)：≤150mPa·s 不挥发物含量：63%~71% 水分含量：≤18% 游离甲醛含量：≤1.5% 拉伸强度(24h)：≥1.8MPa	山东北方现代化学工业有限公司	信义集团

九、汽车线束用胶

1. 用途与特点

汽车线束用胶适用于汽车线束缠绕和绝缘密封。产品一般为以橡胶为基材的不干性片状、卷状、块状密封材料，可在较宽温度范围内保持良好的柔韧性和密封性。

2. 主要技术指标

汽车线束用胶的主要技术指标以及生产、应用厂家详见表5-31。

表5-31　汽车线束用胶

产品名称/ 基本组分	主要技术指标	生产厂家	主要应用厂家
线束密封胶泥 669 / 丁基橡胶类型	密度：$1.5g/cm^3 \pm 0.1g/cm^3$ 不挥发物含量：≥99.9% 剥离强度：≥0.4N/mm 耐热性(90℃×2h)：无流淌 低温柔韧性：-40℃，无裂纹 气味：≥6级(GM标准) VOC，SVOC：PASS 雾翳：PASS 阻燃性：≤100mm/min	上海科建化工有限公司	上汽大众 上汽通用 吉利汽车

续表

产品名称/基本组分	主要技术指标	生产厂家	主要应用厂家
聚氨酯密封胶 AM-130E / 聚氨酯预聚体 增塑剂 炭黑	外观：黑色均匀膏状 表干时间：30~60min 固化速度：≥3.0mm/24h 硬度(邵氏 A)：35~55 剪切强度：≥2.0MPa 拉伸强度：≥2.0MPa 断裂伸长率：≥400% 环保性：气味和 VOC 满足国标和主机厂限值要求	山东北方现代化学工业有限公司	郑州宇通 中通客车
聚氨酯密封胶 PU302F / 聚氨酯预聚物 增塑剂 填料 催化剂	外观：黑色均匀膏状 密度：1.2~1.4g/cm³ 不挥发物含量：≥99% 表干时间：≤60min 固化时间：≥3mm/24h 硬度(邵氏 A)：35~55 剪切强度：≥2MPa 拉伸强度：≥2MPa 断裂伸长率：≥400% 撕裂强度：≥6N/mm 气味等级：≤3.5 * 不含可挥发物	淄博海特曼新材料科技有限公司	郑州宇通 厦门金旅 厦门金龙 上海申龙 中国南车

十、橡胶零部件用胶

1. 用途与特点

橡胶零部件用胶适用于支座、衬套等汽车橡胶减震、密封件中未硫化橡胶与金属骨架的粘接，橡胶密封条植绒及预附胶，产品可有效改善橡胶与金属、油漆面等材料之间的界面相容性。具有优异的耐介质和耐候性。

2. 主要技术指标

橡胶零部件用胶的主要技术指标以及生产、应用厂家详见表 5-32。

表 5-32 橡胶零部件用胶

产品名称/基本组分	主要技术指标	生产厂家	主要应用厂家
胶粘剂 Chemlok 205、207、298 / 有机聚合物	外观：灰色液体 密度：0.87~0.97g/cm³ 粘度：70~800mPa·s 不挥发物含量：17%~26% 闪点：14~16℃ * CH298 耐乙二醇性能优异，适用于液压支座	洛德化学(上海)有限公司	华晨宝马 上汽通用 上汽大众 一汽大众 东风本田 广汽本田

续表

产品名称/基本组分	主要技术指标	生产厂家	主要应用厂家
胶粘剂 Chemlok 6016、6100、6108、6253、6411、252X / 聚合物混合物 有机化合物	外观：黑色液体 密度：0.9~1.1g/cm^3 粘度：35~1000mPa·s 不挥发物含量：20%~35% 闪点：25~27℃ *Ⅱ类面胶对橡胶适应性广，耐乙二醇	洛德化学(上海)有限公司	华晨宝马 上汽通用 上汽大众 一汽大众 东风本田 广汽本田 东风日产 郑州日产
胶粘剂 Chemlok 6125、220 / 聚合物混合物 有机化合物	外观：黑色液体 密度：0.97~1.1g/cm^3 粘度：70~300mPa·s 不挥发物含量：23%~27% 闪点：27~28℃	洛德化学(上海)有限公司	华晨宝马 上汽通用 上汽大众 一汽大众 东风本田 广汽本田 东风日产
胶粘剂 Chemlok 233X、234X(NW)、238NW、402 / 聚合物、 有机化合物	外观：黑色液体 密度：0.88~1.3g/cm^3 粘度：70~1000mPa·s 不挥发物含量：12%~29% 闪点：27℃ *通用橡胶用特种面胶，主要用于皮带线绳、密封条预涂铝带等	洛德化学(上海)有限公司	华晨宝马 上汽通用 上汽大众 东风本田 广汽本田 东风日产 郑州日产
胶粘剂 Chemlok 607、608、622、623、624、5150、5151、AP-133 / 有机硅聚合物与甲醇的溶液	外观：无色至淡黄色液体 密度：0.7~0.9g/cm^3 不挥发物含量：4%~25% 闪点：-5~25℃ *适用于过氧化物硫化的NBR、HNBR、EPDM	洛德化学(上海)有限公司	华晨宝马 上汽通用 上汽大众 一汽大众 东风本田 广汽本田 东风日产 郑州日产
水性胶粘剂 Chemlok 8116 / 聚合物 化合物	外观：黑色液体 密度：1.14~1.17g/cm^3 粘度：100~900mPa·s 不挥发物含量：32%~36% 闪点：>93℃ *适用于氟硅橡胶等过氧化物硫化的橡胶	洛德化学(上海)有限公司	华晨宝马 上汽通用 上汽大众 一汽大众 东风本田 广汽本田

续表

产品名称/ 基本组分	主要技术指标	生产厂家	主要应用厂家
胶粘剂 Thixon P11EF Megum3276 / 聚合物	外观：灰色液体 密度：0.89～0.99g/cm^3 粘度：50～600mPa·s 不挥发物含量：20%～32% *具有优异的耐环境性和柔顺性	陶氏化学(中国)投资有限公司	上汽大众 一汽大众 上汽通用 华晨宝马 北京奔驰
胶粘剂 Thixon 520PEF Megum 128 / 聚合物 有机化合物	外观：黑色液体 密度：0.92～1.06g/cm^3 粘度：80～300mPa·s 不挥发物含量：20%～30% *Ⅰ型面涂，工艺适用性强	陶氏化学(中国)投资有限公司	上汽大众 一汽大众 上汽通用 华晨宝马 北京奔驰
胶粘剂 Megum 538 Megum 5386 / 聚合物 有机化合物	外观：黑色液体 密度：0.92～1.1g/cm^3 粘度：80～1000mPa·s 不挥发物含量：20%～30% *Ⅱ型面涂，较好的橡胶适用性	陶氏化学(中国)投资有限公司	上汽大众 一汽大众 上汽通用 华晨宝马 北京奔驰
胶粘剂 Thixon 511EF Thixon 516EF / 聚合物、填料 有机化合物	外观：黑色液体 密度：0.92～1.1g/cm^3 粘度：100～800mPa·s 不挥发物含量：12%～30% *通用橡胶用面胶，适合低温长时间硫化	陶氏化学(中国)投资有限公司	上汽大众 一汽大众 上汽通用 华晨宝马 北京奔驰
胶粘剂 Thixon OSN-2-EF Thixon OSN-2-EF-V / 聚合物 有机化合物	外观：黑色液体 密度：0.92～1.1g/cm^3 粘度：80～600mPa·s 不挥发物含量：18%～26% *通用橡胶用单涂或面胶，具有优异的耐乙二醇性能，适合后硫化粘接	陶氏化学(中国)投资有限公司	上汽大众 一汽大众 上汽通用 华晨宝马 北京奔驰
胶粘剂 Megum 3290-1 Thixon 305 / 有机硅聚合物	外观：无色至淡黄色液体 密度：0.7～0.9g/cm^3 不挥发物含量：4%～26% *适用于氟橡胶、硅橡胶等特种橡胶	陶氏化学(中国)投资有限公司	上汽大众 一汽大众 上汽通用 华晨宝马 北京奔驰

续表

产品名称/ 基本组分	主要技术指标	生产厂家	主要应用厂家
水性胶粘剂 Megum 9300 / 聚合物 有机化合物	外观：灰色液体 密度：1.1～1.3g/cm^3 粘度：50～600mPa·s 不挥发物含量：24%～36% pH 值：7～10	陶氏化学(中国)投资有限公司	上汽大众 一汽大众 华晨宝马 北京奔驰
水性胶粘剂 Megum 9500 / 聚合物 有机化合物	外观：黑色液体 密度：1～1.2g/cm^3 粘度：50～300mPa·s 不挥发物含量：22%～30% pH 值：4.5～8	陶氏化学(中国)投资有限公司	上汽大众 一汽大众 华晨宝马 北京奔驰
胶粘剂 Polyflock 98UK、 Morflock 6007 / 聚氨酯预聚物 有机化合物	外观：棕色液体 密度：0.9～1.1g/cm^3 粘度：20～300mPa·s 不挥发物含量：40%～60% * 适用于橡胶植绒	陶氏化学(中国)投资有限公司	上汽大众 一汽大众 上汽通用 华晨宝马 北京奔驰
静电植绒胶 PU960 / 聚氨酯弹性体 改性树脂 溶剂	A 组分： 外观：淡黄色或红棕色透明液体 不挥发物含量：33%±3% 粘度：130～190mPa·s B 组分： 外观：无色或浅黄色透明液体 不挥发物含量：50%±2% 粘度：30～70mPa·s	济南北方泰和新材料有限公司	北京现代 长城汽车 奇瑞汽车
植绒胶 Flocklok ® 852/550P SL859A/B Flockoil 1501/ 1503D/1506T / 异氰酸酯类、溶剂	外观：褐色液体或黑色液体 密度：900～1100kg/m^3 粘度(25℃)：20～1000mPa·s 不挥发物含量：35%～75% 闪点：29～44℃ 干膜厚度：35～76μm 固化条件：190～232℃×2～3min	洛德化学(上海)有限公司	华晨宝马 北京奔驰 上汽大众 一汽大众 上汽通用 长城汽车
3M™热敏型 丙烯酸泡棉胶带 WT4112、ST1200、 5402、5608 / 丙烯酸树脂	90°剥离强度(23℃×72h)：≥2N/mm 剪切强度(23℃×72h)：≥400kPa 抗弯曲回弹(23℃×72h)：≤25mm * 与密封条粘贴面为热敏胶层，与钣金油漆面粘贴面为压敏胶层	3M 中国有限公司	北京奔驰 华晨宝马 一汽大众 福特汽车 长城汽车

十一、修补类胶粘剂

1. 用途与特点

修补类胶粘剂适用于铸铁、铸钢、铸铝等金属铸件气孔、砂眼、裂纹等缺陷的修补和密封。产品具有较高的粘接强度和填隙工艺性。

2. 主要技术指标

修补类胶粘剂的主要技术指标以及生产、应用厂家详见表5-33。

表5-33 修补类胶粘剂

产品名称/基本组分	主要技术指标	生产厂家	主要应用厂家
铸铁修补剂 WSJ-6111 / 环氧树脂 还原铁粉 固化剂	外观：铸铁色胶泥状 密度：1.8g/cm³ 混合比例：A∶B=7∶1(质量比)； A∶B=7∶2(体积比) 硬度(邵氏D)：80 剪切强度：18.5MPa 拉伸强度：25MPa 抗压强度：90MPa 使用温度范围：-55~150℃	济南北方泰和新材料有限公司	中国重汽集团济南卡车
钢质修补剂 WSJ-6112 / 环氧树脂 还原铁粉 固化剂	外观：钢色胶泥状 密度：1.7g/cm³ 混合比例：A∶B=7∶1(质量比)； A∶B=5∶1(体积比) 硬度(邵氏D)：80 剪切强度：18MPa 拉伸强度：24MPa 抗压强度：90MPa 使用温度：-55~180℃	济南北方泰和新材料有限公司	中国重汽集团济南卡车
铸造修补剂 WD101 / 环氧基类	外观：铸铁色泥状 硬度(邵氏D)：88 剪切强度：≥10MPa 可操作时间(23℃)：≤20min 修补件应用时间(25℃)：24h	上海康达化工新材料股份有限公司	东风商用车 中国重汽 集团济南卡车
铝质修补剂 WD113 / 环氧基类	外观：铝色泥状 硬度(邵氏D)：≥85 剪切强度：≥8MPa 可操作时间(23℃)：≤40min 修补件应用时间(23℃)：24h	上海康达化工新材料股份有限公司	东风商用车 中国重汽集团 济南卡车

续表

产品名称/基本组分	主要技术指标	生产厂家	主要应用厂家
铸件微孔浸渗剂 7090 / 甲基丙烯酸酯 水洗型改性剂 阻聚剂 热引发剂	外观：琥珀色透明液体 密度：1.03g/cm^3 粘度(20r/min)：8~25mPa·s 固化速度(90℃凝胶时间)：≤5.5min 全固时间(水温 90℃)：10min 工作温度：-50~150℃	湖北回天新材料股份有限公司	东风汽车 西峡水泵 东安动力 长春东方压铸

第六节 轻量化材料用胶

一、复合材料粘接用胶

1. 用途与特点

复合材料粘接用胶用于以 SMC、CFRP 等非金属复合材料为基材的汽车零件如车门、车顶、侧围、地板、备胎框的粘接装配。产品具有良好的粘接强度及抗老化防腐性能。

2. 主要技术指标

复合材料粘接用胶的主要技术指标以及生产、应用厂家详见表 5-34。

表 5-34 复合材料粘接用胶

产品名称/基本组分	主要技术指标	生产厂家	主要应用厂家
塑料件结构胶 Sikaflex-254+ Booster 20W / 单组分聚氨酯 促进剂	外观：黑色(主胶) 白色(催化剂) 密度：1.2g/cm^3 不挥发物含量：99% 固化时间：2h 硬度(邵氏 A)：45 剪切强度：2.2MPa	西卡(中国)有限公司	大众汽车 奥迪汽车 北京奔驰
塑料件结构胶 SikaForce-7570 / 双组分聚氨酯 结构胶	外观：黑　色(A 组分)； 淡黄色(B 组分) 密度：1.5g/cm^3(A 组分)； 1.2g/cm^3(B 组分) 不挥发物含量：100% 硬度(邵氏 A)：60 剪切强度：2MPa	西卡(中国)有限公司	华晨宝马 沃尔沃 保时捷 大众汽车 广汽菲亚特

续表

产品名称/ 基本组分	主要技术指标	生产厂家	主要应用厂家
PP 专用粘接胶 Surtek3999 / 改性树脂 填料 增塑剂	外观：黑(白、灰) 色均质膏状 密度：1. 30~1. 5 g/cm^3 不挥发物含量：≥99% 固化条件：常温湿气固化 剪切强度(CF)：≥2MPa 拉伸强度：≥2. 5MPa 断裂伸长率：≥300%	北京高盟新材料股份 有限公司	郑州翎羽 山西大运 山东新大洋 中集车辆
双组分聚氨酯胶粘剂 JS-3210 / A 组分： 聚醚多元醇 B 组分： 异氰酸酯 预聚物	外观：黑色或褐色均质膏状 密度：1. 4g/cm^3(A 组分)； 1. 1g/cm^3(B 组分) 表干时间：约 20min 初固时间：≤60min 剪切强度：≥5MPa 断裂伸长率：≥120%	杭州之江有机硅化工 有限公司	黄海汽车
双组分聚氨酯胶 8664 / A 组分： 多元醇 B 组分： 异氰酸酯 预聚物	外观：白色或黑色膏状物 密度：1. 4g/cm^3(A 组分)； 1. 3g/cm^3(B 组分) 不挥发物含量：99. 2%(A 组分)； 99. 7%(B 组分) 表干时间：18min 定位时间：60min 剪切强度(铝-铝)：18MPa	湖北回天新材料股份 有限公司	郑州精益达 全耐塑料 复合材料
聚氨酯结构胶 TS856 / 聚醚多元醇 改性 MDI	外观：黑色液体(A 组分)； 淡黄色膏状(B 组分) 密度：1. 34g/cm^3±0. 05g/cm^3(A 组分)； 1. 12g/cm^3±0. 05g/cm^3(B 组分) 硬度(邵氏 A)：40~55 剪切强度：>5MPa 断裂伸长率：约 200% 可操作时间：4~8min 初固时间：5~15min 可承压时间：1min(100℃)； 30min(23℃) 使用温度范围：-40~80℃	北京天山新材料技术 有限公司	长春富维

续表

产品名称/基本组分	主要技术指标	生产厂家	主要应用厂家
双组分聚氨酯胶 LORD7542A/ BCDE 系列 / 7542A 树脂 7542B/C/D/E 固化剂	外观：深褐色均质胶液(主剂)； 棕色均质液体(固化剂) 密度：1.35g/cm^3±0.05g/cm^3(主剂)； 1.45g/cm^3±0.25g/cm^3(固化剂) 粘度(25℃)：1500~4500mPa·s(主剂)； 5000~18000mPa·s(固化剂) 剪切强度：>10MPa 或基材破坏 拉伸强度：12.5MPa 断裂伸长率：102% 操作时间：4~60min 装配时间：1~4h	洛德化学(上海)有限公司	通用汽车 丰田汽车
双组分环氧结构胶 Fusor380NS、383NS / 380NS 树脂 383NS 固化剂	外观：灰白色膏状(主剂)； 黑色膏状(固化剂) 密度：1.52g/cm^3±0.02g/cm^3(主剂)； 1.44g/cm^3±0.04g/cm^3(固化剂) 拉伸强度：24.5~31MPa 拉伸模量：4826.3~5515.8MPa 粘度(25℃)： (7.5~22)×10^{5}mPa·s(主剂)； (5~25)×10^{5}mPa·s(固化剂) 玻璃化温度(T_g)：90℃ 收缩率：0.4% 操作时间：20min 装配时间：2h	洛德化学(上海)有限公司	麦格纳 克莱斯勒 通用汽车
高韧性环氧结构胶 TS816 / 环氧树脂 增韧剂 固化剂 硅微粉 气相白炭黑	外观：灰色均质胶液(A 组分)； 灰黄色均质胶液(B 组分) 固化条件：室温固化×24h 剪切强度：≥24MPa 拉伸强度：≥30MPa 剥离强度：≥3N/mm 操作时间：40~60min 使用温度范围：-60~120℃	北京天山新材料技术有限公司	航天电源

续表

产品名称/ 基本组分	主要技术指标	生产厂家	主要应用厂家
复合材料粘接用胶 WD3010 / 环氧树脂 固化剂 无机填料 增塑剂	外观：黄色均匀胶体（A 组分）； 浅红色均匀胶体（B 组分） 密度（23℃）：1.25～1.35g/cm^3（A 组分）； 1.20～1.30g/cm^3（B 组分） 不挥发物含量：≥99.0% 表干时间：2.0h±0.5h 剪切强度：≥25MPa（钢-钢） ≥15MPa（铝-铝） 冲击强度：≥6.0kJ/m^2 操作时间：40min±10min	上海康达化工新材料股份有限公司	比亚迪
丙烯酸酯结构胶 WD1300 / 甲基丙烯酸甲酯 固化剂 无机填料 橡胶增塑剂	外观：黄色膏状（A 组分）； 黄色膏状（B 组分） 密度（23℃）：1.00～1.05g/cm^3（A 组分）； 1.00～1.05g/cm^3（B 组分） 剪切强度： 23℃，钢-钢：≥25MPa 23℃，铝-铝：≥18MPa 23℃，不锈钢-不锈钢：≥25MPa 23℃，FRP-FRP：≥18MPa （ABS、PVC、PC、有机玻璃均材质破坏） 操作时间：4～6min 定位时间（23℃，钢-钢）：≤20min	上海康达化工新材料股份有限公司	东南机电 美龙汽车 江苏弗莱迪斯
PENGUIN SEAL #8800 / 封端型聚氨酯树脂	外观：黑色膏体 密度：1.26 g/cm^3 剪切强度：1.45MPa 固化条件：80℃×10min	盛势达（广州）化工有限公司	本田汽车
丙烯酸酯结构胶 TS820 / 甲基丙烯酸羟乙酯 丁腈橡胶 异丙苯过氧化氢	外观：蓝色液体（A 组分）； 浅绿色膏状（B 组分） 密度：1.05g/cm^3（A 组分）； 1.04g/cm^3（B 组分） 剪切强度： 铝-CF：22.6MPa 不锈钢-CF：24.5MPa 碳钢-CF：23.8MPa 镀锌钢-CF：25.4MPa SMC-SF：6.1MPa ABS-SF：5.5MPa 拉伸强度：20.0MPa 剥离强度：33.1N/cm，CF 固化后收缩率：0.01cm/cm 操作时间：5～8min 初固时间：10～15min	北京天山新材料技术有限公司	北京国能电池

续表

产品名称/基本组分	主要技术指标	生产厂家	主要应用厂家
双组分甲基丙烯酸酯胶 1300、1310 / 甲基丙烯酸酯单体 功能性填料 催化剂 引发剂	剪切强度：18~23MPa 拉伸强度：17~24MPa 断裂伸长率：15%~30% 粘接间隙：0.75~4mm 操作时间：4~18min 定位时间：10~35min 完全固化时间：24h 使用温度范围：-55~121℃	湖北回天新材料股份有限公司	郑州精益达
丙烯酸酯结构胶 1422、1550 / 甲基丙烯酸酯单体 功能性填料 催化剂 引发剂	粘接间隙：0.75~10mm 操作时间：17~27min 定位时间：13~40min 固化时间：24h 剪切强度：11~21MPa 拉伸强度：12~17MPa 断裂伸长率：20%~120% 工作温度：-55~121℃	湖北回天新材料股份有限公司	重汽王牌
硅烷改性聚氨酯密封胶 韧驰 9781 / SPU 树脂 增塑剂 补强填料 催化剂	外观：黑色均质膏状 表干时间：60~180min 下垂度：≤3mm 固化速度≥3 mm/24h 不挥发物含量：≥97% 硬度(邵氏 A)：35~50 拉伸强度：≥1.5MPa 断裂伸长率：≥350% 使用温度范围：-40~90℃	广东普赛达密封粘胶有限公司	安凯客车
复合材料用胶 LOCTITE® MAX 系列 / 聚氨酯	拉伸强度：70MPa 断裂伸长率：5%~10% 拉伸模量：>2700MPa 耐热温度：100℃	汉高(中国)股份有限公司	本特勒西格吕

二、轻金属材料用胶

1. 用途与特点

轻金属材料用胶用于铝、镁合金等轻金属汽车零件的粘接装配。产品具有良好的粘接强度及抗老化防腐性能。

2. 主要技术指标

轻金属材料用胶的主要技术指标以及生产、应用厂家详见表5-35。

表5-35 轻金属材料用胶

产品名称/基本组分	主要技术指标	生产厂家	主要应用厂家
双组分聚氨酯结构胶 8662 / A组分： 多元醇 B组分： 异氰酸酯 预聚物	外观：浅黄至灰白色流体 剪切强度(铝-铝)： 约3.5MPa(夏季配方、35℃×5h)； 约3.0MPa(冬季配方、2.5℃×12h)； 约12.0MPa(23℃±2℃×7d) 混合后粘度：约20000mPa·s 适用期(23℃±2℃)： 约35min(夏季配方)； 约10min(冬季配方)	湖北回天新材料股份有限公司	镇江康飞 江淮汽车
双组分丙烯酸酯结构胶 1830 / 甲基丙烯酸酯类胶粘剂	剪切强度：16~19MPa 断裂伸长率：20%~30% 拉伸强度：22~26MPa 粘接间隙：0.75~10mm 操作时间：3~6min 定位时间：13~18min 完全固化时间：24h 使用温度范围：-55~121℃	湖北回天新材料股份有限公司	郑州宇通 安凯汽车
环氧结构胶 WD3705 / 环氧树脂 固化剂	外观：白色均质胶体(A组分)； 棕色均质胶体(B组分) 粘度(23℃)：10.0~40.0Pa·s(A组分)； 10.0~40.0Pa·s(B组分) 不挥发物含量：≥99.0% 剪切强度：≥20MPa 高温剪切强度(100℃)：≥3.5MPa 90°剥离强度：≥20N/mm 操作时间：≥90min	上海康达化工新材料股份有限公司	比亚迪 长安汽车
高韧性环氧树脂结构胶 PENGUIN CEMENT SW-701 / 环氧树脂	外观：红色膏体 密度：1.30g/cm^3 不挥发物含量：>99% 剪切强度(铝-铝)：18MPa 拉伸强度：42MPa 断裂伸长率：19%	盛势达(广州)化工有限公司	本田汽车

续表

产品名称/基本组分	主要技术指标	生产厂家	主要应用厂家
硅烷改性聚醚密封胶 韧驰 9782 / MS 树脂 增塑剂 补强填料 催化剂	外观：黑色，均质膏状 不挥发物含量：≥97% 下垂性：≤3mm 表干时间：60~180min 固化速度：≥3mm/24h 硬度(邵氏 A)：35~50 拉伸强度：≥1.5MPa 断裂伸长率：≥350% 使用温度范围：-40~90℃	广东普赛达密封粘胶有限公司	安凯客车

第七节　其他用胶及材料

一、低极性表面用底涂剂

1. 用途与特点

低极性表面用底涂剂适于作为胶粘剂、涂料及双面胶带用底涂剂。产品可以明显提高 EPDM、TPE、TPO、PET、MPR、PU、PBT 等低极性聚合物弹性体的粘接性能。

2. 主要技术指标

低极性表面用底涂剂的主要技术指标以及生产、应用厂家详见表 5-36。

表 5-36　低极性表面用底涂剂

产品名称/基本组分	主要技术指标	生产厂家	主要应用厂家
Chemlok® 459X / 氯化聚合物 溶剂	外观：琥珀色液体 密度：0.85~0.88g/cm³ 粘度(25℃)：10mPa·s 不挥发物含量：2.7%~4.1% 闪点：27℃ 干膜厚度：约 2.5μm 干燥条件：常温×(30~60)min 或(93~121)℃×(5~100)min	洛德化学(上海)有限公司	一汽-大众 上汽大众 上汽通用

续表

产品名称/基本组分	主要技术指标	生产厂家	主要应用厂家
Autoseal ® RC-1017 / 氯化聚合物溶剂	外观：浅黄色液体 密度：0.850~0.98 g/cm³ 不挥发物含量：3.5%~5.0% 干燥条件：常温×5~20min	洛德化学(上海)有限公司	一汽丰田 广汽丰田 东风本田 广汽本田 东风日产
Autoseal ® RC-1028K / 氯化聚合物溶剂	外观：浅黄色液体 密度：0.76~0.80g/cm³ 不挥发物含量：3.3%~4.3% 干燥条件：常温×5~60min	洛德化学(上海)有限公司	一汽丰田 广汽丰田

二、瞬干胶

1. 用途与特点

瞬干胶适用于多种材料的快速定位粘接。产品具有快固化特点。

2. 主要技术指标

瞬干胶的主要技术指标以及生产、应用厂家详见表5-37。

表5-37　瞬干胶

产品名称/基本组分	主要技术指标	生产厂家	主要应用厂家
瞬干胶 7401 / α-氰基丙烯酸乙酯	外观：无色透明液体 密度：1.06 g/cm³ 粘度：(20r/min)：100~300mPa·s 最大填充间隙：0.15mm 固定时间：20~45s(钢-钢) 2~10s(铝-铝) 1~5s(ABS-ABS) 5~10s(PC-PC) 全固时间(室温)：24h 剪切强度：14~23MPa(钢-钢) 2~11MPa(铝-铝) 7~15MPa(ABS-ABS) 7~150MPa(PC-PC) 使用温度范围：-54~120℃	湖北回天新材料股份有限公司	陕汽集团 合力叉车 江淮汽车 长春轨道客车

续表

产品名称/ 基本组分	主要技术指标	生产厂家	主要应用厂家
橡胶增韧瞬干胶 7480 / α-氰基丙烯酸乙酯	外观：黑色液体 密度：1.05g/cm^3 粘度：20r/min：300~800mPa·s 最大填充间隙：0.10mm 固定时间：60~120s(钢-钢) 20~40s(铝-铝) 20~50s(ABS-ABS) 30~90s(PC-PC) 全固时间(室温)：24h 剪切强度：钢 18~28MPa(钢-钢) 铝 14~22MPa(铝-铝) ABS 6~200MPa(ABS-ABS) 聚碳酸酯 5~20MPa(PC-PC) 工作温度：-54~120℃	湖北回天新材料股份 有限公司	神龙汽车 奇瑞汽车 郑州宇通 合力叉车 江淮汽车

三、结构胶带

1. 用途与特点

结构胶带适用于车内后视镜底座、车顶饰条卡扣、风挡饰条卡扣等的粘接，产品对金属、玻璃、塑料均有良的粘接性，具有较高的粘接强度和抗张强度。

2. 主要技术指标

结构胶带的主要技术指标以及生产、应用厂家详见表 5-38。

表 5-38 3M™ SBT 结构胶带

产品名称/ 基本组分	主要技术指标	生产厂家	主要应用厂家
3M™ SBT 结构胶带 Structural Bonding Tape / 环氧改性后的 丙烯酸泡棉胶带	剪切强度：>8MPa 180°剥离强度：>1.5N/mm * 高温固化后能够达到半结构强度	3M 中国 有限公司	一汽大众 上海通用 华晨宝马 北京奔驰 本田汽车 长城汽车 奇瑞汽车

四、气相二氧化硅

1. 用途与特点

气相二氧化硅的用途与特点是：高剪切分散后的气相二氧化硅能够满足胶粘剂密封胶在流变特性、增稠触变以及增强性能等方面的应用和特殊要求。

2. 主要技术指标

气相二氧化硅的主要技术指标以及生产、应用厂家详见表 5-39。

表 5-39 气相二氧化硅

产品名称/基本组分	主要技术指标	生产厂家	主要应用厂家
亲水气相二氧化硅 HDK® N20	外观：白色粉末 SiO_2含量(1000℃下灼烧 2h)：>99.8% 灼烧失重(1000℃下灼烧 2h)：<2% SiO_2密度(20 ℃)：约 2.2g/cm^3 折射率(20℃下)：1.46 硅醇基团密度：2SiOH/nm^2 比表面积(BET 法)：175~225m^2/g pH 值(浓度 4%的水分散液)：3.8~4.3 填充密度：约 40g/L 干燥失重(105℃下干燥 2h)：<1.5% 筛余量(Mocker>40μm)：<0.03%	瓦克化学(张家港)有限公司	胶粘剂密封胶厂
疏水气相二氧化硅 HDK® H17	外观：白色粉末 SiO_2含量(1000℃下灼烧 2h)：>99.8% SiO_2密度(20℃)：约 2.2g/cm^3 折射率(20℃下)：1.46 比表面积(BET 法，疏水型气相二氧化硅)：约 90m^2/g 比表面积(BET 法，亲水型气相二氧化硅)：约 130~170m^2/g 碳含量：3.5%~4.5% pH 值：4.0~7.0 (浓度 4%，水和甲醇的混合比1：1) 填充密度：约 50g/L 干燥失重(在 105℃下干燥 2h)：<0.6% 筛余量(Mocker>40μm)：<0.1% 表面改性：聚二甲基硅氧烷	瓦克化学德国	胶粘剂密封胶厂

续表

产品名称/基本组分	主要技术指标	生产厂家	主要应用厂家
疏水气相二氧化硅 HDK® H18	外观：白色粉末 SiO_2含量(1000℃下灼烧 2h)：>99.8% SiO_2密度(20℃)：约 2.2g/cm^3 折射率(20℃)：1.46 比表面积(BET 法，疏水型气相二氧化硅)：约 120m^2/g 比表面积(BET 法，亲水型气相二氧化硅)：约 170~230m^2/g 碳含量：4%~5.2% pH 值(浓度 4%，水：甲醇=1：1)：4.0~6.8 填充密度：约 50g/L 干燥失重(105℃下干燥 2h)：<0.6% 筛余量(Mocker>40μm)：<0.3% 表面改性：聚二甲基硅氧烷	瓦克化学德国	胶粘剂密封胶厂
疏水气相二氧化硅 HDK® H20RH	外观：白色粉末 SiO_2含量(1000 ℃下灼烧 2h)：>99.8% SiO_2密度(20 ℃)：约 2.2 g/cm^3 折射率(20℃下)：1.46 比表面积(BET 法，疏水型气相二氧化硅)：约 150m^2/g 比表面积(BET 法，亲水型气相二氧化硅)：约 170~230m^2/g 碳含量：约 3% pH 值：6.5~8.0（浓度 4%，水和甲醇的混合比 1：1) 填充密度：约 50g/L 干燥失重(出厂值，在 105℃下干燥 2h)：<1.5% 筛余量(根据 Mocker >40μm)：<0.1% 表面改性：烷基硅烷	瓦克化学德国	胶粘剂密封胶厂

续表

产品名称/基本组分	主要技术指标	生产厂家	主要应用厂家
疏水气相二氧化硅 HDK® H30RY	外观：白色粉末 SiO_2含量(在1000℃下灼烧2h)：>99.8 % SiO_2密度(20℃)：约2.2 g/cm^3 折射率(20℃下)：1.46 比表面积(BET法，疏水型气相二氧化硅)：约200m^2/g 比表面积(BET法，亲水型气相二氧化硅)：约300m^2/g 碳含量：约7% pH值(浓度4 %，水和甲醇的混合比1∶1)：约5.0~8.0 填充密度：约80g/L 干燥失重(出厂值，在105℃下干燥2h)：<1.0% 筛余量(根据Mocker >40μm)：<0.3% 表面改性：硅烷	瓦克化学德国	胶粘剂 密封胶厂

品种篇参编单位及人员

序号	参编人员		参编单位
1	李士学	李建武	三友(天津)高分子技术有限公司
2	聂志华	秦成博	北京龙苑伟业新材料有限公司
3	孙　辉	桑广艺	杭州之江有机硅化工有限公司
4	刘　鹏	韩胜利	湖北回天新材料股份有限公司
5	张　磊	林春雷	北京天山新材料技术有限公司
6	邹　红	李远光	广东时利和汽车实业集团有限公司
7	胡红梅	薛纪东	上海康达化工新材料股份有限公司
8	韩庆国	谢　雷	博尔泰(上海)化工科技发展有限公司
9	陈县萍	程诗强	上海九元石油化工有限公司
10	李林森	孙凤海	保光(天津)汽车零部件有限公司
11	何　彬	余中孝	重庆中科力泰高分子材料股份有限公司
12	陆瑜翀	张燕红	郑州中原思蓝德高科股份有限公司
13	马兴兵	汪明骏	科建高分子材料(上海)股份有限公司
14	韦　杰	叶碧娴	东莞市成铭胶粘剂有限公司
15	任绍志	李桂妃	广东普赛达密封粘胶有限公司
16	张树燕	胡　猛	盛势达(广州)化工有限公司
17	李大坤	李云飞	贵州联洪合成材料有限公司
18	任树建	黄　兴	洛德化学(上海)有限公司
19	袁　媛	秦　丽	沈阳帕卡濑精有限总公司
20	潘祺晟	黄　君	3M 中国有限公司
21	赵　鹏	马　超	北京高盟新材料股份有限公司
22	刘次翰	陈云霞	十堰福波新材料有限公司
23	王有治	熊　婷	成都硅宝科技股份有限公司
24	杜厚俊	于春英	山东北方现代化学工业有限公司
25	侯兴习	任正义	濮阳市万泉化工有限公司
26	徐勤福	张　君	济南北方泰和新材料有限公司
27	张保觉	曲　军	西卡(中国)有限公司
28	范　琴	周　华	瓦克化学(中国)有限公司
29	张晓东	杨嘉璟	上海众盛胶粘剂有限公司
30	杨晓军	乐传华	陶氏化学(中国)投资有限公司
31	陈福泰	陈　凯	淄博海特曼新材料科技有限公司

第三篇 应用篇

第六章　概　　述

第一节　汽车的种类与构造

汽车作为一种现代交通工具，已经与当今人们的生活密不可分。截至 2017 年年底，中国机动车保有量已达到 3.1 亿辆。2017 年中国汽车产销均超 2900 万辆，汽车行业的快速发展也带动了胶粘剂密封胶的需求和发展，整车用胶比例也越来越高，目前我国每辆轿车平均用胶量约 20kg。

随着汽车在日常生活中的日益普及化，汽车种类和性能也不断增加并趋于完善，人们对汽车的可靠性、技术的先进性要求也不断提高，同时对了解汽车各项相关专业知识的渴望也日益迫切。

一、汽车的定义和种类

在中华人民共和国国家标准 GB 7258—2017《机动车运行安全技术条件》中，汽车的定义是：由动力驱动，具有四个或四个以上车轮的非轨道承载的车辆，主要用于：载运人员和/或货物(物品)；牵引载运货物(物品)的车辆或特殊用途的车辆；专项作业。汽车的分类参见表 6-1。

表 6-1　汽车的分类(GB 7258—2017)

汽车类型		主要车型
载客汽车	乘用车	基本型乘用车(轿车)、多功能乘用车(MPV)、运动型多用途乘用车(SUV)、交叉型乘用车
	客　车	公路客车、长途客车、旅游客车、公共汽车、城市客车、专用客车
	校　车	幼儿校车、小学生校车、中小学生校车、专用校车
	旅居车	房车
载货汽车	货　车	半挂牵引车、低速汽车、三轮汽车、低速货车、危险货物运输车
	专用作业车	汽车起重机、消防车、混凝土泵车、清障车、高空作业车、扫路车、吸污车、钻机车、仪器车、检测车、监测车、电源车、通信车、电视车、采血车、医疗车、体检医疗车等
新能源车		气体燃料汽车、生物燃料汽车、氢燃料汽车、两用燃料汽车、双燃料汽车、纯电动汽车、普通混合动力汽车、插电式混合动力汽车、燃料电池汽车
其他种类		教练车、残疾人专用汽车

二、汽车的基本构造

汽车作为工业时代的科技结晶，已经历了百余年的辉煌，目前正面临一场深刻的变革。在过去的百余年时间里，汽车的结构和性能的改进主要依赖机械结构的改进而实现。当前，随着电子技术、数字技术、网络技术的飞速发展，使这些技术在汽车上得到应用，借以使汽车的构造和性能得到更大的改进，已经是大势所趋。

按照目前汽车的概念，传统汽车主要由五部分组成：动力系统、底盘系统、车身系统、汽车内饰和电气系统。

动力系统：由发动机、变速箱组成；

底盘部分：由传动系统、转向系统、悬挂系统、制动系统、车轮等组成；

车身部分：车身骨架、车身钣金件、天窗、保险杠及车外附件等；

汽车内饰：座椅、地毯、顶棚、仪表板、操作系统等；

电气系统：是除用于底盘以外的所有电气及电子装置，包括各种仪表及开关，各种灯具、音响、显示器、空调装置、刮水器、洗涤器及除霜装置等。

随着新能源汽车、驾驶辅助系统、自动驾驶技术、主被动安全系统的发展，汽车全身都离不开电气系统，电气系统是汽车的中枢神经系统。

第二节　汽车制造过程

汽车是由成千上万个零部件组成，包括各种金属材料、非金属材料的加工生产。其制造工艺过程也相当繁杂，包括铸造、锻造、冲压、焊接、机械加工、热处理、化学处理、非金属材料的注塑、模塑、压延、复合以及涂装、防腐蚀处理等。

就几大总成而言，汽车制造大体可以分为以下几个步骤，即车身的制造，发动机及底盘的制造、总装配。图6-1为汽车制造过程示意图。

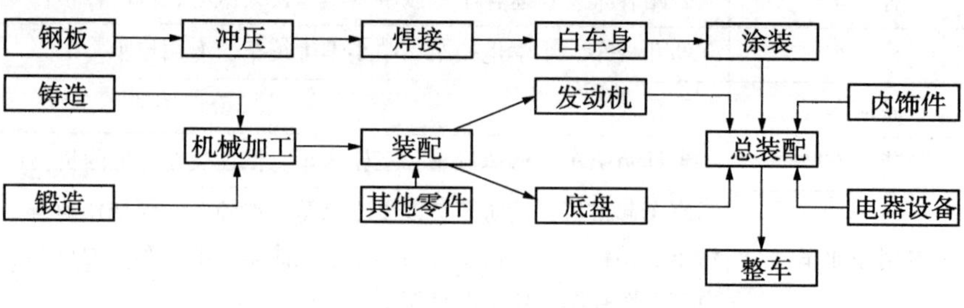

图6-1　汽车制造过程示意框图

汽车主机厂的生产制造过程，通常称为四大核心工艺，即冲压、焊装、涂装、总装。以下简要介绍汽车主机厂的制造工艺过程和胶粘剂密封胶的使用情况。

一、冲压工艺

冲压工艺是指在常温下，利用安装在压力机上的冲模对板料施加压力，使其产生分离或塑性变形，从而获得所需要零件的一种压力加工方法。通过冲压加工制成的零件称为冲压件。一般白车身的内外蒙皮大部分为冲压件组成。

冲压生产依靠模具和冲压设备完成加工过程，具有生产效率高、操作简便、便于实现机械化和自动化的特点。采用精密复杂的模具，能加工出用其他方法难以生产的形状复杂的零件，且尺寸精度稳定，材料利用率高，零件重量轻。在大批量生产中，冲压是一种先进、优质、高产、低能耗、低成本的加工方法。

目前，随着对车身轻量化和汽车碰撞安全性要求越来越高，高强度钢板、超高强度钢板、激光拼焊板、铝板、铝镁合金等新材料越来越多地被应用于汽车车身冲压件中；热冲压成型技术的成熟也使越来越多的热冲压件取代冷冲压件而广泛应用于车身结构件中。这些新材料、新工艺和新技术的发展正引领冲压技术向更多元化方向发展。

二、焊装工艺

汽车车身是由薄板构成的结构体，冲压成型后的板料通过焊接形成车身壳体（白车身），所以焊装是车身成型的关键。为保证汽车车身的强度，必须采用高精度的焊装夹具及先进的焊装方法和焊接设备。

车身焊装工艺常用的焊接方法主要有：电阻焊、二氧化碳气体保护焊和激光焊。由于汽车大批量生产的特点，我国汽车主机厂焊装工艺大量使用焊装夹具和焊接机器人，形成一定规模的自动化焊装生产线。表 6-2 为车身制造常用焊接方法及典型应用实例。

表 6-2　车身制造常用焊接方法及典型应用实例

<table>
<tr><th>焊接方法</th><th colspan="2">焊接方法</th><th>焊接设备</th><th>应用实例</th></tr>
<tr><td rowspan="7">电阻焊</td><td rowspan="5">点焊</td><td rowspan="2">单点焊</td><td>悬挂式点焊机</td><td>车身总成、车身侧围等分总成</td></tr>
<tr><td>固定式点焊机</td><td>小型板类零件</td></tr>
<tr><td rowspan="2">多点焊</td><td>压床式多点焊机</td><td>车身底板总成</td></tr>
<tr><td>C 形多点焊机</td><td>车门、发动机盖总成</td></tr>
<tr><td>固定点焊机</td><td></td><td>螺母、螺柱</td></tr>
<tr><td colspan="2" rowspan="2">缝焊</td><td>悬挂式焊缝机</td><td>车身顶盖流水槽</td></tr>
<tr><td>固定式焊缝机</td><td>油箱总成</td></tr>
<tr><td rowspan="2">电弧焊</td><td colspan="2">二氧化碳气体保护焊</td><td></td><td>车身总成</td></tr>
<tr><td colspan="2">氩弧焊</td><td></td><td>车身顶盖后两侧接缝</td></tr>
</table>

续表

焊接方法	焊接方法	焊接设备	应用实例
特种焊	微弧等离子焊		车身顶盖后角板
	激光焊		车身顶盖、车身地板

1. 乘用车白车身构造

乘用车车身主要由底板、前围、后围、侧围、顶盖、车门等分总成组成，而各分总成又由许多组合件及零件(大多为冲压件)组成，见图6-2。

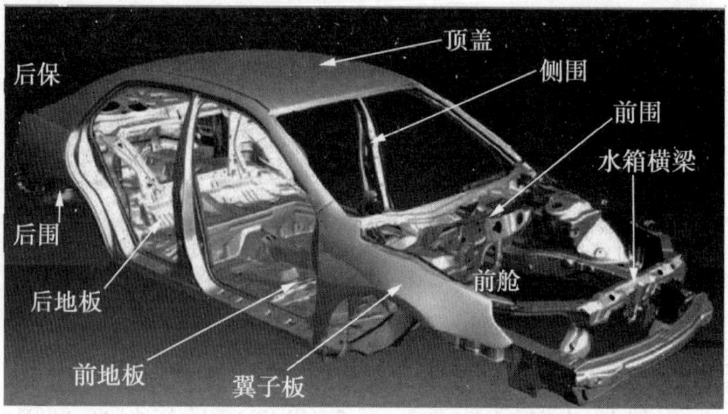

图6-2 乘用车白车身构造

2. 焊装生产线

随着自动化以及智能化的发展，焊装生产也在不断的进步，高柔性化和自动化的焊装机器人早已替代了人工操作。焊接夹具采用夹具库自动或手动切换模式以提高机器人和生产线的利用效率，见图6-3。

图6-3 焊装生产线

3. 焊装生产线用胶粘剂密封胶的主要种类

(1) 折边胶　一般用在车门、发动机盖及行李箱盖，在折边部位使用，以减少焊点保证车身外观质量。

(2) 结构胶　用于粘接车身受力部件，是对机械强度和耐久性要求比较高的胶粘剂。对于轻量化车身使用的轻金属合金、复合材料等，一般也采用结构胶粘剂进行粘接。

(3) 点焊密封胶　用于车身钣金冲压件搭接焊缝内的密封胶，用来保护焊点和密封缝隙。

(4) 减振胶　用于车身覆盖件与钣金加强梁之间的缝隙，用来减少振动和噪声的胶粘剂。

(5) 补强胶片　用于外蒙皮内侧，用来增加蒙皮局部刚性的片状复合材料。

(6) 空腔隔断材料　用于车身空腔部位，为提高车身密封性减少噪声传播，提升车身 NVH 性能的一类发泡材料。

三、涂装工艺

经由焊装车间焊接完成的汽车车身要在涂装车间进行涂装生产。涂装工艺一方面通过开发低污染的涂料、粉基底漆、洁净面漆来降低车身涂装生产对环境的污染；另一方面，从漆前处理到面漆自动生产线通过应用机器人、传感器和微电子技术基本实现了涂装车间的自动化生产。

(一) 涂装的作用和功能

(1) 保护作用　防生锈、防腐蚀、抗老化、延长车身使用寿命。

(2) 装饰作用　使汽车表面具有色彩和光泽，给人以美化和舒适的感觉。

(3) 标志作用　涂料可以做色彩标志，以表示警告、危险、安全等信号。

(4) 特殊功能　对于有特殊要求的车辆，可以使用特殊的涂料来改变车身的电、热传导性，防止生物附着，反射和吸收光波或声波，产生荧光或夜光，改善车辆内外部的环境，提高行车安全。

(二) 涂装工艺过程

传统的汽车涂装工艺为“三涂两烘(3C2B)”工艺，其涂装工序如图 6-4 所示。

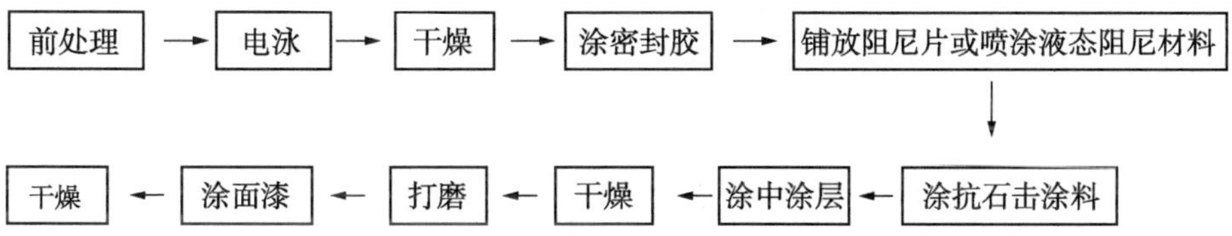

图 6-4　汽车常见传统涂装工艺图

近年来，随着国家对节能环保要求的不断提高，汽车涂装出现了新的免中涂工艺。相对于传统的三涂两烘(3C2B)工艺，免中涂工艺在涂膜质量满足各项性能指标的基础上，取消了中涂层及中涂烘烤工艺，将中涂层的功能特性集成到涂料体系的其他组分中，减少了涂料耗量，降低了运行能耗和 VOC 的排放量。现在国内外越来越多的新建涂装线均已经采用免中涂工艺，免中涂涂装工艺工序如图 6-5 所示。

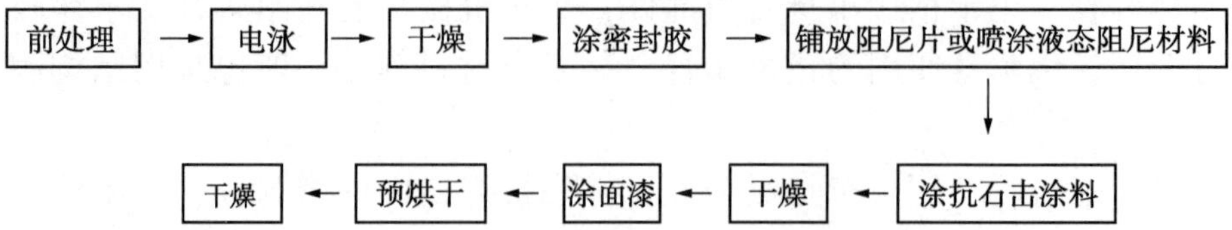

图 6-5　汽车涂装免中涂工艺图

（三）涂装工艺用胶粘剂密封胶的主要种类

（1）焊缝密封胶　是涂在车身焊缝表面，用于防水防尘，以及增强车体防锈蚀能力的密封胶。

（2）抗石击涂料　是喷涂在车身底板、轮罩及裙围等下侧，既减少沙石飞溅产生的噪声，又保护车身防止腐蚀的一种涂层。

（3）阻尼材料　是粘贴或喷涂在车身易产生共振部位上的材料，防止或减小振动噪声。

（4）指压胶　可以用手指涂抹、压实的密封胶，用于一些使用焊缝密封胶不易封堵的大缝隙、工艺孔等。

四、总装工艺

汽车生产的最后一道工序就是总装生产，包括装配、检测和调整。总装车间可以按照硬件部分与软件部分划分。硬件部分包括生产输送线、车身存贮中心、底盘合装系统、拧紧系统、加注系统，检测系统、物流仓贮系统等工艺设备；软件部分包括生产管理系统、数据采集系统、流程作业文件、物流配送策略等。

（一）总装工艺的特点

总装工艺的特点是零部件品种多，数量大，作业内容繁多，生产组织复杂。包含发动机、变速箱、悬架、车轮、内饰件、外饰件、座椅、电控件、线束、软硬管、玻璃、各类油品液体加注等。

（二）总装配线组成

总装配线一般由内饰装配线、底盘装配线、最终装配线、底盘分装线、车门分装线等组成，参见图 6-6 总装生产线示分布意图。

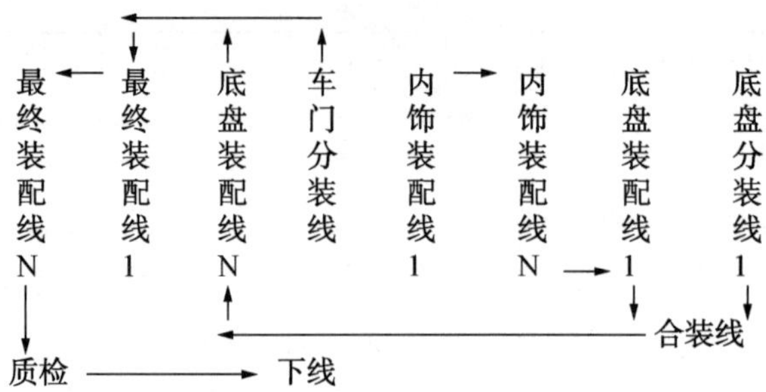

图 6-6　总装生产线示分布意图

随着汽车消费需求的个性化和多样化，汽车装配工艺也从传统单一的大批量生产向多品种、中小批量转化，装配生产的批量性特点更趋于复杂。随着市场的变化，总装工艺逐步向装配模块化、精益化、自动化、智能化、信息化，柔性装配系统(FAS)与汽车虚拟装配系统(AVAS)发展。乘用车模块化分解如图6-7所示。

图6-7 乘用车模块化分解示意图

(三) 总装生产用胶粘剂密封胶的主要种类

(1) 单组分聚氨酯胶 用于前后风挡玻璃、三角窗玻璃粘接的胶粘剂。

(2) 丁基胶带 用于车门防水膜的粘接，以防止沿玻璃渗入车门内的雨水污染车门内饰材料。

(3) 丁基阻尼贴片 粘贴在车身易产生共振的部位，防止或减小振动噪声。

(4) 厌氧密封胶 指预涂或点滴在螺纹上的密封胶，在总装装配中螺栓紧固后，在无氧条件下固化，起防止螺栓松动乃至脱落的作用。

第三节 汽车胶粘剂密封胶的选用原则

随着汽车工业的飞速发展，车身轻量化、绿色节能环保、驾乘安全舒适等设计理念的深入，新材料、新工艺不断涌现，给汽车胶粘剂密封胶提供了更广阔的应用空间，汽车胶粘剂密封胶产品开发与应用呈现出专业化、细分化、多元化的特点。

图6-8标明了胶粘剂密封胶在汽车上的主要应用部位。

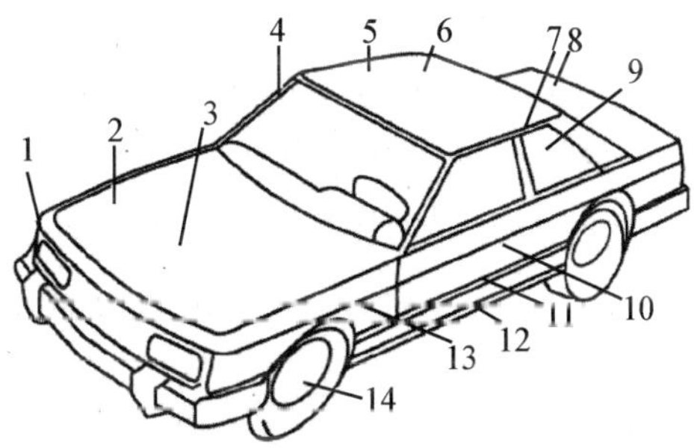

图6-8 胶粘剂密封胶在汽车上使用部位示意图

1—车灯密封；2—发动机罩密封减振；3—发动机变速器密封、锁紧；4—车窗粘接、密封；5—顶棚粘接，6—隔热材料粘接，7—顶盖流水槽密封；8—行李箱内衬粘接；9—内饰粘接；10—防振胶片；11—车外装饰条粘接；12—车底抗石击涂料；13—点焊密封胶；14—刹车蹄片粘接

汽车作为交通工具要在各种路况和气候下行驶，工况条件十分复杂，对胶粘剂密封胶的性能要求很高。此外，汽车是大批量的流水化生产方式，不同应用部位、

不同工艺条件对所选用的胶粘剂密封胶有着各自特殊的要求。因此所选用胶粘剂密封胶不仅需要满足汽车应用的基本性能要求，还要适应汽车生产的设备与工艺，同时还要能够承受汽车长期使用工况的严峻挑战。本节主要描述选择汽车胶粘剂密封胶的基本原则。

一、汽车胶粘剂密封胶基本性能的选择

汽车胶粘剂密封胶的基本性能，通常需要具有较好的本体物理性能以及与被粘接基材间的粘接力学性能，同时还应满足以下要求：

(1) 充分满足汽车应用部位材料要求，具有良好的拉伸强度、剪切强度、疲劳强度等力学性能，同时根据使用要求不同而具有相应的耐寒性、耐热性、耐湿、耐高低温、耐油性、耐盐雾腐蚀能力；

(2) 从粘接强度上考虑，要求胶粘剂与被粘物之间的粘接强度大于其内聚强度，保证粘接的可靠性；

(3) 对于粘接内饰材料的胶粘剂，不能溶解被粘物或抽提被粘材料中的组成成分，造成开胶或内饰材料表面变色，而影响质量；

(4) 气味小，低排放，组成成分中的溶剂无毒或无害，以保证环境安全和操作人员的身体健康；

这些基本性能要求，通常根据胶粘剂和密封胶在汽车上的不同应用部位，进行设计和选择，举例如下：

(1) 焊缝密封胶　应用于车身金属焊缝密封，起到防水、防尘、防锈蚀的作用，一般选用 PVC 树脂型非结构胶。

(2) 空腔隔断材料　应用于侧围立柱空腔填充，起到阻隔车外环境噪声和风噪传递的作用，一般选用 EVA 树脂型、橡胶型及聚氨酯等发泡材料。

(3) 折边胶和补强胶片　应用于车门、发动机盖和行李箱盖板等部件，主要取代点焊及增强结构的作用，通常选择以环氧树脂为主要基料的胶粘剂。

(4) 发动机、变速箱用密封胶　应用于汽车发动机变速箱的装配，要求具有较高的耐温性能，耐介质性能，同时还需要有一定的伸长率，一般选用有机硅胶和厌氧胶。

(5) 风挡玻璃粘接用胶　应用于汽车风挡玻璃与窗框的粘接，通常需要较高的粘接强度，并有较好的弹性和耐疲劳性能，一般选用聚氨酯胶粘剂。

二、汽车胶粘剂密封胶要满足汽车生产工艺和设备施工的基本要求

选用汽车胶粘剂密封胶时，必须充分考虑满足和适应汽车制造工艺以及大批量流水化的生产要求。因此，胶粘剂密封胶的施工工艺的基本要求如下：

(1) 具有良好的施工工艺性能，涂胶工艺简单易行。

（2）涂胶操作时间须适应汽车生产线的工艺节拍。

（3）如果需要加热固化，一般要求其固化温度在汽车涂装烘干的温度与时间范围内，而且在此温度下不能分解，烘干前不流淌。

（4）通过涂装前处理工序的胶粘剂密封胶，要经受住脱脂液、磷化液的冲击，无变化，不污染电泳液，尤其不允许含有硅树脂成分，不能对涂装质量造成任何影响。

（5）点焊密封胶不影响焊接质量(焊点强度降低小于10%)，在焊接过程中不产生明火或释放出有毒、有害气体，对工件表面清洁度要求不高。

（6）涂敷在车身外表面的密封胶，要求外观平整、光滑，与涂装材料有优良的结合能力。涂布在竖缝上的密封胶不能有流挂现象，要求胶的触变性好，且其颜色易于涂层覆盖、不渗色。

（7）余胶能够被通用的、无毒或无害的溶剂清除，而且对擦拭表面无损害。

（8）贮存稳定性好，一般要求具有三个月或半年以上的保质期，防止在运输、存放中出现变质。

各汽车主机厂在建厂设计时都有一定的技术要求，包括生产产能、工艺节拍、设备水平等。产能和节拍的要求不同，设备参数就有所差异，如烘烤时间、烘烤温度等，这些工艺参数对胶粘剂密封胶的性能影响不可忽视。涂胶设备不同，对胶粘剂密封胶的要求也不同，举例如下：

（1）胶粘剂密封胶根据胶种不同，固化机理和固化速度有很大差别。比如聚氨酯胶是化学反应固化，单组分环氧胶、PVC焊缝密封胶、补强胶片是高温固化。所以，在选胶时必须结合汽车主机厂现场工艺条件综合考虑。例如：总装车间，在没有加温条件下，高温固化胶就没有用武之地了，只能选用室温固化胶。

（2）胶粘剂密封胶的选择与工艺节拍时间有很大关系。比如焊装和涂装用胶粘剂密封胶需要高温烘烤固化，其固化烘烤时间必须随油漆的烘干时间完成固化，与油漆的烘干时间相适应，否则，若延长胶粘剂密封胶的固化烘烤时间，会造成油漆过烘烤而影响油漆的老化寿命。

（3）胶粘剂密封胶的使用可能会涉及多个工艺过程。例如，焊装车间大量使用的点焊胶、折边胶、膨胀胶，这些胶粘剂主要由机器人施工涂布，涂布的位置、形状、长短、用量可以精确控制。涂布后胶不会立刻固化，要在涂装车间的烘烤工序中加热完成固化。在烘烤之前，涂布上去的胶要经历脱脂、磷化、水洗、电泳等多道工艺，要求胶体不发生流挂，有很好的触变性，对油面基材的初始粘附性要好，耐冲洗浸泡且不会污染处理液。胶粘剂要满足这些要求，往往需要主机厂工艺部门会同胶粘剂生产厂家做大量的验证实验。

三、汽车胶粘剂密封胶要充分满足汽车使用过程中的要求

汽车胶粘剂和密封胶需要满足汽车在长期使用过程中的工况条件要求，例如：

（1）充分考虑汽车常年在潮湿多盐地区行驶，在高温、高寒及高原的环境行驶的预期使用寿命方面的要求，始终保持所承担的粘接和密封功能，通常就需要汽车胶具有相应的耐气候、耐湿、耐盐雾腐蚀能力。同时汽车在长期行驶中会遭受到冲击和振动工况，也会引起胶粘剂密封胶高分子材料的化学降解，甚至有可能导致胶粘接强度和密封性能有所下降。为保证汽车长期使用的可靠性，这就要求汽车胶粘剂密封胶具有良好的耐久性和耐疲劳能力，始终保持良好的粘接强度和一定的韧性和延伸性。

（2）充分适应汽车用各种油液介质，具有优良的耐介质性。要求胶粘剂密封胶即使与润滑油、汽油、柴油、防冻液等介质长期接触时，也不会发生胶体被液态介质所溶胀、溶解、抽提等现象，以避免因为漏油、漏水、漏气而致使粘接失效。

第七章　汽车整车工艺用胶粘剂密封胶

第一节　焊装用胶粘剂密封胶

焊装工艺是车身制造的一个重要过程，为了车身减重，提升车身密封、防腐、减振降噪、隔音阻尼以及结构安全性能，胶粘剂、密封胶在车身上被广泛应用。

在焊装工序使用的胶粘剂密封胶，除了要具备汽车用胶的一般性能外，还要求对涂装工艺不会产生不良影响，能承受前处理工艺的冲洗，不污染电泳液、不影响电泳涂层及涂装质量，可以随电泳烘烤而不影响本身质量。

一、折边胶粘剂

1. 折边胶粘剂及组成

折边胶粘剂简称折边胶，主要用于汽车四门两盖钣金折边部位，替代点焊，是一种具有较高强度的胶粘剂。折边胶一般由环氧树脂、固化剂、固化促进剂、增韧剂及填料组成。

图 7-1 为折边胶应用部位示意图。

(a) 车身后盖卷边　　(b) 车门卷边　　(c) 前盖卷边

图 7-1　折边胶粘剂应用部位示意图

2. 折边胶作用及发展过程

汽车车门、发动机罩盖和行李箱盖板等部件通常是将内、外板经折边后点焊连接的。但是，这种工艺使车身表面增添了许多由焊接而造成的凹坑(焊点)，严重影响车身的外观质量，尤其是使用带有镀层的钢板(如镀锌钢板)时，因焊点破坏了周围的镀层结构，降低了车身的耐腐能力。早期有些汽车制造厂家不得不把凹坑处用腻子修补平整，这既增加了生产成本、增加工序时间，又影响整车外观及车辆寿命，不能满足汽车工业自动化的生产要求。

为了解决这个问题，国外从20世纪70年代开始采用以粘接取代焊接的方法来生产汽车的车门、发动机罩盖和行李箱盖的折边结构，所用的胶粘剂也通称折边胶粘剂。

图7-2是折边工艺过程示意图。

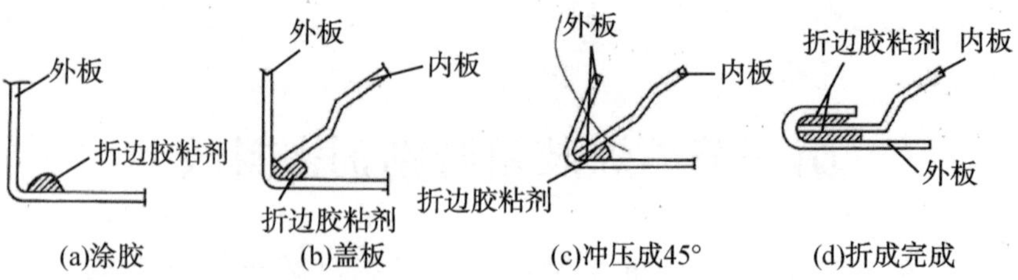

图7-2　折边工艺过程图

3. 折边胶的优点

折边胶有如下优点：

(1) 使组装工件结构的应力分布更加合理，避免焊接造成应力集中现象。

(2) 由于包边部位密封性的增加，提高了耐腐蚀能力，且折边胶粘剂固化过程中加热不超过200℃，也不会对钣金件表面覆盖层(如镀锌层)有不良损害。

(3) 试验表明，当以35km/h的时速进行车辆障碍破坏试验时，粘接的车身结构件与点焊件有同样的抗冲击性能。

(4) 采用粘接取代点焊，外观质量明显改善。

(5) 采用粘接取代点焊，不需要使用腻子修补点焊凹坑，降低了生产成本、减少了工序时间，满足了汽车自动化生产要求。

4. 折边胶的分类及特征

折边胶常见分类及特征见表7-1。

表7-1　折边胶常见分类及特征

分类		特征
按强度分类	低强度	低粘度、施工性能好，低成本，用于一些对强度要求不高的特殊车型及部位
	中强度	中粘度，中强度，主流应用产品
	高强度	高粘度、高强度、高韧性
按组分分类	单组分	主要以环氧树脂为主体，加热高温固化
	双组分	以双组分环氧树脂或丙烯酸树脂为主体，可室温初步固化，适用于无高温烘烤条件或需要达到较高装配强度的一些特殊工艺要求车型

此外，还有一些其他分类方法，譬如按照是否含有玻璃微珠分为含有玻璃珠和无玻璃珠折边胶。含有玻璃珠的折边胶在包边压合后，具有一定装配强度，可以有效防止钢板错动。

5. 折边胶的主要技术性能指标

折边胶的主要技术性能指标见表7-2。

表 7-2 折边胶的主要技术性能指标

<table>
<tr><td colspan="3" rowspan="2">项 目</td><td rowspan="2">Ⅰ</td><td colspan="2">Ⅱ</td></tr>
<tr><td>No. 1</td><td>No. 2</td></tr>
<tr><td rowspan="8">固化前性状</td><td colspan="2">外观</td><td>黑或黑棕色均匀膏状物</td><td>黑或黑棕色均匀膏状物</td><td>黑或黑棕色含玻璃珠膏状物，玻璃珠分布均匀</td></tr>
<tr><td colspan="2">密度/(g/cm³)</td><td colspan="3"><1.6</td></tr>
<tr><td colspan="2">压流粘度/(g/min)</td><td colspan="3">根据施工工艺确定</td></tr>
<tr><td colspan="2">贮存稳定性(40℃，168h)</td><td colspan="3">粘度变化率≤30%</td></tr>
<tr><td colspan="2">不挥发分/%</td><td colspan="3">≥98</td></tr>
<tr><td colspan="2">油面附着性/s</td><td colspan="3">>10</td></tr>
<tr><td colspan="2">流动性/mm</td><td colspan="3"><5</td></tr>
<tr><td colspan="2">燃烧持续性(2s，次)</td><td colspan="3">>2</td></tr>
<tr><td rowspan="16">固化后性状</td><td rowspan="2">常态</td><td>剪切强度/MPa</td><td>≥15</td><td colspan="2">≥20</td></tr>
<tr><td>剥离强度/(N/25mm)</td><td>≥70</td><td colspan="2">≥100</td></tr>
<tr><td rowspan="2">耐热性(80℃测试)</td><td>剪切强度/MPa</td><td>≥10</td><td colspan="2">≥16</td></tr>
<tr><td>剥离强度/(N/25mm)</td><td>≥60</td><td colspan="2">≥90</td></tr>
<tr><td rowspan="2">过烘烤性</td><td>剪切强度/MPa</td><td>≥15</td><td colspan="2">≥20</td></tr>
<tr><td>剥离强度/(N/25mm)</td><td>≥70</td><td colspan="2">≥100</td></tr>
<tr><td rowspan="2">欠烘烤性</td><td>剪切强度/MPa</td><td>≥10</td><td colspan="2">≥16</td></tr>
<tr><td>剥离强度/(N/25mm)</td><td>≥60</td><td colspan="2">≥90</td></tr>
<tr><td rowspan="2">高低温交变性</td><td>剪切强度/MPa</td><td>≥15</td><td colspan="2">≥20</td></tr>
<tr><td>剥离强度/(N/25mm)</td><td>≥70</td><td colspan="2">≥100</td></tr>
<tr><td rowspan="2">热老化性</td><td>剪切强度/MPa</td><td>≥15</td><td colspan="2">≥20</td></tr>
<tr><td>剥离强度/(N/25mm)</td><td>≥70</td><td colspan="2">≥100</td></tr>
<tr><td rowspan="2">湿热老化性</td><td>剪切强度/MPa</td><td>≥10</td><td colspan="2">≥16</td></tr>
<tr><td>剥离强度/(N/25mm)</td><td>≥60</td><td colspan="2">≥90</td></tr>
<tr><td rowspan="2">耐盐雾性</td><td>剪切强度/MPa</td><td>≥10</td><td colspan="2">≥16</td></tr>
<tr><td>剥离强度/(N/25mm)</td><td>≥60</td><td colspan="2">≥90</td></tr>
<tr><td rowspan="4">电泳性能(30℃×5min)</td><td colspan="2">胶粘剂溶出率/%</td><td><1 或协议</td><td colspan="2"><1 或协议</td></tr>
<tr><td colspan="2">外观</td><td>无剥落、明显软化、脆化变形等</td><td colspan="2">无剥落、明显软化、脆化变形等</td></tr>
<tr><td colspan="2">剪切强度/MPa</td><td>≥15</td><td colspan="2">≥20</td></tr>
<tr><td colspan="2">剥离强度/(N/25mm)</td><td>≥70</td><td colspan="2">≥100</td></tr>
</table>

注：① 上述性能指标来源主要来源于 QC/T 852。胶粘剂颜色可根据用户需要生产。

② 粘度指标可根据现场施工需求进行调整。

6. 折边胶的选用原则及工艺要求

1）选用原则

汽车主机厂对折边胶的选择一般依据设计要求、工艺要求等多方面进行综合考虑。譬如可根据应用部位和材料标准进行折边胶技术指标方面选择，根据施工环境、施工设备对折边胶粘度方面进行选择确定等。

2）工艺要求

一般要求折边胶必须在施工和后续加热过程中不流挂，可以用机械自动涂胶机或手动涂胶枪涂布；对工件表面的清洁度要求不严，在表面含油的冷轧钢板、镀锌钢板及铝合金表面上有较好的附着性。有3个月以上的贮存期，确保在运输、存贮、使用过程中不会因胶变质而影响工件质量。

7. 折边胶涂胶工艺

1）人工涂胶方式

通常是将支装折边胶安装到手持气动涂胶枪上或桶装折边胶安装到压缩比为48：1以上的机械注胶泵上，利用压缩空气将胶挤压出来，通过工人手动控制打胶位置及胶条粗细来进行涂布。压缩空气入口压力一般控制在0.4MPa左右。该方式操作灵活、简单，但涂胶质量不易控制，容易出现缺胶、溢胶等问题，对折边部位粘接强度、防腐性能及后续PVC接缝胶涂布后产生气泡影响较大。为控制折边胶施工部位与边缘位置，主机厂普遍采用在注胶口套定位环来保证涂胶位置一致性，见图7-3。

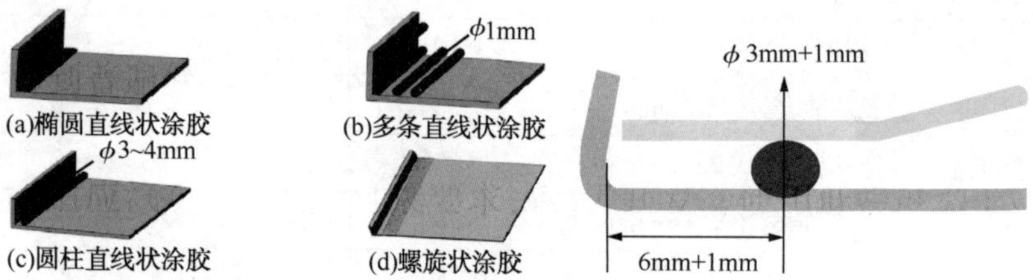

图7-3　人工涂布折边胶胶形及涂胶尺寸

2）机器人自动涂胶方式

机器人按照设定的程序在规定好的部位进行自动涂胶，与人工涂胶的区别在于机器臂出胶口部位的出胶量粗细均匀、涂胶部位一致，工艺稳定性好，质量稳定。基于上述优点及生产线自动化考虑，机器人自动涂胶工艺已基本在国内主要车型上普遍采用。一般机器人涂胶形状如图7-4所示。该机器人采用螺旋方式涂胶，胶条直径约为1mm，宽度6mm，能够节约用胶量，提高粘接强度，保证应力更均匀地分布。图7-5为某主机厂某车型涂胶工艺规程。

3）涂胶工艺一般要求

无论人工还是机械涂胶，在折边胶涂布过程中，首先把折边胶沿钣金件外板的周边涂布，要注意涂胶量和涂布位置必须准确、适当，涂胶后的外板钣金件，与内板叠合后即可由液压机或包边机包边，使两板紧密结合。车型间隙一般设计为零间

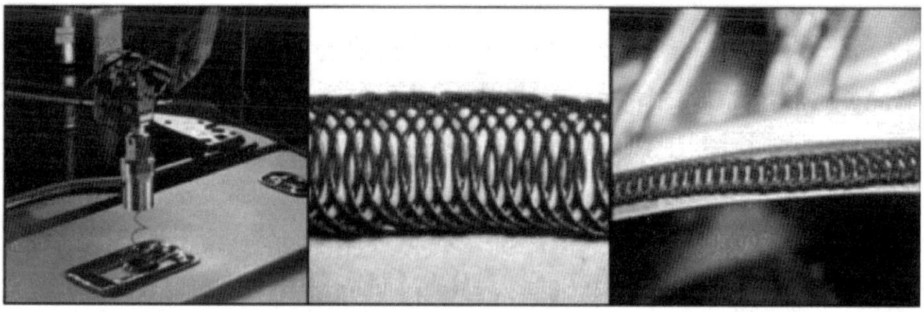

图 7-4　机器人螺旋涂胶形状

<table>
<tr><td colspan="4"></td><td>焊装挤胶
工艺规程</td><td>适用
车型</td><td></td><td>零件名称</td><td>背门外蒙皮</td><td colspan="2"></td></tr>
<tr><td colspan="4"></td><td></td><td></td><td></td><td>零件代号</td><td></td><td>第4页</td><td>共4页</td></tr>
<tr><td colspan="2">工序</td><td colspan="3">背门外蒙皮挤折边胶</td><td colspan="6" rowspan="10">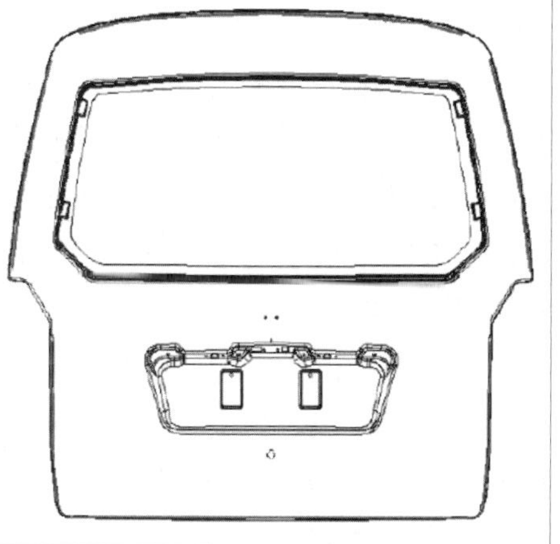</td></tr>
<tr><td colspan="2">材料</td><td colspan="3">环氧折边胶</td></tr>
<tr><td colspan="2">型号</td><td colspan="3"></td></tr>
<tr><td colspan="2">胶枪口径</td><td colspan="3">2mm</td></tr>
<tr><td colspan="2">挤胶尺寸位置</td><td colspan="3">沿钣金件外板的周边布胶，半圆弧胶体圆心离外板内表面边界约5mm离外板拐角处15mm左右不要注胶。具体尺寸见附图</td></tr>
<tr><td>胶条个数</td><td>6</td><td>总用量</td><td colspan="2">32.0g</td></tr>
<tr><td colspan="2">用法</td><td colspan="3">将施工部位按规定工艺要求无锈蚀及少油污。将胶桶装入胶枪，在规定位置均匀挤胶。</td></tr>
<tr><td colspan="2">固化方式</td><td colspan="3">经前处理液及涂装线随油漆一起烘烤发泡固化。</td></tr>
<tr><td colspan="2">胶体储存</td><td colspan="3">应储存在阴凉干燥处，避免爆晒、雨淋，远离热源及火源，避免摔、倒立。</td></tr>
<tr><td colspan="5"></td></tr>
<tr><td colspan="5"></td><td></td><td></td><td>编制</td><td>审核</td><td>标准化</td><td>审定</td></tr>
</table>

图 7-5　某主机厂某车型涂胶工艺规程

隙，最终折边胶胶层厚度一般在 0.1～0.4mm 范围。

为了防止折边后在内、外板之间出现空隙，折边胶的涂布量必须准确。过多的胶会在折边时溢出，污染工具并影响外观质量，过少的胶会出现粘接强度下降，还会引起后续涂布焊缝密封胶时出现气泡。图 7-6 是几种折边结构的涂胶状态质量分析。

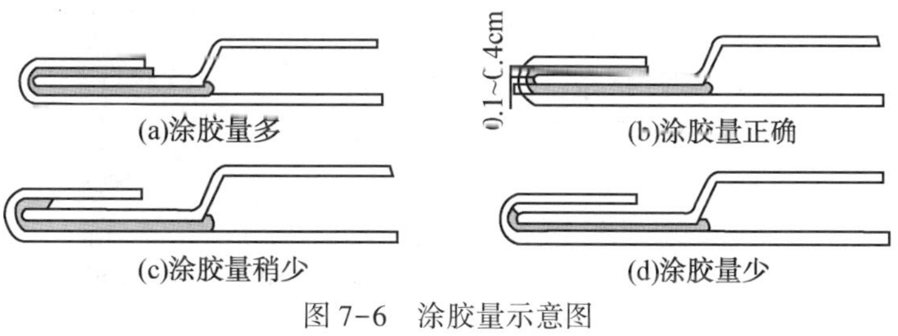

图 7-6　涂胶量示意图

8. 折边胶的预固化与移位的防止

车门在生产过程中有时需要长距离搬运后再进行装配。在搬运装配过程中，需要涂胶后未固化前内外板之间有一定强度，避免产生错动移位，造成装配误差。这个未固化前，在装配过程中保证尺寸稳定性的强度称为“搬移强度”。达到搬移强度的措施主要有以下几种：

1）预固化

将折边胶经预固化剪切强度达到 1.4MPa 以上。预固化有两种方式，一种是普通加热炉加热，预固化炉的温度在 170～180℃，加热时间 10～15min。该措施由于需要专门设定预烘烤生产线，占用场地且能源消耗过大已基本淘汰。另一种是微波感应加热预固化，工件通过微波加热装置后，达到初步固化效果。所谓感应加热是由一台高频发生器发射高频电磁波，穿透钢板而加热胶粘剂使其固化。感应固化的突出特点是时间短、速度快，满足大批量生产的要求。感应固化的时间为 5～30s。高频功率发生器所产生电磁波频率的选择十分重要，它直接影响到工件受热深度和感应加热的时间。对于较大的工件，功率发生器输出功率要在 20～75kW 范围，当频率为 10kHz 时，工件的加热层可达到 3mm 厚，温度达到 200℃左右。该工艺目前在一些主机厂仍在采用，但仍存在投资大、能耗高的缺点。

2）定位点焊

在折边后，在边角部位采用点焊机进行点焊，避免错动。该方法投资少，效果好，主机厂早期采用较多，但该方法影响生产节拍及车辆外视美观性。

3）采用双组分室温固化折边胶

该方法可达到较高的装配强度，甚至无需加热即可达到最终固化效果，但该方法存在成本高、施工不方便、最终综合力学效果不如单组分环氧折边胶等问题。

4）添加玻璃微珠

折边胶中添加 5%左右特定直径的实心玻璃微珠。其原理为：折边胶内的玻璃珠，在压合包边过程中嵌入两侧钢板，形成凹痕，提高内外板之间的摩擦力，避免错动。效果示意图如图 7-7 所示。目前大部分汽车制造厂均采用该方法来达到阻止错动目的，但应用过程中各主机厂需要根据自身工艺条件确定玻璃珠直径，以便达到最佳应用效果。对于一些应用折边胶且需要焊接部位，由于玻璃珠提高了胶层厚

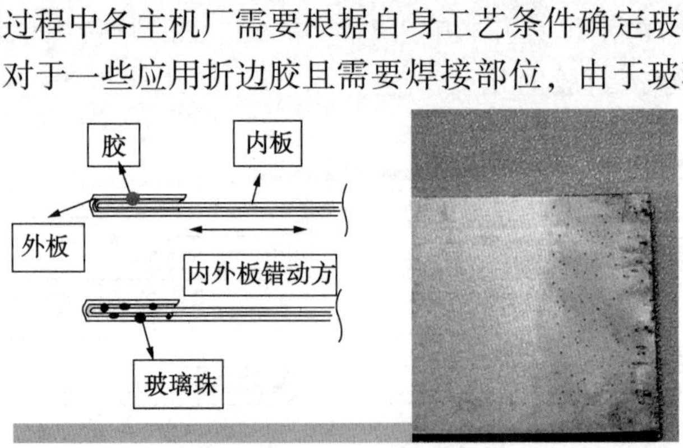

图 7-7　含有玻璃珠的折边胶阻止滑动示意图

度，增大了电阻，会造成焊点击穿现象，应用前需要工艺验证。

9. 折边胶的固化

折边胶的完全固化是预固化后的工件随车身通过电泳涂装工艺的烘干设备，使折边胶彻底固化达到最终粘接强度。

折边胶固化过程如图 7-8 所示。

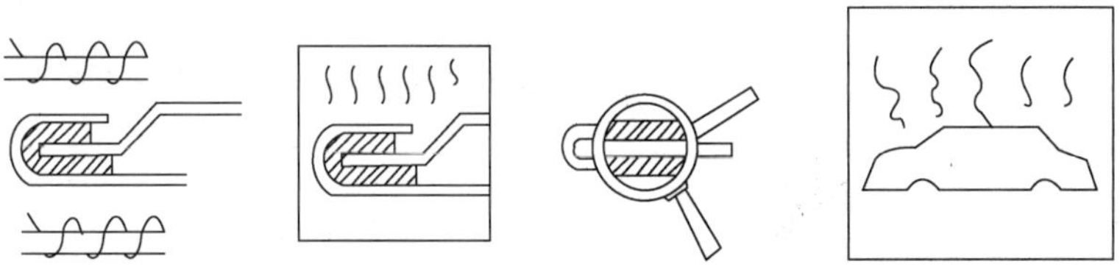

(a)感应加热预固化 (b)加热预固化 (c)检查和装配 (d)在油漆烘干炉中完全固化

图 7-8　折边胶粘剂固化过程

10. 折边胶在应用中常见问题、原因及应对措施

折边胶在应用过程中，经常出现一些质量问题，相关问题原因分析及应对措施见表 7-3。

表 7-3　折边胶在应用中常见问题、原因及应对措施

常见问题	问题分类	原因分析	应对措施
涂布后流淌、滑移	材料	流淌性不合格	控制产品质量
	工艺	①打胶过粗，超出工艺要求； ②界面防锈油、压延油过多	①控制打胶量； ②对界面进行擦拭清洁
出胶困难，影响节拍	材料	①气温降低造成粘度增加； ②冬季辅助加热不当，产品变质粘度增加	①增加冬季施工辅助加热设备； ②由供应商提供准确辅助加热条件，主机厂照此严格执行
	工艺	①涂胶设备堵塞； ②施工环境温度过低	①定期清洁过滤系统； ②增加冬季施工设备辅助加热系统
打胶过程中有气泡，造成断胶、缺胶	材料	①材料真空脱气不充分，或者灌装过程中混入气体； ②支装包装材料不当，气动注胶过程中高压气注入包装中，含玻璃珠折边胶比较多见	①供应商控制产品质量； ②供应商做好包装管包装物间隙质量控制
	工艺	气压过高，高压气进入支装包装管	控制输入气压为 0.2~0.6MPa

续表

常见问题	问题分类	原因分析	应对措施
采用含玻璃珠折边胶仍有内外板滑移现象	材料	玻璃珠直径不当或玻璃珠数量不足	根据实际工艺选择玻璃珠直径；玻璃珠含量一般在4%~5%
	工艺	包边压合不紧密	调整包边压合力度
固化后有溢胶，影响后续 PVC 打胶	材料	吸水后固化过程中水分挥发发泡膨胀	调整吸潮剂用量
	工艺	①涂布折边胶后进电泳前放置时间过长； ②涂胶量过大，或者位置不当	①涂布折边胶后尽量控制在15天内进行电泳烘烤； ②要求现场严格按照工艺规范操作
折边胶应用部位打 PVC 接缝胶后有气泡	工艺	折边胶涂布不当，形成大空腔，涂布PVC接缝胶后，气体膨胀，在PVC接缝胶表面形成气泡	严格控制折边胶粗细、打胶位置、最终胶层厚度(采用玻璃珠类型折边胶)
包边部位锈蚀	工艺	折边胶涂布量偏少，湿气进入无折边胶应用部位产生腐蚀	控制打胶用量和打胶位置

11. 折边胶发展方向

随着新型环氧增韧材料的应用，折边胶综合性能不断提高，高剪切(≥20MPa)、高韧性(T型剥离≥100N/25mm)折边胶成本大幅降低。通过该类材料应用，可大幅增加粘接部位粘接强度和疲劳强度，增加车身整体强度和寿命，提高车身安全性能。

根据统计，目前折边胶出现的应用问题绝大多数与涂胶工艺有关。为保证涂胶工艺一致性，避免出现折边胶涂多、涂少、位置不当等各种工艺问题，采用机器人自动涂胶设备是未来折边胶施工的一个发展趋势，该工艺可大幅减少车门部位缺陷数量，减少返修等不良成本，提升车身外观质量。

二、结构胶粘剂

1. 结构胶粘剂定义、分类及特征

结构胶粘剂简称结构胶，一般是指用于粘接车身受力部件，是对机械强度(尤其是冲击剥离强度)和耐久性要求比较高的胶粘剂。一般用于具有拉伸、剪切、冲击及振动等受力状况部位的结构粘接。

结构胶根据材料可以分为改性环氧树脂型，丙烯酸酯型。改性环氧树脂型一般用于白车身的金属粘接，加热固化，针对轻量化车身的设计趋势，特制的改性环氧树脂型结构胶也适应不同种金属之间的粘接(如铝合金与钢板)以及金属与非金属材料之间的粘接(如钢板与纤维复合材料)。丙烯酸酯型一般用于室温固化的轻金属材料或非金属材料的粘接，如铝合金、复合材料等。

2. 结构胶的发展及作用

结构胶是近年应用快速增长的一个胶种，是随着汽车轻量化概念的提出以及实施而衍生的一类高强度胶粘剂。而车身结构轻量化设计的目的是节能减排，以及提高整车安全性和操控性。而减薄车身板料厚度和采用轻质材料是汽车轻量化的主要途径之一。采用高强度钢替代普通碳素钢而减小车身结构用钢材厚度同时，采用胶接与焊接的粘焊结合工艺替代传统的焊接工艺，将结构胶用于车体立柱、底板、框架梁、顶盖、侧围等结构部位，在达到轻量化同时保持车身的刚度，可降低生产成本。采用轻质铝合金、钛合金、复合材料等不同材质连接时，无法采用焊接工艺，也需要应用结构胶进行粘接。

另外，不同金属材料(如钢与铝合金之间)，金属材料与复合材料之间，以及复合材料与复合材料之间的连接也都促进了结构胶的发展。

3. 结构胶粘接的优点

(1) 增加连接强度，提高车身刚度，释放连接局部应力，避免焊接方式焊点应力导致的裂纹或局部开裂、局部翘起。

(2) 增加车身整体和局部刚度，同时提升车身 NVH 性能，降低车内低频振动与低频噪声。

(3) 对某些使用增韧型抗碰撞结构胶的车型，由于结构胶自身的弹性变形有助于碰撞能量的吸收，其碰撞安全性和耐久性得到了提升。

(4) 不同金属材料的连接。用结构胶粘接不同金属材料可有效地防止由于电极电位差所带来的电偶腐蚀。

4. 结构胶的主要技术性能指标

环氧类结构胶的主要技术性能指标见表 7-4。

表 7-4 环氧类结构胶的主要技术性能指标

项　　目		Ⅰ型	Ⅱ型	Ⅲ结构型
不挥发物含量/%		≥98		
密度/(g/cm^3)		1.20~1.40		
压流粘度/(g/min)		根据施工工艺确定		
拉伸剪切强度/MPa	常态	≥15	≥20	≥25
	冷热交变	≥15	≥20	≥25
	热老化	≥15	≥20	≥25
	湿热老化	≥10	≥15	≥20

续表

项目		Ⅰ型	Ⅱ型	Ⅲ结构型
T剥离强度/(N/mm)	常态	≥10	≥6	≥8
	冷热交变	≥10	≥6	≥8
	热老化	≥10	≥6	≥8
	湿热老化	≥8	≥5	≥6.4
拉伸强度/MPa		≥20	≥25	≥30
拉伸弹性模量/MPa		≥1000	≥1200	≥1500
冲击剥离强度/(kN/m)		≥20	≥20	≥30

5. 结构胶选用原则及施工工艺

对于结构胶，主机厂需要根据设计性能要求(模量、刚度、耐久等)、工艺要求(烘烤条件、涂胶设备条件)、粘接材质(被粘材料、表面涂层)等各种因素对结构胶进行模拟以及按照生产实际使用的材质进行相关剥离、冲击剥离强度测试，以获得准确的应用数据，确定最合适的结构胶产品类型。

单组分环氧类结构胶涂布工艺与折边胶基本相同，但由于结构胶增韧效果好，配方中增韧剂较多，粘度比折边胶大，因此涂胶受到冬季气温影响比较大，需要采用辅助加热措施。机械注胶设备需要考虑压缩比较大，压盘、管道、计量器、胶枪部位有加热配置的注胶泵，以保证冬夏季施工环境温度能够恒定一致，满足生产节拍。此外，由于粘接件一般为冲压件不包合，涂胶后不施加压力，结合面的间隙较大，因此要求结构胶工艺性好，在垂直面加热固化过程中不流淌，防止出现缺胶而粘接不牢或应力分布不均匀。

双组分环氧类结构胶和双组分丙烯酸酯类结构胶的涂胶，需要按A、B组分配比的不同使用专门的涂胶设备。由于双组分结构胶在常温经过较短时间固化或略微加温条件下即可达到搬移强度。所以双组分结构胶对一些需要移动的部件的粘接是非常方便的。

6. 结构胶应用过程中常见问题、原因分析及应对措施

以单组分环氧结构胶为例，一些常见问题的原因分析及应对措施见表7-5。

表7-5 结构胶应用过程中常见问题、原因分析及应对措施

常见问题	问题分类	原因分析	应对措施
涂布后流淌、滑移	材料	流淌性不合格	控制产品质量
	工艺	①打胶过粗，超出工艺要求； ②界面防锈油、压延油过多	①控制打胶量； ②对界面进行擦拭清洁

续表

常见问题	问题分类	原因分析	应对措施
出胶困难，影响节拍	材料	①气温降低造成粘度增加； ②冬季辅助加热不当，产品变质粘度增加	①增加冬季施工辅助加热设备； ②由供应商提供准确辅助加热条件，主机厂照此严格执行
	工艺	①涂胶设备堵塞； ②施工环境温度过低	①定期清洁过滤系统； ②增加冬季施工设备辅助加热系统
打胶过程中有气泡，造成断胶、缺胶	材料	①材料真空脱气不充分，或者灌装过程中混入气体； ②支装包装材料不当，气动注胶过程中高压气注入包装中	①供应商控制产品质量； ②供应商做好包装管包装物间隙质量控制
	工艺	气压过高，高压气进入支装包装管	控制输入气压在 0.2~0.6MPa
车底等隐藏部位结构胶固化不充分	材料	固化窗口过窄	调整配方，降低固化条件
	工艺	①烘烤温度不够； ②烘烤时间不够	①通过炉温跟踪仪，记录相应位置实际烘烤条件； ②根据实测值和范特霍夫方程，确定最佳的固化温度和时间； ③提高烘烤温度或循环风量； ④降低链速，增加烘烤时间

7. 结构胶应用实例

长城汽车在某款 SUV 车型上应用了 45m 结构胶，使得静扭转刚度提高了 11.3%，弯曲刚度提高了 5.1%，扭转刚度的提升使该车型的轻量化系数也相应提高 11%，节能效果显著。发动机舱盖锁勾处加强板采用“焊接+粘接”的形式，23000 次反复开合焊点无开裂；后轮罩处应用结构胶，焊点由 15 个降低到 7 个，超过 50000km 的整车综合路况道路试验无开裂，疲劳效果良好。

奇瑞汽车在某款车型中将结构胶应用在与碰撞安全有关的关键部位、结构薄弱的部位以及焊点达不到的部位，整车用结构胶 0.2kg，白车身整体扭转模态和弯曲模态均提高 1Hz 左右，扭转刚度提高了 7%左右，弯曲刚度提高了 9%，并且在使用结构胶之后，白车身的一阶转应变能分布比较均匀，减少了应变能集中的区域，其正面碰撞及侧面碰撞的乘员舱侵入量都有明显改善。应用部位如图 7-9 所示。

全铝车身的捷豹 XFL 车型，车身铝合金应用比率高达 75%，车身铆接与结构粘接组合使用，结构胶使用长度达 98m，车身连接强度可增大至单纯铆接强度的 2~3 倍。应用部位如图 7-10 和图 7-11 所示。

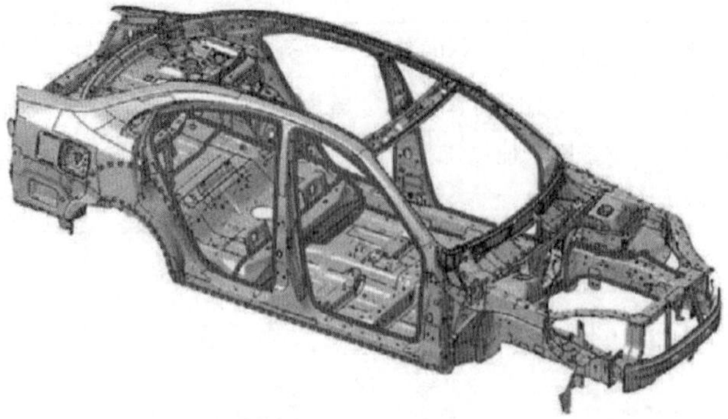

图 7-9　结构胶白车身轮廓示意图

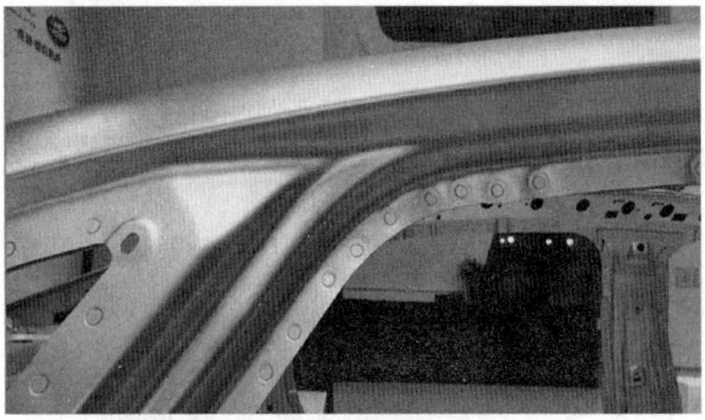

图 7-10　结构胶应用部位(一)

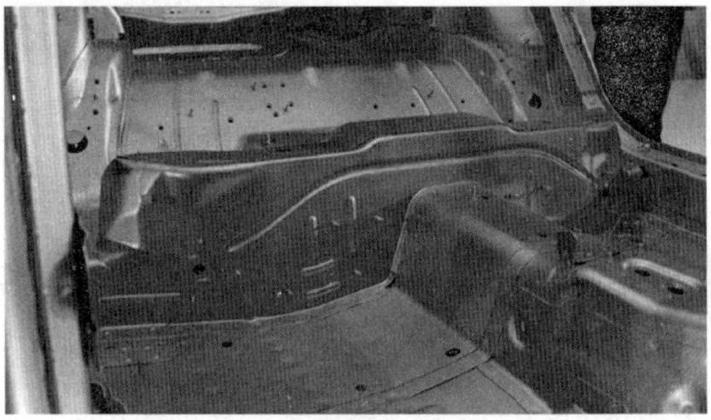

图 7-11　结构胶应用部位(二)

8. 结构胶的发展方向

车身轻量化是未来应对节能减排的重点发展方向，目前的措施为局部减薄钢板、使用轻金属材料，如铝、镁合金等。但综合考虑各种材料的质量、强度等，碳纤维增强树脂基复合材料(CFRP)及其他非金属材料应用比例会扩大。对于目前应用的结构胶，机械性能指标基本满足主机厂要求，但价格昂贵限制了结构胶大面积的推广应用，成本更低廉、工艺应用效果更佳(如固化条件比较低)、满足特殊粘接材质(如与镀锌板涂层匹配良好)、环境适应性强(如高、低温冲击剥离强度高)的结构胶种类是目前亟待解决的问题。对于今后 CFRP 及其他非金属粘接，由于是非金属，不能采取焊接方式，也没有电泳烘烤等加热固化方式，因此，研发满足主机厂常温快固化、施工方便、强度和耐久性可靠的结构胶也是发展趋势之一。

三、点焊密封胶

1. 点焊密封胶及组成

点焊密封胶是用于车身钣金冲压件搭接焊缝内的密封胶，用来保护焊点和密封缝隙。点焊密封胶一般由合成橡胶、增塑剂、增粘剂、交联剂等组成。

2. 点焊密封胶的分类及特征

点焊密封胶常见分类及特点详见表 7-6。

表 7-6　点焊密封胶常见分类及特征

分　类		特　征
按主要材料分类	橡胶型	是汽车主机厂主要使用的产品，施工性能好，与电泳烘烤工艺匹配
	PVC 树脂型	适用于无电泳烘烤的低温固化体系，由于点焊时 PVC 分解，放出酸性气体，在湿热环境下点焊部位易产生浮锈而将逐步被淘汰
按状态分类	糊状	主流产品，施工性能好
	预成型	无需专用涂胶设备，操作方便，宽度厚度预先成型，克服了膏状产品涂胶量过少密封失败，过多溢出污染工件，产生浪费的缺点，但成本高于糊状，施工效率不如糊状产品
按体积变化率	非膨胀型	主流产品，无发泡膨胀
	膨胀型	适用于密封面凸凹不平、打胶量不易控制部位，可在加热固化后填充满相应缝隙。但打胶不当容易溢胶，污染工件

此外，不同主机厂按材料、工艺特殊要求还可以分为耐高温型、高膨胀型、耐冲刷性、低模量型，等等。

3. 点焊密封胶的作用

汽车车身一般由许多块钣金冲压钢板采用搭接点焊方式焊接而成的，焊缝的存在是不可避免的。焊点及焊点之间缝隙密封性的好坏直接关系到车身质量和耐腐蚀能力，是整车技术性能中一项十分重要的指标。如果没有采取有效措施进行密封，行驶中的汽车必然出现漏水、透风和灰尘的进入，严重的可能引起焊点处钢板腐蚀，使钢板过早穿孔，加速车辆的报废。

点焊密封胶的作用就是对焊点周围及焊点之间缝隙进行密封。点焊密封胶几乎可以用于所有的车身焊缝处，尤其适用于焊装之后被零件遮蔽的或不宜涂布焊缝密封胶的缝隙，也可以同焊缝密封胶并用，以及密封容易被锈蚀或密封质量要求高的缝隙部位。后侧围点焊密封胶应用如图 7-12 所示。

4. 点焊密封胶主要技术性能指标

点焊密封胶的主要技术性能指标见表 7-7。

表 7-7　点焊密封胶的主要技术性能指标

项　　目	性能指标
外观	单组分膏状，质量均匀，无沉淀、无离析、无外来杂质
密度/(g/cm^3)	1.3~1.6
压流粘度/(g/min)	根据施工工艺确定
不挥发物含量/%	≥95

续表

项目		性能指标
流淌性/mm	常温	≤5
	标准固化条件下	≤5
硬度(邵氏A)		5~50
剪切强度/MPa		≥0.5
体积膨胀率/%	非膨胀型	≤10
	膨胀型	40~80或双方议定
点焊强度下降率/%		≤10
水密性		无透水现象
耐盐雾性(500h)		基材无腐蚀，横截面内渗入最大值≤1mm

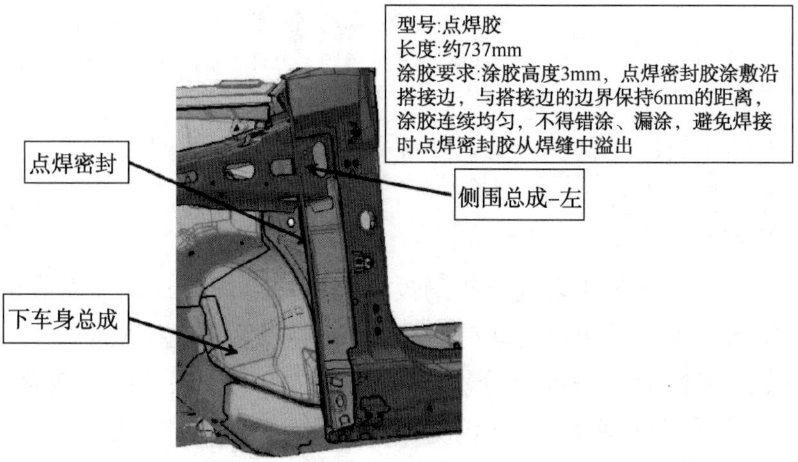

图7-12　后侧围点焊密封胶应用

5. 点焊密封胶的要求、选用原则及施工工艺

1）点焊密封胶的要求

点焊密封胶的一般要求主要有如下几点：

（1）无挥发性溶剂，无毒、无刺激性气味，点焊时受热不放出有毒有害气体及腐蚀性物质，加热过程中不流淌；

（2）不含有硅类物质，微量的硅树脂都可能对电泳漆和面漆质量造成危害；

（3）对钢板和铝板有良好的粘接性，焊接后不影响焊点强度；

（4）在前处理过程中，经得起脱脂和磷化处理，不污染电泳漆系统；

（5）点焊密封胶固化后应有足够的弹性和附着力，胶层抗碱、耐酸、耐热，使用安全方便；

（6）由于点焊密封胶是在焊接之前涂布在裸钢板(镀锌钢板、冷轧钢板等)的表面，因此要求点焊密封胶在含油的钢板表面要有很好的粘附性；

（7）电阻小，容易点焊，且对焊点强度影响小，点焊强度下降率不得超过10%；

（8）点焊密封胶具有好的施工工艺性、触变性，能够保证密封性能。

2）点焊密封胶的选用原则

选用何种类型的点焊密封胶主要由汽车主机厂根据需密封部位结构、强度，以及工艺条件、工装、焊装设备等，并结合密封胶的性能综合加以考虑，如钢板材质、缝隙大小、烘烤条件、耐冲刷要求等。

3）点焊密封胶的涂胶施工工艺

点焊密封胶涂布通常分为小包装（310mL、400mL或600mL）注胶枪涂布和大包装（20L或200L）机械注胶泵涂布。小包装注胶枪通常分为手动注胶枪和气动注胶枪两种。点焊密封胶涂布步骤通常为：钣金冲压件在焊装前，将胶涂布在冲压件焊接处板件上，胶条直径约为2~3mm，然后将两板搭接合拢后用点焊机进行点焊。图7-13为点焊密封胶施工工艺图。在钣金件两钢板之间涂敷点焊密封胶后，对原有焊接条件会产生影响，在点焊密封胶应用前，要对焊接参数，如电极压力、电流强度、焊接时间等进行适当的调整，以获得最佳效果，既不影响焊点强度，又不过多增加能耗。一般来说，涂点焊密封胶后进行点焊时，焊钳电极压力要增加10%~20%；电流强度降低10%~20%，对于粘稠度大的点焊密封胶或预成型胶带，焊钳电极压力（非电压）增加幅度要更大一些，尽量将焊点间密封材料压得更薄一些，以便于点焊连接。

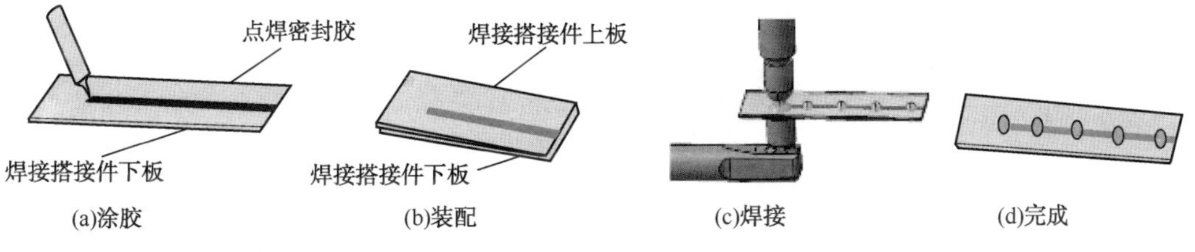

图7-13 点焊密封胶施工工艺图

点焊密封胶的固化不需要单独设立加热固化设备，可以随工件一起在涂装烘干工序固化。涂装烘干的温度和加热时间根据厂家所采用工艺、油漆品种不同而不同。一般水性电泳漆烘干炉的条件为：温度170~180℃，时间20min。中涂层、面漆烘干条件为：温度140℃，时间20min左右。而大客车的车身底漆、面漆的烘干温度由于其生产的特殊性，对于无电泳工艺的，大都在90~110℃，对于有电泳工艺的大都在160~180℃，40min左右。需要考虑上述固化条件选择合适的点焊密封胶。

6. 点焊密封胶应用中常见问题、原因分析及应对措施

点焊密封胶在应用过程中的一些常见问题，产生原因、应对措施见表7-8。

表 7-8　点焊密封胶应用中常见问题、原因分析及应对措施

常见问题	问题分类	原因分析	应对措施
涂布后流淌、滑移	材料	流淌性不合格	控制产品质量
	工艺	①打胶过粗，超出工艺要求； ②界面防锈油、压延油过多	①控制打胶量； ②对界面进行擦拭清洁
出胶困难，影响节拍	材料	①气温降低造成粘度增加； ②冬季辅助加热不当，产品变质粘度增加	①增加冬季施工辅助加热设备； ②由供应商提供准确辅助加热条件，主机厂照此严格执行
	工艺	①涂胶设备堵塞； ②施工环境温度过低	①定期清洁过滤系统； ②增加冬季施工设备辅助加热系统
打胶过程中有气泡，造成断胶、缺胶	材料	①材料真空脱气不充分，或者灌装过程中混入气体； ②支装包装材料不当，气动注胶过程中高压气注入包装中。	①供应商控制产品质量； ②供应商做好包装管包装物间隙质量控制
	工艺	气压过高，高压气进入支装包装管	控制输入气压在 0.26~0.6MPa
固化后有溢胶	材料	吸水后固化过程中水分挥发发泡膨胀	调整吸潮剂用量。
	工艺	①涂胶量过大，或者位置不当； ②选用种类不对，选择的为膨胀型点焊密封胶。	①严格按照工艺要求进行涂布； ②选用非膨胀型点焊密封胶
点焊过程中出现焊点击穿、点焊不上现象	材料	电阻过大	调整材料本身电阻
	工艺	焊钳压力不足，造成胶层过厚，电阻过大	调整焊机电极压力
点焊过程中点焊密封胶燃烧	材料	阻燃剂用量不足	增加阻燃剂用量，但由于环保要求，某些种类的阻燃剂被禁用
	工艺	点焊密封胶溢出，与焊机电极接触，在高温、有氧条件下燃烧	调整打胶工艺，避免点焊密封胶溢出，与焊机电极接触

7. 点焊密封胶应用实例

点焊密封胶在乘用车和卡车生产中已普遍应用，是比较成熟的产品。而在客车

上成熟的使用是在近些年，随着客车整车电泳的普及，烘烤条件的提升，具备了点焊密封胶使用的客观条件。如郑州宇通客车股份有限公司生产的客车在顶盖、侧围等钢板结合缝隙处涂布点焊密封胶，产品具有高抗冲刷性，可以抵御客车车身特殊的垂直出入前处理、电泳槽方式，而且固化范围宽广，既满足了车顶出风口部位200℃×50min 的高温固化条件，又满足了车底内部 150℃×20min 的低温固化条件，使整车的密封性和防锈蚀性能显著提高。

目前，国外一些汽车制造商采用高粘度热熔型橡胶基点焊密封胶来密封焊缝。这种点焊密封胶加热后涂敷在钣金件上，呈现液态并有很好的吸油性和初始粘附性，工件中的密封胶冷却后可以使粘度升高，因此经过涂装车间的脱脂、磷化、电泳等工序时不会污染处理液和设备，不会被冲刷掉，而且耐高温、导电性好。通用欧宝汽车公司即采用此类点焊密封胶。

预成型点焊密封胶带也是一种在国外主机厂广泛采用的点焊密封材料，其具有预先成型、可焊性好的特点。国外材料通常由一层可焊型织物与自粘性的 EVA 材料复合，国内通常由合成橡胶组成。如华晨海狮车型，车身采用的点焊胶带，按骨架焊接部位不同，其厚度通常为 1.0~2.5mm。当其受热时可达到 0~200%的膨胀率以适应不同的缝隙，保证所密封的焊缝充分密闭，防止了水和灰尘的进入。这种胶带具有优异的密封性、防流挂性，尤其适用于竖直的焊缝。

8. 点焊密封胶的发展方向

点焊密封胶目前技术、工艺性能基本能够满足主机厂要求，与其他汽车胶粘剂材料一样，无禁限用物质、低气味、低 VOC 的环保点焊密封胶是未来重要的发展方向之一。

四、减振胶粘剂

1. 减振胶粘剂作用及组成

减振胶粘剂俗称减振胶，是用于车身覆盖件与钣金加强梁之间的缝隙，用来减少振动和噪声的胶粘剂。减振胶一般由合成橡胶、合成树脂、增塑剂、硫化剂及发泡剂等组成。

2. 减振胶的分类和特征

减振胶常见分类及特征详见表 7-9。

表 7-9 减振胶的分类及特征

分类		特征
按状态分类	膏状	是汽车主机厂主要使用的产品，施工性能好，性价比高
	预成型	①宽度厚度预先成型，避免膏状胶涂胶不当的工艺不良问题，但成本高于膏状减振胶，施工效率不如膏状减振胶； ②无需专用涂胶设备，操作方便，具有一定装配强度，可解决车身入水、烘烤过程开胶问题

续表

分　类		特　征
按体积变化率	非膨胀型	粘接强度高
	膨胀型	加热固化后可以向四周延伸，对粘接部位进行填充，可填补部分因挤压胶少造成的开裂，高膨胀型填补效果尤为明显

此外，有些主机厂会有一些自己的划分方法，譬如膨胀型分为低膨胀、中膨胀和高膨胀型，根据模量高低分为低模量、中模量和高模量。日系主机厂通常按照模量分类，中低模量减振胶用于容易出现凹凸等形变部位，高模量类型用于粘接强度要求比较高的部位。

3. 减振胶应用部位及作用

1）减振胶应用部位

在汽车车身制造过程中，车身覆盖件的外板与加强梁间的结合通常采用边缘焊接或包边方法装配，如顶盖加强梁，发动机罩盖加强梁以及行李箱盖加强梁等与外板的组合。由于在盖板中间部位与加强梁之间存在着一定的缝隙，如果不进行处理，行驶中会因外板颤动而碰撞加强梁，从而产生振动噪声。为了解决上述部位问题，汽车主机厂普遍采用焊装前在加强梁上涂覆减振胶的工艺方法。减振胶的使用部位如图 7-14 所示。除上述应用部位外，很多车身内板与支撑易接触产生碰撞部位，为防止噪声，也广泛应用减振胶。

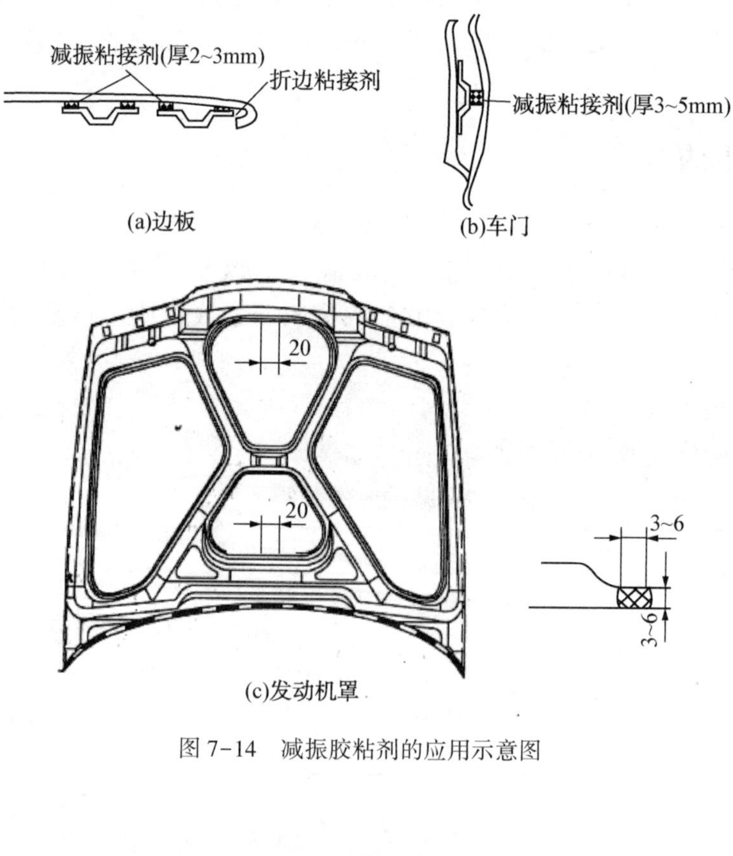

(c)发动机罩

图 7-14　减振胶粘剂的应用示意图

2）减振胶的作用

（1）减振降噪：由于外板与加强筋间增加了弹性材料，避免了钢板与加强梁直接接触，阻止了二者碰撞产生振动和噪声。

（2）控制共振：通过减振胶的连接，增加了外板稳定性，加固了车体结构，改变了车体固有频率，减弱了部分部位外板产生的共振。

（3）阻尼：该类部位应用结构可以看作一种约束阻尼层结构，当加强梁和覆盖件产生振动形变时，减振材料不仅通过弹性形变衰减振动，而且在覆盖件与减振层、减振层与加强梁之间因发生剪切作用，从而消耗振动能量。

（4）特定部位涂布减振胶，可减少或取消结合焊点，提高车身外表美观性。

4. 减振胶主要技术性能指标

减振胶的主要技术性能指标见表 7-10。

表 7-10　减振胶的主要技术性能指标

项　　目	性能指标	
	欧美系主机厂	日韩系主机厂
外观	均匀膏状物，无沉淀、离析、结块、结皮、外来杂质	
密度/（g/cm^3）	1.3~1.6	
压流粘度/（g/min）	根据施工工艺确定	
不挥发物含量/%	≥95	
流淌性/mm		
常温	≤5	
标准固化条件下	≤5	
硬度（邵氏 A）	5~20	20~50
剪切强度/MPa	≥0.3	≥0.8
体积膨胀率/%	≤10（非膨胀型）；20~100（膨胀型），或双方议定	
耐盐雾性（500h）	基材无腐蚀，横截面内渗入最大值≤1mm	

5. 减振胶选用原则及施工工艺

1）减振胶选用原则

减振胶是焊装工序中用量最大的胶种之一，也是应用最复杂，经常出现各种工艺问题的品种。减振胶选择应用时，需要注意下面几点：

（1）材料标准制定时要考虑全面，适当制定几种不同类型的减振胶品种，譬如低模量型、高模量型。对于减振胶，整车应用部位比较多，虽然单一种类减振胶在采购和现场应用管理上比较方便，但是如果车型比较多，往往出现单一种类减振胶无法全面适应各种车型各种部位的情况。例如为解决 A 车型引擎盖拉坑，则需要降低模量，但由此带来的剪切强度降低又造成 B 车型某部位疲劳测试断胶的问题，如果折中，往往只会减轻，而无法消除相应问题。

（2）根据所需粘接材质选择合适减振胶。目前，镀锌板、铝合金板等新型材料在车身上应用广泛，上述材料均属于难粘材料。新车型开发时，在选择新减振胶品种或者新板材质时，需要进行粘接匹配试验，避免粘接不良，造成减振胶开胶失效。

（3）根据使用部位缝隙大小选择非膨胀型、膨胀型甚至是高膨胀型减振胶。非膨胀减振胶具有强度优势，膨胀型减振胶可弥补部分工艺缺陷，例如外板压合后回弹，减振胶被挤压溢出部分，高膨胀型减振胶固化后通过膨胀可填充满粘接部位，弥补该工艺缺陷。

（4）根据工艺要求不同，选择不同状态的减振胶。对于一些间隙较大的、外板与加强梁间距烘烤前后变化大易造成开胶的、垂直进入前处理及电泳槽的，因受前处理液及电泳液冲刷比较大，应采用预成型膨胀减振胶带比较合适。

（5）根据覆盖件刚性选择合适的减振胶。目前有些车型的车门等覆盖件由DC04深冲板向DC06深冲板发展，其刚性降低，由此也需要用于支撑、粘接该类材料的减振胶性能进行调整。例如，降低减振胶硬度而不降低产品剪切强度，减小对钢板影响更小，解决拉坑鼓包等工艺问题。

汽车主机厂根据设计、工艺要求，选择合适的减振胶品种，可以大幅减少后期生产过程中的工艺匹配不良问题的产生。

2）减振胶的施工工艺

在车身总成件焊接时，将减振胶（或胶带）涂在外板或加强梁上，涂胶时可以涂成连续的胶条或者涂成点状，然后再组合焊接。

减振胶包装和施工与点焊密封胶基本相同，但由于减振胶为保证抗冲刷性，粘稠度比较大，因此注胶设备需要压缩比比较大的设备，压缩比大于48∶1，压盘、管道、胶枪部位有辅助加热配置的注胶泵，以保证冬夏季施工环境温度能够恒定一致，满足生产现场节拍。

与点焊密封胶相似，减振胶粘剂不必单独设立加热固化设备，通常在电泳涂装烘干过程中膨胀、固化，所以其使用工艺条件和要求与点焊密封胶相同，此处不再重复。

6. 减振胶在应用中常见的问题、产生的原因及应对措施

减振胶在应用过程中的一些常见问题、产生原因及应对措施见表7-11。

表7-11　减振胶在应用过程中的一些常见问题、产生原因及应对措施

常见问题	问题分类	原因分析	应对措施
涂布后流淌、滑移	材料	流淌性不合格	控制产品质量
	工艺	①打胶过粗，超出工艺要求； ②界面防锈油、压延油过多	①控制打胶量； ②对界面进行擦拭清洁

续表

常见问题	问题分类	原因分析	应对措施
出胶困难，影响节拍	材料	①气温降低造成粘度增加； ②冬季辅助加热不当，产品变质粘度增加	①增加冬季施工辅助加热设备； ②由供应商提供准确辅助加热条件，主机厂照此严格执行
	工艺	①涂胶设备堵塞； ②施工环境温度过低	①定期清洁过滤系统； ②增加冬季施工设备辅助加热系统
打胶过程中有气泡，造成断胶、缺胶	材料	①材料真空脱气不充分，或者灌装过程中混入气体； ②支装包装材料不当，气动注胶过程中高压气注入包装中	①供应商控制产品质量； ②供应商做好包装管包装物间隙质量控制
	工艺	气压过高，高压气进入支装包装管	控制输入气压在 0.2~0.6MPa
经过前处理工序，未进电泳烘房前胶脱落、开胶	材料	粘稠度过低	增加产品粘稠度
	工艺	①钢板与加强梁之间有缝隙变化，在槽液冲刷下开裂； ②受到高压水洗直接喷淋	①查找并消除内外板间隙变化原因； ②对直接喷淋头位置进行调整，避免直喷减振胶
烘烤前无开裂，固化后开裂	材料	钢板冲压时存有应力，烘烤过程中应力释放外涨，减振胶未固化前将胶拉开	查找基材间隙变化原因，并根据原因进行消除
	工艺	①减振胶粘度不够； ②化学反应速度太慢	①增加粘稠度，或换用预成型胶带； ②调整产品化学反应速度
固化后应用部位外板有凹坑	材料	①钢板冲压时存有应力，烘烤过程中应力释放外涨； ②减振胶太硬，模量太高	①查找基材间隙变化原因，并根据原因进行消除； ②换用更柔软、弹性更好型号
	工艺	①间隙过小，因间隙轻微变化造成的拉力过大； ②涂胶量过大，拉力过大	①将间隙调大，一般控制在 3~5mm； ②减少涂胶量（粘接面积），更换涂胶状态（条、点转换）

7. 减振胶应用实例

国内无论合资或自主车型，通常在发动机罩、行李箱盖、顶盖加强梁、侧围等处涂布减振胶。减振胶的应用实例如图 7-15 所示。

长城汽车覆盖件为防腐效果比较好的镀锌板，其所用减振效果良好的膏状膨胀型减振胶，单车用量 1kg 左右。

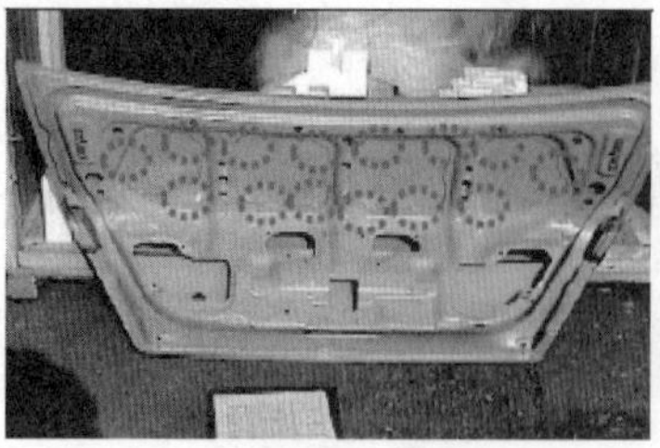

(a)后盖

(b)顶棚

(c)车门

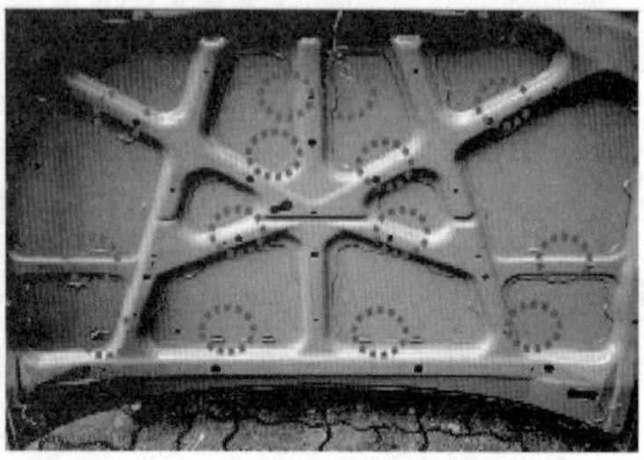

(d)前盖

图 7-15 减振胶的应用实例

东风渝安使用的是高膨胀型减振胶。该减振胶膨胀率在 200%~250%，抗冲刷性能好，固化后支撑强度好，减振效果好。其主要用于内外板扣合后有钣金打磨修正部位，通过烘烤后的膨胀率，弥补了前期修正已经造成的缺陷。上汽通用和长安福特车门都使用了膨胀率高达 500%左右的高膨胀预成型高阻尼泡沫材料(HDF)，烘烤后材料发泡，形成约束阻尼系统，达到减振作用，改善了关门噪声。

对于客车、商务车等大型车辆来说，外板与(骨架)加强梁之间缝隙较大，一般在 8~15mm。在该间隙下，糊状胶容易出现流淌、在槽液中被冲刷、涂布的有效粘接体积无法控制等各种工艺问题。因此，一般如郑州宇通、金龙客车、华晨金杯、北汽福田等主机厂基本都采用预成型减振膨胀胶，通过该类材料，可有效避免相应工艺问题，将内外板有效连接，提升车身整体 NVH 性能。

8. 减振胶粘剂的发展方向

随着汽车车身材料及工艺变化，对减振胶也提出了新的要求，例如，为适应钣金变薄，需要研发高弹性、高强度减振胶，以避免拉坑问题；为适应车身轻量化和防腐而采用的轻金属板材，需研发在相应材料上粘接效果优良的产品；为满足车内空气质量要求，需研发低气味、低 VOC 产品；为满足国家对危险废弃物管控，需改善焊装胶的包装方式，例如塑料管装产品改为软包装产品，以减少固体废弃物的产生，降低废弃物处理费用。

五、补强胶片

1. 补强胶片作用及组成

补强胶片是用于外蒙皮内侧，用来增加蒙皮局部刚性的片状复合材料。一般由环氧树脂、合成橡胶、增强材料(玻璃纤维布、铝箔、不锈钢片等)增塑剂、增粘剂、硫化剂、固化剂及填料等组成。

2. 补强胶片的分类及特征

补强胶片常见分类及特征见表 7-12。

表 7-12　补强胶片的分类及特征

分类		特征
按照补强效果分类	低补强	补强效果不明显，适用于容易产生形变部位
	中补强	主流产品，一般乘用车行业应用较多
	高补强	特殊部位或特殊车型应用
按状态分类	预成型粘结层+玻璃纤维	主流产品，施工方便，性价比高
	糊状粘结层+玻璃纤维	需专用喷涂设备和工位，适用于焊装车间无人全自动化环境。自动化程度不高的生产线，由于场地、设备投资等因素不适用
按应用工序	焊装工序用补强胶片	用于焊装车间，铺贴方便，烘烤固化充分，补强效果好
	涂装工序用补强胶片	铺贴不方便，补强效果差、贮存期短
按体积变化率	非发泡型	主流产品
	发泡型	优点： 膨胀型较非膨胀型补强胶片具有达到同样补强效果条件下，材料总重量轻优点，约减重 40%(1m^2减重约 1kg)，整车用量多的条件下减重效果明显；用量不多效果区别不大。 缺点： ① 油面施工性不好。为保证膨胀后为刚性泡沫，保证补强效果，配方中环氧树脂多，造成油面施工性差； ② 由于产品为膨胀型，固化后粘结层泡沫在冷却过程中，体积收缩，对外板干扰比较大，容易造成外板油漆表面凹凸痕，泡孔为闭孔结构较开孔结构收缩更大； ③ 由于为发泡型，发泡后泡孔内含有发泡及硫化后气体，气味性较非发泡型的高； ④ 贮存期短。由于环氧树脂比较多，发泡受粘度影响比较大，随着贮存期长，粘度增大，膨胀率变小，补强倍率下降明显； ⑤ 发泡型产品发泡泡孔呈开孔结构的比较多，其中开孔结构更加容易使得产品覆盖钣金面容易和空气接触，相对不发泡产品，发泡型产品更加容易使钢板产生腐蚀

3. 补强胶片主要技术性能指标

补强胶片的主要技术性能指标见表 7-13。

表 7-13　补强胶片的主要技术性能指标

项　目	技术要求					
	焊装用			涂装用		
	低强度	中强度	高强度	低强度	中强度	高强度
180°弯折	无分层、开裂					
贮存稳定性						
外观	无断裂、皱折和分层					
外板表面适应性	无翘起、脱落现象，位移不大于 2mm					
初始粘接力/(N/25mm)	≥2.5			≥4.0		
隔离纸剥离性	隔离纸可剥离，剥开后隔离纸上无残胶					
外板表面适应性 -5℃ 标准条件 170℃，20min	无翘起、脱落现象，位移不大于 2mm					
初始粘接力/(N/25mm) -5℃ 标准条件	≥3.0			≥5.0		
隔离纸剥离性 -5℃ 标准条件 35℃	隔离纸可剥离，剥开后隔离纸上无残胶					
补强倍数 标准烘烤						
挠度 2.5mm	≥1.2	≥2.0	≥3.0	≥1.2	≥2.0	≥3.0
挠度 5mm	≥1.5	≥3.0	≥4.0	≥1.5	≥3.0	≥4.0
最大负荷时	≥2.0	≥4.0	≥5.0	≥2.0	≥4.0	≥5.0
欠烘烤 过烘烤	补强倍数不小于标准烘烤最大负荷时的 80%					
抗冲击性 标准条件 -40℃±2℃，3h	补强胶片无脱落					

续表

项　　目	技术要求					
	焊装用			涂装用		
	低强度	中强度	高强度	低强度	中强度	高强度
耐热性	补强倍数测试，补强倍数不小于标准烘烤最大负荷时的 40%					
湿热老化性 低温性 盐雾试验 热老化性	补强倍数测试，补强倍数不小于标准烘烤最大负荷时的 80%					

注：上述性能指标主要来源于 QC/T 851。

4. 补强胶片的作用

汽车轻量化是节省能源和降低排放污染的最佳途径，实现车身轻量化主要有两个途径：其一是采用高强度、低重量的材料，主要是指铝、镁合金、高强度钢材、复合材料及工程塑料等；其二是改进汽车结构，降低材料厚度，外板薄壁化、结构件中空化等等。

为实现车身的轻量化，目前大部分汽车主机厂已将乘用车的车门、车顶、引擎盖、侧围等外蒙皮钢板厚度降到 0.6mm 左右。但钢板变薄会带来一些负面作用。首先，车身局部刚度下降，车门、顶盖、侧围等部位容易在行驶过程中发生振颤，产生共振及噪声，带来车身异响，直接影响驾乘者主观感受；其次，顾客购车时，对车门和侧围手指轻轻按压时，会产生凹陷，手指离开后，凹陷恢复，这就给顾客造成汽车品质较差的感觉，影响汽车品牌形象及顾客购买欲望。为解决上述弊端，采取的措施之一就是在钢板薄弱部位粘贴补强胶片进行弥补。

补强胶片是双层复合材料，最上层为玻璃纤维布，下层是以环氧树脂、橡胶为基材的粘接层。该复合材料经电泳烘烤工序之后，粘接层固化变硬，玻璃纤维布、粘结层与钢蒙皮形成三明治结构的复合结构，从而增加钢板刚性。降低了对部分振动的敏感性，减轻车门关闭时的冲击噪声，消除了怠速时车身部分产生的低频噪声；通过应用补强胶片，提高了钣金件局部模态，使其不易产生由车体如发动机和路面引起的激励相耦合，降低了共振现象，从而提升了车身 NVH 性能。图 7-16 为补强胶片在车门及后围的使用示例。

5. 补强胶片选用原则及施工工艺

1）补强胶片选用原则

在车身 CAE 分析阶段及后期实车验证时，根据 CAE 分析及实车指压法验证钢板薄弱部位，再通过根据薄弱部位形状大小，设计补强胶片的形状、强度、应用部位等，并据此选择合适的补强胶片进行应用。

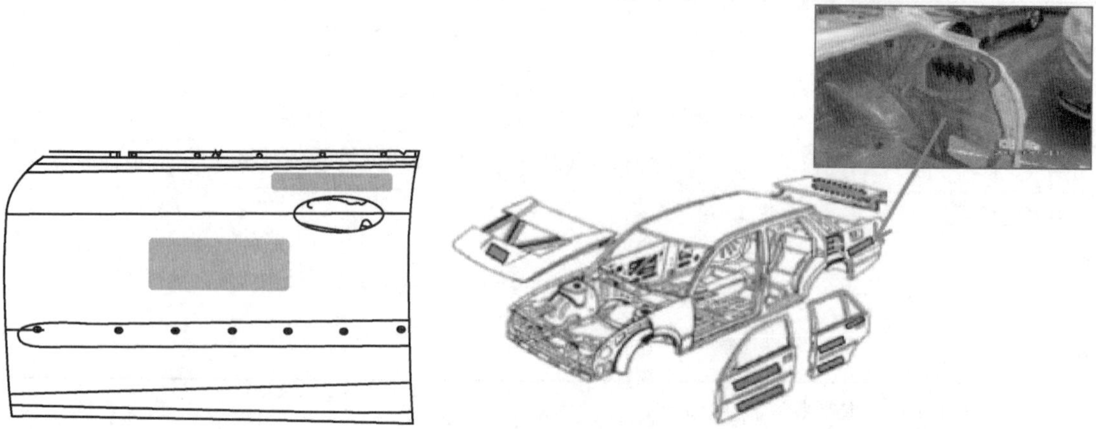

图 7-16　补强胶片在车身上的应用

2）施工工艺

对于预成型补强胶片，施工比较简单，铺贴补强胶片前需确定无灰尘等异物，去除油污。去除补强材隔离纸，保持补强材粘接面为干净状态，将其铺于需补强的基材钢板上，用抹布、毛刷或其他适宜工具用力反复赶压（注意要赶压到边角部位），以除去气泡并确保补强胶片与钢板充分紧密接触，确保产品表面完全紧附于钢板上。如果赶压不牢，容易造成局部翘起、冲刷脱落、槽液进入致使生锈等工艺不良问题。对于糊状非预成型补强胶片，需要采用专门设备将糊状粘结层涂敷到钢板后，然后用机械手铺贴玻纤布，完成相应的铺贴工作。

6. 补强胶片在应用中常见的问题、产生的原因及应对措施

补强胶片在应用过程中的常见问题、产生原因及应对措施见表 7-14。

表 7-14　补强胶片在应用过程中的常见问题、产生原因及应对措施

常见问题	问题分类	原因分析	应对措施
铺贴后出现滑移、翘起、脱落	材料	①油面粘接力设计不足； ②预烘烤温度过高或时间过长或长期贮存下产品变质，粘性下降	①增加油面粘接力； ②采用正确的冬季预烘烤工艺，对过期产品隔离
	工艺	①表面有油污； ②铺贴后赶压不实； ③铺贴部位为顶部悬空部位，受重力容易脱落； ④施工环境温度过低	①对表面油污进行清洁； ②严格按照工艺文件执行，对补强胶片进行赶压贴实； ③车顶等工件铺贴好后再安装到车顶； ④采用辅助加热措施

续表

常见问题	问题分类	原因分析	应对措施
固化后应用部位外板有凸凹形变	材料	①钢板冲压时存有应力，烘烤过程中应力释放外涨，补强胶片限制其外涨，造成痕迹； ②补强胶片补强倍率太高； ③补强胶片形状设计不当，长度方向收缩，造成形变	①对钢板冲压工艺进行调整； ②调整补强胶片补强倍率或厚度； ③对补强胶片形状进行设计，设计为S型或锯齿型等形状，减轻线性收缩程度。
	工艺	铺贴位置不当	调整铺贴位置，完全覆盖或适当避开形变部位，如在形变部位开孔

7. 补强胶片应用实例

郑州东风日产生产的皮卡、MPV 等车型，在车门、侧围等全车应用了非膨胀型补强胶片后，不仅具有良好补强效果，满足日产相关材料标准，而且具有良好施工工艺性。在冬季低温条件下，油面施工过程无需擦油，大大提高了工序效率，克服了部分国外同类产品因低温施工不良，造成后续被槽液冲刷翘起，甚至脱落，导致零部件报废的工艺缺陷。

8. 补强胶片的发展方向

优良的施工性能及高效增强、低温烘烤固化、环保(低气味、低 VOC)等，是目前该类产品重点研究发展方向。

六、车身空腔材料

汽车车身通常是由板材冲压、焊接成空腔结构组合而成，这些空腔对于减轻车身重量非常重要。但这类结构也带来相应的问题。首先，整体刚性、强度不足，在发生碰撞等对车身施加很大外力时容易损坏变形，致使司乘人员人身伤亡，改善空腔整体刚性的材料称为增强材料；其次，空腔会形成环路，产生共鸣噪声，即空气在侧围空腔高速流动产生的噪声，如前翼子板下空腔。空腔还会在车辆高速行驶状态下把风噪、发动机噪声、振动噪声和排气噪声放大，并传送到驾驶员和乘客的耳中，使舒适性降低。而解决空腔噪声的主要方法，是在空腔内部应用阻隔材料进行填充，在车身涂装工序烘烤时产生发泡状，填充阻隔了空腔，从而减少噪声的传播，提升车身 NVH 性能。车身空腔主要在 A、B、C 立柱、上下边梁、翼子板下部(轮罩)等部位。所以，车身空腔材料按其作用分为车身空腔阻隔材料和车身空腔增强材料两种。

1. 车身空腔阻隔材料

1) 空腔阻隔材料的分类及特点

空腔阻隔材料分为双组分聚氨酯型空腔阻断材料、单组分糊状空腔阻隔材料、

2D 膨胀胶片及 3D 预成型空腔阻隔材料。

（1）双组分聚氨酯型空腔阻断材料　该类材料是最早的空腔阻隔应用材料，是以聚醚与 MDI 材料为主体，双组分，主要用于总装工序，膨胀率在 3000%～4000%，优点为用料省，重量轻，缺点为需用专用注胶设备，设备投资大，需设立专门的施工工位，且立柱需预留注胶孔。在特定部位发泡形成阻断，工艺控制难度比较大。

（2）单组分糊状空腔阻隔材料　该类材料以合成橡胶为基材，单组分膏状，焊装涂布于需要空腔阻隔处，与电泳一起固化膨胀，膨胀率在 900%～1200%。优点在于施工方便，无需开模，但只适用于空腔截面积较小部位，空腔界面过大部位容易下坠，造成封堵不严。

（3）2D 膨胀胶片　单组分预成型固体橡胶或塑料，在装焊车间贴于立柱内侧，与电泳一起烘烤固化，膨胀率在 500%～1200%，最新发展的塑料胶片膨胀率能到 2000%～4000%，属于发泡多孔材，吸音效果较好。优点是价格低廉，施工方便，无需施工设备、工位，无需开制成型模具，可以通过简单多层叠加等手段达到设计变化。缺点为无法定向发泡膨胀，对于一些宽度方向大于 100mm 的垂直空腔容易出现流淌，导致密封不严；工人施工时容易出现施工粘贴不牢而脱落、定位不准未对齐等使用不良问题，达不到最佳应用效果。图 7-17 为膨胀胶片在空腔阻断上的应用示意图。另外，由于粘贴处无法磷化处理，一旦泡体老化，易发生泡体存水，有造成钢板早期锈蚀性的风险。

(a)膨胀前　　(b)膨胀后

图 7-17　膨胀胶片在车身上的应用

（4）3D 预成型空腔阻隔材料　该类材料是目前空腔阻隔的主流产品。它以带有卡扣的尼龙（PA66）作为支架，EVA 发泡材料分布在支架的周边，经注塑机注塑成型，其外形采用三维设计，能够适应复杂的内部空腔结构。其装配是通过卡扣与车身钣金安装连接，卡扣能够起到定位和固定的作用，安装简便，且能避免在后续的装配和车身移动及电泳过程中不脱落，能够保证密封效果的一致性。其缺点为，需要在设计初期就要在车上预留安装孔、需要专门开发模具，对于产量比较小的车型均摊成本比较高。图 7-18（a）为空腔阻隔件在车身上应用的典型断面。

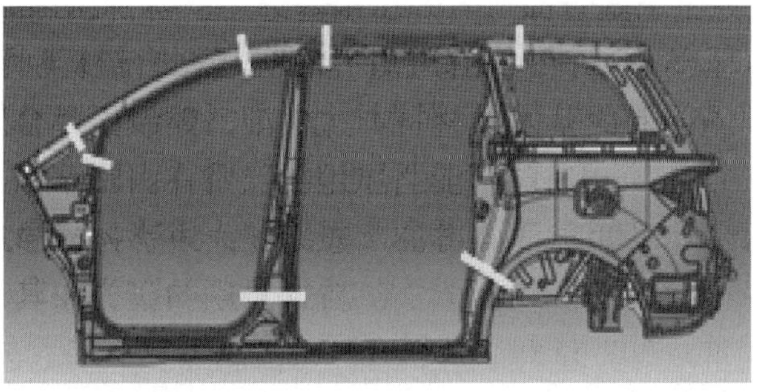

(a)车身空腔阻隔件应用部位

(b)膨胀前

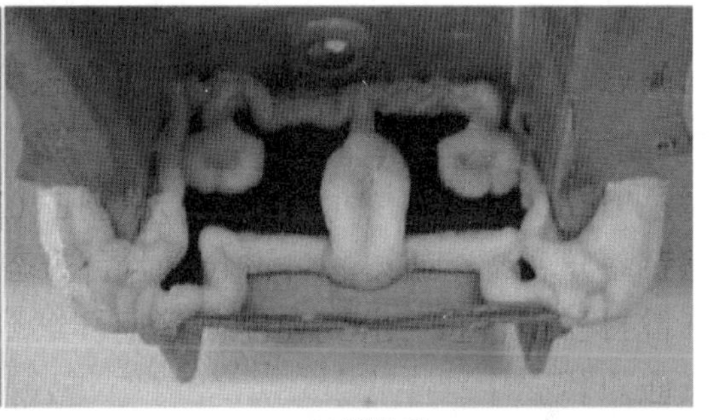

(c)膨胀后

图 7-18 空腔阻隔件在车身上的应用

2）空腔阻隔材料选用原则及施工工艺

（1）空腔阻隔材料设计和选用原则如下：

空腔阻隔材料安装部位的设计：对于空腔阻隔应用，首先要确定需要阻隔的部位。在车身设计阶段，综合考虑噪音传递 CAE 模拟分析数据、空腔截面结构形状、空腔内其他零部件（线束、加强板）安排、空腔路径上工艺孔布置、生产工艺安排（安装工位、烘烤条件）和成本因素，确定最佳的阻隔位置。

空腔阻隔材料的选择：根据前面各种阻隔材料特点，目前通常做法为 A 柱或空腔较小部位选择糊状或 2D 空腔阻隔材料，截面较大、B 柱垂直等其他位置选择预成型 3D 阻隔材料，成本、阻隔效果比较理想。对于糊状及 2D 空腔材料来说，需要在实际装车前，根据数模制作 1：1 模拟腔，并按照实际烘烤条件进行烘烤，反复调整空腔阻隔材料用量，确定最佳铺贴位置及用量。对于 3D 预成型空腔阻隔材料来说，要在白车身数模上确定最佳的阻隔位置，设计相应结构时需要预留槽液通道，并确保最终固化膨胀后相应通道能够密封紧密。

（2）施工工艺 对于空腔阻隔材料，施工比较简单，2D 或糊状材料需要将粘贴部位去除油污，涂覆到工艺规定位置，3D 预成型空腔阻隔材料将零件插入相应安装孔中固定即可，后续经电泳烘烤固化，产品膨胀，填充满阻隔部位空腔。

3）空腔阻隔材料应用中常见问题、原因分析及应对措施

在空腔阻断材料应用过程中，相关问题原因分析及应对措施见表 7-15。

表 7-15　空腔阻隔材料应用中常见问题、原因分析及应对措施

常见问题	问题分类	原因分析	应对措施
2D 材料施工后滑移、脱落	材料	①油面粘接力设计不足； ②预烘烤温度过高或时间过长或长期贮存下产品变质，粘性下降	①增加油面粘接力； ②采用正确的冬季预烘烤工艺，对过期产品隔离
	工艺	①表面有油污； ②铺贴后赶压不实； ③铺贴部位为顶部悬空部位，受重力容易脱落； ④施工环境温度过低	①对表面油污进行清洁； ②严格按照工艺文件执行，对补强胶片进行赶压贴实； ③车顶等工件铺贴好后再安装到车顶； ④采用辅助加热措施
空腔阻断不严	材料	①尺寸规格形状设计不当； ②膨胀率不足	①对尺寸规格进行重新优化； ②调整配方膨胀率或发泡温度
	工艺	①腔内温度低，达不到发泡温度； ②2D 类材料未对齐； ③3D 材料流水孔尺寸设计过大	①采用炉温跟踪仪确定实际温度，并根据实际温度调整材料发泡温度； ②采用定位模具等，控制两侧胶片对齐位置； ③减小流水孔直径，增加数量

4）应用实例

上汽通用五菱对比测量了两台采用了车身侧围空腔阻隔材料和没有采用的车内噪声。测试结果显示，驾驶员右耳处总体噪声略有降低，其中四阶@ 4900r/min、六阶@ 3300r/min 峰值降低比较明显，约降低 7dB(A)，语音清晰度约提高 5%。频谱分析显示，各工况下对车内噪声主要降低频率范围在 1000~1600Hz。

2. 车身空腔增强材料

1）车身空腔增强的作用

车身空腔增强材料主要用于车身立柱、T 型空腔和车桥等空腔部位，该类材料在经电泳工序烘烤固化后，增强材料表面预成型结构胶粘剂开始膨胀，并在空腔外表层、结构载体之间形成强有力的粘接层，将各个单独的负荷载体粘接成一个复合结构。若对复合结构施加静态载荷或动态载荷，能量可在空腔外表层之间或外表层与载体之间传递，最大限度地实现粘接力增强效果，对空腔起到结构增强作用，可显著提高车身刚性和局部强度，减少了由发动机激励所产生的低频振动，增加抗撞击形变性能，增加车身安全性。空腔增强材料增强原理如图 7-19 所示。

2）空腔增强材料的分类及特点

空腔增强材料分为浇注型和预成型两种，浇注型一般为发泡型聚氨酯或环氧树

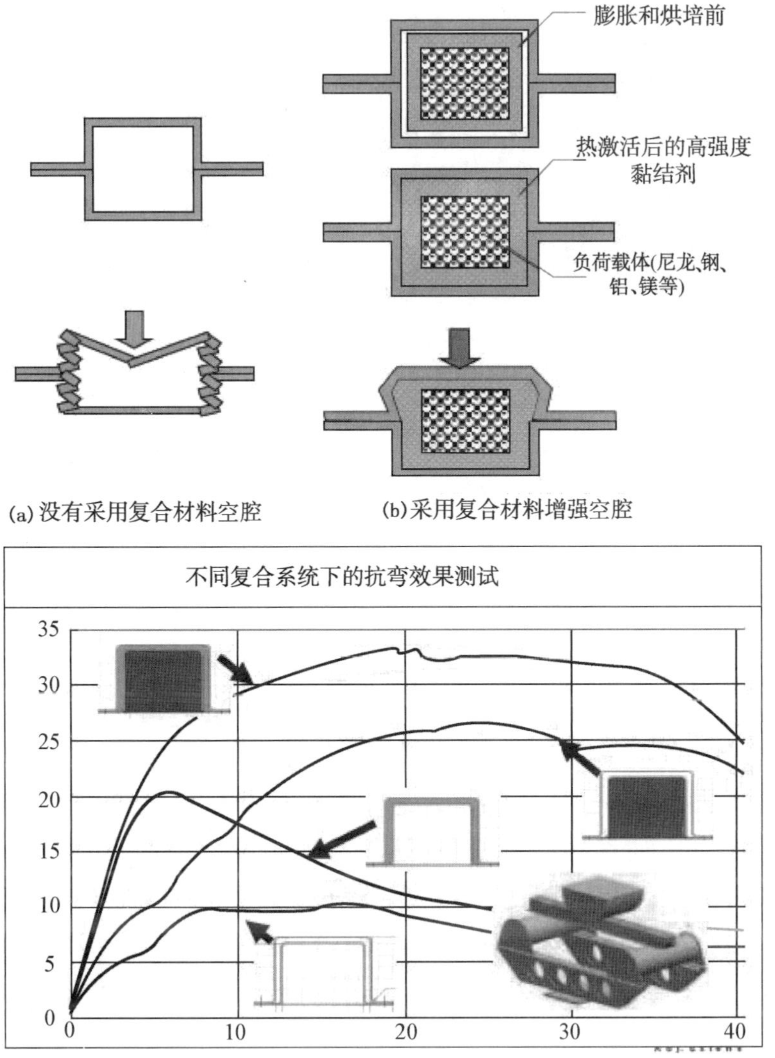

图 7-19 空腔增强材料增强原理

脂增强材料，预成型为结构载体(金属或尼龙)支架+发泡型环氧树脂。

(1) 发泡型聚氨酯或环氧树脂增强材料 该类材料是最早的空腔增强应用材料，其优点为无需单独开发模具，可以随时灌注到需要增强部位，缺点为需用专用注胶设备，设备投资大，需设立专门的施工工位，且立柱需预留注胶孔。在特定部位形成增强结构工艺控制难度比较大，目前该方案仅在部分大客车中应用。

(2) 结构载体(钢铁、铝或尼龙等材料)+发泡型环氧预成型结构胶复合增强材料 该类材料是目前空腔增强的主流产品，其内部玻纤增强尼龙、铝材或钢板预先制备成结构载体，外表局部涂覆由受热膨胀的环氧或改性环氧胶粘剂制成的预成型结构胶粘剂组成。其根据所需增强部位车身空腔形状及车体载荷的预期增值，通过三维设计软件设计，并采用注塑加工工艺进行制造。相关产品详见图 7-20。

图 7-20　空腔增强件及在车身上的应用

3）空腔增强材料选用原则及施工工艺

（1）空腔增强材料设计选用过程如下：

空腔增强材料安装部位及零件结构的设计：空腔增强部位的选择，是需要通过整车模态或碰撞的 FEA 仿真分析结果来确定的。首先根据仿真结果确定结构薄弱环节，对选中的薄弱环节部位进行初步的结构增强概念模型的设计。然后将增强结构的概念模型和所选择的材料力学数据带入整车 CAE 模型中进行反复计算优化，在确定达到预期增强效果后开始进行增强件的详细结构设计。在零件的结构详细设计中要充分考虑安装结构以及流液通道的设计，同时包括骨架及其增强材料的注射工艺性。

空腔增强材料的选择：对于空腔增强材料的选择，不仅要依据计算机仿真结果对材料强度的要求，而且还要考虑主机厂及车型涂装工艺以及炉温曲线，确保所选材料零件在涂装烘干过程中具有良好的膨胀特性并与金属钣金件贴合紧密。

（2）施工工艺：对于空腔增强材料，施工比较简单，将零件预装配卡子插入相应安装孔中固定即可，后续经电泳烘烤固化，产品膨胀，形成一个完整整体。

4）应用实例

捷豹汽车在纵向梁中，将原来通常 3mm 铝加强梁结构改为空腔结构增强材料（1. 5mm 厚粘接层+尼龙骨架），在整体性能未下降前提下，降低了重量和成本。

七、其他胶粘剂密封胶的应用

在车身焊装过程中，除了用到前面所述的胶粘剂和密封胶以外，还可以用到其他一些胶粘剂，譬如用于焊装的指压胶、聚氨酯密封胶等。还有一些汽车主机厂根据所开发车型的技术要求、工艺条件等特点，选用了一些专用胶粘剂密封胶，此外不再逐一介绍。

第二节　涂装用胶粘剂密封胶

汽车涂装工艺是汽车制造“四大工艺”之一。焊装后的车身运到涂装线以后，经过前处理、电泳涂装、焊缝密封、喷涂抗石击阻尼涂料、铺放阻尼胶片或喷涂液态阻尼材料、中涂(二道浆)涂装(仅限传统 3C2B 工艺)、面漆涂装等一系列工序后，车身穿上了美观、亮丽的外装。如果说在焊装线为提高车身质量而采用的几种胶粘剂密封胶是必不可少的话，那么在车身涂装线应用的密封胶就显得更为重要了，它们直接关系到车身的防水防尘、耐蚀防锈、降噪减振性能以及外表的美观性。因此，在某种意义上说，汽车制造厂更加重视涂装线中密封胶的选择和应用。

涂装线使用的密封胶主要有焊缝密封胶、抗石击阻尼涂料、减振阻尼胶板或液态阻尼胶等。

一、焊缝密封胶

中国是汽车工业起步比较晚的国家，焊缝密封胶的发展也是随着汽车工业的发展而不断进步。从最早使用的沥青膏类密封胶，到 20 世纪 80 年代初的聚硫橡胶类密封胶、氯丁橡胶类密封胶。随着引进技术的不断消化吸收，80 年代后期至今，聚氯乙烯(PVC)类密封胶已逐步成为汽车涂装用密封胶的主导材料。聚氨酯焊缝密封胶是 90 年代起以客车应用为主的焊缝密封胶。丙烯酸焊缝密封胶是 90 年代末，随日系车的引入开始应用的。

汽车涂装生产中常用的焊缝密封胶主要有：聚氯乙烯(PVC)焊缝密封胶、单组分聚氨酯密封胶、丙烯酸型焊缝密封胶、预成型焊缝密封胶等类型。其中，单组分聚氨酯密封胶又分为单组分湿气固化型聚氨酯密封胶和单组分热固化型聚氨酯密封胶。

焊缝密封的好坏直接影响到车身的密封性和防锈蚀能力，在焊装线用胶中已经介绍了焊缝密封的一种方法，即涂布点焊密封胶密封焊缝。本节将介绍焊缝密封的第二种方法——涂布焊缝密封胶密封焊缝。

点焊密封胶和焊缝密封胶都可以用来密封车身焊缝，但是所使用的工序不同。点焊密封胶是车身焊装时涂在钣金件搭接缝内的具有导电性的密封胶，也有一些汽车主机厂称之为“缝内密封”；而焊缝密封胶是在车身焊装后涂在焊缝外的密封胶，同样被他们称之为“缝外密封”。焊缝密封胶既有防水防尘、增强车体防锈蚀能力，又有填补焊缝、增加车体美观性的作用。

图 7-21 为焊缝密封胶和点焊密封胶的涂布位置示意图。

图 7-22 是焊缝密封胶在整车应用的主要部位示意图。

(一) 聚氯乙烯(PVC)焊缝密封胶

1. 聚氯乙烯(PVC)焊缝密封胶主要成分及优点

1) 聚氯乙烯(PVC)焊缝密封胶的组成

聚氯乙烯(PVC)焊缝密封胶(以下简称 PVC 焊缝密封胶)，是由乳液法或微悬浮法聚合的聚氯乙烯糊树脂、邻苯二甲酸酯类增塑剂、稀释剂、稳定剂、增粘剂、

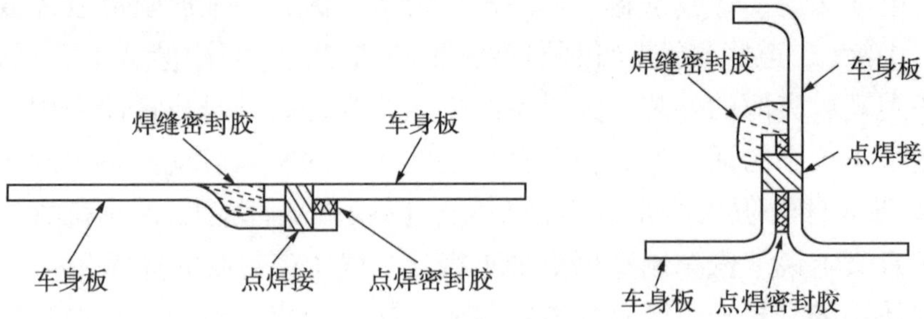

(a)水平面涂布示例　　(b)垂直面涂布示例

图 7-21　焊缝密封胶和点焊密封胶涂布位置

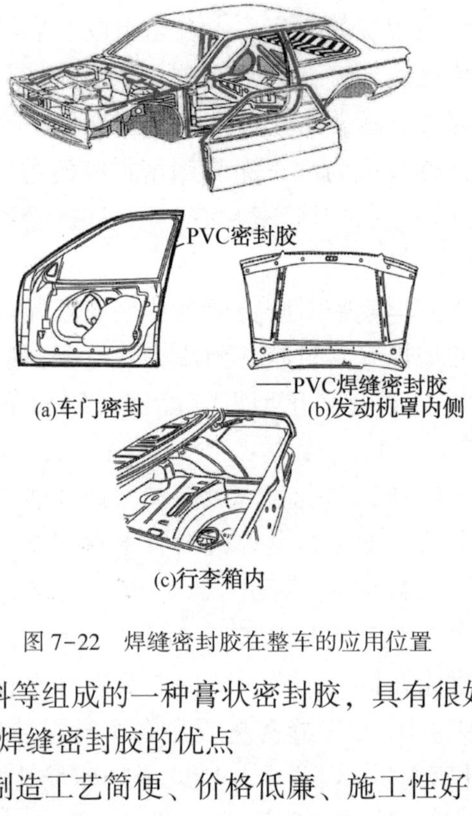

(c)行李箱内

图 7-22　焊缝密封胶在整车的应用位置

触变剂、无机填料和颜料等组成的一种膏状密封胶，具有很好的触变性。

2）聚氯乙烯(PVC)焊缝密封胶的优点

PVC 焊缝密封胶的制造工艺简便、价格低廉、施工性好，是现今绝大部分汽车厂使用的密封材料。

它被加热塑化后成为具有一定粘接强度的弹性体，耐磨性、耐挠曲性、耐化学介质性能优异，与电泳底漆、环氧聚酰胺底漆等有良好的结合力，广泛用于车身内、外焊缝的密封。

2. PVC 焊缝密封胶的主要性能要求

汽车生产对所用 PVC 焊缝密封胶要求比较高，首先要求焊缝密封胶粘度适宜，能够用涂胶机涂布或可以用手动挤胶枪挤涂，具有良好的触变性，在堆积一定的厚度时不流淌，而且能保持棱角，经过加热塑化后外观细腻、平整，无裂纹及显著变色现象。搭接剪切粘接强度大于0.7MPa，抗张强度大于0.8MPa，断裂伸长率达100%以上，塑化后密封胶硬度(邵氏A)通常不小于50。PVC焊缝密封胶的主要技术性能指标见表7-16。

表7-16　PVC焊缝密封胶的主要技术性能指标

项　　目	技术性能指标	项　　目	技术性能指标
密度/(g/cm³)	≤1.70	硬度(邵氏A)	≥50
粘度/Pa·s	依据现场工艺	耐寒性	-40℃无开裂、脱落
剪切强度/MPa	≥0.7	耐水性	40℃无开裂、脱落
抗张强度/MPa	≥0.8	耐盐雾性(720h)	无腐蚀
断裂伸长率/%	≥100		

3. PVC焊缝密封胶的选择

(1) 与电泳底漆的匹配试验　在使用PVC焊缝密封胶前，必须首先进行产品的附着力试验，确保所选择的产品与电泳底漆有良好的结合力。同时也要进行流挂、滑落性能的评估，确保密封胶产品和电泳底漆具有良好的配套性能。

(2) 与面漆的匹配试验　主要是面漆与之的附着力要好；不变色，不影响浅色面漆的遮盖率；与面漆烘烤时同步塑化，无缩孔、不起泡、无裂纹等。

(3) 施工操作试验　不留挂、不拉丝，刮涂性、保型性好。

4. PVC焊缝密封胶的固化原理

PVC焊缝密封胶的增粘剂通常有低分子聚酰胺、聚氨酯、聚丙烯酸酯、环氧树脂等。以低分子聚酰胺为增粘剂的PVC焊缝密封胶具有附着力好、成本低的特点，但是其烘干后易发生变色现象，其贮存稳定性稍差。而以封端型聚氨酯为增粘剂的PVC焊缝密封胶不易变色，适合对外观要求较高的焊缝密封，不过成本略高。

焊缝密封胶的固化主要是在加热过程中，增塑剂分子不断地增塑到PVC树脂粒子中，使焊缝密封胶充分凝胶化，同时其增粘剂成分发生的反应和电泳漆生成一些化学键或氢健，不仅使密封胶本身达到所设计的本体力学性能，同时与电泳漆达到良好的附着力效果。密封胶凝胶化过程可分解为：在40~80℃期间，增塑剂分子较缓慢地增塑到PVC粒子中，使PVC粒子“溶胀”；当温度高于80℃后，增塑或“凝胶化”现象迅速加快，最终增塑剂与PVC树脂完全熔融成为一体，完成固化过程。目前大多数的PVC焊缝密封胶的固化温度为140~180℃。这是由于PVC树脂在低于140℃的条件下难以增塑，不过使用高醋酸乙烯含量的共聚树脂可以适当降低焊缝密封胶的固化温度。而当温度过高时，容易引起PVC树脂分解，降低密封胶的力学性能和附着力，同时可能释放出环境不友好的氯化氢气体等物质。PVC焊缝密封胶凝胶化过程如图7-23所示。

5. 涂胶设备及工艺过程

PVC焊缝密封胶通常使用压缩比为(28：1)~(60：1)的无气高压涂胶泵涂胶涂

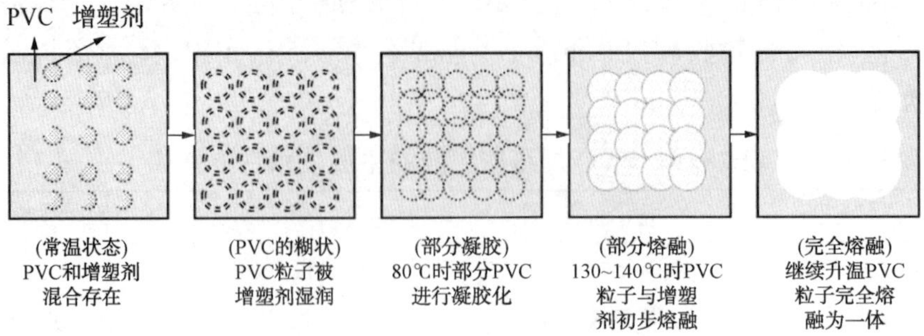

图 7-23 PVC 焊缝密封胶固化过程

布，也可以用手动挤胶枪或刮板刮涂，涂胶后胶条用画笔压实、抹平。胶条不能有断条、流挂，细小的焊缝处应用橡胶板将多余的密封胶刮去，并用纱布擦净。

使用无气高压涂胶泵涂胶施工，由于 PVC 焊缝密封胶具有很好的触变性，为了防止出现涂胶泵空打现象，应使用带有压盘的单柱或双柱型涂胶机。国内汽车制造厂在生产时，目前 PVC 焊缝密封胶普遍采用涂胶机手工涂胶，不过由于人力成本的不断攀升，以及对施工品质要求的不断提高等，目前有越来越多的汽车主机厂开始使用机器手施工，如一汽大众、上汽通用、广汽本田、东风日产等。图 7-24 为 PVC 焊缝密封胶现场施工图。

图 7-24 PVC 焊缝密封胶现场施工图

PVC 焊缝密封胶涂布完成后，早期的传统工艺 3C2B 涂装线上需设立 PVC 预胶化炉(PVC 烘干炉)进行预固化，使 PVC 密封胶凝胶，烘干条件为 120℃×15min。目前，大部分汽车厂已经取消了传统工艺涂装线上的预胶化炉，实现“湿碰湿”工艺，缩短生产节拍，提高生产效率，同时可以降低能耗。而免中涂工艺中由于取消了中涂层的烘烤，无法使 PVC 焊缝密封胶达到完全固化，仍然需要设立 PVC 预胶化炉进行预固化。传统工艺采用的“湿碰湿”工艺，即在湿态(未预胶化)的 PVC 焊缝密封胶上直接喷涂中涂或面漆。这就要求中涂或面漆涂料与 PVC 焊缝密封胶之间有良好的配套性，在烘干之后不会出现针孔、缩孔、流挂等现象。

6. PVC 焊缝密封胶常见的涂膜弊病、原因及解决措施

1）PVC 焊缝密封胶吸湿起泡

在高温、高湿的环境中生产，焊缝密封胶施工涂布后，无论是湿膜放置或干膜放置，经放置达到一定期限后，再高温烘烤，易出现吸湿起泡现象，甚至会严重影响胶条外观和密封性能。吸湿起泡现象，主要是因为密封胶中的填料放置过程中吸收了空气中的水分，在烘烤过程中，水分汽化后不易有效“逃逸”，而形成了气泡或鼓泡现象。焊缝密封胶的吸湿起泡现象，与密封胶本身的耐吸湿性能、放置环境的温度和湿度、放置时间长短等因素关系密切，也和胶条施工的厚薄、放置后烘烤温度的高低有一定的影响。

为了确保焊缝密封胶的施工品质及避免不必要的返工，建议在密封胶施工过程中选定放置期限前，针对自身的实际情况，对所选用的焊缝密封胶的耐吸湿性能进行事先评估。即使是已经完成面涂但需返修的车辆，如果需放置一段时间后，才进行喷漆烘烤返修的，仍需事先关注焊缝密封胶的吸湿性能、放置吸收起泡或开裂现象。评估方法：将密封胶湿膜，和(或)干膜样品，在所选定的温度、湿度下放置一定的时间后，再经过 140℃×30min 的烘烤，检验样品是否出现气泡、开裂等异常现象，如有异常，则需评估密封胶密封性能和附着力是否降低。

2）涂膜开裂

涂膜在面漆干燥后出现明显的裂纹，表现为沿着涂胶方向横向开裂，产生的原因为密封胶在预烘干后放置时间过长，吸收了空气中的水分，经高温烘烤，胶内的水分汽化后不能有效“逃逸”而致使表面出现开裂现象。即使经高温烘烤后，已完全固化的涂膜，在高温、高湿环境下长时间放置，再经高温烘烤，同样存在开裂的风险。

3）四门两盖的折边焊缝处开裂

此位置的密封胶烘烤后开裂，主要有以下几种情况：

(1) 门盖的内外板压合不到位。内外板的不贴合导致在涂装烘烤过程中内外板的变形量超过密封胶的抗拉极限而使密封胶开裂。解决办法为定期对门盖的压合模具和压合状态进行检查，保证模具的压合力和门盖的压合状态达到规定的要求。

(2) 门铰链在开启到最大角度时，铰链的限位不同步，未达到限位的铰链失去了限位的作用完全靠内外板来承受拉力导致内外板产生串动现象，其串动量超过了密封胶的抗拉极限而使其开裂。解决办法为调整门铰链状态，使其限位能够同步发挥作用。

(3) 总装装配后，由于门下沉及平整度等原因对门的调整量过大，超过了内外板与密封胶的抗拉极限，将密封胶挣裂。解决办法为适当增加焊装折边胶的涂胶量，增强对内外板的粘合力。

PVC 焊缝密封胶以其无毒、低味、施工工艺性好、产品性能优异等特点，得到

了各汽车制造厂商的青睐，成为当前汽车车身焊缝密封最理想的密封材料。现今，90%的轿车、轻型车、卡车的焊缝均采用这类材料进行涂装焊缝密封。

（二）单组分聚氨酯密封胶

单组分聚氨酯密封胶是指在分子结构中含有氨基甲酸酯基的密封胶。在汽车涂装过程中所使用的单组分聚氨酯密封胶分为单组分湿气固化型聚氨酯密封胶和单组分热固化型聚氨酯密封胶。

1. 单组分湿气固化型聚氨酯密封胶

1）单组分湿气固化型聚氨酯密封胶的组成及优点

单组分湿气固化型聚氨酯密封胶是由聚氨酯预聚体、催化剂、填料、触变剂和颜料组成的膏状密封胶。固化后具有很好的强度和弹性，耐冲击性好，挠曲性优异，体积收缩率低，耐老化性好等优点。对电泳钢板、镀锌钢板、涂漆钢板以及内饰材料都有很好的粘接性能，与油漆的配套性好，表面可喷漆。

2）单组分湿气固化型聚氨酯密封胶的技术性能

单组分湿气固化型聚氨酯密封胶的主要技术性能指标见表 7-17。

表 7-17 单组分湿气固化型聚氨酯密封胶的主要技术性能指标

项目	指标	项目	指标
密度/(g/cm^3)	标称值±0.1	拉伸强度/MPa	≥2.0
下垂度/mm	≤0.5	拉断伸长率/%	≥300
表干时间/min	≤60	100%定伸应力/MPa	≥2.0
固化速度/(mm/24h)	≥3.0	撕裂强度/(kN/m)	≥6.0
不挥发分/%	≥95	拉伸剪切强度/MPa	≥2.5
硬度(邵氏 A)	≥45	低温柔性(-40℃)	无裂纹

3）单组分湿气固化型聚氨酯密封胶的施工要求

单组分湿气固化型聚氨酯密封胶一般在客车生产中有着非常广泛的应用。根据在客车上不同部位的使用，对其刮涂性有不同的要求。一般如车内焊缝及缝隙的密封为非装饰性密封(也称“粗密封”)，要求涂胶连续、均匀，不漏涂、不堆积即可；而车身外部，如顶盖上部的焊缝，后围与车身交接的缝隙等，为装饰性密封(也称“细密封”)。首先，用胶纸带遮蔽焊缝的两侧进行粘贴保护，中间留出规定的宽度。之后连续、均匀涂胶，涂胶完成后应马上用橡胶刮板将胶刮平，最后，剥离两侧的保护胶纸带，这样即可得到很好的外观质量。要求涂胶、刮胶及剥离掉保护胶纸带应在密封胶的表干时间内完成。刮胶面应平整、无刮痕及颗粒，两侧无锯齿状。保护胶纸带的剥离角度应大于 135°。密封胶在室温下固化 60min 左右，即可以喷漆并在 80℃以下的烘干室中同油漆同步烘烤。对该装饰性密封胶的施工工艺性要求很高，如触变性好，易刮平，不拉丝，无颗粒，固化速度快、不收缩，光滑、美观。

图 7-25 是单组分湿气固化型聚氨酯密封胶在客车顶盖装饰性密封示意图。

图 7-26是单组分湿气固化型聚氨酯密封胶在客车焊缝（非装饰性）密封示意图。

(a) (b)

图 7-25 客车顶盖装饰性密封示意图

图 7-26 客车焊缝（非装饰性）密封示意图

2. 单组分热固化型聚氨酯密封胶

1）组成及反应机理

单组分热固化型聚氨酯密封胶是由多元醇、异氰酸酯、无机填料、触变剂等组成的膏状密封胶。其所含的异氰酸酯是被包覆的，在一定温度下可以解封并与羟基进行反应。因此固化温度范围可以调整，通常为 90～160℃。也可以采用红外线快速固化。

2）单组分热固化型聚氨酯密封胶的优点

单组分热固化型聚氨酯密封胶的固化速度比 PVC 焊缝密封胶快，粘接强度高，可以用于在烘干过程中尺寸变化比较大的焊缝和强度高的连接处。同时，单组分热固化型聚氨酯密封胶有优异的涂漆配套性，与涂漆可以进行“湿碰湿”施工。尤其适合在外表焊缝使用。

单组分热固化型聚氨酯胶的另外一个应用是通过真空成型工艺密封轿车顶盖流水槽焊缝。由于形成的密封胶层外观光滑、齐整，可替代顶盖密封条，既降低成本又简化施工工艺。由于喷涂后与车体颜色无色差，可以提高外观质量。

所谓真空成型工艺就是使用手动或自动涂胶设备将热固化型聚氨酯胶涂布在顶

盖流水槽的焊缝之内或其他需要密封的外部焊缝内，然后通过一个特殊设计的吸嘴在真空下将焊缝上多余的密封胶除去，形成表面光滑的密封胶层。之后，可以通过红外线加热 90s，使热固型聚氨酯胶固化后再喷漆，也可以在湿态的热固化型聚氨酯密封胶表面喷涂中涂(或面漆)后，再通过常规的烘干炉固化。

如上汽大众某车型的后围部两道焊缝，由于在加热时形变比较大，当使用 PVC 焊缝密封胶时即出现开裂现象。改用单组分热固化型聚氨酯密封胶后，使密封胶开裂的问题得到了解决。

近几年，国内各大型客车生产企业陆续新建电泳涂装线，随着产量的加大，工序时间逐步缩短，单组分湿气固化型聚氨酯密封胶的固化速度已满足不了工艺需求，逐步开始被单组分热固化型聚氨酯密封胶所替代。

（三）丙烯酸型焊缝密封胶

1. 丙烯酸型焊缝密封胶的发展过程

20 世纪 90 年代之前，汽车涂装生产所使用的涂装胶，基本上都是以 PVC 树脂类型为主导，其不仅性能优良、品质稳定，而且成本相对比较低廉，所以长期以来受到国内外各大汽车主机厂的热宠。至今，PVC 类型的涂装胶产品在全球范围内仍占有 90%以上的市场份额。但 PVC 类型涂装胶有一个比较突出的缺点，即 PVC 树脂中含氯元素。当汽车报废拆解后，如果通过焚烧处理，会产生大量的氯化氢气体和少量二噁英等对环境不友好的物质。为了使涂装用胶去“卤”化，实现汽车涂装用胶更加环保化，国内外科技人员开发出丙烯酸型焊缝密封胶和丙烯酸抗石击涂料。从 90 年代开始，丙烯酸产品逐步在本田、丰田等汽车主机厂得到较广泛的应用。

2. 丙烯酸型焊缝密封胶的组成

丙烯酸型焊缝密封胶的主要成分基本是以具有“核/壳”结构的丙烯酸树脂为主体，加入增塑剂、附着力促进剂、无机填料及一些功能助剂所组成。

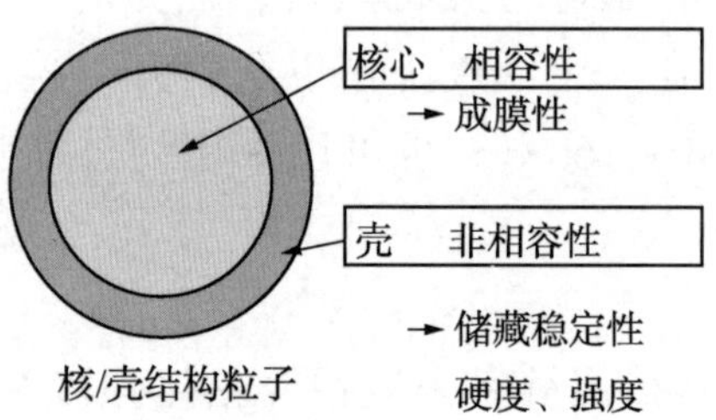

图 7-27　丙烯酸树脂“核/壳”结构示意图

丙烯酸型焊缝密封胶所使用的丙烯酸树脂具有“核/壳”两部分特殊的结构形式，其树脂粒子结构如图 7-27 所示。

“核心”部分与其他成分的相容性好，能确保涂装胶产品具有良好的成膜性，而“壳”部分，虽然与其他成分相容性较差，但做为涂装用胶产品，能提供良好的贮存稳定性能和一定的硬度、强度等力学性能。

3. 丙烯酸型焊缝密封胶的固化机理

丙烯酸型焊缝密封胶的固化过程，与 PVC 型涂装胶产品的固化过程基本相似，主要是在加热过程中丙烯酸树脂的凝胶化过程，具体可分为以下 5 个步骤，见表 7-18。分散好的丙烯酸涂装胶产品虽然外观看起来均匀一体，但微观上，丙烯酸树脂和增塑剂是呈两相分布的，图中的“黑点”代表丙烯酸树脂，白色部分代表增塑剂，如步骤1所示。当产品受到轻微加热后，增塑剂分子开始缓慢地增塑到丙烯酸树脂结构中，丙烯酸树脂颗粒开始溶胀而逐步变大，如步骤2所示。当产品继续受热(40~80℃时)，液相的增塑剂基本增塑到丙烯酸树脂颗粒中，丙烯酸树脂继续溶胀，直到液相基本消失，如步骤3所示。当产品继续受热后(80~140℃时)，部分丙烯酸树脂开始熔接(如步骤4所示)，当温度继续升高，以至于丙烯酸树脂完全熔接，相界完全消失，成为一相，完成了整个凝胶化过程，如步骤5所示。

表7-18　丙烯酸树脂的凝胶化过程

步骤	状态描述	图示	温度范围
1	丙烯酸树脂和增塑剂呈不连续相分布	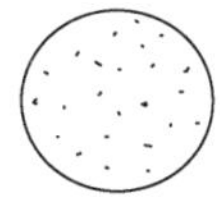	40℃以下
2	轻微加热：凝胶化和丙烯酸树脂溶胀	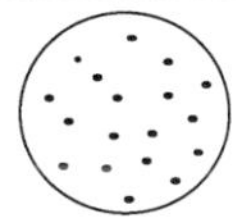	
3	继续加热：继续凝胶化以及液相消失		40~80℃
4	升温，部分丙烯酸树脂熔接	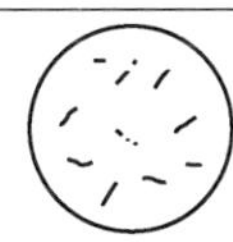	80~140℃
5	完全熔融：相界消失，成为一相	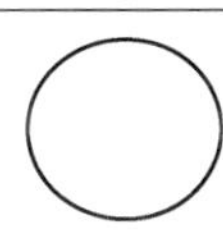	

4. 丙烯酸型焊缝密封胶的主要技术性能指标

丙烯酸型焊缝密封胶的主要技术性能指标见表7-19。

表7-19　丙烯酸型焊缝密封胶的主要技术性能指标

项　目	性能指标	项　目	性能指标
粘度/Pa·s	80~150	拉伸强度/MPa	≥0.8
不挥发分/%	≥95%	断裂伸长率/%	≥150
密度/(g/cm^3)	≤1.6		

注：固化条件为140℃×20min(保持)。

5. 丙烯酸型焊缝密封胶的施工设备及工艺

丙烯酸型焊缝密封胶主要通过无气喷涂或挤涂方式施工，泵的压缩比≥45∶1，可同时满足机器人自动施工或手工半自动方式施工。施工设备及工艺与PVC焊缝密封胶相同。

6. 丙烯酸型焊缝密封胶产品的展望

丙烯酸型焊缝密封胶，因为使用了不含卤素的丙烯酸树脂为主体材料，因而彻底的从源头上解决了PVC焊缝密封胶在汽车报废拆解焚烧过程中对环境的影响，提供了一种环保的解决方案。不过与PVC类型产品比较，丙烯酸型产品成本相对较高，大约为PVC型产品的1.5~2倍，在各汽车主机厂日益激烈的价格竞争中受到了一定的制约。不过因其具有环境友好的优势，可通过广大科研工作者不断降成本的努力，在不久的将来，丙烯酸型产品一定会有更为广阔的发展空间。

（四）预成型焊缝密封胶

预成型焊缝密封胶是以EVA为主体材料制成的密封材料，有干膜磁性型、粘性磁性可喷漆型、粘性型等多种。它既可起到密封、防尘、防水的作用，又有防止边缘锈蚀的功用，主要在外表面作为装饰性密封材料使用。其固化后表面非常光滑，喷漆质量优异。

预成型焊缝密封胶主要用于行李箱开槽处、顶盖流水槽、侧护板焊缝、尾灯孔、车门内板、发动机舱、车门、车门框、尾门框等处，主要是在装饰部位使用。由于是粘性磁性型，施工时用手粘贴在被密封部位即可。然后表面喷涂中涂和面漆即可。

图7-28为预成型焊缝密封胶带。图7-29是预成型密封胶带在车顶焊缝处密封的应用。

图7-28　预成型密封胶带

图7-29　预成型密封胶带在汽车上的应用

二、抗石击阻尼涂料

汽车是一种在各种道路条件下行驶的载人或载货的交通工具，在行进中被疾风带起及轮胎碾压飞溅的砂石，不断地击打车身底板、轮罩、裙围等处，长期的冲击不仅会使车身底部的涂层逐渐被破坏，导致底板锈蚀，同时产生噪声也影响乘坐的舒适性。为了抵御路面砂石的冲击，降低车内噪声，延长车体使用寿命，汽车制造厂家大都在车身底部、翼子板下侧涂布抗石击阻尼涂料。

抗石击阻尼涂料也称抗石击涂料或底涂胶，主要由高分子材料和无机填料所组成。其主要作用有：提高车身底板的耐腐蚀能力；对外界的冲击（如车轮带起的砂石对车身的强力击打)起到缓冲作用，保护车身；降低由发动机、车轮与路面接触及车身振动产生的噪声；对车底部及轮罩内焊缝、凹坑等起密封作用。

抗石击阻尼涂料是数十种汽车用胶粘剂密封胶中用量最大的一种，几乎占汽车用胶量的一半。其主要分为沥青型、聚氯乙烯(PVC)塑溶胶型、丙烯酸型和聚氨酯型四种类型。

20世纪80年代中期以前，因沥青基抗石击阻尼涂料具有较好的防腐、耐水性能，且成本低廉，曾长期被国内汽车主机厂采用，但其机械强度低、耐砂石冲击性差，尤其是耐高温性能欠佳，同时还存在容易起泡、脆裂、石棉致癌等弊端。随着汽车品质和环保要求的日益提升，沥青基抗石击阻尼涂料已逐渐消失。

我国对PVC塑溶胶型抗石击阻尼涂料的研究起步于80年代。随着汽车技术和车型的不断引进、改型换代产品的投产，我国开始逐渐了解并使用PVC塑溶胶型抗石击阻尼涂料。此胶以优异的性能、低廉的成本而迅速得到普及。但PVC塑溶胶型抗石击阻尼涂料是含氯材料，在降解过程中会产生含氯的气体，对环境不友好。

丙烯酸型抗石击阻尼涂料属环保型材料，它不含氯元素，在分解的过程中释放的气体为碳氢化合物，对环境和人体不造成危害，但成本较高。

聚氨酯型抗石击阻尼涂料综合性能好，固化后表面平整、细腻，具有良好的外观装饰效果，但成本较高且施工要求高，现主要用于汽车裙边部的喷涂，有一定的装饰作用。

（一）PVC塑溶胶型抗石击阻尼涂料

1. PVC塑溶胶型抗石击阻尼涂料的发展

20世纪60年代末期，PVC塑溶胶型抗石击阻尼涂料在欧洲大陆出现。由于其原料来源广泛，生产工艺简单，设备投资少，低味、无毒，施工工艺性能好，密封、抗石击、阻尼性能优良而显现出广阔的应用前景，国外汽车生产厂家纷纷采用，并已经成为世界汽车工业比较发达国家首选的优质车底涂料。

我国PVC抗石击阻尼涂料的研究和应用起步于80年代后期，并逐步开始采用其作为抗石击阻尼涂料。现在PVC抗石击阻尼涂料已经成为我国汽车制造业应用最为广泛的一种材料。

2. PVC抗石击阻尼涂料的主要成分、优点及性能指标

1）PVC抗石击阻尼涂料的主要成分

PVC抗石击阻尼涂料的基本组成与PVC焊缝密封胶相近。主要是由改性聚氯乙烯糊树脂、增塑剂、增粘剂、稀释剂、触变剂、无机填料、热稳定剂等组成的膏状物。

2）PVC抗石击阻尼涂料的优点

由于其固体含量高，触变性能好，喷涂时雾化效果好，不流挂，塑化后的涂层具有优异的耐候性、耐盐雾性和良好的抗石击性能。

3）PVC 抗石击阻尼涂料的主要技术性能指标

PVC 抗石击阻尼涂料的主要技术性能指标见表 7-20。

表 7-20　PVC 抗石击阻尼涂料的主要技术性能指标

项　目	性能指标	项　目	性能指标
密度/(g/cm^3)	≤1.50	抗冲击性	-40℃无开裂、脱落
粘度/Pa·s	依据现场工艺	耐寒性	-40℃无开裂、脱落
抗张强度/MPa	≥0.7	耐水性	40℃无开裂、脱落
断裂伸长率/%	≥100	耐盐雾性(720h)	无腐蚀
硬度(邵氏 A)	40~70		

3. 低密度 PVC 抗石击阻尼涂料

PVC 抗石击阻尼涂料按密度不同分为通用型（1.30~1.50g/cm^3）和低密度型（≤1.2g/cm^3）。

随着汽车减重的需要，PVC 抗石击阻尼涂料在保证其抗石击性的同时要降低密度，目前一些汽车制造商使用的 PVC 抗石击阻尼涂料的密度已经由最初的 1.40g/cm^3降低到 1.2g/cm^3 以下，甚至低于 1.0g/cm^3 即低密度 PVC 抗石击阻尼涂料。低密度 PVC 抗石击阻尼涂料使用低密度（0.05~0.5g/cm^3）的填料来部分或全部替代重质碳酸钙填料（相对密度 2.7~2.9g/cm^3），如使用轻质中空玻璃微球、硅藻土中空球、轻质塑料微球等，使抗石击阻尼涂料产品的相对密度降低，以达到降低车身重量的目的。目前低密度 PVC 抗石击阻尼涂料在上汽通用、广汽本田、武汉神龙等主机厂得到普遍使用。

4. 发泡型 PVC 抗石击阻尼涂料

为了更好适应汽车轻量化的发展要求，除了开发、使用低密度型 PVC 抗石击阻尼涂料外，另外一种非常有效的方式即开发使用发泡型 PVC 抗石击阻尼涂料。发泡型 PVC 抗石击阻尼涂料，在产品中添加了物理发泡剂成分（发泡剂主要有物理发泡剂和化学发泡剂两种，因物理发泡剂发泡均匀和环保，已成为当今主流，在此主要介绍物理发泡剂）。物理发泡微球（剂）通常由特殊的塑料球壳和里面包裹了易挥发的液体组成，其发泡原理为：当 PVC 抗石击阻尼涂料产品在烘烤固化过程中，发泡微球的塑料壳软化，里面的易挥发液体汽化，产生膨胀源，致发泡微球体积膨胀从而使抗石击阻尼涂料产品产生发泡。其示意如图 7-30 所示。

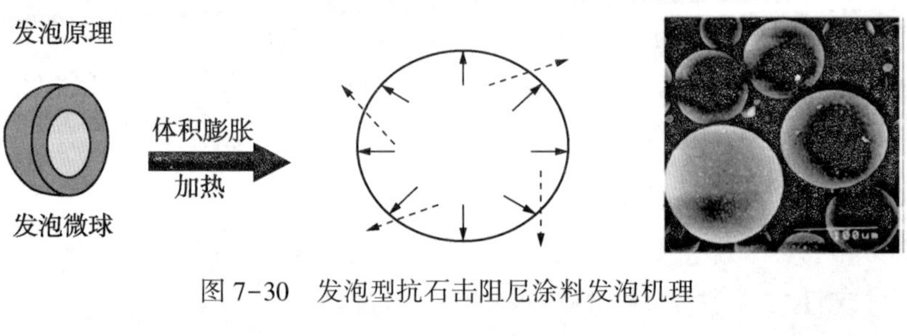

图 7-30　发泡型抗石击阻尼涂料发泡机理

发泡型 PVC 抗石击阻尼涂料，除了能有效降低车身重量外，还能提高车身的降噪性能，以及降低抗石击阻尼涂料的单车成本，目前发泡型 PVC 抗石击阻尼涂料在广汽本田、广汽丰田、东风日产、广汽乘用车等主机厂得到了普遍使用。

5. 自干型 PVC 抗石击阻尼涂料修补胶

自干型 PVC 抗石击阻尼涂料修补胶是汽车生产中不可缺少的密封材料之一，是烘干型 PVC 抗石击阻尼涂料的辅助产品，主要用于 PVC 车底抗石击阻尼涂层缺损处的修补。

在汽车装配中，车身随工艺车架一起运行，由于同车架的碰撞或其他因素的影响可能造成已烘干的 PVC 抗石击阻尼涂层局部缺损，露出车底板，如不及时修补，会在车身上遗留隐患，使此处的车体容易发生锈蚀。

PVC 抗石击阻尼涂料修补胶为液体，可以刷涂，涂后不流挂，室温自然固化，与烘干型 PVC 抗石击阻尼涂层及涂装车身有良好的附着力。

6. PVC 抗石击阻尼涂料的施工工艺

PVC 抗石击阻尼涂料是以无气喷涂法施工，一般采用流量比较大的压缩比为 55：1以上的涂胶设备。无气喷涂法可以使高粘度胶液充分雾化，一次涂布厚度大，而且胶液不易反弹，可增加胶液的湿态粘附性，提高涂布速度。国内大多汽车厂采用机械手自动喷胶方式涂布 PVC 抗石击阻尼涂料，既提高了生产效率，又保证了质量。

对于 PVC 抗石击阻尼涂料的施工，可以参考下述工艺：

（1）遮蔽　按照工艺要求用胶纸带将工艺孔遮蔽，然后将车身运行到喷胶室。

（2）喷涂 PVC 抗石击阻尼涂料　依次对车底板下表面，左、右轮罩内，内坎下裙部，左、右翼子板内侧等处均匀喷涂 PVC 抗石击涂料，喷胶时枪嘴距车身 30~50mm，使所形成的扇形雾状胶粒喷涂到车身上，厚度 0.5~1.5mm。

（3）摘除遮蔽用的胶纸带。

（4）烘干　在传统或免中涂工艺下经烤房烘干，PVC 抗石击阻尼涂料一般需叠加达到 140℃×30min 达到完全固化。预固化的 PVC 车底抗石击阻尼涂料经中涂烘干室（140℃×20min ）、面漆烘干室（140℃×20min）后达到完全固化。

图 7-31 为汽车喷涂 PVC 抗石击涂料的区域及厚度示意图。

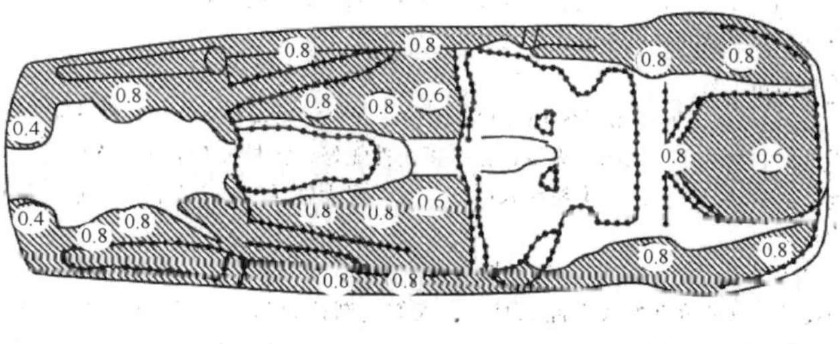

○—PVC抗石击涂料涂布厚度　　—PVC焊缝胶

图 7-31　车底抗石击涂料喷涂示意图

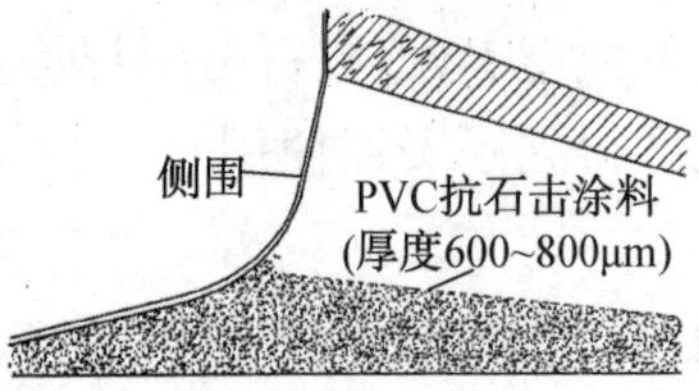

图 7-32 PVC 抗石击阻尼涂料在侧围的示意图

PVC 抗石击阻尼涂料还可以喷涂在汽车侧围底部(称为 Rocker Panel)。这时使用的 PVC 抗石击阻尼涂料要有很好的外观平整性、油漆配套性，喷漆后漆面不失光、不变色。其喷涂部位见图 7-32。

现今国内汽车主机厂使用抗石击涂料以 PVC 抗石击涂料为主的有：一汽大众、上汽大众、上汽通用、武汉神龙以及大部分国产品牌汽车厂家。其中，上汽通用、广汽本田采用的是低密度型 PVC 抗石击阻尼涂料，其用量减少，可提高汽车经济性。而一汽大众采用的是薄层型、高耐磨 PVC 抗石击阻尼涂料。

(二) 丙烯酸型抗石击阻尼涂料

1. 丙烯酸型抗石击阻尼涂料分类

丙烯酸型抗石击阻尼涂料分为丙烯酸型抗石击阻尼涂料和水基(乳液型)丙烯酸酯抗石击阻尼涂料两种。

2. 丙烯酸型抗石击阻尼涂料

1) 丙烯酸型抗石击阻尼涂料的组成

丙烯酸型抗石击阻尼涂料主要由“核/壳”结构的丙烯酸树脂为主体，加入增塑剂、附着力促进剂、无机填料及一些功能助剂组成。

2) 丙烯酸型抗石击阻尼涂料的主要技术性能指标

丙烯酸型抗石击阻尼涂料的主要技术性能指标见表 7-21。

表 7-21 丙烯酸型抗石击阻尼涂料的主要技术性能指标

项　目	性能指标	项　目	性能指标
粘度/Pa·s	40~90	拉伸强度/MPa	≥0.8
不挥发物含量/%	≥95	断裂伸长率/%	≥200
密度/(g/cm^3)	≤1.6		

注：固化条件为 140℃×20min(保持)。

3) 丙烯酸型抗石击阻尼涂料施工设备及工艺

丙烯酸型抗石击阻尼涂料主要通过无气喷涂施工，泵的压缩比≥45∶1，可同时满足机器人自动施工或手工半自动方式施工。施工设备及工艺与 PVC 抗石击阻尼涂料相同。

3. 水基(乳液型)丙烯酸酯抗石击阻尼涂料

水基(乳液型)丙烯酸酯抗石击阻尼涂料是在 20 世纪 90 年代初，国内最早在客车、卡车生产中就已广泛地进行了应用。其以乳液聚合丙烯酸树脂为基材，添加无机功能填料等组成糊状的抗石击阻尼涂料。

4. 丙烯酸型抗石击阻尼涂料的发展

丙烯酸型抗石击阻尼涂料同丙烯酸型焊缝密封胶一样都是分子结构中不含卤素等，汽车报废拆解后燃烧时不会产生有害物质。随着人们对环保的重视，丙烯酸型抗石击阻尼涂料将会越来越受各汽车主机厂青睐。广汽本田、东风本田、一汽丰田等汽车厂都大量使用丙烯酸型抗石击阻尼涂料。当前该类型产品的成本尽管相对来说比较高，给大面积推广带来了一定的制约，不过伴随着人们对环保的日益重视及技术降成本的深入推进，相信该类型产品的应用会更加普遍。

三、阻尼材料

汽车发动机在工作状态下，会产生振动，这些振动很容易通过车身钣金传递到车内。同时，行驶中轮胎与不平路面的颠簸振动响应也会引起钢板的振动，并产生辐射噪声。所有这些振动以及通过钢板振动传递的辐射噪声，都是影响乘员舒适性的原因。图 7-33 表示了汽车噪声、振动源。

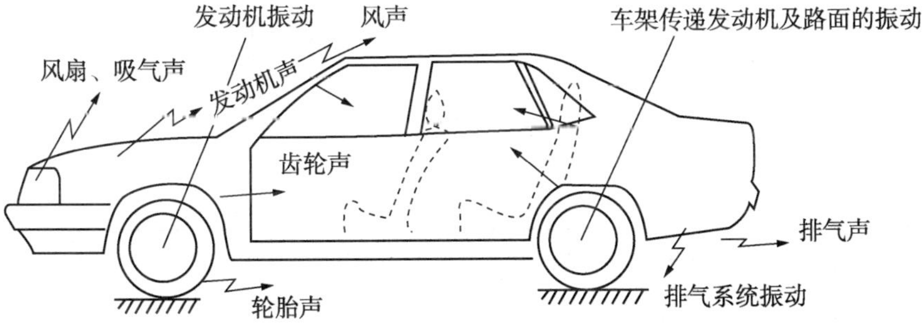

图 7-33　汽车噪声、振动源

为了给汽车驾驶人员和乘员提供一个安静、舒适的环境，就要设法最大限度地阻止通过车身钣金件的噪声及振动的传递，减振阻尼材料就是汽车上担负此重任的主要材料之一。

汽车常用的减振阻尼材料主要有阻尼胶片和液态喷涂阻尼材料（LASD）两类，以下分别介绍。

（一）阻尼胶片

1. 阻尼胶片的分类

目前汽车涂装车间安装使用的阻尼胶片主要有沥青基阻尼片和丁基橡胶类阻尼胶片两类。

1）沥青基阻尼胶片

（1）组成　沥青基阻尼胶片是由再生橡胶、沥青、无机填料制成的预成型片状阻尼材料。

（2）分类　沥青基阻尼胶片按其施工工艺分为热熔型、自粘型、磁吸型。沥青基阻尼胶片的最大特点是成本低、常温下阻尼效果良好，因此至今仍为绝大部分轿车及卡车所使用。其最大缺点是环保性能差，在高温环境下会释放挥发性气体。

（3）沥青基阻尼胶片的主要技术性能指标见表 7-22。

表 7-22　沥青基阻尼胶片的主要技术性能指标

项　　目	指　标		
	热熔型	自粘型	磁吸型
拉伸强度/MPa　≥	0.6	0.6	0.6
密度/(g/cm^3)	1.50±0.20	1.50±0.20	2.40±0.20
灰分/%　≤	60	65	75
蒸发量/%　≤	1.00	1.00	1.00
磁感应强度/mT　≥	—	—	18
燃烧性/(mm/min)　≤	100		
下垂性/mm　≥	10		
剪切强度/MPa　≥	0.50		
热流动性/mm　≤	10		
收缩率/%　≤	2.00		
阻尼系数			
0℃　≥	0.05		
20℃　≥	0.10		
40℃　≥	0.05		
气味/分　≤	4		
甲醛释放量/(mg/m^3)　≤	0.12		
有机物挥发/(μg/g)　≤	50		

注：主要技术性能指标来源于 HGT/4384—2012 汽车用阻尼胶片。

2）丁基橡胶类阻尼胶片

（1）组成　丁基橡胶类阻尼胶片是由丁基橡胶、无机填料制成的预成型片状阻尼材料。

（2）分类　根据其外表面是否复合了金属基约束层，丁基橡胶类阻尼胶片可分成无约束层的普通自由层阻尼胶片和带铝箔的约束层阻尼胶片两大类产品。它们的结构形式如图 7-34 所示。

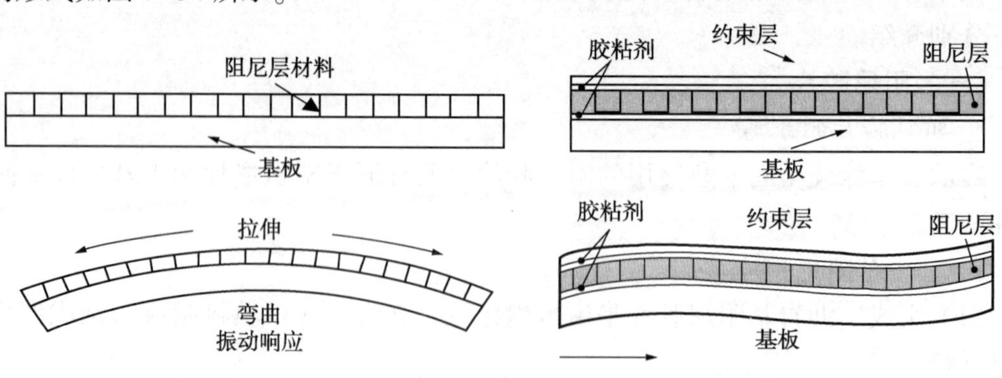

(a)自由层阻尼胶片　(b)约束层阻尼胶片

图 7-34　阻尼胶片的结构形式

(3)丁基橡胶类带约束层阻尼胶片与普通沥青基阻尼胶片性能对比见表7-23。

表7-23 丁基橡胶类带约束层阻尼胶片与普通沥青基阻尼胶片性能对比

项　目	性能指标	
	某丁基橡胶基约束阻尼片（厚度：1.5mm）	普通沥青基阻尼片（厚度：2mm）
密封/(g/cm³)	1.81	1.62
收缩率/%	0.2	0.6
剪切强度/MPa	0.15	0.13
剥离强度/(N/25mm)	62	5.36
损耗因子	0.29	0.08

从表7-23中可以看出，丁基橡胶类带约束层阻尼胶片比普通沥青基阻尼胶片的性能要高很多，但其缺点就是成本较高，一般为普通沥青基阻尼胶片的两倍以上，该材料只能用于平面部位，不能用于凹凸表面。

2. 阻尼胶片的工作原理

阻尼胶片属热熔型材料，通常在底漆烘干后铺放，经车身中涂或面漆烘干时受热软化，与被覆盖处的部件形状吻合附贴，冷却后与车体牢固结合。

根据使用不同的阻尼材料，其阻尼作用工作原理略有不同，主要有粘滞阻尼与约束阻尼两种。

1）粘滞阻尼胶片工作原理

粘滞阻尼又称为自由阻尼层(Free Damping Layer)，是指将一层一定厚度的橡胶粘弹性材料粘贴于金属板结构表面。由于粘弹性阻尼层外侧处于自由状态，当金属钣金产生弯曲振动时，阻尼层随金属钣金件一起振动，从而在阻尼层内部产生拉-压变形。由于粘弹性材料具有滞后现象，当阻尼材料内部受到交变应力作用时，阻尼材料就会将有序的机械能转化为无序的热能，从而起到耗能的阻尼作用。

2）约束层阻尼胶片工作原理

约束阻尼层(Constrained Damping Layer)，是指在自由阻尼层外侧表面再粘贴一层弹性材料层。而且弹性层应具有远大于阻尼层的弹性模量，通常采用铝箔与钢片。增加约束层后，由于金属基约束层/丁基橡胶层/钣金件形成三明治结构，在钢板处于正弦波的振动激励时，三明治的金属钣金件与约束层不仅会使粘弹性胶层受拉-压应力，也会使粘弹性胶层受到剪切应力作用，通过分子间的剪切摩擦，使得振动能量以热能耗散掉。这就是为什么约束阻尼片阻尼效果优于自由层阻尼胶片的根本原因。

3. 阻尼胶片铺设部位的设计选择原则及工艺要求

1）阻尼胶片铺设部位的设计选择原则

阻尼胶片主要应用在如车门、顶盖、侧围及地板部位。目前通常采用计算机FEA技术对白车身进行模态分析，根据分析结果，在多阶次下频率相对密集的连续振动能量集中区域布置阻尼材料。并将所设计的阻尼材料的CAE模型与材料数据代入整车CAE模型中进行不同厚度、不同区域的验算与优化设计，以确定最经济且阻尼效果最佳的阻尼胶片布置方案。同时，铺设方案设计中必须确保施工方便，适于流水线生产方式的要求。具体阻尼胶片铺设选用原则如下：

（1）对于以平面放置为主的车身地板，一般选用自粘性或热熔型阻尼胶片；

（2）对垂直立面如侧围、车门内板、翼子板以及顶盖等，必须选择自粘性较好的丁基橡胶类阻尼胶片或具有磁性的沥青阻尼胶片，以防止烘烤硫化前阻尼胶片的滑移；

（3）在满足阻尼效果的前提下，尽量减少阻尼胶片的厚度和铺设区域，以实现轻量化设计。

轿车、旅行车、载货汽车驾驶室底板、前围、轮罩、行李箱内、顶盖等处均可放置阻尼胶片，以降低车身振动，减少车外的噪声。图7-35为一种车型上阻尼胶片铺放位置示意图。

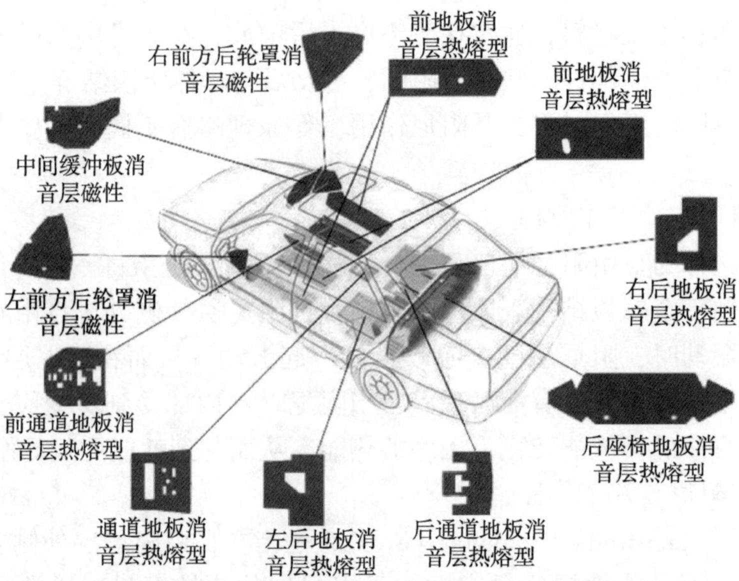

图7-35　防振隔热阻尼胶板在车身上应用部位示意图

2）阻尼片施工工艺要求

汽车用阻尼胶片在涂装线烘干室的油漆烘干中软化、粘接。这就要求在此温度范围内，胶片既能够软化而与被覆盖件附贴，又不能过度软化而流淌，尤其放置于垂直面或斜面上的胶片，绝不能脱落或流淌。阻尼胶片背涂的压敏胶强度要高，耐热性好，在烘干过程中不会失去粘性致使胶片滑落。胶片的韧性要好，在弯折时不出现裂纹或断裂，尤其是冬季，此项性能更为重要。胶片的防振、阻尼性能好，损耗系数高，确保隔音减振效果。加热烘烤中，不会放出有毒、有害气体，不出现鼓泡现象。

4. 阻尼片的施工流程

图 7-36 和图 7-37 为两种铺放阻尼胶片的工艺流程图。

图 7-36　铺放阻尼胶片工艺流程之一

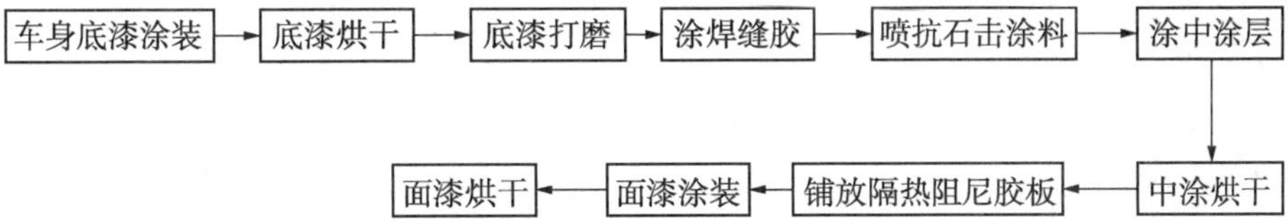

图 7-37　阻尼胶片铺放工艺流程之二

两种工艺的不同之处在于放置时间，工艺流程之一中焊缝密封胶及车底抗石击涂料有预烘干工艺，隔热阻尼胶片可以在中涂之前铺放。工艺流程之二中，中涂层与焊缝密封胶、车底抗石击涂料以“湿碰湿”工艺施工，隔热阻尼胶片在中涂层烘干后铺放。

5. 环保型热熔阻尼片的开发

近几年，由于相关环保法规的出台，对车内空气质量要求越来越严，顾客对车内空气关注度也越来越高，为了在热熔型阻尼产品的基础上保证产品的气味性、VOC 等符合法规要求，阻尼材料生产厂家开发了热熔型环保型阻尼胶片，也称之为“热熔阻尼胶片”。该产品以环保类热熔型树脂为基材加无机填料组成，是新一代的绿色环保产品。产品在面漆的前一道工序铺放在规定的部位上，并随面漆烘烤塑化，冷却后即同底板牢固地贴合在一起。该产品的最大特点是可以与沥青基阻尼片实现工艺互换，除了可以消除沥青基阻尼片的气味和 VOC 缺陷外，由于其阻尼效率高，且密度仅为 $1.2g/cm^3$ 左右，与传统沥青基阻尼片相比，可以降重 20%～30%，具有良好的减振、阻尼和轻量化的效果。

（二）液态喷涂阻尼材料（LASD）

1. 液态喷涂阻尼材料（LASD）的发展和分类

1）液态喷涂阻尼材料的发展

液态喷涂阻尼材料（LASD）是一种乳液聚合型高分子喷涂阻尼隔音材料。该材料最早在 20 世纪的 90 年代初，在美国的汽车厂家就开始使用。2010 年以后国内开始重视其发展及应用，特别是近几年发展较快，有逐步取代减振阻尼胶片的趋势。

2）液态喷涂阻尼材料的分类

水基（乳液型）丙烯酸酯型、聚氯乙烯（PVC）塑溶胶型、橡胶型等，其中水基（乳液型）丙烯酸酯型阻尼材料（以下简称“水基丙烯酸酯”）发展最为迅速，获得各大主机厂的认可和应用。

2. 水基丙烯酸酯阻尼材料的组成及优点

1）水基丙烯酸酯阻尼材料的组成

水基丙烯酸酯阻尼材料是以乳液聚合丙烯酸树脂为基材，添加无机功能填料等组成的水溶性糊状物。

2）水基丙烯酸酯阻尼材料的优点

电泳后通过机器人直接喷涂在车身需要减振降噪的部位上，取消人工贴敷阻尼片工艺，施工效率大幅度提高；可以通过阻尼优化设计，依靠机器人实现精准厚度与区域的喷涂，减少阻尼材料的用量，可以实现车身的轻量化；由于采用环保型水基乳液，无毒、无味，可实现车辆绿色环保。

3. 水基丙烯酸酯阻尼材料的主要技术性能指标及与其他阻尼材料对比

1）水基丙烯酸酯阻尼材料的主要技术性能指标

水基丙烯酸酯阻尼材料的主要技术性能指标见表7-24。

表7-24 水基丙烯酸酯阻尼材料的主要技术性能指标

项　目	性能指标
外观	均质膏状、无杂质、无沉淀、无结块、无结皮
密度/(g/cm^3)	1.40~1.70
旋转黏度/Pa·s	65~100
固化条件	140℃、20min，完全固化，表面无粘性
不挥发物含量/%	≥75
流淌性(3mm膜厚)/mm	≤5
体积膨胀率/%	≤30
阻尼系数	
-20℃	≥0.01
0℃	≥0.05
20℃	≥0.20
40℃	≥0.10
60℃	≥0.05
耐热性(140℃±2℃重复烘烤)	无明显膨胀、松弛、剥离、龟裂现象
耐潮湿性(50℃，95%RH，240h)	无明显膨胀、松弛、剥离、龟裂现象
耐寒性(-30℃，24h)	无明显膨胀、松弛、剥离、龟裂现象
耐冷热交变性(冷热循环5次)	无明显膨胀、松弛、剥离、龟裂现象
耐腐蚀性(盐雾试验，720h)/mm	基材无腐蚀、划痕处单边腐蚀≤1
气味	满足相关法律要求
VOC	满足相关法律要求
有毒有害物质	满足相关法律要求
吸水率/%	≤25
储存稳定性/月	≥3

2）水基丙烯酸酯阻尼材料与橡胶基阻尼胶片、沥青基阻尼胶片的阻尼性能对比

图 7-38 是不同种类材料的阻尼性能（以损耗因子表示）的示意图。从图中可以看出，由于以乳液聚合型丙烯酸树脂为主体材料的水基丙烯酸酯阻尼材料是韧性材料，在汽车的使用温度范围内有很好的阻尼性能（损耗因子高），减振、降噪效果显著，比其他类型的阻尼材料有很大的改进。在相同面密度量下，水基丙烯酸酯材料的阻尼效果也要高于其他类型的阻尼材料。

4. 液态喷涂型阻尼材料的阻尼优化设计与轻量化效果

众所周知，阻尼材料通常应该铺设在车身钣金件振动响应较高的部位才能发挥其阻尼作用，过多的铺设，不仅不能起到阻尼降噪的作用，反而会带来增重，提高成本，同时重量的增加也会引起局部车身模态降低，恶化减振效果。因此，合理的设计阻尼材料铺设区域显得尤为重要。

随着计算机有限元辅助分析技术（FEA）的应用，当前汽车主机厂或 LASD 系统供应商都会依靠 FEA 技术，首先对车身模态进行计算分析，并根据车型特点和特殊工况条件，考察重要频点激励下的不同区域的振动激励响应变化，进行阻尼材料布置方案的设计，最后进行不同阻尼方案的对比分析，优化设计方案。下面可以通过某车型的阻尼优化设计案例图片看到阻尼优化分析技术对提升减振降噪效果的贡献。通过阻尼优化设计并采用 LASD 后，与原采用沥青基阻尼方案相比达到减重45%的轻量化效果。

图 7-39 是基于振动响应分布的阻尼片布置方案，图 7-40 是前围不同阻尼方案的减振效果仿真分析。从分析结果可以看到，通过阻尼优化设计的 LASD 方案，具有良好的阻尼减振效果。

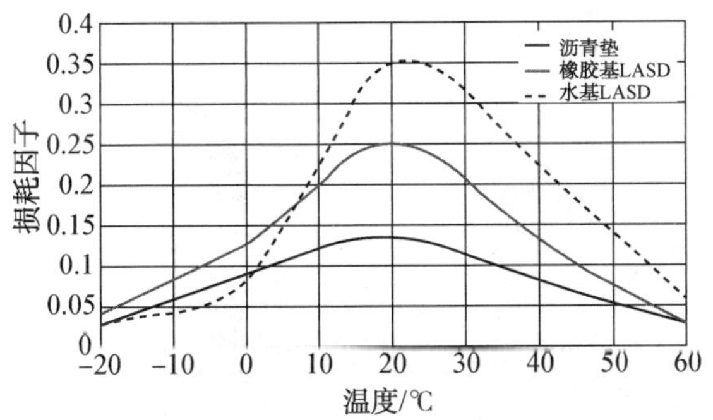

图 7-38 不同种类材料的阻尼性对比

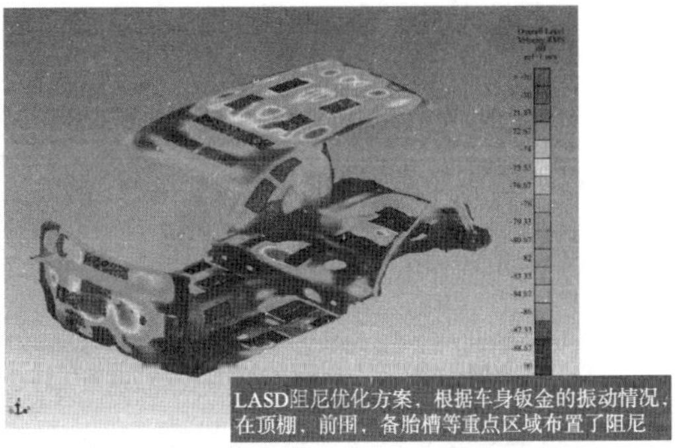

图 7-39 基于振动响应分布的阻尼片布置方案

5. 水基丙烯酸酯阻尼材料的施工及设备要求

水基丙烯酸酯阻尼材料喷涂后呈均匀的条状排布，适合各种不同部位和角度，同时，由于其具有优异的触变性，也可应用于翻转面，如顶盖内侧。在同一条涂装线，可以达到车型的灵活切换，阻尼材料外形尺寸发生设计变更不需要像阻尼胶板一样重新开模。图 7-41 为水性丙烯酸涂料的应用实例。水基丙烯酸酯阻尼材料采

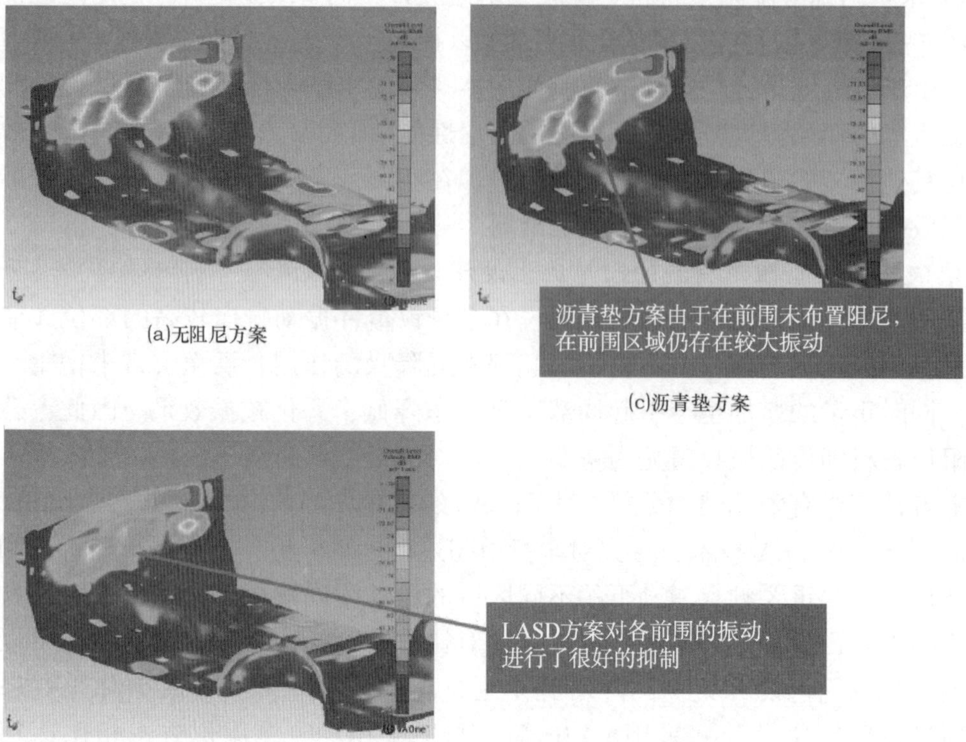

(a)无阻尼方案

(c)沥青垫方案

(b)LASD方案

图 7-40　不同阻尼方案的振动响应分析——减振效果分析

用无气喷涂法喷涂。由于是水基材料，建议采用不锈钢管道，所有与材料接触的部件也要由不锈钢制成。

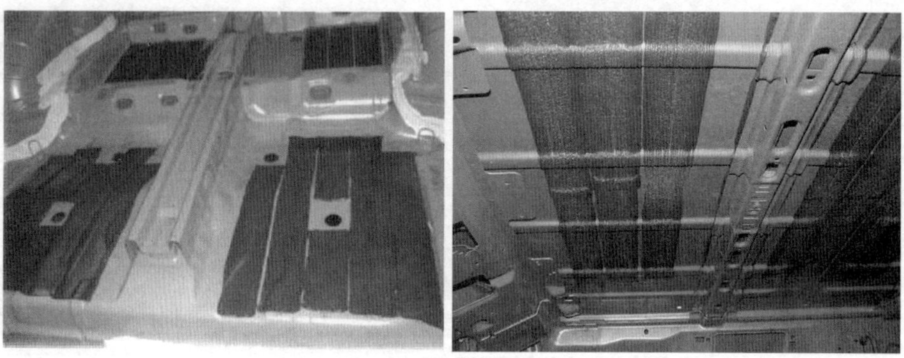

图 7-41　水基丙烯酸酯涂料的应用实例

6. 水基丙烯酸酯阻尼材料的固化成膜机理

水基丙烯酸酯阻尼材料的成膜机理是在烘烤过程中水分蒸发，聚合物粒子相互熔融成膜。成膜过程为物理过程，无化学反应，见图 7-42。在固化过程中，挥发的主要成分是水，相比沥青阻尼板和溶剂型阻尼涂料的固化，大量地降低了 VOC 的排放。

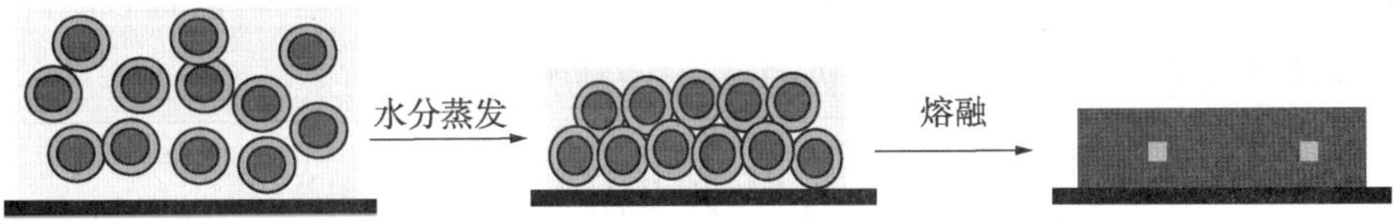

图 7-42 水基丙烯酸酯涂料固化成膜机理

7. 水基丙烯酸酯阻尼材料的储存及运输条件

由于水基丙烯酸酯阻尼材料在 0℃ 以下有结冰的可能性，一旦结冰将破坏丙烯酸乳液的性能。所以水基丙烯酸酯阻尼材料的储存及运输条件应在 5~35℃。

由于水基丙烯酸酯类阻尼涂料具有优异的阻尼性能，符合环保要求，逐渐成为新一代的阻尼材料。在美国的汽车制造厂中已有很多车型采用水基阻尼涂料。日本、欧洲也开始了这方面的应用。如美国通用、克莱斯勒、福特汽车公司大量使用水性阻尼材料取代沥青类阻尼胶板。国内也有很多汽车主机厂开始应用水性丙烯酸阻尼材料。

四、指压密封胶

在涂装过程中，除使用以上所述的胶粘剂密封胶以外，也用到了一些指压密封胶。

1）组成　指压密封胶主要由合成橡胶、聚氯乙烯树脂、增塑剂及无机填料等组成。一般为浅白色或灰白色的高固含量胶泥态材料。

2）作用　指压密封胶主要在涂装生产线上，用于一些焊缝密封胶不易施工操作的大缝隙及工艺孔的密封。随油漆线烘干加热而固化，起密封作用。

3）施工　指压密封胶在施工时操作者用手指涂抹、压实。

4）指压密封胶的主要技术性能指标。

指压密封胶的主要技术性能指标见表 7-25。

表 7-25　指压密封胶的主要技术性能指标

项　　目	性能指标
外观	单组分的白色或灰色半硬质腻子，色泽均匀，无异物
针入度/(1/10mm)	50~350
密度/(g/cm^3)	1.4~1.8
操作性	易于揉搓操作
不挥发物含量/%	≥95
剪切强度/MPa	≥1.0

5）应用实例

福田汽车的农用收割机驾驶室，由于钢板较厚，车身骨架搭接接合部位缝隙比较大，涂布 PVC 焊缝密封胶容易流淌，密封不严，但为保证驾驶室完全密封，避免作业过程中灰尘、湿气等进入驾驶室，影响驾乘舒适性，采用了施工工艺性好、不流淌的指压密封胶进行密封封堵，提升了车辆驾乘品质。

第三节　总装用胶粘剂密封胶

总装工艺是整车制造的最后一个过程，为了提升车身的密封防水、减振降噪、隔音阻尼性能，单组分聚氨酯玻璃胶粘剂、丁基密封胶等在总装车身上被广泛应用。近年来，随着汽车制造技术及胶粘剂密封胶应用技术的发展，胶粘剂密封胶在汽车总装过程中又有了新的应用。

一、单组分湿气固化型聚氨酯类胶

单组分湿气固化型聚氨酯类胶分为单组分湿气固化型聚氨酯胶粘剂和单组分湿气固化型聚氨酯密封胶。在汽车总装工序，单组分湿气固化型聚氨酯胶粘剂(以下简称单组分聚氨酯胶粘剂)主要用于汽车车窗玻璃的粘接；单组分湿气固化型聚氨酯密封胶(以下简称单组分聚氨酯密封胶)主要用于客车玻璃周边填缝装饰密封及地板的粘接密封。以下将分别介绍。

1. 单组分湿气固化型聚氨酯类胶的定义

单组分湿气固化型聚氨酯类胶是指在分子链中含有氨基甲酸酯基团(NHCOO—)或异氰酸酯基(—NCO)的胶粘剂或密封胶。

2. 单组分湿气固化型聚氨酯类胶的组成、反应机理及特点

1）组成

单组分湿气固化型聚氨酯类胶除含有氨基甲酸酯基团(NHCOO—)或异氰酸酯基(—NCO)外，还含有增塑剂、填料、催化剂等成分组成。

2）反应机理及特点

单组分湿气固化型聚氨酯类胶是通过吸收空气中的水分(湿气)而引发反应，其固化机理如图 7-43 所示。由于单组分湿气固化型聚氨酯类胶具有高的活性和强极性，对多种极性材料有良好的粘附性；同时以聚醚作原料，增加了胶的柔软性能，提高了耐水、耐振动、耐冲击的性能。

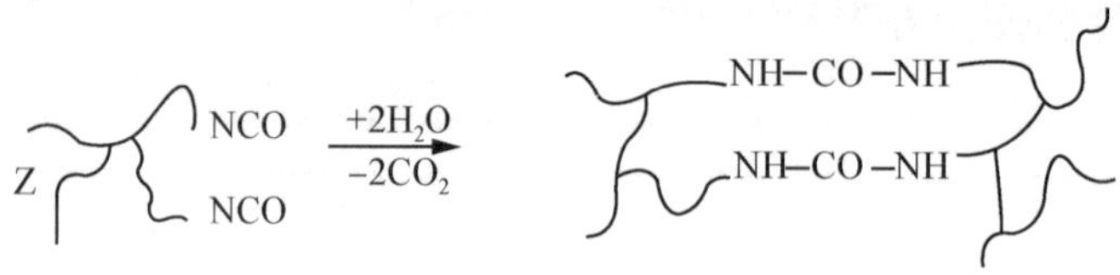

图 7-43　单组分湿气固化型聚氨酯类胶固化机理示意图

3. 单组分湿气固化型聚氨酯类胶的发展过程

单组分湿气固化型聚氨酯胶粘剂最先由美国 ESSEX 化学公司在 20 世纪 70 年代

初研制成功，并应用于美国通用汽车，1976 年奥迪汽车公司也在奥迪 C2 车型上应用。随后日本及其他欧洲汽车厂家相继采用风挡玻璃的直接粘接工艺。

我国是 20 世纪 80 年代后期在引进轿车上开始应用，当时所应用的单组分湿气固化型聚氨酯胶粘剂皆为进口。90 年代初期，我国极少的客车生产厂家开始应用单组分湿气固化型聚氨酯胶粘剂在整车玻璃上的粘接。后来，单组分湿气固化型聚氨酯胶粘剂的开发被列为“七五”国家重点科技攻关项目。随着“七五”国家重点科技攻关的开始，在原化工部洛阳黎明化工研究院、中科院长春应用化学研究所、中科院大连化学物理研究所等单位及科研人员的努力下，该项目取得了丰硕的成果。国产单组分湿气固化型聚氨酯胶粘剂最早由长春华祥实业公司试生产，随后山东化工厂也进行了引进。经过 20 多年的努力，通过不断的发展、完善、淘汰，国产单组分湿气固化型聚氨酯胶粘剂的技术水平已与国外产品的差距在明显缩小，有些品牌已经达到了国外产品的同等水平。

(一) 单组分聚氨酯胶粘剂

1. 单组分聚氨酯胶粘剂的用途及分类

1) 单组分聚氨酯胶粘剂用途

单组分聚氨酯胶粘剂主要用于汽车玻璃，如乘用车的风挡玻璃；客车的风挡玻璃、侧窗玻璃等的粘接。图 7-44 所示为汽车玻璃粘接示意图。单组分聚氨酯胶粘剂在粘接汽车玻璃时，要与配套的清洗活化剂、底涂剂共同使用，以增加粘接结构的强度和耐老化性能。

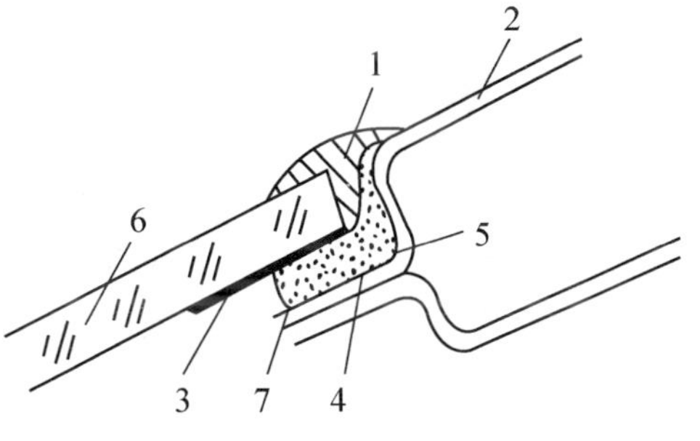

图 7-44　单组分聚氨酯胶粘剂粘接车窗玻璃示意图

1—装饰条；2—车身；3—玻璃底胶；4—聚氨酯胶粘剂；5—漆面底漆；6—玻璃；7—橡胶堰条

2) 单组分聚氨酯胶粘剂分类

单组分聚氨酯胶粘剂分为高模量和中等模量。德系品牌的乘用车一般采用高模量的为主；日系品牌的乘用车一般采用中等模量的为主；客车及国产品牌的乘用车一般也是采用中等模量的单组分聚氨酯胶粘剂。

2. 清洗活化剂及底涂剂

清洗活化剂及底涂剂都是汽车玻璃粘接过程中与单组分聚氨酯胶粘剂配套使用的产品。

1）清洗活化剂

清洗活化剂又称活化剂，是用来清洗并活化玻璃和窗框被粘接表面的，可提高粘接强度。当清洗活化剂有乳状产生或浑浊时，不能使用。

2）底涂剂

又称底漆或底胶，分为玻璃底胶、漆面底胶，也有玻璃和漆面兼顾的底涂剂。理论上，底涂剂不仅与单组分聚氨酯胶粘剂之间形成化学键（有牢固的结合力），还与被粘物表面有着良好的附着性。所以在实际应用中，底涂剂是在单组分聚氨酯胶粘剂施工过程中预先涂在被粘物上的溶液状物质，它固化后形成一层牢固的漆膜。底涂剂固化物是胶与被粘物之间的过渡层，它与胶粘剂及被粘物之间的粘接力优于胶与基材之间的粘接力，从而增强了胶与基材之间的粘接性能。

对底涂剂的要求包括两个方面，一是具有良好的操作性能，有易于施工的粘度，浸润性好，使用期长，晾置时间短；二是具有良好的涂膜物性和较高的内聚强度，粘接性好，固化收缩小，耐水、耐热、耐候等。

对于聚氨酯胶粘剂来说，所用的底涂剂概括起来大多数属于以下三类：有机硅偶联剂，多异氰酸酯及端 NCO 基团的预聚体，有机硅偶联剂与端 NCO 化合物的加成物。

3. 单组分聚氨酯胶粘剂的主要技术性能指标

单组分聚氨酯胶粘剂的主要技术性能指标见表 7-26。

表 7-26　单组分聚氨酯胶粘剂的主要技术性能指标

项　目	技术指标	项　目	技术指标
密度/（g/cm^3）	规定值±0.1	剪切模量/MPa	≥0.5
下垂度/mm	≤0.5	拉伸强度/MPa	≥6.0
表干时间/min	≤60	拉断伸长率/%	≥300
固化速度/（mm/24h）	≥2.5	撕裂强度/（kN/m）	≥10
不挥发物含量/%	≥95	硬度（邵氏 A）	40～70
剪切强度/MPa（破坏类型）	≥3（90%以上内聚破坏）	低温柔性	-40℃ 无裂纹

4. 单组分聚氨酯胶粘剂施工工艺

1）单组分聚氨酯胶粘剂人工施工工艺

（1）玻璃清洗活化　用毛毡或脱脂棉蘸取玻璃清洗活化剂，并擦涂在车窗玻璃边缘黑色陶瓷层表面，然后用纸巾将多余的活化剂擦去，即所谓的 Wipe on/Wipe off 工艺，以提高粘接耐久性。

（2）涂布玻璃底涂剂　用带有毛毡头的塑料瓶或笔刷将玻璃底涂剂涂布在已经活化的陶瓷层上，见图 7-45。

（3）涂布漆面底涂剂　用带有毛毡头的塑料瓶或笔刷在涂漆的车窗框上涂布漆

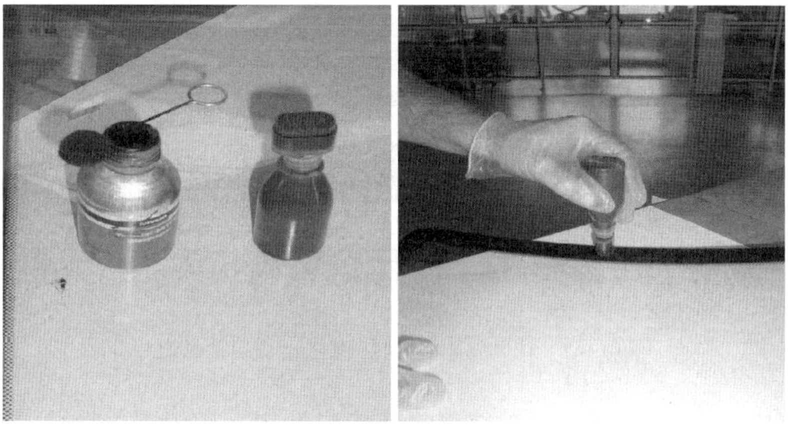

图 7-45　涂布玻璃底涂剂

面底涂剂。

（4）涂单组分聚氨酯胶粘剂　先将塑料枪嘴剪成图 7-46(a)形状，以保证涂出的胶粘剂底边宽为 8mm±2mm，高度为 12mm±3mm 的典型尺寸，不同的主机厂有不同要求。将单组分聚氨酯胶粘剂用气动涂胶枪挤涂于已涂布玻璃底涂剂的陶瓷层上。

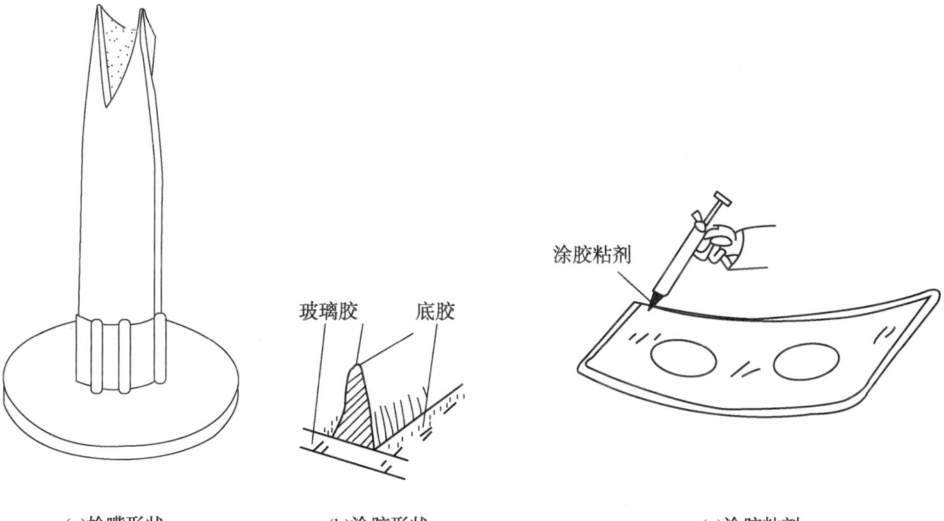

图 7-46　挡风玻璃粘接涂胶示意图

（5）粘接　在单组分聚氨酯胶粘剂所需表干时间内将车窗玻璃装配到车身上，用压敏胶带固定。压敏胶带在整车装配完毕后拆除。图 7-47 为挡风玻璃粘接后压敏胶带固定示意图。

为了确保车窗玻璃与车体粘接的可靠性，在玻璃表面及涂漆表面涂布底涂剂是必要的。尤其是玻璃底涂剂，其功能是提高聚氨酯胶粘剂在玻璃陶瓷层上的粘接强度，同时作为第二层保护，填充陶瓷涂层的针孔，保证达到 100% 的紫外线屏障，保证粘接耐久性。而如果不涂布漆面底涂剂，则必须对各种面漆与单组分聚氨酯胶

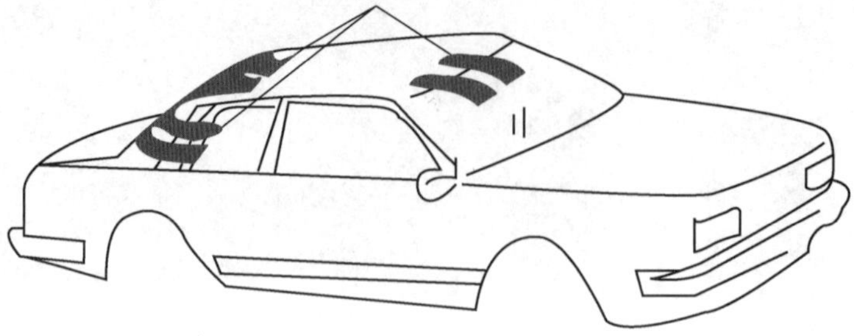

图 7-47　挡风玻璃粘接后压敏胶带固定示意图

粘剂的适配性进行试验。目前，单组分聚氨酯胶粘剂人工涂布方法主要用于风挡修补、车型开发前期小批量装车。

2）单组分聚氨酯胶粘剂自动施工工艺

单组分聚氨酯胶粘剂的自动涂胶系统，分为半自动涂胶系统和全自动涂胶系统两种。

（1）半自动涂胶方式中的涂风挡玻璃清洗活化剂、涂布底涂剂和风挡玻璃装配还是由人工完成，涂胶由机械手完成。半自动涂胶系统由涂胶泵、计量装置、机械手、涂胶枪和工作台组成。为了保证涂胶量的稳定性，通常采用带有加热系统的压盘和输胶管路。使用半自动涂胶系统要保证每次更换胶桶时要排出空气，防止出现气泡，同时确保枪嘴的清洁，保证涂胶尺寸。风挡玻璃采用传统人工装配工艺效率低、劳动强度大且装配精度差，这种方式不仅造成人员成本增加，而且在通过淋雨线时，易出现风挡玻璃漏水等小概率问题。

（2）全自动涂胶方式中的涂风挡玻璃清洗活化剂、涂布底涂剂、涂胶和装配均采用机器人实现工艺操作，其装配工艺采用先进水平的视觉引导系统，实现全程无人化、自动化。图 7-48 为全自动涂胶系统，图 7-49 为一种自动涂胶出胶嘴。由于底涂剂的晾干时间和生产节拍的要求，机器人自动涂胶工序采用的机器人与底涂的机器人是分开的。如果采取长效底涂剂，则主机厂生产现场可省去自动涂玻璃底涂剂的工序，这一工序可放到风挡玻璃厂家实现。

图 7-48　自动涂布单组分聚氨酯胶系统

图 7-49　自动涂布单组分聚氨酯胶出胶嘴

3）车窗玻璃预涂 DGPU 工艺

通过车窗玻璃周边的包裹装饰可以减少胶粘剂的用量，这种方法是很经济的，也有取代陶瓷涂层的可能。1995 年国外汽车设计者提出了“模塑粘接的概念”（Modular Glazing）。

所谓预涂布聚氨酯胶，即是由玻璃制造商或者其他的分承包商将聚氨酯胶在玻璃的四周涂成基本的形状。这些材料固化几个小时之后成为具有韧性的垫圈，可以作为玻璃运输中的垫块和聚氨酯胶粘剂的基础。

预涂的聚氨酯胶可以制成包括一个唇缘的形状，见图 7-50。在玻璃粘接时，聚氨酯胶可以直接涂布在聚氨酯的垫上而不必在聚氨酯-聚氨酯界面上涂布底胶或清洗剂（注意：预涂的聚氨酯胶应在 3 个月内粘接）。

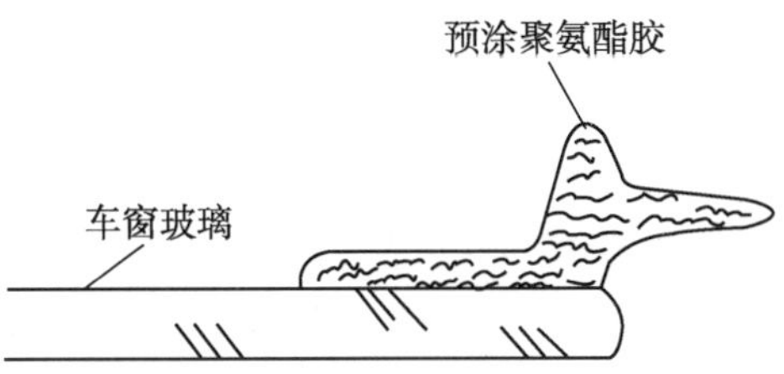

图 7-50 预涂聚氨酯胶的车窗玻璃

预涂聚氨酯胶的优点：

（1）在汽车制造厂之外，聚氨酯胶涂布在清洁、无尘的玻璃上。

（2）玻璃清洗剂、玻璃底胶在规定的条件下由机械手涂布。

（3）可以在玻璃上施加较大的压力。

（4）玻璃粘接操作简便。

（5）在玻璃的边缘和转角处，聚氨酯胶可以涂布成直的条状，避免以后雨水残留而引起锈蚀。

（6）减少装配中被挤出胶的量。

（7）减少了玻璃安装时所需的垫块。

（8）玻璃可以立即固定。

（9）由于胶粘剂的截面积减少，固化时间缩短。

必须注意在预涂聚氨酯胶的表面应没有任何隔离剂（脱模剂、油脂、增塑剂等），否则会影响粘接强度，胶可能会从粘接界面很容易地剥离。

4）客车车窗玻璃的粘接

客车的单块车窗玻璃面积较大，并普遍装有空调，所以对车窗玻璃的安全性和密封性的要求也日益增加。通过采用单组分聚氨酯胶粘剂对客车前挡风玻璃、侧窗玻璃、后窗玻璃的直接粘接，可满足这些要求。其粘接的工艺与前面所述的车窗玻璃的粘接工艺相同，只是玻璃的固定方式和固定时间不同。由于客车的钣金件的规整性差，涂胶的量有所增加。

客车车窗玻璃的粘接与乘用车车窗玻璃粘接工艺过程的差异如下：

（1）客车车窗玻璃的粘接一般采用手工涂胶或半自动涂胶，并且是将单组分聚氨酯胶粘剂涂在车窗框一侧，而不是涂在玻璃周边。

（2）由于客车车窗玻璃为垂直安装，需在窗框下部预先安放橡胶垫块，以防止玻璃与窗框下沿直接接触，当颠簸或有应力存在时会产生爆碎。

（3）玻璃完成粘接后，一般用工艺压片固定玻璃，而不是胶带，当单组分聚氨酯胶粘剂固化到一定程度时，方可拆除工艺压片。

5. 单组分聚氨酯胶粘剂使用过程中的常见问题及解决措施

（1）机械涂胶出胶少，高度达不到要求。存在以下原因：

① 机械手玻璃输送定位装置行程开关信号可靠性差。玻璃定位误差较大，影响涂胶质量。供胶设备电气控制系统故障较多。汽车制造业装配是流水线生产，任何原因造成停线都将导致巨大的经济损失，所以线上设备必须具有极高的可靠性；

② 单组分聚氨酯胶粘度大，施工温度达不到要求，挤出困难。

解决措施：定期对涂胶设备进行检测，及时发现问题并修正；适当调整单组分聚氨酯胶的粘度或控制涂胶系统的温度。

（2）机器人施工时，出现挤出的胶条截面不是规则的三角形，中部收缩变细以及顶部倾斜的现象，特别是在风挡玻璃的拐角位置倾斜更明显。这种现象会造成胶条顶部轨迹与钣金底涂轨迹偏差。这将会导致单组分聚氨酯胶粘剂与钣金的粘接面变小、粘接性能下降、溢胶等现象，见图 7-51。产生这种现象的原因有：

① 单组分聚氨酯胶本身粘度低，供胶设备管路系统的温度过高，胶体从胶泵压出后粘度降低，触变性变差；

② 设备出胶嘴由于长时间使用，出胶口处有固化的单组分聚氨酯胶残留造成出胶嘴截面呈非等腰三角形；

③ 出胶嘴与风挡玻璃涂胶轨迹面不垂直，打出的胶条向内倾斜。

解决措施：对单组分聚氨酯胶粘剂进行配方的调整，增大单组分聚氨酯胶粘剂的粘度，适当降低施工温度，提高单组分聚氨酯胶粘剂的触变性能；定期清理，对供胶系统进行排查，清洗管路，使用后对出胶嘴的残胶进行清除；定期对单组分聚氨酯胶粘剂的轨迹进行检查，一旦偏离要及时修正。

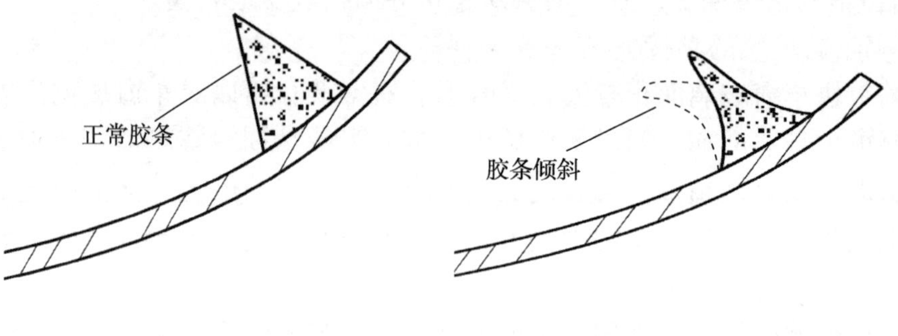

图 7-51 单组分聚氨酯胶胶条倾斜形状示意图

（3）单组分聚氨酯胶粘剂粘接现场即出现脱胶或售后脱胶现象。具体表现为底涂剂与油漆表面及玻璃油墨层附着力差，粘接不牢，很容易导致风挡漏水、乃至脱落。产生这种现象的原因有：

① 底涂剂不能短时间快速反应、固化。满足不了现场风挡装配时间，特别是温度较低的场合，底涂剂固化时间更慢，现场为满足生产节拍，底涂剂未干的情况下就进行风挡装配，导致单组分聚氨酯胶粘剂与底涂剂、底涂剂与钣金漆面的粘接力降低，漏水、风挡脱落的风险变大。

② 风挡玻璃表面与车身油漆表面有油脂、灰尘，若不用清洗活化剂清除，会显著降低单组分聚氨酯胶粘剂的粘接强度，从而导致风挡有脱落风险。

③ 使用了普通清洁剂替代清洗活化剂。清洗活化剂，除了有清洗作用以外，还有活化玻璃涂胶区的作用，从而增加粘附力，不是一般的含酒精的清洁剂所能替代。

④ 清洗活化剂和底涂剂都有规定的保质期，必须严格按产品的使用要求进行操作，超过保质期后，不得再使用。

⑤ 风挡弧面与钣金的弧面不匹配，导致单组分聚氨酯胶粘剂与钣金的接触面不贴合，局部位置的粘接面积过小，粘接强度降低，在风挡长期扭曲变形下，这些位置的单组分聚氨酯胶粘剂很容易开裂，从而导致出现漏水现象。

解决措施：对生产操作工艺进行严格规范，生产现场应严格按底涂剂、清洗活化剂产品的使用要求操作；厂家应对底涂剂进行配方的更改，以适应生产节拍的需求；为简化装配工艺，开发免底涂剂的单组分聚氨酯胶粘剂产品；检查风挡玻璃和钣金形状的匹配性，弧面形状要吻合。

6. 汽车玻璃粘接新工艺、新材料

1）PTP 工艺

PTP 工艺即 Primerless To Paint，为漆面免底涂剂工艺。在进行粘接施工操作过程中，无需使用漆面底涂剂，直接将涂布好胶粘剂的玻璃装配到面漆表面即可。相对于传统工艺，节省了现场工时和减少 VOC 排放。考虑到现在油漆的烘烤工艺，面漆与清漆一起烘烤，面漆的挥发成分会对清漆表面微结构产生影响，为保证胶粘剂的粘接性能，需要各种面漆与单组分聚氨酯胶粘剂进行适配性试验。验证需要考虑油漆的烘烤条件，选取不同的烘烤工艺进行验证，比如油漆的最小、最大烘烤条件。PTP 工艺要求油漆的工艺条件非常稳定，油漆工艺和油漆配方的变化对粘接性能都可能产生影响。

2）免底涂剂 DGPU 工艺

免底涂剂工艺为漆面免底涂剂（PTP）和玻璃免底涂剂（PTG）工艺。玻璃免底涂剂即 PTG，Primerless To Glass。在进行粘接施工操作过程中，无需使用漆面底涂剂和玻璃底涂剂，直接将涂布胶粘剂的玻璃装配到面漆表面即可。相对于传统工艺，节省了现场工时和减少 VOC 排放。除了需要与各种面漆进行配套性试验外，还需要与玻璃上的油墨层进行配套验证。

3）双组分聚氨酯胶粘剂

双组分聚氨酯胶粘剂由A单组分聚氨酯胶和B组分催化固化剂构成，不同于普通单组分聚氨酯胶粘剂的固化，湿气由外向内扩散，固化速度慢。双组分聚氨酯胶粘剂内外同时固化，初始固化速度快，4h剪切强度就可以达到2MPa以上，具有单组分聚氨酯胶粘剂性能的全部特点。A组分与普通单组分聚氨酯胶粘剂相同，可单独使用。随着催化固化剂比例提高，固化速度加快，A∶B可从（100∶0）至（100∶8）按照现场要求调节。例如，夏季可直接用A组分，秋季可根据气温将比例调节至100∶1或100∶2，冬季气温较低可为100∶5或100∶6。采用此工艺后在较短时间内就可以进行各种出厂测试，大大降低玻璃漏水、变形和脱落的风险。

该工艺缺点就是其表干时间远远低于单组分聚氨酯胶粘剂的表干时间，所以涂胶之后即刻完成粘接。否则胶粘剂表干之后就难以粘接漆面，返工困难。国内像大庆沃尔沃、一汽卡车、一汽奥迪、上海伟巴斯特等都在应用此工艺。

4）玻璃长效底涂剂的应用

普通的玻璃底涂剂涂布后的有效期一般在24h以内，超过时效之后需要重新涂布底涂剂，玻璃长效底涂剂具备一定的长效特性，涂刷后可在防尘及环境温度18~35℃、相对湿度10%~80%的条件下放置长达3个月，底涂剂仍具备有效性，失效后可以重新涂布底涂剂进行激活。目前大多主机厂此工序提前至玻璃厂家刷涂，节省了现场工时和场地，减少生产现场VOC排放。

5）水性环保底涂剂的开发应用

国内汽车行业一直普遍采用溶剂型玻璃底涂，施工方式也多为手工涂覆，在施工时VOC释放量大、有气味，且属于危险化学品，在运输和贮存过程中费用高昂。

目前欧洲主流汽车厂已经采用了水性的环保底涂剂，相比溶剂型底涂剂，具有以下优势：

（1）不含溶剂、无VOC释放，对环境友好；

（2）无刺激性气味；

（3）无需铝罐包装，可降低成本；

（4）涂覆简单，适用机器人自动涂覆；

（5）用量更少，节省成本；

（6）运输、贮存及使用安全，无火灾隐患。

尽管水性环保底涂剂具有许多优点，但是其也有不足之处。如：运输、贮存及施工环境温度须大于零度，其挥发干燥时间要长。

目前国产的华晨宝马和沃尔沃公司已批量的应用了水性的环保底涂剂，全面取代了溶剂型产品。水性环保底涂剂也是未来底涂剂的发展趋势。

（二）单组分聚氨酯密封胶

单组分聚氨酯密封胶主要用于客车玻璃周边填缝装饰密封及地板的粘接密封。

1. 填缝装饰密封

客车玻璃粘接后，玻璃周边与窗框之间、玻璃与玻璃之间的缝隙需要使用单组分聚氨酯密封胶进行填充，溢出的部分密封胶经刮涂后，使玻璃和玻璃之间、玻璃与窗框之间产生外观光滑、美观、自然平整的装饰胶缝。作为填缝装饰的密封胶，除具备普通单组分聚氨酯密封胶的性能外，对其刮涂性和流黑水现象有特殊要求。

（1）刮涂性要求　细腻、无颗粒、无凝胶，刮涂顺畅、不卷边、不粘刮板。

（2）流黑水现象　指客车在个别地区行驶一段时间后，暴露在外的单组分聚氨酯密封胶中的炭黑析出，淋雨后污染车身油漆表面的黑水痕迹。流黑水这一现象主要发生在海南及华南等常年空气潮湿的地区。为避免这一现象，有些密封胶厂家在生产时减少炭黑的添加量；有些客车厂家使用炭黑包容性较好的硅酮类密封胶作为客车填缝装饰密封。图 7-52 为客车填缝装饰密封部位示意图。

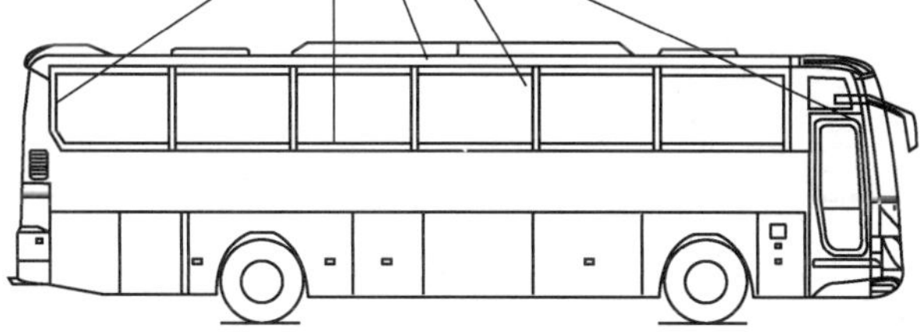

图 7-52　客车填缝装饰密封部位示意图

2. 地板的粘接密封

客车地板所用材料一般为胶合板、竹材胶合板、竹编板及硬质 PVC 低发泡板材。在地板铺装前，沿支撑地板的金属骨架上挤涂单组分聚氨酯密封胶，然后再将地板铺装上。这样既粘接、固定了地板，又减少了地板与金属骨架间的振动和噪声，还将地板接缝处进行了密封，防止了灰尘的进入。要求涂胶量要适当，不要溢出金属骨架的两侧。

二、丁基胶带

1. 丁基胶带组成及特点

丁基胶带也称丁基胶条，是以丁基橡胶、聚异丁烯为主要原料，配以其他高分子材料、填料加工制成的一种无溶剂、非固化型自粘防水密封胶条。

其特点是低气味、低 VOC；指压贴合容易，与汽车内钢板和防水膜均有较好的粘接性，能长期保持粘弹性和密封性。同时具有优良的耐候性、耐老化性及防水性，对被粘物表面起到密封、减振、保护等作用。对被粘物表面热胀冷缩和机械形变有极佳的追随性，短时间的高温流动对质量和功能无不良影响，有预成型胶条和膏状两种形态。

2. 丁基胶带的主要技术性能指标

丁基胶带的主要技术性能指标见表 7-27。

表 7-27 丁基胶带的主要技术性能指标

项 目	技术指标	项 目	技术指标
外观	无断裂、皱折、分层	甲醛含量/(mg/kg)	≤10
密度/(g/cm³)	1.1~1.3	有机物散发/(μgC/g)	≤50
固含量/%	≥99	气味性/级	≤4
针入度/(1/10mm)	60~80	贮存稳定性	
剥离强度/(N/25mm)	≥20	外观	无断裂、皱折、分层
剪切强度/MPa	≥25	剥离强度变化率/%	≥-30
冷粘接性	无破裂	剪切强度变化率/%	≥-30
密封性	密封良好	冷粘接性	无破裂

3. 丁基胶带的应用及工艺

1）车门防水薄膜的粘接密封

汽车车门内护板装配之前，一般要粘贴一块防水薄膜(或隔板)，防止沿玻璃渗入车门内的雨水污染车门内饰材料。不少主机厂采用丁基胶带进行粘接密封。

车门防水密封薄膜的安装是一种方便、简捷的装配方法。丁基胶带属不干性压敏胶，其作用与双面压敏胶带相同，大多以圆盘状包装，中间有隔离纸，其长度可以任意切割。施工时需 要密封的表面必须干燥，无油脂、灰尘和其他污染物。按要求长度切下后粘于被密封的车门内侧四周，轻微地压挤，把丁基胶带粘好，然后将防水薄膜的四周与胶带贴合，两者之间便形成很高的粘接力，见图 7-53。

图 7-53 车门防水薄膜粘接示意图

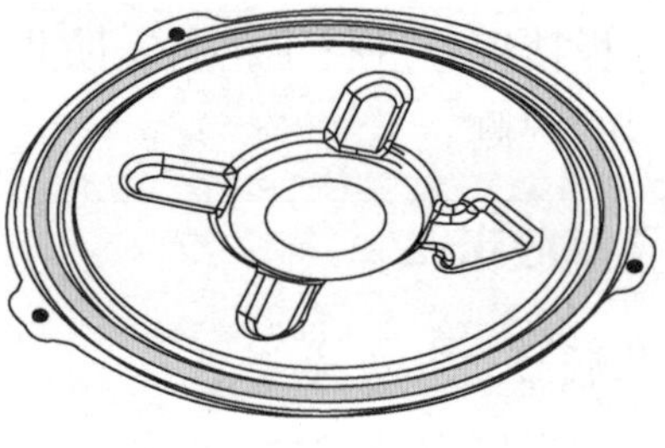

图 7-54 油箱视窗盖丁基胶条粘接示意图

2）油箱视窗盖的粘接密封

丁基胶带用于油箱视窗盖的粘接密封也是一种方便、简捷的装配方法。按照油箱视窗盖周边胶槽的深度和宽度设计丁基胶带的截面尺寸，按周长尺寸截取长度。要求被粘接密封的表面必须干燥，无油脂、灰尘和其他污染物。施工时撕掉隔离纸，贴合胶槽并轻微地按压挤紧，然后将油箱视窗盖装配到车身上，按压使两者之间形成较高的粘接力，见图 7-54。奇瑞汽车股份有限公司的瑞虎 3、瑞虎 5 的油箱视窗盖粘接密封结构即采用了丁基胶带。

三、丁基阻尼贴片

汽车轻量化设计均采用大量薄板蒙皮结构，行驶中的汽车薄板蒙皮与高速气流产生摩擦，会引起蒙皮的共振，从而产生共振噪声。这些令人不适的噪声传播到车内，会影响乘客舱的舒适感。丁基阻尼贴片就是粘贴在车身共振部位用以减少共振噪声的材料。

1. 阻尼贴片工作原理及优点

高分子阻尼材料是一种以聚合物为基材的功能材料。当聚合物处于玻璃化转变温度区域时，其链段运动不能完全跟上振动的速率而产生分子链内摩擦，吸收一部分振动能，再以“热”的形式而耗散，这样就起到降低振动的作用。高分子阻尼降噪材料比传统的沥青类产品重量轻，低气味、低 VOC，所以更环保，又有更高的粘附性，并在-10~60℃范围内，保持其阻尼特性。

丁基阻尼贴片作为高分子阻尼减振材料，其橡胶分子链上带有很多甲基，产品具有优越的阻尼性能，是应用最广的阻尼橡胶之一。

2. 丁基阻尼贴片的材料组成及加工过程

丁基阻尼贴片以丁基橡胶为基材，加入增塑剂、填料等其他助剂经过开炼、热压成型，通常表面覆有一层玻璃纤维布、铝箔或 PE 膜等。

3. 丁基阻尼贴片的应用部位

丁基阻尼贴片主要用于车身外板内侧，如侧板、车门、翼子板和车顶，见图 7-55。这种衬有铝箔的片状丁基阻尼贴片，在汽车行驶和关门时具有良好的减振性能，能确保车辆持久的舒适感，见图 7-56。

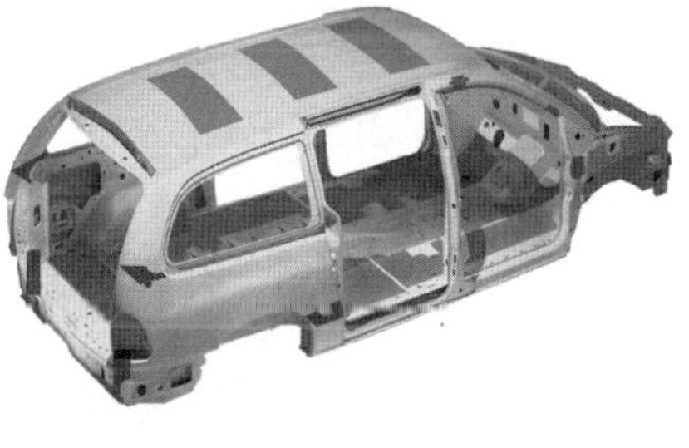

图 7-55　丁基阻尼贴片在车顶上的应用

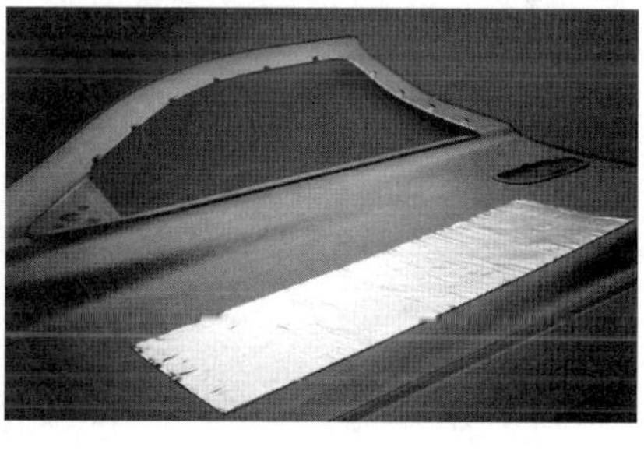

图 7-56　丁基阻尼贴片在车门上的应用

4. 丁基阻尼贴片分类

丁基阻尼贴片常见分类及特征见表 7-28。

5. 丁基阻尼贴片应用部位的选择

在车身设计阶段借助 CAE 分析找出车身钢板薄弱易于产生振动部位，根据薄弱部位形状大小、振幅，设计阻尼贴片的形状、应用部位。理论分析和试验表明，一般丁基阻尼贴片厚度不低于钢板两倍尺寸厚度。并据此选择合适的丁基阻尼贴片进行应用。

表 7-28　丁基阻尼贴片常见分类

分　类		特　征
按照约束层分类	铝箔类	主流产品，损耗因子大，具有较高的阻尼性能，适用于容易产生振动部位
	金属薄片	特殊部位或特殊车型应用
按应用车间	总装用阻尼贴片	用于总装车间，用于油漆车身，铺贴方便
	涂装用阻尼贴片	用于涂装车间，在铺贴沥青阻尼板工位粘贴，有些车身部位受工位限制，铺贴不方便，且后续烘烤对阻尼性能有影响

6. 丁基阻尼贴的主要技术性能指标

丁基阻尼贴的主要技术性能指标见表 7-29。

表 7-29　丁基阻尼贴的主要技术性能指标

项　目	技术指标	项　目	技术指标
密度/(g/cm^3)	1~2	气味性/级	≤4
不挥发物含量/%	≥98	贮存稳定性	
针入度/(1/10mm)	50~80		
损耗因子	≥0.2(20℃)	外观	无断裂、皱折、分层，隔离纸剥离顺利无残胶
180°剥离强度/(N/25mm)	≥30		
剪切强度/MPa	≥0.04	损耗因子变化率/%	≥-10
耐腐蚀性	无腐蚀	剥离强度变化率/%	≥-10
甲醛含量/(mg/kg)	≤10	剪切强度变化率/%	≥-10
有机物散发/(μgC/g)	≤50		

7. 施工工艺

丁基阻尼贴片施工比较简单，由于需要粘贴于油漆车身，一般基材不需要处理。若表面有灰尘、水渍等，需要清理后方可进行阻尼胶片的施工。粘贴时撕去隔离纸即可粘贴，为了避免产生空隙，应从一端开始粘贴，并注意不要让其残留气泡，由一边内向外挤压并用从丁基贴片的一端开始贴向另一端，贴的同时并用力压紧。将丁基贴片粘贴后，再次按压其周围使之贴紧钢板，注意要赶压到边角部位，确保产品表面完全紧附于钢板上，见图 7-57。如果粘贴不牢，容易造成边角翘起、脱落、减弱阻尼效果等问题。奇瑞汽车的瑞虎 3、瑞虎 7 等车型，在车门、侧围、前风挡下横梁等部位应用粘贴了丁基阻尼贴片。

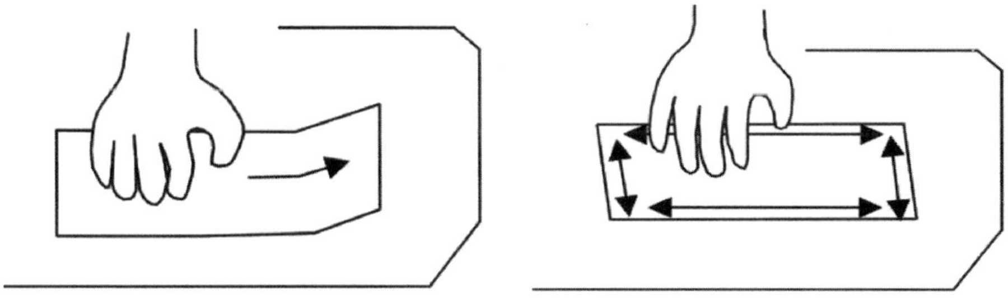

图 7-57　丁基阻尼贴片施工示意图

四、客车地板革用胶粘剂

客车地板革的粘接，一般依据被粘材料(地板革及客车地板)的不同，使用溶剂型氯丁胶粘剂、聚乙酸乙烯酯胶粘剂、聚丙烯酸酯胶粘剂、双组分聚氨酯胶粘剂及热熔胶等不同的胶粘剂。

1. 溶剂型氯丁胶粘剂

溶剂型氯丁胶粘剂由氯丁橡胶、合成树脂、填料及溶剂组成。因溶剂中含有二甲苯及正己烷等，现在汽车行业已基本淘汰了该胶种。其特点是初粘性好、粘接强度高，适合各类地板革及地板的粘接。

2. 聚乙酸乙烯酯胶粘剂

聚乙酸乙烯酯胶粘剂俗称乳胶或白乳胶，是由乙酸乙烯单体在引发剂等材料作用下经聚合而成的乳白色粘稠体，通常为木材专用胶粘剂。适合地板为胶合板的基层与带布基类地板革的粘接，一般选择固含量为大于 39% 的聚乙酸乙烯酯胶粘剂。其优点为低气味、低 VOC，可刮涂也可喷涂。

3. 聚丙烯酸酯类胶粘剂俗称胶乳

聚丙烯酸酯类胶粘剂为乳液聚合的胶粘剂，为灰白色或乳白色粘稠体。适合地板为胶合板的基层与不带布基类地板革的粘接，一般选择固含量为大于 80% 的聚丙烯酸酯类胶粘剂。具优点为低气味、低 VOC，可刮涂。

4. 双组分聚氨酯胶粘剂

1）双组分聚氨酯胶粘剂特点

双组分聚氨酯胶粘剂是一种无溶剂的液态胶粘剂，具有固化速度快，韧性、耐剥离性好等特点。固化后具有弹性，其体积在固化前后没有明显的变化。低气味、低 VOC 可刷涂或喷涂。特别适合粘接橡胶地板革。

2）双组分聚氨酯胶粘剂主要技术性能指标

主要技术性能指标见表 7-30。

表 7-30　双组分聚氨酯胶粘剂主要技术性能指标

项　　目	性能指标	
	A 组分	B 组分
颜色	乳白色	棕色
形态	液体	液体
粘度/mPa·s	27000±3000	250±100
密度/(g/mL)	1.65±0.05	1.22±0.05
混合比例		
质量比	4	1
体积比	3.0	1
混合后(A 组分+B 组分)		
形态	液体	
粘度/mPa·s	9000±1000	
工作时间/min	>30	
达到初期强度时间(23℃)/h	5~8	
最终强度时间(23℃)/d	5~7	
使用量/(g/cm^3)	250~400(视材质而定)	
拉伸剪切强度/MPa	>9	
剥离强度(AL/AL 搭接)/(N/cm)	35~45	
工作温度范围/℃	-30~80	

3）施工工艺

① 粘接表面的预处理：地板及地板革表面应干燥、无尘、无油脂及其他污物。若地板革粘接面经过打磨，粘接效果会明显增加。

② 将固化剂(A 组分)和主剂(B 组分)按 4∶1(质量比)在短时间内混合至均匀。混合后的胶粘剂只能在有限的时间内(约 30~60min，视混合的量及温度而定)使用，否则将会凝胶而不能使用。

③ 最佳操作温度：15~30℃。固化时间可通过提高温度或增加催化剂调节。保证有足够的压力，使得胶粘剂与两个层面均有很好的接触。

5. 预附热熔型压敏胶

1）热熔型压敏胶

热熔型压敏胶是以热塑性聚合物为主的胶粘剂，具有热熔和压敏双重特性，即在熔融状态下涂布，冷却硬化后施加轻压便能快速粘接。

2）预附热熔型压敏胶工艺过程

预附热熔型压敏胶工艺是利用热熔胶涂布机将热熔胶经过熔胶之后涂布在地板革背面，并以离型纸进行保护涂胶面。图 7-58 为预附热熔型压敏胶工艺过程示意图。

(a) (b)

图 7-58 预附热熔型压敏胶工艺过程示意图

3）地板革安装工艺

(1) 按图纸规定尺寸裁剪下料。若是冬季，需将裁剪好的地板革放入烘箱(50℃加热 30min)；若是夏季则无需烘烤；其他季节视气温而定。

(2) 地板表面清理：清洁地板表面，要求无尘、无水、无油。

(3) 地板革粘贴：将地板革背面端部的隔离纸揭开，对准地板安装标记贴上，一边继续掀开隔离纸，一边贴上地板革并用滚轮赶压，挤出残留空气，建议施压压力>0.2MPa。

(4) 为保证良好的贴合效果和最佳强度，对于张力较大的部位，可对地板革表面再次用高温风筒软化并用滚轮多次赶压。

此工艺适合地板材料为表面相对光滑的竹编板及硬质 PVC 低发泡板材，对于胶合板、竹材胶合板必须控制表面质量，最好对胶合板、竹材胶合板表面进行覆膜处理。图 7-59 为地板革粘接过程示意图。

(a) (b)

图 7-59 地板革铺设粘接过程示意图

4）预附热熔型压敏胶优点

降低工人劳动强度，工艺简便，同时提高生产效率；降低客车生产过程中以及生产后残留挥发性有机化合物(VOC)含量。

第八章　汽车主要总成及零部件用胶粘剂密封胶

第一节　汽车发动机、变速箱及底盘装配用胶粘剂密封胶

一、动力总成用胶概述

(一) 动力总成用胶需求

汽车动力总成系统由发动机、变速箱、传动轴、车桥等组成。汽车动力总成系统是汽车的核心，其性能可靠性是汽车设计制造最基本的要求。动力总成系统工作工况比较恶劣，承受着从-40~150℃的高低温变化，内部又有润滑、冷却等油液介质，振动冲击各种载荷更是汽车的正常工况。在发动机、变速器、车桥等底盘上，螺栓连接防松、各种密封部位防漏，胶粘剂密封胶都有着普遍的应用，发挥着重要作用。

1. 发动机用胶需求

汽车发动机是汽车的动力来源，在运行中承受着高低温变化及振动，内部介质是机油、冷却液，主要用胶需求包括：

① 连接螺栓的防松锁固；

② 缸体-油底壳、缸盖-缸盖罩、机油泵、水泵、后油封支架(盖板)、正时链罩壳、凸轮轴盖板、齿轮室、中冷器等等的平面密封；

③ 碗型塞、进出水管、火花塞套管、缸套等圆柱形零件的密封与固持；

④ 温度传感器、压力传感器、丝堵等(管)螺纹密封；

⑤ 铝合金铸造缸体缸盖的浸渗密封。

发动机用胶点示意如图 8-1 所示。

2. 变速箱/分动箱用胶需求

汽车变速箱/分动箱承担着动力传递或分配作用，工作状态也是高低温、振动，内部介质是齿轮油，主要用胶需求包括：

① 连接螺栓的防松锁固；

② 变速箱壳体、油底壳等平面密封；

③ 碗型塞密封固持；

④ 传感器(管)螺纹密封锁固。

变速器用胶点示意如图 8-2 所示。

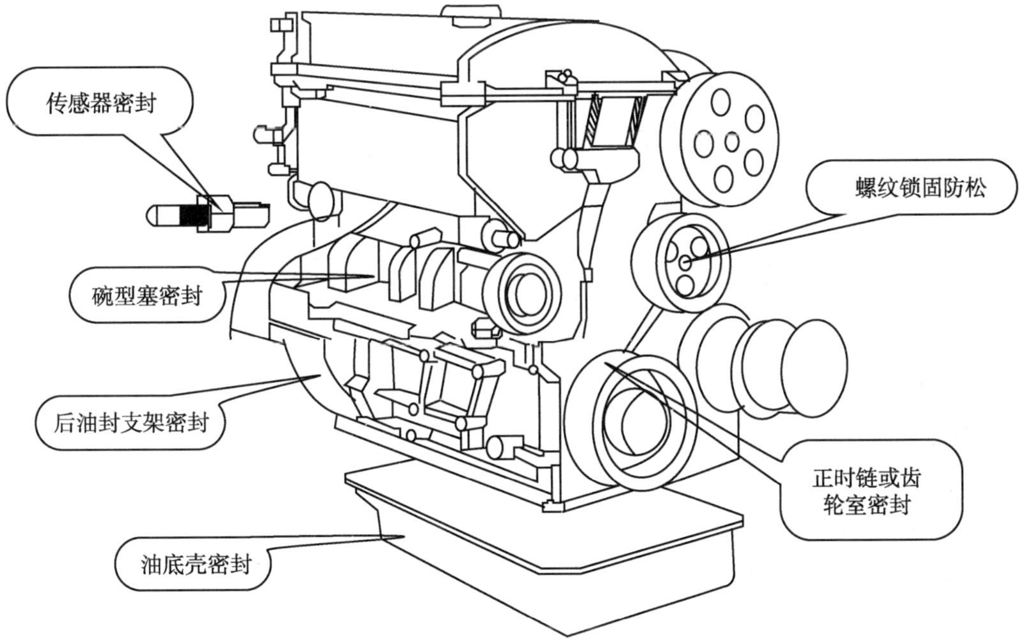

图 8-1　发动机用胶点示意图

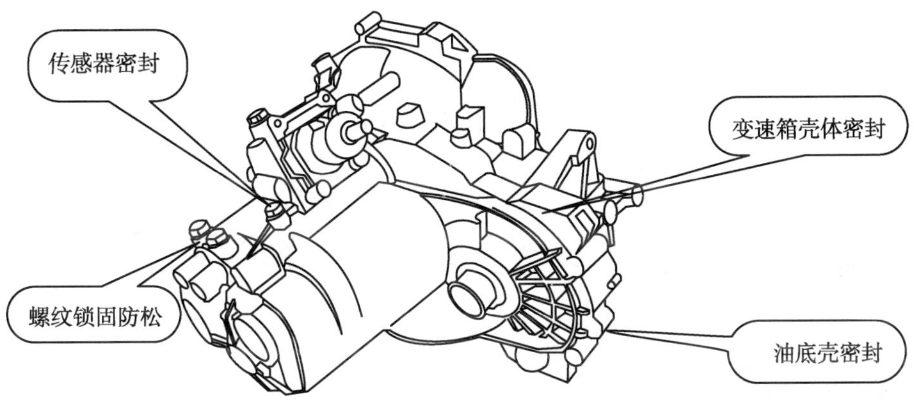

图 8-2　变速器用胶点示意图

3. 车桥用胶需求

驱动桥将变速箱传递来的动力分配到驱动轮，工况也是高低温、振动，内部有重负荷齿轮油；支撑桥只起到承重作用，工况是以冲击振动为主，也要承受冬季户外低温考验。主要用胶需求包括：

① 连接螺栓的防松锁固；

② 驱动桥壳体平面密封；

③ 轮毂轴承圆柱固持、双联桥平衡轴工艺过程临时圆柱固持；

④ 丝堵等管螺纹密封。

驱动桥用胶点示意如图 8-3 所示。

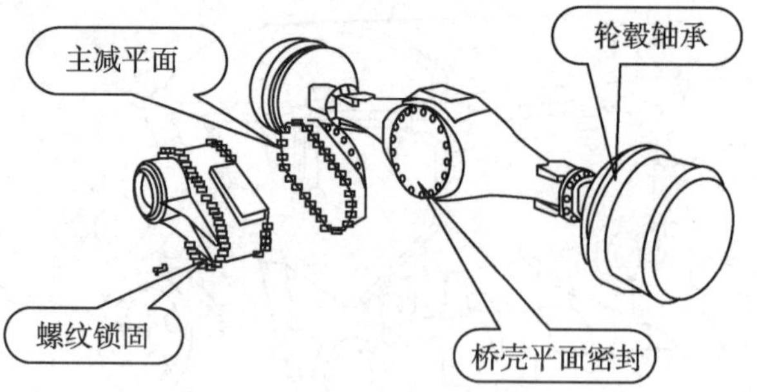

图 8-3　驱动桥用胶点示意图

4. 底盘用胶需求

汽车底盘工况冲击振动较大，承受冬季户外低温考验，主要用胶需求包括：

① 连接螺栓防松锁固；

② 气路、液路、阀体等管路接头管螺纹密封。

底盘用胶示意如图 8-4 所示。

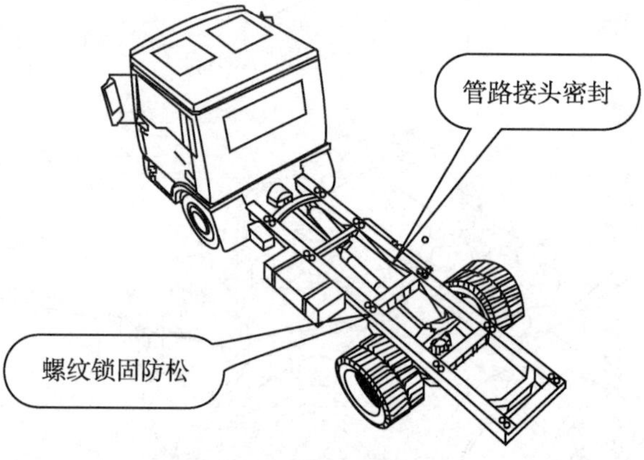

图 8-4　底盘用胶示意图

5. 其他用胶需求

胶粘剂密封胶在汽车动力系统总成上还有个别特殊应用，例如有的需要铭牌粘接，有的需要一些小橡塑件的粘接，有的需要在腔体内部粘接一个磁铁等，但这些应用并不是普遍应用，有特殊性。

（二）动力总成典型用胶类别及功能

动力总成系统主要用胶种类有厌氧胶、硅胶，以及其他少量应用的环氧结构胶或丙烯酸结构胶、瞬干胶等。

1. 厌氧胶的功能与作用

厌氧胶是一种以丙烯酸酯为基础的单组分胶粘剂，在隔绝氧气并与金属离子接触的情况下固化，形成一种热固性材料。其反应固化特性与应用工艺紧密结合，涂敷于螺纹或平面零部件上，在装配后形成隔绝氧气状态，并与金属接触固化，起到锁固防松和密封的作用。厌氧胶装配前后示意图见图 8-5 和图 8-6。

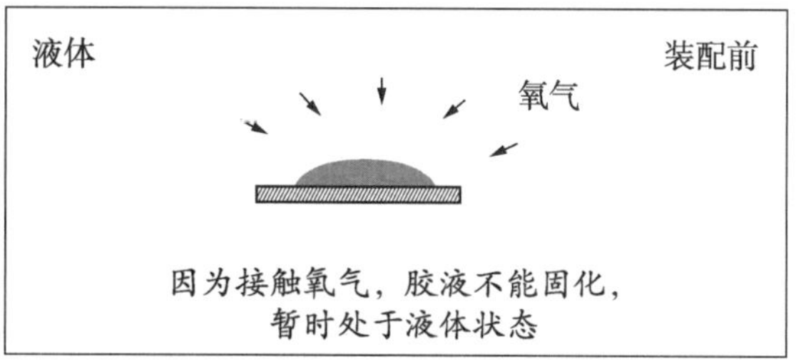

图 8-5　厌氧胶装配前示意图

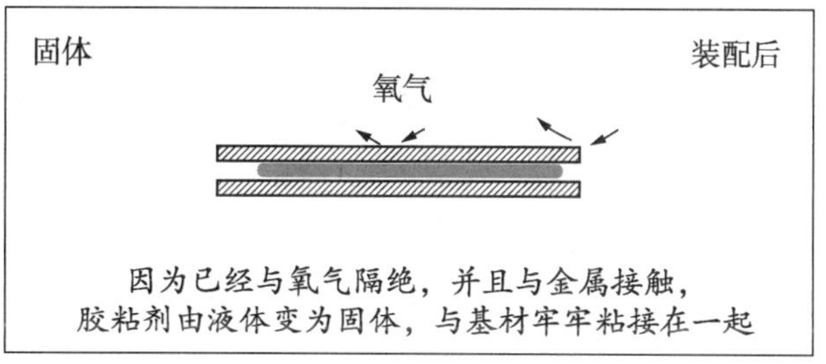

图 8-6　厌氧胶装配后示意图

厌氧胶有系列化产品，分别应用于螺栓的锁固防松、管螺纹密封、碗型塞及各种套管等圆柱零件固持密封、平面密封。

在螺栓锁固防松、管路螺纹密封、碗型塞及水管套管固持密封方面主要使用厌氧胶。应用厌氧胶的平面一般是精度要求比较高的平面，且整体刚性也比较好。

影响厌氧胶固化的因素包括：

① 材质　厌氧胶在不同金属材质上固化速度不同、固化后强度不同。一般碳钢、铸铁、铜等材质固化速度较快；镀锌、铝、不锈钢等固化速度较慢。

② 间隙　厌氧胶对间隙敏感。小间隙隔绝氧气条件好、固化快、强度高；大间隙固化慢、强度低。一般厌氧胶(特殊产品除外)在大于 0.25mm 间隙时会出现固化不良。

③ 温度　温度高固化快；温度低固化慢。

④ 粗糙度　厌氧胶在一定粗糙度范围内有正常的固化表现；在粗糙度过大的表面会出现固化速度变慢的情况。

⑤ 清洁度　应用厌氧胶的表面清洁度也会影响固化，清洁无油表面固化正常；有油表面出现固化不良或固化后粘接不好，强度降低。

2. 平面密封硅胶的功能与作用

汽车动力总成用平面密封硅胶主要是单组分室温固化缩合型硅胶，其固化机理为吸收空气中的潮气，由表及里慢慢固化，并释放出小分子气体。以脱酮肟型硅胶为例。见图 8-7。

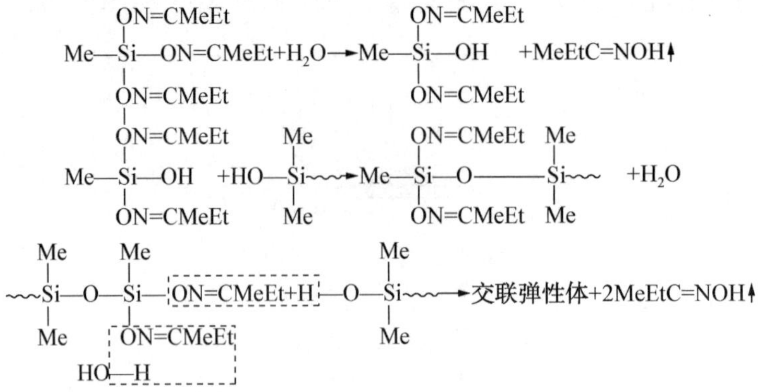

图 8-7　硅胶吸湿气固化示意图

按照释放出小分子的不同，汽车动力总成用平面密封硅胶主要有脱肟型、脱醇型、脱丙酮型等几类，国内应用以脱肟型为主，也有部分应用脱醇型产品。

单组分湿气固化平面密封硅胶在动力总成上主要应用于发动机、变速器、车桥等平面密封，包括薄壁冲压件壳体之类的挠性平面以及机加工刚性平面均可以应用。

影响单组分室温固化硅胶固化的因素：

① 温度　温度高固化快，温度低固化慢。一般产品低温至5℃以下会出现固化不良，甚至长期不固化。

② 湿度　湿度高固化快，湿度低固化慢。

③ 清洁度　表面清洁度不影响硅胶的固化速度，但是会影响固化粘接效果，有油污的表面固化粘接效果不好。

3. 其他类型的胶粘剂

其他类型的胶粘剂包括瞬干胶、环氧结构胶、丙烯酸结构胶、抗咬合剂等，因用量少、应用部位特殊，并不具有普遍意义，这里就不再赘述。

二、动力总成用胶种类及选用原则

如前所述，动力总成用胶以硅胶、厌氧胶为主，应用部位不同则选用原则不同。

（一）平面密封硅胶的选用原则

平面密封硅胶应用于发动机、变速器、车桥的各个平面密封部位。由湿气固化机制决定，平面密封硅胶可以应用于薄壁冲压件壳体或机加工刚性平面，但是用胶点不同，选用的侧重点会有不同。

平面密封硅胶基本的技术指标项目包括：表干时间、硬度、密度、挤出性、拉伸强度、断裂伸长率、剪切强度（在某种材质上）及破坏形式、耐介质性（某种条件下耐介质的技术指标变化）、耐温性等。

这些指标项目基本涵盖了一款密封胶的主要特性，在不同的应用条件下，侧重选择不同的某些项目的指标。

为保障汽车动力总成系统的长期可靠性，也可能会考虑模拟某种工况的耐疲劳特性。由于耐疲劳特性研究或测试需要大量的人力、物力及时间成本，并且测试条件和模拟测试方法没有统一标准，需要各主机厂与供应商协商决定。

1. 根据密封介质选用

（1）发动机　针对发动机润滑和冷却所使用的机油和防冻液这两种介质，作为密封胶需要耐不同油液介质的性能。一般来说一种平面密封硅胶针对一种介质更有针对性；特殊产品可以兼顾耐发动机油及防冻液。

（2）变速器　手动变速箱主要介质是齿轮油，自动变速箱介质是自动排挡液ATF。变速器的壳体密封等平面密封硅胶应该具有良好的耐齿轮油或耐自动排挡液ATF介质的能力。

（3）车桥　驱动桥内部介质是重负荷齿轮油。平面密封硅胶应该具有对重负荷齿轮油的良好耐受性。

2. 根据应用部位结构刚性选用

（1）在一些冲压件油底壳或薄壁冲压件壳体的平面密封结构中，可能发生的挠性变形是存在的，或者由于热变形或振动使密封面可能发生较大的相对位移，因此在这一类平面密封结构中应首选断裂伸长率较高的平面密封硅胶。

（2）在一些机加工刚性比较好的密封面，可以选用中等或低断裂延伸率的平面密封硅胶。

3. 根据施胶设备或工具选用

由于各种平面密封硅胶的粘稠度不同，工艺表现为挤出性差异，有的胶很粘稠挤出速率会很慢，有的比较稀挤出速率会比较快。而不同的施胶设备、施胶工具配合不同挤出性的胶才能有完善的施胶涂覆工艺。

对于配有涂胶设备压胶泵的，要考虑泵的压缩比与硅胶的粘度挤出性的匹配，高的压缩比可以更流畅地挤出高粘度的硅胶。当压缩比达到48∶1或更高时，基本可以保证各种粘度硅胶的流畅挤出。

对于手动施胶工具（手动施胶枪）施胶，则不适宜选用高粘度的硅胶，而应该选用粘度较低的硅胶，既保证施胶过程流畅，又降低了操作者的劳动强度。

4. 根据零部件材质选用

汽车动力总成系统需要密封的零部件材质是有差异的，有铝合金、钢、铸铁、油漆涂覆表面、镀锌表面等。硅胶对不同材质的粘接表现是有差异的，表现为粘接后在受到外力（拉剪）条件下的粘接破坏形式不同。

粘接破坏形式分为：内聚破坏、界面破坏、基材破坏，见图8-8。

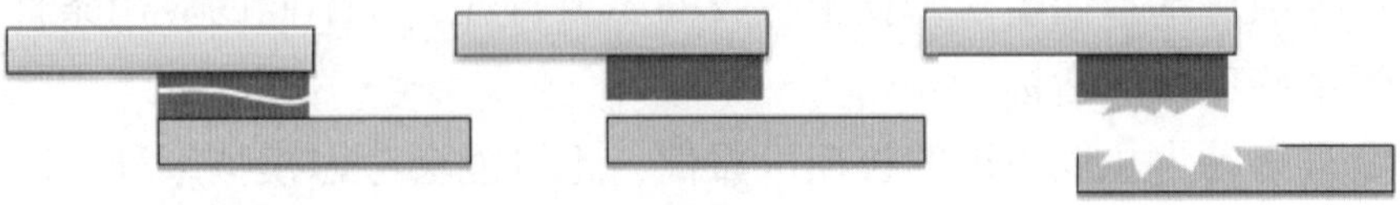

图 8-8　几种典型的破坏形式

实际应用中可能会有内聚破坏加界面破坏的混合破坏。

粘接破坏形式虽然不是密封硅胶典型的技术指标，但是却是可以验证其在某种材质上的粘接表现。

理想的粘接效果是在外力(拉剪)作用下粘接密封面呈现出内聚破坏形式(由于动力总成用硅胶强度及材质因素，不会出现基材破坏)。

因此，在不同材质上验证粘接破坏形式是验证密封硅胶是否适应于这种材质的有效方法。

5. 根据耐温性选用

单组分平面密封硅胶根据应用环境不同，需具有合适的耐温性能。

6. 根据装配工艺节拍选用

产能设计、装配线设计等决定了生产线的节拍。对于节拍较慢的装配线上应用平面密封硅胶则不适宜选用表干速度很快的硅胶，以免造成粘接密封不良或潜在风险。

(二) 平面密封厌氧胶的选用原则

平面密封厌氧胶也在动力总成系统的平面密封中有所应用，由于其厌氧固化的特征，决定了平面密封厌氧胶应用于某些发动机、变速器、车桥的机加工平面度好的平面，不能用于薄壁冲压件的平面密封。另外，从厌氧胶的固化后成为热固性塑料，以及挤出密封面的多余厌氧胶不易固化的特征来看，典型应用于整体刚性较好的密封面以及对内腔物质有颜色或颗粒度要求比较高的密封面。

在发动机上平面密封厌氧胶典型应用部位是缸盖与凸轮轴盖板之间的平面密封；变速器变壳离壳之间也有应用厌氧胶的；车桥壳体密封应用较少。

平面密封厌氧胶基本的技术指标项目包括：颜色、粘度、密度、初固时间、固化后剪切强度或能承受的密封压力、耐温性、耐介质性(某种条件下耐介质的技术指标变化)等。

某些特殊产品可能会有一些特殊指标用来体现其特殊性，在这里不再穷尽细述。

1. 根据零件材质选用

厌氧胶固化条件之一是有金属离子，不同种金属反应固化速度也呈现出差异，一般厌氧胶对碳钢、铜等金属反应固化速度快，对铝、镀锌、不锈钢等反应固化速度慢，所以有些厌氧胶会针对性地进行配方设计。

因此，不同厌氧胶在不同金属表面会有固化速度、强度等方面的差异。

另外，不同材质在相同的机加工平面基础上，其刚性还有不同(铸铁刚性就比一般铝合金要好)平面密封厌氧胶选用也要考虑这一细微差异。

2. 根据合拢装配后的精度要求选用

对于密封装配后零部件精度(圆度、同轴度、垂直度等)要求特别高的部位，应该选用平面密封厌氧胶，而不适宜选用硅橡胶平面密封剂；在密封面较宽的条件下要尽可能选用粘度较低的平面密封厌氧胶。如果密封面较窄同时装配刚性好压应力大，则对平面密封厌氧胶的粘度要求可以忽略。

3. 根据密封面宽度选用

在最窄密封面<5mm 时，则不宜使用厌氧型平面密封胶。

4. 根据密封间隙选用

在密封间隙<0.25mm 时，可以考虑厌氧型平面密封胶；间隙较大时则不能使用厌氧型平面密封胶。

5. 根据工作温度选用

一般平面密封厌氧胶的耐温不超过 150℃，个别耐高温的产品可以达到 200℃。因此根据动力总成各个密封部位的工作温度差别，可以分别选用。

6. 根据耐介质性选用

动力总成系统的内部介质有机油、防冻液、齿轮油、ATF 等，根据密封介质不同，考虑平面密封厌氧胶对密封介质的耐受性也是一个选用依据。

7. 根据密封部位结构刚性选用

厌氧胶只能用于结构刚性好的机加工平面，不能用于柔性冲压件的密封。

(三) 平面密封厌氧胶与平面密封硅胶的应用特点及区别

对于平面密封来说，有硅胶和厌氧胶两种类型产品，它们各自特点及区别见表 8-1。

表 8-1 平面密封厌氧胶与平面密封硅胶的特性及区别

项 目	平面密封厌氧胶	平面密封硅胶
一般密封间隙/mm	≤0.25	≤2.5
密封面宽/mm	≥5	宽窄均可(建议≥5mm)
结构	刚性	刚性、柔性均可
密封润滑油	可	可
拆卸，清除	难	易
固化后胶层性质	刚性	柔性
承压能力	较高	较低
即时密封能力	弱	强
操作时间	宽泛	有限制

（四）螺纹锁固密封厌氧胶的选用原则

螺纹锁固密封厌氧胶在动力总成系统中，是应用比较广泛的胶种。包括发动机、变速器、车桥、底盘上的各种连接螺栓，其防松锁固使用厌氧胶已经成为比较普遍的方式。它的单组分易操作、强度可选择、防松可靠耐久等特点，已经在很多螺纹连接上代替传统的机械锁固防松方式，并已得到了充分验证。

螺纹锁固密封厌氧胶也是在隔绝氧气条件下，与金属离子接触固化，考虑到螺纹标准件的大小不一，粗牙细牙差异、材质不同等，一般厌氧螺纹胶会有粘度、强度、耐温等系列化产品，以适应不同需求。

螺纹锁固密封厌氧胶基本技术指标项目包括：颜色、密度、粘度、初固时间、锁固强度(破坏力矩/平均拆卸力矩)、耐温性、耐介质性(某种条件下耐介质的技术指标变化)等。

除了这些基本性能指标项目之外，某些厌氧螺纹胶对材质、温度、容油能力各不相同，这些特殊性能不包括在基本性能指标项目之中。

厌氧螺纹胶的选用可以参考以下几个方面的选用原则。

1. 根据防松锁固强度选用

工况不同，动力总成的各种连接螺栓要求不同的防松锁固强度，发动机连杆连接螺栓、缸头螺栓等，很多部位的连接螺栓有很高的防松锁固要求，几乎达到永不拆卸的要求；而有的部位的螺栓连接就有可能经常拆卸。因此可以根据防松锁固强度高低选用相应锁固强度的厌氧螺纹胶。

2. 根据螺栓材质不同选用

厌氧胶的特性决定了不同材质上的锁固强度有差异。一般情况下，磷化、碳钢、发黑、达克罗等螺栓上，厌氧螺纹胶的锁固强度较高，固化速度比较快；而在镀锌材质上厌氧胶的锁固强度较低，固化速度比较慢，见表 8-2。

表 8-2　螺栓材质对锁固强度的影响

锁固强度/固化速度	螺纹件材质	锁固强度/固化速度	螺纹件材质
高/快	碳钢、磷化、发黑、达克罗	低/慢	镀白锌、镀彩锌

3. 根据工作温度选用

大部分厌氧螺纹胶的耐热工作温度不超过 150℃，有些特殊设计的可以承受 230℃的高温工况。

4. 根据施工(涂胶)环境温度选用

一般在低于 10℃的环境下应用，大部分的厌氧胶难以固化或固化速度很慢，强度也低，有些个别设计的厌氧螺纹胶可以在 5～10℃环境下应用，但也要注意其固化速度、强度都与常温状态有一定差异。

5. 根据螺纹大小选用

螺纹直径大，一般间隙也会略大，宜选用粘度略高的螺纹胶，以便于填充间隙；而小直径的螺纹连接件，间隙也小，宜选用粘度略低的螺纹胶，也是为了更好地浸润和填充小间隙。

6. 根据螺纹标准件的洁净程度选用

正常的螺栓防松锁固需要严格的涂胶前的清洗、晾干，以保证厌氧螺纹胶可靠地锁固防松。一般不提倡在螺纹件仍然有防锈油的情况下使用厌氧螺纹胶。有些厌氧螺纹胶是专门设计了有油情况下的使用，对标准件防锈油有一定的宽容度（容油性）。但是有油表面本身防锈油分布不均匀，会导致厌氧螺纹胶的锁固强度分布也出现不均匀的现象。

7. 考虑是否二次上紧

这里所说的二次上紧，不是指一般螺纹连接上紧时都会先预紧到某个力矩值再紧接着上紧到规定力矩，而是指在比较大的法兰上有较多的螺栓，在第一遍上紧后，距离再上紧第二遍时间间隔较长，此时应用螺纹胶则需要较慢的初固速度，以适应二次上紧的工艺。

（五）管路螺纹密封厌氧胶的选用原则

管螺纹密封厌氧胶在动力总成系统中，主要应用点是在底盘的液压及气动管路系统的管螺纹接头密封，以及发动机、变速器、驱动桥上的一些管接头、丝堵等，以锥-锥配合的管路螺纹接头密封效果最好。

其作用主要是密封，兼顾防松效果；厌氧特性与螺纹胶一致；通过规范涂胶工艺可以避免污染管路内部介质或堵塞管路、泵、阀等；良好的填充粘接作用使管路螺纹接头的密封更为可靠。

考虑到管路接头的尺寸差异较大，管路螺纹厌氧胶一般有着系列化产品，粘度各异，强度略有差异，但总体来说都是可以使用普通工具方便拆卸。

管螺纹锁固密封厌氧胶基本技术指标项目包括：颜色、密度、粘度、初固时间、密封压力、耐温性、耐介质性（某种条件下耐介质的技术指标变化）等。

管螺纹密封厌氧胶的选用可以参考以下几个方面：

1. 根据管接头尺寸大小选用

管接头尺寸大则选用粘度高的管螺纹密封胶，反之，粘度低的应用于小直径的管接头，以便于更好地填充和浸润，从而提高接触面积增加密封可靠性。

2. 根据工作温度选用

一般工作温度在150℃以下时，有较宽的选择范围，大部分管螺纹厌氧密封胶都可以承受；个别耐高温的管螺纹厌氧胶可以承受200℃的工况。

3. 根据密封承压时间要求选用

应用管路螺纹厌氧密封胶基本都有一定的即时密封能力，可以应用后立即承受一定的密封性测试压力（气密性测试压力一般在30~50kPa），但是如果要承受很高的密封测试压力，应该在固化完全后进行，不同的产品有着不同的固化速度，应用时可以参考选择。

（六）预涂型螺纹锁固密封胶选用原则

随着汽车工业的发展，规模化批量快速生产是所有生产环节必须面对的问题，胶粘剂的应用也是一样，预涂型螺纹锁固密封胶应运而生。

预涂型螺纹锁固密封胶分为两种类型：一种是以锁固防松为目的的反应型预涂螺纹胶；另一种是以管螺纹密封为目的的非反应型预涂胶。

预涂型螺纹锁固密封胶预先涂敷在螺纹表面，烘干保存，生产线上配送使用，有着与普通标准件一样的使用方法，从而达到锁固防松或密封的效果。其应用省却了现场涂胶工序，涂胶质量控制提前到预涂敷阶段，现场装配质量一致性好，环境整洁，提高了工作效率。

1. 以锁固防松为目的反应型预涂螺纹胶

本质上是厌氧胶，其中一个组分是微胶囊裹敷的固化剂，双组分混合均匀涂敷于螺纹上烘干（表面烘干，内部仍是液体厌氧胶）备用。当受到螺纹啮合部位挤压，微胶囊破坏，释放出固化剂引发固化反应，在隔绝氧气条件下迅速固化，起到锁固防松作用。

其基本技术指标项目包括：颜色、密度、粘度、双组分配比比例、烘干条件、破坏强度、耐温性等。

应用注意事项：烘干后的预涂件应使用塑料袋封装防潮，打开封装尽可能短时间内使用完；未使用的预涂件应防止低温冷冻。

2. 以管螺纹密封为目的的非反应型预涂胶

涂敷于管螺纹表面，烘干保存，使用时预涂胶层在螺纹啮合部位起到填充密封作用，可以重复使用1~2次。

其基本技术指标项目包括：颜色、密度、粘度、烘干条件、密封压力等。

涂覆烘干后的胶层有的比较硬能承受更大的密封压力；有的比较柔软，填充间隙稍大适应更宽泛。这种非反应型的预涂胶可以应用于铜质管接头螺纹。

（七）碗型塞及圆柱型零件固持厌氧胶选用原则

碗型塞及圆柱型零件固持密封厌氧胶的应用对象都是圆柱状套接配合零件，在动力总成系统中发动机、变速器一些工艺孔的封堵需要使用碗型塞，一些进出水管、火花塞套管、油尺套管，或者一些圆柱零件装配等，其安装都是套接压装形式。

碗型塞及圆柱型零件固持密封厌氧胶就是针对这一套接压装特征专用的密封固持胶，其主要作用就是起到固持粘接和密封的效果。考虑到不同的配合间隙，其系列化产品往往具有不同的粘度，以适应或填充浸润各种间隙；也会有不同强度，以适应方便拆卸或高强度固持粘接的要求；不同的耐温特性，以适应不同的工作温度。

固持胶是厌氧胶，厌氧胶的特性决定了配合填充间隙不能过大，一般径向间隙在0.2mm以下可以固化，个别固持胶可以达到接近0.5mm径向间隙，理想的密封粘接效果在径向间隙 0.05mm 以下。

碗型塞及圆柱型零件固持密封厌氧胶的基本技术指标项目包括：颜色、密度、粘度、初固时间、剪切强度(套接压剪)、耐温性等。

碗型塞及圆柱型零件固持密封厌氧胶的选用原则如下。

1. 根据固持密封的零件种类选用

碗型塞都是过盈配合，碗型塞的固持密封以密封为主，中高强度满足碗型塞的固持粘接定位。涂胶方式有机器涂胶和手工涂胶两种。一种是适应机器涂胶的，粘度比较低，适合于机器涂胶头的旋转甩出涂胶方式；另一种是粘度略高，有一定触变性，适合于手工涂胶。

发动机的进出水管、火花塞套管等也是过盈配合，压装涂胶对强度要求较高(当然也要密封性)，一般选择较低粘度的高强度固持胶。

2. 根据工作温度选用

耐高温的固持厌氧胶可以达到耐温 230℃，其他一般在 150~175℃以下，可根据工况温度的不同进行选择。

3. 根据配合间隙选用

圆柱零件配合，有间隙配合、过渡配合、过盈配合，在过盈配合以及过渡配合时一般选用低粘度固持胶。而间隙配合时，间隙大小对固持胶的粘度有不同要求，低粘度填充小间隙，高粘度填充较大间隙。

4. 根据圆柱零件要求的固持强度选择

圆柱零件固持有的要能够比较容易拆卸，有的则需要高强度粘接固持。系列化的固持厌氧胶提供了不同的强度选择。

(八) 铸造缸体浸渗密封剂选用原则

发动机缸体缸盖、变速器壳体等浇铸或压铸铝合金件，由于生产过程中难免会出现一些内部缺陷，比如内部的微裂纹、气孔、砂眼、缩松等。这些微小的缺陷在外部有时是很难肉眼看出来的，通过使用浸渗剂浸渗、抽真空的方式可以填充内部微小间隙(一般在 0.2mm 以下)，以保证发动机缸体、缸盖或变速器壳体的密封性要求，同时也避免了一些不必要的零件报废。

一般使用的真空浸渗剂是甲基丙烯酸单体，在热水或热空气中聚合反应固化。浸渗剂的使用是在真空条件下，粘度极低的浸渗剂渗入零件微小缺陷中，在一定温度(热水)条件下固化，从而完成填充密封。

浸渗密封剂的基本技术指标项目包括：颜色、密度、粘度、固化条件(比如热水温度)、固化后硬度等。

真空浸渗密封剂一般根据固化温度进行选用。

(九) 其他种类密封胶

动力总成系统中还会应用到一些其他种类胶粘剂或密封胶。例如，瞬干胶会应用在一些橡胶或塑料件的粘接固定；高温抗咬合剂是一种在高温重载条件下保持润滑能力的耐高温固体润滑剂，用于一些高温润滑的位置，如发动机排气管螺栓、驱动桥刹车凸轮轴等。

由于它们的用量不大，此处不再详述。

三、密封部位结构设计

满足要求的产品、合理的结构、规范的应用工艺这三个方面的共同保证，是汽车动力总成系统用胶粘剂的长期可靠性的保证，如图 8-9 所示。

其中，密封部位合理的结构是重要的基础保证。

应用于动力总成系统密封胶有平面密封、螺纹锁固防松、管螺纹密封、圆柱固持等，由于螺纹、管螺纹结构均是标准件，不需要更多在结构上的再次设计。这里主要考虑平面密封的结构与密封胶的相互匹配的设计。

（一）平面密封宽度

动力总成系统的平面密封用胶点很多，如发动机油底壳、正时链罩壳、变速器壳体、驱动桥壳等。对平面密封而言，密封面宽度越宽越可靠，在允许的情况下尽可能设计有较宽的密封面。基本要求：$a>5$mm；$b>8$mm，图 8-10 所示为密封面宽度要求示意图。

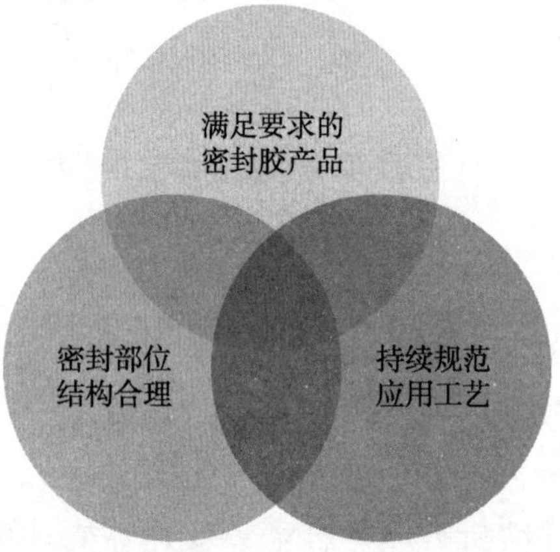

图 8-9　产品、结构、工艺三个方面的共同保证

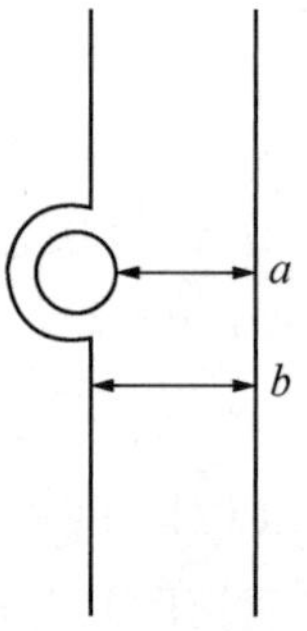

图 8-10　密封面宽度要求示意图

（二）螺栓孔间距

密封面法兰连接螺栓孔间距不应超过十个螺栓直径的距离，即 $B\leqslant 10A$，见图 8-11。

（三）螺栓孔位置布置

密封面法兰螺栓孔布置应遵循：两螺栓间的压力作用线应尽量与这两个螺栓间的密封面走线重合（压力线尽可能作用在法兰密封中间线上），见图 8-12。

图 8-12 中 A 点位置明显缺少一颗螺栓，这样会造成 A 点的规律性泄漏。除了 A 点外的其他螺栓位置布置都较为合理。

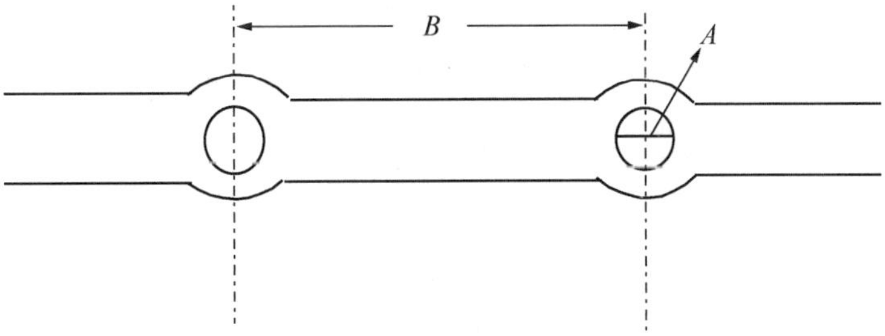

图 8-11 螺栓孔间距

A—螺栓直径；B—相邻两个法兰孔中心间距

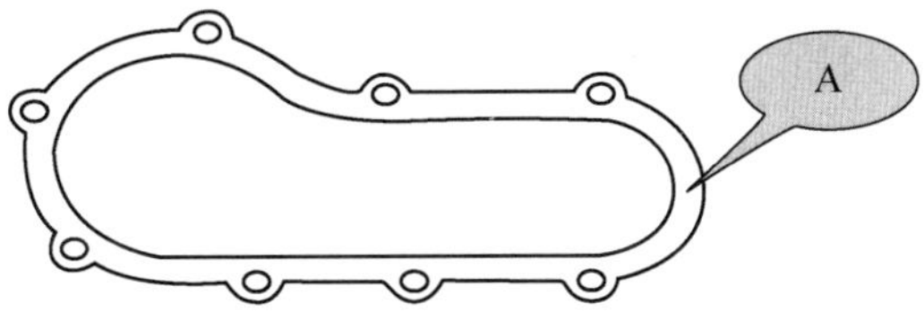

图 8-12 螺栓位置布置应使压力作用线与法兰密封中间线尽可能重合

(四) 加强筋位置要求

在一些薄壁壳体上，经常会设置加强筋以强化壳体零件的刚性。如图 8-13 所示，加强筋位置应靠近螺孔周围。

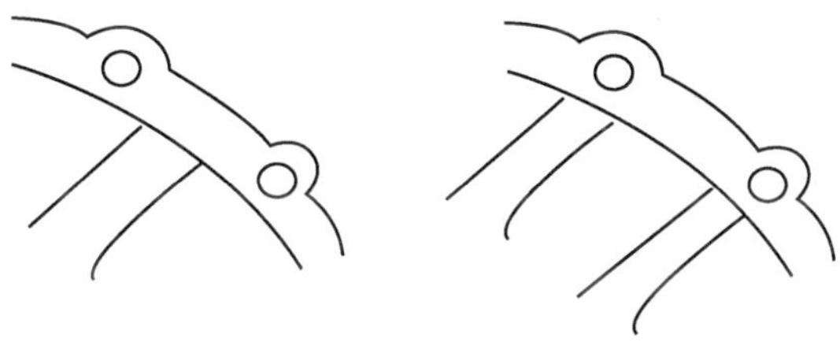

图 8-13 加强筋位置应靠近螺栓孔

(五) 装配法兰面压应力

应用平面密封厌氧胶的法兰面装配后的压应力应大于 2.5MPa；应用平面密封硅橡胶的法兰面对此要求不高。

(六) 法兰平面粗糙度要求

建议平面密封法兰表面粗糙度 *Ra* 在 0.8～3.2，以保证密封胶更好地浸润和填充。

(七) 容胶槽结构

对于平面密封硅橡胶而言，在动力总成系统应用中特别需要注意这个容胶槽结构，见图 8-14。

在密封腔内侧，密封面上开一个 30°倒角，该倒角在涂胶装配后容纳多余的密封胶，形成容胶槽作用，对平面密封可靠性的提高有积极意义。

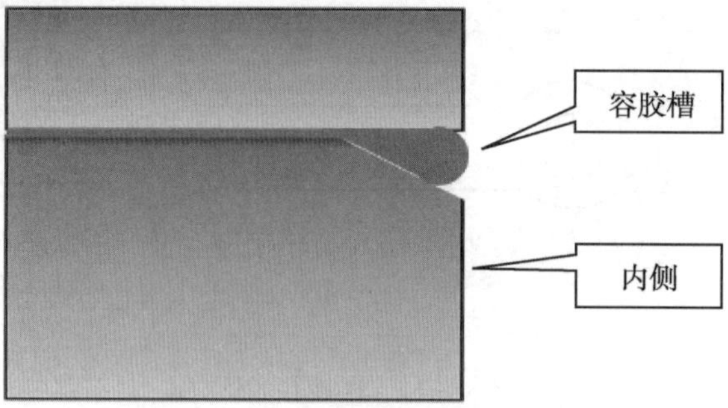

图 8-14　平面密封容胶槽结构

四、涂胶工艺规范及涂胶设备

（一）平面密封硅胶涂胶工艺规范

1. 密封面涂胶前的准备

密封面的清洁对密封胶的密封粘接效果有着直接影响，对于动力总成系统的平面密封法兰，需要保证涂胶面的清洁无油污。可以通过清洗、擦拭方式，清洗剂喷在擦拭布(无尘布)上擦拭涂胶密封面，擦布要清洁，避免二次污染，每次擦拭都用无尘布的新鲜面擦拭，一块无尘布大概可以使用 15 次左右，再更换新布。清洗剂应去污、除油效果好，挥发快，无残留。注意夏季应避免清洗剂挥发导致表面降温凝水。

2. 涂胶

擦拭过的密封面晾置几秒至几十秒即可挥发干净，手工或机器涂胶，胶线轨迹形成封闭，必要时在螺孔周围涂一圈胶，走线取法兰宽度中间位置。见图 8-15。

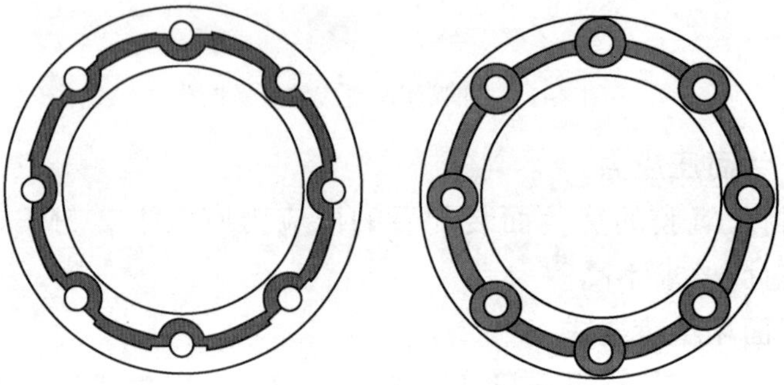

图 8-15　涂胶轨迹和走线位置

3. 胶线直径

涂胶胶线直径与法兰密封面宽度、间隙、结构等有直接相关，理论胶线直径与间隙关系如图 8-16 所示。实际胶线直径的确定是一个经验的取值，原则是可以填充满内侧的容胶槽，并且外部略微挤出为宜。

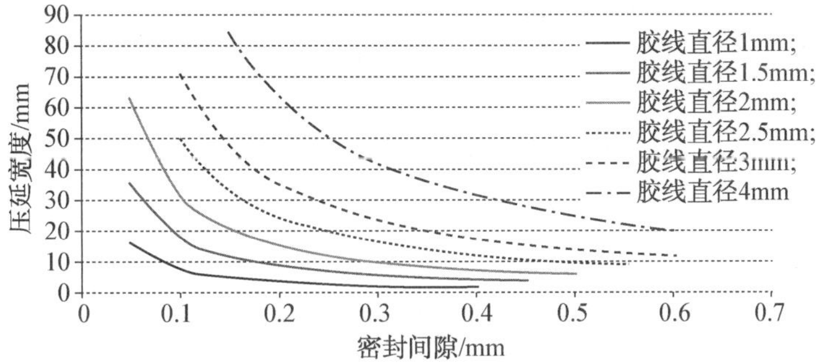

图 8-16　胶线直径与密封间隙

4. 密封合拢装配时间

涂布平面密封硅胶的密封合拢装配时间有较严格的限制，由于硅胶是湿气固化，涂胶后胶线会有表干时间，表面逐渐失去粘性。因此，硅胶涂胶后合拢装配要在表干时间内进行。一般情况 3min 之内合拢是可满足要求的。

5. 合拢装配要求

合拢装配操作过程要避免两个零部件的相互位移错动，要借助导向柱或定位销的作用，垂直合拢，防止合拢过后的相互错动，见图 8-17。合拢后立即上紧螺栓。

图 8-17　垂直合拢装配

6. 热试机

汽车发动机、变速器、车桥等在装配完成后，一般会进行试机运转，测试机器的各项指标或验证其运转顺畅情况。平面密封硅胶涂胶装配后应该留有一定时间，待其初步表干固化后再进行试机，这一时间最好在 30~40min 以上为宜。

（二）平面密封厌氧胶涂胶工艺规范

1. 密封面涂胶前的准备

保证涂胶面清洁无油污。可以通过清洗、擦拭方式，清洗剂喷在擦拭布（无尘布）上擦拭涂胶密封面，擦布要清洁，避免二次污染，每次擦拭都用无尘布的新鲜面擦拭，一块无尘布大概可以使用 15 次左右，再更换新布。清洗剂应去污、除油效果好，挥发快，无残留。注意夏季应避免清洗剂挥发导致表面降温凝水。

2. 涂胶

待擦拭过的密封面晾置挥发干净后，手工或机器涂胶，胶线轨迹应形成封闭，必要时在螺孔周围涂一圈胶，走线取法兰宽度中间位置，见图 8-15。

3. 胶线直径

主要参考图 8-16，应考虑密封面间隙和密封面宽度。

4. 密封合拢装配时间

平面厌氧胶涂胶后的密封合拢装配时间可以比较宽泛，可以根据整条生产线的节奏适当制订一个合拢时间工艺要求即可。需要注意的是涂胶后防止胶线和密封面受到灰尘或其他物质的污染。

5. 合拢装配要求

合拢装配操作过程要避免两个零部件的相互位移错动，要借助导向柱或定位销的作用，垂直合拢。防止合拢过后的相互错动，见图 8-17。合拢后立即上紧螺栓。

6. 热试机

一般在装配完成后，会进行试机运转，测试机器的各项指标或验证其运转顺畅情况。涂胶装配后应该留有一定时间，待其初步表干固化后再进行试机，这一时间在 30~40min 以上为宜。

（三）螺纹涂胶工艺规范

1. 通孔(螺栓、螺母)应用工艺要求

（1）保证螺纹涂胶部位的清洁，无油污、无杂质，可以使用专用金属清洗剂清洗螺纹。

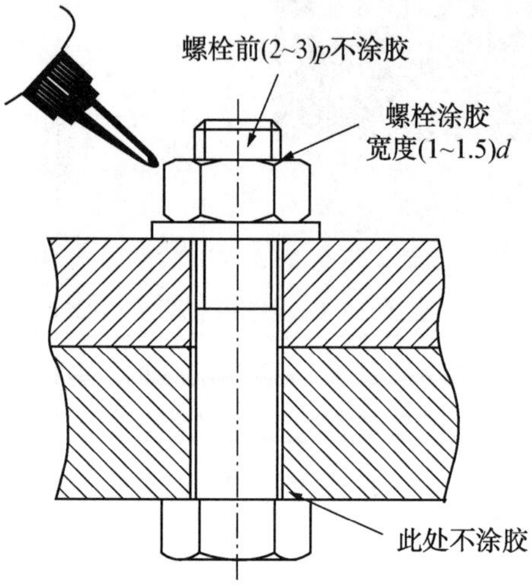

图 8-18　通孔(螺栓、螺母)涂胶工艺

（2）涂胶于外螺纹或内螺纹啮合处或螺母内，见图 8-18。

（3）涂胶量应能够保证充满螺纹啮合部位间隙。刷涂螺纹胶：刷涂轴向宽度为 1~1.5 倍螺栓直径。

（4）装配螺栓螺母，在初固时间内上紧到规定力矩。

（5）常温条件下 24h 可达最高强度。

重点提示：二次上紧须在初固时间内完成；普通工具拆卸困难时可加热至 260℃ 拆卸；低温时固化慢，可加温或用促进剂加速固化；不同金属材质对厌氧螺纹胶固化速度强度有影响；非金属材料慎用。

2. 盲孔涂胶工艺要求

(1) 保证螺纹涂胶部位的清洁，无油污、无杂质，可以使用专用金属清洗剂清洗螺纹。

(2) 涂胶于螺纹内孔孔底或内壁(内侧中部螺纹啮合部位)，见图 8-19。

(3) 装配螺栓(柱)，上紧至规定力矩。

(4) 常温条件 24h 可达最高强度。

重点提示：不宜只涂胶在螺栓(柱)外螺纹表面装配；涂胶在孔底时，涂胶量要足够多，以使螺栓装配后胶液能返浸至螺纹啮合处。

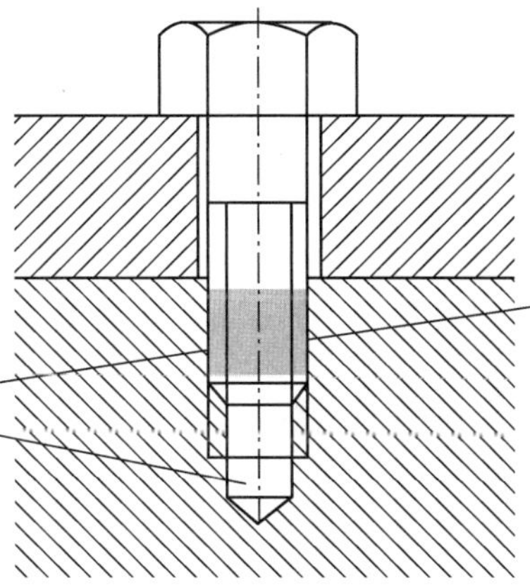

图 8-19 盲孔涂胶工艺

3. 预先装配好的螺栓渗涂工艺

(1) 螺栓、螺母清洁干净后装配，并上紧力矩或调整到位。

(2) 使用具有渗透效果的厌氧型螺纹锁固密封剂。

(3) 滴涂在螺纹结合处，依靠渗透作用，胶液渗透到螺纹啮合内部。

(4) 厌氧胶在隔绝氧气条件下固化、锁固，24h 可达最高强度，见图 8-20。

重点提示：M12 以下螺栓适用此工艺。

(四) 管螺纹涂胶工艺规范

(1) 保证管螺纹涂胶部位的清洁，无油污、无杂质，可以使用专用金属清洗剂清洗螺纹。

(2) 涂胶于管接头外螺纹表面，从第二扣开始涂胶，涂胶宽度至少 4~5 扣。

(3) 在密封胶初固之前完成装配上紧及调整。

(4) 室温 24h 可达最高密封压力。见图 8-21。

重点提示：涂胶于外螺纹，第二扣开始涂胶。

(五) 碗型塞及圆柱零件涂胶工艺规范

(1) 清洗圆柱件(轴套件)表面，应无油、无水、无毛刺。

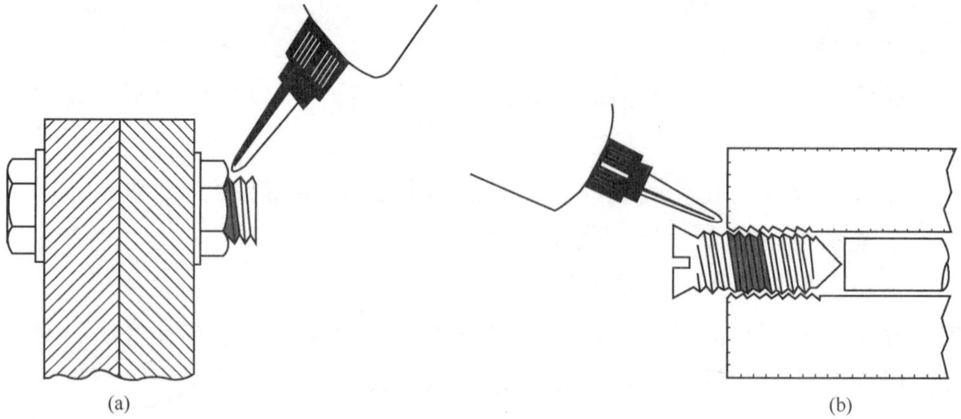

图 8-20　预先装配好的螺栓渗涂工艺示意图

（2）在配合有效区域充分涂胶(碗型塞涂胶在孔内)，胶液应充满间隙。

（3）间隙装配时一次性装配到位，轴套相对转动使胶液更均匀；过盈过渡装配时一次性压装到位。

（4）室温 24h 可达最高强度，见图 8-22 和图 8-23。

图 8-21　管螺纹涂胶示意图

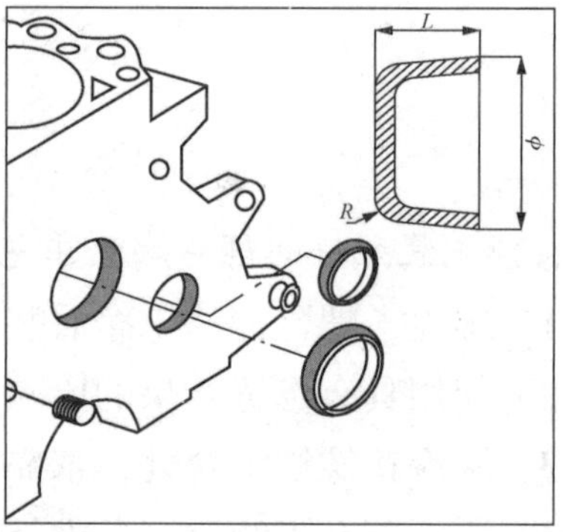

图 8-22　碗型塞装配涂胶在内孔中

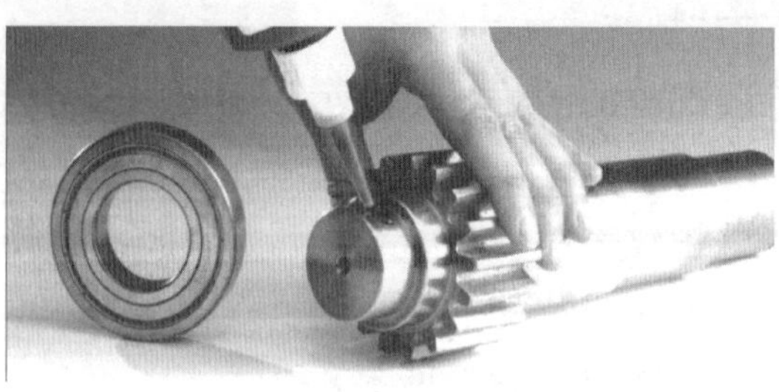

图 8-23　其他圆柱固持装配涂胶在外圆或内孔

重点提示：圆柱固持件间隙小，固化快强度高；间隙大，固化慢强度低，而且可能产生同轴度偏移；最佳粗糙度 Ra0.8~3.2。

（六）涂胶工具及设备

1. 平面密封硅胶涂胶工具及设备

在汽车动力总成的平面密封硅胶应用中，由于批量大、一致性要求高，因此在发动机和变速器的平面密封硅胶涂覆中，基本采用机器涂胶为主，手持胶枪涂胶为辅。

机器自动化涂胶有六轴机器人设备、二维平面涂胶机，也有半自动简易涂胶机；自动涂胶机根据装配线设计情况，可以是在线自动涂胶（在线测量、在线定位、在线自动涂胶），也可以是离线人工装夹涂胶零部件、人工定位、自动涂胶、人工取件装配，还可以是离线机器人自动抓取零件、自动测量、自动涂胶、自动装配。离线式平面涂胶机见图 8-24。

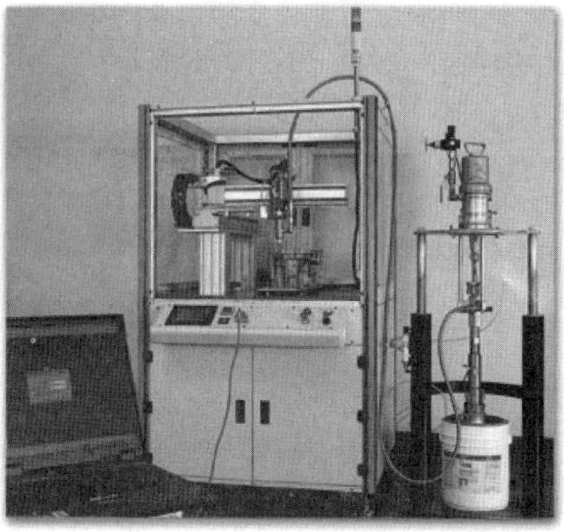

图 8-24　离线式平面自动涂胶机

配合硅胶的包装特点，自动涂胶机可以配用 20kg（5 加仑）、200kg（55 加仑）的大桶包装，其输胶管采用高压密闭输胶管。

手持胶枪涂胶，也有两种情况：一是气动或电动胶枪；另一种是人工扣动扳机推动一个顶杆，施加在胶管的尾部活塞上，挤出密封胶。气动涂胶枪见图 8-25，手动涂胶枪见图 8-26。

图 8-25　气动涂胶枪

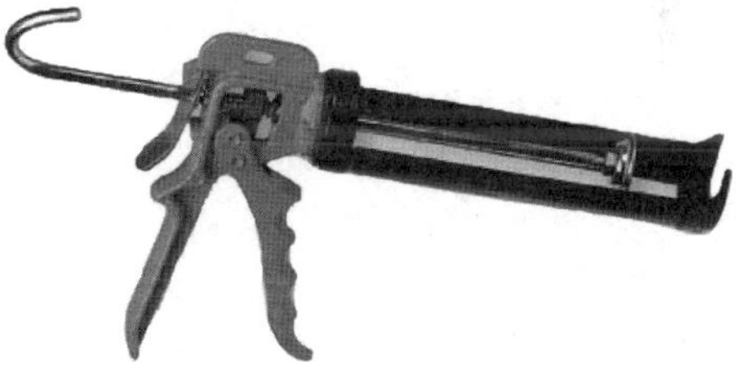

图 8-26　手动涂胶枪

2. 平面密封厌氧胶涂胶工具及设备

平面密封厌氧胶的手动涂胶工具基本与硅胶相同。

设备涂胶则与硅胶有所不同，一是厌氧胶的包装不能做得太大，平面密封厌氧胶的最大包装一般在 850mL；二是包装瓶、输胶管、涂胶阀等均不能采用金属，长期储存的包装最好是能透氧的低密度塑料材质。

除了手动、机器涂胶方式之外，平面厌氧胶还可以采用辊涂和丝网印刷的方式涂胶。如图 8-27、图 8-28 所示。

图 8-27　平面密封厌氧胶辊涂

图 8-28　平面密封厌氧胶丝网印刷涂胶

3. 碗型塞涂胶工具及设备

发动机、变速器上使用碗型塞封堵一些工艺孔时，要用厌氧型碗型塞胶，其涂胶的基本要求是涂胶在内孔中。大批量的生产装配一般采用自动涂胶机在塞孔中涂胶，自动涂胶自动压装碗型塞。也有一些批量不是太大的，采用半自动或人工涂胶。碗型塞半自动涂胶设备见图 8-29，人工涂胶工装见图 8-30。还有一些厂家碗型塞孔涂胶采用刷子刷涂于内孔中。

图 8-29　碗型塞半自动涂胶设备

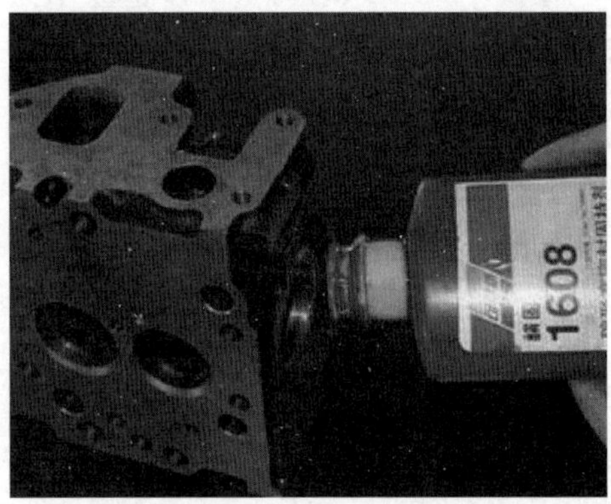

图 8-30　碗型塞手工涂胶工装

4. 螺纹胶涂胶工具及设备

螺纹胶现场装配时的施胶一般采用手工涂胶，直接使用原包装瓶的胶嘴涂覆在螺纹表面；或设计一些工装采用浸涂的方式以保证涂胶的一致性，见图 8-31；半自动的点胶工具可以保证每次挤压出胶量基本一致，见图 8-32；也有一些重要部位的螺栓采用自动涂胶机涂覆螺纹胶，针式的涂胶头将螺纹胶直接涂敷在每个螺纹扣中间，既不浪费还能保证涂胶的精确一致，见图 8-33。

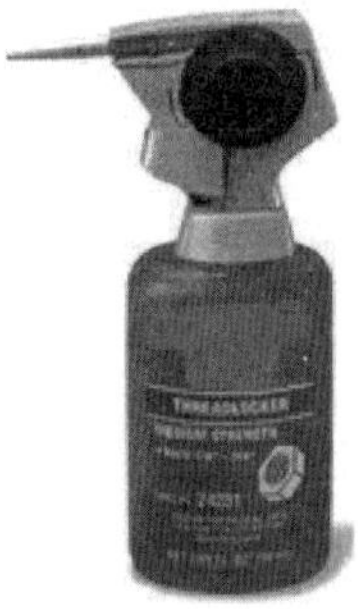

图 8-31 手动点胶泵

图 8-32 螺纹胶浸涂工装

图 8-33 螺纹胶自动涂胶

5. 预涂胶的涂胶工具及设备

预涂胶的工艺是将混合搅拌均匀的预涂胶涂在螺栓上，再放到一定温度的烘箱中烘干，保存。

预涂胶大部分采用机械化自动或半自动涂胶，有着很高的生产效率，见图 8-34 和图 8-35。也有部分公司自己预涂加工，预涂胶生产批量相对较少而采用手工刷涂的方式，见图 8-36。

图 8-34 针式自动预涂胶机

图 8-35 重力滚涂半自动预涂胶机

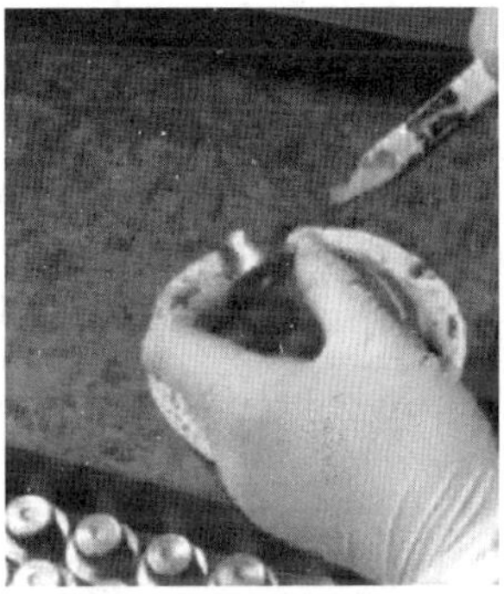

图 8-36 手工刷涂预涂胶

五、常见问题、产生原因及应对措施

汽车动力总成系统用胶常见问题就是密封失效渗漏、螺纹连接防松失效松脱或松动等，产生这些问题的原因比较复杂，受到产品、工艺、结构等多种因素影响。以下就常见问题做一些分析介绍，并给出解决问题思路。

（一）平面密封失效原因及解决措施

1. 涂胶及装配工艺问题

涂胶及装配常见的工艺问题有如下几方面：

（1）清洁度控制不好；

(2) 涂胶胶线控制不好；

(3) 涂胶后合拢装配时间过长；

(4) 装配合拢过程没有辅助定位；

(5) 螺栓拧紧次序不规范；

(6) 装配后的固化时间不足；

(7) 装配后在线气密性测试压力过大。

解决方法：严格工艺操作、制作辅助工装工具、降低测试压力、尽可能延长热试机时间。

2. 装配环境影响

装配环境也可以归纳到工艺规范内，但是又有一定特殊性，此处单独分析。环境对密封失效影响分析如下：

(1) 原因　北方气候部分季节湿度低，中南部地区冬季温度低，个别工厂的装配车间没有空调。

(2) 现象　固化不好，但是难以察觉。

(3) 导致　泄漏风险加大。

(4) 解决　加装空调，局部加湿。

3. 密封面结构问题

常见的密封面结构问题有：没有容胶槽(针对硅胶)、密封面宽度设计太窄、某些位置结构刚性不足、对“T”型结合部位的变形影响估计不足。

针对以上问题，应通过了解、掌握结构的设计基本原则，并进行CAE计算机辅助模拟分析，对平面密封部位的结构设计进行完善。见图8-37。一旦结构设计定型后，再发现结构设计缺陷而引起密封可靠性降低，将很难通过密封胶产品本身和用胶工艺方案去解决的。

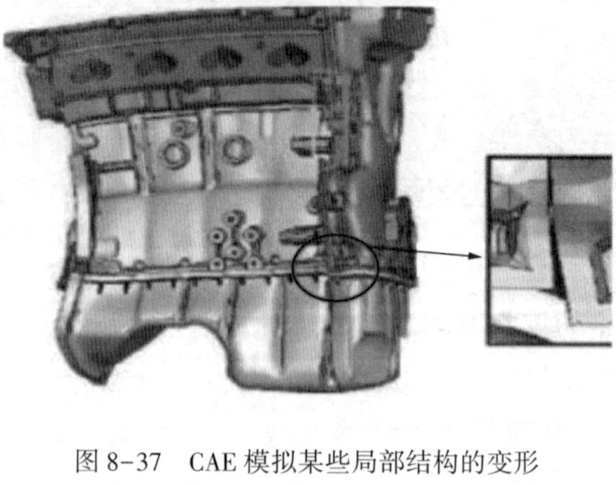

图8-37　CAE模拟某些局部结构的变形

4. 零部件加工质量及材质问题

一般常见的零部件加工质量及材质问题有：零件密封面平面度超差、密封面表面粗糙度超差、冲压件表面油漆质量问题等。这些问题的存在会对密封可靠性产生影响，有的会造成粘接浸润不好，有的会变形太大，有的可能产生膜下腐蚀造成渗漏等。所以，在零部件加工及后处理过程中，应严格控制产品质量。

5. 密封胶产品本身性能质量问题

密封胶产品本身常见的性能质量问题有：粘接性能不佳、拉伸及剪切强度过低或过高、断裂伸长满足不了冲击振动产生的变形、耐油性及耐温性不符合要求等。

针对以上问题，应确定并建立密封胶产品标准，明确密封胶各项性能指标；对密封胶厂家的产品质量稳定性进行考核；若条件允许，在发动机开发初期同步验证。

（二）螺纹连接防松失效松脱或松动以及解决措施

螺纹连接应用厌氧螺纹胶可以起到锁固防松的效果，在汽车动力总成的螺纹连接中应用螺纹胶已经比较普遍，偶尔发生松动现象，其原因也是多种多样，具体分析如下：

1. 螺纹标准件的一致性差异

螺纹标准件存在差异，直接反映在螺纹啮合部位的间隙不同，厌氧胶对间隙敏感，造成固化强度差异：间隙小固化快强度高，间隙大固化慢强度低。

解决措施：高质量的螺纹标准件的选择，更多是选择高质量的供应商。

2. 螺纹表面清洁度问题

一些发黑螺栓出厂时在螺栓标准件上涂有防锈油，或者是在壳体钻孔后残留的切削液残存在内螺纹表面，以及在螺纹标准件的储运过程中没有做好防护，使螺纹表面有不同程度的油污，这些螺纹表面的油污在生产装配前都应该进行仔细清洗，否则油污对厌氧螺纹胶的附着力有着直接影响，强度分散大，锁固力不均匀。

解决措施：待涂胶的螺纹标准件必须确保去除油污，可以采用清洗剂清洗，并晾干待用。

3. 螺纹胶涂胶工艺问题

在生产装配过程中，存在着人工操作的差异性，现场涂胶的工艺控制是个比较严肃的问题，没有严格一致的涂胶操作，就会产生个别螺纹连接件的锁固强度差异。

解决措施：重要部位螺栓等螺纹标准件的涂胶可以采用机器涂胶，或者采用预涂胶，将质量控制提前到预涂胶阶段。

4. 涂胶后没有及时上紧到规定力矩

螺栓涂胶后装配，也进行了上紧工艺，但是没有及时上紧到规定力矩或上紧到规定力矩时间已经超出螺纹胶的初固化时间，这就造成了在螺纹啮合部位的螺纹胶已经固化(或部分固化)又在上紧时被再次破坏，从而达不到预期的锁固力。

解决措施：二次上紧需要在螺纹胶的初固时间内完成。

六、新技术动态及发展方向

经过多年的发展及实践应用，已与汽车大规模化生产相匹配，其主流产品仍然是硅胶、厌氧胶。随着人们环保意识的提高，汽车动力总成系统的发展有以下几方面。

（一）平面密封硅胶

对于平面密封而言，硅胶、厌氧胶继续是主流，硅胶的应用将会更多。

1. 双组分硅胶

发动机、变速箱等对复杂结构的密封要求更高，特别是大批量生产节拍的加快，一些复杂密封部位更需要快速固化。双组分平面密封硅胶的固化过程为内外同步固化，完全能够满足快速固化的需求，同时避免了单组分湿气固化并且固化过程是由表及里，需要较长时间才能完全固化的过程。所以，未来双组分平面密封硅胶将在发动机、变速箱等复杂结构部位密封方面有着更广泛的应用需求。

2. 脱醇硅胶

单组分硅胶依然是汽车动力总成主要应用的平面密封胶。因脱醇硅胶在固化过程中释放出醇类小分子，对环境更友好，将有发展的趋势。所以，脱醇硅胶是发展的方向。

3. 耐高温耐介质更好

增压发动机的应用意味着温度更高，油品耐温性也更好，则对密封胶的耐温耐介质要求也就更高。所以，耐高温、耐高温油液的平面硅胶的开发也是一种需求。

4. 对新材质的适应性

汽车轻量化的发展带来了新材料的开发与应用，汽车动力总成系统也会应用更多的复合材料、轻质金属等，例如塑料油底壳、镁铝合金壳体等。密封胶的应用也要求能够对这些材质有非常好的粘接效果、密封效果，从而能够适应汽车轻量化的快速发展。

（二）厌氧胶

厌氧胶有平面密封、螺纹锁固、管螺纹密封、圆柱固持等功能作用，未来发展仍然是在这个体系内的发展。

1. 高韧性平面密封厌氧胶

由于传统厌氧胶的韧性稍差，通过改性增加平面密封厌氧胶的韧性，提高耐冲击性、抵抗零件的变形，满足发动机等动力总成系统的复杂工况。

2. 对铝镁合金的适应

厌氧胶对不同金属材质的敏感性不同，但随着轻量化发展，铝镁合金应用越来越广，在这些惰性的金属材质上应用厌氧胶，对下一步平面厌氧胶的开发有着急切的需求。

3. 满足机器涂胶需求

厌氧胶的厌氧特性决定了不能采用太大的包装，以及包装瓶内真空度对储存稳定性的要求，而动力总成系统应用平面密封厌氧胶时，更需要有较大的包装，同时机器涂胶胶线要稳定、不断续，也就是要求胶体内无气泡，避免涂胶时断线、不连续。自动涂胶带来的厌氧胶大包装的需求和储存稳定性的矛盾需要很好地平衡。

4. 其他

厌氧螺纹胶将会对镀锌、达克罗材质有更好的表现，抗疲劳抗冲击的要求日渐提高；圆柱固持胶的快固与稳定性的平衡等是这些产品的开发方向。

(三) 预涂胶

预涂胶种类有厌氧类、溶剂类、水基类等，也有单组分、双组分、多组分等。汽车工业的发展对预涂胶的需求将更加旺盛。核壳技术、微胶囊、纳米材料等不断发展，预涂胶有着广阔发展前景；而环保意识的提高，溶剂型预涂胶的应用将会受到限制。

材质方面螺栓采用达克罗防腐的越来越多，预涂胶对达克罗涂层的相容性和高附着力的提升，是需要进一步开发的。

增压发动机的应用，使其本身温度也更高，冷却、润滑介质的温度也随之提升，预涂胶的耐温性、耐高温油液性等的需求，也是开发的方向。

第二节　汽车内饰顶棚用胶粘剂

一、汽车内饰顶棚分类

汽车内饰顶棚(以下简称汽车顶棚)分为软质顶棚和硬质顶棚。软质顶棚没有硬质骨架，一般由装饰面料和软质聚氨酯海绵(也有交联聚乙烯或EVA泡沫)通过复合而成。由于软质顶棚需现场粘接装配，效率低，隔音隔热差，现在较少应用。硬质顶棚通常由硬质骨架和软质装饰层组成。因使用的骨架材料不同而分成多个种类。硬质顶棚骨架材料有硬质表皮聚苯乙烯泡沫、聚丙烯蜂窝板、麻毡板、玻纤板、硬质聚氨酯泡沫三明治板等。现在市场上主要车型都是以聚氨酯(PU)为骨架材料模压成型的硬质顶棚。

二、汽车内饰顶棚用胶粘剂的发展过程

胶粘剂在汽车顶棚的制作和装配中起着关键的作用。早期软质顶棚在主机厂总装线上的装配一般有两种方式：一种是现场喷胶，使用溶剂型氯丁胶或水性

氯丁胶,即喷即贴；另一种是在软质泡沫面预涂水性丙烯酸酯压敏胶，以隔离纸保护，总装线上撕去隔离纸，即可贴合。随着硬质顶棚的广泛应用，胶粘剂在主机厂装配时使用越来越少。在硬质顶棚应用初期，主机厂安装顶棚时，会在顶棚骨架面喷涂溶剂型胶粘剂或挤涂单组分聚氨酯密封胶，与汽车车顶内钣金贴合，胶粘剂固化后起到定位、降噪效果。现在，胶粘剂更多在汽车硬质顶棚的制造过程中使用。

三、汽车内饰硬质顶棚的生产工艺及胶粘剂

汽车硬质顶棚生产以模压成型为主。模压成型工艺分干法成型和湿法成型两种。

干法成型工艺分为两步，以聚氨酯(PU)顶棚为例，首先制造聚氨酯(PU)与玻璃纤维复合板，然后在板材表面涂布聚乙烯热熔胶粉，并熔化附着，冷却待用；其次，复合板加热后与面料压制成型。其工艺流程和生产设备见图 8-38。

湿法成型工艺又分为一步法和两步法，涉及骨架胶和面料胶两种胶粘剂。一步法只用骨架胶，其兼具面料粘接作用，如图 8-39 所示；两步法先利用骨架胶模压成型顶棚骨架，再上面料胶，将骨架与面料压制贴合而成型，如图 8-40 所示。骨架胶为端异氰酸酯聚氨酯预聚体，一般辊涂使用；当喷涂时，会使用挥发速度快的环保溶剂进行稀释，以降低粘度。面料胶分溶剂型和水基型，前者是溶剂型单组分端异氰酸酯胶粘剂，后者为水性双组分聚氨酯胶粘剂。

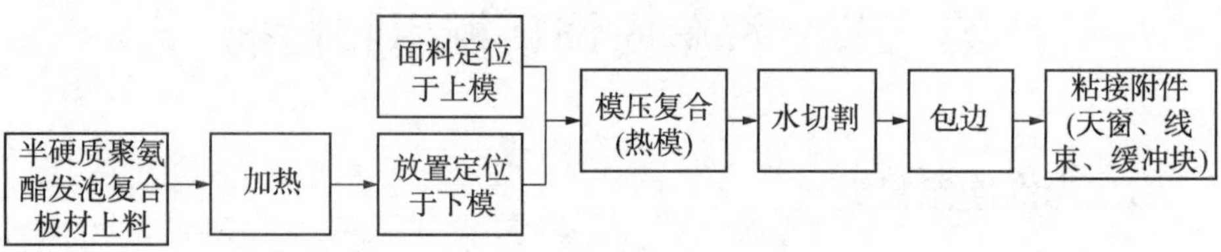

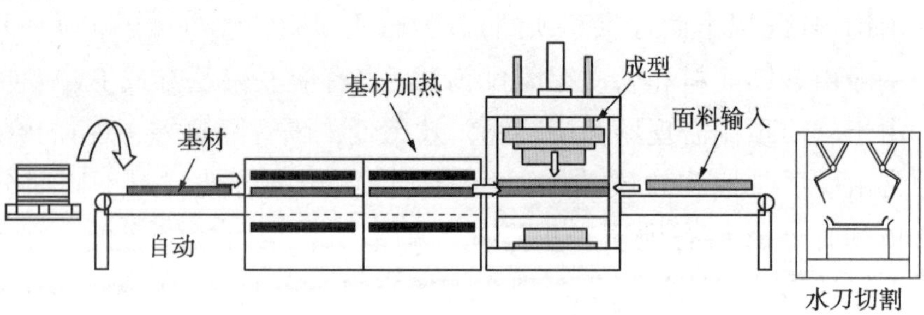

图 8-38　干法成型工艺流程及生产设备

四、汽车内饰硬质顶棚用胶粘剂主要技术指标及生产工艺参数

湿法成型工艺用胶粘剂主要技术指标见表 8-3。

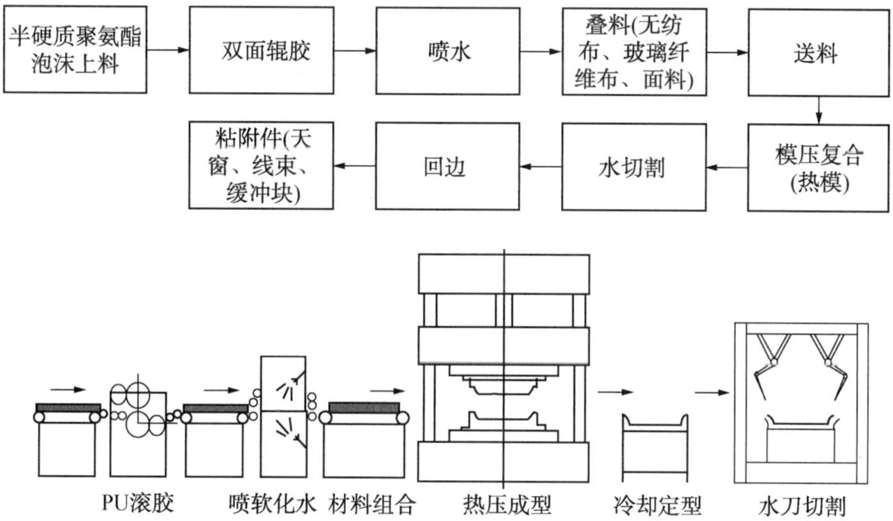

图 8-39 湿法一步法成型工艺流程及生产设备

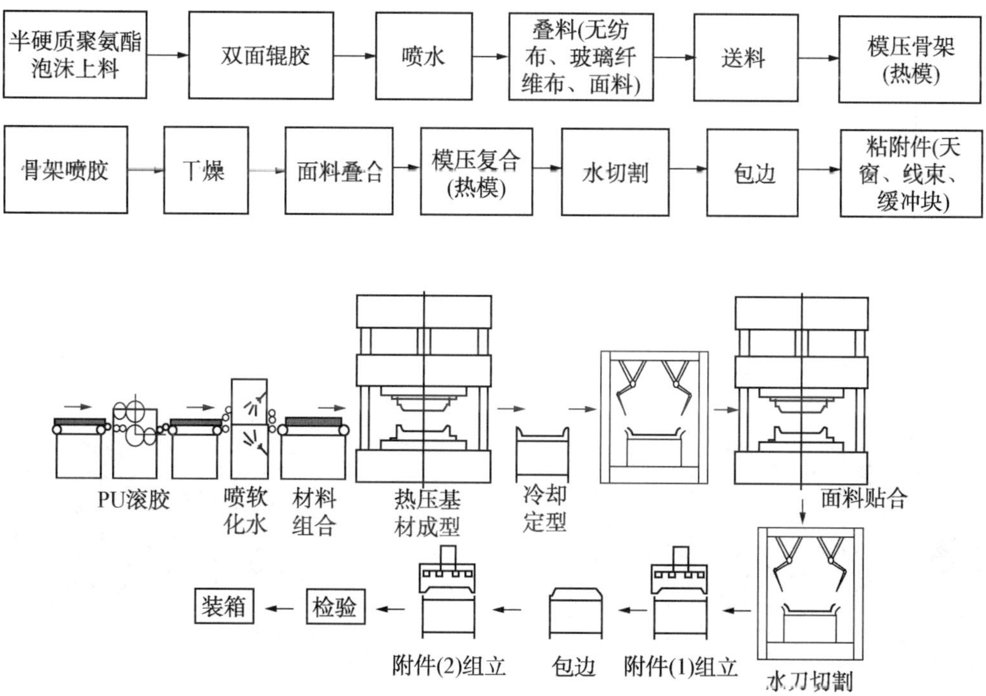

图 8-40 湿法两步法成型工艺流程及生产设备

表 8-3 湿法成型工艺用胶粘剂主要技术指标

胶粘剂类型		不挥发分/%	粘度/mPa·s	NCO 含量/%	单/双组分
骨架胶	无溶剂型	≥98	320~420	21.70~22.40	单组分
	溶剂型	62±1	25~64	8.80~9.20	单组分
面料胶	溶剂型	35±1	150~250	1.10~1.20	单组分
	水基型	45±1	2000~3000	—	双组分

干法成型工艺参数见表 8-4。

表 8-4　干法成型工艺参数

项　　目	参　　数	项　　目	参　　数
板材表面温度/℃	180~200	保压压力/MPa	8~12
加热时间/s	100~150	保压时间/s	40~55

湿法成型工艺参数见表 8-5。

表 8-5　湿法成型工艺参数

项　　目	参　　数	项　　目	参　　数
板材表面温度/℃	110~150	上胶量/(g/m^2)	上辊：50~70 下辊：80~100
保压压力/MPa	9~15	喷水量/(g/m^2)	80-120
保压时间/s	25~45		

五、汽车内饰硬质顶棚生产应用

汽车内饰硬质顶棚生产应用实例见图 8-41~图 8-44。

首先，通过辊胶机把无溶剂骨架胶均匀、双面涂布于聚氨酯泡沫上；再放于无纺布、玻璃纤维表面，并喷涂雾化纯水于胶面；最后，依次把玻璃纤维无纺布叠上，置于热压机下压制成型。

图 8-41　辊胶

图 8-42　喷水

六、湿法成型工艺中易出现的问题、原因分析及解决措施

湿法成型工艺中易出现的问题、原因分析及解决措施如表 8-6 所示。

图 8-43 叠料

图 8-44 模压

表 8-6 湿法成型工艺中易出现的问题、原因分析及解决措施

问题描述	原因分析	解决措施
辊筒胶液泡沫多，易结皮	①环境湿度过大； ②胶活性过高	①控制环境湿度≤70%； ②胶粘剂调整开放时间
表面渗胶	①胶量过多或胶量不均匀； ②水量过多或水量不均匀	①调整胶量和上胶辊； ②控制水量
粘模	上胶量过多	减少胶量
出模变形	①胶量偏少； ②胶活性低； ③压制温度、时间不足	①保证胶量； ②提高胶的反应活性； ③调整工艺参数

随着生产效率的提高，汽车内饰顶棚上胶、上料、压制、包边都逐步采用自动化控制，对胶粘剂的适应性提出了更高的要求；同时，为了满足环保法规及消费者对汽车车内环境的要求，顶棚胶已逐渐淘汰了溶剂型胶粘剂，而水性聚氨酯胶、湿气固化聚氨酯热熔胶、反应性无溶剂液体胶正被各个汽车内饰顶棚厂家广泛使用。

第三节 汽车天窗包边用胶粘剂

一、汽车天窗分类及结构组成

汽车天窗除了常见的外滑式和内藏式，还有内藏外翻式、全景式和窗帘式等。汽车天窗主要由车顶玻璃、驱动机构、运动执行机构、支撑框架及控制系统等五个分总成组成。汽车天窗顶盖包边一般是单边或多边进行包边，其他边进行焊接处理。汽车天窗顶盖结构如图 8-45 所示。

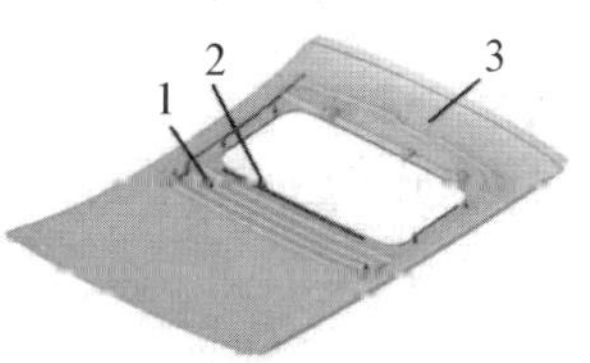

图 8-45 汽车天窗顶盖结构

1—内板；2—包边区域；3—外板

内板、外板一般是将面料和泡沫层(软泡)通过层压法或火焰复合法粘接在一起。面料用机织、编织布等织物或人造革、PVC膜等材料制造。泡沫层采用聚氨酯或乙烯-醋酸乙烯共聚物泡沫制造。

二、汽车天窗包边用胶粘剂

汽车天窗包边区域使用的胶粘剂，之前使用的是EVA热熔胶和溶剂型胶粘剂，由于EVA胶粘剂在高温条件下容易软化流淌，导致天窗骨架变形甚至脱胶；溶剂型胶粘剂的使用导致汽车室内气味太大，难以忍受，随着国家汽车VOC指标的强制执行，溶剂胶面临着淘汰的局面。

以单组分湿气固化聚氨酯热熔胶来装配汽车天窗内饰材料是国外汽车装配中采用的新技术。由于该胶粘剂具有环保无气味、定位快、强度高、耐热性高的特点，是很有发展前途的新工艺。

单组分湿气固化聚氨酯热熔胶主要技术性能指标见表8-7。

表8-7　单组分湿气固化聚氨酯热熔胶主要技术性能指标

项　目	技术性能指标	项　目	技术性能指标
施胶温度/℃	110~120	开放操作时间/s	30~120
拉伸强度/MPa	4~8	粘度/Pa·s	16~22
断裂伸长率/%	400~800	粘合定位时间/s	60~300
硬度(邵氏D)	40~80		

三、天窗包边用胶粘剂优点及工艺过程

汽车天窗包边胶粘剂为单组分湿气固化聚氨酯热熔胶。该胶粘剂具有定位速度快、强度高，适用粘接基材广，绿色环保等特点。

(一) 涂胶设备

熔胶设备采用20kg(5加仑)聚氨酯热熔胶机，并预先设计好涂胶机械臂施胶路线的程序。

(二) 工艺过程及参数

(1) 预热打胶机　打胶机在开始工作前先要对加热盘、导管、胶头预热到指定的温度。

(2) 排胶：如果打胶机工作之前使用过其他胶水，先要将其排出；如果是同种胶水则不必排胶。

(3) 设备清理：当天的工作完成后，压盘不要拔出胶桶，胶头浸泡在油(食用油或其他液态油)中，使系统处于密封状态防止胶水固化导致下次设备不能工作。

(4) 一桶胶水用完之后，应清洗压盘，胶管与打胶头等设备。

单组分湿气固化聚氨酯热熔胶具有 2~3min 的粘接有效期，1h 后可达到最终强度的 60%，24h 湿气固化(25℃，RH80%)后达到最终粘接强度。该胶施胶温度为 110~120℃，粘度在 16~22mPa·s，流淌性好，使用方便，湿气固化后耐温高，可承受 160~170℃的高温。

(三) 应用实例

广汽本田第九代雅阁天窗为自动化生产。其生产工艺为：机械臂按设计施胶路线喷涂，由康达化工提供的单组分聚氨酯热熔胶，涂胶完毕需要时间为 30s，然后将靠吸附的撑件自动压合 90s，撤销吸附的气压，进入下一操作平台，机械臂按设计路线喷涂氯丁胶于天窗撑架四周无纺布，需要时间为 20s，最后包边 30s，整个工件完成时间为 3min。天窗包边用胶粘剂应用实例见图 8-46~图 8-52。

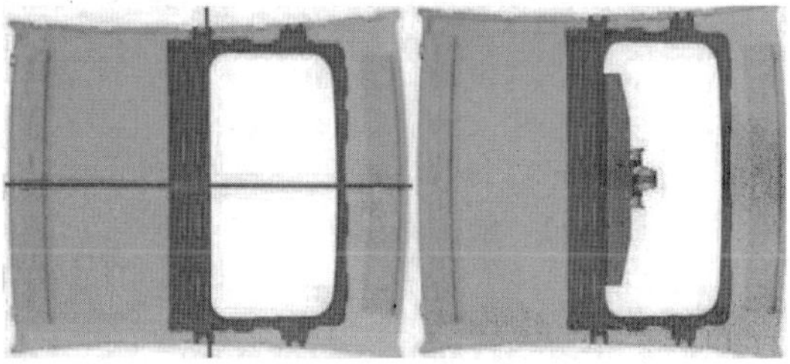

图 8-46　天窗平面布置图

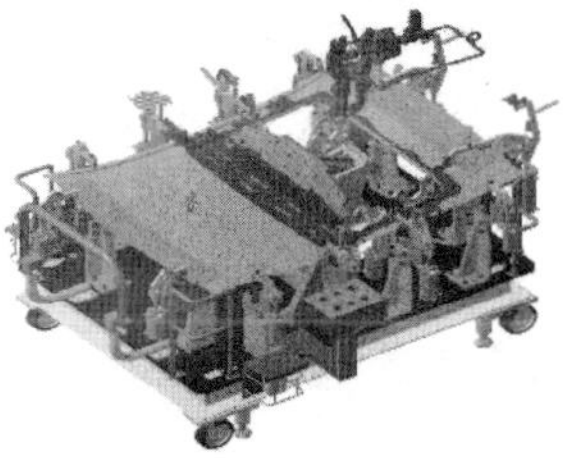

图 8-47　包边设备

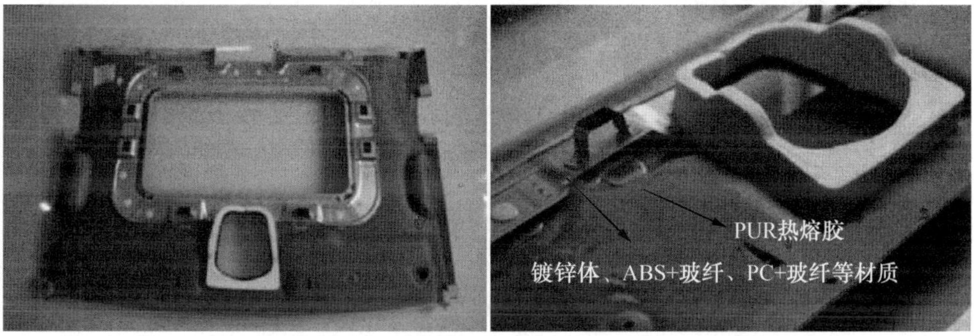

(a)　(b)

图 8-48　天窗粘接样品

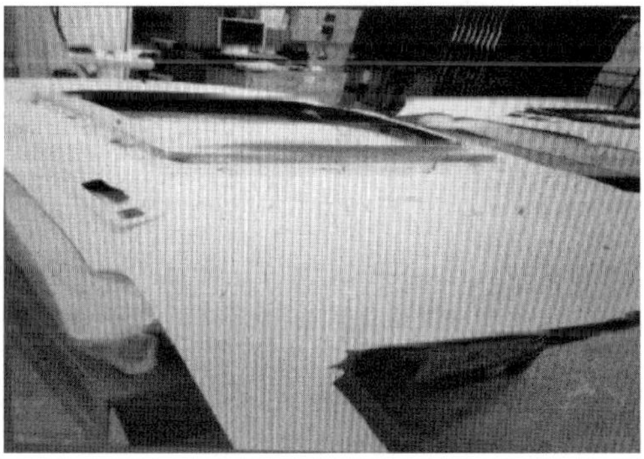

图 8-49　天窗撑架用 PUR 热熔胶粘接

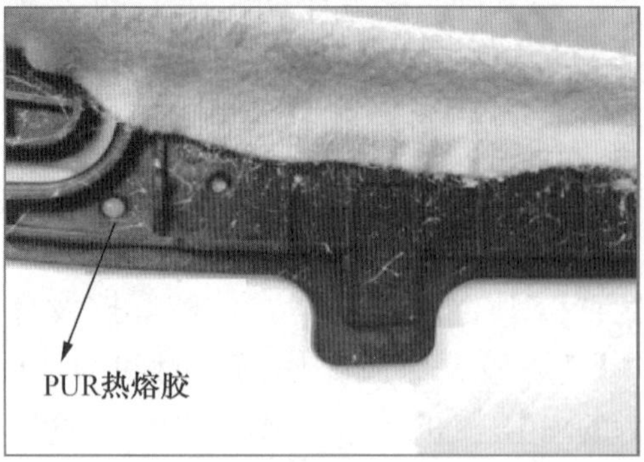

图 8-50 天窗撑架用 PUR 热熔胶粘接细部图

图 8-51 广汽本田机械手臂按程序施胶工作

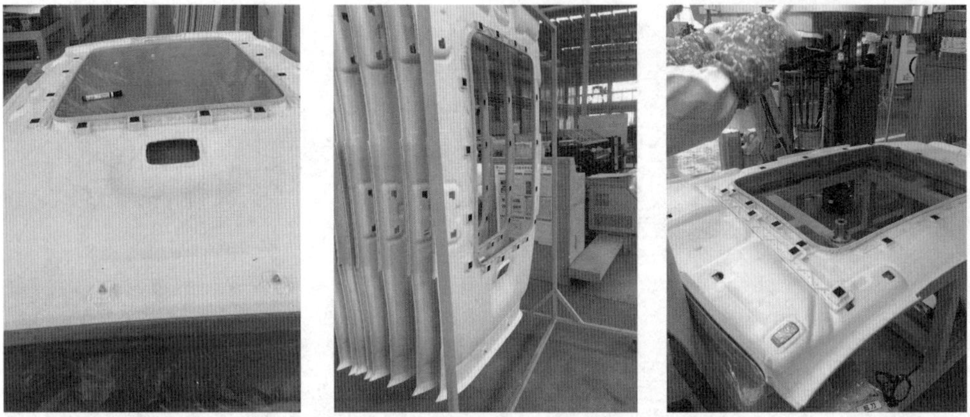

图 8-52 广汽本田天窗内饰件用 PUR 热熔胶粘接

(四) 施工注意事项

单组分湿气固化聚氨酯热熔胶施胶后的表干时间受环境温度的影响，在北方和南方的生产工艺不尽相同。在使用的过程中，需要注意事项：20kg(5 加仑)聚氨酯热熔胶机，在使用完后，若 1~2d 内停止使用，压盘不要拔出胶桶，确保压盘和胶桶密封防止桶内胶水固化，喷胶头浸泡在油中防止喷胶头固化堵塞。长时间(多于3d)停止使用时，要用清洗剂清洗压盘，胶管与喷胶头。

第四节 汽车内饰衣帽架、备胎盖板及行李箱覆盖件用胶粘剂

衣帽架和备胎盖板作为汽车的功能装饰件，在乘用车特别是 SUV 车型应用较多。行李箱覆盖件一般分为两类，一种是软质的针织纤维毯或无纺毡直接成型；另一种是以硬质骨架为基材，表面复合装饰面料而成。软质覆盖件不需要粘接，但硬质饰件的面料粘接要需胶粘剂。

硬质覆盖件中的骨架材料有：中空 PP 板材、PP 复合板材、木纤维板、酚醛树

脂复合材料板、PHC(聚氯酯喷涂蜂窝工艺)板；面料层有簇绒地毯、无纺毡、针织布或针织布与聚氨酯泡沫复合面料等。由于PHC结构板的强度高、重量轻、隔音隔热好，在备胎盖板制造得到大量应用。其产品结构层次为：底部GM-PU层—蜂窝纸夹心层—顶部GM-PU层—表面装饰层。

PHC备胎盖板生产工艺流程见图8-53。

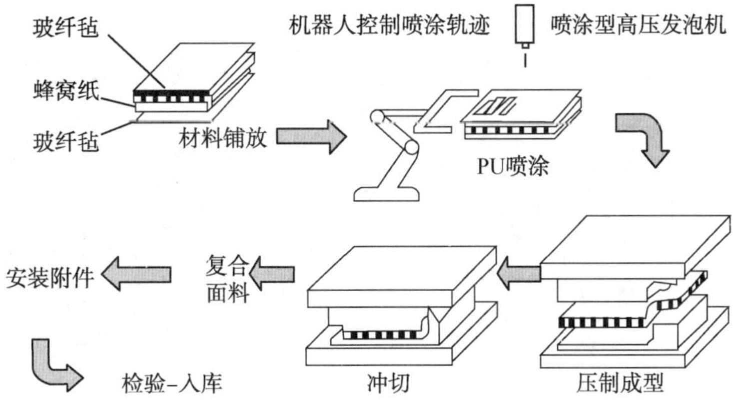

图8-53　工艺流程过程示意图

传统硬质骨架与面料的粘接，以溶剂型氯丁橡胶(CR)胶粘剂、溶剂型热塑性橡胶(SBS)胶粘剂为主，刷涂或喷涂，工艺简单，初粘力强，但安全环保差、气味大，已逐步退出市场。溶剂型湿气固化聚氨酯胶粘剂由于干膜气味较低、VOC较少、耐热性佳而仍大量使用。针对PP材质的基材，溶剂型改性橡胶胶粘剂(PP胶)可以做到PP免处理粘接，因此也在正常使用。

与汽车内饰其他粘接一样，水性胶和热熔胶受到越来越多关注和应用。水性胶为双组分水性聚氨酯，上胶后需晾干或低温烘干、热活化后加压贴合。热熔胶主要有聚烯烃热熔胶和湿气固化聚氨酯热熔胶(PUR)，前者对PP材质粘接较好，但耐热性能一般。对于PHC板、木纤维板的粘接，PUR耐高低温性较好，可喷可涂，综合性能很好。

表8-8为几种常用的胶粘剂对比。

表8-8　几种常用胶粘剂对比

品　种	安全/环保	单/双组分	性　能
溶剂型CR胶	差	单组分	初粘好，VOC、气味差，耐热一般
溶剂型SBS胶	差	单组分	初粘好，VOC、气味差，耐热较差
溶剂型PP胶	差	湿气固化单组分	初粘好，VOC、气味一般，耐热好
溶剂型PU胶	差	湿气固化单组分	初粘一般，VOC、气味较好，耐热好
水性胶PU胶	好	双组分	初粘一般，VOC、气味好，耐热好

续表

品　　种	安全/环保	单/双组分	性　　能
聚烯烃热熔胶	好	单组分	初粘好，VOC、气味好，耐热一般
PUR 热熔胶	好	湿气固化单组分	初粘好，VOC、气味较好，耐热好

应用实例见图 8-54。

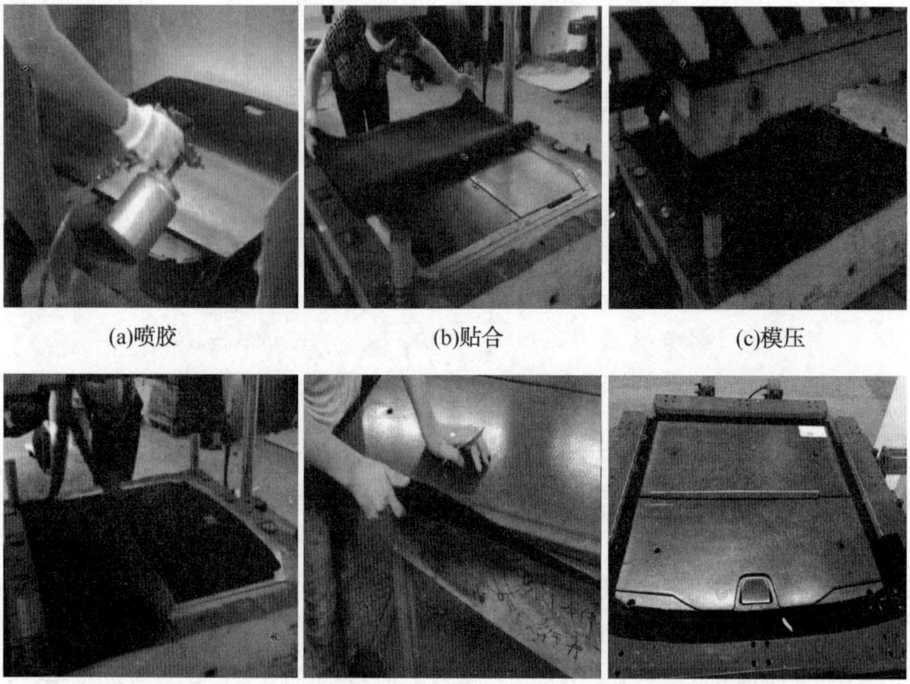

(a)喷胶　(b)贴合　(c)模压

(d)裁边　(e)包边　(f)保压养护

图 8-54　应用实例

第五节　车内后视镜底座用胶粘剂

一、车内后视镜的作用

汽车内后视镜用于观察汽车后方及车内情况，便于驾驶员不用太大地变换驾驶视线，即可确认后方的情景，起着“第二只眼睛”的作用。通过观察能迅速做出准确的判断和处理，防止引起剐蹭、擦挂、追尾等事件发生。

二、车内后视镜连接方式的发展

车内后视镜最初是连接在金属杆上，金属杆的上端以螺接的方式固定在车顶的前部边缘。这种连接方式笨重，既不美观，安装又不方便。随着胶粘剂技术的进步，后来使用了单组分聚氨酯胶粘剂将车内后视镜的底座粘接在风挡玻璃的中上位置，然后再将后视镜卡在底座上。这种连接方式虽然解决了后视镜的安装方便性，以及视觉的美观性，但粘接后视镜底座的单组分聚氨酯胶粘剂的固化周期太长，一般完全固化需要不少于168h(7d)，严重制约了汽车玻璃总装工序产能的扩展。环氧类结构胶粘剂的开发及应用解决了上述弊端。图8-55为现在普遍使用的后视镜的连接方式。

三、后视镜底座用胶粘剂(结构胶膜)

1. 后视镜底座用胶粘剂组成及状态

后视镜底座用胶粘剂主要由改性环氧树脂、合成橡胶、固化剂、硫化剂及填料等组成。外形按后视镜底座的尺寸制成片状，所以一般也称该胶粘剂为“结构胶膜”。图8-56为后视镜底座及结构胶膜。

图8-55 卡在底座上的后视镜

图8-56 底座及结构胶膜

2. 结构胶膜的生产工艺

结构胶膜的生产一般使用捏合机和开炼机，捏合后的半成品在两辊开炼机上加入固化剂，并进行混炼。同时该类产品粘度高，对生产温度要求苛刻，一般采用双螺杆挤出成型技术。图8-57为结构胶膜的生产工艺流程图。

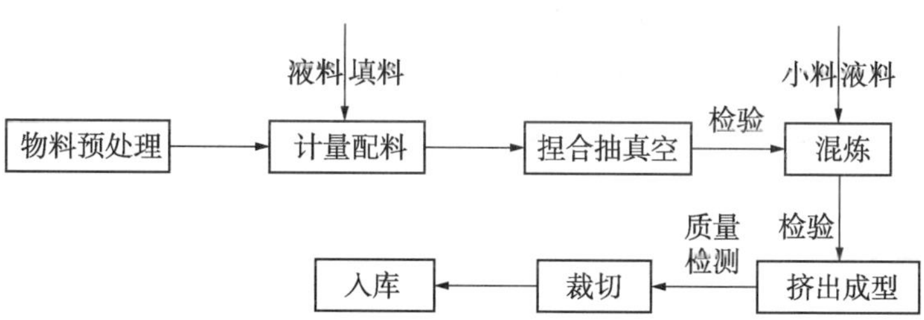

图8-57 结构胶膜生产工艺流程图

四、结构胶膜的优点

(1) 无溶剂添加，低 VOC，无毒、无害、无重金属，符合环保规定；

(2) 随风挡夹层材料一同固化，无需单独处理，工艺性方便；

(3) 粘接强度高，完全满足车内后视镜的相关技术要求；

(4) 结构胶膜有着较好的耐热、耐高寒、耐湿热、耐老化等性能，完全满足汽车在各种复杂环境条件下的行驶；

(5) 寿命周期长，完全超出汽车的使用报废年限。

五、结构胶膜的主要技术指标

表 8-9 为结构胶膜的主要技术指标。

表 8-9　结构胶膜的主要技术指标

项　　目		技 术 指 标
常态垂直扭矩/N·m		≥15.2
常态平行扭矩/N·m		≥15.2
低温浸泡	冲击试验	无脱层
平行扭矩	1000h 湿度调节/N·m	≥15.2
	高低温交变/N·m	≥15.2
	氙灯加速耐老化/N·m	≥15.2
	低温浸泡/N·m	≥15.2

六、结构胶膜的施工工艺及注意事项

(一) 结构胶膜的施工工艺

(1) 清洁后视镜底座和风挡玻璃的粘贴面，使其表面无油污、灰尘和蜡等污染物。

(2) 缓慢撕开结构胶膜一侧的隔离纸(另一侧保留)，将胶膜粘贴在后视镜底座上，稍用力按压，保证结构胶膜与镜座粘接紧密。

(3) 将粘有结构胶膜的后视镜底座置于烘箱中预热。

(4) 缓慢撕开预热后结构胶膜的另一面隔离纸，按要求将结构胶膜粘贴在前风挡玻璃规定位置上。要求结构胶膜与风挡玻璃的表面完全贴合，并赶除结构胶膜与风挡玻璃间的气泡。

(5) 随风挡夹层材料一同，在 140℃、40min 条件下加温固化。

结构胶膜的施工工艺过程详见图 8-58。

(二) 结构胶膜的施工注意事项

(1) 粘好结构胶膜的底座需整齐排放在托盘上，勿进行堆积，以免造成胶膜表

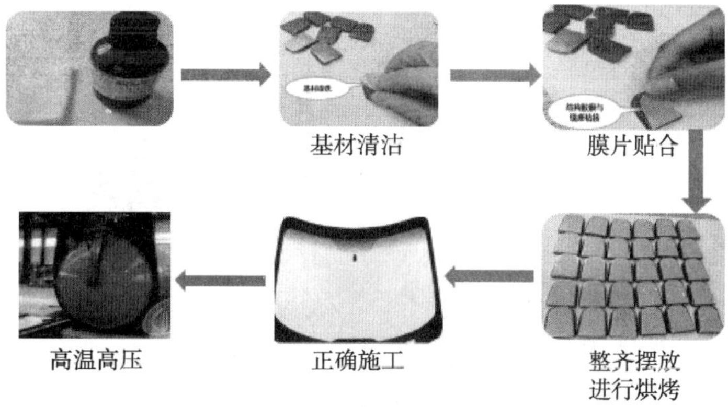

图 8-58　结构胶膜施工工艺过程

面状态破坏，影响使用时的粘接效果。

（2）预处理好的底座，需用多少烘烤多少，勿将其长时间置于烘箱中影响最终性能。

（3）将预处理好的底座粘接到风挡玻璃上时，应选择适当的施工压力。压力过大易造成结构胶膜溢胶，压力过小易造成粘接面积过小，影响粘接效果。

（4）加热固化过程中，确保工艺时间和温度，以便结构胶膜完全固化。

（5）结构胶膜须按要求储存和运输，使用前避免长时间置于常温环境下，以避免影响最终的力学性能。

七、结构胶膜的发展前景

据中国汽车工业协会统计，2017 年全年全球汽车产销量已突破 9000 万辆。每辆车的结构胶膜用量按 $6cm^2$ 计算，每年结构胶膜的用量约为 $60000m^2$，近亿块的使用量，具有巨大的经济效益。

第六节　汽车地毯用胶粘剂

一、汽车地毯及胶粘剂

狭义上的汽车地毯一般指轿车驾驶舱内模压的化纤针刺或簇绒成型地毯总成，如：驾驶舱内模压的地板地毯、脚垫等，如图 8-59 所示。广义上的汽车地毯一般指表面采用化纤针刺地毯面料或簇绒地毯面料模压的或复合其他结构材料制成的饰件，如行李箱舱内备胎盖地毯、行李箱舱内左右侧面饰板、行李箱舱盖内饰、轿车后排座椅背饰地毯以及挡泥板上侧内饰等。

狭义上的汽车地毯内饰所用的胶粘剂从功能上可分为纤维固结胶粘剂（地毯面料上胶）和复合固定装配用胶粘剂。本节按不同种类的胶粘剂在汽车地毯上的用途来分别介绍。

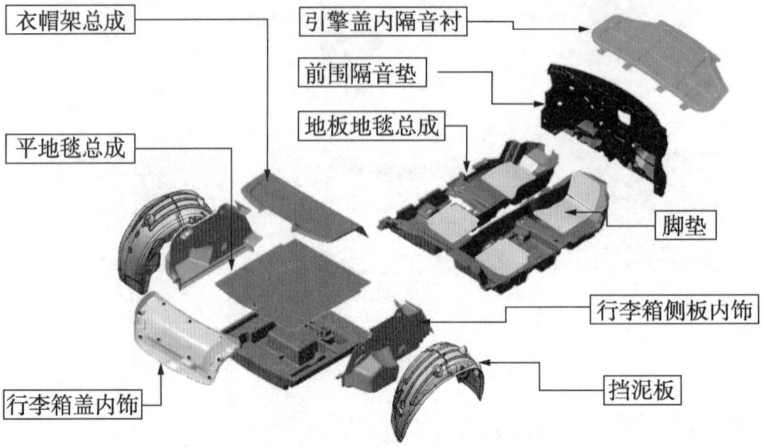

图 8-59　汽车地毯车内分布图

二、汽车地毯面料涂胶(毯坯背面涂胶)

(一) 汽车地毯面料用胶粘剂的发展过程

20 世纪 80 年代，国内还没有规模化生产轿车及轿车地毯时，民用化纤地毯中已经开始使用丁苯胶乳(SBR)作为背面固结纤维胶乳。90 年代末，随着中国汽车工业的发展，丁苯胶乳背胶的针刺地毯被用作加热模压成型的材料。由丁二烯、苯乙烯、不饱和羧酸等通过聚合生成三元共聚物羧基丁苯胶，其渗透性和粘接性能好、结膜强度高，又可添加大量填充剂，其中的胶乳不仅作为固结纤维胶粘剂又作为定型胶，如桑塔纳、捷达等轿车地毯，由于其中的胶起到定型作用，故涂胶量较高。

随着汽车环保要求的提高，丙烯酸乳剂逐步替代了丁苯胶乳，同时为降低汽车材料成本，地毯面层做得也越来越轻薄，表层地毯背涂的胶粘剂已经仅仅起到固结纤维作用来提高表面的耐磨性能。产品的保形功能及产品的厚度，则通过复合另外一层成本较低的基础结构材料来满足设计要求。

(二) 汽车地毯面料涂胶的工艺过程及要求

汽车地毯面料涂胶由专用涂胶线完成，由退卷、储布、上胶、预烘、烘干、储布、收卷(或切片)等工序组成。

早期的丁苯胶乳一般根据需要，涂胶量大的则需添加增稠剂、重质填充剂，降低硫化温度则添加促进剂。目前汽车地毯面料大多采用丙烯酸类胶乳，地毯只是作为表面层装饰用。地毯纤维层非常轻薄，因此涂胶量较少，只需固结牢纤维并使表面耐磨即可，根据涂胶量不同，粘度调整范围在 500~5000mPa·s，发泡剂和阻燃剂添加一般都不可少，在发泡机中充入空气后成泡沫状胶乳使涂胶更均匀。

汽车地毯涂胶工艺一般都是背胶，很少用浸渍工艺，因为地毯作为表面装饰用，浸渍的地毯表层很容易造成划痕。背胶工艺采用刮涂、滚压方式，利用刮刀间隙来控制涂胶量，涂胶量一般在50~80g/m^2，胶乳烘干温度在120~160℃。图8-60为地毯背胶生产线示意图。

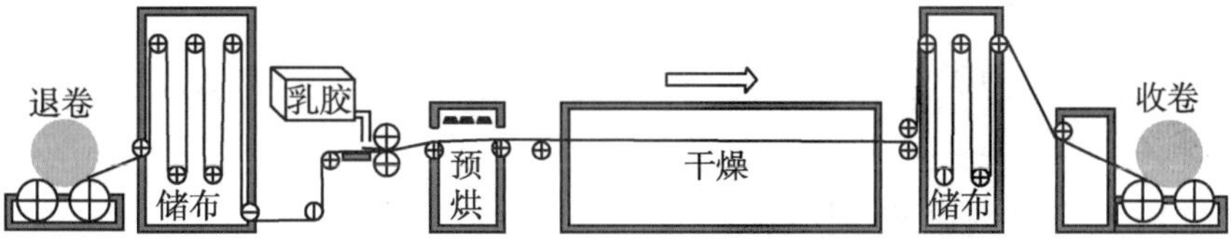

图8-60　汽车地毯生产工艺过程(流程图)

(三)汽车地毯面料涂胶的种类及主要技术指标

丙烯酸胶地毯背面涂胶基本分两类，一类为粘接纤维，另一类为既粘接纤维又能成型后保形。表8-10为两种不同用途丙烯酸胶粘剂的主要性能指标。

表8-10　汽车地毯面料涂胶的主要技术指标

项　目	胶　粘　用	粘接并成型用
用途特点	只有粘接作用	粘接并可保持形状功能
玻璃化温度(Tg)/℃	0~30	60~90
pH值	7~9.5	8.5~11
固含量/%	45~55	45~55

(四)汽车地毯面料涂胶过程中经常会出现的问题、原因及解决方法

汽车地毯面料涂胶过程中经常会出现的问题、原因及解决方法见表8-11。

表8-11　汽车地毯面料上胶过程中经常会出现的问题、原因及解决方法

问　题	原　因	解决方法
全面渗胶	粘度过低	增加增稠剂提高粘度
	发泡程度不够	增加发泡剂或改进空气进量
	上胶量过大	降低上胶量
	压辊力过大	增加压辊间隙或气压
局部渗胶	添加剂分散不佳	改进搅拌均匀性如提高搅拌速度，添加剂添加速度降低等
涂胶不均		
固结牢度差	胶未完全固化	提高烘干温度，增大风量或降低传送速度
气味	辅料变质	主材辅料必须无化学反应
	胶未完全固化	提高烘干温度，增加风量或降低传送速度

三、汽车地毯复合用胶

（一）汽车地毯复合用胶及发展过程

汽车地毯面料和基础结构材料的复合粘接所用的胶，称之为汽车地毯复合胶。

早期，地毯的复合胶种类较少，溶剂型氯丁胶粘剂和溶剂型聚氨酯胶粘剂是常用的复合用胶，环保性较差。

现在，复合胶的种类繁多，零部件厂可以根据复合面料和基础结构材料的材质等情况来选择胶的种类。

（二）常用汽车地毯复合用胶粘剂

常用汽车地毯复合用胶粘剂状态及固化机理见表 8-12。

表 8-12　常用汽车地毯复合用胶粘剂状态及固化机理

复合胶种类	胶　名　称	状　　态	分 散 方 式	固 化 机 理
溶剂型胶	溶剂型聚氨酯胶	低稠液体	溶剂中分散	NCO 基团与被粘物中活性基团反应
水剂性胶	水性聚氨酯胶	低稠乳剂	水中分散	分子内极性基团产生内聚力，或(和)羟基、羧基等活性氢基和交联剂反应
热熔型胶	EVA 热熔胶、PSA 弹性体热熔胶、PO(聚烯烃)热熔胶	固体状态的粉末、颗粒、条棒、块状或圆铁桶装等	加热熔化成粘稠液体	冷却物理固化
单组分反应型热熔胶	PUR 反应型热熔胶	白色固体状态，以密封的小罐装或铁圆桶装	加热熔化成粘稠液体	冷却物理固化，然后其中的 NCO 基团再与湿气等活性氢化合物反应交联

（三）不同类型复合胶粘剂的用途和使用方法

1. 溶剂型聚氨酯胶粘剂

溶剂型聚氨酯胶粘剂可以用于地毯和毛毡、地毯和骨架等之间的整面粘接，毛毡或骨架可以是平面的也可以是有较窄形状的，如果地毯是平面的而骨架是有形状的，要求胶粘剂在复合时必须有足够的初粘力。初粘力的大小和涂胶量、溶剂挥发的程度、复合模具的温度、复合时间等有关。其主要性能要求见表 8-13。

溶剂型胶粘剂的缺点，首先是污染生产环境，以及产品生产出来后的一段时间内仍有溶剂挥发，须通风存放一周后溶剂基本挥发完毕；其次，溶剂型胶粘剂加入固化剂后必须在 4h 内使用完。

表 8-13 溶剂型聚氨酯胶粘剂主要性能要求

项目	技术指标	
粘度(25℃)/mPa·s	120	10000~20000
非挥发物含量/%	35	50
涂胶方式	压缩空气喷枪	压缩空气喷枪
喷胶量(单面)/(g/m²)	湿胶 55，干胶	湿胶 100 左右
单/双面涂胶	双	双
复合条件	待溶剂挥发基本结膜后(通风烘干可加速)，面料侧模具温度 90℃ 左右，加压复合，复合时间 2min 左右	待溶剂挥发基本结膜成透明后(通风烘干可加速)，面料侧模具温度 60℃左右，加压复合，复合时间 1min 左右
完全固化时间/d	3~5	约 7
用途	行李箱平地毯面料和背面纤维板板材复合；行李箱平地毯面料和背面 PHC 板复合	地毯面料无纺布等和塑料骨架、麻基骨架、PHC 板等粘合

2. 水性聚氨酯胶粘剂

水性聚氨酯胶粘剂的种类也很多，粘度一般比溶剂型聚氨酯胶粘剂低，浸润性好，粘接强度高，环保。缺点是水分挥发比溶剂慢，初粘力低，价格要高于溶剂型聚氨酯胶粘剂。其主要性能要求见表 8-14。

表 8-14 水性聚氨酯胶粘剂主要性能要求

项目	技术指标
粘度(25℃)/mPa·s	20~1000
固含量/%	25~60
涂胶方式	压缩空气喷枪，刮涂
喷胶量(单面)/(g/m²)	湿胶 80 左右
单/双面涂胶	单面
复合条件	可预置 10min 左右，面料侧模具温度 80~120℃，加压复合干燥，复合时间 60~120s
完全固化时间/d	约 24
用途	衣帽架面料和成形骨架复合，行李箱平地毯面料和背面板材复合等

3. 热熔胶

热熔胶在汽车地毯产品中应用最多的是隔音棉等毛毡类材料或金属及非金属固定件作为附件和本体的粘接。

不同应用要选用不同粘接方案，即胶的种类、涂胶的轨迹和形态(点状、条状、絮状)、涂胶设备(手动胶枪、自动胶机)、出胶流量、涂胶时间、是否加热、是否加压、是否辅助冷却凝固等。

应用热熔胶的注意事项：

（1）选胶时要保证胶的熔点满足产品耐温要求和粘接强度要求；

（2）粘接过程要保证热熔胶在热态涂胶，另一被粘合物接触胶时胶必须还在熔融状态；

（3）被粘材料有反弹力或易移位的，必须在胶冷凝后才可移除辅助加压或固定装置；

（4）涂胶复合节拍须满足要求。

EVA（乙烯-醋酸乙烯共聚物）虽然粘性好开放时间长，但由于耐温低所以在汽车内饰件中应用很有局限性，一般用于温度要求不高和剥离力要求低的轻薄材料的复合。

PO（聚烯烃）热熔胶熔点高于 EVA 胶，粘接强度比 EVA 高，熔融态开放时间比 EVA 短，所以适用于小面积快速粘合的内饰件。

PSA（压敏）热熔胶由于混合有丁苯橡胶、丙烯酸苯乙烯、聚乙烯醇、丙烯酸盐等弹性体混合物，具有粘弹性，使其在较长时间内还有粘接性能，粘接强度低于聚烯烃热熔胶，因此特别适合较大面积、粘接强度不是很高的隔音毡等软性无纺材料的粘贴。

典型低粘度耐高温 PO（聚烯烃）胶性能要求见表 8-15。

表 8-15　低粘度耐高温 PO（聚烯烃）胶性能要求

项　　目	技 术 指 标
粘度（180℃）/mPa·s	4000
软化点/℃	137
涂胶温度/℃	160～180
涂胶方式	螺旋喷涂
用途	应用于 PU 泡棉、地毯附件、隔音棉等粘接

典型高粘度耐高温 PSA（压敏）性能要求见表 8-16。

表 8-16　高粘度耐高温 PSA（压敏）性能要求

项　　目	技 术 指 标
粘度（180℃）/mPa·s	8000
软化点/℃	127
涂胶温度/℃	160～175
涂胶方式	胶条单面
用途	应用于金属件、PU 泡棉，地毯附件，隔音棉等粘接

4. PUR 反应型热熔胶

PUR 反应型热熔胶近年开始普及，其优点是同时具有热熔胶的初粘力和反应型胶粘剂的强度以及耐高温性能。其缺点为价格较高，涂胶设备相对复杂。因此被用在粘接要求高的产品。在汽车地毯行业，最为典型的应用是行李箱地毯面料与 PHC 板的复合和包边、塑料件与地毯的粘接等。

PUR 反应型热熔胶因为容易和空气中水分反应而失效，因此其包装需要密封防潮。为防止长时间涂胶停顿过程中，胶与空气中的湿气反应，涂胶过程中的胶也需要和空气隔绝，因此需要一个专用热熔胶机涂胶。图 8-61 为 PUR 反应型热熔胶机。对于大面积的细螺旋状喷胶，由于复合时胶体已经凝固，故需要再次加热将胶熔化后才能进行复合工序。

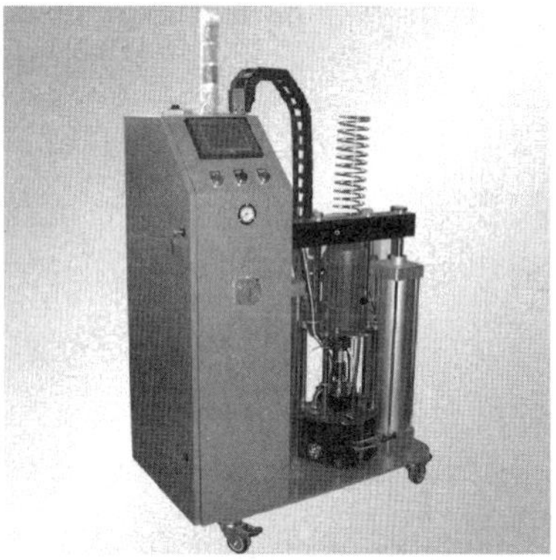

图 8-61　PUR 反应型热熔胶机

典型 PUR 反应型热熔胶性能要求见表 8-17。

表 8-17　PUR 反应型热熔胶性能要求

项　　目	技术指标
粘度(130℃)/mPa·s	18000
涂胶温度/℃	120～150
涂胶方式	胶条或螺旋絮状，单面喷涂
二次加热	需要熔化
复合冷却	需要初粘力和复合节拍快时需要冷却
用途	适用于耐温要求高、反弹力大的地毯与板材的粘合与包边，以及牢固要求高的塑料部件与地毯的粘接等

第七节　汽车用丙烯酸泡棉胶带

一、汽车用丙烯酸泡棉胶带

丙烯酸泡棉胶带即通常所说的双面压敏胶带，是以高密度丙烯酸泡棉为基材，以丙烯酸为背胶设计，具有优异的粘接、耐老化及应力分散性能，在现代汽车生产中占据着独特的地位。

(一) 汽车用泡棉胶带的优点

(1) 车身无需开孔，能够降低锈蚀的风险，提高汽车品质。

（2）与零部件一体化，减少零部件数量，简化装配工艺。

（3）连续式的连接，提高车门密封条降噪，防水、防尘性能，提高整车品质。

（4）相比机械式连接，胶带能够提高设计自由度。

（二）汽车用泡棉胶带的发展过程

自1885年诞生第一辆汽车到20世纪60年代，汽车外饰件主要使用机械方式进行固定。60年代后期，一些简单的外饰件，如标牌、字牌等逐渐开始尝试使用氯丁橡胶胶带来取代机械固定。随着汽车工业的发展，外饰件的尺寸越来越大，造型越来越复杂，对双面胶带的性能提出了更高的要求，到80年代，丙烯酸泡棉胶带的出现，逐步取代了氯丁橡胶胶带。现今的汽车制造工艺中，内饰件、外饰件基本以丙烯酸泡棉胶带连接为主。

（三）汽车用丙烯酸泡棉胶带的生产工艺过程

如图8-62所示，丙烯酸泡棉胶带的生产过程大致分为三大步骤：

第一步，在混胶车间进行胶水配制。

第二步，在涂布车间涂布、烘干，形成粘弹性胶体，同时绕卷，制成胶带大卷。

第三步，在切割车间，根据客户不同的要求，将大卷复绕、分切成规定的长度和宽度，以小卷、行星卷、毛线卷的形式进行包装。

通常情况下，一盘胶带的长度为30~60m，随着生产自动化程度越来越高，60m长度的胶带也不能够满足连续化生产的要求（如密封条生产），于是胶带厂家又推出了700m长度Level wound规格的产品，以满足密封条厂家和汽车主机厂的生产需求。汽车用丙烯酸泡棉胶带及设备详见图8-63。

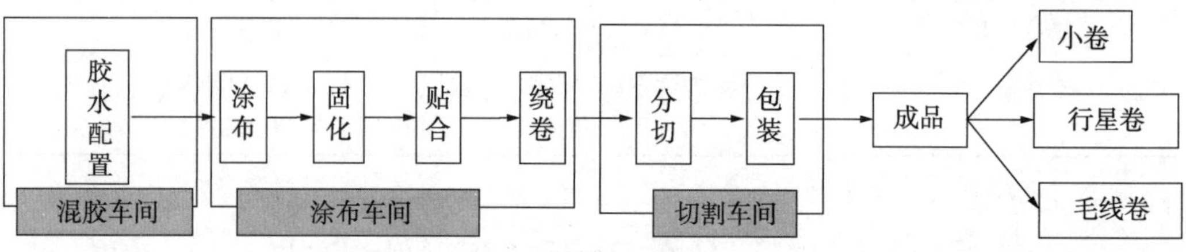

图8-62　汽车用丙烯酸泡棉胶带的生产工艺过程

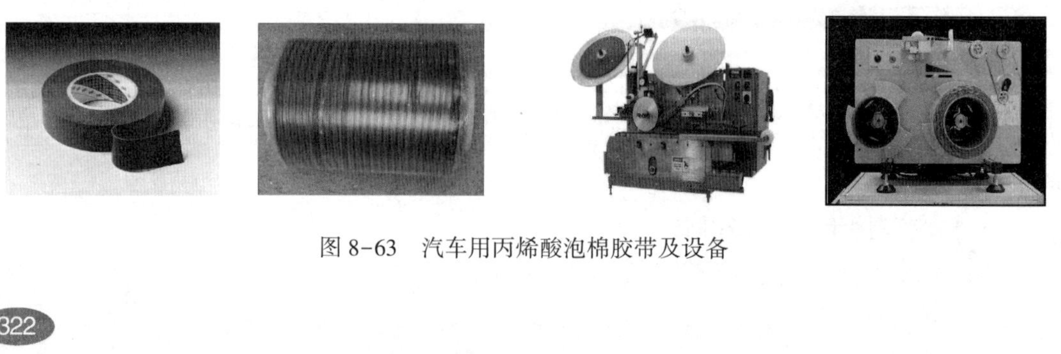

图8-63　汽车用丙烯酸泡棉胶带及设备

（四）汽车用丙烯酸泡棉胶带的分类

1. 按颜色、厚度分类

（1）颜色：白色、灰色、黑色。

（2）厚度：0.2~4.0mm，其中以 0.4mm、0.8mm、1.2mm 最为常用。

2. 按胶层分类

1）压敏型泡棉胶带

适用于大部分外饰件的粘接，如字牌、防擦条、迎宾踏板、侧裙板等。

2）热敏型泡棉胶带

适用于 EPDM、PVC 等类型的密封条的粘接，例如：车门头道密封条、天窗密封条、风挡玻璃密封条等。

3）免底涂剂类泡棉胶带

对于 PP、EPDM、ABS、PC 等低表面能的基材，如果使用普通的丙烯酸泡棉胶带，需要根据基材选择相应的底涂剂配合使用。也可以选择使用免底涂丙烯酸泡棉胶带，在减少高挥发性底涂剂使用的同时，能够提高生产效率，提高产品质量，改善生产环境。

二、汽车用丙烯酸泡棉胶带的主要技术性能及设计选择要求

（一）汽车用丙烯酸泡棉胶带主要技术性能之间的关系

汽车用丙烯酸泡棉胶带的主要性能指标有剥离强度、剪切强度、应力分散性能等。表 8-18 和表 8-19，分别从胶带厚度、胶带硬度来说明厚度和硬度对胶带性能的影响。

表 8-18　厚度对胶带性能的影响

项目	厚（>1.6mm）	中等（1.2~0.8mm）	薄（0.4~0.2mm）
浸润性	好		
剪切强度	弱		强
剥离强度	强		弱
延伸率	大		小
应力分散	好		差

表 8-19　硬度对胶带性能的影响

项目	硬	中等	软
浸润性			好
剪切强度	高		低
初粘性	高		低
劈开力	小		大
应力分散	差		好

（二）汽车用丙烯酸泡棉胶带的设计选择原则

汽车用丙烯酸泡棉胶带主要用于粘贴车体钣金油漆面和塑料件，由于钣金的收缩因子远远低于塑料件，当温度发生大幅变化时，粘弹性的胶体会随着塑料件的收缩或者膨胀而变化，这样就在界面处产生应力集中的现象，破坏往往就发生在应力

集中的地方，微观结构如图 8-64 所示。应力分散性能是胶带重要性能，零部件在设计时，尽量选择厚的胶带和应力分散性能好的胶带。

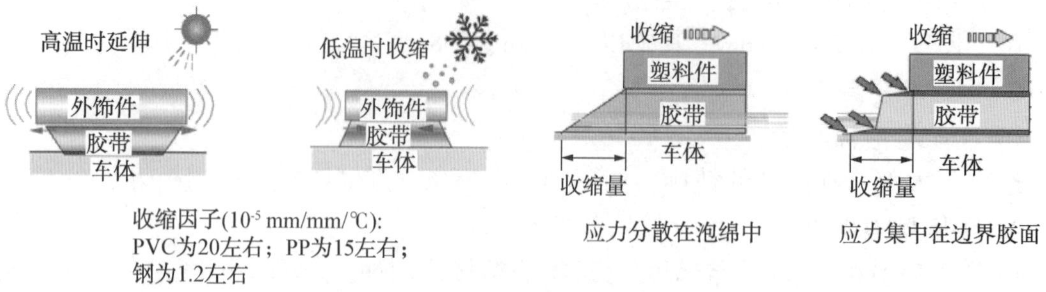

图 8-64　温度变化对胶带产生应力分散示意图

（三）丙烯酸泡棉胶带在汽车上的要求及典型应用

1. 标牌、字牌应用

胶带要求：深灰色或者黑色泡棉；易于模切；泡棉抗扭曲。

应用实例见图 8-65。

图 8-65　胶带在标牌、字牌上的应用

2. 防擦条

胶带要求：灰色或者黑色泡棉；泡棉强度大，抗剪切；应力分散能力好。

应用实例见图 8-66。

图 8-66　胶带在防擦条上的应用

3. 轮眉、门下护板

胶带要求：灰色或者黑色泡棉；初粘性高；泡棉强度大，抗剪切；应力分散能力好。

应用实例见图 8-67。

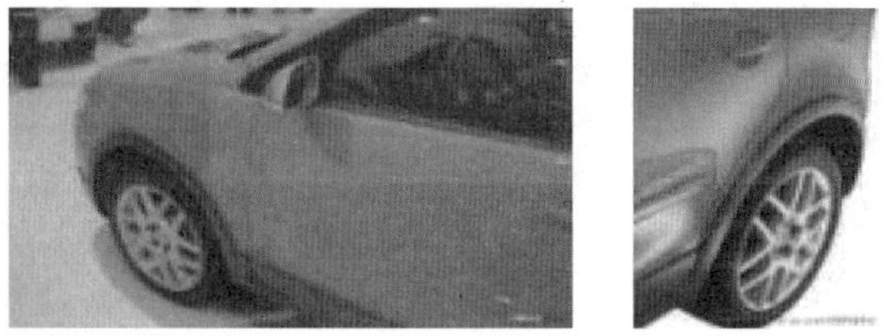

图 8-67　胶带在轮眉、门下护板上的应用

4. 迎宾踏板

胶带要求：灰色或者黑色泡棉；厚度薄。

应用实例见图 8-68。

图 8-68　胶带在迎宾踏板上的应用

5. 尾门装饰条

胶带要求：灰色或者黑色泡棉；泡棉强度大，抗剪切；应力分散能力好。

应用实例见图 8-69。

图 8-69　胶带在尾门装饰条上的应用

6. 雷达支架

胶带要求：针对 TPO，EPDM 粘接力良好；模切性能出色；厚度稳定。

应用实例见图 8-70。

7. 车门头道密封条

胶带要求：黑色泡棉；针对油漆面的良好粘接力；热敏胶粘接 EPDM；泡棉曲面贴覆性好；泡棉强度大；压敏胶初粘性高；隔离纸离型力高。

应用实例见图 8-71。

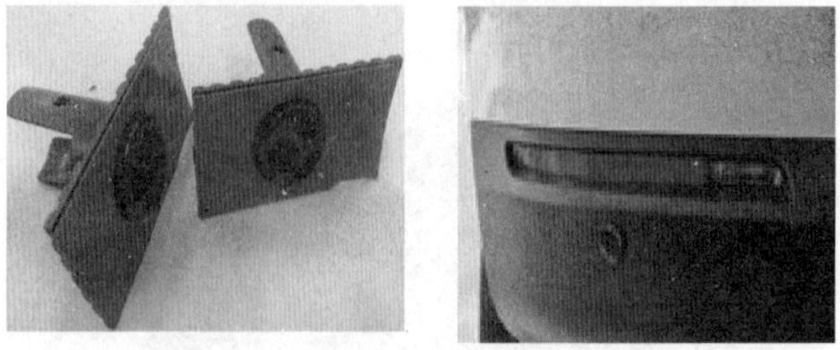

图 8-70　胶带在雷达支架上的应用

图 8-71　胶带在车门头道密封条上的应用

8. 天窗密封条

胶带要求：黑色泡棉；热敏胶粘接 EPDM；泡棉曲面贴覆性好；泡棉强度大；压敏胶初粘性高；隔离纸离型力高。

应用实例见图 8-72。

图 8-72　胶带在天窗密封条上的应用

三、汽车用丙烯酸泡棉胶带施工要求及工艺

（一）施工条件

汽车用丙烯酸泡棉胶带对温度、压力、清洁度有一定要求，必须在要求的条件下施工，否则会出现粘接力下降，甚至失效。温度、压力、清洁度俗称胶带粘接的三要素。

（1）粘接表面的清洁　可用 50% 的异丙醇水溶液擦拭被粘接零部件的表面，除去灰粒、油污等污染物。

（2）温度　允许操作温度在 16~43℃，最佳操作温度 25~30℃。包括被粘贴零部件以及胶带。

(3) 压力　施工压力大于 0.2MPa。

(二) 施工方式

汽车用丙烯酸泡棉胶带的施工方式灵活多样，可以采用手工粘贴方式，也可以采用手动工装夹具提高效率，也可以采用全自动方式进行粘贴。随着劳动力成本，以及质量标准的提高，零部件供应商和汽车主机厂越来越多的采用自动和半自动的方式进行胶带施工。

工装夹具辅助粘贴和半自动及自动粘贴见图 8-73 和图 8-74。

图 8-73　胶带粘贴的辅助工具

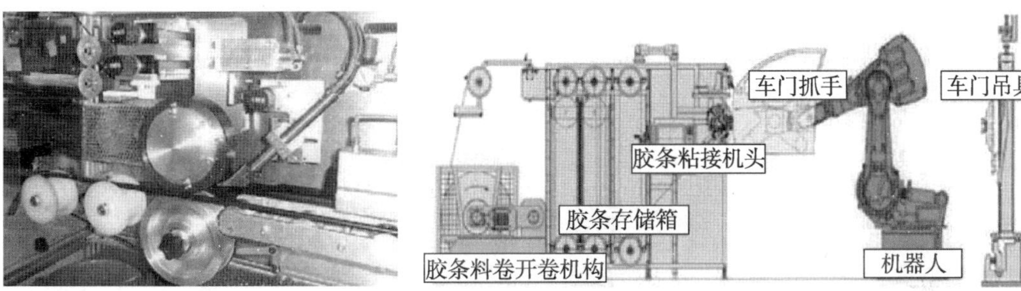

图 8-74　胶带粘贴的半自动及自动设备

四、汽车用丙烯酸泡棉胶带潜在失效原因及分析

(一) 胶带的选择不当

根据不同的粘接表面选择适合的胶带，具体情况咨询厂家技术人员。

(二) 施工温度过低

丙烯酸泡棉胶带是由高分子聚合物制成，因此在低温状态下会变硬而失去粘性，当作业环境温度低于 16℃时，需要加热车身和要粘接的部件。

(三) 施工压力过低

丙烯酸压敏胶流动性较低，施加适当的压力才能获得足够的浸润面积。施工压力应大于 0.2MPa。

(四) 粘接表面污染

部件和胶面污染都会引起粘接失败，使用恰当的溶剂清洗粘接表面。

（五）零部件的设计因素

1. 胶带厚度选择不当

丙烯酸泡棉胶带可以填补零件与车身的形面差，随零件尺寸、零件硬度增加，应相应增加胶带厚度，见图 8-75。

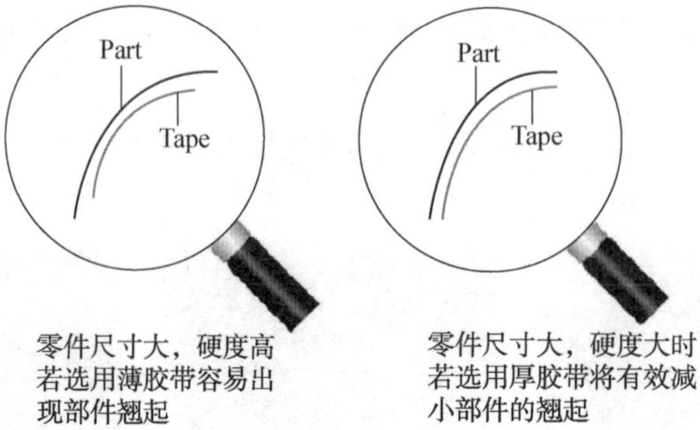

图 8-75　胶带厚度选择对粘贴影响示意图

2. 零件边缘台阶设计

零件边缘台阶距离胶面，应大于 0.5mm，以免在装配施压过程中，产生干涉而影响胶带浸润，见图 8-76。

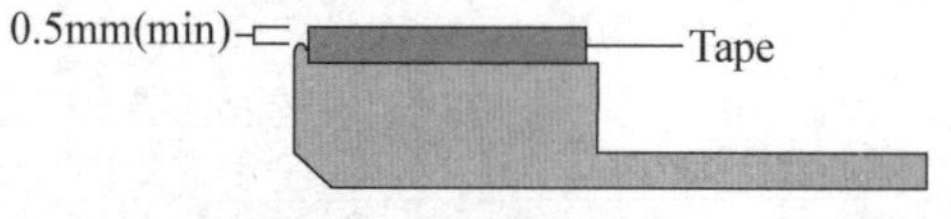

图 8-76　零件边缘台阶设计示意图

3. 含有加强筋零件的设计

尽量增大每根加强筋的宽度（建议宽度为 2.5mm 以上，最小不低于 0.75mm），计算粘接面积时，需去除加强筋间的空隙宽度；胶带边缘必须有支撑，而不能悬空；加强筋顶面需平坦，带有弧度或锐边，将降低有效粘接面积。见图 8-77。

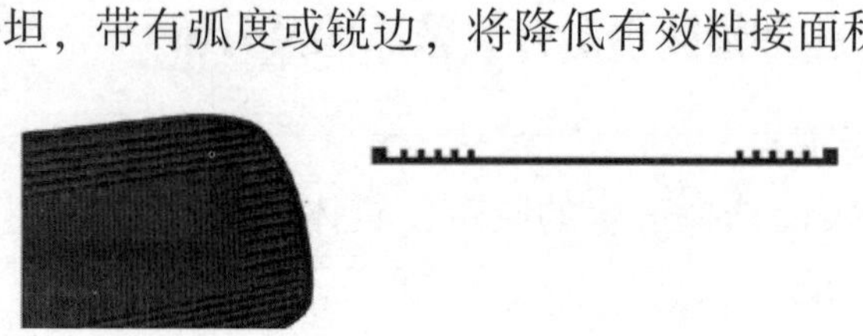

图 8-77　含有加强筋零件的设计示意图

五、汽车用丙烯酸泡棉胶带的发展方向

轻量化、个性化、舒适性、低挥发性是目前汽车装饰件的发展方向，对应着这个趋势，汽车用丙烯酸泡棉胶带有以下发展趋势：

（1）密封条（包括车门密封条、天窗密封条、风挡密封条）与车体使用热敏胶带进行连接，这能够极大提高车辆 NVH 水平，并有效减重。

（2）使用免底涂胶带，有效改善生产场所的生产环境、并提高产品质量。

（3）胶带的粘附过程自动化程度越来越高，以提高生产效率和产品质量。

第八节 汽车滤清器用胶粘剂

一、汽车滤清器用胶粘剂简述

（一）汽车滤清器分类

汽车滤清器通常分为发动机空气滤清器、机油滤清器、燃油滤清器、空调器空气滤清器四种，即通常说的四滤。汽车滤清器生产用的胶粘剂主要应用在滤纸折纸、牙脊胶线（固定牙型胶）、端盖粘接、滤纸合缝、密封圈粘接、边框粘接等部位。

（二）汽车滤清器用胶粘剂的主要类型及特点

根据使用部位，汽车滤清器用胶粘剂分为端盖胶、滤芯胶、合缝胶、胶线胶、浇注成型胶等。过去汽车滤清器胶粘剂主要有以 PVC 为主体的单组分滤芯胶，以聚氨酯为主体的双组分滤芯胶等。目前，热熔胶因其 100% 固含量、无溶剂、环保无毒、低气味、粘接力强、耐候性好、内聚强度高、快速固化、适合自动化等特点，以及双组分聚氨酯胶粘剂因浇注方便，工艺简捷，无毒环保，可代替金属端盖，让滤清器更美观、更轻便等优点，因此，热熔胶和双组分聚氨酯这两种胶粘剂广泛在滤清器生产中应用。

二、汽车滤清器用胶粘剂

（一）端盖的粘接

金属端盖或塑料端盖与滤芯之间的粘接，空气滤中通常采用 PVC 热固化胶粘剂，适合自动化生产，加热到 180℃ 10min 即可固化；或者采用双组分聚氨酯微发泡胶粘剂，这种胶粘剂按配方不同 A：B 质量比为 8：1 或 6：1，其中 A 组分为聚醚（发泡剂），B 组分为液态 MDI 胶（二苯基甲烷二异氰酸酯）。胶粘剂具有很好的流动性，粘接强度高，胶液中无气泡，耐介质。

（二）端盖、边框浇注成型

在空气滤清器中，日系车等车型端盖、边框直接使用双组分聚氨酯胶浇注成型（质量配比为 100：35），即可不再使用铁盖、塑胶盖以及密封圈等，同时表现出抗振动，无脆裂现象，密封性能好，固化后几何形状无变化，软硬度适中，表面光滑，无毒害等优势。而在燃油滤清器和机油滤芯中，有用聚酰胺浇注成型，代替了金属盖、密封圈和 PVC 热固化端盖胶。

（三）滤芯粘接

滤芯的制作是先把滤纸过湿气（北方）软化，两端通过热熔胶机的喷枪将胶喷到纸的两端，再折纸，粘接密封。滤纸与滤纸粘接，要求胶流淌性好，渗透至纤维中，粘接牢固，密封性好，无泄漏，固化后两端光滑，灰尘不容易积存，弹性好，耐振，无脆裂。针对不同车型的设计要求，有 EVA 热熔胶、PO（聚烯烃）热熔胶或 PA（聚酰胺）热熔胶。对有较高抗高温要求的，用 PA 热熔胶。

（四）粘接合缝

滤纸末端合缝粘合，滤纸与滤纸之间接缝的粘接，通常用 EVA 热熔胶、PO 热熔胶、PA 热熔胶。空气滤清器的滤纸接缝常用 EVA 或 PO 热熔胶，机油滤清器的滤芯接缝，因 PA 胶有非常好的耐高温、耐介质的能力，现在多用 PA 热熔胶粘接。

（五）空滤加固背脊胶线

小型空气滤清器，为了加固牙型滤芯，在滤芯上纵向打上数条胶线，以把牙型滤纸连接起来，形成一个牢固的整体。这个胶线，现在绝大多数用热熔胶，有 EVA 热熔胶、PA 热熔胶，过去还用过环氧树脂胶。要求胶具有一定的硬度，使滤清器坚挺，也要有一定的柔性，即使在较低温度下，胶线不能发脆断裂。

（六）橡胶圈与金属盖的粘接

在较大型的空气滤清器中，滤清器的端盖是金属的，金属盖外面需要一个橡胶密封圈，这个密封圈与金属盖的粘接通常用丙烯酸酯胶，也有用 EVA 热熔胶粘接的。要求粘接牢固，耐挤压，抗冲击。

（七）空调滤清器封边胶

空调滤清器边框封条粘接，封边条通过滚轮后，热熔胶机的枪头均匀刮胶，之后把封边条粘贴到滤芯的四周，以完成粘接密封。空调滤清器封边胶多数是 EVA 热熔胶，要求流动性好，粘接强度高，耐低温性能优良。

三、涂胶工艺及参数

（一）EVA 热熔胶

EVA 热熔胶加入到热熔胶的胶箱里，加胶量要超过胶箱的一半，开启热熔胶机加热开关，设定胶箱、胶管、喷枪头温度分别为 150℃、140℃、130℃，待胶完全熔融后，开启折纸喷胶生产线，胶液经热熔胶保温管传送到喷胶枪头，定量喷在移动的滤纸上，形成粗细均匀的胶线，生产线自动折纸粘接，完成了折纸喷胶密封作业。热熔胶开放时间几秒钟，热熔胶的软化点通常是 115℃，175℃的熔融粘度为 11000mPa・s。耐高温要求为粘接好的滤芯在 80℃×24h 不变形，胶线没有位移下沉。

（二）PA 热熔胶

PA 热熔胶的涂胶工艺与 EVA 热熔胶类似，也是通过热熔胶机加热，只是熔、涂胶温度会更高一些，熔融温度有的达到 240℃，用于空滤加固背脊胶线，胶的粘度值会更高，不但要很好地粘接，还要不下沉、不发脆。

（三）双组分聚氨酯发泡胶

双组分聚氨酯发泡胶的浇注成型工艺，A（聚醚）组分100份、B（液态MDI）组分35份，经过泵注入到密封的混料室中混合均匀，然后用泵输出一定量（由程序控制其泵的转数）胶液到模具中，30s后安上纸芯，气缸压合6min后发泡粘接完成。此浇注成型过程为自动化生产。发泡成型后的聚氨酯边框的邵氏A硬度为20~30，B组分比例若大，产品就会过硬，而A组分比例若大，产品强度不够。

四、涂胶过程中易出现的问题、原因及解决方法

涂胶过程中易出现的问题、原因及解决方法见表8-20。

表8-20　涂胶过程中易出现的问题、原因及解决方法

粘接问题	原因分析	解决方法
开胶	涂胶量不足； 固化太快，形成假粘现象	增加涂胶量，增加上胶温度； 换固化慢的胶
密封效果不好，漏气	热熔胶下沉，熔融粘度太低； PU胶填料太多	降低上胶温度或者换更高粘度的胶； 减少填料使用
胶线发脆断裂	胶的柔软性不好	换柔韧性更好的热熔胶
裁剪时粘刀	胶的固化时间太慢	加降温措施，降低上胶温度； 换固化速度更快的胶
产品堆放后相粘连	胶的固化时间太慢	加降温措施，降低上胶温度； 换固化速度更快的胶
刺激性气味太大	为胶产品气味	换胶
PU胶浇注边框有气泡	胶内气体没有排出	在模具上加排气孔
PU胶浇注边框分层	滤芯没有在30s内安装	调快安装滤芯速度
PU胶浇注边框太硬	B料比例少了	增加B料比例

五、汽车滤清器用胶的应用实例

汽车滤清器用胶的应用实例，见图8-78~图8-84。

六、汽车滤清器用胶粘剂的发展过程及未来方向

随着中国汽车工业的快速发展，特别是轻量化、降噪、减振、低排放、低VOC、低气味等要求的不断提高，汽车滤清器用胶也随之有了新的特点与发展方向。从最初的单一产品发展为现在的丰富多样的产品线。以溶剂胶为主的胶粘剂发展到今天变为以环保无毒的热熔胶、双组分PU胶为主的滤清器胶粘剂。随着滤清器行业的发展，滤清器胶粘剂在性能上，粘接强度越来越高，气味越来越低、操作越来

图 8-78　油滤、燃油滤、空滤

图 8-79　发动机空气滤清器、空调滤清器

图 8-80　双组分 PU 胶浇注成型机

图 8-81　双组分 PU 胶粘接端盖

图 8-82　手工操作：空滤加固背脊胶线

图 8-83　上胶折纸工艺

图 8-84　空调滤清器填封边条过胶

越简便、固化速度越来越快、更加适合自动化，更高的抗高温性能和更低的耐低温性能。以发泡聚氨酯(PU)弹性体为主的滤纸胶粘剂，可自身成型取代钢板端盖和端盖上的橡胶密封圈，与滤材合成一体。用注胶机注进模具生产的滤芯高度降低、轻便美观、过滤效率高、使用寿命长，成为轿车空气滤芯的主要形式，亦在微型车、客货车和轻型车中广泛使用。因为具有环保无毒、快速固化、粘接面广泛的特点，热熔胶是滤清器行业用胶粘剂的发展方向。一些功能性滤清器胶粘剂也是未来的发展方向。

第九节　汽车灯具用胶粘剂密封胶

一、汽车灯具材料的发展

早期的汽车灯具使用的是电镀反射镜及玻璃灯栅，用带孔的硫化橡胶密封垫通过螺栓紧固进行密封，属机械包合工艺。此种工艺持久密封性差。

现代汽车灯具材料主要使用塑料镀膜反射镜及聚碳酸酯等高透明塑料制造灯栅，橡胶密封垫也被胶粘密封剂所替代。汽车灯具所用胶粘剂密封胶，一般采用非溶剂类室温固化型胶粘剂或热熔胶等。

由于汽车灯具所用的胶粘剂长期处于颠簸、高低温变化、水汽侵蚀等环境中，稍有粘接密封的破坏，则会出现水汽聚集在灯栅与反射镜之间，破坏车灯的照明效果。所以汽车灯具用胶的性能设计必须符合灯具使用的环境要求。

使用胶粘剂密封胶粘接车灯灯栅与反射镜，既能起到固定灯栅的作用，又可取消橡胶密封条，保证反射镜不发生形变，增加光线透过面积，如图 8-85 所示。

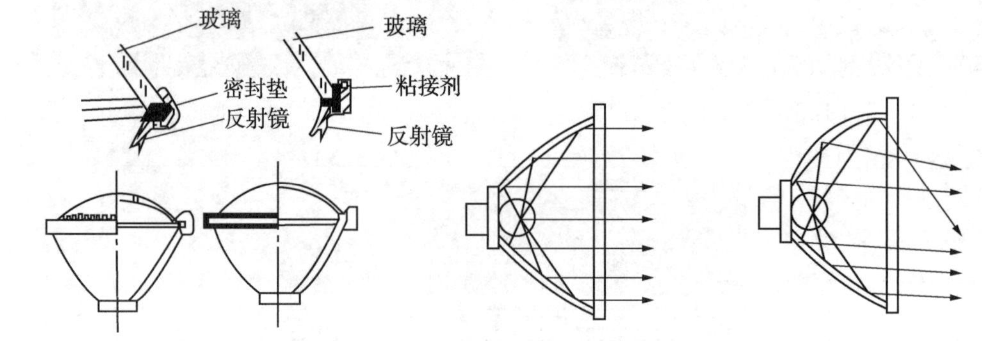

(a)机械包合工艺结构　(b)粘接工艺结构　(c)粘接工艺结构的反射　(d)由反射镜变形的机械包合结构

图 8-85　车灯机械包合工艺与粘接工艺性能比较

二、汽车灯具用胶的种类及特点

(一) 汽车灯具用胶的种类

目前汽车灯具装配(PP 底座和 PC/PMMA/玻璃等面罩)所用的胶粘剂密封胶中，

丁基热熔胶占一小部分，有机硅单、双组分胶粘剂近20年来成为主要的灯具装配胶种。目前随着灯具防雾涂层工艺的发展，反应型聚氨酯热熔胶产品得到了较大的发展，未来将成为汽车灯具粘接的主要胶种。

（二）汽车灯具用胶的特点

1. 单组分有机硅汽车灯具胶

单组分有机硅汽车灯具胶为固化类型的中性有机硅材料。其反应机理为脱醇型交联剂在催化剂与空气中的水分作用下，和基础聚合物羟基封端聚二甲基硅氧烷反应，交联成网状的弹性体。其特点是粘接性能好，强度高，耐温性好（-55～200℃）；常温固化12h后可进行气密性测试（参考气压10kPa）。一般要求拉伸强度大于1.8MPa，断裂伸长率大于250%。

2. 双组分有机硅汽车灯具胶

双组分有机硅汽车灯具胶为甲、乙两种组分的固化类型的中性硅酮密封胶。其特点是固化快，固化后成韧性弹性体；常温固化1～2h可进行气密性（参考气压10kPa）试验，耐温性好（-55～180℃）；与PC、金属、塑料、陶瓷及玻璃粘接性能良好。

3. 反应型聚氨酯热熔车灯胶

反应型聚氨酯热熔车灯胶是一种以异氰酸酯基聚合物为主，反应过程中无有机物释放的胶粘剂。其特点为：100%固含量、不含溶剂，无VOC、无污染，在较高温度下长期使用不起雾；具有较低的熔融温度、适宜施工的粘度和开放时间；灯具装配定位时间短，有良好的附着力，对一般难粘材质如不锈钢、PC、BMC和Nylon表现出不错的粘接性；优良的耐高温性、耐水性和耐气候老化性；良好的耐油性和耐酸碱性。

三、汽车灯具用胶的作用

从汽车车灯应用环境来分析，灯具胶能对灯具起到粘接和密封作用，实现照明功能。图8-86为典型车灯应用环境描述。

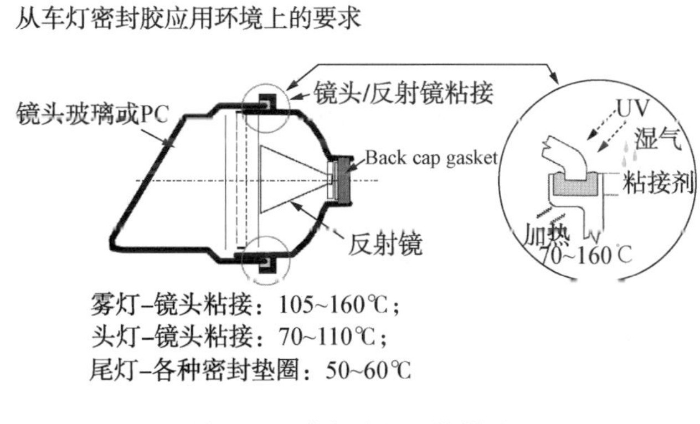

图8-86 车灯应用环境描述

汽车灯具用胶的主要作用在于实现对灯具稳定的粘接、密封、防水、阻隔水汽等功能，所以灯具用胶必须具备如下特征：

（1）耐候性好，耐紫外线、水汽、雨水，经得起日晒雨淋；

（2）密封性能好，不会漏水；

（3）耐腐蚀性好；

（4）具有一定的柔韧性，减振作用强；

（5）装配性能好，不会发生位移；

（6）耐高温冲击，可在-40~90℃范围内工作，雾灯工作范围可在170℃以上。

四、汽车灯具用胶的主要性能指标

（1）有机硅汽车灯具胶的主要技术性能指标见表8-21。

表8-21　单、双组分有机硅灯具胶的主要技术指标

项　　目	有机硅单组分车灯胶	有机硅双组分车灯胶
外观	细腻均匀膏状物、无气泡、凝胶结皮的析出物	
表干时间/min	<30	
可操作时间/min		≥10
挤出性/(g/s)	5~15	测A组分≥10
A组分密度/(g/cm³)		1.35±0.05
B组分密度/(g/cm³)		1.05±0.05
密度/(g/cm³)	1.42±0.05	
固化速度/(24h/mm)	≥2	
挥发分/%	≤2	≤1.5
硬度(邵氏A)	30~60	30~60
拉伸强度/MPa	≥1.8	≥1.6
断裂伸长率/%	≥250	≥150
剪切强度/MPa	≥1.0(内聚破坏)	≥0.8(内聚破坏)
高温拉伸剪切强度/MPa	≥0.6	≥0.6
高低温交变拉伸剪切强度/MPa	≥0.6	≥0.6
湿冻拉伸剪切强度/MPa	≥0.6	≥0.6
低温柔性	无裂缝、分层及粘接破坏	

（2）车灯用反应型聚氨酯热熔胶的主要技术性能指标见表8-22。

表 8-22　车灯用反应型聚氨酯热熔胶主要技术性能指标

项　　目	指　　标	项　　目	指　　标
外观	黑色固体	82℃	≥400
密度/(g/cm³)	1.1±0.05	-30℃	≥1000
熔融粘度(120℃)/mPa·s	5000~50000	高低温交变循环后剪切力/N	≥1000
开放时间/min	3~8	湿热循环后剪切力/N	≥1000
雾化值/(μg/g)	≤50	浸水循环后剪切力/N	≥1000
剪切力/N		高温冲击后剪切力/N	≥1000
23℃	≥1000		

注：上述剪切力测试所涉及的基材为火焰处理后的 PP 与未处理的 PC，剪切力标准测试方法：粘接面积 25mm×25mm，胶层厚度 0.76mm。

（3）汽车灯具用丁基热熔胶、反应型聚氨酯热熔胶及有机硅单、双组分胶粘剂的对比见表 8-23。

表 8-23　汽车灯具用胶粘剂对比

项　　目	丁基热熔胶	反应型聚氨酯	双组分硅胶	单组分硅胶
固化时间/min	<0.5	0.5~1	20~90	72h
耐热性/℃	<110	<150	>180	>180
涂胶复杂程度	低	高	中	低
设备复杂度(1~10)	5	6~7	5~6	3
成本合算(1~10)	6	10	8	4
混合	否	否	是	否
加热	加热	加热	否	否
需要机械卡扣	需要	否	否	否
设计限制	前大灯	所有灯	所有灯	所有灯
粘接强度	差	好	好	好
温度范围/℃	-10~110	-50~150	-55~180	-55~200

五、汽车灯具用胶相关标准与要求

关于汽车灯具的国家法律法规，有 13 个国家标准，其中涉及车灯胶粘剂方面的，主要是 GB/T 10485-2007《道路车辆外部照明和光信号装置环境耐久性》，该标准对灯具组装胶粘剂性能要求所做规定见表 8-24。

表 8-24　国标 GB/T 10485 中对汽车灯具胶粘剂的规定

项　目	胶粘剂要求	项　目	胶粘剂要求
前照灯和前雾灯的热循环试验	耐高低温	盐雾试验	耐化学介质
通用的热循环试验	耐高低温	防尘试验	密封
热冲击试验	耐高温	随机振动试验	弹性
热变形试验		防水试验	防水

通用汽车、大众汽车以及福特汽车对汽车灯具用胶粘剂都有相对应的专项技术要求，其中通用标准 GMW16506 对车灯具用胶的性能规范较为详细及严格，尤其是对胶粘剂的高低温环境下的粘接性能以及不同环境条件循环后的粘接性能进行了详细的规范，另外大众标准中的 VW50181 也对胶粘剂的雾化值进行了明确限制，要求≤50μg/g。

六、汽车灯具用胶的施工设备

汽车灯具用胶的施工主要使用打胶机进行，适合流水线作业生产。一般使用的打胶系统有单、双组分硅胶打胶机；丁基热熔胶打胶机和聚氨酯热熔胶打胶机。图 8-87为双组分有机硅汽车灯具胶涂胶设备，推荐重量比 7.5~14：1(体积比 5.5~10.5：1)。

图 8-87　双组分有机硅汽车灯具胶涂胶设备

图 8-88、图 8-89 为热熔胶车灯涂胶示意图。

上海小糸、天津海拉、法雷奥车灯等车灯制造公司大量采用反应型聚氨酯热熔胶作为汽车灯具的粘接组装。

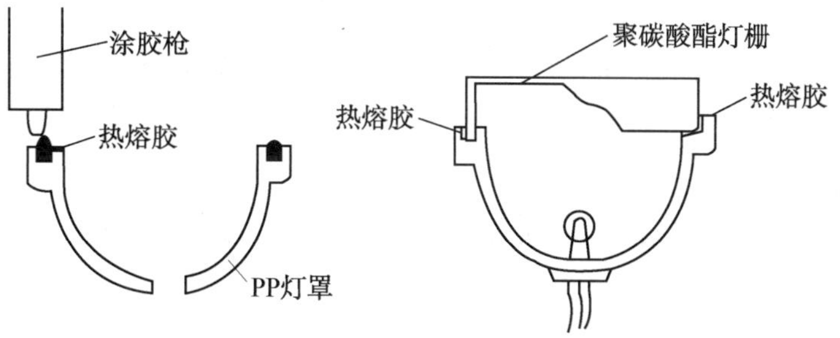

图 8-88 热熔胶涂胶示意图

七、汽车灯具胶粘剂应用过程中潜在失效原因及分析

(一) 双组分车灯胶的表干不正常

根据汽车灯具生产线的设计要求，胶粘剂密封胶厂家会提供“相应范围表干时间”的胶粘剂密封胶。如果在使用双组分车灯胶过程中，出现整体表干太快、太慢等现象，其主要原因有：

(1) 设备整体混合比例不准，超出标准范围太多；

(2) 温度和湿度对表干时间有一定的影响，因此同一配方下冬季和夏季的表干时间有明显差距，建议厂家在不同的季节选择合理的配方。

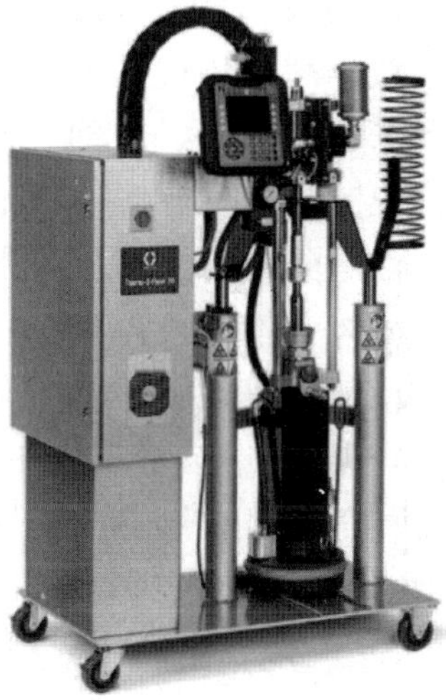

图 8-89 反应型聚氨酯热熔车灯胶涂胶系统

如果在使用双组分车灯胶过程中，出现局部表干太快太慢，主要原因有：

(1) 设备混合管路出现堵塞，建议寻找设备厂家清洗管道；

(2) 混合设备本身存在缺陷，建议更换设备。

(二) 聚氨酯热熔胶使用过程中设备易出现的胶管堵塞问题

其主要原因有：

(1) 设备密封不好，导致水汽的进入，造成胶水固化，堵塞胶管；

(2) 胶水使用频率不高，反复加热，导致胶水粘度越用越高，交联固化；

(3) 设备未进行有计划的定期维护保养，设备需定期用指定的 PUR 清洗剂进行清洗维护。

八、汽车灯具用胶粘剂的发展方向

目前，汽车灯具用胶主要关注的问题有两个方面：一是胶粘剂的深层固化速度要快，能够适应快速装配需求；二是胶粘剂的雾化值需要严格控制在标准范围内，杜绝起雾的现象。

针对上述问题，汽车灯具用胶的发展方向为：

(1) 具有较快深层固化的反应型聚氨酯热熔胶；

(2) 高温无流淌(完全固化前)的触变性反应型聚氨酯热熔胶；

(3) 具有低雾化值(≤50μg/g)的双组分聚氨酯胶粘剂、双组分有机硅胶粘剂。

第十节 汽车制动衬片用胶粘剂

一、汽车制动衬片用胶粘剂

(一) 制动衬片的连接方法及胶粘剂的组成

汽车制动衬片分为盘式制动器衬片与鼓式制动器衬片，其组合方式有铆接法、压合法和粘接法。目前，国际上乘用车型的盘式制动器衬片都采用胶粘剂粘接工艺，我国汽车行业的乘用车也大多采用此粘接工艺。制动衬片用胶粘剂主要由改性热固性酚醛树脂、丁苯橡胶、丁腈橡胶、助剂、无机纳米级材料、溶剂等材料组成；固体含量一般为20%~40%，溶剂主要有丙酮、乙酸乙酯、乙醇等。

(二) 汽车制动衬片采用粘接工艺的优点

与铆接法比较，采用粘接工艺生产制动衬片成本低，能耗少，可以提高制动衬片的有效厚度利用率。而且由于胶粘剂具有阻尼、减振作用，又可以作为减振涂层，胶粘剂粘接的制动衬片在刹车时产生的噪声小，因此越来越多地受到汽车制造厂的重视。

(三) 汽车制动衬片用胶粘剂的发展过程

美国克莱斯勒汽车公司从20世纪70年代中期开始使用胶粘剂粘接制动衬片，胶粘剂产品的常温剪切强度为3~6MPa，300℃高温的剪切强度为1.5MPa左右，而且性能可靠。我国是从80年代中期开始使用胶粘剂粘接制动衬片的。采用粘接工艺不仅能够保证质量，而且使用寿命长。

(四) 汽车制动衬片用胶粘剂的性能特点

对于制动衬片而言，胶粘剂里的改性热固性酚醛树脂和橡胶的耐热性是非常重要的性能指标。因为车辆和机械在进行制动时，制动衬片最高可以处在200~450℃高温工况条件下。在此温度范围内，树脂和橡胶将进入热分解区域。制动衬片的各项性能指标此时会发生不利的变化(摩擦系数、磨损、机械强度等)，特别是制动衬片在检测和使用过程中发生的三热(热衰退、热膨胀、热龟裂)现象，其根源都是由于树脂和橡胶的热分解而致。因此，选择树脂与橡胶对制动衬片的性能具有非常重要的作用。选用不同的胶粘剂也会得出不同的摩擦性能和结构性能。

二、汽车制动衬片的粘接工艺与应用

(一) 汽车制动衬片的粘接工艺

1. 涂胶前处理

被粘接的制动蹄、制动衬片在粘接前要进行表面处理，处理方法主要分为两步，先是物理法，再是化学法。所谓物理法就是利用钢刷或砂布对被粘接物进行打磨处理或者喷砂处理，除去表面的油污、氧化物等，经过表面处理的零件粘接后可以大幅度提高粘接强度。化学处理法包括溶剂脱脂、酸或碱化学处理等，通常用丙酮、乙醇等化学药品将蹄和片的粘接面擦净、脱脂。经过处理的工件应马上涂胶，超过6h后表面处理就形成氧化膜而影响使用，要重新处理。

现在生产工艺中，一般在表面除锈、除油处理后会有一道浸沾防锈树脂的工序。浸沾的防锈树脂一般为特种热固性树脂，固含量为20%~40%，稀释剂为丙酮、乙酸乙酯、乙醇等，烘干条件为20~90℃下5~20min，生产设备为连续浸渍烘干生产线。

2. 涂胶

用于制动蹄和制动衬片、离合器片粘接的胶粘剂很多，主要为橡胶-树脂混合型，这种胶粘剂韧性好、强度高、能吸收振动、降低噪声。溶剂型胶粘剂通常采用刷涂法，分别在制动蹄和制动衬片上涂胶，而高粘度无溶剂型胶粘剂可采用涂胶机涂布，一般单面涂胶即可。胶粘剂涂布范围如图8-90所示，一种是整个粘接面涂胶，另一种可以把胶涂成条状。总之，涂胶量要适当，防止多余的胶液溢出。

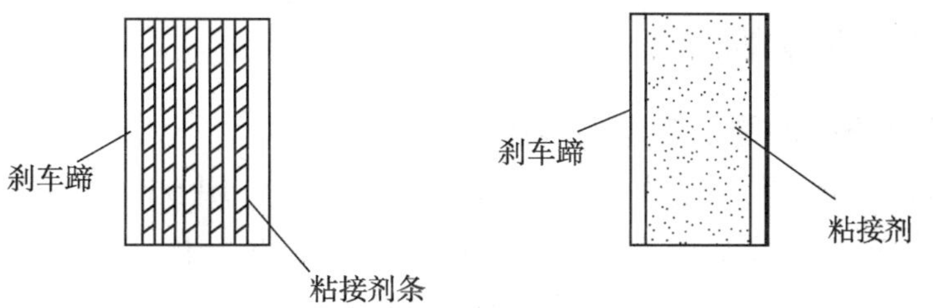

(a)条形涂胶　　(b)全部涂胶

图8-90　刹车蹄涂胶示意图

3. 晾置干燥

对于溶剂型胶粘剂涂布之后，要在室温下放置15min左右，使溶剂充分挥发。目前为了保证工艺生产的连续性和质量稳定可靠，先进企业均采用隧道炉，在70~80℃下连续烘干。

4. 加压固化

要想使制动蹄与制动衬片粘接牢固，涂胶叠合后通常要施加一定的压力，并加热固化，施加压力为0.3~0.5MPa，加热温度、时间则要根据所选用胶粘剂的要求确定。

（二）汽车制动衬片粘接应用案例

中国一汽集团公司轻型货车的制动蹄与制动衬片以粘接法进行工艺试验，选用酚醛树脂和丁腈橡胶为主体的溶剂型胶粘剂。粘接前先对制动蹄喷丸处理，然后用画笔分别在处理后的蹄片和制动衬片结合面涂胶2次，每次间隔20min，然后叠合、加压固化，固化条件为180℃×2h或160℃×3h。经检验，粘接的制动蹄片达到性能要求。

近年来，为了适应汽车的安全性要求，已开发出系列改性树脂新产品，如：腰果壳油改性、丁腈粉改性、环氧树脂、磷改性树脂和一步法热固型树脂等，制动衬片用胶粘剂的分解温度也从260℃提高到400℃甚至更高。目前，不断有新的环保性更好的制动衬片用胶粘剂推出，对耐高温、耐磨性也有更大的提高。

第十一节　汽车行李箱橡塑密封条防水用密封胶

一、汽车行李箱橡塑密封条防水用密封胶的分类及作用

汽车行李箱橡塑密封条（以下简称密封条）防水用密封胶主要有丁基不干胶和EVA热熔胶两种。丁基不干胶、EVA热熔胶均是单组分，属于永久不固化性的中性密封胶，具备优良的气密性、耐候性，并符合车用材料及零部件散发性能测试的标准要求。其主要应用于汽车行李箱部位橡塑密封条底部的沟漕内，密封条与车身安装后起到密封防水、防尘等作用。

二、涂胶工艺及设备

（一）丁基不干胶的施工工艺及设备

当密封条成型挤出后，或密封条的后段接好头后，用55∶1的打胶泵将丁基不干胶注入到密封条与车身安装的沟漕内。在汽车总装生产时，将密封条安装到车身行李箱部位并辊压夹紧，沟漕内的丁基不干胶将填充弥补密封条与车身钣金件之间的缝隙，起到密封防水、防尘等作用。丁基不干胶的施胶结构及设备如图8-91、图8-92所示。

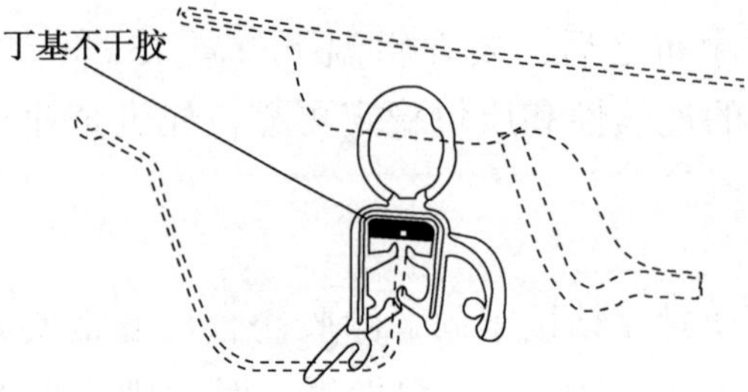

图8-91　丁基不干胶的施胶结构示意图

（二）EVA热熔胶的施工工艺及设备

EVA热熔胶的施工工艺过程与丁基不干胶的施工工艺相同，其设备为发泡型热熔胶机，配合双层齿轮泵和独有的充气技术，能使胶体发泡并具有较好的弹性和密封性。发泡热熔胶机可节省胶的用量，一般可省胶25%~50%。施胶设备如图8-93所示。

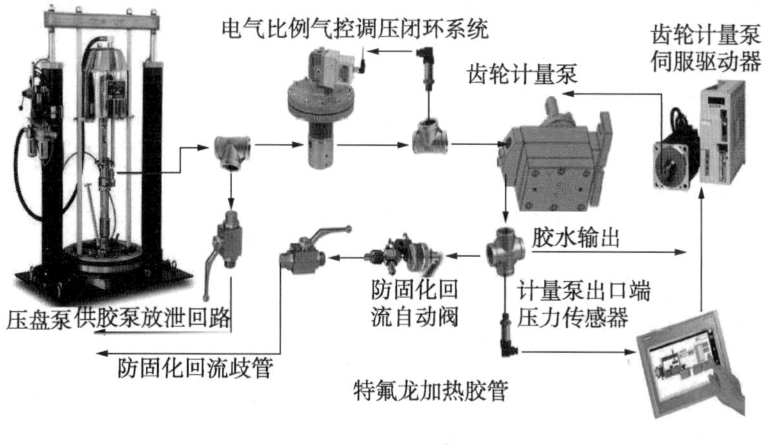

图 8-92 丁基不干胶的施胶设备示意图

图 8-93 施胶设备

三、密封条用丁基不干胶、EVA 热熔胶发展历程

一直以来，国内汽车密封条生产企业使用的丁基不干胶、EVA 热熔胶，均是从法国、日本等地进口。自 2007 年以来，国产丁基不干胶、EVA 热熔胶陆续配套国内密封条生产企业，至今已占据了该行业的半壁江山，产品普遍配套于大众、福特、通用、起亚、神龙、长城、奇瑞等众多汽车品牌。

四、密封条用丁基不干胶、EVA 热熔胶的主要技术性能要求

密封条用丁基不干胶、EVA 热熔胶的主要技术性能要求详见表 8-25。

表 8-25 密封条用丁基不干胶、EVA 热熔胶的主要技术性能要求

项　　目	EVA 热熔胶	丁基不干胶
材料成分	EVA 树脂、橡胶	橡胶
外观	细腻，半透明，无结皮和凝胶	细腻，均匀膏状物，无结皮和凝胶

续表

项　目		EVA 热熔胶	丁基不干胶
密度/(g/cm^3)	注胶前	0.9	1.3
	注胶后	发泡后密度 0.64	
粘度(30℃±2℃)/mPa·s		—	1800
老化试验(70℃，14d)		不应变干，不应从裂缝收缩拉伸处有流淌	不应变干，不应从裂缝收缩拉伸处有流淌
耐低温性(-30℃，4h)		保持很好的柔韧性，剥离强度和结合力	保持很好的柔韧性，剥离强度和结合力
固含量(105℃，3h)/%		99.7	99.9
下垂性(93℃，1.5h)		无下垂	无下垂
气味测试(GM 标准)		6 级	6 级

五、密封条用丁基不干胶、EVA 热熔胶的优缺点

密封条用丁基不干胶、EVA 热熔胶的优缺点见表 8-26。

表 8-26　密封条用丁基不干胶、EVA 热熔胶的优缺点对比

项　目	丁基不干胶	EVA 热熔胶
材料密度	高	低
施工环境温度	5℃以上	18℃以上
安装问题	易出现溢胶现象	无
价格	低(约为 EVA 热熔胶 1/3)	高
设备成本及维护成本	低	高

六、丁基不干胶应用过程中的常见问题及解决措施

(一) 注胶不均匀，影响行李箱的整体密封性，在整车做淋雨实验时出现漏水现象

(1) 因单纯的活塞式注胶系统在换气时会瞬间出现压力不稳定，造成注胶过程中胶体突然变细或断胶，解决此问题的有效措施是采用伺服驱动精密齿轮计量泵作为计量及核心单元，利用电—气比例式气控调压系统，实现流体压力实时闭环控制，确保流体压力不受供胶系统压力脉动影响。

(2) 活塞在长期不停上下往复的运动过程中易产生磨损，使气缸密封性逐渐变差，造成气压不稳，从而影响注胶的稳定性，出现胶体粗细不均匀或断胶现象，解决措施是定期对设备进行检修、维护保养并更换配件。

（二）注胶设备的管路、胶嘴堵塞

（1）丁基不干胶用完换桶时要注意现场清洁度，避免杂质混入胶中或粘附在压盘上，导致胶管、注胶嘴堵塞，同时注意排气，以免气泡影响施工，导致断胶。当胶桶中的不干胶快用完时应及时换桶，压盘下表面与桶底内表面的距离约5cm时换桶，以免空打吸入空气并混进其他材料。同时管道需要定期清洗，正常情况下每年清洗一次，或更换管道。在新设备投入使用前，应对设备进行清洗。

（2）不干胶在生产过程中未采取有效防护，造成杂质掉入胶桶中会导致注胶设备的堵塞，不干胶密度、粘度偏差过大不稳定会造成注胶量无法准确有效控制等。这些都需要不干胶生产企业制定严格的产品生产管理控制程序。

（三）密封条接头处溢胶

密封条在挤出过程中要与钢带复合共挤，但在接头处钢带会被切断，接头设备通过高温将两个断面融合连接起来，此时接头处是没有龙骨起到支撑力，当密封条在垂挂、装箱、运输过程中，如果接头处受力，丁基不干胶因受挤压会从沟槽内溢出。另外，有些密封条生产企业考虑到接头处方便做记号，会选择将接头处作为不干胶注胶的开始位置，这样注胶开始与结束时丁基不干胶在接头处会有一定的重叠，此时就更容易出现溢胶现象。

（四）密封条在整车安装过程中出现溢胶、滴胶、拐角弹起等现象

（1）车身钣金焊接处缝隙过大。溢胶点位置一般出现在行李箱拐角的钣金重叠焊接处。如图8-94所示。

图8-94 钣金焊接处及拐角的钣金重叠焊接处为易溢胶部位

因钣金焊接处是两块钢板叠加，钣金焊点较厚且焊点不平，产品装配后钣金所占空间超过密封条内的设计空间，且装配辊压后不干胶会堆积在焊点不平位置，当溢出的丁基不干胶堆积量过多时受重力作用就会有滴胶现象。解决此问题最有效的措施是改善提高钣金件的冲压要求，或通过在焊接处加贴一块泡棉胶，用以堵住钣金件与密封条间的缝隙，避免不干胶因受外力挤压而溢出。

（2）注胶量不均匀且偏多。因密封条沟槽中空腔的体积是固定的，当沟槽内的注胶厚度不均匀、注胶量偏多时，挤压时便较容易从有缝隙的钣金焊接处外溢出来，此时如适当减少注胶量，控制好注胶厚度和均匀性，溢胶现象定会得到明显改善或完全消失。

丁基不干胶、EVA 热熔胶在汽车上的应用部位如图 8-95 所示。

图 8-95　丁基不干胶、EVA 热熔胶在汽车上的应用部位

第十二节　汽车密封条植绒用胶粘剂

一、汽车密封条分类及其生产工艺过程

（一）汽车密封条作用及分类

汽车密封条主要功能是填补车身组成部件间的各种间隙和缝隙，具有减振、防水、隔音及装饰等作用，能提高驾乘人员的舒适性及保护车体。汽车密封条按材料不同，主要分为橡胶密封条、塑料密封条和热塑性弹性体密封条。根据安装部位不同，一般又将其分为玻璃导槽密封条、内外水切密封条和门框密封条。由于三元乙丙橡胶（EPDM）在当前密封条中占据大量份额，因此本节以三元乙丙橡胶（EPDM）密封条为例。

（二）汽车密封条的生产工艺过程

（1）预涂钢带或铝带经过辊剪成型后，进入挤出机，与三元乙丙橡胶（EPDM）胶料通过口模进行共挤成型；

（2）共挤成型的密封条通过加热烘道进行硫化；

（3）硫化后的密封条在涂胶前需经过冷却降温；

（4）冷却后的密封条在涂植绒胶粘剂之前需进行表面处理，一般有等离子处理、塑料轮打磨和底涂处理等；

（5）经过表面处理的密封条会进行植绒胶胶粘剂的施工和静电植绒，施工可刷涂、喷涂、辊涂等，目前国内市场几乎全是采用刷涂工艺，植绒在植绒专用设备中完成；

（6）经过植绒后的密封条需要进入加热烘道中烘干固化，固化完毕后同样需要冷却，最后打标、分切、包装。图 8-96 为三元乙丙橡胶(EPDM)密封条生产工艺示例。

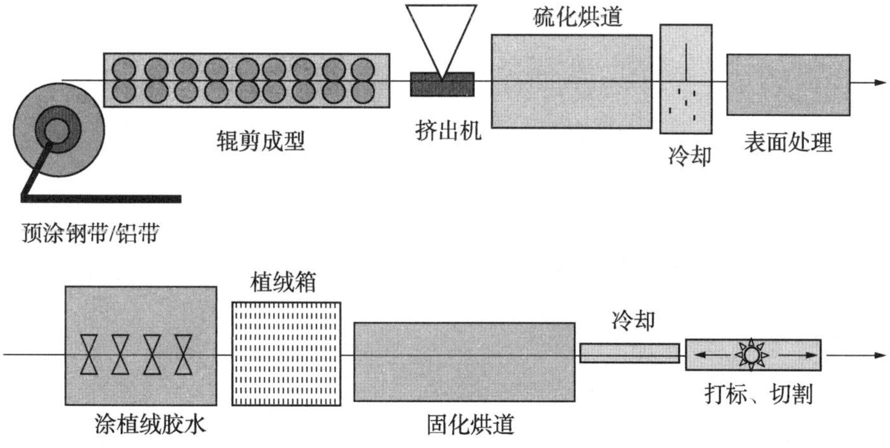

图 8-96　EPDM 密封条生产工艺示例

二、汽车密封条用植绒胶粘剂的作用及发展过程

(一) 汽车密封条用植绒胶粘剂的作用

汽车密封条用植绒胶粘剂主要作用是将植绒纤维与被植绒基材粘接在一起，利用植绒纤维的特性给被植绒基材提供高耐磨、高耐候性能，从而使密封条能够长久地给汽车提供密封、降噪等功能。

(二) 汽车密封条用植绒胶粘剂的发展过程

丙烯酸酯类植绒胶粘剂是较早出现的一类植绒胶粘剂，但是由于其耐磨性能较差，目前在汽车橡胶密封条上应用得越来越少；聚氨酯类植绒胶粘剂与经过表面处理的弹性体基材和绒毛都有很好的粘附力，且制成的植绒面具有很好的耐磨性、耐化学溶剂性和耐候性，因此被广泛应用，是目前市场上的主导产品。

三、汽车密封条用植绒胶粘剂的分类及主要技术性能条件

(一) 汽车密封条用植绒胶粘剂的分类

汽车密封条用植绒胶粘剂的分类如下：

(1) 根据基体树脂不同，可分为丙烯酸酯类植绒胶粘剂、聚氨酯类植绒胶粘剂；

(2) 根据所用的分散介质不同，可分为溶剂性植绒胶粘剂、水性植绒胶粘剂；

(3) 根据组分的多少，可分为单组分、双组分和三组分等植绒胶粘剂。

(二) 汽车密封条用植绒胶粘剂的主要性能条件

汽车密封条用植绒胶粘剂的主要性能条件见表 8-27。

表 8-27 汽车密封条用植绒胶粘剂的主要性能

项 目	技术指标	项 目	技术指标
外观(目视)	褐色液体或黑色液体	干膜厚度要求/μm	35~76
粘度(25℃)/mPa·s	20~1000	固化条件	190~232℃×2~3min
密度/(kg/m^3)	900~1100	施工环境	15~30℃，<60%RH
质量固含量/%	35~75	储存期	自生产之日期起 6 个月
闪点/℃	29~44		

四、汽车密封条植绒胶粘剂的涂胶工艺

(一) 搅拌方式

目前市面上，几乎所有的植绒胶胶粘剂在使用前均需要充分搅拌均匀，由于大多数植绒胶粘剂为湿气敏感型，因此首选不开盖的翻滚式搅拌(图 8-97)或震荡式快手(图 8-98)，搅拌时间与植绒胶粘剂的包装大小、已储存日期、搅拌器翻滚速度等有关，一般 3.5kg 包装、储存时间约为 2 个月、采用如图 8-97 类似的设备按 60r/min 的速度，建议搅拌 2h 以上。

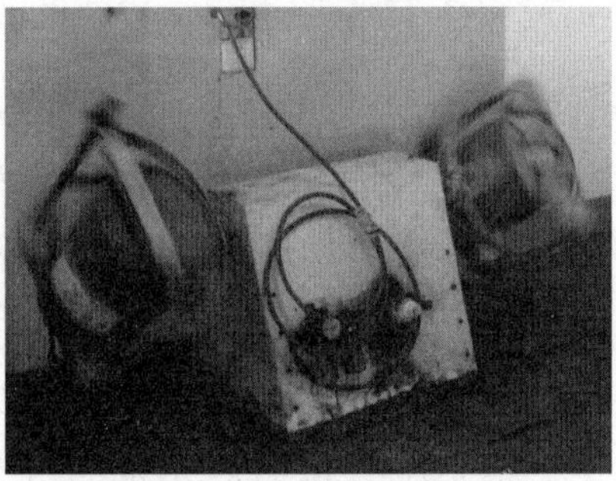

图 8-97 翻滚式搅拌设备

图 8-98 震荡式快手

(二) 涂胶方式

汽车密封条植绒胶粘剂的涂胶工艺主要有三种方式：刷涂、喷涂和辊涂等，目前在国内密封条厂家均使用刷涂，刷涂不需要稀释，直接采用原液即可。喷涂一般建议采用相应的稀释剂稀释至 2# 查氏杯 23~28s(25℃测试值)。辊涂需根据设备不同，可采用原液，也可少量稀释，最多加入 10%稀释剂。

工业化生产的刷涂目前主要有两种，一种是刷子位于供胶管后面，该方法可以清晰看到供胶的效果，而且刷子干固结团时，可以很方便地切换，缺点是需要较多的辅助工装，而且一旦植绒胶粘剂干燥太快，容易刷涂不均匀见图 8-99。另一种是刷子直接连接供胶管，使用该方法的生产线简洁，可以节约工装，但无法看到清晰的供胶效果，且切换麻烦，浪费较多，见图 8-100。

图 8-99　刷涂方式一

图 8-100　刷涂方式二

（三）供胶方式

植绒胶粘剂供胶主要采用四种方式：蠕动泵供胶、隔膜泵供胶、压力罐供胶及自重供胶。蠕动泵和隔膜泵供胶适合于各种应用，但需要注意避免设备自身工作原理导致的供胶脉冲，脉冲会导致植绒胶粘剂膜厚不均匀，一般通过“T”型设置来消除脉冲；压力罐供胶适合于喷涂应用，植绒胶粘剂需稀释，应注意由于植绒胶水本身湿气敏感导致的交联、沉降而使管道和喷枪堵塞；自重式供胶不需要设备，将植绒胶粘剂放置在适当高度让其自然流出即可，适合于刷涂，但需要注意的是由于植绒胶粘剂使用过程中液位或重量的变化导致的流量变化，这些变化会导致供胶不稳定。

五、涂胶过程中易出现的问题、原因及解决方法

涂胶过程中易出现的问题、原因及解决方法详见表 8-28。

表 8-28　汽车密封条在涂胶植绒过程中易出现问题、原因和解决方法

问　　题	可能原因	解决方法
1. 绒毛密度过低 	①绒毛数量太少； ②植绒胶水太薄； ③绒毛导电性不够； ④植绒箱湿度太高； ⑤植绒胶水不够时，植绒电压太高	①增加植绒箱绒毛数量； ②增加植绒胶水厚度至绒毛长度 1/10； ③增大植绒箱湿度，控制在 60%~70%； ④降低植绒箱湿度，控制在 60%~70%； ⑤一般建议在 40kV 左右，电场强度在 2.5~3.5kV/cm
2. 绒毛密度不均匀 	①植绒胶水膜厚不均匀； ②植绒胶水流动不够； ③电压太高	①调节涂胶方式，包括刷子位置、胶条表面温度、供胶流量等； ②降低胶条表面温度； ③一般建议在 40kV 左右，电场强度在 2.5~3.5kV/cm

续表

问　　题	可 能 原 因	解 决 方 法
3. 绒毛手感发硬 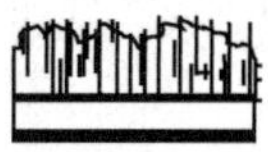	植绒胶水太厚	植绒胶水干膜厚度控制在绒毛长度的 1/10
4. 绒毛朝向不好或倒绒 	①植绒胶水膜厚太薄； ②植绒胶水粘度过低； ③植绒胶水与绒毛浸润性差； ④电压太低； ⑤绒毛密度过低； ⑥植绒胶水固化前，绒毛部分受力或浸水	①植绒胶水干膜厚度控制在绒毛长度的 1/10； ②采用粘度更高的植绒胶水、控制植绒胶水温度在 18～25℃； ③改善绒毛材质和表面处理； ④一般建议在 40kV 左右，电场强度在 2.5～3.5kV/cm； ⑤参考“问题 1”； ⑥调整工艺，避免部分受力或浸水
5. 热熔胶测试不合格 	①植绒胶水膜厚太薄； ②植绒胶水与绒毛浸润性差； ③绒毛密度过低； ④植绒后停放时间不够长。	①植绒胶水干膜厚度控制在绒毛长度的 1/10； ②改善绒毛材质和表面处理； ③参考“问题 1”； ④停放至少 24h 后再测试
6. 植绒耐磨不合格 	①密封条表面处理不够； ②植绒胶水太薄或不均匀； ③植绒胶水与密封条浸润性差； ④植绒胶水与绒毛浸润性差； ⑤绒毛密度过低； ⑥植绒后停放时间不够长； ⑦植绒胶水固化不够； ⑧绒毛植入深度不够； ⑨耐磨测试时密封条不平导致受力不均匀	①涂胶前，建议表面张力在 60dyn（达因）以上； ②植绒胶水干膜厚度控制在绒毛长度的 1/10； ③密封条表面张力在 60dyn（达因）以上，降低涂胶时表面温度； ④改善绒毛材质和表面处理； ⑤参考“问题 1”； ⑥停放至少 24h 后再测试； ⑦升高固化温度或延长固化时间； ⑧降低涂胶时密封条表面温度； ⑨采用打磨机，将密封条打磨平整

六、应用举例

目前植绒胶粘剂主要在泥槽（玻璃导槽）密封条和内外水切密封条等植绒密封条上使用。图 8-101 为汽车密封条用植绒胶应用示意图。

七、汽车密封条用植绒胶粘剂的发展方向

单组分或双组分溶剂型聚氨酯胶粘剂是目前市场应用较广的产品。随着国家对汽车内饰 VOC 含量规定的要求，各汽车主机厂对密封条供应商的 VOC 要求也越来

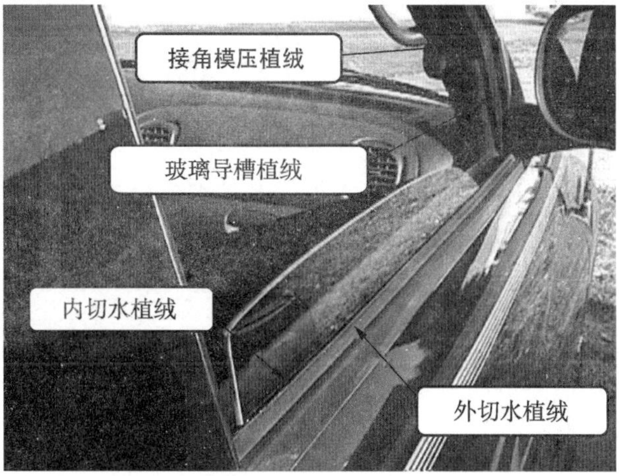

图 8-101　汽车密封条用植绒胶应用示意图

越高，因此，植绒胶粘剂的发展方向主要以环保性为主。一类是保持现有树脂体系，采用环保溶剂进行替代；另一类是研发新的树脂体系，采用乳液性体系，生产水性植绒胶粘剂。

总之，基于环保要求，单组分，固化温度低、速度快、高耐磨的水性植绒胶粘剂以及 VOC 符合环保要求的溶剂型植绒胶粘剂是市场发展的主要方向。

第十三节　汽车橡胶减振器用胶粘剂

一、汽车橡胶减振器及其生产过程

（一）汽车橡胶减振器的作用及分类

汽车橡胶减振器用于防止或减少汽车在行驶过程中所产生的各种振动和噪声，相关产品如图 8-102 和图 8-103 所示。其主要作用是吸收、反射振动源所产生的振动能量，阻止振动波所产生的共振效应。

图 8-102　发动机悬置

根据使用部位可分为：发动机用、驱动装置用、操纵装置用、前后悬挂用、车身用、排气系统用和其他系统用七大类。

（二）汽车橡胶减振器生产工艺过程

汽车橡胶减振器生产工艺过程见图 8-104。

图 8-103　各类衬套

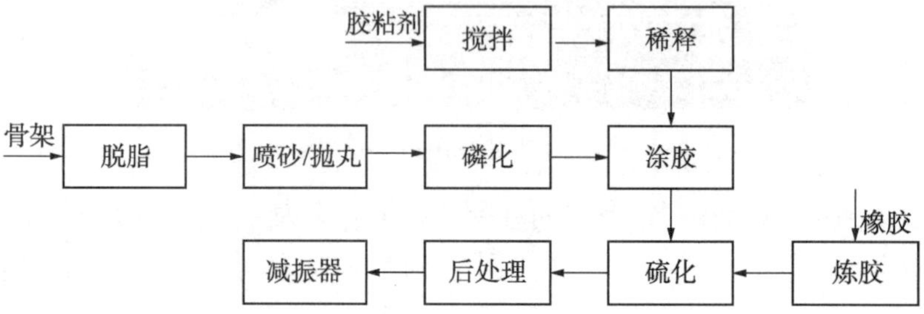

图 8-104　汽车橡胶减振器生产工艺过程图

二、汽车橡胶减振器用胶粘剂的发展及分类

(一) 汽车橡胶减振器用胶粘剂的发展

橡胶与金属的粘接已有近 170 年的历史，先后经历了硬质橡胶法、黄铜或镀黄铜法、胶粘剂粘接法等。其中胶粘剂粘接法包括间苯二酚甲醛体系、酚醛树脂法、多异氰酸酯法、卤化橡胶法和含特种硫化剂的卤化聚合物法及水基胶粘剂法等。

橡胶与金属的粘接，所用的底胶和胶粘剂都是高度专一化的配方产品。这类胶粘剂一般包含聚合物、树脂、交联剂、颜料、填料以及其他辅料。例如腐蚀抑制剂、黏度稳定剂、这些材料或溶解，或悬浮于液体介质中。直到 20 世纪 90 年代初，胶粘剂的配方成分全部溶于有机溶剂的问题才得以解决。

(二) 汽车橡胶减振器用胶粘剂分类

汽车橡胶减振器用胶粘剂一般分底胶/胶粘剂体系和单涂层胶粘剂体系两类。

1. 底胶/胶粘剂体系

该体系中底胶主要包含可以与金属表面形成结合力强，并且耐久材料，其模量介于橡胶与金属之间，更接近金属一些；胶粘剂主要包含可以与橡胶结合固化的材料，其模量更接近于橡胶。整个体系提供了一个橡胶与金属间的模量渐变以及更好的受力分布。

2. 单涂层胶粘剂体系

该体系包含与金属表面反应同时也与橡胶反应的材料。单涂层胶粘剂体系在很多情况下因这些材料共存而不稳定，所以储存期较短。

三、汽车橡胶减振器用胶粘剂的粘接机理

1. 底胶

底胶含有有机树脂，可以在硫化过程与大多数金属(铁、铝、不锈钢、铜、黄铜)表面发生反应，形成化学键。同时底胶中含有聚合物，有更好的成膜性，与胶粘剂有良好的结合性。

2. 胶粘剂

胶粘剂含有聚合物，与底胶成分配合，进行硫化粘接。因卤化聚合物或树脂作为有效的金属浸润剂，常被用于底胶及胶粘剂配方中。它们提供有效的屏蔽以阻挡化学品对粘合的破坏。同时胶粘剂含有强力交联剂，可以与橡胶和胶粘剂中的聚合物反应。二官能度和多官能度的化合物可以使成膜的聚合物与橡胶结合，越过界面进到膜层内形成热固性聚合物。

橡胶与金属粘接的机理是比较复杂的，因为会有几个反应同时发生，所有这些反应必须在很短的时间内(例如，橡胶的硫化时间)发生形成很强的结合。发生的不同反应如图 8-105 所示。

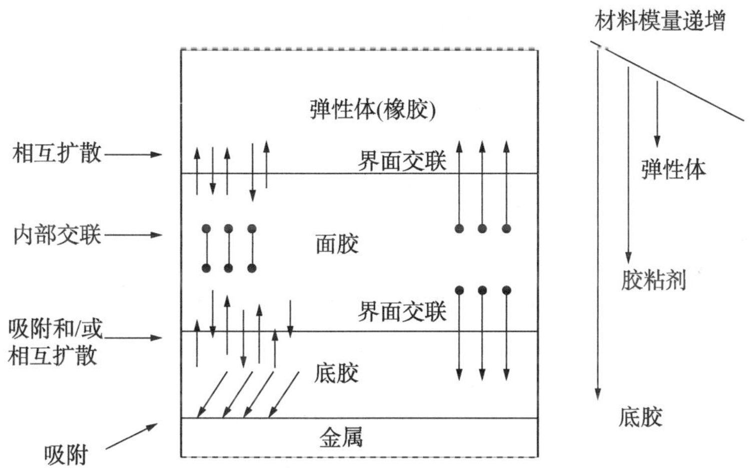

图 8-105　橡胶与金属粘接的机理示意图

(1)底胶的作用有：①可与基材粘接；②在侵袭性环境中有基本防腐性能；③可与面胶粘接；④通常呈灰色，与粘接的界面有明显的色差。

(2)胶粘剂(或称面胶)的作用有：①同时提供与底胶和橡胶的粘接；②作为隔离环境影响的基本屏障；③通过与橡胶骨架中的不饱和键发生反应从而形成与橡胶的交联；④形成的底胶至橡胶整个粘接强度足以使撕扯破坏 100%产生在橡胶内部，从而可以承受苛刻使用工况的负荷，极端使用环境的破坏。

3. 底胶与金属

橡胶与金属粘接的第一个结合面是底胶与金属的界面。除了底胶内部发生交联反应外，底胶中的有机树脂也与金属表面的金属氧化物反应，形成很强的化学共价

键结构，这类反应称为化学吸附。该化学吸附可以阻挡水、热以及化学侵蚀。

4. 底胶与胶粘剂

橡胶金属粘接的第二个结合面是底胶与胶粘剂界面。胶粘剂层的固化剂在硫化阶段迁移或扩散到底胶层，从而在底胶与胶粘剂间形成化学连接。底胶的聚合物与胶粘剂的聚合物是相容的，底胶聚合物膜扩散并与胶粘剂层发生交织，进一步增强了底胶与胶粘剂之间的结合。

5. 胶粘剂与橡胶

橡胶金属粘接的最后一个结合面是胶粘剂与橡胶界面。胶粘剂层的固化剂在硫化阶段同样也会扩散到橡胶层，在胶粘剂与橡胶之间形成化学连接。这些穿越层间的结合为了区别于橡胶本身的交联被称作架桥。另外，混炼胶中的硫黄扩散进胶粘剂层，也在橡胶与胶粘剂之间帮助形成额外的架桥。

橡胶与金属粘接的这三个界面之间在模具成型过程中发生交联或固化。这种交联是由于有热反应型树脂或所添加的交联剂引起，而交联固化增加了每层的分子量以及内聚力。另外，每层都同时与相邻层发生反应，这些层间反应是与内部交联反应同样的化学成分所致。

四、汽车橡胶减振器用胶粘剂的主要性能指标

1. 主要性能

汽车橡胶减振器常用胶粘剂的主要性能指标见表 8-29。

表 8-29　汽车橡胶减振器常用胶粘剂的主要性能指标

项　　目	产品 1	产品 2	产品 3	产品 4
外观(液体)	灰色	黑色	无色至淡黄色	黑色
密度/(g/cm^3)	0.87~0.97	0.9~1.1	0.7~0.9	1.14~1.17
固体含量/%	17~26	20~35	4~25	32~36
粘度/mPa·s	70~800	35~1000		100~900
闪点/℃	14~16	25~27	-5~25	93
储存期(21~27℃)/月	6~12	6~12	6~24	6
产品特点	耐热性和耐苛刻环境	对橡胶适应性广	用于特种橡塑、NBR、HNBR、EPDM 等	用于过氧化物硫化的橡胶及氟硅橡胶

2. 应用举例

汽车支架衬套产品：属于典型的橡胶与金属骨架粘接应用，金属骨架包括内管、插片和外套，采用喷涂工艺分别将底胶和面胶均匀的涂覆在金属骨架需要粘接的面上(如内管外壁，插片全部和外套内壁，图 8-106 中黑色部分)，橡胶为中等硬度的天然橡胶，将骨架放入模具中，橡胶采用注射机硫化，在橡胶硫化过程中完成粘接。

图 8-106　汽车支架衬套

五、汽车橡胶减振产品易出现的问题、原因及解决方法

汽车橡胶减振产品易出现的问题、原因及解决方法见表 8-30。橡胶与金属粘接，各粘接界面破坏模式见图 8-107。

表 8-30　橡胶减振产品易出现的问题、原因及解决方法

失效模式	可能原因	相应措施
底胶与金属（CM）	喷砂不彻底	①检查金属或热固性塑料的喷砂面是否完整，如不完整延长喷砂时间； ②使用比被喷砂金属更硬的砂砾介质
	喷砂残留物出现在失效表面	使用胶带剥离测试来判断。如果胶带上出现残留物，检查粉尘过滤系统
	停放时间过长造成金属表面氧化	黑色金属应该在喷砂后 8h 内涂底胶或者再次喷砂，停放时间取决于金属的类型以及环境湿度
	底胶过期	处理掉过期的底胶，重新处理金属并涂刷新的底胶
	初始搅拌不彻底或使用过程中搅拌不足	大桶包装要在使用前搅拌 8h，使用过程中胶粘剂要一直搅拌
	用错稀释剂或稀释比例错误	①参照产品说明书，使用合适的稀释剂； ②更换正确稀释剂及相应的添加量； ③把干膜厚度作为过程控制指标； ④稀释剂加到底胶或胶粘剂中。不可将底胶或胶粘剂加入到稀释剂中
	底胶干喷	①改用更高沸点或挥发更慢的溶剂； ②减小喷枪雾化压力； ③换一个更大口径的喷嘴
	雾化气源污染。底胶干膜表面出现鱼眼	利用水膜破坏试验评估气源的洁净程度。使用潜入连接模式的空气过滤器
	底胶干燥不彻底	室温下底胶至少干燥 45min，在 49～82℃ 的循环空气烘箱中干燥 5min
	底胶过度干燥	避免干燥温度高于 93℃；避免使用红外加热源，除非只为了给未涂胶的金属加热
	钢砂对非铁质基材进行喷砂造成的氧化	不要用钢砂来喷砂非铁质金属，应使用氧化铝作为喷砂介质

续表

失效模式	可能原因	相应措施
底胶与金属（CM）	喷砂介质造成的表面污染	每周一次检查砂砾的锐度和洁净程度，如果砂砾被污染了，应及时更换新的砂砾
	使用过程中环境破坏	掌握储存环境及时间
	脱模剂污染	应使用半永久型脱模剂。脱模剂使用量应该尽可能少。有涂层或者无涂层的金属应避免接触空气中的脱模剂。不要戴手套搬运未涂或者有涂层的金属
	金属表面原涂层没有处理干净	彻底清除并用新的底胶涂刷。为彻底清除金属表面的底胶一般需要浸泡在合适的溶剂中超过8h
橡胶与面胶（RC）	胶粘剂初始搅拌不充分或使用过程中搅拌不足	桶装使用前应搅拌8h，使用过程中始终搅拌。包装使用前需搅拌24h
	胶粘剂与橡胶不匹配	按产品说明书选用合适的胶粘剂，有些混炼胶需要用特殊的胶粘剂
	胶粘剂预烘	对预烘时间、最少装模时间和周转时间用文件进行规定。如有必要，用更厚的胶粘剂膜厚或者降低模具温度来延长胶粘剂的耐预烘。对多模腔使用工装夹具
	胶粘剂干燥不彻底	增加干燥时间和温度到最低30min，65℃，或者室温条件下1h
	胶粘剂干膜厚度不足	一般面胶干膜厚度需要达到15~25μm，后硫化粘接面胶干膜厚度需达到25~35μm
	涂胶后停放时间过长	需要将老的胶粘剂除去并重新涂刷
	模腔内接触不好	对模腔进行例行热分析检查。模腔内涂胶金属的温度峰值必须高于面胶活化温度143℃
	零件比较大，比如铸造件	装模前金属预热到93℃，这样有助于零件在模腔里达到胶粘剂活化温度
	错误的使用红外加热设备干燥胶粘剂	不要使用红外设备干燥胶粘剂。这类加热设备会使胶粘剂在模具硫化之前就先活化。同时这类设备也容易使胶粘剂燃烧。应使用空气传热烘箱、加热圈或蒸汽加热来干燥胶粘剂
	涂胶件被污染	存储或转移涂胶件的时候要始终有盖子。不要存放在靠近硫化的区域，因为有可能被脱模剂污染
	涂胶件的胶粘剂被破坏	在操作中应小心刮擦、磨损等，避免将胶粘剂从金属上碰掉
	涂胶件表面被污染	不要戴手套或用手触碰涂胶件。避免手套上脱模剂或手上的汗渍影响粘接
	湿潮气污染	湿气敏感型胶粘剂，涂胶后应该尽快使用，若要存储，应存放在干燥处。密封在带有干燥剂的塑料袋里，可以延长存放时间

续表

失效模式	可能原因	相应措施
橡胶与面胶（RC）	橡胶胶粘剂界面发现气泡	用一个未涂胶的零件硫化，如果还是检测到气泡，应检查混炼胶来找出可能的起泡原因
	稀释剂用错，造成胶粘剂的粘接失效	按产品说明书选用合适的稀释剂。有些溶剂会造成底胶的重新溶解。当面胶粘剂配合底胶使用的时候，不要使用酮类比例超过10%的稀释剂来稀释胶粘剂
	粘接停放时间很长的混炼胶而出现的粘接失效	密炼或回炼会使混炼胶各组分分散均匀，不会出现局部集中。尤其是出现表面喷霜的混炼胶更可能是这方面的问题
面胶与底胶（CP）	底胶或胶粘剂干燥不充分	室温下至少干燥1h，或65℃循环风烘箱中干燥5min
	底胶预固化	涂面胶前在149℃下烘干不要超过5min。不要使用红外加热设备烘干底胶
	底胶或胶粘剂被污染	去除被污染的底胶或胶粘剂，重新涂刷

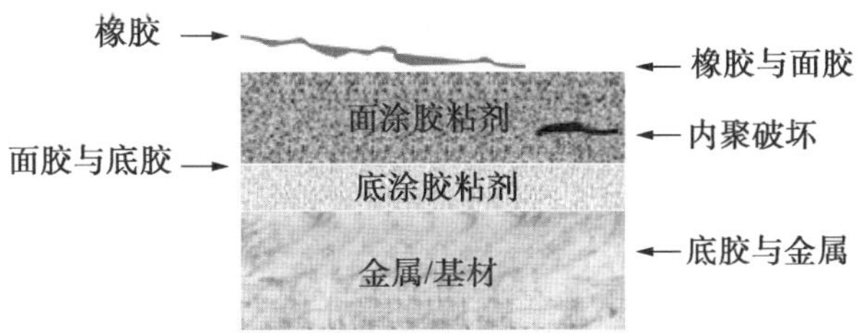

图 8-107　粘接界面破坏模式

六、汽车橡胶减振器用胶粘剂的发展方向

随着全世界范围对汽车环保的越来越重视，橡胶减振器用胶粘剂也逐步向着绿色环保方向的发展。目前，无铅胶粘剂在国内已得到广泛推广。随着国内近几年对雾霾问题的治理，水溶性胶粘剂产品将是汽车橡胶减振器用胶粘剂发展的趋势和方向。

第十四节　汽车铝材用丙烯酸酯胶粘剂

一、汽车铝材粘接的发展过程

国内汽车早期大量用铝材是在20世纪90年代后期，主要是在公路客车上，其目的是增加耐腐蚀寿命，使用的部位为客车两侧的行李舱门、后发动机舱门等。由于客车涂装采用的是双组分低温烘干涂料，烘干温度在60~70℃，所以上述各类舱门门板与其铝合金骨架的粘接所用胶粘剂主要有双面压敏胶带、单组分聚氨酯胶粘剂以及橡胶硫化粘接等方式。

2003年，国内首条客车整车电泳涂装线在沈飞日野公司投槽生产，上述胶粘剂已不适合电泳涂装高温烘干生产工艺。由沈飞日野与上海康达联合开发的双组分丙烯酸酯胶粘剂(以下简称丙烯酸酯胶粘剂)开始应用。随着客车行业的发展，国内各客车制造企业纷纷建立整车电泳涂装生产线，客车各舱门的粘接应用推动了丙烯酸酯胶粘剂技术的不断提高，以及市场的不断加大。现在全铝结构的新能源客车蒙皮也采用了丙烯酸酯胶粘剂进行粘接。

近年来，为适合国家能源战略，汽车节能、减排、轻量化等理念的不断深化，小型乘用车车身局部也开始批量使用高强度铝材，其连接方式也部分使用了丙烯酸酯胶粘剂进行粘接。

二、丙烯酸酯胶粘剂的组成及固化机理

(一) 丙烯酸酯胶粘剂的主要成分及作用

丙烯酸酯胶粘剂的主要成分及作用见表8-31。产品中引入核壳增韧剂，主要提高它的抗冲击强度、韧性、拉伸强度、耐曲折性与抗寒等性能。

表8-31 丙烯酸酯胶粘剂的主要成分及作用

主要成分		作用
A组分	B组分	
甲基丙烯酸甲酯	阻聚剂	提高剪切强度
甲基丙烯酸系单体	—	提高对铝材的附着力
高分子聚合物	高分子聚合物	提高耐热性能
弹性体	—	增强韧性和延伸率
促进剂	过氧化物	提升定位强度保障固化
增韧剂	增韧剂	增强韧性
抗冲击改性剂	—	改善抗冲击性能

(二) 丙烯酸酯胶粘剂的反应机理

当A组分和B组分混合后，在促进剂的作用下，过氧化物发生分解，产生自由基，引发丙烯酸酯单体发生聚合反应以及在弹性体上的接枝反应。丙烯酸酯胶粘剂采用了新引发体系取代CHP的引发体系大大降低了表面的氧阻聚效应。采用了新的表面保护及除氧体系，保证了胶粘剂的表面固化。图8-108为丙烯酸酯胶粘剂的反应机理。

自由基R·与O_2的反应速率常数比与单体分子的反应速率常数大104~105倍，

$$过氧化物 + 促进剂 \longrightarrow R\cdot$$

$$R\cdot + M \longrightarrow RM\cdot \xrightarrow{nM} RM_nM$$

图 8-108　丙烯酸酯胶粘剂的反应机理

所以，即使涂层中只存在微量的氧，亦不能忽视 R·与 O_2反应生成过氧化自由基 ROO·。由于ROO·非常稳定，没有引发聚合反应的能力，从而O_2的存在消耗了活性自由基 R·，如图 8-109 所示。

$$R\cdot + O_2 \longrightarrow ROO\cdot \xrightarrow{R\cdot} ROOR$$

图 8-109　O_2消耗自由基示意图

三、汽车铝材用丙烯酸酯胶粘剂的主要性能指标

丙烯酸酯胶粘剂的物理性能、结构粘接性能、紫外老化性能和疲劳老化性分别见表 8-32 ~表 8-35。

表 8-32　丙烯酸酯胶粘剂的物理性能

性　能	胶粘剂	性　能	胶粘剂
外观	黄色-乳白糊状	体积比	1∶4
粘度(25℃，$50s^{-1}$)/Pa·s	20.0~300.0	操作时间/min	5~20
密度/(g/cm^3)	1.108~1.144	贮存期/月	6个月

表 8-33　丙烯酸酯胶粘剂的结构粘接性能

实验条件	无后烘烤		后烘烤(180℃×40min)	
	剪切强度/MPa	T剥离强强度/(N/mm)	剪切强度/MPa	T剥离强强度/(N/mm)
室温	≥12.0	≥1.5	≥15.0	≥2.0
高温(180℃)	≥2.0		≥2.0	
进行17个循环*，室温内放置24h后测试	≥15.0	≥2.0	≥20.0	≥2.0

*1个循环是：70℃保温4h，降温2h至-40℃保温4h，升温2h至70℃保温4h。

表 8-34　丙烯酸酯胶粘剂的紫外老化性能

检测项目	时间/d	拉伸剪切强度(铝/铝)/MPa
检测条件：紫外，70℃，0.76W/m^2，2h；冷凝，50℃，2h	7	≥15.0
	24	≥15.0

表 8-35 丙烯酸酯胶粘剂的疲劳老化性

检测条件	次数
平均作用力：1.049N；振幅：1.574~0.524N；频率：30Hz	$>10^6$

四、丙烯酸酯胶粘剂的使用方法

1. 施工环境

施工环境温度(被粘件表面温度)须在 10~35℃，最佳环境温度为 18~28℃。应在通风良好的场所操作。

2. 被粘物表面要求

被粘件表面需清洁，无污物。

3. 手动或气动涂胶枪

(1) 涂胶前准备 拧下胶管前部护套盖，分别将 A、B 管前部的堵塞取下，再将胶管装至手动或气动涂胶枪上，轻轻挤出 1~2mL 置于废纸上，以达到 A、B 管出胶比例均匀；从手动、气动涂胶枪上取下胶管，安装上混合嘴并拧紧护套盖，再次装到手动或气动涂胶枪上。

(2) 涂胶 目视胶粘剂从混合嘴内被挤出过程的颜色的变化，由黄、白分明到浅黄色一致即可。

对于连续涂胶，需要更换胶管时，混合嘴则不必更换，可以继续使用；对于每次涂胶完成后，若胶管内有剩余的胶，则需要将混合嘴拧下，擦净胶管前部的胶，塞上堵塞(注意：黄、白堵塞不可颠倒)，再用时只需更换新的混合嘴。

4. 固化时间

一般室温条件下，20~40min 即可达到可搬移强度。对于因工序要求时间短，而室温又低的情况，可采用烤灯照射的方法，以达到缩短可搬移强度时间，但烤灯照射时间不宜过长，一般要求被粘物表面温度控制在 20~30℃ 即可。被粘件一般 24h 后，可达到最高强度。

图 8-110 丙烯酸酯胶粘剂涂胶设备

5. 涂胶泵涂胶

图 8-110 为丙烯酸酯胶粘剂专用涂胶设备。具体施工操作按涂胶设备使用说明书进行。

五、丙烯酸酯胶粘剂应用实例

全铝车身公交车两侧蒙皮粘接、某轿车发动机舱盖粘接及旅游客车行李舱门粘的应用实例分别见图 8-111~图 8-113。

图 8-111 全铝车身公交车两侧蒙皮粘接

图 8-112 某轿车发动机舱盖粘接

(a) (b)

图 8-113 旅游客车行李舱门粘接

六、汽车铝材用丙烯酸酯胶粘剂发展方向

丙烯酸酯胶粘剂在国内客车用铝材的粘接已有十多年的发展，技术与应用日臻成熟。近年来国外在轿车上高强度铝的粘接也开始大面积推广使用丙烯酸酯胶粘剂，国内引进车型已开始使用。国内产品的技术性能指标与国外先进产品比较，差距在逐渐缩小，在这方面国内胶粘剂企业的产品也开始日趋丰富，在配比上已经研发出了 4 : 1 或 10 : 1 以及 1 : 1 等系列丙烯酸酯产品，以满足不同客户的需求。

第十五节 新能源汽车动力电池用胶粘剂密封胶

一、新能源汽车及动力电池用胶

新能源汽车是指采用新型动力系统，完全或者主要依靠新型能源驱动的汽车，包括插电式混合动力(含增程式)汽车、纯电动汽车和燃料电池汽车等。2017 年我国新能源汽车产量 79.4 万辆，销售 77.7 万辆。其中纯电动汽车产销分别完成 66.6 万辆和

65.2 万辆位，居全球第一。

新能源汽车主要驱动方式一般依靠动力电池。如：特斯拉汽车的动力电池是来自松下的三元锂电池；雪佛兰 Bolt 的动力电池为 LG 化学提供铝塑膜软包三元锂电池；宝马 i3 采用了三星 SDI 的三元锂电池；比亚迪 E6 采用了比亚迪自助研发的磷酸铁锂电池。

动力电池用胶，主要指为电芯粘接、极柱粘接、新能源汽车电机、电控系统和充电桩、电池 PACK 灌封类热管理系统等应用的胶粘剂和密封胶。主要产品有结构胶粘剂、UV 湿气固化披覆胶、阻燃导热灌封硅胶、壳体发泡密封材料、导热凝胶、螺纹锁固胶等。

二、动力电池用胶的分类、主要技术性能指标及特点

动力电池用胶分类主要按用途进行区分，涉及胶种类型较多。其性能要求，除具备胶粘剂密封胶本身粘接和密封性能外，还需具备良好的阻燃和导热性能，以及符合施工应用的工艺性能。

(一) 电芯及极柱粘接用胶

电芯粘接通常使用高本体强度和与电芯基材有高强度粘接的丙烯酸酯结构胶或环氧结构胶。图 8-114 为使用结构胶粘接的电池组。

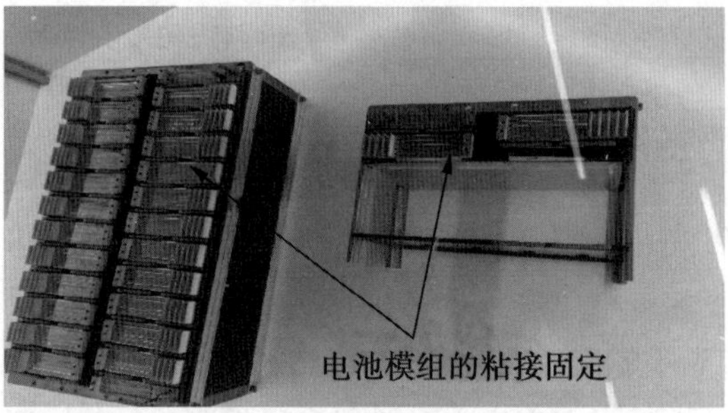

图 8-114　结构胶粘接的电池组

1. 丙烯酸酯胶粘剂

丙烯酸酯胶是双组分结构胶粘剂，不含溶剂，使用时按照 10∶1 或 1∶1 的体积比混合，具有非常高的粘接强度，可达 20MPa 以上，适用于大多数的金属、塑料等。具有非常快的固化速度，定位时间通常在 5~15min，20min 时可以达到最终强度的 70%。而且密度较低，在 1g/cm^{3}左右。丙烯酸酯结构胶还可以用于极柱的粘接固定。表 8-36 为丙烯酸酯结构胶的主要技术性能指标。

表 8-36 丙烯酸酯结构胶的主要技术性能指标

项　目	A 组分	B 组分
固化前		
颜色外观	米色膏状	蓝色膏状
密度/(g/cm^3)	0.96~0.98	1.0~1.03
混合体积比	10∶1	
粘度/mPa·s	26000~28000	93000~97000
操作时间@RT	4~5min	
定位时间@23℃	7~9min	
固化后		
粘接基材	性能指标	
45#钢/45#钢	≥20.0MPa	
铝合金/铝合金(5052#)	≥20.0MPa	
ABS/ABS	材质破坏	
PVC/PVC	材质破坏	
PC/PC	材质破坏	
有机玻璃/有机玻璃	材质破坏	

2. 环氧胶粘剂

环氧胶粘剂通常分为双组分和单组分两种胶粘剂，都不含溶剂。单组分环氧胶粘剂使用方便，但常温下固化较慢，需要一定的温度才能快速地固化；双组分环氧胶粘剂使用时需要按两个组分的配比进行混合，通常是1∶1的质量配比，混合后在常温下可在几分钟之内实现快速固化。环氧胶粘剂的粘接强度很高，最高可达到30MPa以上，对大多数的基材(如陶瓷、金属、玻璃、塑料等)都能实现良好粘接。无论是丙烯酸酯胶粘剂还是环氧胶粘剂，都能实现电芯之间或电芯与基材之间的可靠粘接，缓解在汽车行驶过程中产生的振动。表8-37为环氧胶粘剂的主要技术性能指标。

表 8-37 环氧胶粘剂的主要技术性能指标

项　目	A 组分	B 组分
外观	根据照客户要求	
粘度(23℃)/Pa·s	20~400	20~400
混合比例(质量比)	1∶1或其他配比	
操作时间(25℃)/min	10~45	
完全固化时间(25℃)/h	12~24	

续表

项　目	A 组分	B 组分
拉伸强度/MPa	10~30	
剪切强度(冷轧钢)/MPa	10~30	

(二) 电池包热管理用胶

1. 加成型灌封胶

电池包热管理灌封所用胶种为有机硅系列加成型灌封胶，其作用主要起防水、导热、阻燃以及防撞等作用。表 8-38 为加成型、多组分有机硅灌封胶主要技术性能指标。

表 8-38　加成型、多组分有机硅灌封胶主要技术性能指标

项　目	性能指标	项　目	性能指标
	加成型、多组分		加成型、多组分
流动性/cm	≥8	龟裂	无
自流平性/mm	≤1.0	粉化	无
硬度(邵氏 A)	≥20	体积电阻率/Ω·cm	$\geq 1.0\times 10^{14}$
紫外老化	无开裂	击穿电压强度/(kV/mm)	≥15
低温柔性	无裂缝、分层	热导率/(W/m·K)	≥0.4
热空气老化		阻燃性能/级	V0
热失重/%	≤3.0		

灌封胶一般是双组分包装，使用时按照 1∶1 的质量进行配制，粘度很低，通常在 2000~5000mPa·s 之间，流动性好，可快速地填充电池包内部的空隙。这类灌封胶的固化只与温度有关，可以实现内部与外部的同时固化。灌封胶的导热系数通常不低于 0.4W/(m·K)，以便有利于散热，降低电池包热阻。阻燃等级达到 V0 级别，当一颗电芯起火时，可以迅速阻隔火焰的传播，保护其他电芯不受损害。同时灌封胶还可以有效地防止水汽等的渗透，保护电芯。灌封胶的一个缺点是密度比较高，一般在 1.3~1.5g/cm^{3}之间，通常一个电池包的灌胶量在 20~50kg 之间，会降低电池的能量转换效率，对电动车的续航能力有一定的影响。目前只有较少的厂家采用有机硅灌封胶，部分厂家采用在电池箱体的底部灌封少量的灌封胶。

目前除了加成型有机硅灌封胶，也有少量的厂家在使用聚氨酯灌封胶，聚氨酯灌封胶的耐电解液性能比有机硅灌封胶的好。

2. 导热垫片

在电池 PACK 封装时，通常在壳体与内部电芯之间垫一层导热垫片，导热垫片的导热率通常在 1W/(m·K)以上。使用前裁剪好尺寸，使用方便，目前有部分厂家采用，相比灌封胶，导热垫片使用比较方便，但导热垫片不能填充细小的空隙，在导热效果方面不如灌封胶。

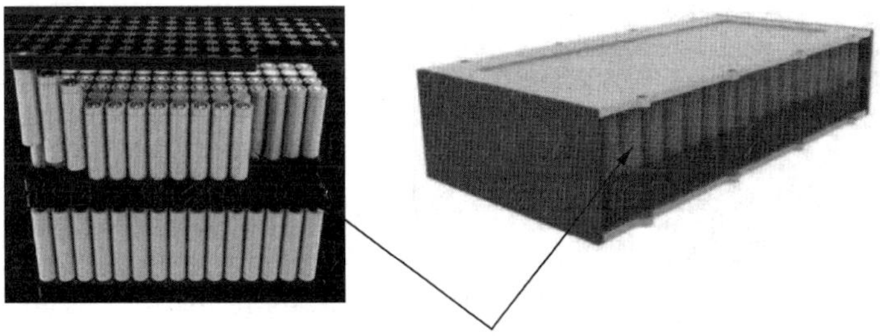

图 8-115 有机硅灌封的电池组

(三) 其他用胶

1. 单组分有机硅密封胶

单组分有机硅密封胶主要用于箱体或内部垫板的粘接密封，具有较高的强度，对金属的粘接性能好，固化后收缩率低，具有一定的导热系数。其主要性能指标见表 8-39。

表 8-39 单组分有机硅密封胶主要性能指标

检测项目	技术指标	测试方法/标准
固化类型	脱醇型	—
外观	黑色均匀膏状物	目测
表干时间/min	5~20	GB/T 13477
固化深度/(mm/24h)	≥2	固化板
硬度(邵氏 A)	40~55	GB/T 531
密度(25℃)/(g/cm^3)	1.4±0.05	GB/T 13477.2
拉伸强度/MPa	≥2.0	GB/T 528
断裂伸长率/%	≥250	GB/T528
剪切强度/MPa	≥1.2(Al-Al)	GB/T 7124
体积电阻率/Ω · cm	≥1×10^{14}	GB/T 1692
导热系数/[W/(m · K)]	≥0.4	导热系数仪

也有些厂家在盖板与箱体之间采用对金属不粘接的有机硅单组分密封胶，这样便于盖板的拆卸。

2. 发泡垫片

在 PACK 箱体与盖板之间，电池厂家通常都会垫一层发泡垫片，以起到密封减振的作用。发泡垫片按照箱体的规格裁剪好，使用时直接垫在盖板和箱体之间，使

图 8-116　电池零部件粘接固定

用方便，目前应用的较多。发泡垫片要求要具有良好的压缩量，一般要求在 50% 以上，同时要有良好的恢复性能。

三、动力电池的施胶工艺

通常使用打胶机和机械手臂进行电池组灌胶，或者手持式胶枪进行施胶固定粘接。图 8-116～图 8-119为各种动力电池用结构胶粘剂及灌封胶示意图。

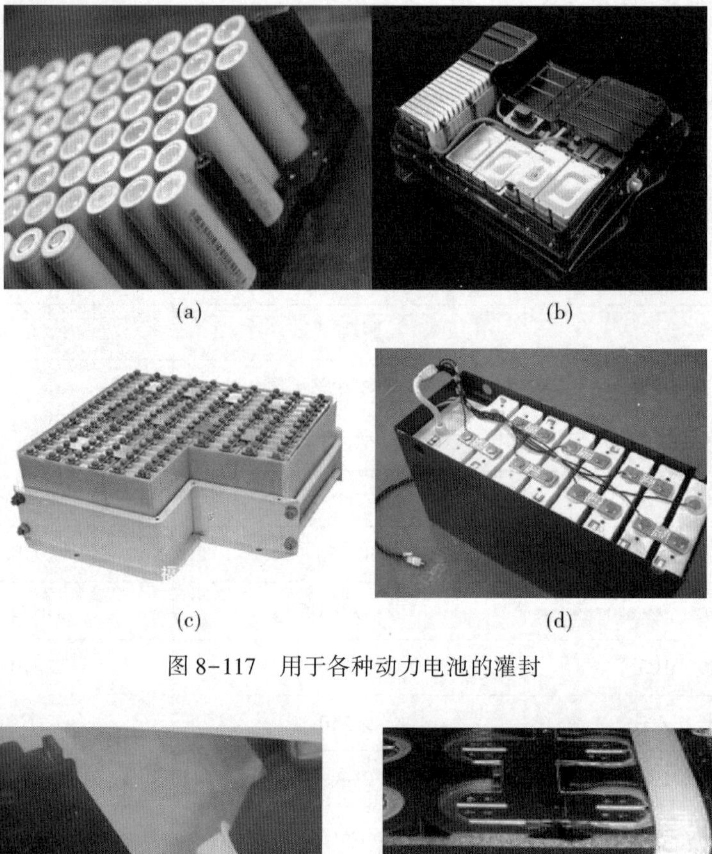

(a)　(b)　(c)　(d)

图 8-117　用于各种动力电池的灌封

图 8-118　极柱粘接

图 8-119　电池与底座固定

第十六节　汽车离合器摩擦衬片用胶粘剂

离合器是汽车传动系统中直接与发动机相连的传动机构，主要负责动力和传动系统的切断和结合作用，能够保证汽车起步平稳、实现平稳换挡，防止传动系过载。离合器分为主动部分和从动部分，两部分可以暂时分离也可以慢慢结合，并且在传动过程中还有可能产生相对转动。因此，离合器的主动件和从动件之间会依靠接触摩擦来传递扭矩。而这种传递扭矩的接触摩擦件即为离合器摩擦衬片，简称离合器片。

离合器片的制造一般由复合纤维材料、陶瓷纤维材料及金属丝等组成，通过胶粘剂粘接、模压、硫化而成型，再经砂磨表面和钻出铆钉孔眼(或不钻孔)而成为成品，要求其具有耐磨、耐热、足够高且稳定的摩擦系数等性能。

一、汽车离合器片的主要生产工艺

目前，国内外汽车离合器片的主要生产工艺是采用长纤维的模压制品，但由于浸胶浆、贴胶、包胶等方式不同，其生产工艺方法也不完全相同。本节以浸胶浆生产方式为例，其工艺过程如图 8-120 所示。

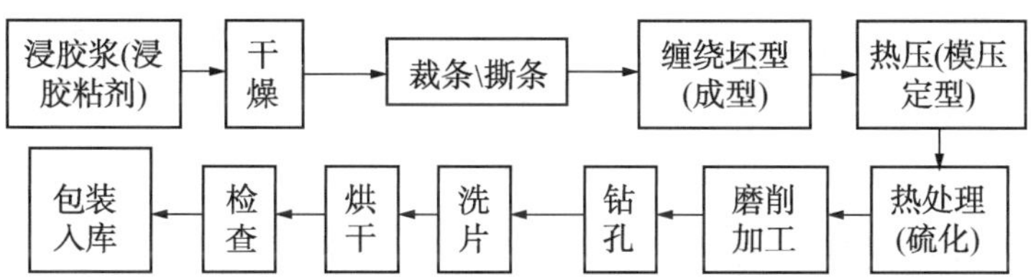

图 8-120　浸胶浆生产工艺过程

1. 浸胶浆(胶粘剂)及干燥

浸胶浆是将由各种长纤维所织的布浸于液态胶粘剂中，然后通过干燥将胶粘剂中的溶剂挥发出去。图 8-121 是用布浸胶并烘干的过程。一般干燥塔的温度控制在 60～100℃，浸胶的速度控制在 1～3m/min。

图 8-121　浸胶及烘干

2. 缠绕坯型

将浸胶并烘干的布撕成胶条状或胶线，用缠绕机缠成需要的坯料，即成型过程。坯料外径一般在160~430mm。

3. 热压定型

缠绕好的坯料放入相应的模具内，在液压平板硫化机上初步硫化并定型。定型温度一般控制在120~200℃，时间一般控制在3~6min。

图8-122 摩擦片自动打磨

4. 热处理(硫化)

将热压好的坯料用专用的硫化箱进行完全硫化处理，硫化温度一般不超过250℃，硫化时间在6~20h。

5. 磨削加工

将热处理(硫化)好的摩擦片冷却至常温后用专用磨床磨到规定的厚度。图8-122是摩擦片自动打磨过程。

6. 钻孔

将磨好的摩擦片用专用的钻床钻孔，孔的位置及大小依据离合器的安装设计要求。图8-123为摩擦片专用钻孔设备，图8-124是不同规格的摩擦片成品。

二、汽车离合器片用胶粘剂

汽车离合器片在制造过程中，各种长纤维织布所浸渍的胶浆，即所谓的胶粘剂。它是构成汽车离合器摩擦片的重要组成材料，它将各种长纤维材料粘接成一体，经加热、加压、硫化成型，成为结构致密、有相当强度及能满足对其使用性能要求的摩擦材料整体。

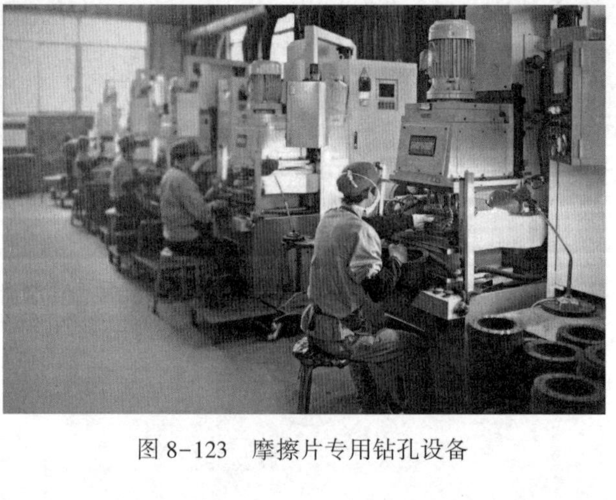

图8-123 摩擦片专用钻孔设备

图 8-124 不同规格的摩擦片成品

汽车离合器片用胶粘剂主要由合成橡胶、酚醛树脂、硫化剂、促进剂、防老剂、软化剂及溶剂汽油等组成。其中合成橡胶一般为丁苯橡胶、丁腈橡胶等，用量约占材料组分的 15%~20%；酚醛树脂用量一般约占材料组分的 5%~15%。

汽车离合器片用胶粘剂的主要生产工艺为，橡胶密炼并加入酚醛树脂、硫化剂、促进剂、防老剂、软化剂等配合剂，制成混炼胶。再将混炼胶进行密炼并压成薄片。之后，将薄片胶裁成碎块并放入反应釜内，加入溶剂汽油等溶剂进行搅拌，直至成均一的液态状胶浆，即成为胶粘剂。胶粘剂一般粘度控制在 900~2000mPa・s，固含量在 40%~60%。

三、易发生的质量问题及解决方法

汽车离合器片用胶粘剂在生产及使用中，易发生粘接性能下降、固压不充分等的质量问题，其原因及解决方法见表 8-40。

表 8-40 易发生的质量问题及解决方法

易出现的问题	产生的原因	解决方法
粘接性能下降	合成橡胶等原材料储存不当或超期使用	控制原材料的进货量，严格执行先进先出原则；改善原材料储存条件，防止高温、日晒、潮湿等
	炼胶、搅胶浆、染胶浆烘干等加工过程中温度太高，造成自硫	严格控制加工过程中的温度、速度等工艺参数
	胶片、成品线、毛坯等半成品储存不当或储存时间太长	适当控制半成品生产量；半成品储存严格执行先进先出原则；改善半成品储存条件，防止高温、日晒、潮湿等

续表

易出现的问题	产生的原因	解决方法
固化不充分	压制温度或时间未达到预定要求	管控工艺参数；提高压制设备的自动化控制水平，消除温度或时间的失控现象
	后期热处理（硫化）不充分	严格控制热处理（硫化）设备的工艺参数

四、汽车离合器片用胶粘剂的发展

随着国家对环境保护越来越重视，人们的环保意识也越来越强。汽车离合器片用胶粘剂的生产及使用过程中，有大量的溶剂挥发，胶粘剂在硫化粘接过程中，也会有 SO_2 气体的产生，所有这些都是对环境不友好的。因此，加快开发少溶剂或无溶剂以及改善硫化体系的专用胶粘剂，是汽车离合器片制造行业未来发展的迫切需求，只有爱护环境、符合环保要求，才是汽车离合器片行业健康发展的方向。

应用篇参编单位及人员

章-节	产品简称	参编人员	参编单位
6-2	汽车制造过程	张　鹏	比亚迪汽车工业有限公司
		陈卫东	北京汽车股份有限公司汽车研究院
7-1	车身焊装用胶	袁　挺	广汽集团汽车工程研究院
		雷文民	北京龙苑伟业新材料有限公司
		任万里	长城汽车股份有限公司
7-2	车身涂装用胶	张爱平	北京汽车研究总院有限公司
		王东川	汉高(中国)股份有限公司
		胡建华	广东时利和汽车实业集团有限公司
7-3	汽车总装用胶	张俊华	奇瑞汽车股份有限公司
		张　鹏	比亚迪汽车工业有限公司
		陶小乐	杭州之江有机硅化工有限公司
8-1	发动机、底盘用胶	胡东昇、李守平	北京天山新材料技术有限公司
8-2	内饰顶棚用胶	李有刚	重庆中科力泰高分子材料股份有限公司
8-3	天窗包边用胶	魏国才	上海康达化工新材料股份有限公司
8-4	衣帽架、行李箱用胶	李有刚	重庆中科力泰高分子材料股份有限公司
8-5	车内后视镜底座用胶	杨亚娟、黄书敏	郑州中原思蓝德高科股份有限公司
8-6	汽车地毯用胶粘剂	龚杜弟	上海汽车地毯总厂有限公司
8-7	丙烯酸泡棉胶带	魏　朋、生　勇	3M 中国有限公司
8-8	滤清器用胶粘剂	王贤胜	东莞市成铭胶粘剂有限公司
8-9	汽车灯具用胶	陶小乐、朱成伟	杭州之江有机硅化工有限公司
8-10	制动衬片用胶	叶家玲	厦门利兴达摩擦材料有限公司
8-11	行李箱密封条用胶	胡振平	科建高分子材料(上海)股份有限公司
8-12	密封条植绒用胶	黄　兴、梅　昶	洛德化学(上海)有限公司
8-13	橡胶减振器用胶	孙亚东、黄　兴	洛德化学(上海)有限公司
8-14	铝材用丙烯酸酯胶	杨　浩、陈　海	原广汽日野(沈阳)汽车有限公司
8-15	汽车动力电池用胶	陶小乐、郝开强	杭州之江有机硅化工有限公司
8-16	离合器摩擦衬片用胶	钱　勤	南通新源特种纤维有限公司
		王宗和	浙江科马摩擦材料股份有限公司

第四篇

测试篇

随着汽车工业的发展，汽车用胶粘剂密封胶的领域不断扩大，对其性能的要求更高，特别是对安全环保的要求。汽车用胶粘剂密封胶性能的测试也得到了长足的发展。由于胶粘剂密封胶的许多性能与粘接面材料、粘接工艺关系十分密切，为了保证结果的可比性，更好帮助技术人员正确选择合适的胶粘剂密封胶，必须按规范的、符合实际工艺的性能测试方法对汽车用胶粘剂密封胶的性能进行评价。

本篇主要以国家标准、行业标准为依据，结合国际先进汽车制造企业试验技术，介绍了汽车胶粘剂密封胶的物理性能、机械性能、耐环境老化性能、工艺性能、安全环保性能及相关功能性的试验方法。本篇同时介绍了测试方法的基本原理，摘录了相关测试方法的主要仪器(设备)、试验要求及主要步骤，以简要的内容指导用户查找和了解试验方法，并标示了标准号，便于需要时可查找对应的标准，进行试验检测。本章引用的标准均为当前有效版本，如遇到标准修订，请关注新发布的标准内容。

对于部分试验项目还没有正式发布的相关行业标准或国家标准，本篇参考我国主要汽车生产企业和胶粘剂密封胶主要生产企业的检测方法或操作规范等技术资料编制了试验方法，供学习参阅。

由于汽车胶粘剂密封胶的品种多、状态不同，有时同一性能会有多种测试方法，各种测试方法的适用范围在各章节中给予了说明，选择时需要加以关注。

第九章　试验检测基础

第一节　试验与检测方法术语

本节术语摘自 GB/T 2943—2008《胶粘剂术语》。

1. 贮存期 storage life

在规定条件下，胶粘剂密封胶仍能保持其操作性能和规定强度的最长存放时间。

2. 适用期 pot life

配置后的胶粘剂密封胶能保持其可用性能的时间。

3. 触变性 thixotropy

流体随剪切力的增加或剪切时间的延长，表观粘度下降；撤销外力，粘度逐渐回复的流动性质。

4. 粘弹性 viscoelasticity

物质在外力作用下所表现的形变，兼有固体(弹性)和液体(粘性)的形变性质。

5. 表观粘度 apparent viscosity

流体具有剪切速率依赖性时，剪切应力与剪切速率的比值。

6. 软化点 softening point

在规定条件下，非晶聚合物(或称无定形聚合物)达到某一规定形变时的温度。

7. 玻璃化转变 glass transition

指无定形聚合物、半结晶聚合物中的非晶区的玻璃态与高弹态之间的可逆性转变。

8. 固体含量 solids content

在规定的测试条件下，测得的胶粘剂密封胶中不挥发性物质的质量分数。

同义词：不挥发物含量。

9. 耐化学性 chemical resistance

胶接试样经酸、碱、盐类等化学作用后仍能保持其胶接性能的能力。

10. 耐溶剂性 solvent resistance

胶接试样经溶剂作用后仍能保持其胶接性能的能力。

11. 耐水性 water resistance

胶接试样经水分或湿气作用后仍能保持其胶接性能的能力。

12. 耐燃烧性 ablation resistance

胶层抵抗高温火焰及高速气流冲刷的能力。

13. 耐久性 permanence；durability

在使用条件下，胶接件长期保持其性能的能力。

14. 耐候性 weather resistance

胶接试样抵抗日光、冷热、风雨、盐雾等气候条件的能力。

15. 胶接强度 bonding strength

使胶接试样中的胶粘剂与被粘物界面或邻近处发生破坏所需的应力。

16. 湿强度 wet strength

在规定的条件下，胶接试样在液体中浸泡后测得的胶接强度。

17. 干强度 dry strength

在规定条件下，胶接试样干燥后测得的胶接强度。

18. 剪切强度 shear strength

在平行于胶层的载荷作用下，胶接试样破坏时，单位胶接面所承受的剪切力。用 MPa 表示。

19. 剪切变稀(或剪切稀化)shear thinning

流体的表观粘度随剪切速率的增大而下降。

20. 拉伸剪切强度 tensile shear strength；longitudinal shear strength；lap-joint strength

在平行于胶接界面层的轴向的拉伸载荷作用下，使胶接接头破坏的应力。用 MPa 表示。

21. 拉伸强度 tensile strength

在垂直于胶层的载荷作用下，胶接试样破坏时，单位胶接面所承受的拉伸力。用 MPa 表示。

22. 剥离强度 peel strength

在规定的剥离条件下，使胶接试样分离时单位宽度所能承受的载荷。用 kN/m 表示。

23. 冲击强度 impact strength

胶接试样承受冲击负荷而破坏时，单位胶接面所消耗的最大功。用 J/m^2 表示。

24. 弯曲强度 bending strength

胶接试样在弯曲负荷作用下破坏或达到规定挠度时，单位胶接面所承受的最大载荷。用 MPa 表示。

25. 持久强度 persistent strength

在一定条件下，单位胶接面所承受的最大静载荷。用 MPa 表示。

26. 扭转剪切强度 torsional shear strength

在扭转力矩作用下，胶接试样破坏时，单位胶接面所能承受的最大切向剪切力。用 MPa 表示。

27. 套接压剪强度 compressive shear strength of dowel joint

在轴向力的作用下，套接接头破坏时，单位胶接面所能承受的压剪力。用 MPa 表示。

28. 疲劳寿命 fatigue life

在规定的载荷、频率等条件下，胶/胶接试样破坏时的交变应力或交变循环次数。

29. 破坏试验 destructive test

通过破坏胶/胶接件以检测其胶接质量的试验。

30. 非破坏性试验 non-destructive test

在不破坏胶/胶接件的条件下进行的胶接质量的检测试验(如 X 光分析，超声波探伤等)。

31. 煮沸试验 boiling test

将胶/胶接试样按规定的时间在沸水中浸渍后，测定其胶接强度的试验。

32. 高低温交变试验 high-low temperature cycles test

使胶/胶接试样承受规定高、低温周期交变后，检测其性能变化的试验。

33. 耐候性试验 weathering test

将胶/胶接试样暴露在自然气候条件或模拟条件下，检测其性能变化的试验。

34. 加速老化试验 accelerated ageing test

将胶/胶接试样置于比天然条件更为苛刻的条件下，进行短时间试验后检测其性能变化的试验。

35. 疲劳试验 fatigue test

在规定的频率载荷等条件下，胶/胶接试样施加交变载荷测定其疲劳极限强度或疲劳寿命或裂纹扩展速率或研究整个疲劳断裂过程的试验。

第二节　制　　样

胶粘剂在试验过程中很多项目需要制样，项目不同制样的要求也不同。

测定与被粘接材料无关的性能(如拉伸强度、撕裂强度等)可制成一定形状试片在规定条件下固化，再根据要求制成标准试片进行试验。

测定与被粘接材料相关的性能，被粘接材料、粘接材料表面处理及固化工艺均影响试验结果的准确性，试验中需要严格控制，按标准要求进行。被粘接材料材质要按规定要求，表面应平整，不能有划伤、裂纹等缺陷，并应按工艺要求处理。没有明确要求的按实际生产的工艺条件进行，并在报告中注明。

由于胶粘剂密封胶种类繁多，同种项目有时无法用统一的方法制样，具体的制样要求见各项目所对应的章节。

下面介绍总装用聚氨酯类胶粘剂、涂装用焊缝密封胶、焊装用结构胶三类较典型胶种的制样方法，其他胶也可参考这三种胶的制样方式进行制样。

一、聚氨酯类密封胶

拉伸、撕裂和硬度试样制备前，样品应在标准试验条件下放置24h。制备时，采用胶枪从包装筒(膜)中将试样直接挤出注膜，使试样充满铜或PE或PP或PTFE材质的模框(内框尺寸200mm×200mm×2mm)内腔，勿带入气泡；用刮刀刮平。模框平整不得翘曲且表面干净、平滑。为便于脱模，注膜前可用脱模剂处理。注膜要求一次成型，成型时应均匀成膜，使胶膜厚度为2.0mm±0.2mm。在标准试验条件下放置24h后脱模，继续在标准试验条件下放置168h后进行物理力学性能试验。试件尺寸及数量见表9-1，用标准规定的裁刀裁剪。

拉伸剪切试样，一面采用尺寸为150mm×70mm×0.8mm的冷轧钢板或镀锌钢板并按实际生产工艺要求进行前处理、电泳和面漆，另一面采用150mm×70mm×5mm的附有黑色油墨的玻璃，重叠部分为25mm，胶层膜厚4.0mm±0.2mm，在标准试验条件下放置168h后进行拉伸剪切性能试验。试件尺寸及数量见表9-1。

表9-1 试件尺寸及数量

项目	试件尺寸	数量/个
拉伸性能	符合GB/T 528《硫化橡胶或热塑性橡胶 拉伸应力应变性能的测定》规定的哑铃Ⅱ型试件	5
撕裂强度	符合GB/T 529《硫化橡胶或热塑性橡胶撕裂强度的测定(裤形、直角形和新月形试样)》中5.1.2规定的割口直角形	5
硬度	符合GB/T 531.1《硫化橡胶或热塑性橡胶压入硬度试验方法第一部分：邵氏硬度计法(邵尔硬度)》规定的试样尺寸	5
拉伸剪切	符合GB/T 7124《胶粘剂拉伸剪切强度的测定(刚性材料对刚性材料)》规定的试样规格，胶膜厚度4mm	5

二、焊缝密封胶

焊缝密封胶通常可根据表9-2准备试板，并进行表面处理。

表9-2 试板类型及表面处理

试板类别	试板要求	试板表面处理
1类试板	尺寸为200mm×100mm×0.8mm(长×宽×厚)的冷轧钢板、镀锌板或铝板	按实际生产工艺要求进行前处理、电泳
2类试板	尺寸为150mm×70mm×0.8mm(长×宽×厚)的冷轧钢板、镀锌板或铝板	
3类试板	尺寸为150mm×25mm×0.8mm(长×宽×厚)的冷轧钢板、镀锌板或铝板	

（1）垂直流淌性测试：在两块1类试板上各涂一层厚度为3.0mm±0.2mm的密封胶。

（2）柔韧性、与油漆的配套性等其他测试：用模框在2类试板涂厚度为3mm的粘接剂，胶层大小可根据试验要求，通常可采用100mm×50mm。按规定的要求进行固化，试板应在标准试验环境下至少放置24h进行试验。

（3）剪切强度测试：将准备好的3类试板的一端施加粘接材料，用适当的方法控制胶层的厚度，重叠部分为25mm。用合适的夹子固定胶层。按规定的要求进行固化，试板冷却后取下夹子。冷却后的试板在标准试验环境下至少放置24h进行试验。

三、结构胶

点焊胶、折边胶等结构胶是涂履在油面基材上，所以性能检测试板要在油板上进行，为保证试验室结果与实际生产工艺的一致性及检测结果之间的重现性，试板的涂油量和处理应统一。常用的试板要求及表面处理方法可依据表9-3。

表9-3　试板类型及表面处理

试板类别	试 板 要 求	试板表面处理
1类试板	尺寸为200mm×100mm×0.8mm（长×宽×厚）的冷轧钢板、镀锌板或铝板	试板进行脱脂处理后涂覆冲压油，所涂油的最大量约为2g/m²。具体步骤如下： ①用已经浸过冲压油的适合的吸水织品擦拭试板来涂覆。适合的吸水织品是指在一次适宜的擦拭时可以在试验片上沉积2g/m²的织品； ②重新称重试板。如果试验片上润滑剂超过2g/m²，轻轻的用干净的织品擦拭试验片，然后重新称重； ③在涂覆胶粘剂前，涂油试板应在室温下垂直放置16h
2类试板	尺寸为150mm×25mm×1.8mm（长×宽×厚）的冷轧钢板、镀锌板或铝板	
3类试板	尺寸为200mm×25mm×0.8mm（长×宽×厚）的冷轧钢板、镀锌板或铝板	

（1）垂直流淌性测试：在2块1类试板上各涂一层厚度为3mm±0.2mm的密封胶，折边胶厚度控制在0.3mm±0.1mm。

（2）剪切强度测试：将准备好的2类试板的一端施加粘接材料，用适当的方法控制胶层的厚度，通常点焊胶厚度控制在3mm±0.2mm，折边胶厚度控制在0.3mm±0.1mm，重叠部分为25mm。用合适的夹子固定胶层。按规定的要求进行固化，试板冷却后取下夹子。冷却后的试板在标准试验环境下放置至少24h进行试验。

（3）“T”型剥离测试：在2块3类试板的一端施加粘接材料，用其他适当的方法控制胶层的厚度约0.3mm。两个试验片应是重叠的，胶粘剂在试验片的涂覆长度要超过130mm。按规定的要求进行固化。在冷却到室温后，样品未粘接的一端应弯曲90°。

第三节　试样的状态调节

由于试样的温度、湿度不同会直接影响试验的结果，为保证结果的一致性，试验前需要对试样进行温度和湿度的调节，使试样达到温度和湿度的平衡状态，再进行试验，这就是试样的状态调节。

一、标准调节温度

实验室温度应为23℃±2℃或27℃±2℃。如果更严格要求，温度公差应为±1℃。

注：23℃通常是适用于温带地区的标准实验室温度，27℃通常是适用于热带和亚热带地区的标准实验室温度。

二、标准调节湿度

当温度和湿度都需要控制时，实验室湿度应从表9-4中优先选择。

表9-4　优先选择的相对湿度

温度/℃	相对湿度/%	湿度公差*/%
23	50	±10
27	65	

* 更严格的湿度公差为±5%。

三、调节时间

不同的试验项目需要进行温度、湿度的调节时间也不相同，通常试样的调节时间应不少于24h，然后立即试验。

当采用标准实验室温度且不需要控制湿度条件时，试样的调节时间应不少于3h，然后立即试验。

当规定了一个不同于标准实验室温度且不需要控制湿度条件时，应经过足够长的调节时间，以使试样与环境温度相平衡，或者根据试验材料和产品的有关规定处理。

第四节　试验环境条件

对于试验环境条件对结果产生影响的试验项目(如硬度、拉伸强度、伸长率、剪切强度等)，试验需要在规定的试验环境条件下进行。

试样经状态调节后，应达到可再现的温度和/或含湿量平衡的状态。为了在试验过程中保持这种温度和/或含湿量的平衡状态，试验的环境条件通常应在与状态调节相同的环境或温度下进行试验。一般情况下，试验应在试样从状态调节环境内取出后立即进行。参见标准 GB/T2941《橡胶物理试验方法试样制备和调节通用程序》和 GB/T2918《塑料试样状态调节和试验的标准环境》。

一、标准试验环境

标准试验环境见表 9-5。

表 9-5　标准试验环境

标准环境代号	空气温度/℃	相对湿度/%	备　　注
23/50	23	50	通常使用这种标准环境，除非另有规定
27/65	27	68	对于热带地区如各方商定，可以使用

二、标准环境的等级

表 9-6 给出了标准环境的两种不同等级，对应于温度和相对湿度的不同容差（即容许偏差）水平。表中给出的容差适用于试验环境内或状态调节环境内试样所处的空间并且包括了对时间和对环境内试样位置两方面的偏差。

表 9-6　对应于不同容许偏差的标准环境等级

等　　级	温度允许偏差/℃	相对湿度允许偏差/%	
		23/50	27/65
1（加严）	±1	±5	±5
2（一般）	±2	±10	±10

注：通常，容差是配合成对的，即 1 级容差或 2 级容差都是相对于温度和相对湿度两者而言的。

如果湿度对所测性能没有影响或其影响可忽略不计，则不必控制相对湿度。同样，如果温度和湿度对所测性能都没有任何显著影响，则温度和相对湿度都不必控制。试验方法中通常会规定试验的环境条件。

第十章　物理性能

第一节　外　　观

评定胶粘剂外观是为了检查胶的均匀情况，观察是否含有杂质、气泡、凝胶等现象。

（一）通常的液态胶粘剂外观

将样品充分搅拌均匀后，取 20~30g 试样涂在洁净的玻璃板上，立即目视观察其颜色，检查有无凝胶和混入异常杂物。

（二）支包装或管状包装胶粘剂外观

用打胶枪将胶呈胶条状打在洁净的玻璃板上（200mm×300mm×5mm），弃去最初打出的 30~50g 胶，长度为 200~300mm，用刮刀刮平。通过目测观察以下几项：颜色、亮度、凝固及是否有凝胶和颗粒。

（三）低粘度胶粘剂外观

将 20~50g 胶液倒入 50~100mL 的玻璃烧杯中，放入一干净的玻璃棒，然后将带胶液的玻璃棒提高到烧杯口约 20cm 处，观察流下胶液的色泽是否均匀、有无凝胶、颗粒或其他杂质。

第二节　密　　度

汽车用胶粘剂及密封胶的单位体积质量这一物理参数，对于液态胶粘剂通常用密度来表述，而对于固态胶粘剂由于可能存在不均质性，习惯测量其单位面积质量（一定厚度下）。

液态物体的密度测量有比重瓶法及重量杯法。粘度较低的可采用比重瓶法，粘度较高的可采用重量杯法。

汽车用液态胶粘剂密度由于其粘度较高，通常使用重量杯法或排水法测定密度。其测定原理是采用标准体积（37mL）的重量杯，通过称量该体积下液态胶粘剂的质量，计算其密度。方法参见 GB/T 13354—1992《液态胶粘剂密度的测定方法重量杯》。

（一）方法一：比重杯法

1. 设备或器具

（1）重量杯：20℃下容量为 37mL 的金属杯。国产的符合本标准的重量杯简称

“QBB 比重杯”。

（2）恒温浴或恒温室：能保持温度 23℃±1℃。

（3）天平：感量为 0.001g。

2. 试验步骤

（1）准备足以进行三次试验的胶粘剂样品。

（2）用挥发性溶剂清洗重量杯并干燥。

（3）在 25℃以下把搅拌均匀的胶粘剂试样装满重量杯，然后将盖子盖紧，并使溢流口保持开启。随即用挥发性溶剂擦去溢出物。

（4）将盛有胶粘剂试样的重量杯置于恒温浴或恒温室中，使试样恒温至 23℃±1℃。

（5）用溶剂擦去溢出物，然后用重量杯的配对砝码称重装有试样的重量杯，精确至 0.001g。

（6）每个胶粘剂样品测试三次，以三次数据的算术平均值作为试验结果。

3. 计算方法

液态胶粘剂的密度(ρ)按下式计算：

$$\rho-\frac{m_2-m_1}{37} \qquad (10-1)$$

式中　ρ——液态胶粘剂的密度，g/cm^3；

m_1——空重量杯的质量，g；

m_2——装满胶粘剂试样的重量杯的质量，g；

37——重量杯容量，cm^3。

（二）方法二：排水法

1. 设备或器具

（1）天平：感量为 0.001g。

（2）金属丝(或金属丝网)。

（3）烧杯。

（4）恒温浴或恒温室：能保持温度 23℃±1℃。

2. 试验步骤

（1）试样在恒温浴或恒温室条件下放置至样品恒温 23℃±1℃。

（2）在空气中称取金属丝(或金属丝网)的质量为 w_1，将金属丝(或金属丝网)浸入水中，称取金属丝(或金属丝网)在水中的质量为 w_2，往金属丝(或金属丝网)上涂布约 2g 试样，在空气中称金属丝(或金属丝网)和试样的总质量为 W_1。

（3）然后在无水乙醇中浸渍 2~3s，再快速放入水中，勿带入气泡，称量其在水中的总的重量 W_2。

（4）密度 δ 按下式计算：

$$\delta=\rho\frac{(W_1-w_1)}{(W_1-w_1)-(W_2-w_2)} \tag{10-2}$$

式中 δ——密度，g/cm^3；

ρ——水的密度，g/cm^3；

W_1——试样和金属丝(或金属丝网)在空气中的质量，g；

W_2——试样和金属丝(或金属丝网)在水中的质量，g；

w_1——金属丝(或金属丝网)在空气中的质量，g。

w_2——金属丝(或金属丝网)在水中的质量，g。

3. 结果表示

对于每个试样的密度，至少进行三次测定，取平均值作为试验结果，结果保留到小数点后两位。

第三节 单位面积质量

单位面积的质量测定适用于自然环境下质量挥发不明显的胶粘剂。

(一) 方法一：非成型固态胶粘剂与密封胶单位面积质量

1. 设备和器具

(1) 分析天平：感量为 0.1mg。

(2) 钢直尺：分度值为 0.5mm。

2. 试验步骤

1) 试样制备

(1) 试样应在温度 23℃±2℃、相对湿度 50%±5%的环境室内调节 24h 以上，并在此环境条件下进行试验。

(2) 试样底板一般采用 150mm×75mm×0.8mm 的电泳板。

(3) 将带有 100mm×50mm×3mm 长方形孔的铝制模块，置于电泳板上，在长方形孔内填满胶粘剂，用刮刀将胶粘剂刮平，用溶剂擦去周边胶粘剂。

2) 试样数量：制备三组试样，以三次数据的算术平均值作为试验结果。

3. 计算方法

胶粘剂单位面积质量(M)按下式计算：

$$M=\frac{m_2-m_1}{s} \tag{10-3}$$

式中 M——试样单位面积质量，g/cm^2；

m_1——电泳板和铝制模块的质量，g；

m_2——填满胶粘剂后电泳板和铝制模块的总质量，g；

s——试样面积，cm^2。

（二）方法二：成型固态胶粘剂与密封胶单位面积质量

1. 设备和器具

（1）分析天平：感量为 0.1mg。

（2）卡尺：分度值为 0.2mm。

2. 试验步骤

（1）试样应在温度 23℃±2℃、相对湿度 50%±5%的环境室内调节 24h 以上，并在此环境条件下进行试验。

（2）截取 100mm×100mm 试样三块，用卡尺测量其长宽，分别称取三片试样的质量，按下式计算其单位面积的质量。

$$M=\frac{m}{L\times B} \tag{10-4}$$

式中 M——试样单位面积质量，g/cm^2；

m——试样质量，g；

L——试样长，cm；

B——试样宽，cm。

3. 试验结果计算

以三次数据的算术平均值作为试验结果。

第四节　pH 值

胶粘剂与密封胶组分中如含有酸性物质，会对金属基体产生腐蚀，有时需要测定胶粘剂与密封胶中的氢离子浓度(pH 值)。

测定胶粘剂与密封胶的 pH 值有酸度计法、酸碱滴定法及 pH 试纸法。pH 试纸法可粗略测定 pH 值，胶粘剂的 pH 值测定通常采用酸度计法(玻璃电极)。

对固态胶粘剂，由于无法直接测量 pH，习惯上将其溶解，以一定质量的胶在一定体积的水溶液中的 pH 值表示胶的 pH 值。

（一）方法一：酸度计法

本方法适用于水溶性、干性或不含水介质以及能溶解、分散和悬浮在水中的胶粘剂的 pH 值测定。

1. 原理

将玻璃电极和甘汞电极浸入同一被测溶液中构成原电池，其电动势与溶液的 pH 值有关，通过测量原电池的电动势即可得出溶液的 pH 值。

2. 试剂

（1）蒸馏水　按 GB/T 6682—2008《分析实验室用水》，使用三级水。

（2）缓冲溶液　配制按 GB/T 9724—2007《化学试剂 pH 值测定通则》。

3. 仪器

(1) 酸度计　精度为 0.1pH 单位。

(2) 恒温浴　能保持 25℃±1℃(也可按胶粘剂要求另外确定温度)。

4. 试样

每种胶粘剂样品要取三个试样，每个试样约为 50mL 的胶粘剂。

5. 试验步骤

(1) 一般情况下用量筒量取 50mL 试样倾入烧杯中，作为测定 pH 值的试样。

当试样的粘度大于 20Pa·s 时，则用量筒量取 25mL 试样和 25mL 蒸馏水倒入同一烧杯，用玻璃棒将其搅拌均匀后作为试样。

当样品为干性胶粘剂时，称 5g 粉碎的胶粘剂试样放入烧瓶中，用量筒量取 100mL 水倒入烧瓶，回流约 5min 后作为试料。

(2) 将盛有试料的烧杯放入恒温浴中，待其温度达到稳定平衡后，将玻璃电极用蒸馏水冲洗干净并擦干后，再用试液洗涤电极，然后插入试料中测定其 pH 值。

(二) 方法二：酸碱滴定法

本方法仅适用于胶膜能研磨成粉末的胶粘剂，方法如下：

(1) 将试样均匀涂覆盖在硅酸盐玻璃上，制成厚约 0.5mm 的胶膜。

(2) 在室温下干燥 12h 后将胶膜取下，放入研钵中研磨成粉末。

(3) 称取 2g 粉末试样，放入石英玻璃杯中，加入 10mL 蒸馏水。

(4) 用玻璃棒搅拌均匀后用标准碱溶液滴定其酸值。

第五节　粘　　度

胶粘剂粘度通常是指旋转粘度，实际工作中还有粘度杯法测量的粘度以及压流粘度。

使用旋转粘度计测得的粘度是动力粘度，是基于表观粘度随剪切速度变化呈可逆变化。旋转粘度适用于牛顿流体或近似牛顿流体特性的胶粘剂粘度测试。

粘度杯测量的粘度是条件粘度，它是以一定体积的粘接剂在一定温度下从规定直径的孔中流出的时间来表示粘度的方法，适用于中等粘度(50mL 试样，流出时间 30~100s)的胶粘剂粘度的测试。

对于较高粘度的胶粘剂，不适合用旋转粘度测量时，可采用压流粘度。压流粘度用于测定胶粘剂的表观粘度，对于剪切变稀(表观粘度随剪切应力增加而减少)的胶粘剂、密封胶和可喷涂式隔音材料也需测量压流粘度。

(一) 方法一：旋转粘度

旋转粘度使用单圆筒旋转粘度计测定胶粘剂粘度，适用于液体胶粘剂粘度的测定，参见 GB/T 2794—2013《胶黏剂黏度的测定　单圆筒旋转黏度计法》。不同厂家、不同型号、不同转子及不同转速之间粘度存在差异，比对时需注明测试仪器的型号和测试条件。

圆柱形或圆盘形的转子在待测样品中以恒定速率旋转，由于待测样品的粘度对转子运行的阻力导致产生粘性力矩，使弹性元件偏转产生扭矩，当粘性力矩与偏转扭矩平衡时，通过测量弹性元件的偏转角计算待测样品的旋转粘度。

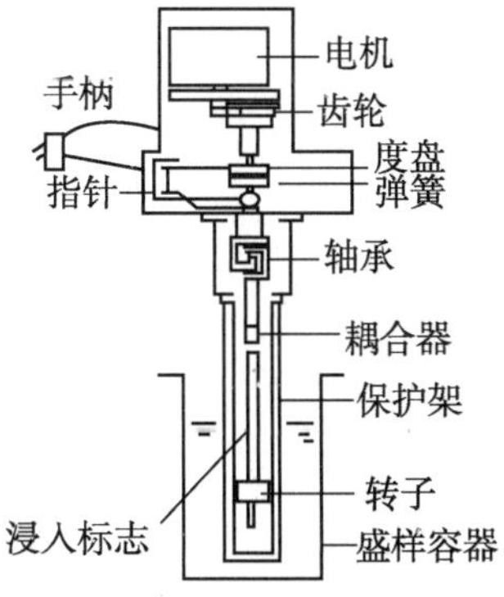

图 10-1　机械式单圆筒旋转粘度计原理示意图

1. 设备和器具

(1) 单圆筒旋转粘度计：原理示意图见图 10-1 和图 10-2，带有圆柱形或圆盘形的转子结构示意图见图 10-3。

(2) 恒温浴：能保持在规定测定温度的±0.5℃以内，如果需要在较高温度下测定，建议在转子和仪器之间安装连接杆。

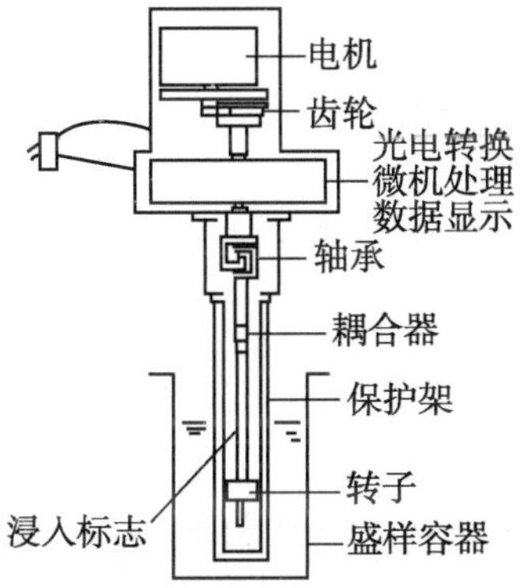

图 10-2　数显式单圆筒旋转粘度计原理示意图

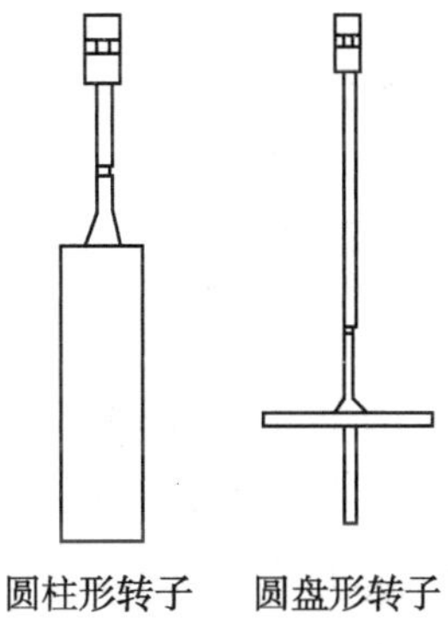

图 10-3　转子结构示意图

2. 试验方法

(1) 在烧杯或其他容器内装入待测定的样品，确保不要引入气泡，如有必要，用抽真空或其他的合适方法消除气泡。

(2) 将准备好样品的烧杯或盛样品容器放入恒温浴中，确保时间充分以达到规定的温度，若无特别说明，样品温度应控制在23℃±0.5℃。

(3) 选择合适的转子及转速，使读数在最大量程的20%~90%。

(4) 启动电机，根据单圆筒旋转粘度计制造商提供的说明书操作该设备，记录稳定读数。

(二) 方法二：粘度杯法

1. 仪器

粘度杯规格见图 10-4。

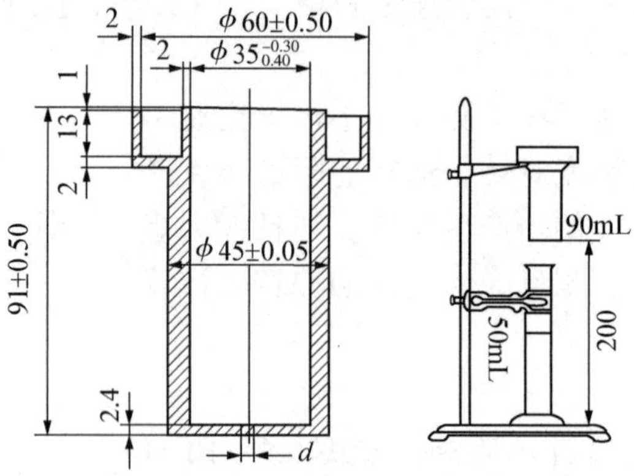

图 10-4　粘度杯规格和尺寸

小孔 d/mm：d_1 = 1. 788±0. 003；d_2 = 2. 540±0. 003；d_3 = 3. 810±0. 003；d_4 = 6. 350±0. 003

（对应 1~4 号粘度杯）

2. 步骤

（1）清洁干燥粘度杯，确保粘度杯流出孔清洁。

（2）将试样及粘度杯放入恒温环境中恒温。

（3）安装粘度杯及量筒，使流出孔距量筒底面 20cm。

（4）用手指堵住流出孔，将试样倒满粘度杯。

（5）松开手指，使试样流出，记录流出 50mL 试样所需时间，以流出时间(s)作为试样粘度。

（三）方法三：压流粘度

压流粘度，也称挤出量，是指胶粘剂在一定压力下、一定时间内通过规定流出嘴孔径的胶的质量(或以一定压力下、一定质量的胶粘剂通过规定孔径的时间表示)。不同的测试标准所规定的压力、流出嘴孔径不尽相同。这里介绍一个常用的方法。

1. 主要设备

（1）压流粘度装置　符合 SAE J1524 标准规定，流出嘴直径为 3mm，如图 10-5 所示。

（2）电子天平　感量不低于 0. 001g。

（3）秒表　准确度不低于 0. 5s。

（4）温度箱　温度精确到±1℃。

（5）压缩空气源(配备油水分离器)　空气压力不高于 0. 5MPa。

2. 试验步骤

（1）将试料从压流嘴侧装入清洁的压流计杯中，注意不要混入气泡，安装好压流嘴后将装好试料的压流粘度计于 23℃下进行恒温 3h；（从压流嘴侧装胶可有效避免大气泡、装好胶后再恒温放置可有效消除不同触变效果放置时间不同造成的压流

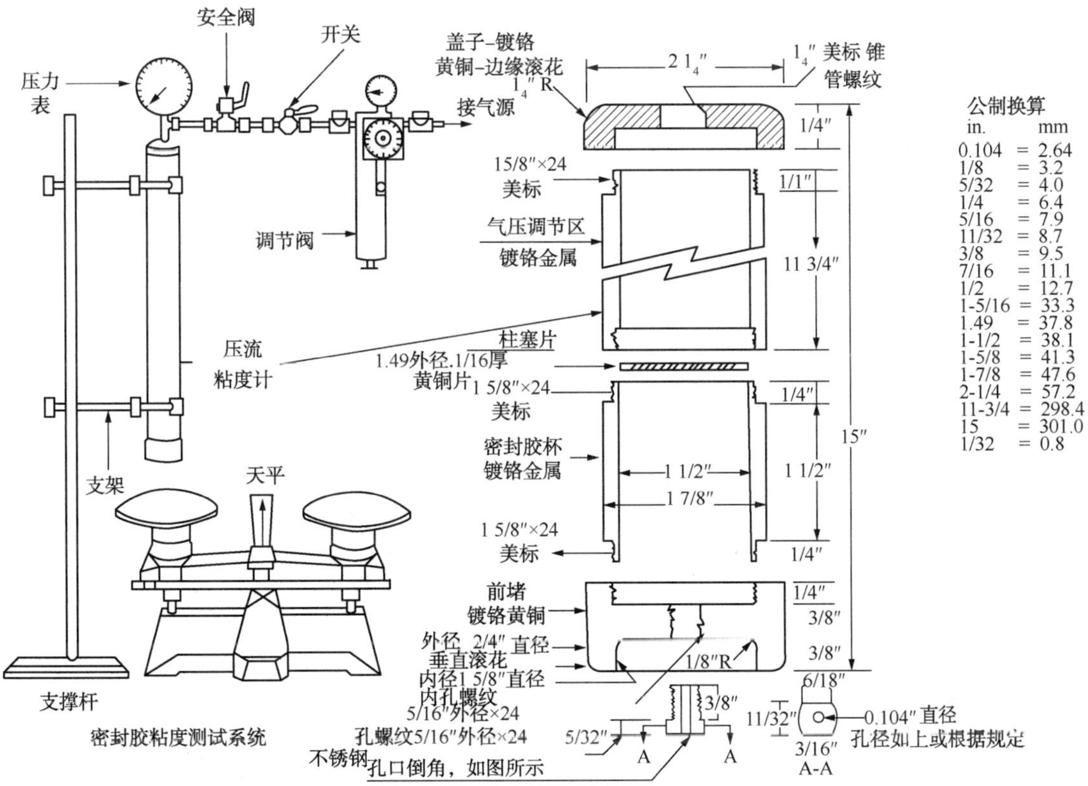

图 10-5　压流粘度装置图

测试误差）。

（2）调整压力调节阀使进气压力为供货双方商定的压力，通常选用 0.4MPa。

（3）打开空气开关，使试料流出以便挤出混入的空气，用滤纸擦净流出嘴，关闭空气开关。

（4）将电子天平清零，电子秒表清零。

（5）打开粘度计阀门同时按下秒表，测定 60s 时样品的流出质量，单位为 g/min。

（6）重复测量 3 次，取 3 次测量的算术平均值作为测定结果。

第六节　针　入　度

对于高粘度或软固状的胶粘剂，不适合用旋转粘度或压流粘度方法测定其粘度时，可用针入度来表示其粘度的大小。

针入度测试是指在规定的负荷下，一定直径的尖针在一定时间插入胶液试样的深度。针入度越大，表示胶越软，即粘度越小。

（一）方法一：成型胶片针入度测试(也适用于固体密封胶)

1. 仪器

（1）针入度仪　总下落载荷为50gf±0.06gf(0.49N±0.001N)。

（2）圆锥体　总下落载荷为150gf±0.06gf(1.47N±0.001N)。

2. 测试样品

将测试样品面对面放置，厚度为20mm以上，避免混入气泡，如图10-6所示，之后用于测试。

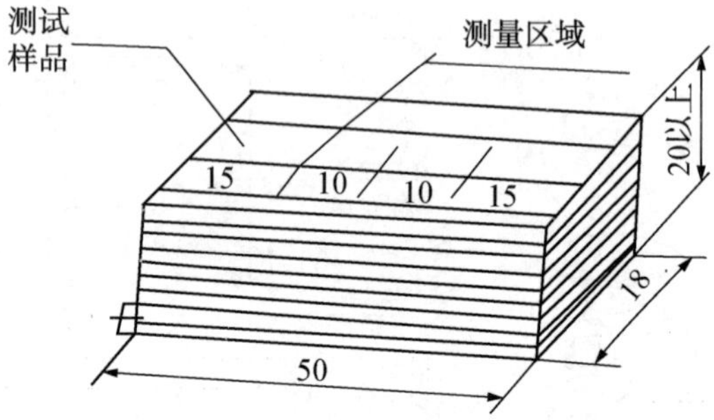

图10-6　样品制备

3. 试验步骤

将测试样本放在针入度仪台上。在支架上安装针，将针尖接触测试样本中央。确认刻度指针为零，之后紧握扣子将针刺进样本中5min。然后通过针入度仪慢慢接触支架上边缘将测量架移开，最后从刻度上读数。原则上测量刻度范围为0~360。

（二）方法二：非成型胶粘剂针入度测试

方法可参考GB/T 4509—2010《沥青针入度测试方法进行测试》。

第七节　锥　入　度

本方法用于测定胶粘剂锥入度，参见GB/T 269—1991《润滑脂和石油脂锥入度测定法》。

（一）原理

胶粘剂锥入度是在25℃时，将锥体组合件从锥入度计上释放，使锥体下落5s，并测定其刺入深度。

（二）设备和器具

（1）锥入度计　设计成能测定锥体刺入试样中的深度，以0.1mm为单位。

（2）水浴　能够维持温度在25℃±0.5℃，并能容纳装配好的胶粘剂工作器，水浴还应带有盖子，使试样上部的空气温度维持在25℃。

（3）温度计　25℃校正过的温度计，用于水浴。

（4）秒表　分度为0.1s。

（5）胶粘剂试料容器　直径100mm±5mm，深度65mm或大于65mm的平底圆筒形容器，用厚度至少为1.6mm的金属制造，如果需要，每个容器可提供一个合适的防水盖。

（三）试验方法

（1）在胶粘剂试料容器内装入待测定的样品，确保不要引入气泡，如有必要，用抽真空或其他的合适方法消除气泡。如果样品易挥发或吸湿等，在恒温过程中要密封试料容器。

（2）将准备好样品的试料容器放入恒温浴或恒温环境中，确保时间充分以达到规定的温度，若无特别说明，样品温度应控制在25.0℃±0.5℃。

（3）清洗锥体和锥杆。

（4）将试料容器放在锥入度计平台上，根据锥入度计的说明书操作该设备，使锥体下落5s，并测定其刺入深度，记录锥入度读数。

（5）测定2次，取平均结果。

第八节　不挥发物含量

胶粘剂在一定温度下部分物质会产生挥发，而部分物质不会挥发，不挥发物含量测定主要测量加热挥发时有明显质量损失的胶粘剂，参见GB/T 2793—1995《胶粘剂不挥发物含量的测定》。

（一）原理

测定胶粘剂的不挥发物含量是使试样在一定温度下加热一定时间后，以加热后试样质量与加热前试样质量的百分比值表示。

（二）设备和器具

（1）鼓风恒温烘箱　温度波动不大于±2℃。

（2）称量容器　直径50mm，边高30mm的称量瓶或铝箔皿。

（3）天平　感量为1mg。

（4）干燥器。

（三）试验温度、试验时间和取样量

（1）氨基系树脂胶粘剂　试验温度105℃±2℃，试验时间180min±5min，取样量1.5g。

（2）酚醛树脂胶粘剂　试验温度135℃±2℃，试验时间60min±2min，取样量1.5g。

（3）其他胶粘剂　试验温度105℃±2℃，试验时间180min±5min，取样量1.0g。

（四）试验步骤

按要求称取胶粘剂试样，精确到0.001g，置于已在试验温度下恒重并称量过的容器中，放入已按试验温度调好的鼓风恒温烘箱内加热，加热时间按有关规定。取出试样，放入干燥器中冷却至室温，称其质量。

（五）结果表示

不挥发物含量按下式计算：

$$X=\frac{m_1}{m}\times 100\% \tag{10-5}$$

式中 X——不挥发物含量，%；

m_1——加热后试样的质量，g；

m——加热前试样的质量，g。

试验结果取两次平行试验的平均值，试验结果保留3位有效数字。

第九节 灰　　分

（一）原理

测定胶粘剂的灰分是使试样在一定温度和时间（800℃/0.5h）下焙烧，以焙烧后试样质量与焙烧前试样质量的百分比值表示。

（二）设备

（1）鼓风恒温烘箱：温度精度±2℃。

（2）马弗炉：量程1000℃，精度±20℃。

（3）瓷坩埚：容积50mL。

（4）天平：感量为0.1mg。

（三）试验步骤

称取试样（m_1），精确到0.001g，在烘箱中将瓷坩埚中胶粘剂试样加热烘干，然后将其转移到马弗炉中，用约0.5h升温至（800℃±20℃）焙烧0.5h，冷却后称出灰分质量（m_2）。注意马弗炉升温时应控制速度，升温过快时灰化时产生的气体有可能将灰分带出坩埚，如果出现以上情况应调整升温速度。

（四）结果表示

灰分（H）按下式计算：

$$H=\frac{m_2}{m_1}\times 100\% \tag{10-6}$$

式中 m_2——焙烧后试样质量；g；

m_1——焙烧前试样质量，g。

试验结果取2次平行试验的平均值，2次测定的相对偏差应不大于3%。

第十节 细 度

胶粘剂细度采用刮板细度计测量，以微米表示。参见 GB/T 1724—1979《涂料细度测定法》。

（一）仪器和设备

（1）刮板细度计 分度值误差为±0.001mm，正面光洁度为 Δ10。

（2）刮刀 刀刃平直允许差 0.002mm，刀刃光洁度为 Δ10。

（二）试验步骤

（1）选择刮板细度计。在 30μm 及 30μm 以下时应用量程为 50μm 的刮板细度计；31~70μm 时应用量程为 100μm 的刮板细度计；70μm 以上时应用量程为 150μm 的刮板细度计。

（2）刮板细度计在使用前必须用溶剂仔细洗净擦干，在擦洗时应用细软揩布。

（3）将试样加入适量煤油调成适合刮涂的粘度，用调胶刀充分搅匀，然后在刮板细度计的沟槽最深部分，移入适量胶样，以能充满沟槽而略有多余为宜。

（4）以双手持刮刀，横置在刮板细度计磨光平板上端（在试样边缘处），使刮刀与磨光平板表面垂直接触，在 3s 内，将刮刀由沟槽深的部位向浅的部位拉过，使试样充满沟槽而平板上不留有余胶，刮刀拉过后，立即观察，取最长刮痕起点的读数作为检测值。

（5）试验结果取 2 次平行试验的平均值，2 次测定结果之差不得大于 5μm。

第十一节 闪 点

闪点是在规定的试验条件下，用火源引起试验蒸气闪燃，修正到 101.3kPa（760mmHg）大气压校正的最低温度。胶粘剂闪点测定适用于含有挥发性有机化合物的含溶剂和无溶剂的胶粘剂闪点的测定，不适用于含挥发性有机化合物少于 10%的水基胶粘剂。参见 GB/T 30777—2014《胶粘剂闪点的测定 闭杯法》。

（一）原理

试验样品置于规定的闭口杯中，浸泡于加热池里。加热池的温度以一定的速度缓慢上升，加热池的液体和试样样品的温差不超过 2℃，且保证加热过程中试验样品的升温速度超过 0.5℃/1.5min。在加热过程中，以不小于 1.5min 的时间间隔执行点火试验。记下闪光出现的最低温度，计算出试验产品闪点温度，并经 101.3kPa 大气压校正。

为保证试样在几乎平衡的条件下进行，建议使用慢加热速度。因为一些产品的低热导率或高粘度阻碍热传导。可以通过使用搅拌装置保持受试样品的温度均匀性

(在点火试验中不进行搅拌操作)。

点火最小时间间隔不宜过小，以保证在每次点火后试验样品上方的气室中的蒸气饱和浓度。

当被测胶粘剂在较低的温度下，形成“冻态”，妨碍搅拌操作时，可在设定的试验温度下使试样恒温至少 10min 后进行后续试验。

(二) 设备和器具

1. 闭口杯

带有内液面水平指示器和杯盖的闭口杯如图 10-7 所示。如果胶粘剂容易受铜质闭口杯的影响，应改用其他更合适的闭口杯材质(例如不锈钢)。闭口杯可以安装有一个搅拌器，以提高温度的均匀性。如果拆下了闭口杯上原装搅拌器，在开始使用之前杯盖上的孔应被牢牢堵住。杯盖上装有一个开孔滑动盖和一个点火装置，在试验时将点火装置插入杯盖上的一个开孔内。仪器可以在 2.5s±0.5s 的时间内打开滑动盖、插入点火装置的火焰喷嘴，关闭滑动盖执行点火试验。允许使用机械驱动装置，打开滑动盖且将点火装置置于闭口杯中的空气和蒸气混合物中。点火装置的火源可以是任何适当的可燃气体，也可以使用电动点火装置代替火焰加热池。

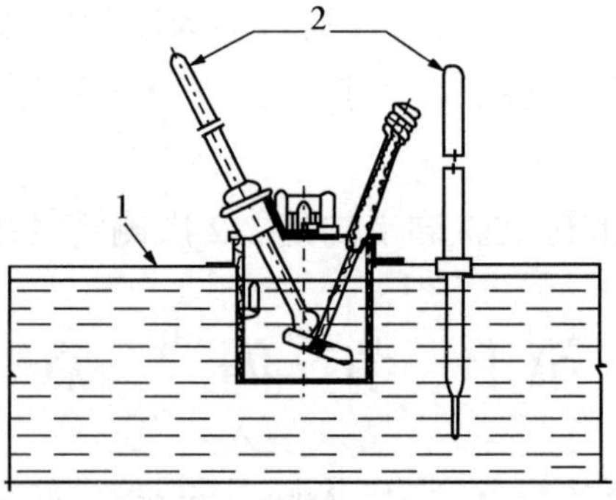

图 10-7 浸泡在加热池中的带有搅拌器的闭口杯

1—支架；2—温度计

2. 加热池

含适当的液体(或采用其他导热介质，如金属块、循环加热冷却器等)，可以调节至要求的温度且有足够的热容量以满足出现闪光或不出现闪光时的温度要求。建议使用带有搅拌器和适当量程范围温度计的加热池。

3. 温度计

闭口杯应装有一个有适当测定范围和外部尺寸的温度计，当浸泡在试验样品中时，测量其温度(误差不大于 0.5℃)。建议使用刻度为 0.5℃ 的温度计。加热池应装有相同精度的温度计。

4. 支架

用于支撑加热池中闭口杯，以使杯盖和上部边缘水平。闭口杯直接浸泡于加热池中的液体中，使得试验样品的液面和加热池中的液面相同。

（三）取样和样品处理

按 GB/T 20740—2006《胶粘剂取样》规定取样。

样品不应储存在塑料（聚乙烯、聚丙烯等）瓶中。为防止挥发性组分的可能损失，在打开容器取出试验样品之前，应将容器至少冷却至低于估测值 10℃以下。在取出试验样品之后，立即将样品容器紧密关闭，确保容器中挥发性组分损失最小化。如有多量挥发性组分损失，则不适合下一步试验。

（四）试验步骤

1. 初测试验

通过一个或多个初测试验估测样品闪点。由估测值确定试验的开始温度（应低于估测值 5℃±1℃）。

2. 确定试验

1）仪器设置

将仪器放置在弱光照、不通风的地方（例如在一个罩内）。将加热池中的液体温度调节至估测值 5℃±1℃以下。清洗并擦干闭口杯、杯盖和温度计，并恒温至与加热池的温度相近。

2）试验样品

按规定取样和处理试验样品，并保证在整个制备过程中其温度低于估测闪点温度至少 10℃。将闭口杯装入试验样品直到内液面指示器刚刚消失在液体表面以下。注意避免气泡的形成、样品与液面指示器以上杯壁的接触。如果发生上述任一种情况，影响试验精度，则清空闭口杯，重新装入新的试验样品。

3）测定

在填充完闭口杯之后，立即合上杯盖和放置温度计。加热池支架支撑闭口杯，杯盖水平，闭口杯浸泡在加热池中直接和液体接触，且试验样品表面和加热池液体在同一液面上。确认加热池至初测试验测得的开始试验温度。

点燃气体点火装置（如果使用），并将其调节至一个直径为 3.5mm±0.5mm 近似的球形。

当试验样品与加热池中液体的温度相同（即确定试验的开始温度），关闭搅拌器（如果使用），并在 2.5s±0.5s 的时间内打开滑动盖、插入点火装置的喷嘴（或操作电动点火装置，如果使用）、关闭滑动盖执行点火试验。注意观察在打开和关闭滑动盖时的闪光。

记录是否出现闪光。当受试的蒸气混合物接近闪点时，使用点火火焰可能引起光晕；但是，仅在出现较大火焰，且火焰蔓延至液体表面时才认为产品出现闪光。

如果蓝色火焰未出现闪光，当滑动盖打开并使用点火火焰时孔口燃烧起持续的光焰，表明产品的闪点在试验温度以下。因此应在预期闪点以下至少10℃重新做初步试验估测样品闪点。

如果出现闪光，使用一个新的试验样品执行测定。但是在比先前选择的温度大约低5℃的温度下开始试验。如果不出现闪光，以一定的速度加热，使加热池和试验样品的温差不超过2℃。当试验样品的温度升高0.5℃时(即在不小于1.5min后)，重复点火试验。如果观察不到闪光，重复此程序直至温度达到闪光出现。读取闭口杯温度计显示的温度(精确至0.5℃)，记录大气压力，单位为kPa。因为试验中胶粘剂组分可能挥发，整个试验时间不得超过1h。

单次试验结果的校正：当试验环境气压不是101.3kPa时，闪点测定值按下式修正：

$$\text{修正后的闪点}=\text{测定值}+0.25(101.3-p) \tag{10-7}$$

式中 p——闪点测定时的大气压力，kPa。

注：环境大气压力范围为98~104.7kPa时，本公式可得较正确的修正结果。

4）平行测定

清洗闭口杯并使用新试验样品进行第2次测定，重复测定试验。

5）试验结果

如果计算的2个独立试验的结果偏差不超过1.0℃，则平均值即为闪点(精确至0.5℃)。

如果2个结果的偏差超过1.0℃，则应执行第3次试验。如果3个结果的最大偏差不超过1.5℃，则平均值即为闪点(精确至0.5℃)。

如果3个结果的最大偏差超过1.5℃，应再执行2次试验。如果5个试验结果中仅有1个结果与平均值的偏差超过1.5℃，则拒绝这个结果并将另外4个结果的平均值视为闪点(精确至0.5℃)。

如果5个结果中不止1个与平均值的偏差超过1.5℃，则此平均值即为闪点(精确至0.5℃)，但是需要在试验报告中说明单个值，并添加1个关于受试产品无规律闪光的注释。

第十二节 硬 度

胶粘剂硬度测量采用邵氏硬度计法，被测胶粘剂为制备成一定厚度的固化试样。可参考GB/T 531.1—2008《硫化橡胶或热塑性橡胶压入硬度试验方法第1部分：邵氏硬度计法(邵尔硬度)》标准进行。

(一) 原理

邵氏硬度计的测量原理是在特定的条件下把特定形状的压针压入试样而形成压

入深度，再把压入深度转换为硬度值。该压入深度依赖于：

(1) 胶的弹性模量；

(2) 胶的粘弹性和滞弹性；

(3) 试样的厚度；

(4) 压针的几何形状；

(5) 施加的压力；

(6) 压力增加的速度；

(7) 记录硬度时间间隔。

(二) 设备

(1) 邵氏 A 硬度计　满足 GB/T 531.1 标准要求。

(2) 邵氏 D 硬度计　满足 GB/T 531.1 标准要求。

(三) 试样

1) 制样

取 2 块防粘性材料(如聚四氟乙烯)薄板，用模板在防粘性材料薄板上涂上一层均匀的形状为 50mm×50mm、厚度为 6mm 的密封胶，将试样水平放置并按胶粘剂工艺条件进行固化。然后从防粘材料薄板上取下密封胶层。

2) 厚度要求

使用邵氏硬度计测定硬度时，试样的厚度至少 6mm。如厚度达不到 6mm，为得到足够的厚度，试样可以由不多于 3 层叠加而成，叠加后的试样总厚度至少 6mm。但由叠层试样测定的结果和单层试样测定的结果不一定一致。

3) 表面要求

试样表面在一定范围内应平整，上下平行，以使压足能和试样在足够面积内进行接触。

4) 调节

在进行试验前试样应按照 GB/T 2941 的规定在标准实验室温度下调节至少 24h。

(四) 试验步骤

1) 硬度计的选择

邵氏 A 硬度值大于 90 时，选邵氏 D 型硬度计测量。邵氏 D 硬度值小于 20 时，选邵氏 A 型硬度计测量。

2) 通用步骤

将试样放在平整、坚硬的表面上，尽可能快速地、无振动地将压足压到试样上。保证压足和试样表面平行，压针与胶层表面垂直。

3) 弹簧试验力保持时间

按标准的规定施加弹簧试验力使压足和试样表面紧密接触，当压足和试样紧密接触后，在规定的时间读数。通常标准弹簧试验力保持时间为 3s。

4）测量次数

在试样表面不同位置进行5次测量，不同测量位置两两相距至少6mm，然后取5次测量结果的中值。

第十三节　胶粘带厚度

胶粘带厚度是指在规定压强下测量的胶粘带正反面之间的垂直距离。胶粘带厚度的测定，包括压敏胶粘带及其他类型的胶粘带。参见GB/T 7125—2014《胶粘带厚度的试验方法》。

（一）设备

厚度指示表，应符合GB/T 22520—2008《厚度指示表》要求：

（1）其测量头由上下两个平面组成。其中上面的较小的面是圆形的，直径为5~16mm。这两个面应相互平行，并且都垂直于它们的轴，两平面之间的不平行度应小于0.005mm。

（2）当试样被夹持在测量头的上下2个平面之间时，其受到稳定的压强为40~60kPa。

（3）厚度指示表的分辨力不大于0.002mm。

（二）试验样品

（1）试样宽度大于较小的测量头直径，试样长度不小于50mm。试样没有起皱和折痕。

（2）试验取样前从样品胶粘带卷中至少除去3层，不超过6层。

（3）除非另有规定，每组胶粘带卷样品的数量不少于5个，从每个胶粘带卷样品中取下1个试样。取样时，从自由转动的胶粘带卷中以大约500~750mm/s的速率取下试样。当宽度或其他因素导致无法以规定的速率取样时，以接近500mm/s的速率取样。

（三）测试环境

试验前将样品胶粘带卷保持在试验环境中，使其状态达到平衡，状态调节的时间不少于24h。试验环境温度23℃±1℃，相对湿度50%±5%。

（四）测试步骤

（1）每次测量前用合适的溶剂清理测量头，并将指示表调整归零。

（2）将试样放置在测量仪器头的上下平面间，胶贴面向上。试验时缓缓降下测量头，最终覆盖在胶粘带的表面上。在降下测量头1s后，记下指示表的读数，以mm或者μm表示，精确到至少0.002mm。每个试样在不同位置测3个点，按3个点读数的算术平均值作为该试样的厚度值。

（3）测量附有离型膜或者离型纸的双面胶带时，也采用上述测量步骤。测量带有一面离型膜或者离型纸的试样厚度，在离型膜或离型纸的被测处作一个标记。揭去离型膜或离型纸，对其作标记的位置，用上述的步骤测量厚度，分别求出每个位置两次测量结果的差值。3 个差值的算术平均值为该试样的厚度值。

第十四节 吸 水 率

(一) 原理

测定胶粘剂的吸水率是将试样在一定温度的水中浸泡一定的时间，以试样所增加质量的百分比表示。适用于减震膨胀箱、发泡型胶粘剂或胶片的测定。

(二) 设备和器具

(1) 高温箱　温度精度±2℃。

(2) 恒温水浴锅　温度精度±2℃。

(3) 天平　感量为 0. 1mg。

(4) 铝板　尺寸 100mm×25mm。

(三) 试验步骤

(1) 将准备好的铝板称重，并记录为 m_1。

(2) 试样在 23℃±2℃，50%±5%的标准环境中调节不少于 3h，然后将调节好的试样涂在铝板的中央，试样大小约为 50mm×6mm，厚度约 2mm，然后将试板放置在高温箱中按产品要求的或供需双方商定的烘烤温度和时间进行烘烤。

(3) 冷却到室温后，放入 23℃±2℃，50%±5%的标准环境中调节 24h，调节完成后称重，并记录 m_2。

(4) 将试板在 23℃±2℃的纯水中放置 24h，取出后迅速用滤纸擦试直至看不到水滴，在 1min 内完成称重，并记录为 m_3。

(5) 按下列公式计算吸水率 A。

$$A=\frac{m_3-m_1}{m_2-m_1}\times 100\% \tag{10-8}$$

式中　A——吸水率,%;

m_1——铝板的质量，g;

m_2——烘烤后铝板+试样的质量，g;

m_3——吸水后的铝板+试样的质量，g。

试验结果取 3 次平行试验的平均值，结果精确到 0. 1%。

第十一章 机械性能

汽车用胶粘剂密封胶无论作为粘接材料还是作为密封材料，都要求它们具备必要的机械性能。汽车用胶粘剂密封胶的机械性能主要包含其自身的机械性能及其粘接后的机械性能。胶粘剂密封胶自身的机械性能主要有拉伸应力应变性能、撕裂强度等，粘接后的机械性能有剪切强度、剥离强度、冲击强度、破坏扭矩等。

汽车胶粘剂实际使用中不仅需要承受静态载荷，许多粘接的结构件还需要承受冲击载荷及动态载荷，有的还要承受持久载荷。在静态载荷下测试的性能不能反映其他载荷下的性能，有时比静态载荷小得多的冲击载荷或动态载荷可能会引起粘接的破坏。本章也介绍了各种载荷下机械性能的测试方法。

机械性能测试试验条件控制：胶粘剂机械性能测试过程中，测试所选择的粘接材料、粘接材料的表面处理及固化工艺均会对结果产生影响，试验中要严格控制。

机械性能测试试验结果表述：在进行机械性能测试中，还经常要求通过试样的破坏形式来评价粘接的效果，破坏形式有内聚破坏、粘附破坏、内聚-粘附破坏(并表示粘附破坏百分率)、粘附材料破坏。较好的粘接效果及合适的试验方法可获得内聚破坏形式。

由于影响胶粘剂机械性能测试结果的因素较多，测试结果较分散。因此，平行试验一般选择多组试样进行。

第一节 拉伸性能

胶粘剂拉伸性能是测定胶粘剂试片本身的拉伸应力应变性能，其中拉伸强度可反映胶粘剂内聚力的大小。胶粘剂拉伸性能测试方法通常按硫化橡胶或热塑性橡胶的拉伸性能测试方法进行，测试方法可参考 GB/T 528—2009《硫化橡胶或热塑性橡胶拉伸应力应变性能的测定方法》进行。

(一) 原理

在恒速移动的拉力试验机上，对哑铃状标准试样进行拉伸，测定试样在断裂时所需的力和伸长率的值。

(二) 设备

1. 裁刀和裁片机

试验用的所有裁刀和裁片机应符合 GB/T 2941—2006《橡胶物理试验方法试样制备和调节通用程序》的要求。

2. 测厚计

测量哑铃状试样的厚度所用的厚度计应符合 GB/T 2941 方法 A 的规定。

3. 拉力试验机

拉力试验机应符合 ISO 5893—2002《可拉伸、弯曲和压缩型(恒定的横动速率)橡胶和塑料试验设备规范》的规定。

(三) 制样

(1) 取一块防粘材料做成的板(例如聚四氟乙烯板), 用适合的工具将胶料铺开, 使它均匀, 厚度为 2mm±0. 2mm, 外形尺寸为 150mm×100mm。样品在 23℃, 50%RH 条件下水平放置, 固化温度和时间按要求进行。

(2) 哑铃状试样的尺寸如下:

总长度为 115mm; 试验长度为 25mm; 端部宽度为 25mm; 狭窄部分宽度为 6mm。

(3) 试验样品的数量不应少于 5 个。

(四) 测试步骤

(1) 所有试样应按 GB/T 2941 的规定进行调节, 调节时间 24h。

(2) 试样的测量　用测厚计在试验长度的中部和两端测量厚度, 应取 3 个测量值的中位数用于计算横截面积。在任何一个哑铃状试样中, 狭窄部分的 3 个厚度测量值都不应大于厚度中位数的 2%。取裁刀狭窄部分刀刃的距离作为试样的宽度, 该距离应按 GB/T 2941 的规定进行测量, 精确到 0. 05mm。如果 2 组试样进行比较, 每组厚度的中位数应不超出 2 组厚度总中位数的 7. 5%。

(3) 将试样对称的夹在拉力试验机的上、下夹持器上, 使拉力均匀的分布在横截面上。根据需要, 装配一个伸长测量装置, 启动试验机, 在整个试验过程中连续监测试样长度和力的变化, 精度在±2%之内。

如果试样在狭窄部分以外断裂则舍弃该试验结果, 并另取一块试样进行试验。

(五) 结果表述

1. 拉伸强度 T_S

按如下公式计算:

$$T_S = \frac{F_m}{Wt} \tag{11-1}$$

式中　T_S——拉伸强度, N/mm^2

F_m——记录的最大力, N;

W——裁刀狭窄部分的宽度, mm;

t——试样长度部分厚度, mm。

2. 断裂伸长率 S_b

按如下公式计算:

$$S_b = \frac{100(L_t - L_0)}{L_0} \qquad (11-2)$$

式中　S_b——断裂伸长率，%；

L_t——试样断裂后放置 3min 对起来的标距，mm；

L_0——初始试验长度，mm。

第二节　撕裂强度

胶粘剂撕裂强度是反映胶体抗撕裂的能力，由于实际使用中撕裂的方向及角度不同，其能承受的撕裂力也不同，为模拟不同的撕裂形式，可选择不同的试样。常用的有裤形试样、直角形试样和新月形试样，不同类型的试样测得的试验结果没有可比性。试验可参考 GB/T 529—2008《硫化橡胶或热塑性橡胶撕裂强度的测定(裤形、直角形和新月形试样)》进行试验。

(一) 原理

用拉力试验机对有割口或无割口的试样在规定的速度下进行连续拉伸，直至试样撕断。将测定的力值按规定的计算方法求出撕裂强度。

(二) 设备

1. 裁刀

裤形、直角形和新月形试样所用裁刀，其所裁切的试样尺寸(长度和宽度)如图 11-1~图 11-3 所示(单位：mm)。

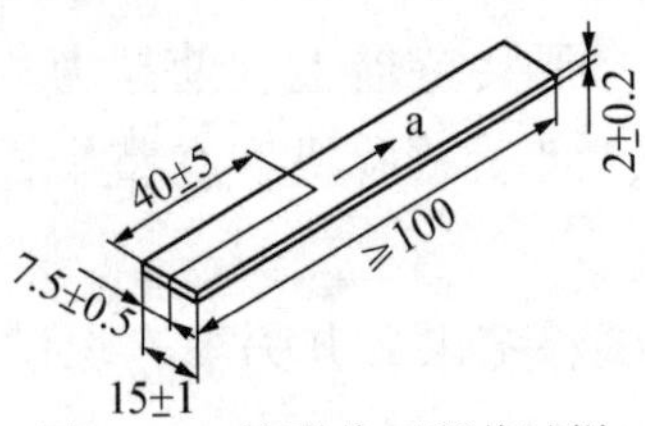

图 11-1　裤形裁刀所裁试样

a—切口方向

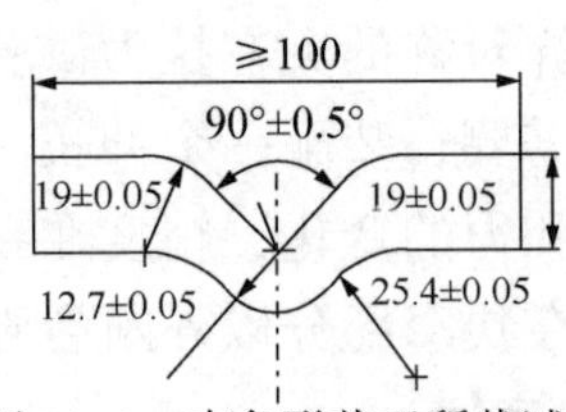

图 11-2　直角形裁刀所裁试样

1—方法 B 试验程序(b)的割口位置

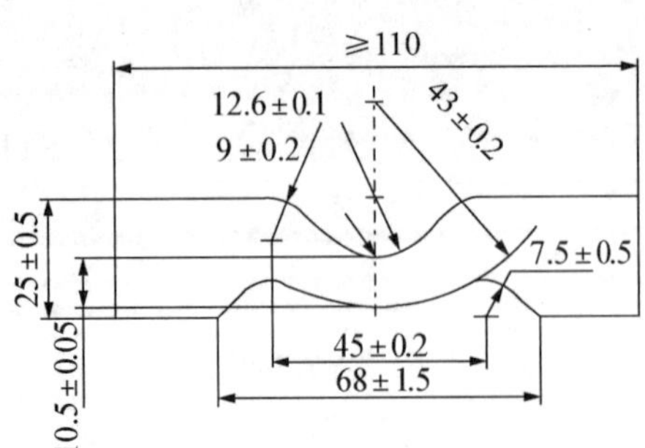

图 11-3　新月形裁刀所裁试样

1—割口位置

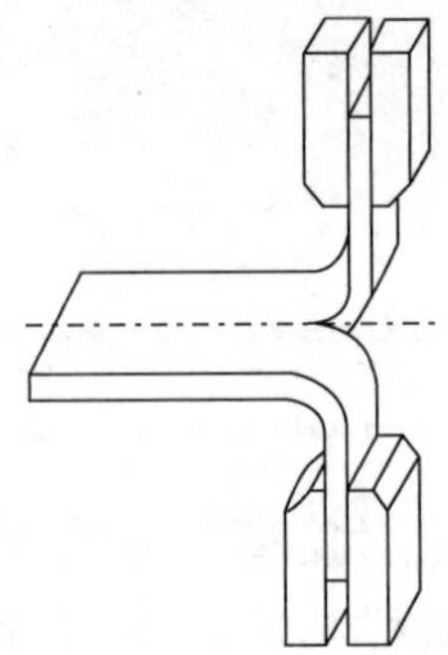

图 11-4　在拉力试验机上裤形试样的状态

裁刀的刀刃必须保持锋利，不得有卷刃和缺口，裁切时应使刃口垂直于试样的表面，其整个刃口应在同一个平面上。

2. 拉力试验机

拉力试验机应符 ISO 5893：2002《可拉伸、弯曲和压缩型(恒定的横动速率)橡胶和塑料试验设备规范》的规定。

3. 夹持器

试验机应备有随张力的增加能自动夹紧试样并对试样施加均匀压力的夹持器，每个夹持器都应通过一种定位方式将试样沿轴向拉伸方向对称的夹入。当对直角形或新月形试样进行试验时，夹持器应在两端平行边部位内将试样充分夹紧，裤形试样应按照图 11-4 方式夹入夹持器。

(三) 样品

1. 制片

取一块防粘材料做成的板(例如聚四氟乙烯板)，用适合的工具将胶料铺开，使它均匀，厚度为 2.0mm±0.2mm，外形尺寸为 150mm×100mm，按胶粘剂规定的固化条件干燥后，样品在 23℃、50%RH 条件下水平放置 24h。

2. 裁切

试样是通过冲压机利用裁刀从试片上一次裁切而成，其形状如图 11-1、图 11-2 或图 11-3。试片在裁切前可以用水或者皂液润湿，并置于一个起缓冲作用的薄板(如皮革、橡胶或硬纸板)上，裁切应在刚性平面上进行。

裁切试样时，断裂割口的方向应与压延方向一致。如有要求，可在相互垂直的 2 个方向上裁切试样。撕裂扩展的方向，裤形试样应平行于试样的长度，而直角形和新月形试样应垂直于试样的长度方向。

每个试样应使用割口器切割出下列深度：

(1) 裤形试样—割口位于试样宽度的中心，深度为 40mm±5mm，方向如图 11-1 所示，其切口最后约 1mm 处的切割过程是很关键的；

(2) 直角形试样—割口深度为 1.0mm±0.2mm，位于试样内角顶点，如图 11-2 所示；

(3) 新月形试样—割口深度为 1.0mm±0.2mm，位于试样凹形内边中心处，如图 11-3 所示。

试样割口、测量和试验应连续进行，如果不能连续进行试验，应根据具体情况，将试样在 23℃±2℃温度下保存至试验，割口和试验之间的间隔不应超过 24h。

进行老化试验时，切口和割口应在老化后进行。

3. 试样数量

每个样品不少于 5 个试样，如有要求，则每个方向样品不应少于 5 个。

(四) 测试步骤

(1) 按照 GB/T 2941 标准规定，试验应在 23℃±2℃标准温度下进行，或者协商可采用该标准规定的其他温度。如果需要其他温度，应将试样在该条件下进行充分调节，以试样与环境温度达到平衡。为了避免发生老化，应尽量缩短调节时间。同时为使试验结果具有可比性，任何一个试验的整个过程或一系列试验应在相同温度下进行。

（2）用测厚计在试验长度的中部和两端测量厚度，应取 3 个测量值的中位数用于计算横截面积。在任何一个哑铃状试样中，狭窄部分的 3 个厚度测量值都不应大于厚度中位数的 2%。取裁刀狭窄部分刀刃的距离作为试样的宽度，该距离应按 GB/T 2941 的规定进行测量，精确到 0.05mm。如果 2 组试样进行比较，每组厚度的中位数应不超出 2 组厚度总中位数的 7.5%。

（3）将试样安装在拉力机上，试验速度 500mm/min，对试样进行拉伸，直至试样断裂。记录最大力值。

（五）结果表述

按照下面的公式计算撕裂强度：

$$T_n = F/d \tag{11-3}$$

式中 T_n——撕裂强度 N/mm；

F——试样撕裂时所需的力（当采用裤形试样时应按 GB/T 12833—2006《橡胶和塑料　撕裂强度和粘合强度　测定中的多峰曲线分析》的规定计算力值 F，取中位数；当采用直角形或新月形试样时，取力值 F 的最大值），N；

d——试样厚度的中位数，mm；

试验结果以每个方向试样的中位数，最大值和最小值共同表示，数值精确到整位数。

第三节　剪切强度

胶粘剂主要功能是粘接，粘接强度是它的核心指标。而实际工作中通常用胶的剪切强度及剥离强度来表示粘接强度的大小。对于刚性材料与刚性材料的粘接中，通常需要评价其剪切强度；在挠性材料与刚性材料的粘接中，通常需要评价其剥离强度。

剪切强度试验按受剪力方向不同可分为：①拉伸剪切强度；②压缩剪切强度。

按测试时胶体结构不同分为：①平面剪切；②轴与套剪切；③套与套剪切。

按载何时间不同分为：①静态剪切；②静态冲击；③疲劳剪切。

按粘接材料不同分为：①金属对金属；②木材对木材；③塑料对金属等。

按温度不同分为：①常温剪切强度；②低温剪切强度；③高温剪切强度。

剪切强度试验中，剪切面的大小、剪切试样的厚度、试验的温湿度均会对结果产生影响，试验中需要加以控制。

下面介绍是几种常见剪切强度试验方法。

（一）方法一：拉伸剪切强度(金属对金属、平面剪切)

拉伸剪切强度是剪切强度试验最常用的试验方法。根据被粘接材料不同，有金属对金属、金属对非金属、非金属对非金属粘接几种粘接。按试样的结构特征有单搭接法、双搭接法(参见 ASTM D3528)、单盖板搭接、双盖板搭接法，如图 11-5 所示。

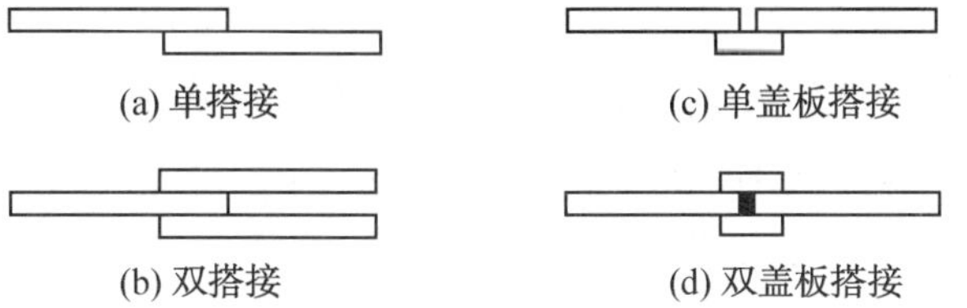

图 11-5　试样粘接方式

金属对金属单搭接法拉伸剪切强度是最常用的剪切强度试验方法，参见 GB/T 7124—2008《胶粘剂　拉伸剪切强度的测定》。

1. 原理

胶粘剂拉伸剪切强度是在平行于粘接面且在试样主轴方向上施加一拉伸力，测出的刚性材料单搭接粘接处的剪切应力。

2. 设备

选择使用的拉力试验机应使试样的破坏载荷在满标负荷的 10%~80%。试验机的响应时间应足够短以保证断裂时间判定的准确性。试验机力值示值误差不得大于 1%。试验机应能保持恒定的速度。可选择具有载荷变化均匀的试验机，可将载荷变化维持在 8.3~9.7MPa/min。试验机应配置一副可自动调心的夹具。加载时，夹具及其附件与试样无相对移动，保证式样长轴与施力方向一致，并与夹具中心线保持一致。

3. 试样

(1) 刚性材料尺寸 100mm×25mm，粘接面长度 12.5mm±0.25mm，试片主轴方向应与刚性胶接件的切割方向一致，见图 11-6。

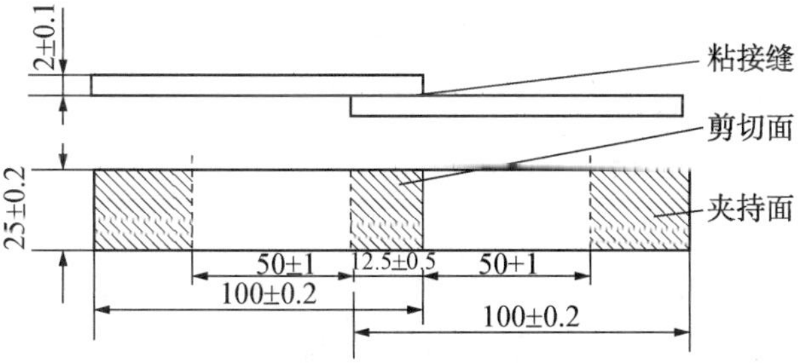

图 11-6　试样搭接方式

(2) 试样可以用平板制备，也可单片制备。在选择不同的制备方式时，应考虑到机加工中试样是否会被接卸破坏(包括加热过度)。在制备单片试样时要特别小心，确保被粘接刚性材料精确对齐，尽可能使胶层厚度均匀一致。典型的胶层厚度为0.2mm。胶层厚度控制可以用导线或小玻璃球来进行控制(要求对粘接部位的影响最小)。

(3) 粘接件表面应按实际生产工艺进行处理。按固化工艺进行固化。

4. 测试步骤

(1) 试样应该在23℃±2℃、50%±5%RH标准环境中调节和测试。

(2) 将试样对称地夹在夹具上，夹持处距最近的粘接端的距离为50mm±1mm。夹具中可适用垫片，以保证作用力在粘接面内。拉力试验机以恒定的速度进行试验，使一般破坏时间介于65s±20s之间。

(3) 记录试样剪切破坏的最大负荷作为破坏载荷。按GB/T 16997—1997《胶粘剂　主要破坏类型的表示法》中的规定记录破坏类型。

5. 结果表述

试验结果以有效的破坏载荷或拉伸剪切强度算术平均值表示。拉伸剪切强度T由以下公式计算。

$$T=F/S \tag{11-4}$$

式中　T——拉伸剪切强度，MPa；

F——破坏载荷，N；

S——剪切面积，mm^2。

(二) 方法二：压缩剪切强度

压缩剪切强度试验是指在一定条件下对标准试样施加压缩载荷，使胶粘剂在压缩应力下破坏，测定其破坏强度，此试验常用于木材对木材。

压缩剪切试验分为单剪试样，双剪试样，常用的是单剪试样。下面介绍木材与木材单剪试样压缩剪切强度法，方法参考GB/T 17517—1998《胶粘剂压缩剪切强度试验方法》。其他压缩剪切强度试验方法可参考ASTM D2182，DIN54452、BS5350 Part C15等。

1. 原理

试样为中间涂有胶粘剂的2个平行木材试块的单搭接结构。在试样胶接面上施加压缩剪切力，测定试样破坏时最大压缩剪切力。试样单位胶接面上的最大压缩剪切力即为胶粘剂木材与木材胶接压缩剪切强度。

2. 设备

试验机至少能施加70kN的负载力值示值误差在2%以内，施加压力使试样在60s±20s内破坏。试验机应配有自动定位的压缩剪切试验用夹持器，以保证施加压力呈均匀水平分布。

3. 试样

1）木材种类

木材含水率应在12%以下(按GB/T 1931—2009《木材含水率的测定方法》规定的方法测定含水率)，平均密度为0.67~0.77g/cm^3，在相同的含水率下，与木材木纹平行的剪切强度在13~18MPa。在所有符合该条件的木材中，推荐使用桦木。

2）木材擦表面质量

用于试样的木材可以锯或刨成试块，但应表面平整光滑不留有加工后的痕迹。试块的长度方向应与木纹方向平行。经加工后的木材不应有影响胶接压缩剪切强度的任何缺陷，如平疤、小孔、裂纹、树皮、胶囊、短纹理或纹理紊乱，霉变腐烂等。

3）试样尺寸

试样应为2个50mm×45mm×20mm的试块(或者25mm×30mm×10mm)用被测胶粘剂搭接而成，搭接面积为50mm×40mm(或者25mm×25mm)。

4）试样制备

试样称量后应配对，以使相近密度的试块作为一个试样。试块应在23℃±2℃、50%±5%RH条件下调节72h后再制备试样。按被测胶粘剂所要求的涂胶量及胶接工艺搭接试样，试样的固化时间及加载压力应按被测胶粘剂的要求进行。若需高温条件固化，加热用烘箱在加压期间应能保持温度波动在±2℃范围内。涂胶量由涂胶前后试样的质量变化测定。搭接后试样上下两端面部平衡度应不超过0.1mm。搭接后试样的余胶应去除。

4. 测试步骤

(1) 试样除去压力后应在23℃±2℃、50%±5%RH条件下调节至少24h，并在该条件下开展测试。

(2) 给每个试样编号，分别测量试样搭接面端点的高度和宽度各两个点，算出平均高度和平均宽度及搭接面积A。

(3) 将试样置于压缩剪切强度试验用夹持器中，开动试验机对试样连续施加压力，使试样在受剪切力后在60s±20s内破坏。

(4) 记录每个试样破坏时，试验机的负荷示值和破坏类型。如木材部分破坏，用10°~15°入射角光线照射破坏后的式样，光源用150W白炽灯或15W荧光灯，光源应有一个黑色的无反射罩壳，光源与试样距离为150~250mm，测定破坏部分木材覆盖底面积的比例(不考虑破坏深度)，如木材破坏面积不超过整个搭接面积，计算木材破坏面积的比例，精确至10%。

5. 结果表述

按照下面的公式计算压缩剪切强度，结果保留3位有效数字。

$$r = F/A \tag{11-5}$$

式中 r——压缩剪切强度，MPa；

F——试样破坏时，试验机的负荷示值，N；

A——试样搭接面积，mm^2。

（三）方法三：套接压缩剪切强度测定

两种相同或不同的金属材料采用胶粘剂进行套接粘接时，有时需要测定其套接方式下的压缩剪切强度。可参考 GB/T 11177—1989《无机胶粘剂套接压缩剪切强度试验方法》。

1. 原理

试样的胶接面和试件的Ⅰ、Ⅱ的公共轴线平行，施加的压缩力通过试样的轴线传递至胶接面，直至试样剪切破坏。以单位胶接面积的最大载荷和计算胶接压缩剪切强度。

2. 设备

试验机应能保证稳定的加载速度，破坏载荷应在其最大载荷容量的 15%～85% 范围内；试验机应能使试样的轴线与加载方向保持一致。

3. 试样

（1）试件Ⅰ和Ⅱ的形状、尺寸及有关公差规定如图 11-7 所示。其胶接面的表面粗糙度 δ=12.5～25，试件Ⅰ和Ⅱ的材质按实际需要选定。

（2）试样　试件Ⅰ和Ⅱ胶接表面的预处理方法，胶粘剂的涂布及式样制备工艺，如无特殊要求，应按有关产品的工艺规定确定。试件制备时，为保证试件定位、定心，应采用固化夹具，如图 11-8 和图 11-9 所示。

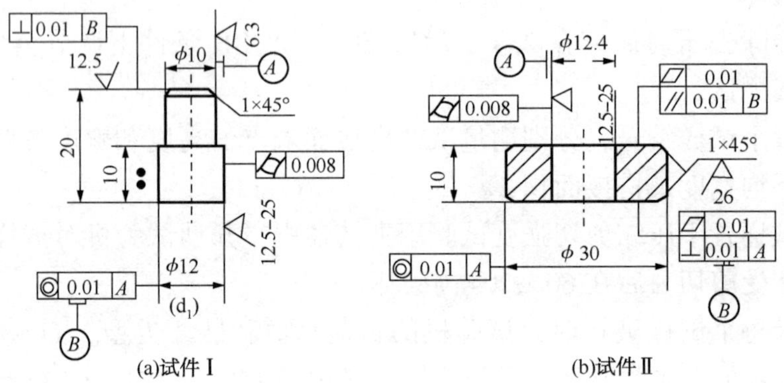

(a)试件Ⅰ　　(b)试件Ⅱ

图 11-7　试件图

4. 测试步骤

（1）除有特殊规定外，试验环境温度在 18～32℃、湿度小于 75%；

（2）将试样在测试环境下停放不少于 0.5h；

（3）测试时，试验机以 10mm/min 的速率加载，并保持试样的轴线与加载方向一致，为使试件Ⅰ便于下落。

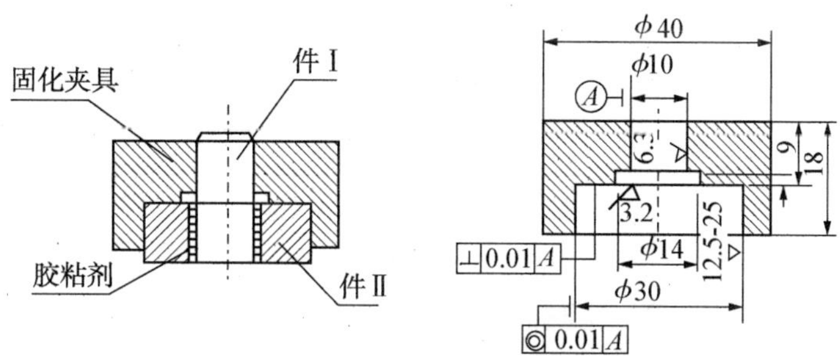

图 11-8　试样固化和固化夹具

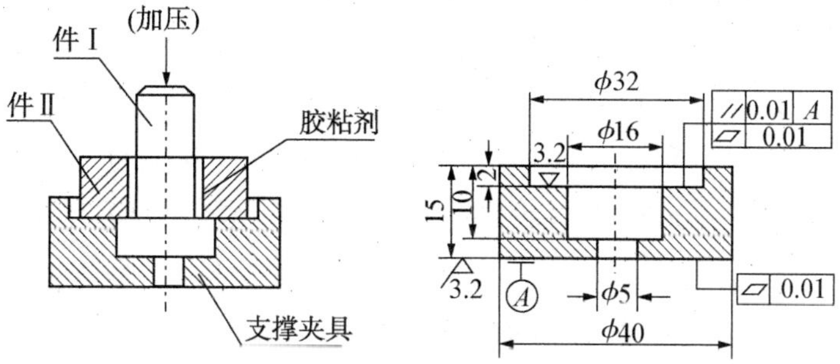

图 11-9　试样支撑和支撑夹具

（4）记录每个试样的破坏类型，如粘附破坏、内聚破坏、混合破坏或被粘物破坏等。

5. 结果表述

（1）套接压缩剪切强度按照下面公式计算：

$$\tau = \frac{2P}{\pi(d_1+d_2)l} \tag{11-6}$$

式中　τ——套接压缩剪切强度，MPa；

P——压缩剪切破坏时的最大载荷，kN；

d_1、d_2、l——试件图中相应标号的实测值。

（2）试验结果用套接压缩剪切强度的平均值，按照下面的公式计算：

$$\overline{X} = \frac{\sum_{i=1}^{n} X_i}{n} \tag{11-7}$$

式中　$\overline{X}$——平均套接压缩剪切强度，MPa；

X_i——第 i 个试样的套接压缩剪切强度测量值，取 3 位有效数字，MPa；

n——试样的数量。

（3）在测定标准偏差以及变异系数时，按下面的公式计算：

$$S=\sqrt{\frac{\sum_{i=1}^{m}(X_i-\overline{X})^2}{m-1}} \tag{11-8}$$

$$C_v=\frac{S}{\overline{X}} \tag{11-9}$$

式中 S——套接压缩剪切强度的标准偏差；

M——不超差的试样数量；

C_v——套接压缩剪切强度的变异系数。

（四）方法四：剪切强度（轴和套环试验法测定）

用于轴-套环型的圆柱形组装件的固持或螺纹紧固件的锁固和密封的厌氧胶粘剂剪切强度的测定需要使用轴和套环试验法，其他胶粘剂也可参照此方法进行；本试验的目的在于胶的评定和质量控制，其结果不一定反映所使用材料的性能。方法可参见 GB/T 18747.2—2002《厌氧胶粘剂剪切强度的测定（轴和套环试验法）》。

1. 原理

测量固定金属轴和金属套环之间形成的粘接破坏所需要的剪切力，根据此力计算静态剪切强度。

2. 设备

（1）多用途试验机，在测试样品时，使其在 10%～80%的刻度范围内使试件产生破坏，试验机的响应时间应足够的短，从而不至于影响试件破坏瞬间所加力的测量精度。仪表显示的力值与实际所加的力值的偏差不应大于 1%；试验机应有一个能直接或间接施加压力的系统，图 11-10 是一个用在试验机上的试件夹具示意图。

（2）试验支座由淬火钢制成，用来将试件放置在试验机上，如图 11-11 所示。

（3）试件固化支架如图 11-12 所示。

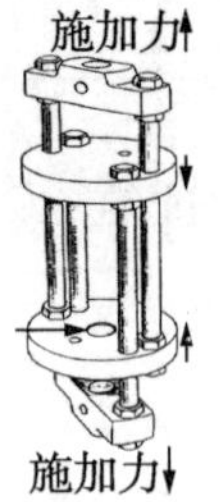

图 11-10 试件夹具

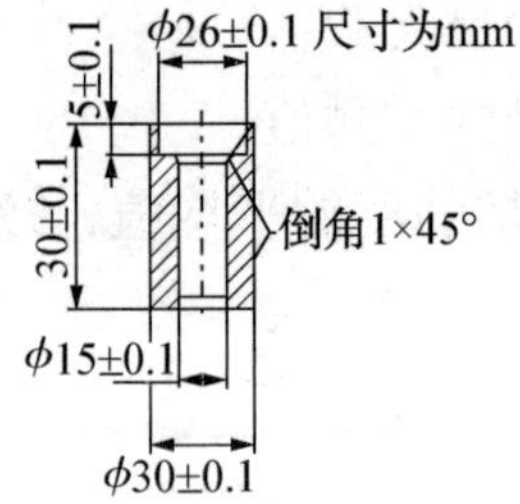

图 11-11 试件支座

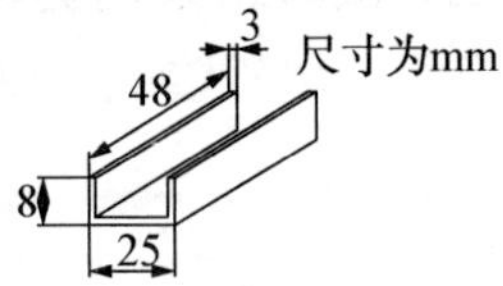

图 11-12 试件固化支架

3. 试样

（1）每个组装件均由一个直径为 $12.575_{-0.025}^{0}$ mm 轴和一个内径为 $12.700_{0}^{+0.025}$ mm，厚度为 11.1mm±0.05mm 的滑动套环组成。如图 11-13 所示，轴和套环的配合表面均应达到粗糙度为 0.8~1.6μm，所用材料应在试验报告中说明。

(2)将轴和套环在许可的清洗介质中加以清洗，去除油脂，也可蒸汽脱脂。脱去油脂后的轴和套环，存放在室温干燥器中并保持干净，并在 4 天内使用，过期应弃之(因过期后发生氧化将影响试验结果)。除非对测试有特殊要求，否则不能对轴和套环活化或处理，如果已进行处理，应在试验报告中说明。

(3) 除非另有规定，试样应在 GB/T 2918 标准规定的标准环境下进行状态调节和试验，推荐的标准环境为 23℃±2℃、50%±5%RH，状态调节的时间不少于 2h。

(4) 在施胶前预先组装轴和套环，确保平滑的配合。卸下套环，在每个轴的表面涂上足量的胶，从一端开始完全覆盖至长度相当于对应套环厚度的最终位置，在套环内壁上也涂上足量的胶，以使其完全被覆盖，使套环在整个轴的长度上滑动，并使之作螺旋式的前后转动(此过程不要超过 6s)。

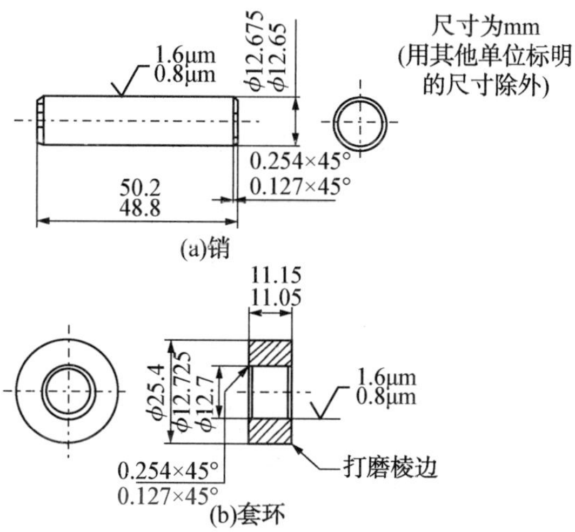

图 11-13　销和套环组件

(5) 把组装件放在固化支架上，缘条朝上，以免套环滑出粘接部位。务必使固化支架处于要求的温度之下，勿置于冷或热的表面上。套环的前沿应有多余的胶液，若无则应施加足量的胶粘剂形成溢胶。

(6) 在施胶前，可以使用由生产厂推荐的活化剂。如果使用了活化剂，把组装件放在固化支架上，使缘条朝上，并用干净的布仔细地擦去套环前沿多余的活化剂。

(7) 按照生产厂的说明固化胶粘剂。

4 测试步骤

在完成固化及环境调节之后，将轴和套环组装件放入钢制试件支座内，并将支座放在试验装置上，如图 11-14 所示。以一个恒定位移速率(1~2mm/min)，给试件平稳的加载压力，记录下最大载荷。

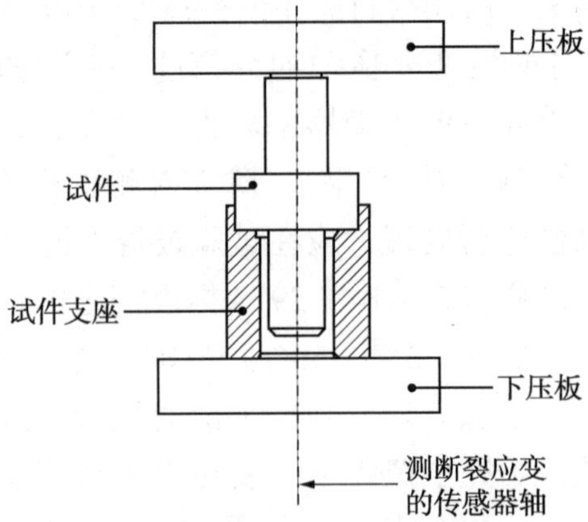

图 11-14　试验装置

5. *结果表述*

按下面的公式计算静态剪切强度：

$$\tau = \frac{F}{S} \tag{11-10}$$

式中　τ——静态剪切强度，MPa；

F——最大载荷压力，N；

S——胶接面积，mm^2。

第四节　剥离强度

剥离强度是在规定的剥离条件下，使粘接试样分离时单位宽度所能承受的载荷，用 kN/m 表示。

剥离强度是反映胶粘剂粘接能力的主要指标，可以衡量粘接接头抵抗裂缝扩展的能力。在挠性材料对刚性材料的粘接中，通常需要评价其剥离强度。

胶粘剂剥离强度测试又分为挠性材料对挠性材料的剥离，以及挠性材料对刚性材料的剥离。其中，挠性材料对刚性材料的剥离最为常见。挠性材料对挠性材料的剥离测试通常使用 T 型剥离；挠性材料对刚性材料的剥离根据剥离方向(角度)不同分为浮辊法(<90℃)、90°剥离及 180°剥离。

(一) 方法一：T 型剥离强度(挠性材料对挠性材料)

挠性材料和挠性材料粘合的胶接试样 T 剥离试验方法可参见 GB/T 2791《胶粘剂 T 剥离强度试验方法挠性材料对挠性材料》进行。

1. *原理*

挠性材料对挠性材料胶接的 T 剥离试验是在试样的未胶接端施加剥离力，使试样沿着胶接线产生剥离，所施加的力与胶接线之间角度可不必控制。

2. 设备

1）拉伸试验装置

具有适宜的负荷范围，夹头能以恒定的速率分离并施加拉伸力的装置，该装置应配备有力的测量系统和指示记录系统，力的示值误差不超过 2%。

2）夹头

夹头能牢固地夹住试样，如图 11-15(b)所示。

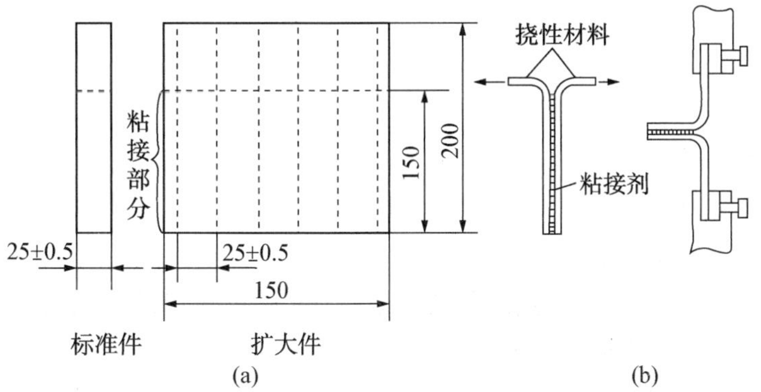

图 11-15　挠性材料与挠性材料粘接件 T 剥离试验

3. 试样

1）被粘材料

挠性材料的厚度要以能承受预计的拉伸力为宜，厚度要均匀，不超过 3.0mm，并能承受剥离弯曲角度而不发生裂缝，其尺寸要精确的测量并记入试验报告。除另有规定，试样尺寸长为 200mm，宽为 25mm±0.5mm，见图 11-15(a)。

2）试样制备

按胶粘剂的产品说明书进行试样的表面处理和使用胶粘剂，在每块被粘试片的整个宽度上涂胶，涂胶长度为 150mm。

按胶粘剂生产厂推荐的方法胶接被粘试片并使胶粘剂固化。制备试样如需加压，应在整个胶接面上施加均匀的压力，推荐施加压力可达 1MPa。为了在整个胶接面上得到均匀的压力分布，压机平板应该是平行的，若做不到，就应该在压机平板上覆盖一块有弹性的垫片，垫片厚度为 10mm，邵氏 A 硬度约为 45，此时施加压力可达 0.7MPa。

4. 测试步骤

(1) 试样应在 GB/T 2918 中规定的标准环境中进行状态调节和试验，试样进行状态调节的时间不应少于 2h。

(2) 将挠性试样未胶接的一端分开按图 11-15(b)所示对称地夹在上下夹持器中，夹持部位不能滑移，以保证所施加的拉力均匀地分布在试样的宽度上，开动试验机使上下夹持器以 100mm/min±10mm/min 的速率分离。试样剥离长度至少要有 125mm，记录装置同时绘出剥离负荷曲线，并注意破坏的形式，即粘附破坏、内聚破坏或被粘物破坏。

5. 结果表述

对于每个试样从剥离力和剥离长度的关系曲线上测定平均剥离力，以 N 为单位。计算剥离力的剥离长度至少要 100mm。但不包括最初的 25mm，可以用一条估计的等高线或用测面积法来得到平均剥离力。如果需要更准确的结果，还可以使用其他适当的方法。

记录下在这至少 100mm 剥离长度内的剥离力的最大值和最小值，并计算相应的剥离强度值。

$$\delta_{T}=\frac{F}{B} \tag{11-11}$$

式中 δ_T——剥离强度，kN/m；

F——剥离力，N；

B——试样宽度，mm。

计算所有试验试样的平均剥离强度，最小剥离强度和最大剥离强度。

(二) 方法二：剥离强度(浮辊法)

刚性金属被粘物与挠性金属被粘物之间的剥离力由于剥离方向(角度)不同，剥离力不同，如要测量剥离方向(角度)<90°时的剥离力时，可使用浮辊法测定。浮辊法测定胶剥离强度是一种规定的试验条件下的高强度胶的剥离强度的测试方法。

1. 原理

在规定的试验条件下测量 2 个相互胶接的金属被粘物的试样沿着胶接线逐渐分离的单位宽度上所需的平均力，以 kN/m 表示。

2. 设备

1) 拉伸试验装置

拉伸试验装置具有适宜的负荷范围，夹头能以恒定的速率分离并施加拉伸力。该装置应配备有效的测量系统和指示记录系统，力值精确至±2%。该装置应配备适当的自校准型夹头，夹头应能牢固地夹在挠性被粘物外端部 25mm 处，夹头和剥离试验夹具应能在受力时与试样同时移动，以便试样中的挠性体与通过剥离夹具装置中心线索施加的拉力的方向一致。

2) 剥离试验夹具

支承试样的夹具如图 11-16 所示，夹具上端与试验机上夹头相联，剥离试验夹具上辊轴直径为 25mm，辊轴两端应由轴承组成，并可自由转动。

3. 试样

(1) 试样尺寸见图 11-17，试样可单独制备或从试板上切取。试板与单个试样均由两块被粘物经适当处理后胶接在一起组成。

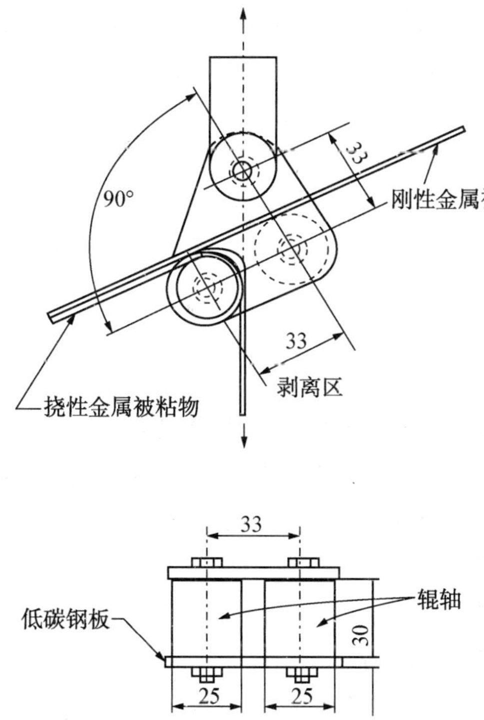

单位:mm

图 11-16　支承试样的剥离试验夹具

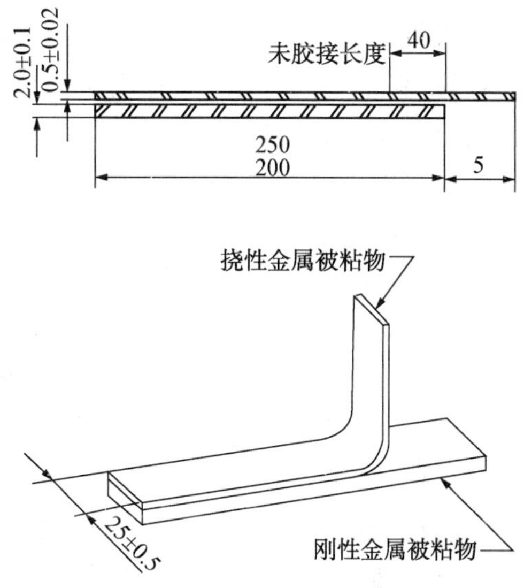

单位:mm

图 11-17　试样

（2）要进行表面处理以获得胶接件最佳强度，表面处理可按胶粘剂生产厂的说明书进行，并在试验报告中说明；应按胶粘剂生产厂的推荐的方法使用胶粘剂，以便获得最佳的胶接效果并且偏差最小。

（3）挠性被粘物的厚度为 1.5mm±0.02mm，刚性被粘物的厚度为 2mm±0.1mm。

（4）试样如从胶接试板上切下时应尽可能减少切削热及机械力对试验结果的影响。试样宽度为 25mm(优选宽度)；试验装置可以采用的其他合适的宽度；并在试验报告中注明。

（5）挠性被粘物的未粘接端应能弯曲至垂直于刚性被粘物，以便试验机的夹头夹牢。

（6）除非另有规定，试验样品的数量不少于 5 个。

4. 测试步骤

（1）试样应在 GB/T 2918 中规定的标准环境中进行状态调节和试验，试样进行状态调节的时间应不少于 0.5h。

（2）把试样插入剥离夹具中，将挠性被粘物未胶接的端部夹入试验机的下夹头中，除非另有规定，夹头的分离速率为 100mm/min±5mm/min，如果试验过程中的刚性被粘物弯曲或变形，建议重新设计试样，使刚性被粘物有足够的刚度以保证剥离试验顺利进行。

(3) 剥离试验中自动记录力与试验机夹头移动距离的关系曲线(力与剥离长度的关系曲线)，不计最初剥开的25mm长度，至少要剥开115mm的长度。

(4) 如果破坏发生在图11-19所表示的剥离区域外，则结果不计。

5. 结果表述

从自动记录曲线中在有效剥离长度至少为115mm(除去首先被剥开的25mm和末端的20mm)的范围内，算出试样单位宽度的平均剥离力，用kN/m表示。从曲线中测定平均剥离力可采用下列方法中的一种：

(1) 求积仪法；

(2) 称量法；

从记录纸上剪下剥离曲线和基线(横坐标)所围绕的那部分并称出质量，用此值除以事先测得的每单位面积记录纸的质量，得出剪下部分的面积，用剪下部分的面积除以剪下部分的基线长度就可以得出曲线的平均高度，以此计算出平均剥离力。

(3) 用直尺划一条通过剥离曲线的估计的等高线，

此外还要记录每个试样的最大和最小剥离力。

(三) 方法三：180°剥离强度(挠性材料对刚性材料)

挠性材料对刚性材料粘合的胶接试样的180°剥离试验是最常用的剥离强度试验方法；方法用于测定由两种被粘材料(一种是挠性材料，一种是刚性材料)组成的胶接试样在规定条件下，胶粘剂抗180°剥离性能。

1. 原理

两块被粘材料用胶粘剂制备成胶接试样，然后将胶接试样以规定的速率从胶接的开口处剥开，两块被粘物沿着被粘面长度的方向逐渐分离，通过挠性被粘物所施加的剥离力基本上平行于胶接面。

2. 设备

1) 拉伸试验装置

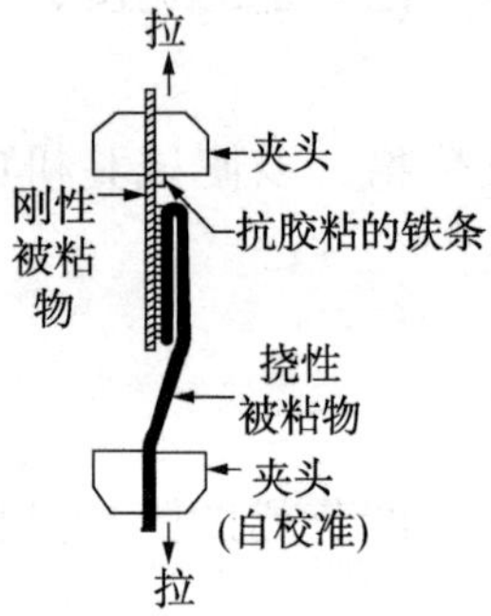

图11-18 挠性材料和刚性材料粘合的胶接试样的180°剥离试验示意图

具有适宜的负荷范围，夹头能以恒定的速率分离并施加拉伸力的装置，该装置应配备有力的测量系统和指示记录系统。力的示值误差不超过2%。整个装置的响应时间应足够的短，以不影响测量的准确性为宜，即当胶接试样破坏时，所施加的力能被测量到。试样的破坏负荷应处于满标负荷的10%~80%。

2) 夹头

夹头之一能牢固的夹住刚性被粘物，并使胶接面平行于所施加的力。另一个夹头则如图11-18所示，能固定住挠性被粘物，此夹头属自校准型，因此施加的力平行于胶接面，并与拉伸试验装置的传感器相联。

3. 试样

1）试样要求

被粘材料的厚度要以能经受住所预计的拉伸力为宜，其尺寸要精确地测量并写入报告。

刚性被粘试片宽为 25mm±0. 5mm，除非另有规定，长为 200mm 以上的长条；挠性被粘试片能弯曲 180°而无严重的不可恢复的变形，除非另有规定，挠性被粘试片的长度不小于 350mm，而它的宽度应为：

① 边缘不磨损材料与刚性被粘试片的宽度相同；

② 边缘是磨损材料，如棉帆布，试片两边比刚性被粘试片各宽 5mm。

2）试样制备

（1）按胶粘剂的产品说明书进行试样的表面处理和使用胶粘剂，在每块被粘试片的整个宽度上涂胶，涂胶长度为 150mm。

（2）按胶粘剂生产厂推荐的方法胶接被粘试片并使胶粘剂固化。

（3）制备试样如需加压，应在整个胶接面上均匀的施加压力，推荐施压可达 1MPa，最好配备有定时撤压装置，为了在整个胶接面上得到均匀的压力分布，压机平板应是平行的，如做不到就应当在压机平板上覆盖一块有弹性的垫片，此垫片厚度约为 10mm，邵氏 A 硬度为 45，此时建议施加压力可达 0. 7MPa。

（4）试样制备的另一方法是将两块尺寸适宜的板材胶接成扩大试样件，然后再将试样从扩大试样件上切下，切下的应尽可能减少切削热及机械力对胶接缝的影响，必须去除扩大试样件上平行于试样长边的最外面的 12mm 宽的狭条部分。

（5）测定试样胶粘剂层的平均厚度。

3）试样的数量

每个批号试样的数目应不少于 5 个。

4. 测试步骤

（1）试样应在 GB/T 2918 中规定的标准环境中进行状态调节和试验，试样进行状态调节的时间不应少于 2h。

（2）将挠性被粘试片的未胶接的一端弯曲 180°，将刚性被粘试片夹紧在固定的夹头上而将挠性试片夹紧在另一夹头上。注意使夹头间试样准确定位，以保证所施加的拉力均匀的分布在试样的宽度上（见图 11-18），开动机器，使上下夹头以恒定的速率分离。夹头的分离速率为 100mm/min±10mm/min，采用其他速率由供需双方协商。记下夹头的分离速率和当夹头分离运行时所需受到的力，最好是自动记录。继续试验，直到至少有 125mm 的胶接长度被剥离。注意胶接破坏的类型，即粘附破坏、内聚破坏或被粘物破坏。

5. 结果表述

对于每个试样，从剥离力和剥离长度的关系曲线上测定平均剥离力，以 N 为单位。计算剥离力的剥离长度至少要 100mm，但不包括最初的 25mm，可绘制一条估计的等高线（见图 11-19）或用测面积法来得到平均剥离力，如果需要更准确地结果，还可以使用其他适当的方法。记录下在这至少 100mm 剥离长度内的剥离力的最大值和最小值，计算相应的剥离强度值。

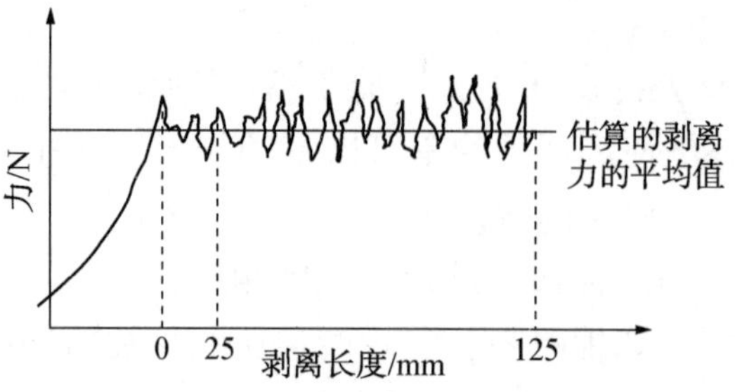

图 11-19　典型的剥离力曲线

$$\delta_{180^\circ}=\frac{F}{B} \tag{11-12}$$

式中　δ_{180°——180°剥离强度，kN/m；

F——剥离力，N；

B——试样宽度，mm。

计算所有试样的平均剥离强度、最小剥离强度和最大剥离强度，以及它们的算术平均值。

（四）方法四：冲击剥离强度

胶粘剂的金属-金属粘接试样的冲击剥离强度的测定可用楔性物法进行测定。方法参见标准 ISO11343：2003《胶粘剂在冲击条件下高强度胶粘剂耐动态劈裂的测定　楔形物冲击法》。

1. 原理

测定两个金属被粘物之间的平均冲击剥离强度，以力或能量的形式表示。用高速移动的楔性物冲击被粘物，使被粘物产生分离。

2. 设备

1）冲击试验机

冲击试验机的冲击能量至少为 50J，最好能到 300J，冲击速度至少为 3m/s，最好能到 5.5m/s。冲击试验机带有夹具，夹具用来固定金属被粘物，金属被粘物的一端开 8mm 的预留孔，通过硬质钢螺栓穿过夹具和预留孔将被粘物固定在合适的位置，并夹紧组装在一起。冲击试验机配备一个能够在冲击事件中记录并存贮剥离力大小的传感器，以时间或位移的函数形式表示。该传感器的响应时间至少比冲击事件发生时间小一个数量级。冲击试验机要配备微处理器/计算机进行必要的计算。图 11-20 所示为落锤式冲击试验机；图 11-21 所示为摆锤式冲击试验机。

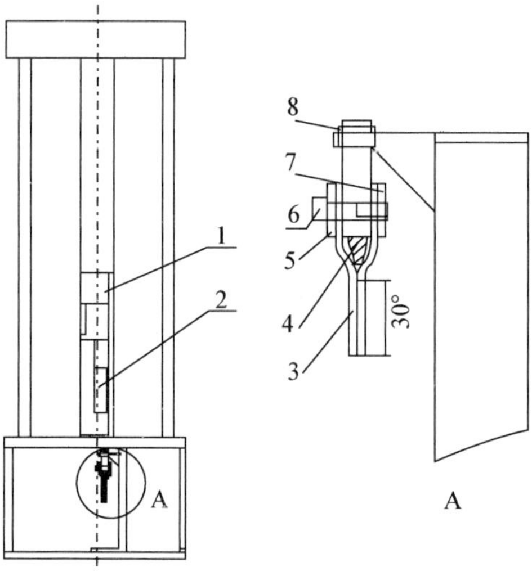

图 11-20　落锤式冲击试验机

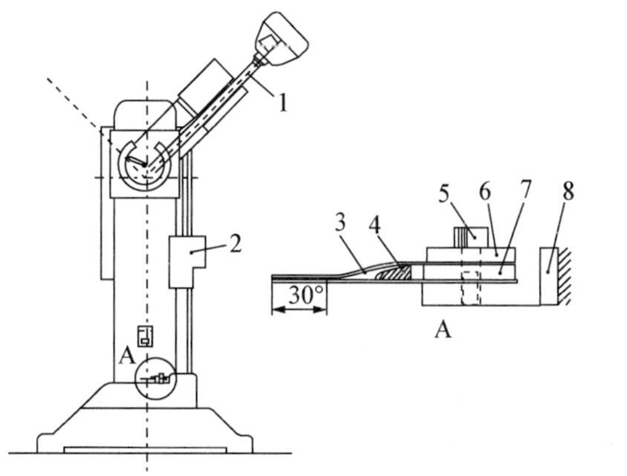

图 11-21　摆锤式冲击试验机

2）测试楔形物

测试楔形物由硬质钢制成，用来剥离试样。如图 11-22 和图 11-23 所示，分别为对称和非对称楔形物。

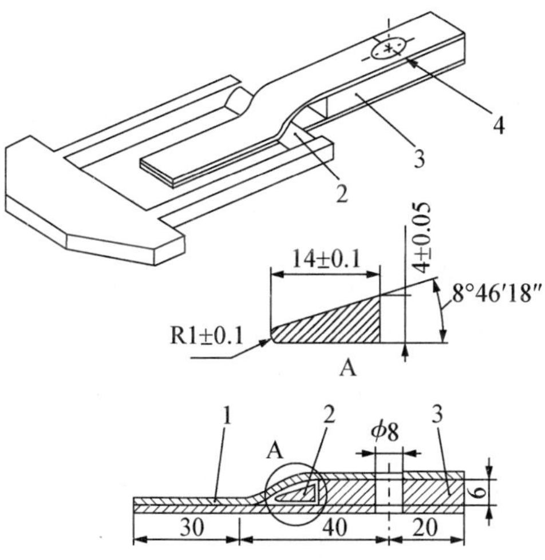

图 11-22　对称楔型物

1—试样；2—楔形物；3—垫片；4—螺栓孔

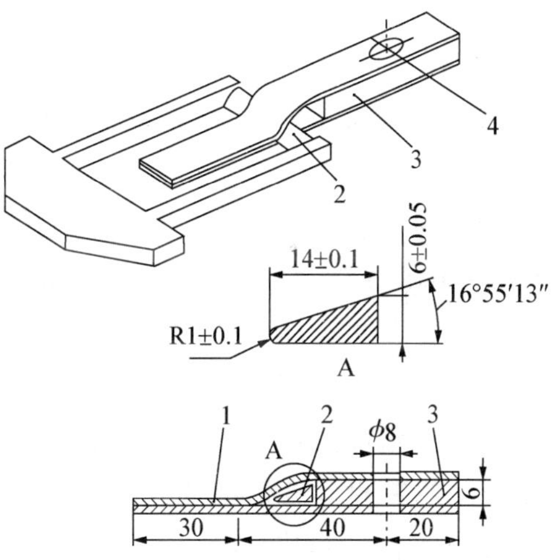

图 11-23　非对称楔型物

1—试样；2—楔形物；3—垫片；4—螺栓孔

楔形物固定于支撑框架上，支撑框架在冲击方向可以自由移动，在支撑框架上施加冲击力，使其拉动粘接接头处。支撑框架可以某一方向自由移动，在测试过程中楔形物与粘接接头接触。楔形物的角度、前沿半径和最大深度决定了剥离的难易程度。每次测试前应维护和检查楔形物的表面状态和清洁度，因为过度摩擦会增加能量消耗。

图 11-24 显示了落锤式冲击试验机冲击头的移动轨迹，楔形物和测试试样的位

置。图 11-25 显示了摆锤式冲击试验机冲击头的移动轨迹，楔形物和测试试样的位置。

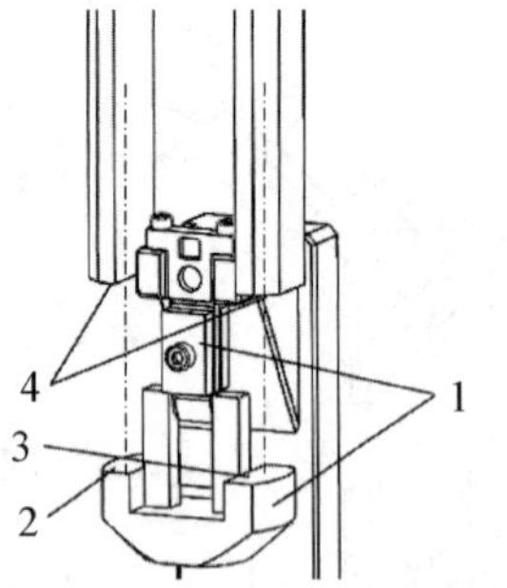

图 11-24　落锤冲击试验示意图

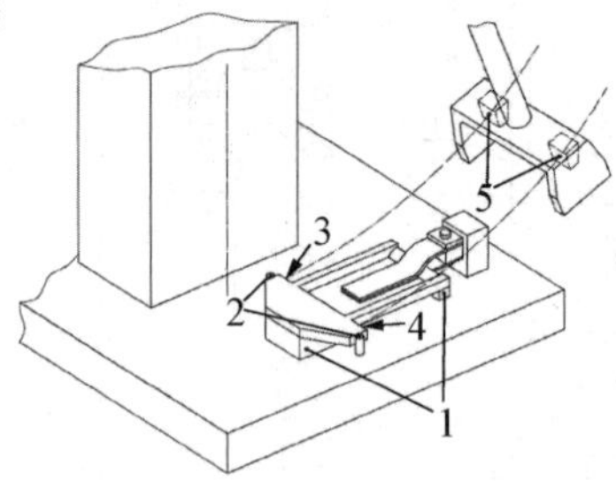

图 11-25　摆锤冲击试验示意图

3）厚度测量装置

厚度测量装置的精度为±0. 01mm。

4）楔形物支架

楔形物支架，具有两条平行的钢筋，钢筋的一端和楔形物固定，另一端和钢横梁(平行于楔形物)固定，钢横梁用于接收冲击。钢筋的截面为宽 6. 0~6. 5mm，高 4. 5~5. 0mm。组合件总质量为 820g±5g。

3. 试样

(1) 试样尺寸分别如图 11-22 和图 11-23 所示，由两个被粘物粘合在一起所组成。

(2) 为了获得一致的结果，粘接前应进行表面处理。表面制备应满足 GB/T 21526—2008《结构胶黏剂粘接前金属和塑料表面处理导则》。有时出于测试的目的，需要被粘物表面有污染物(如油渍)，应该用同样的方式处理以确保试样之间的一致性。为了获得最佳的粘接效果，胶粘剂的使用应根据制造商的规定来操作。

(3) 被粘物选择工业制造有代表性的金属片，可以为铝合金或钢，厚度为0. 6~1. 7mm。如果两个被粘物厚度或弹性模量不同，应采用非对称楔形物，具有较高的弹性模量或更厚的被粘物一面与楔形物底部平坦面接触。如果两个被粘物完全相同，应采用对称楔形物。

(4) 试样应该分别制备，宽度为 20mm 或任意合适的宽度并在报告中列出。

(5) 将被粘物预先弯曲成图 11-22 和图 11-23 所示楔形的形状，使其可以夹紧在试验机的夹具上。当使用非对称的楔形物时，只需将上面、低模量的被粘物进行弯曲。

(6) 被测试试样数量应为 5 个或 5 个以上。

(7) 固化后粘接层的厚度至少测量 5 次，精确到 0. 01mm。最大胶层厚度为 2mm，超过 2mm 的试样弃用。

（8）试样应置于 GB/T 2918 规定的标准实验室的环境中测试。

4. 测试步骤

（1）如图 11-22 和图 11-23 所示，将试样插入楔形测试夹具，未粘接端留有足够的间隙。组装测试夹具，手工拧紧试样固定螺栓，再使用适当的工具拧紧四分之一圈。选择指定的冲击速度（被粘物为铝合金时为 3m/s，为钢时为 2m/s）。选择指定的温度，将试样在该温度下稳定一段时间后再进行测试。

（2）在冲击事件中，传感器的信号自动被微处理器检测并记录；力-时间（或力-位移）数据随后分别被记录。

（3）如果夹紧被粘物的螺栓孔被拉长或某一侧被粘物的螺栓孔损坏，结果要弃用。这表明施加的夹紧压力不足，需要调整。

5. 结果表述

根据冲击事件记录的力-时间（或力-位移）数据计算平均剥离力，忽略曲线的前 25%和后 10%。平均剥离力除以试样宽度得到的数值即为冲击剥离强度，单位为 kN/m。如果被测试试样产生的剥离力的曲线十分不规则，结果要弃用。使用计算机，对力-时间（或力-位移）曲线的前 25%至后 10%部分的数据进行积分，从而计算出冲击产生的能量，单位为 J。

第五节　劈裂强度

对于刚性材料与刚性材料粘接，除使用剪切强度、冲击强度表示胶及其粘接强度外，有时还使用劈裂强度来表示。

劈裂强度近于刚性对刚性下的剥离强度，但又不完全相同。剥离强度是测试单位粘接宽度下的剥离力，与试验过程中粘接的长度无关，而劈裂强度测试结果受粘接面的长度影响，测试报告应该注明粘接面大小。

劈裂强度试验试样为对接结构，在试样的胶接面边缘施加于胶接面垂直的拉力，测定试样被分离时所承受的最大载荷。每单位胶接宽度所需的分离力为胶粘剂的劈裂强度。

方法参考 GB 7749—1987《胶粘剂劈裂强度试验方法（金属对金属）》。

（一）设备

（1）使用的试样机应使试样的破坏载荷在满标负荷的 15%～80%，试验机力值得示值误差应不大于 1%；

（2）试验机应配备一副自动调心的试样夹持器，加载时使力线与试样的胶接面垂直；试验机应保证试样夹持器的移动速度在 5mm/min±1mm/min 内保持稳定。

（3）胶接试样的夹具应保证胶接后的试样符合条款 4 的要求。

（二）试样

（1）胶接标准试样的金属块形状和尺寸如图 11-26 所示；金属块的胶接面应平

整，不应有弯曲、歪斜等变形；胶接面应无毛口，边缘保持直角。

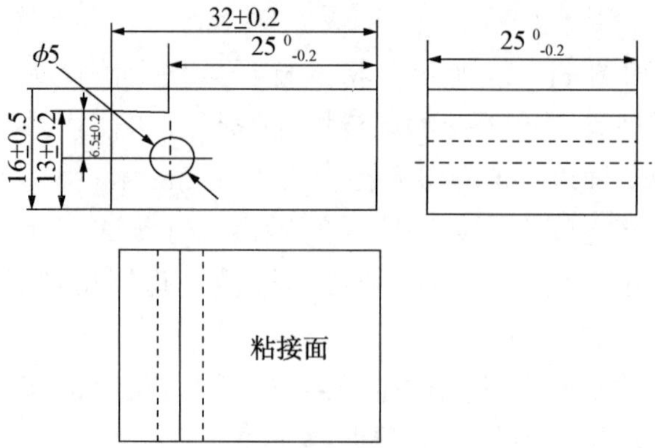

图 11-26　金属块试样

（2）推荐采用 LY12 铝合金、45 碳钢、H62 黄铜等金属材料；

（3）常规试验，试样数据应不少于 5 个，仲裁试验，试样数量应不少于 10 个；

（4）金属块可以重复使用，但胶接面上的胶层要完全清除，胶接面需要重新处理，必要时胶接面应作修整；

（5）胶接试样应适用适宜的夹具，以保证金属块精确的定位和正确的胶接；

（6）胶接时胶接面的处理、胶接工艺、固化条件等均应按胶接的使用要求进行。

（三）测试步骤

（1）测试条件

① 试样制备后到测试的最短时间为 16h，最长时间为 1 个月；

② 试验应在 23℃温度条件下进行、仲裁试验以及对温度、湿度敏感的胶粘剂应在温度 23℃ ± 2℃、相对湿度 45% ~ 55% 的环境中进行；

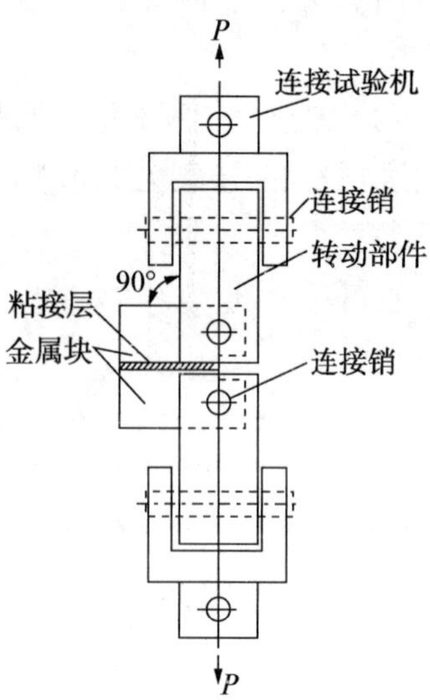

图 11-27　试样夹持器

③ 对仅有试验环境温度要求的测试，测试前试样在环境温度下的停放时间应不少于 0. 5h，对有试样环境温度和相对湿度要求的测试，测试前试样在试样环境下的停放时间应不少于 16h。

（2）测试步骤

① 把试样装入试验机的上下夹持器中，如图 11-27 所示。

② 开动试验机，使夹持器以 5mm±1mm 的移动速度对试样加载，记录试样劈裂破坏的最大载荷和及胶接破坏的类型(内聚破坏、粘附破坏、接触破坏) 和百分率。

（四）结果表述

（1）胶粘结的劈裂强度按下式进行计算：

$$C_\delta = \frac{P}{B} \tag{11-13}$$

式中 C_δ——胶粘剂劈裂强度，kN/m；

P——试样劈裂破坏的最大载荷，kN；

B——试样宽度，mm。

（2）试验结果以劈裂强度的算术平均值、最高值、最低值表示，取三位有效数字。

第六节 冲击强度

冲击强度是粘接试样承受冲击载荷而破坏时，单位粘接面所消耗的最大功。用 J/m^2 表示。冲击强度是反映胶粘剂承受冲击载荷的能力，反映了胶粘剂的韧性大小。

胶粘剂冲击强度可分为剪切冲击强度及弯曲冲击强度，剪切冲击强度是常用的试验方法，两种不同冲击试样块见图 11-28 和图 11-29。

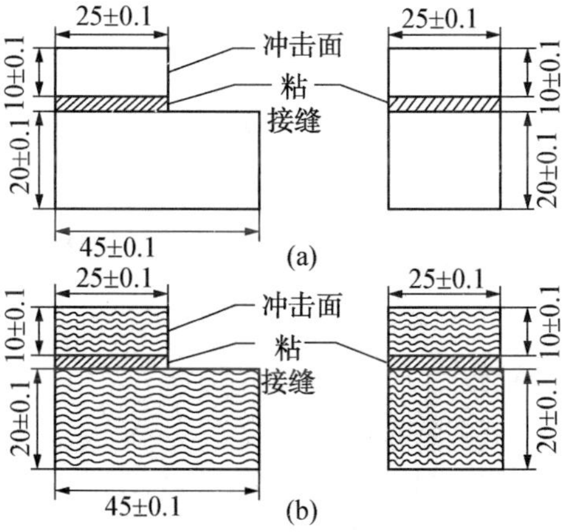

图 11-28 剪切冲击试样

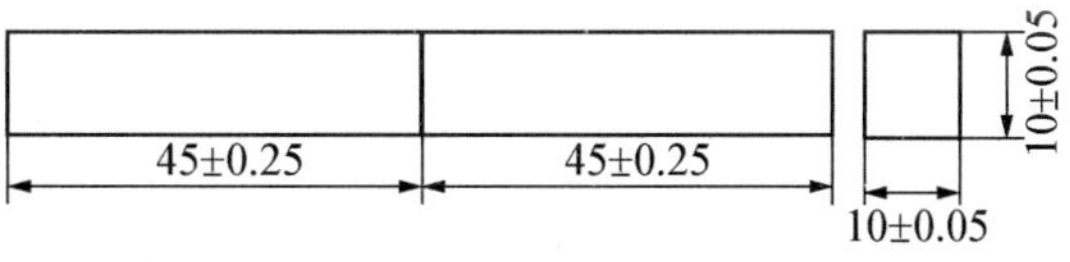

图 11-29 弯曲冲击试样

冲击试样有木质-木质、金属-金属及塑料-塑料，金属-金属是典型的冲击试样。对于木材对木材的冲击试样，上下两块木纹方向要一致，且与冲击方向保持一致，试验用木材要平整，无节疤、开裂。测试方法可参考 GB/T 6328—1999《胶粘剂剪切冲击强度试验方法》，还有美国 ASTM D950、日本 JIS K6855 等。

冲击试验的破坏形式同样反映胶承受冲击负荷的能力，试验需要记录并在报告中注明。对于金属-金属的胶粘，破坏形式有内聚破坏、粘附破坏和接触破坏，如果试验为接触破坏需要记录接触破坏的百分比；对于木质-木质的胶接，破坏形式有木质的损坏、粘附破坏和接触破坏，如果试验为接触破坏需要记录接触破坏的百分比。

下列方法为使用摆锤式冲击试验机在木质-木质、金属-金属试样上进行的剪切冲击强度试验方法，方法参考 GB/T 6328。

(一) 设备

(1) 摆锤式冲击试验机的摆锤中级速度为 3.4m/s；摆锤的锤面应该是平的，并且要比被冲击的试样稍宽，达到完全碰撞。

(2) 试样的固定装置见图 11-30。图示的固定装置不适用于所有的剪切冲击试验机，固定夹具的尺寸和设计可根据试验机的不同而变化。固定装置可由钢制成，用螺丝固定于试验机的底座上，角上应钻孔，使试样完全镶于固定装置的支承端面上，同时固定装置也应有螺丝将试样固定住，当使用非金属被粘物时，螺丝前应垫有金属片，此固定装置应保证试样在摆锤达到最大速度时受到撞击。

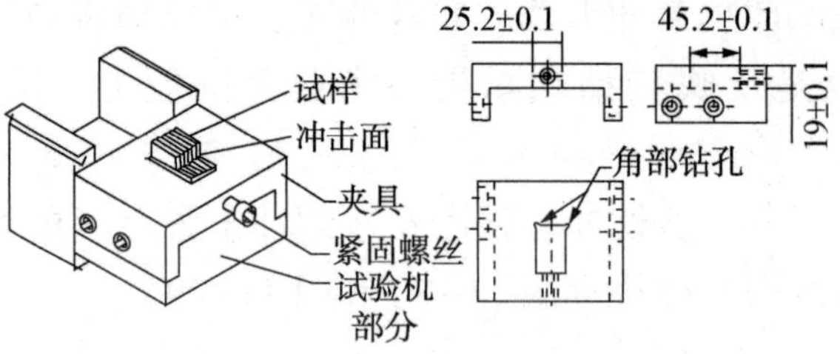

图 11-30　固定装置

(3) 夹具及调节。固定装置在试验机摆锤冲击下影保持稳固，不移动，试样与固定装置的高度应确保冲击时摆锤的下端尽量贴近于胶粘边缘，最好在 0.8mm 内；通常试验机夹具顶端到摆锤底部的距离为 22mm，试样的合适高度可以通过试样在夹具中的位置调节。

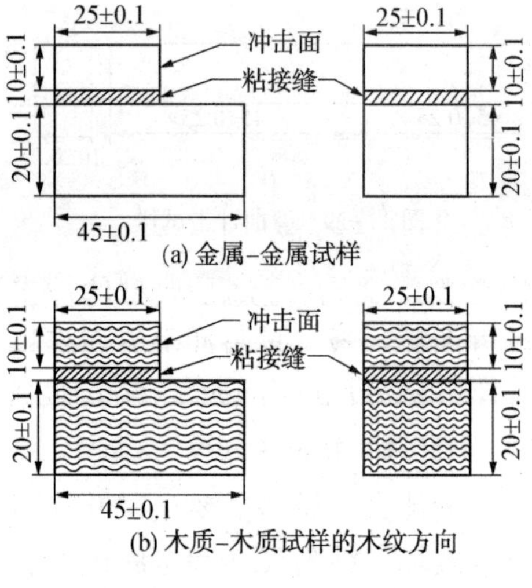

图 11-31　剪切冲击试样块

(二) 试样

1) 金属-金属试样

金属-金属试样采用的尺寸见图 11-31 (a)。如果此尺寸的试样在所用的试验机上不能断裂，那么 25mm×25mm 的一面可缩小，而 25mm×45mm 的那一面保持不变，其具体尺寸和胶粘面积应在试验报告中记录清楚。试样的尺寸应能保证试样受到摆锤中心部分的冲击，试样被冲击面应保证有平面性，垂直于胶粘面，平行于摆锤冲击面。至少 10 个试样为一组进行试验。

2）木质-木质试样

木质-木质的试样的尺寸见图 11-31(b)。被粘木块尺寸为 10mm×25mm×25mm 和 20mm×25mm×45mm，沿着木纹方向(也就是长度方向)进行剪切试验。木块最小密度为 0.65g/cm^3，此密度是通过烘干后的质量与体积测出的。至少 20 个试样为一组进行试验。

3）试样的制备

① 金属试样粘接面的处理应按照生产厂规定进行；两块木质试样的木纹应保持一致，且平行于粘接线。如果所用木块的木纹上带有斜坡，那么木块的安装方法是使木纹面向粘接缝。这样木块的损坏将向着粘接缝开始，为保证试样在夹具里的恰当位置，余胶应擦净。

② 为了保证冲击有效，木块冲击面上的余胶应清楚干净。

（三）测试步骤

（1）金属试样之间的粘接可不做预先状态调节，除生产厂或订购方另有规定外，按 3(5)~3(6) 条进行试验；

（2）木质试样应在室温为 23℃±2℃、相对湿度 50%±5%的条件下放置 7d，或在较短的周期内试样达到平衡，质量无进一步变化；

（3）具体状态调节步骤可由生产厂和用户之间协商进行；

（4）试验最好在 3(2) 条规定的状态调节周期后就进行，在试验环境中，在规定的条件下，木质试验的水分含量在整个试验周期内无明显影响；

（5）把试样放入试验机中固定，把试样端面大对着固定装置的支承面，把试验机摆锤架轻轻靠在样品上，调整定位器，使摆锤面与试样冲击面对准；

（6）把摆锤提到规定的高度，使摆锤落下冲击试样，则试样消耗的能量可直接读出；

（四）数据记录

（1）记录试样损坏所消耗的能量，用 J 表示；

（2）记录试样的粘胶面积。

（五）结果表述

剪切冲击强度的值，按试样冲击破坏过程中所消耗的质量，除以试样粘接面积，用 J/m^2 表示，精确至 100J/m^2。

第七节　疲劳性能

许多用胶粘接的结构件，需要承受动态载荷，因此对用胶粘接的重要的结构件需要测定动态载荷下的疲劳性能。

疲劳强度试验是指在给定条件下，对试样重复施加一定负荷至规定次数而引起破坏的最大应力。

疲劳寿命试验是指在给定条件下，对试样重复施加一定负荷-应力(或施加一定形变-应变)至试样破坏，测定次数。

常用疲劳测试方法如下：

升降法是指在指定循环寿命(如 10^7)下测定疲劳极限。本法适用于在长寿命区(10^6以上)。试验应力水平一般要求在 3~5 级。

成组法(单步法)是指在某一指定疲劳载荷下，测试一组试样的疲劳寿命。此法适用于中、短寿命区。

S-N 疲劳曲线是选取 2~3 个疲劳应力水平，由成组法测出疲劳寿命，再结合由升降法测得的疲劳极限即可拟合疲劳 *S-N* 曲线。

对于弹性好、变形大的胶粘剂可以测定固定形变下的疲劳寿命。

疲劳性能根据受力方向分为拉伸剪切疲劳、压缩疲劳；也可根据结构分为单试片、双试片等。

下面介绍两种典型的胶粘剂疲劳性能试验方法，拉伸剪切疲劳性能试验方法及固定形变下的疲劳寿命试验方法。

疲劳性能试验过程中，试样的破坏经常由于胶层的小裂纹、小气孔或粘接面的小裂缝引起，不同形式的应力集中均会影响疲劳试验的测试结果，因此在试片准备、表面处理及涂胶过程中需要认真操作。

(一) 方法一：拉伸剪切疲劳

下列方法详细说明了在规定条件下用标准试样通过加载剪切应力评价胶粘剂拉伸剪切疲劳的试验方法，目的是表征结构胶粘剂在特定金属基材上的性能。疲劳性能是试样几何分布的函数。试验结果与胶粘剂的内在特性无关，且不能用于设计目的，方法参考 GB/T 27595—2011《胶粘剂结构胶粘剂拉伸剪切疲劳性能的试验方法》。

1. 原理

试样被施加循环的应力，可以认为是一个静态应力即平均应力与一个交互应力的叠加。给定 τ_m 与 τ_n，可以确定试样破坏时的循环次数。用这些数据绘制 *S-N* 曲线，从而评价粘接处耐疲劳性能的置信区间。

2. 设备

1）模板

模板用于确保在粘接过程中对基材的准确定位。

2）疲劳试验机

疲劳试验机可以进行正弦的疲劳应力循环试验，应保证最大应力为其量程的 10%~80%。试验的频率和仪器的型号会影响试验结果。除非另有说明，频率应选择 30Hz，最高频率为 60Hz。当频率高于 60Hz 时，粘接处会过热。疲劳试验机应配备自动定心装置以连接试样。该装置应设计成试样一旦承载时其所有部件都和试样一起做直线运动。在这种情况下，试样的主轴与施加应力的方向以及装置的对称轴一致。可使用穿过基材的附件，如果这样，则试样需要如图 11-32 所示的其他支垫来增强。

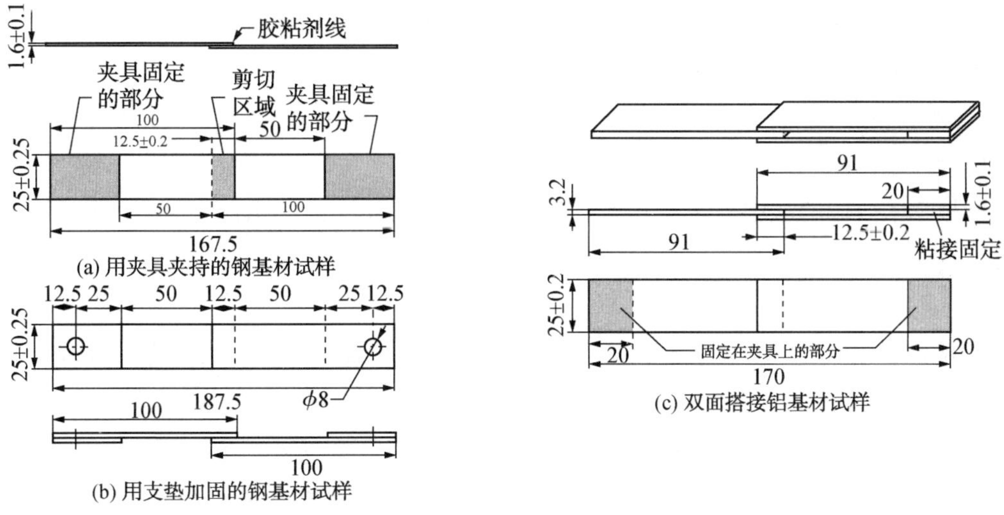

图 11-32　试样形状与尺寸(单位：mm)

3. 试样

1）基材

试样应该与图 11-32 所示的(a)和(b)(钢材)或(c)(铝材)在形状、尺寸以及规整性上保持一致。

2）试样制备

制备单个试样，或利用开槽或未开槽的嵌板制备试样，如图 11-33 所示。在选择试样的制备方法时，应考虑制备方法对粘接试样可能的机械损伤，在制备单个试样时应特别注意。不同试样的粘接处理应保持合适的一致性和同质性，尤其应注意胶层的厚度。除非另有说明，根据 GB/T 21526 对基材进行表面处理，应按胶粘剂生产厂的操作说明进行使用。所有情况下，均应使用模板以确保准确的叠合。基材保持良好的一致性以及每个试样及试样组粘接处的胶层厚度相互一致。

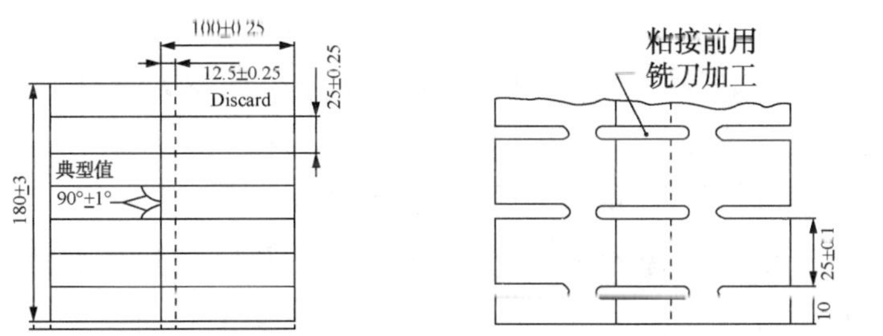

(a) 典型的钢基材试样嵌板　(b) 典型的双面搭接铝基材试样嵌板

图 11-33　试验嵌板

3）试样数量

试样的个数取决于对精度和结果的要求，最少试样数规定如下：

在三个不同的 τ_n 值处，每个至少测定 4 个试样，以确保破坏发生在循环次数为 $10^4 \sim 10^6$，即至少需要 12 个试样来确定 10^6次循环的耐久极限。

至少测试 6 个试样来确定静态剪切应力 τ_R。

4. 测试步骤

1）环境条件

试样应在 GB/T 2918 规定的温度 23℃±2℃、50%±5%RH 条件下进行存贮和测试。

2）试验条件

胶粘剂在非零平均应力 τ_m 的作用下，即使是室温条件也可能发生蠕变。在疲劳试验前要确保在实验过程中使用的平均应力 τ_m 不会产生由于蠕变导致试样破坏而归因于疲劳破坏。根据试验的试样类型，如图 11-32 所示将试样对称地固定在夹具上。给试样施加平均应力 τ_m，设定试验频率，将应力幅调至 τ_n。

3）给定的平均应力 τ_m 绘制 S-N 曲线

至少评价 6 个相同试样的静态剪切应力 τ_R 后，再进行疲劳性能的测试。

（1）在 $0.25\tau_R$ 至 $0.5\tau_R$ 范围内选择 τ_m 值，并在试验报告中注明选择的具体数值，τ_R 是测得的静态剪切应力。

（2）选择不同的应力幅 τ_n，至少需要测试 3 个不同的应力幅，使得断裂发生在循环次数为 $10^4 \sim 10^6$的时候。每一个选定的 τ_n，至少要测试 4 个试样。确定 10^6次失效循环次数 N_F时的耐久极限。使用寿命很长的曲线上，在给定的应力水平下会产生破坏试验点，在这种情况下，结果可以用特定的符号表示，例如：

"X"表示试样破坏；"X→"表示试样未破坏(未破坏的试样数标注在括号里)。

在这个区域，在 S-N 曲线上点的正确确定需要使用统计方法；当对试样单独进行测试时，应用阶梯法来确定耐久极限 $\tau_D(N_F、\tau_m)$。如果所使用的疲劳试验机配有可以同时测试一组试样的夹具，则结果需要根据数据重新分类方法进行处理。

（3）以(τ_n、lg$N$)或(lgτ_n、lg$N$)为坐标绘制 S-N 曲线，其中以(lgτ_n、lg$N$)为坐标可得到一条通过中心线点和耐久极限 $\tau_D(N_F、\tau_m)$的直线。

（二）方法二：振动疲劳(定形变下疲劳试验)

本方法规定了以聚氨酯橡胶为基础的单组分黑色胶，在常温潮湿环境下硫化成型耐振动疲劳的测试方法。

1. 设备

图 11-34 是耐振动试验设备及样品安装示意图。

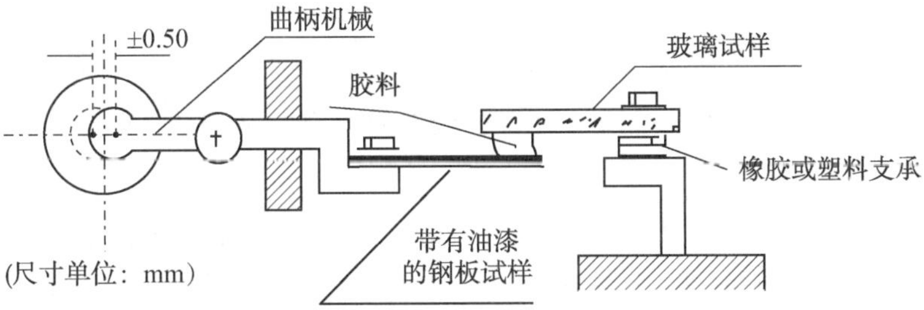

图 11-34 耐振动试验设备及样品安装示意图

2. 试样

取一块防粘材料做成的板(例如聚四氟乙烯板)，用适合的工具将胶料铺开，使它均匀，厚度为3mm，外形尺寸为150mm×100mm，样品在23℃/50%RH 条件下水平放置7天。从端部剥下胶片，从胶片上剪切3块试样，尺寸为150mm×20mm。

3. 测试步骤

1）常温下

（1）将试样固定在合适的工装上，频率12Hz、振幅±0. 50mm；

（2）用机械方法将试样安装在中心点上，使它弯曲成直线，避免受剪切应力的影响；固定后用手晃动检查试验装置是否完全固定好，然后开动设备；

（3）在达到规定的最少循环次数之前，不应出现胶料脱开、裂纹或撕裂。

2）高温老化后

（1）制成的胶片在100℃下老化500h；

（2）重复上述常温下(1)~(3)规定的测试步骤。

第八节 蠕变性能(金属与金属剪切)

胶粘剂机械性能除有静态载荷、冲击载荷、动态载荷下性能，有时还需要测试持久载荷下的性能，蠕变性能测试持久载荷下的应变。

方法规定了在温度、拉伸剪切应力和时间的综合影响下，胶接金属与金属的胶粘剂的蠕变性能测试过程，参见GB/T 7750—1987《胶粘剂拉伸剪切蠕变性能试验方法(金属对金属)》。

1. 定义

（1）蠕变 在一定温度和恒定载荷作用下，胶粘剂的应变随时间的变化。

（2）瞬时应变 在施加载荷的试样上发生的应变。

（3）瞬时恢复 试样卸去主载荷时所发生的应变减小。

2. 设备

试验机力值的示值误差应不大于 1%，变形测量仪器的测量精度不低于 0.002mm。引伸夹具的结构和安装应能满足准确地测量试样轴线方向上伸长的要求。

3. 试样

（1）每组试样由 2 片 100mm×25mm×2mm、并在一端以距离边缘 15mm 处开直径 2~8mm 的一个圆孔的金属条搭接而成，胶粘剂涂胶区域为 12.5mm×25mm。

（2）用精度不低于 0.02mm 的量具测量试样搭接面的长度和宽度，在测量胶层厚度时取 3 点测量结果的算术平均值。

（3）同一试验条件的试样数量不少于 3 个。

4. 测试步骤

1）光学读数测试法

（1）空白试样如图 11-35 所示，将试样按照图 11-36 进行刻线，刻线宽度不大于 0.05mm。

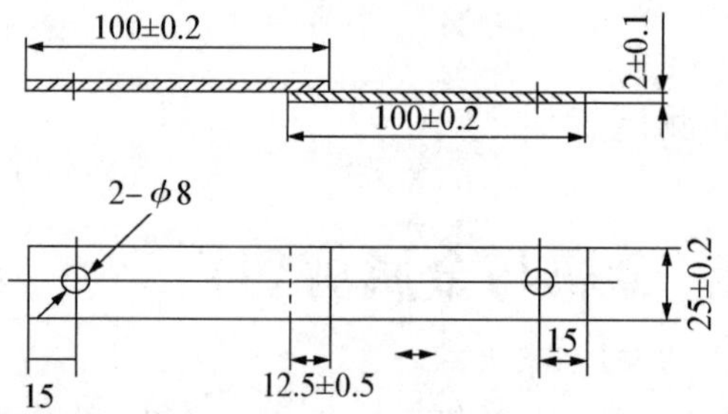

图 11-35　空白试验试样的形状和尺寸

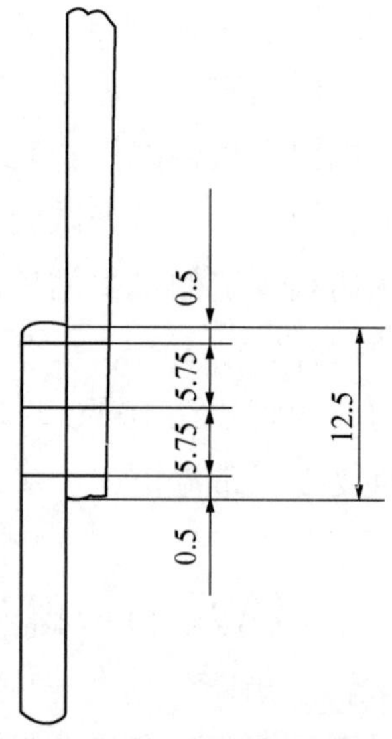

图 11-36　试样刻线位置

（2）装夹试样，调整试验机，并施加预载，预载不大于全部载荷的 10%。

（3）安装变形测量仪器，调节仪器的零点。

（4）逐渐地、平稳地、迅速地施加全部载荷，待全部载荷施加完成后，同时记录时间和变形值，并将其定义为原始时间和变形起始点，该全过程需在 1min 内完成。

（5）确定变形起始点之后，按照一定时间间隔测量相应变形值。时间间隔确定原则是开始短、逐渐加长；测量点数以绘制蠕变曲线的需要而定。

（6）变形测量可根据协商确定为单侧或双侧测量，同时确定单点、双点或三点测量，见图 11-37。

（7）试验进行至规定时间后，保持试验温度，卸去主载荷(主载荷等于全部载荷减去预载)；1min 后测量其瞬时恢复。

2）引伸计测试法

（1）装夹试样，安装变形测量装置；用适当增量的载荷(尽量不使试样产生塑性变形)，检查式样的安装质量，使两侧测量值的偏差不大于 20%。

（2）移动加热炉，使试样处于加热炉恒温区的中心位置。

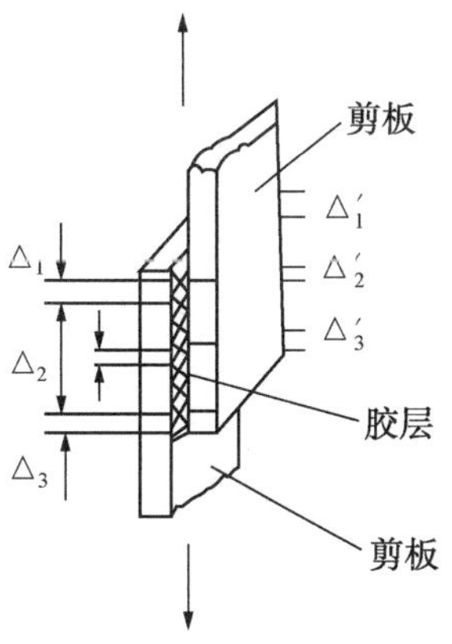

图 11-37　变形测量试样变形值示意图

（3）升温前施加不大于全部载荷的 10%作为预载。

（4）在适当时间内将温度升至规定的温度，并达到平衡；记录升温时间，升温试样上不允许有超过规定温度 3℃的温度冲击。

（5）保温至规定时间后，调整并确定引申计的起始读数。

（6）逐渐地、平稳地、迅速地施加全部载荷，待全部载荷施加完成后，同时记录时间和变形值，并将其定义为原始时间和变形起始点，该全过程需在 1min 内完成。

（7）确定变形起始点之后，按照一定时间间隔测量相应变形值。时间间隔确定原则是开始短、逐渐加长；测量点数以绘制蠕变曲线的需要而定。

（8）变形值取两侧测量值的算术平均值。

（9）试验进行至规定时间后，保持试验温度，卸去主载荷(主载荷等于全部载荷减去预载)；1min 后测量其瞬时恢复。

5. 结果表述

（1）试验结果应包括瞬时应变、总应变和瞬时恢复。

（2）试验结果一边还需绘制成蠕变曲线；绘制蠕变曲线时，应将记录结果按照时间间隔归纳处理；时间(t)取作横坐标，变形量(δ_t^T)取作纵坐标。

（3）当测量结果需要变形量进行修正时，胶层的实际变形量 δ，按下式进行修正。

$$\delta=\delta_t^T-\delta_0 \tag{11-14}$$

式中　δ——胶层实际变形量，mm；

δ_t^T——试验测量到的变形量，mm；

δ_0——试片金属材料的变形量，mm。

（4）试片金属材料的变形量 δ_0 可按下式进行修正(精确到 0.001mm)。

$$\delta_0=\frac{S_0\cdot\sigma_m}{E_m} \tag{11-15}$$

式中　δ_0——测量标距值，mm；

σ_m——金属(剪板)材料的应力值，MPa；

E_m——金属(剪板)材料的拉伸弹性模量，MPa。

第十二章　耐环境性能

汽车用各种胶粘剂通常在实际使用时是处于不同的工况及环境，有的暴露在自然环境中；有的要处于特定的介质(如机油、汽油等)中；有的要经受高温、低温交变温度的热冲击环境；有的在特定湿度及盐雾腐蚀环境中。

在以上这些环境条件作用下，其粘接性、密封性能会发生一定的变化，为了保证粘接密封件在不同环境条件下能长期使用，保持正常工作性能，就必须进行各种不同的耐环境老化性能试验。最直接的耐环境老化试验是大气曝晒试验。但由于我国幅域辽阔，气候条件复杂，有湿热带气候区、亚热带气候区、寒冷带气候区、沙漠气候区、高原气候区，大气曝晒试验需要选择有代表性试验区，且试验周期长。实际工作则是在试验室内进行不同条件的加速老化试验并获得相关条件下的耐老化性能。

本章分别介绍胶粘剂的耐温性能、耐湿热性、耐水性、耐盐雾性、耐候性、耐化学介质等的耐环境老化性能测试方法。

第一节　耐温性能

许多金属粘接密封件长期在高、低温度环境下使用，胶粘剂受高、低温作用或在热空气中受长期热作用后性能会发生变化。耐温老化性能测试常用的方法是耐高温老化(耐热老化)和耐高低温循环老化性能测试。

耐高温性能试验的目的是了解在使用过程中在热的作用力，胶粘剂物理性能、机械性能(如拉伸强度、断裂伸长率、剪切强度等)的变化规律和使用寿命。从胶粘剂开始使用到丧失使用性能这段时间称作老化寿命。

耐高低温循环性能试验主要是考核粘接接头抗裂缝增长的能力。粘接件在热冲击下，胶粘剂和被粘材料会发生膨胀和收缩，由于胶层和被粘物之间的热膨胀系数有所不同，导致接头处会产生很大的应力，所以这个试验有着重要的实际意义。这个试验多以“高温→室温存放→低温→室温存放”为一个周期。试验温度的确定和试验周期的长短，高温、低温、室温中的放置时间，试样的结构等均可根据具体要求而定。

(一) 设备

温度箱：可进行高温、低温或高低温循环试验。

(二) 试样

(1) 试样的制备应按相关性能测试要求进行制样。

（2）试样的数量可根据试验项目和检测周期及相应标准的要求来确定，试样分为两组：一组用于耐高温后的性能测试；另一组用于标准状态下的性能试验，每种试样一般不应少于三个。

（三）试验条件

1. 试验环境

试验环境包括试验温度、或高低温的循环时间等条件，试验选择的温度及时间可按胶粘剂产品的使用条件或有关方面的协议规定进行。

表 12-1 给出了试验参考温度。

表 12-1　试验参考温度

使用部位		高温	低温
汽车内部件	阳光直接照射部位	110℃	-30℃
	阳光间接照射部位	90℃	
	阳光不照射部位	70℃	
汽车外部件	阳光直接照射部位	100℃	-40℃
	阳光间接照射部位	85℃	
	阳光不照射部位	70℃	
发动机仓	低温区	130℃	-30℃
	中等温度区	150℃	
	高温区	170℃	

2. 试验周期和期限

试验周期和期限可按实际需要或有关方面的协议商定，也可采用下列的时间为试验周期：

（1）24h 或 24h 的倍数；

（2）7d 或 7d 的倍数。

3. 典型的温度时间条件

（1）耐高温的条件：100℃±2℃，240h。

（2）高低温变试验的条件：90℃±2℃，8h→23℃±2℃，0.5h→-40℃±2℃，8h→23℃±2℃，0.5h→50℃±2℃，（95%～98%）RH，8h→23℃±2℃，0.5h，共 3 个循环。

（3）耐低温的条件：

外部：-40℃±2℃，24h；

内部：-30℃±2℃，24h。

（四）性能检测与评价

试样性能检测的项目应根据胶粘剂产品的使用特性和试验要求来选取，或由有关方面的协议确定。如无具体规定，一般可检测试样的外观、物理机械性能变化，如硬度、体积、拉伸强度、断裂伸长率等。

试样性能的检测方法，应按相应的标准进行。

（五）试验步骤

（1）先将试样按规定进行处理，然后测定试样的初始性能（包括试样的几何尺寸或外观等）。

（2）开动温度箱，使它达到规定的试验条件。待温度稳定后才投入试样进行试验，并开始计算和记录试验时间。

（3）试验到达周期后，迅速从温度箱中取出试样，立即按规定进行处理，然后检测试样的性能。

（六）试验结果

试验结果可用试样老化前后检测的性能值（取中位数），或试样老化性能变化率来表示，目测外观有无裂纹、针孔和变色等缺陷。

第二节　耐湿热性能

湿热试验是模拟对应的湿热气候条件，可在较短时间内预测胶粘剂耐湿热性能的试验项目。湿热试验是在有湿、热等因素作用下的老化试验。胶粘剂在贮存和使用过程中，水分的作用会引起胶层水解，故胶粘剂对湿热因素比较敏感，所以湿热老化比热空气老化具有更大的加速作用。

胶粘剂耐湿热性能的测试通常是测定胶粘剂在潮湿的热空气环境下经一定老化后其硬度等物理性能、机械性能（如拉伸强度、断裂伸长率、剪切强度等）的变化，测试过程是将试样根据不同的试验项目制样，将制好的样条在规定的湿热环境中老化，老化过程可参考 GB/T 15905—1995《硫化橡胶湿热老化试验方法》进行，老化后测试相关性能变化。

（一）试验装置

试验装置应采用符合 GB/T 10586—2006《湿热试验箱技术条件》规定的湿热试验箱（或室）。

（二）试样

1. 试样的制备应按相关性能测试要求进行制样。

2. 试样的数量可根据试验项目和检测周期及相应标准的要求来确定，检测每项性能的有效试样一般不应少于 3 个。

（三）试验条件

1. 试验环境

试验环境包括试验空气温度和相对湿度等条件，可按胶粘剂产品的使用条件或有关方面的协议规定。

2. 试验周期和期限

试验周期和期限可按实际需要或有关方面的协议商定，也可采用下列的时间为试验周期：

(1) 24h，或24h的倍数；

(2) 7d，或7d的倍数。

3. 试验用水

调节湿热箱湿度或与试样接触用的水应采用pH值为6~7的蒸馏水或去离子水。

(四) 性能检测与评价

试样性能检测的项目应根据胶粘剂产品的使用特性和试验要求来选取，或由有关方面的协议确定。如无具体规定，一般可检测试样的物理、机械性能变化，如硬度、体积、拉伸强度、断裂伸长率等。

试样性能的检测方法，应按相应的标准进行。

(五) 试验步骤

(1) 先将试样按规定进行处理，然后测定试样的初始性能(包括试样的几何尺寸或外观等)。

(2) 开动湿热箱，使它达到规定的试验条件。待温、湿度稳定后才投入试样进行试验，并开始计算和记录试验时间。

(3) 试样应呈自由状态悬挂或平放于湿热箱的有效工作室内进行暴露。

试样不应重叠或互相接触，其间距不得小于5mm。试样与箱壁之间的距离不得小于70mm。

(4) 试验到达周期后，迅速从湿热箱中取出试样，立即按规定进行处理，然后检测试样的性能。

(5) 试样性能检测完毕，如果需继续试验时，应将该试样按原状态放回湿热箱进行暴露，直至试验终结。

(六) 试验结果

试验结果可用试样老化前后检测的性能值(取中位数)，或试样老化性能变化率来表示。

第三节　耐水性能

有的胶粘剂长期在水及潮湿空气中使用，由于水分子渗透至胶粘剂，它会解吸界面上的胶粘剂，形成水分子组成的弱界面层，这就是潮湿环境导致粘接强度下降的主要原因。胶粘剂的水解稳定性取决于化学结构及其所用的催化剂类型和总量，以及胶粘剂的柔韧性等。由于水蒸气的渗透速率较快，因此粘接剂在潮湿空气中时其粘接强度下降比浸泡在水中时更快。

胶粘剂耐水性测试通常是测定胶粘剂在浸水环境中，经一定时间后其外观变化、硬度等物理性能、机械性能（如拉伸强度、断裂伸长率、剪切强度等）的变化，测试过程是将试样根据不同的试验项目制样，将制好的样条在规定的水中浸泡。在达到规定的试验时间后，以胶粘剂表面变化现象表示其耐水性能，参见 GB/T 1733—1993《漆膜耐水性测定法》。

（一）试验材料和装置

（1）蒸馏水或去离子水，符合 GB/T 6682 中三级水规定的要求。

（2）水槽。

（二）试样

（1）试样的制备应按相关性能测试要求进行制样。

（2）试样的数量可根据试验项目和检测周期及相应标准的要求来确定，检测每项性能的有效试样一般不应少于 3 个。

（三）试验条件

1. 试验环境

试验环境包括试验空气温度和相对湿度等条件，可按胶粘剂产品的使用条件或有关方面的协议规定。

2. 试验周期和期限

试验周期和期限可按实际需要或有关方面的协议商定，也可采用下列的时间为试验周期：

（1）24h，或 24h 的倍数；

（2）7d，或 7d 的倍数。

（四）性能检测与评价

试样性能检测的项目应根据胶粘剂产品的使用特性和试验要求来选取，或由有关方面的协议确定。如无具体规定，一般可检测试样外观、物理、机械性能变化，如硬度、体积、拉伸强度、断裂伸长率等。

试样性能的检测方法，应按相应的有关标准进行。

（五）试验步骤

1. 甲法：浸水试验法

（1）先将试样按规定进行处理，然后测定试样的初始性能（包括试样的几何尺寸或外观等）。

（2）加热水槽，使它达到规定的试验条件（通常 40℃ ±2℃）。待温度稳定后才投入试样进行试验，并开始计算和记录试验时间。

（3）试样应呈自由状态悬挂在有效工作室内进行暴露。试样不应重叠或互相接触。

(4) 在产品标准规定的浸泡时间结束时，将试板从水槽中取出，用滤纸吸干，立即或按产品标准规定的时间，目视检查试板，并目测外观有无起泡、裂纹、膨胀、溶解、形变、过分变软等缺陷。

(5) 检测试样的性能。

2. 乙法：浸沸水试验法

试验步骤同甲法步骤，除另有规定外，保持水槽内水处于沸腾状态，直到试验结束。

(六) 试验结果

试验结果可用试样老化前后检测的性能值(取中位数)，或试样老化性能变化率来表示。

第四节　耐腐蚀性能

沿海地区的海水及蒸汽、冬季地面的溶雪盐都会对汽车用胶粘剂产生影响，因此应进行盐雾试验。当盐雾微粒沉降在粘接件上，迅速吸潮成氯化物的水溶液，在一定温度、湿度条件下，氯化物水溶液或离解后的氯离子，具有很大的渗透能力，能渗入到胶粘剂内部，引起老化和对被粘材料的腐蚀。盐雾的作用加速了被粘接金属的电化学腐蚀反应。在不同的胶粘剂中，能与被粘金属形成较多化学键的对金属表面腐蚀有一定的保护作用。

(一) 中性盐雾试验

胶粘剂耐盐雾性的测试通常是测定胶粘剂在中性盐雾环境下经一定时间后，粘接金属的腐蚀情况或剪切强度的变化。根据试验项目制样，将制好的样条在盐雾箱中放入规定的时间。

1. 试验设备

盐雾试验箱，符合 GB/T 10125—2012《人造气氛腐蚀试验盐雾试验》标准要求。

2. 溶液

(1) 氯化钠溶液：浓度 50g/L±5g/L，化学纯或化学纯以上试剂；

(2) 调整配制的盐溶液的 pH 值，使其在 6.5~7.2。

3. 试样制备

试样的制备应按相关性能测试要求进行制样。

4. 试验周期

试验周期应根据被试材料或产品的有关标准选择。若无标准，可经有关方面协商决定。

5. 试验步骤

调节盐雾箱内温度为 35℃±2℃，并确定沉降量符合要求后，将试板放在盐雾试验箱中，按照规定的时间试验，试验结束后立即清洗并干燥，取出再去掉胶料，露出金属板，观察腐蚀情况，并进行其他相关性能测试。

（二）循环腐蚀性能试验

近年来的研究发现，盐水喷雾和干燥、潮湿环境的组合循环与实际在大气中的腐蚀相关性更好，比普通盐雾试验更能反映材料的防腐性能。目前国外各大主机厂均有个各自的试验方法，我国目前还没有国家标准，一般采用 ISO11997-1：2005《涂料和清漆耐周期性腐蚀的测定第 1 部分湿的（盐雾）干的湿度》。

1. 试验设备

循环腐蚀试验箱：具备盐雾、凝露、干燥、恒温恒湿功能。

2. 溶液

（1）氯化钠溶液：浓度 50g/L±5g/L，化学纯或化学纯以上试剂；

（2）调整配制的盐溶液的 pH 值，使其在 6.5~7.2。

3. 试样制备

试样的制备应按相关性能测试要求进行制样。

4. 试验周期

试验周期应根据被试材料或产品的有关标准选择。若无标准，可经有关方面协商决定。

5. 试验步骤

（1）设定循环条件，见表 12-2。

表 12-2 循环腐蚀条件

步骤	循环	箱体内温度/℃	相对湿度/%	每步骤时间/h	步骤间转换时间/min
第 1 步	喷雾	35	—	2	<30
第 2 步	干燥	60	20~30	4	<15
第 3 步	潮湿	50	>95	2	<30
第 4 步	返回第 1 步，循环试验				

（2）调节箱内温度为 35℃±2℃，并确定沉降量符合要求后，将试板放在试验箱中，按照循环腐蚀条件放置规定的时间，试验结束后立即清洗并干燥，取出再去掉胶料，露出金属板，观察腐蚀情况，并进行其他相关性能测试。

第五节 耐候老化性能

汽车胶粘剂密封胶均为高分子聚合物，在使用过程中受到光照作用，产生光化学反应，高分子聚合物的链状结构逐渐断裂，引起分子结构改变、相对分子质量下降或产生交联，导致其物理、机械性能等的变化。由于光化学反应速度除与光强有关外，还与温度、湿度有关，特别是试验温度有关。随着试验技术的发展，进行耐光试验时，除控制光的能量外，同时还需控制温度、湿度及雨水喷淋。现在习惯将控制温度、湿度及雨水喷淋条件的耐光试验称为耐候试验。

耐候性试验是综合这些因素来评定胶粘剂的物理性质、机械性能的下降规律。耐候老化种类多，主要方法有大气自然暴晒、氙灯加速老化和紫外加速老化 3 种。

大气自然曝晒是在特定的暴晒场地，将试样在自然环境中放置 1 年或更长时间，测试老化后性能与初始性能比较。

大气自然曝晒虽然可靠性高，但其周期长，结果分散性较大、重现性差，不适用于质量控制。随着试验技术的不断发展，目前均采用加速老化试验方法进行质量控制与检查。最常用的是氙灯加速老化及紫外加速老化。

（一）方法一：氙灯加速老化

由于氙原子结构的特点，氙灯发出的光谱和日光非常接近，氙灯发出的光谱波长范围从 270nm 以下的短波紫外区经可见区直到红外区。经过不同内外滤光器的组合滤光，氙灯光谱减少了紫外短波辐射，并除去红外辐射，可产生直接光照或经过玻璃透射后的阳光，经过滤光后的氙灯光谱与自然光光谱非常接近。

由于氙灯的光源与太阳光谱最为接近，与实际老化效果相关性较好。

氙灯老化方法广泛应用于橡胶、塑料、胶、纺织、油漆和汽车等行业，在产品质量控制和终裁试验中广为采纳。

胶粘剂氙灯加速老化试验是应用氙灯老化试验设备对固化后的胶粘剂进行耐候试验，主要考核物理和机械性能的变化，如硬度、拉伸性能、剪切强度等，参见 GB/T 32088—2015《汽车非金属部件及材料氙灯加速老化试验方法》。

1. 原理

采用合适滤光器的氙灯来模拟日光中的紫外区域和可见光区域的光谱能量分布，将试样暴露于一定条件的光、热、相对湿度和水的可控环境中，模拟自然环境进行加速老化，以相关物理和机械性能指标的变化来反映材料的耐氙灯老化性能。

2. 设备

（1）氙灯老化试验机，符合 GB/T 32088—2015 标准要求。

（2）由于设备不同，其引进光源不完全一致，有时会引起结果的差异，目前广泛使用的有美国 Q-LAB 及 ATLAS 公司设备。

3. 试验过程

（1）制样：制备硬度试片、拉伸试片、剪切试板，标准试验条件下放置规定的时间后进行物理、机械性能试验。

（2）样品放入氙灯老化机，试验双方商定选择表 12-3 中的任一试验条件进行测试。其中，B-1 是较常见的试验条件，一般情况下可选择该试验条件。

表 12-3 胶粘剂几种常用的氙灯老化试验条件

试验方法	滤光器	辐照度/(W/m^2)	波长/nm	试验循环
B-1	日光滤光器	0.55±0.02	340	黑板温度 38℃±3℃，箱体空气温度 38℃±3℃，相对湿度 95%±5%的试验条件下，运行 60min 黑暗循环，同时正面+背面水喷淋； 在黑板温度 70℃±3℃，箱体空气温度 47℃±3℃，相对湿度 50%±5%的试验条件下，运行 40min 光照循环； 在黑板温度 70℃±3℃，箱体空气温度 47℃±3℃，相对湿度 50%±5%的试验条件下，运行 20min 光照循环，同时正面水喷淋； 在黑板温度 70℃±3℃，箱体空气温度 47℃±3℃，相对湿度 50%士 5%的试验条件下，运行 60min 光照循环
B-2	日光滤光器	0.65±0.02	340	黑板温度 90℃±2℃，箱体空气温度 50℃±2℃，相对湿度 20%±10%的试验条件下，运行光照循环
B-3	紫外延展滤光器	0.55±0.02	340	在黑板温度 38℃±3℃，箱体空气温度 38℃±3℃，相对湿度 95%±5%的试验条件下，运行 60min 黑暗循环，同时正面+背面水喷淋； 在黑板温度 70℃±3℃，箱体空气温度 47℃±3℃，相对湿度 50%±5%的试验条件下，运行 40min 光照循环；在黑板温度 70℃±3℃，箱体空气温度 47℃±3℃，相对湿度 50%±5%的试验条件下，运行 20min 光照循环，同时正面水喷淋； 在黑板温度 70℃±3℃，箱体空气温度 47℃±3℃，相对湿度 50%±5%的试验条件下，运行 60min 光照循环

（3）分别测定初始试样和氙灯老化后试样的硬度（按 GB/T 531.1—2008 规定进行测试）、拉伸性能（按 GB/T 528—2009 规定进行测试）、剪切性能（按 GB/T 7124—2008 的规定测定），按下式计算加速老化性能变化率：

$$R=(N_2-N_1)/N_1\times100\% \tag{12-1}$$

式中 N_1——标准试验条件下对应性能测试值；

N_2——耐氙灯老化试验后对应性能测试值。

（二）方法二：紫外加速老化

高分子聚合物受光照后链状结构断裂，引起分子结构改变，其主要是紫外线（紫外光谱）作用的结果。因此，有时也可用紫外加速老化来评定高分子材料耐候老化的性能。

胶粘剂紫外加速老化试验是应用紫外老化试验设备对固化后的胶粘剂进行耐紫外光照射试验，主要考核物理和机械性能的变化，如硬度、拉伸性能、剪切强度等，参见 GB/T 31881—2015《汽车非金属部件及材料紫外加速老化试验方法》。

1. 原理

采用UVA或UVB紫外灯管来模拟紫外区域的光谱能量分布，将试样暴露于一定条件件的光、热、冷凝的可控环境中，模拟自然环境进行紫外加速老化，物理和机械性能指标的变化来反映材料的耐紫外老化性能。

2. 适用范围

适用于汽车外部且接触阳光的胶粘剂，如车窗玻璃用胶。紫外加速老化试验多用于材料的比较、配方的筛选等。

3. 设备

紫外老化试验机，符合GB/T 32088—2015标准要求。目前广泛使用的有美国Q-LAB公司设备。

4. 试验过程

(1) 制样：制备硬度试片、拉伸试片、剪切试板，标准试验条件下放置规定时间后进行物理、机械性能试验。

(2) 试验方法如表12-4所示。根据情况，试验双方商定选择表2中的某个试验方法进行测试。一般情况下，推荐使用试验方法1。

表12-4　试验方法

试验方法	灯管	辐照度/(W/m²)	波长/nm	曝晒循环
试验方法1	UVA-340	0.89±0.02	340	在黑板温度50℃±3℃下冷凝4h； 在黑板温度70℃±3℃下紫外光照8h
试验方法2	UVB-313	0.71±0.02	310	在黑板温度50℃±3℃下冷凝4h； 在黑板温度70℃±3℃下紫外光照8h

(3) 将试验样品放置在样品架上，让其测试表面对着灯管。当试验样品没有完全填满样品架时，空出的位置应用空白板来填满，以保持试验箱里的测试条件。

(4) 将试验样品安装在紫外光照均匀的区域。为了避免样品暴露区域位置不同引起的变化，建议不要使用设备中最右端和最左端的样品架。

(5) 选择试验条件，按规定时间暴露样品，特殊要求参照材料及设备制造商的说明。

(6) 在冷凝循环开始的时候启动暴露测试。为了保证冷凝效果，在冷凝循环期间每周检查一次样品表面是否有凝露。

(7) 为了减少温度和紫外光照的变化引起的影响，应该周期性的轮换样品位置。

(8) 分别测定初始试样和紫外老化后试样的硬度(按GB/T 531.1—2008规定进行测试)、拉伸性能(按GB/T 528—2009规定进行测试)、剪切性能(按GB/T 7124—2008的规定测定)，按下式计算加速老化性变化率：

$$R=(N_2-N_1)/N_1\times 100\% \quad (12-2)$$

式中　N_1——标准试验条件下对应性能测试值；

N_2——耐紫外老化试验后对应性能测试值。

第六节 耐介质性能

当化学介质渗入胶粘剂的交联结构时，将引起高分子材料的膨胀变形并产生应力，从而影响胶粘剂的粘接强度，特别是在高温时其粘接强度下降更快。化学介质分子进入胶粘剂的交联结构的过程为渗透，当渗透压力等于交联网状结构的应力时溶胀停止，达到平衡状态，在这种情况下，胶粘剂仅能产生有限的溶胀。

胶粘剂耐化学介质性能的测定方法利用胶粘剂胶接的金属试样在一定的试验介质中、一定温度下浸泡规定时间后粘接强度的降低衡量胶粘剂的耐化学介质性能，参见 GB/T 13353—1992《胶粘剂耐化学试剂性能的测定方法》。

（一）原理

按胶粘剂强度测定方法的规定制备一批试样，再将该批试样任意分为两组，一组试样在一定的温度条件下浸泡在规定的试验介质里，浸泡一定时间后测定其强度；另一组试样在相同温度条件的空气中放置相同的时间后测定其强度。两组强度值之差与在空气中强度值的百分比为胶粘剂耐化学介质性能的强度变化率。

（二）设备

（1）试验机和夹具　按照测定方法中规定的选用。

（2）试验容器在试样浸泡期内应能密封，并能承受介质在试验温度时所产生的压力和不受所使用介质的腐蚀。

（3）温度箱　温度范围 300℃；精度±1℃。

（三）试样

根据所采用的测定方法确定试样形式、试样制样要求和每组试样个数。

（四）试验介质

试验介质可根据供需双方的要求、实际使用的部位来进行选择，如酸液、碱液、机油、汽油、挡风玻璃清洁剂等，常用介质见表 12-5。

表 12-5　介质选用表

使用部位	介质种类	使用部位	介质种类
汽车内部件	工业酒精 洗涤剂	发动机舱	汽油或柴油
	汽油		防冻液
汽车外部件	燃料油		制动液
	挡风玻璃清洗剂		挡风玻璃清洗剂
	3%硫酸溶液		
	1%氢氧化钠溶液		

（五）试验条件

（1）按实际工况温度选择浸泡温度。

（2）在下列的推荐时间选择浸泡时间：24h、72h、168h、168h 的倍数。

（3）试验介质的体积应不少于试样总体积的 10 倍，并确保试样始终浸泡在试验介质中。

（4）试验介质只限于使用一次。

（5）试样制备后的停放条件、试验环境、试验步骤、试验结果的计算均应按使用的测定方法标准的规定。

（六）试验步骤

（1）把试验介质倒入容器内，倒入的量应符合试验条件第(3)条的规定。

（2）把一组试样放入容器内，每个试样沿容器壁放置。

（3）合上容器盖至完全密闭，做高温试验要先调节恒温箱，使恒温箱温度达到在选定的温度，将容器放入恒温箱内再开始计时。

（4）浸泡时间应符合试验条件第(2)条的规定。

（5）常温试验时，每隔 24h 轻轻晃动容器，使容器内各部分试验介质的浓度保持一致。

（6）达到规定时间后从容器中取出试样，高温试验时，应先从恒温箱内取出密闭容器，冷却至室温后再取出试样。

（7）用合适有机溶剂或蒸馏水洗净试样上的介质，用干净的滤纸擦干试样。

（8）按相关标准测定试样的强度。

（9）把另一组空白试样在标准条件下放置或相同高温条件下放置后，按相关标准测定试样的强度。

（七）试验结果

胶粘剂耐介质强度变化率 $\Delta\delta$(%)按下式计算：

$$\Delta\delta=\frac{\delta_0-\delta_1}{\delta_0}\times 100 \qquad (12-3)$$

式中 $\Delta\delta$——胶粘剂耐介质强度变化率，%；

δ_0——在空气中放置后试样强度；

δ_1——经试验介质浸泡后试样强度。

第七节 耐臭氧性能

胶粘剂耐臭氧测试，通常是在静态拉伸应变条件下，在规定的温度中，暴露于含一定臭氧浓度的空气中，且无光线直接影响的环境下进行的耐臭氧龟裂的试验方法。

不同胶粘剂材料的耐臭氧能力随臭氧浓度和温度的不同有明显差别。拉伸应变的试样进行臭氧试验和使用中的制品受臭氧的作用而产生的破坏程度，由于尺寸、类型和应变大小的不同有很大差别。参见 GB/T 7762—2014《硫化橡胶或热塑性橡胶耐臭氧龟裂静态拉伸试验》。

（一）原理

静态拉伸应变试样暴露于含有恒定臭氧浓度的空气和恒温的试验箱中，按预定时间对试样龟裂情况进行检查。

在选定的臭氧浓度和试验温度条件下评价臭氧龟裂可任选如下 3 种方法。

（1）方法 A　在规定的时间和规定的应变下暴露后，检查是否出现龟裂，如果需要可以测定龟裂程度。

（2）方法 B　在任意规定的拉伸应变下，测定最早出现龟裂的时间。

（3）方法 C　在任意规定的暴露时间下，测定临界应变。

（二）设备

试验设备具体参见 GB/T 7762。

（三）试样

1. 试样制备

试样至少应具有一个完好无损的表面，被裁切的试样表面不能用来评价耐臭氧性能。不同材料的比较只有用相同方法制成的相同样品来评价其表面龟裂才有效。

每一试验条件至少使用 3 个试样。

2. 宽试样

长条标准试样宽度为不小于 10mm，厚度 2. 0mm±0. 2mm，拉伸前夹具两端间试样的长度不少于 40mm。

3. 窄试样

试样条的宽度为 2. 0mm ± 0. 2mm，厚度为 2. 0mm ± 0. 2mm，窄试样长度为 50mm，试样端部为 6. 5mm 的正方形，试样的形状如图 12-1 所示。本试样不适用于试验方法 A。

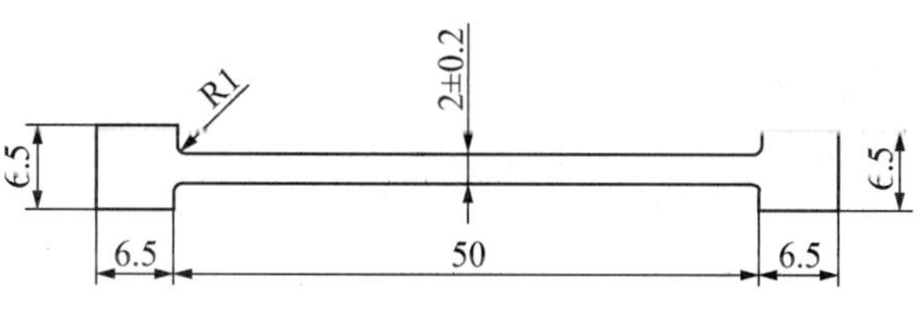

图 12-1　窄试样（单位：mm）

（四）调节

试样应该在无光、基本无臭氧的大气中调节 48h 到 96h，调节温度应按 GB/T 2941规定，但是对有特殊用途的，可采用其他适用温度。

(五) 试验条件

1. 臭氧浓度

试样臭氧试验可选用的臭氧浓度(体积分数)有:$(25\pm5)\times10^{-8}$,$(50\pm5)\times10^{-8}$,$(100\pm10)\times10^{-8}$,$(200\pm20)\times10^{-8}$;如果需要,也可选用其他更高的浓度。

除非另有规定,一般在$(50\pm5)\times10^{-8}$的臭氧浓度下试验。试验采用的臭氧浓度应根据胶粘剂耐臭氧龟裂程度和使用条件选取。如果知道胶粘剂在低臭氧浓度环境下使用,只要求低臭氧浓度试验,建议在$(25\pm5)\times10^{-8}$浓度下试验;如果是耐高臭氧浓度的试验,建议在$(100\pm10)\times10^{-8}$或$(200\pm20)\times10^{-8}$浓度下试验。

2. 温度

最适宜的试验温度为40℃±2℃。也可根据使用环境选用其他温度,例如,30℃±2℃或23℃±2℃。

3. 相对湿度

在试验温度下,臭氧化空气的相对湿度一般不超过65%。

过高的湿度会影响试验结果;在潮湿气候中使用的制品,试验应在80%到90%的相对湿度下进行。

4. 伸长率

通常选用下列一种或多种伸长率进行试验:

5%±1%	20%±2%	50%±2%
10%±1%	30%±2%	60%±2%
15%±2%	40%±2%	80%±2%

(六) 试验程序

1. 概述

调节好规定的臭氧浓度,流速和试验温度。然后将已拉伸和经调节的试样放入试验箱内,并保持试验条件稳定。

用7倍放大镜定期检查试样龟裂情况,可用适当的光源照明以检查试样。

2. 方法A

按规定进行调节后拉伸应变20%的试样,在臭氧试验箱经72h后检查试样的龟裂情况。或按适用材料特性选择任一伸长率和暴露时间。

3. 方法B

试验条件第4条的规定采用一种或多种伸长率的试样,并按规定进行调节。仅采用一种伸长率时,应采用20%伸长率,除非另有规定。在2h、4h、8h、16h、24h、48h、72h和96h暴露后检查试样,必要时可适当延长暴露时间,并记录各种伸长率的试样出现龟裂的时间。

4. 方法C

按试验条件第4条的规定采用不少于四种伸长率的试样,并按规定进行调节在

2h、4h、8h、16h、24h、48h、72h 和 96h 暴露后检查试样，如果需要，可适当延长暴露时间，并记录每种伸长率的试样开始出现龟裂的时间，由此可以测定临界应变。

（七）结果表示

1. 方法 A

以无龟裂或出现龟裂报告试验结果。如果有龟裂，需要评定龟裂程度，可以用出现的裂纹说明龟裂情况例(如个别裂纹、单位面积上的裂纹数目以及 10 条最大裂纹的平均长度等)或拍照龟裂试样来说明。

2. 方法 B

在规定拉伸条件下，按第一次出现龟裂所需要的时间作为评价试样的耐臭氧性能。

3. 方法 C

确定在规定暴露时间后，不出现龟裂的最大应变和出现龟裂的最小应变的临界应变范围。如果重复试验得到不同的结果则列出试验中观察到的极限范围。例如，分别采用 10%、15% 和 20% 的 3 种试样，每种用 3 件试样，拉伸 10% 的试样只有 1 件出现龟裂，拉伸 15% 也只有 1 件出现龟裂，而拉伸 20% 的 3 件试样都出现龟裂，在这种范围得出的极限范围为 10% 到 20%。

第八节　贮　存　期

下列方法适用于通过测量胶粘剂密封胶贮存前后的粘度和粘接强度的变化，确定胶粘剂在规定条件下的贮存期，参见 GB/T 7123. 2—2002《胶粘剂适用期和贮存期的测定》。

（一）取样

按胶粘剂产品标准规定的取样方法取出装满容量为 500mL 有盖容器的样品至少 3 份，密闭待测(若试样包装小于 500mL 可以不必分装)。

（二）设备

(1) 粘度计　适用于被试验胶粘剂的任何类型的粘度计。推荐采用旋转粘度计。

(2) 恒温控制箱　温度波动范围±2℃。

(3) 容器　有盖的玻璃瓶或与胶粘剂不起反应的其他容器，也可由供需双方另行商定。

(4) 天平　感量为 0. 1g。

(5) 试验机　具有能保持规定的加载速度，并配有自动对中夹具的试验机。

（三）试验条件

(1) 试样贮存条件　一般为 23℃±2℃，时间由供需双方商定。若胶粘剂有特殊要求，则贮存条件可由供需双方另行商定。

（2）试验测定条件　温度为23℃±2℃，对湿度敏感的胶粘剂则需要控制相对湿度为50%±5%。

（四）试验步骤

（1）把密闭待测试样存放于40℃±2℃的恒温箱中或按胶粘剂使用说明书中所规定的条件存放。

（2）把其中一个已分装试样的容器在存放开始时立即置于试样测定条件下，至少停4h。

（3）胶粘剂粘度按GB/T 2794—2013《胶粘剂粘度的测定　单圆筒旋转粘度计法》进行测定。

（4）按胶粘剂使用说明规定配制胶粘剂。

（5）按胶粘剂使用说明书的规定制备胶接试样，并按GB/T 2790—1995《胶粘剂180°剥离强度试验方法挠性材料对刚性材料》、GB/T 2791—1995《胶粘剂T剥离强度试验方法挠性材料对挠性材料》、GB/T 17517—1998《胶粘剂压缩剪切强度试验方法木材与木材》或其他相应国家标准进行胶接强度的测定。

（6）在存放期间，以一定的时间间隔分别取已分装的试样按上述方法进行操作（至少2次以上）。

（五）试验结果

以胶粘剂仍能保持其操作性能和规定强度的最长存放时间为贮存期，以时间单位表示。

第十三章　工艺性能

汽车用胶粘剂密封胶除需要有较好的机械性能及耐候老化性能外，还需要有较好的与汽车生产相匹配的工艺性能，满足汽车机械化、快节拍的生产需要。

工艺性能可分为满足施工要求的性能，如固化速度、表干时间、流动性等，以及胶与被粘接材料及生产线的相容性，如与基材粘接性、油面附着性等、油漆工艺配套性等，本章对常用的工艺性能测试方法进行介绍。

第一节　表干时间

胶粘剂有多种固化方式，通常有常温固化、高温固化、紫外光固化等。表干时间是评价湿膜在常温下从可流动状态转变为相对不流动，表面初步干燥已不再粘附细小物质的时间。

表干时间测试方法可参照 GB/T 13477. 5—2002《建筑密封材料试验方法第 5 部分：表干时间的测定》。

（一）方法原理

在规定条件下将密封材料试样填充到规定形状的模框中，用在试样表面放置薄膜或指触的方法测量其干燥程度。报告薄膜或手指上无粘附试样所需的时间。

（二）适用范围

表干时间测试方法适用于测定用挤胶枪或刮刀施工的嵌缝密封材料的表面干燥性能。

（三）设备或器具

（1）黄铜板　尺寸 19mm×38mm，厚度约 6. 4mm。

（2）模框矩形　用钢或铜制成，内部尺寸 25mm×95mm，外形尺寸 50mm×120mm，厚度 3mm。

（3）玻璃板　尺寸 80mm×130mm，厚度 5mm。

（4）聚乙烯薄膜　2 张，尺寸 25mm×130mm，厚度约 0. 1mm。

（四）试件制备

用丙酮等溶剂清洗模框和玻璃板。将模框居中放置在玻璃板上，用在 23℃±2℃下至少放置 24h 的试样小心地填满模框，勿混入空气。多组分试样在填充前应按生产厂的要求将各组分混合均匀。用刮刀刮平试样，使之厚度均匀。同时制备两个试件。

（五）试验步骤

1. A 法

将制备好的试件在标准条件下静置一定的时间，然后在试样表面纵向 1/2 处放置聚乙烯薄膜，薄膜上中心位置加放黄铜板，30s 后移去黄铜板，将薄膜以 90°从试样表面在 15s 内匀速揭下。相隔适当时间在另外部位重复上述操作，直至无试样粘附在聚乙烯条上为止。记录试样成型后至试样不再粘附在聚乙烯条上所经历的时间。

2. B 法

将制备好的试件在标准条件下静置一定的时间，然后用无水乙醇擦净手指端部，轻轻接触试件上三个不同部位的试样。相隔适当时间重复上述操作，直至无试样粘附在手指上为止。记录试件成型后至试样不粘附在手指上所经历的时间。

表干时间的数值修约方法如下：

（1）表干时间少于 30min 时，精确至 5min；

（2）表干时间在 30min 至 1h 之间时，精确至 10min；

（3）表干时间在 1~3h 之间时，精确至 30min；

（4）表干时间超过 3h 时，精确至 1h。

第二节　固化速度

固化速度反映胶粘剂密封胶在常温条件下固化的快慢程度，固化速度直接影响汽车生产的节拍，固化速度是常温条件下固化的胶粘剂密封胶最主要的工艺性能参数。固化速度测试方法适用于对玻璃、金属、塑料、橡胶、木材、竹材等材料进行粘接、密封的单组分聚氨酯密封胶，或硅烷改性密封胶。

固化速度测试方法可参考 QC/T 1024—2015《汽车用单组分聚氨酯密封胶》或 HG/T 4363—2012《汽车车窗玻璃用单组分聚氨酯胶粘剂》进行测试。

（一）设备或器具

（1）挤胶枪　手动或气动挤胶枪。

（2）楔型凹槽　如图 13-1 所示。

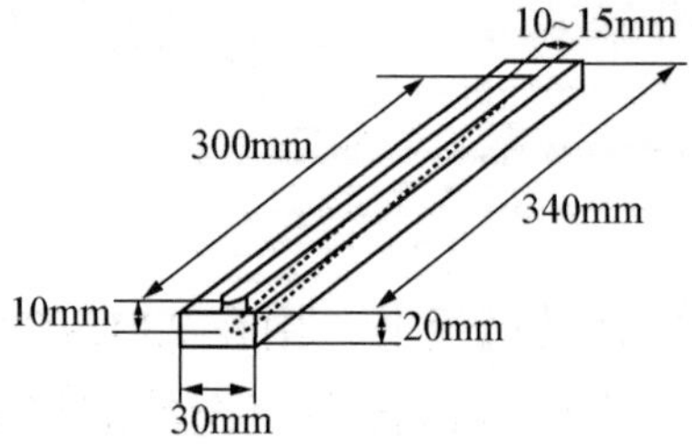

图 13-1　楔形凹槽

（3）游标卡尺　示值精度±0. 02mm。

（4）秒表　示值精度 0. 01s。

（二）试验过程

（1）使用丙酮等合适的溶剂清洁楔形槽并使溶剂完全挥发，也可使用脱模剂。

（2）从凹槽的最低处开始打入胶粘剂密封胶，使其完全充满凹槽并略有富余以避免空气进入而产生气泡。用刮刀沿着槽壁将一些剩余的胶粘剂密封胶填入各个缝隙，然后刮掉多余部分，在标准试验条件下放置24h后查看固化情况。

（3）从凹槽的最高处开始，将密封胶掀起，直到看到有未固化的胶粘剂密封胶附着在楔形凹槽内停止动作，用游标卡尺测量从凹槽的起点到这一点的距离。

（4）结果计算 24h固化速度(mm/24h)按下式计算：

$$C=w\times d/l \tag{13-1}$$

式中 C——固化速度；

w——凹槽中材料的固化长度，mm；

l——凹槽长(标准为30mm)，mm；

d——槽深(标准为10mm)，mm。

第三节 流动性(下垂)

胶粘剂密封胶流动性是指胶粘剂密封胶或胶层的变形。胶粘剂密封胶的下垂是指在应用和固化的这段时间内，胶粘剂密封胶膜的向下运动导致了具有厚下沿的不平涂层的形成。由此产生的下垂通常是限制于一个垂直面上的局部区域。

对于汽车胶粘剂密封胶的流动性与下垂没有严格区别，通常将下垂也称之为流动。汽车胶粘剂密封胶的流动(下垂)会引起粘接位置变化、粘接性能下降及外观尺寸变化，需要测定。

GB/T 31113—2014《胶粘剂抗流动性试验方法》中列出适用于测量胶粘剂密封胶流动性(下垂度)的七个试验方法，根据胶的类别，可选择其中一个方法进行测试，不同的测试方法见表13-1。

表13-1 胶粘剂密封胶抗流动性试验方法

方法编号	方法名称	方法简称	使用指南
方法一	使用涂胶器制作湿胶条	涂胶器法	胶粘剂密封胶使用时的下垂性
方法二	使用塞子模型	胶塞法	胶粘剂密封胶使用时的下垂性
方法三	使用刮板涂覆胶粘剂密封胶湿膜层	刮板法	室温固化时胶粘剂密封胶的下垂性
方法四	使用试验块测试粘剂密封胶在施胶固化期间的静态流动	样块法	热固化胶粘剂密封胶的静态流动性
方法五	胶粘剂密封胶从搭接处流过	槽法	施胶后胶粘剂密封胶的流动性
方法六	胶粘剂密封胶从小孔中流过	小孔法	施胶后胶胶粘剂密封胶的流动性
方法七	结构型胶粘剂密封胶膜的流动	胶膜法	胶膜固化时的流动性

下面介绍几种汽车用胶粘剂密封胶较常用的试验方法。

（一）方法一：液态胶粘剂密封胶垂直流淌性测试

对于汽车用胶粘剂密封胶的流动性测试，最常用的方法是刮板法涂一定形状尺寸的胶条，垂直放置一定时间，测定流动性能，方法如下：

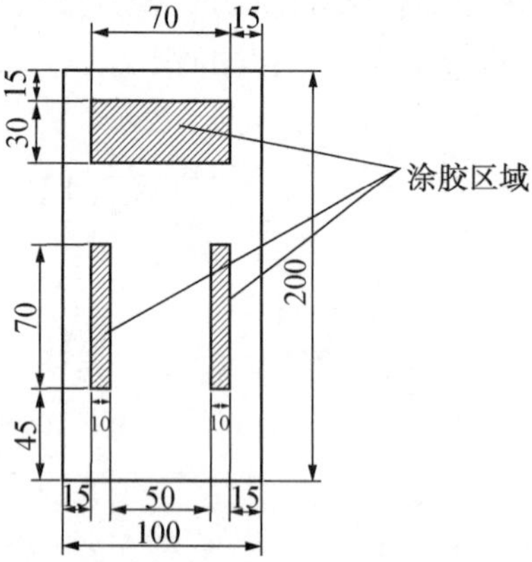

图 13-2　涂胶方式

（1）在两块试板上各涂一层如图 13-2 所示形状、厚度为 3mm 的密封胶。在环境温度下将一块试板垂直放置 24h。试验结束后，观察密封胶是否有流淌，如有，测出密封胶相对其原始位置的位移，单位为 mm。

（2）将另一块试板垂直放在 145℃±2℃的烘箱中，保持 30min。试验结束后观察密封胶是否有流淌，如有，测出密封胶相对其原始位置的位移，单位为 mm。

（二）方法二：阻尼胶片流动性测试

阻尼胶片流动性可参考 HG/T 4384—2012《汽车用阻尼胶片》标准进行测试。

取尺寸为 100mm×100mm 的阻尼胶片 3 片，将试片分别烘烤到 3 个试板（试板与车身钢板一致，如无要求，则采用 0.8mm 厚的电泳板，尺寸为 150mm×100mm，中间开直径 60mm 的孔）上，烘烤温度与涂装烘烤线一致，烘烤时间为 30min；烘烤后，测量试件孔洞中试片向下延伸的距离，数据精确至 1mm。

（三）方法三：预成型胶片流动性测试

将胶片制成 100mm×50mm 的试样，在环境温度下按图 13-3（a）所示制备平直试板：胶片贴于电泳钢板中部，常用 1.5~2.0kg 的辊筒来回辊压 5 次，确保胶片与钢板紧密粘贴。

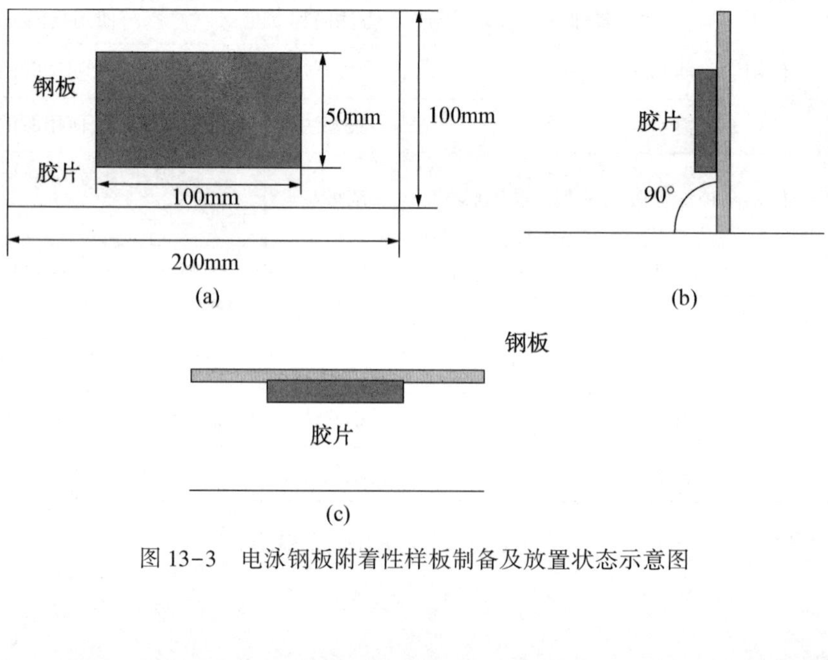

图 13-3　电泳钢板附着性样板制备及放置状态示意图

将制备好的试样按图13-3(b)、(c)所示在恒温干燥箱中放置，烘烤温度与涂装烘烤线一致，烘烤时间为30min。烘烤后试样在室温下冷却至少1h。目视检查并记录上述测试条件下胶片有无翘起、脱落现象，并测量垂直胶片最大位移量(mm)。

(四) 方法四：非下垂型密封材料流动性的测定

液态胶粘剂密封胶流动性测定依据GB/T 13477.6—2002《建筑密封材料试验方法第6部分：流动性的测定》。本方法适用于测定非下垂型密封材料的下垂度。

1. 方法原理

在规定条件下，将非下垂型密封材料填充到规定尺寸的模具中，在不同温度下以垂直或水平位置保持规定时间，报告试样流出模具端部的长度。

2. 设备或器具

(1) 下垂度模具　无气孔且光滑的槽形模具，宜用阳极氧化或非阳极氧化铝合金制成，见图13-4。长度150mm±0.2mm，两端开口，其中一端底面延伸50mm±0.5mm，槽的横截面内部尺寸为：宽20mm±0.2mm，深10mm±0.2mm。其他尺寸的模具也可使用，例如宽10mm±0.2mm，深10mm±0.2mm。

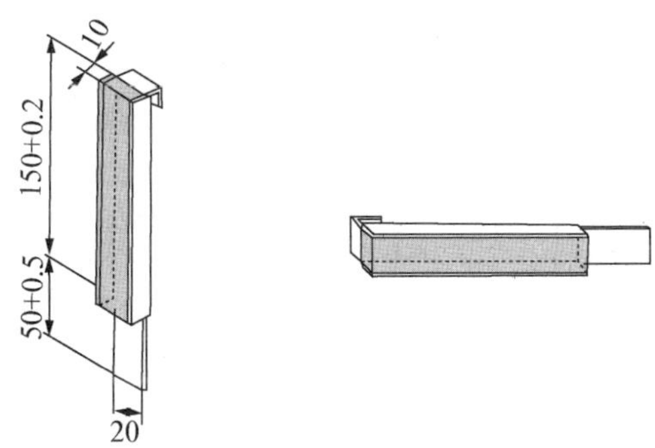

(a) 试件垂直放置　　(b) 试件水平放置

图13-4　下垂度模具(单位：mm)

(2) 高温箱　温度精度±2℃。

(3) 低温箱　温度精度±2℃。

(4) 钢板尺　刻度单位为0.5mm。

(5) 聚乙烯条　厚度不大于0.5mm，宽度能遮盖下垂度模具槽内侧底面的边缘。在试验条件下，长度变化不大于1mm。

(6) 辊筒　质量1.5~2.0kg。

(7) 电泳钢板　200mm×100mm×0.8mm。

3. 试验方法

1) 试件制备

按试验需求确定所用模具的数量。将下垂度模具用丙酮等溶剂清洗干净并干燥。把聚乙烯条衬在模具底部，使其盖住模具上部边缘，并固定在外侧。然后把已在23℃±2℃下放置24h的密封材料用刮刀填入模具内，制备试件时应注意：

（1）避免形成气泡；

（2）在模具内表面上将密封材料压实；

（3）修整密封材料的表面，使其与模具的表面和末端齐平；

（4）放松模具背面的聚乙烯条。

2）试验过程

按胶施工的工艺条件选择合适的温度，按试验步骤 A 或试验步骤 B，各测试一个试件。根据各方协商，试件可按试验步骤 A 或试验步骤 B 进行，时间也可协商。

试验步骤 A：将制备好的试件立即垂直放置在已调节至规定温度的高温或低温箱内，模具的延伸端向下[见图 13-4(a)]，放置 24h。然后从箱中取出试件。用钢板尺在垂直方向上测量每一试件中试样从底面往延伸端向下移动的距离(mm)。

试验步骤 B：将制备好的试件立即水平放置在已调节至规定温度的高温或低温箱内，使试件的外露面与水平面垂直[见图 13-4(b)]，放置 24h。然后箱中取出试件。用钢板尺在水平方向上测量每一试件中试样超出槽形模具前端的最大距离(mm)。

如果试验失败，允许重复一次试验，但只能重复一次。当试样从槽形模具中滑脱时，模具内表面可按生产方的建议进行处理，然后进行重复试验。

第四节　过烘烤和欠烘烤性

各类胶粘剂密封胶在固化过程中，由于所处车体部位的不同和烘房的温度不均匀性，会有烘烤不足和烘烤过度的现象，通常在高于和低于正常工艺烘烤温度 20℃进行分别过烘烤/欠烘烤的测试，以考核胶层的固化状况。

外观：烘烤后观察表面的开裂、起泡、变色或钣金变形现象。

性能：根据胶的不同种类，测试体积变化率、密封性、硬度、剪切强度、抗冲击性、补强倍数和耐腐蚀性等。

第五节　与基材粘接性

与基材粘接性检测采用破坏剥离法考核胶粘剂密封胶与实际用基材(塑料、玻璃、涂漆钢板等)的粘接性能。适用于汽车车窗装配的聚氨酯胶粘剂密封胶、有机硅密封胶、焊缝密封胶等。

(一) 设备或器具

（1）基材　白玻璃、涂漆钢板或各类塑料基材。

（2）底涂　如果需要，接缝施工时使用的底涂。

（3）防粘带　聚乙烯(PE)或聚四氟乙烯自粘性胶带。

（4）匀状刮铲　适于修整密封胶的工具。

（5）刀片　长度适当的锋利刀片。

（二）试验过程

（1）清洗粘结表面，如果需要可按胶的施工要求实施底涂。

（2）基材表面的一端粘贴防粘胶带。

（3）施涂适量的密封胶，约长 100mm，宽 50mm，厚 3mm，其中应至少 50mm 长密封胶覆盖在防粘带上，见图 13-5。

（4）修整密封胶，确保密封胶与粘结表面完全贴合。

（5）在完全固化后，从防粘带处揭起密封胶，以 90°角用力拉扯密封胶。

（6）记录粘接或内聚破坏形式，如果密封胶与基材剥离[图 13-6(b)]之前就内聚破坏[图 13-6(a)]，则与基材的粘接合格。

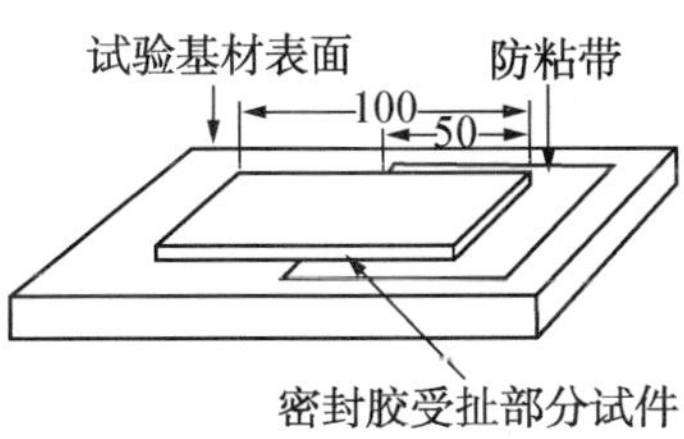

图 13-5　试样

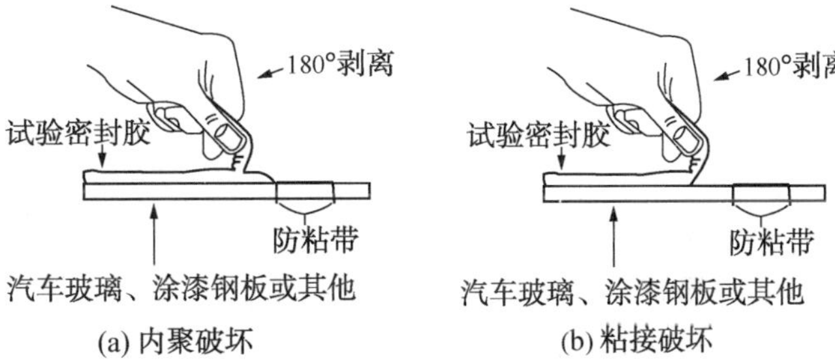

图 13-6　非破坏手拉剥离试验

第六节　油面附着性

油面附着性考核胶粘剂密封胶或阻尼胶片、补强胶片等成型胶片与钢板涂油表面的附着能力，也称之为外板表面适应性。

（一）设备或器具

（1）辊筒：质量 1.5~2.0kg；

（2）油面试板：200mm×80mm×0.8mm 大小的钢板或铝板(油量和油的种类由供需双方商定)；

（3）高温箱：温度精度±2℃；

（4）低温箱：温度精度±2℃。

（二）试验过程

1. 补强胶片

（1）根据补强胶片类型，将胶片制成 100mm×50mm 的试样，胶片贴于钢板中部，如图 13-7 所示，并用辊筒来回辊压 5 次，确保胶片与钢板紧密粘贴。对于弯曲试片，钢板应纵向弯曲，角度为 120°，如图 13-8(c)所示。

（2）将准备好的平直和弯曲试板分别置于标准条件下 2h、-5℃下放置 1h，高温(烘烤温度通常与涂装烘烤线一致)下放置20min，放置位置如图13-8所示。烘烤后试样在室温下冷却至少1h，观察有无翘起、脱落和移动，并测量垂直胶片最大位移量。

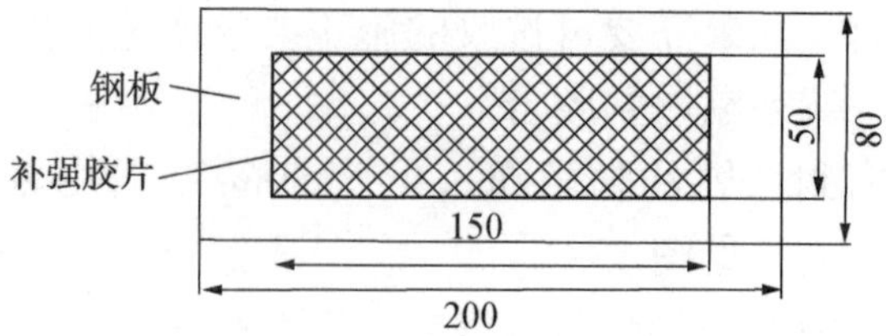

图13-7 试样制备示意图(单位：mm)

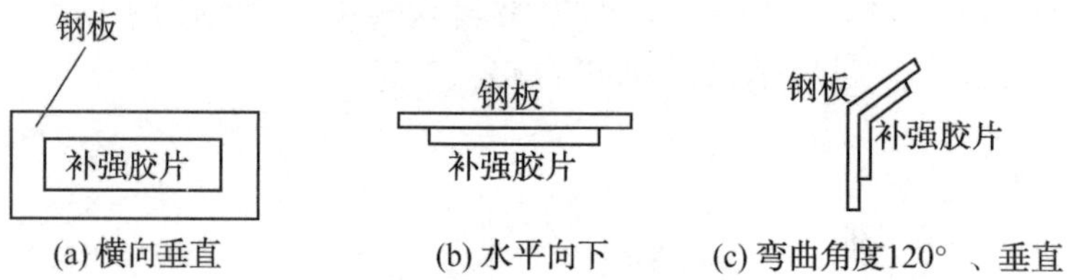

图13-8 试板放置状态

2. 阻尼胶片

把10mm×100mm的胶片贴于油面试板上并用滚筒来回辊压1次，如图13-9所示。把试板以角度70°放置，然后按指定的条件烘烤(烘烤温度通常与涂装烘烤线一致)20min。烘烤后试样在室温下冷却至少1h，检查胶片的滑移，剥离等状态，并测量垂直胶片最大位移量。

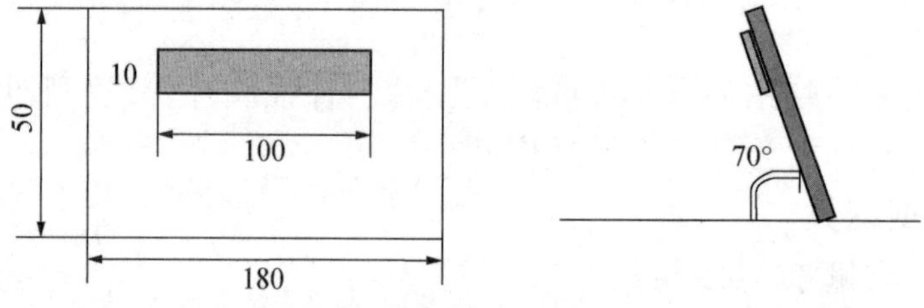

图13-9 贴胶片示意图

3. 预成型胶片

把10mm×100mm的胶片贴于油面试板上，并用滚筒来回辊压1次。将试板垂直放置，然后按指定的条件烘烤(烘烤温度通常与涂装烘烤线一致)20min。烘烤后试样在室温下冷却至少1h，检查胶片的滑移，剥离等状态，并测量垂直胶片最大位移量。

4. 液态密封胶

按生产线规定的工艺厚度或供需双方商定的厚度，将密封胶涂在油面试板中间，涂胶尺寸为100mm×50mm，然后按高温条件垂直烘烤(烘烤温度通常与涂装烘烤线相同)20min。烘烤后试样在室温下冷却至少1h，检查胶的流动情况，并测量胶移动的最大位移量。

第七节 油漆工艺配套性

油漆工艺配套性是考核各种胶粘剂密封胶适应汽车涂装生产线的能力，不同生产过程，油漆工艺配套性要求也不相同。以下分别介绍焊装用胶和涂装用胶的油漆工艺配套性试验方法。

(一) 方法一：焊装用胶

结构胶、点焊胶、减振胶及补强胶片等焊装用胶在涂装生产过程中将经历前处理和电泳工艺，故胶需要适应生产线实际的工艺要求。

1. 设备或器具

(1) 冷轧钢板镀锌钢板 200mm×100mm×0. 8mm。

(2) 高温箱 温度精度±2℃。

(3) 辊筒 质量1. 5~2. 0kg。

2. 试验过程

(1) 将尺寸为200mm×100mm×0. 8mm(长×宽×厚)的冷轧钢板或镀锌钢板去油。

(2) 对于液态胶，涂一层100mm×50mm大小、一定厚度胶粘剂密封胶(厚度通常与实际生产线规定的一致)，在前处理和电泳前，放置1h，然后模拟实际涂装工艺，即“去油→表面调整→磷化→电泳→烘干”。烘烤前后，应分别目视检查试样制备所用粘接材料是否有变化，如移动、剥落、明显软化或肉眼可察觉的金属基板的裸露。

(3) 对于成型胶片，则揭去隔离纸，在钢板上粘接胶片，并用辊筒来回辊压5次，确保胶片与钢板紧密粘贴。在前处理和电泳前，放置1h，然后模拟实际涂装工艺，即“去油→表面调整→磷化→电泳→烘干”。烘烤前后，应分别目测试样制备所用粘接材料的变化，如移动、剥落、明显软化或金属基板裸露。

(二) 方法二：涂装用胶(焊缝密封胶)

通常工艺是湿碰湿水性或溶剂型中涂，或水性或溶剂型面漆，或预烘后喷涂中涂等，这就需要进行焊缝密封胶与中涂、面漆的配套性试验。

1. 设备或器具

(1) 冷轧钢板或镀锌钢板：200mm×100mm×0. 8mm。

(2) 高温箱：温度精度±2℃。

2. 试验过程

(1) 将冷轧钢板或镀锌钢板去油，按实际生产工艺要求进行前处理、电泳。

(2) 在准备好的试板上涂一层厚度为2~3mm的焊缝密封胶，大小为100mm×50mm。按实际工艺要求进行中涂、面涂的喷涂和烘烤，冷却后观察表面外观变化，如起皮、针孔、凹坑、边缘收缩、开裂、颜色变化等缺陷。

第八节　与涂装材料的匹配性

焊装胶涂覆后，经前处理液的浸泡和喷射、电泳槽电泳工序后，与电泳漆一起进行烘烤，因此这类胶不能对前处理槽液、电泳槽液造成影响。通常由前处理剂和电泳漆的供应商对胶的影响进行确认，下面为与电泳漆的匹配性常用的试验方法。

（1）按供应商说明书配制 4L 阴极电泳槽液，按要求熟化后待用。

（2）准备三块外观无缺陷的标准磷化板，尺寸为 70mm×150mm×0. 8mm。

（3）将其中一块放入电泳漆中，按一定的电压和电泳时间进行泳板(由供货双方协商)，并按要求烘烤，观察漆膜外观是否平整光滑、无缩孔，如漆膜表面粗糙或出现缩孔，则该槽液不能用于试验，应重新配制。

（4）标准磷化板中涂布 50mm×70mm×3mm 的胶层，水平放置 4h 后，将它放置于搅拌的电泳槽中 16h 后取出，再放入另一块标准磷化板，按上述一样的泳板条件进行制板，观察漆膜外观是否平整光滑、无缩孔。

第九节　点焊强度下降率

点焊缝密封胶是一种具有导电性的密封胶，在车身焊装前在金属搭接缝处涂布，在焊接过程中不明显影响其焊接性能，焊接后经加热固化，具有密封、防锈、粘接等作用。

钢板间因涂点焊密封胶后会降低导电率，导电率的下降可能会对点焊强度产生影响。由于点焊密封胶的施工流程是在焊接工艺前涂胶，这就要求点焊密封胶除具有常规的工艺性能外，还要求其对点焊强度的影响应可控，这就需要测定其点焊强度下降率。

通过测定相同焊接工艺条件下，涂装点焊胶焊接强度及不涂装点焊胶的焊接强度，计算焊接强度下降率。点焊强度下降率仅适用于点焊密封胶，测试方法如下。

（一）设备或器具

（1）油面冷轧钢板镀锌钢板：150mm×25mm×0. 8mm。

（2）高温箱：温度精度±2℃。

（3）材料试验机：力值精度±1%；位移精度±0. 5%。

（二）试验过程

（1）准备一个油面钢板，将胶涂在钢板一端，胶层厚度控制在 2mm，在其上重叠另一个油面钢板。

（2）再准备两块油面钢板试板，两块板之间不涂胶。

（3）用点焊机按图 13-10 所示的点焊区进行焊接，保证频率、电极加压、通电时间、电流、焊点直径等与生产线点焊条件一致。

单位：mm

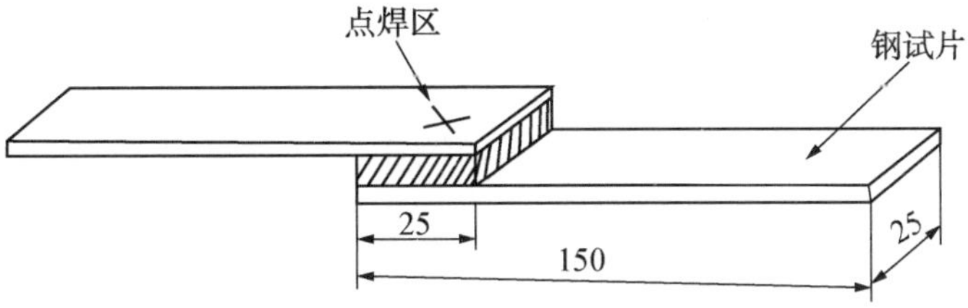

图 13-10 试样

（4）分别测定涂胶板和未涂胶板的焊点破坏载荷，试验速度为 50mm/min。

（5）计算涂胶后破坏强度的下降率。

$$A=\frac{B-C}{B}\times 100\% \qquad (13-2)$$

式中 A——点焊强度下降率，%；

B——未涂胶板破坏载荷，N；

C——涂胶板破坏载荷，N。

第十节 抗 冲 洗

由于车身焊装用胶在固化前须经过前处理及电泳线，在此过程中会受到前处理液及电泳液的冲刷，为防止冲刷引起胶的位置移动或脱落，车身焊装用胶必须能在一定压力的液体冲刷下不产生脱落及位置的变化。

推荐一个简易的试验方法：

（1）在试板上各涂上两条大小约为 100mm×10mm×3mm 的胶层，两条胶层相距 50～100mm，在室温下放置 1h。

（2）然后将试板垂直放置于喷嘴前，与喷嘴水平距离 150mm 左右，喷嘴直径约 1mm。

（3）用压力为 0.5MPa 的自来水喷射胶层，检查胶层从初始位置的移动情况。

也可根据实际生产情况，由供需双方商定具体的喷嘴直径或压力等参数。

第十一节 低温柔韧性

低温柔韧性考核胶固化后在低温下的韧性。低温柔韧性适用于 PVC 类的焊缝密封胶、指压胶。

（一）设备或器具

（1）电泳板：200mm×80mm×0.8mm。

（2）低温箱：温度精度±2℃。

（二）试验过程

（1）用模框在试板上涂一层厚度为 3mm 的密封胶，大小为 100mm×50mm，按胶的工艺要求烘烤，样品在标准试验环境下放置至少 24h。

（2）将试片放入温度为-40℃±2℃的低温箱中 3h，取出后立即将一根 ϕ25mm 的芯棒放在试片(胶层朝上)中部，短边与芯棒平行，用力在 1s 内将试片绕芯轴弯曲 180°。

（3）将试样保持在弯曲位置 10s，并在此位置检查胶层表面是否有裂纹和剥离。

第十四章　环保安全性能

中华人民共和国工业和信息化部于 2016 年 9 月正式发布了《绿色制造工程实施指南（2016—2020 年）》。该方案的实施使得全社会对安全环保的意识增强，汽车安全环保性能受到汽车使用者及生产者越来越多的关注。环境保护部、国家质量监督检验检疫总局、国家标准化管理委员先后发布了 GB/T 27630—2011《乘用车内空气质量评价指南》、GB 24407—2012《专用校车安全技术条件》、GB/T 30512—2014《汽车禁用物质要求》等标准，汽车用胶粘剂的安全环保性能测试已经成为重要的测试项目。

汽车内污染物种类很多，能检测到的污染物有 100 多种，常见的污染物有 30 多种，主要包含下列几类：

（1）苯、甲苯、二甲苯等苯系物。

（2）甲醛。

（3）挥发性有机物。

（4）微生物：微生物也是汽车内污染物之一，会对人体健康产生不良影响。

（5）重金属。

（6）NH_3、CO、氮氧化物等。

造成车内污染的有害物质较多，可分为有机有害物质及无机有害物质。胶粘剂是有机有害物质苯、苯系列及甲醛等有害物质的主要来源之一。汽车环保对胶粘剂与密封胶主要是控制其有害物质含量，目前主要控制方法如表 14-1 所示。

表 14-1　有害物质种类及控制方法

<table>
<tr><th colspan="2">有害物质种类</th><th colspan="3">控制方法</th></tr>
<tr><td rowspan="5">有机</td><td>烷烃、芳烃、烯烃、卤烃类（苯类化合物）</td><td rowspan="4">气态物质</td><td rowspan="3">VOC 控制</td><td>TVOC</td></tr>
<tr><td>醛类</td><td>VOCs</td></tr>
<tr><td>酮类</td><td>甲醛</td></tr>
<tr><td>氯化物、硫化物</td><td colspan="2">气味评价</td></tr>
<tr><td>氨化物</td><td>液态物质</td><td colspan="2">冷凝组分</td></tr>
<tr><td rowspan="2">无机</td><td>重金属、石棉等</td><td colspan="3" rowspan="2">禁用</td></tr>
<tr><td>卤代物</td></tr>
</table>

胶粘剂与密封胶的安全性能要求，目前主要为对其阻燃性能的要求。

本章分别对胶粘剂的安全、环保性能的相关项目的测试方法进行介绍。

第一节　气　味　性

气味性评价方法是将样品在密封空间内加热，带有气味性的气体散发，通过主观嗅闻，辨别其气味性质及气味强度。

1. 评价小组

由于气味评价是通过人主观嗅闻，因此评价小组人员是试验评价的关键。为了获得一致的数据，气味小组的成员有较高要求，小组成员要求如下：①评价员：≥5 人；②年龄在 20~45 岁；③嗅觉感知能力较好；④无抽烟嗜好；⑤非过敏体质；⑥非慢性鼻炎患者。

组织者定期对气味评价员进行训练、考核以及日常跟踪。考核频次一般情况下至少每 3 个月 1 次，对于考核不合格者要重新进行培训，再进行考核。

2. 评价过程要求

（1）气味评定小组由 3 名或以上单数成员组成。

（2）在进行气味评价前 3h，小组成员不应吸食香烟等带有较强气味的食物。

（3）伤风鼻塞者也不宜参与气味评价。

（4）小组的成员一旦选定，应尽量保持不变。

3. 样品处理

根据需求，将试样按原始状态或者将试样按实际应用条件涂抹于铝箔上并按胶的固化条件进行固化处理。

固化完成后，将固化后样品在室温放置 1~7d，进行测试。

4. 结果

气味性结果分为气味性质及气味强度，常用的表述方式见表 14-2 和表 14-3。

表 14-2　常用气味性质表述方式

气味性质	气味性质表述	气味性质	气味性质表述
食品蔬菜味	冰箱中蔬菜贮藏格的气味、湿面包等的气味	垃圾箱/垃圾味	垃圾的气味或者是垃圾堆放处的气味
鱼味	不新鲜的鱼的气味	动物味	牲畜棚的气味
臭鸡蛋味	臭鸡蛋的气味	刺激性气味	鼻子或嗓子能够立刻感觉得到的刺激性

表 14-3　常用气味强度表述方式

气味强度	气味强度表述	气味强度	气味强度表述
1 级	无气味	4 级	有干扰性气味
2 级	有气味，但无干扰性气味	5 级	有强烈干扰性气味
3 级	有明显气味，但无干扰性气味	6 级	有不能忍受的气味

（一）方法一：气味比较法

1. 应用范围

本方法用于评价胶粘剂气味性，适用于常见的干湿胶粘剂，参见 HG/T4065—2008《胶粘剂气味评价方法》。

2. 设备和评定小组

（1）玻璃罐　玻璃罐的容量大约为 1L。带有可密封的盖子，在室温或 65℃的温度下必须是无气味的。

（2）恒温箱　空气循环型，温度波动不大于±2℃。

（3）铝箔。

（4）检测室　检测室环境应无气味。

3. 试验步骤

按 GB/T 20740—2006《胶粘剂取样》规定进行胶粘剂取样。样品置于一个密封的玻璃罐内。试验前取 20g±1g 样品置于试验用玻璃罐内、加盖或用铝箔密封。

按供需双方的协议，选定比较样品，置于没有气味的玻璃罐内，密闭。如果比较样品受到污染，则应舍弃。

选择常温评价，则将装有试验样品和比较样品的玻璃罐在环境温度下调节 24h。选择高温评价，则将装有试验样品和比较样品的玻璃罐放入已调节到规定温度（如 65℃）的恒温箱内放置 2h，然后将玻璃罐冷却到室温后进行气味比较。

4. 气味评价

气味评定小组成员进行试验样品和比较样品的气味比较，确定试验样品气味相同或淡于或浓于比较样品。

（二）方法二：气味评级法（干/湿态）

1. 应用范围

本方法规定了胶粘剂气味性试验方法，用于评价胶粘剂气味性，适用于常见的干湿胶粘剂，参见 VDA 270—1992《汽车装饰材料气味性测试方法》，本法在此基础上进行了补充和修改。

2. 试验设备

（1）有空气循环的烘箱，精度±2℃。

（2）试验器皿采用 1L 容量，一般由玻璃容器、盖子和密封圈三部分组成。要求密封性好，无气味，容易清洗。试验器皿在每次试验之前需清洗，尤其在使用同一台实验室洗涤机时。试验器皿必须干净且无气味。

3. 试验预处理

1）风挡玻璃胶

将 5g±0.5g 的风挡玻璃胶样品均匀涂覆在 100mm×100mm 的铝箔上，在 23℃±2℃，50%±5%RH 条件下固化 168h，按后续试验步骤进行气味性试验。

2）车身用胶

将5g±0.5g的车身焊装、涂装用胶样品均匀涂覆在100mm×100mm的铝箔上，按实际工艺和时间烘烤后，根据后续试验步骤进行气味性试验。

3）热熔胶

将5g±0.5g固态热熔胶样品均匀涂覆在100mm×100mm的铝箔上，按实际工艺加热后再固化，根据后续试验步骤进行气味性试验。

4）其他胶或胶片

将5g±0.5g样品均匀涂覆在100mm×100mm的铝箔上，按实际工艺和时间进行固化，根据后续试验步骤进行气味性试验。

4. 试验步骤

(1) 按上述条件进行预处理。

(2) 将试样按表14-4条件存放于玻璃器皿中进行试验。

表14-4　存放条件的选择

方　　案	温　　度	存放时间
B1	23℃±2℃	24h±1h
B2	40℃±2℃	24h±1h
B3	80℃±2℃	2h±10min

试验说明：

(1) 方案B1和方案B2在试验容器中(1L或3L)灌注50mL去离子水。方案B3在试验容器中不用加水。

(2) 放置在试验容器中的试样应避免直接与水接触。

(3) 试样容器应旋紧放在已预热的温箱中。

(4) 方案B1和方案B2是在试验容器从温箱中取出后直接进行鉴定。

(5) 方案B3是试验容器从温箱中取出后先回冷到实验温度60℃±5℃，再进行鉴定。由三位鉴定员鉴定之后再次把容器放至80℃±2℃的温箱中30min，然后再由其他鉴定员进行鉴定。

第二节　甲醛散发量

甲醛散发是将一些非金属材料存放于一定的气候和温度下时，散发出有害物质甲醛的倾向为“甲醛散发”。

甲醛测试较成熟的分析方法有乙酰丙酮分光光度法和气相色谱法。

乙酰丙酮分光光度法是将试样悬挂于蒸馏水中(一般40℃)，经过一定时间(24h)后试样中甲醛被水吸收，用乙酰丙酮显色，光度法测量。

气相色谱法过程为将试样放入容器中加热一定时间(70℃/2h)，使用Tenax(或活性炭)吸附管吸附。吸附装置见图14-1。解析后于气相色谱仪分析，详细测试方法可参考 VOC 的测试方法。

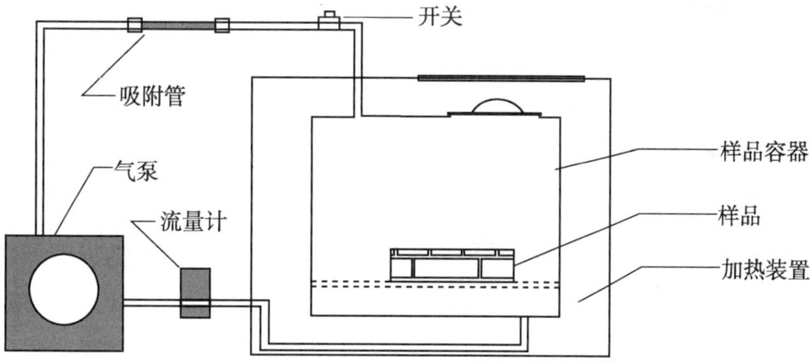

图 14-1　有机物吸收装置图

经试验比较，乙酰丙酮法准确性、再现性均高于气相色谱法。由于乙酰丙酮法的试验设备简单、操作方便，国内外甲醛分析大都采用该法。同时，室内装饰材料中甲醛的分析中，国内标准均采用乙酰丙酮法。气相色谱法检出量低，适用于甲醛含量较低时的测定。

乙酰丙酮光度法测试方法如下：

（一）应用范围

下列试验方法适用于常见的干湿胶粘剂甲醛散发量检测。方法参考 VDA275—1995《车内甲醛含量测试聚乙烯瓶法》，并在此基础上进行了补充、修改。

（二）试验原理

测试时，将试样固定在紧闭的装有蒸馏水的 1L 聚乙烯瓶中，试样位于蒸馏水的上方。60℃下保温 3h。待瓶冷却后，用分光光度计或高效液相色谱仪（HPLC）测定被蒸馏水所吸收的甲醛含量。

用分光光度计测定甲醛散发基于所谓的 HANTZ 反应，在这反应中甲醛与铵离子和乙酰丙酮反应生成二乙酰基二氢卢剔啶（DDL）。DDL 是一种黄色的络合物，它在 412nm 波长时吸收最大。用分光光度计可测出 412nm 波长时含有黄色络合物的溶液与蒸馏水相比的吸光度，这一方法称为乙酰丙酮法。乙酰丙酮法反应方程式见图 14-2。

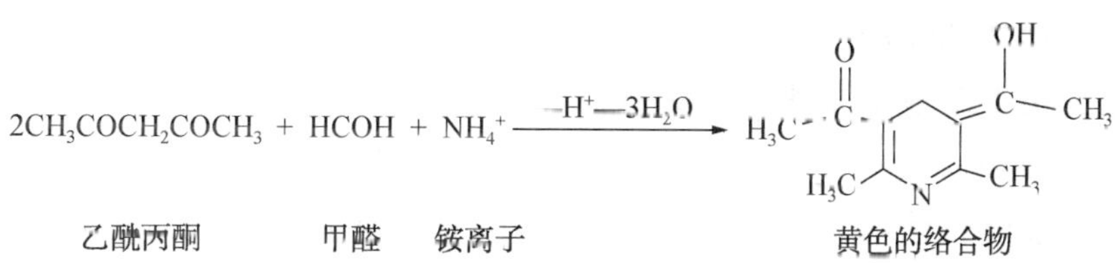

图 14-2　乙酰丙酮法的反应方程

（三）试验设备

（1）分光光度计。

（2）分析天平：精度±1mg。

（3）通风保温箱。

（4）带有螺纹瓶盖的体积为1L的实验室用聚乙烯瓶。瓶盖上装有特种钢钩子。其密封性可用顶空瓶密封片来保证。

（四）试样要求及处理

1. 直接测试的样品

将样品盛放于带钩子的不锈钢或陶瓷容器内。在1L聚乙烯瓶的瓶盖内侧有一个钩子，将容器挂于钩子上，盖上瓶盖密封。

2. 固化后测试的样品

将试样涂抹于外形尺寸(长×宽)为40mm×100mm的铝箔上，按厂商指导的条件固化，然后挂于1L聚乙烯瓶的瓶盖内侧的钩子上，盖上瓶盖密封。

每种材料要取6个试样。其中5个用于甲醛测定，1个用于含水量测定。

（五）试验过程

1. 试剂

1）乙酰丙酮溶液

量取4mL乙酰丙酮(分析纯)注入体积为1000mL的容量瓶中，用蒸馏水稀释至1000mL。将溶液置于密封容器在室温下避光存放，有效期4周。

2）醋酸铵(又称乙酸铵)溶液

称取200g乙酸铵，置于一个500mL的烧杯中，并加入约300mL蒸馏水，搅拌溶解。将烧杯中的溶液移入1000mL容量瓶中，用蒸馏水多次的冲洗烧杯，并全部转移至容量瓶中，然后用蒸馏水定容，摇匀，室温避光保存，有效期4周。

3）甲醛标准溶液

称取1g甲醛溶液(浓度35%~40%)，放入1000mL容量瓶中，用蒸馏水溶解并稀释至1000mL。

将溶液置于密封容器在室温下避光存放。每次校正时，应制备新的甲醛标准溶液。

4）其他相关校准溶液

配置相关校准溶液应采用分析纯级的试剂。

（1）碘溶液 $c(I_2)$，浓度0.05mol/L；

（2）硫代硫酸钠溶液 $c(Na_2S_2O_3)$，浓度0.1mol/L；

（3）氢氧化钠溶液 $c(NaOH)$，浓度1mol/L；

（4）硫酸 $c(H_2SO_4)$，浓度1mol/L；

（5）淀粉溶液，浓度1%(1g淀粉溶于100g蒸馏水中)。

2. 校正曲线

1）制备甲醛标准溶液

在一个250mL的锥形瓶中分别加入20mL甲醛标准溶液、25mL碘溶液和10mL氢氧化钠溶液进行混合。将其避光放置15min后，在混合溶液中再加入15mL硫酸。过剩的碘用硫代硫酸钠溶液返滴定。滴定结束时，加入几滴淀粉溶液（需用电炉加热溶解）作为指示剂，以测定用甲醛标准溶液做试验时消耗的硫代硫酸钠溶液的体积。

将20mL蒸馏水与25mL碘溶液、10mL氢氧化钠溶液混合。避光放置15min后，加入15mL硫酸。过剩的碘用硫代硫酸钠溶液返滴定，滴定结束时，加入几滴淀粉溶液（需用电炉加热溶解）作为指示剂，以测定出空白试验时消耗的硫代硫酸钠溶液的体积。

用下列公式计算甲醛标准溶液的浓度：

$$c(\mathrm{HCHO})=\frac{(V_0-V)\times 15\times c(\mathrm{Na_2S_2O_3})\times 1000}{20} \tag{14-1}$$

式中 $c(\mathrm{HCHO})$——甲醛标准溶液的浓度，mg/L；

V_0——空白试验时消耗的硫代硫酸钠溶液的体积，mL；

V——用甲醛标准溶液做试验时消耗的硫代硫酸钠溶液的体积，mL；

$c(\mathrm{Na_2S_2O_3})$——硫代硫酸钠溶液的浓度，mol/L。

2）制备甲醛校正溶液

从制备的甲醛标准溶液中，用移液管移出一定体积的甲醛标准溶液注入1个1000mL的容量瓶中，该体积中含有15mg甲醛（这个体积可用已准确测定的甲醛标准溶液的浓度计算出来）。加入蒸馏水稀释至1000mL。所制备的甲醛校正溶液中每毫升含有15μg甲醛。

3）测定校正曲线

取6个100mL的容量瓶，从甲醛校正溶液中，依次移出5mL、10mL、20mL、50mL、100mL各注入一个100mL的容量瓶中，其中一个100mL的空白试样瓶，分别加入蒸馏水稀释至100mL。这6个容量瓶中的甲醛浓度（μg/mL）分别为0、0.75、1.5、3、7.5、15。

取6个50mL容量瓶，用移液管从6个稀释甲醛校正溶液的容量瓶中各取出10mL，分别移入50mL容量瓶中。取样顺序从最低浓度开始，由低至高依次移液。照此方法用移液管在每个容量瓶中各加入10mL乙酰丙酮溶液、10mL醋酸铵溶液。盖紧瓶塞，在40℃水浴锅中加热15min后，取出这6个容量瓶，避光冷却至室温（大约1h）。然后用分光光度计测定出这6个容量瓶中的溶液的吸光度。以测得的甲醛校正溶液的吸光度为横坐标和对应的甲醛溶液浓度为纵坐标作曲线图。图14-3为校正曲线示意图，曲线斜率系数值即校正因子f。通常$R^2>0.995$即为校准斜率有效。

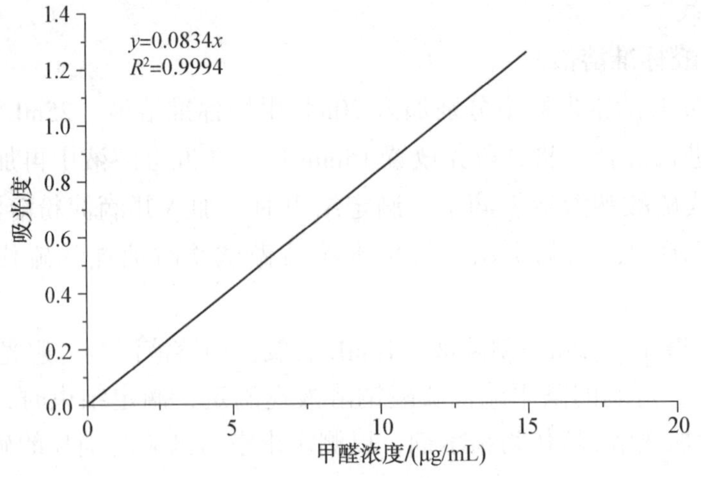

图 14-3 校正曲线示意图

校正曲线应每月检查一次。

3. 试验步骤

1）试样

取 3 个长 100mm、宽 40mm 的试样，其中 1 个试样用于测定含水量、2 个试样用于测定甲醛含量。取样时应确保每个试样表面无污染。

如试样的测试无法立即进行，应将其存放于阴凉密封条件下，空气量应尽可能最小，存放时间不应超过 5 天。

2）含水量

用电子天平称量试样质量 m_1(精确到 1mg)。将试样放入 103℃±2℃的恒温箱中 24h 后，取出试样置于干燥皿中冷却至室温，再称量试样的质量 m_0。按如下公式计算含水量：

$$H=(m_1-m_0)/m_1\times100\% \tag{14-2}$$

式中 H——含水量,%；

m_1——干燥前试样质量，g；

m_0——干燥后试样质量，g。

3）甲醛含量测定

将每个试样距上边缘 10mm 处中间打一个 1~2mm 的孔，用电子天平称量试样质量 m(精确到 1mg)。

聚乙烯瓶内加入 50mL 蒸馏水，将试样挂在瓶盖的钩子上，放入聚乙烯瓶中并旋紧盖子。将封闭好的聚乙烯瓶放入 60℃±2℃的恒温箱中 3h±15min 后，将聚乙烯瓶从恒温箱中取出，放置 60min±10min，冷却到室温，从瓶中取出试样。将聚乙烯瓶中的试液用移液管取 10mL 放入干燥的 50mL 广口瓶中，加入 10mL 乙酰丙酮溶液、10mL 的醋酸铵溶液，封口并摇匀。置于 40℃恒温水浴锅中 15min，取出后冷却到室温(约60min)。

按上述步骤同时制作空白试验液(不放试样)。

用分光光度仪测定上述试样及空白试样与蒸馏水相比的吸光度。

采用下式进行计算甲醛含量:

$$甲醛含量(mg/kg)=\frac{(A_S-A_B)\times f\times V\times(100+H)}{m\times1000}\times F \tag{14-3}$$

式中 A_S——试样的吸光度;

A_B——空白的吸光度;

f——校准曲线斜率,μg/mL;

V——吸收溶液体积;

H——试样的含水量,%;

m——试样的质量,g;

F——每千克试样分析结果的参考系数,$F=10$。

取两块试样甲醛含量的平均值。

第三节 雾化性能

汽车材料中挥发性物质受热挥发后会在玻璃上凝结成雾,挥发性物质在玻璃片的这种凝结现象我们称之为成雾性,也称之为结雾特性,其凝结物又称冷凝组分。

汽车材料的成雾会妨碍透过挡风玻璃的视线,在不利的光线条件下成雾会影响驾驶的安全性。同时,由于冷凝组分大多为有害的有机挥发物,成雾性的高低也可反映内饰材料中有机挥发物的高低。成雾过程即为物质的挥发-冷凝过程。

试样在起雾杯中被加热,蒸发出的气体在已经被冷却降温的铝箔上冷凝。冷凝过程结束后,取下铝箔,用电子天平称量其质量,减去铝箔本身的质量后,得出所测试材料的雾化、凝结物的质量和冷凝组分。

雾化性能测试包含成雾性及冷凝组分的测试。成雾性及冷凝组分测试设备、过程相同,不同点是成雾性使用玻璃吸收凝结物,并测试透光率下降,冷凝组分使用铝箔吸收凝结物,并测定凝结物质量。

国际、国外标准化组织发布的有关汽车内饰件成雾性的测定标准主要有如下标准:

(1) ISO 6452:2000(E)《Rubber-or Plastics-Coated Fabrics—Determination of Fogging Characteristics of Trim Materials in the Interior of Automobiles》橡胶、塑料、人造革——汽车内饰件雾度特性的测定。

(2) DIN 75201《Determination of the Windscreen Fogging Characteristics of Trimmaterials in Motor Vehicles》——汽车-内部设备所用材料雾化性能的确定。

(3) SAE J1756 Issued DEC94《Test Procedure To Determine the Fogging Characteristics of Interior Automotive Materials》——汽车内饰件雾度特性测试方法。

上述标准的主要试验参数见表 14-5。

表 14-5　国际、国外标准成雾性测定条件

<table>
<tr><th>标准号</th><th>玻璃板</th><th>起雾杯</th><th>冷却温度/℃</th><th>加热温度/℃</th><th>加热时间/h</th><th>测量参数</th></tr>
<tr><td rowspan="2">ISO 6425</td><td rowspan="2">厚：3mm
光透过率：≥98%</td><td rowspan="2">内径：83.6mm
高：190mm</td><td rowspan="2">21</td><td rowspan="2">100</td><td>3</td><td>成雾值(60°)</td></tr>
<tr><td>16</td><td>冷凝分重</td></tr>
<tr><td>DIN 75201</td><td>光泽最大变动范围应在±2%</td><td>内径：83.6mm
高：190mm</td><td>21</td><td>90</td><td>6</td><td>成雾值(60°)</td></tr>
<tr><td rowspan="5">SAE J1756</td><td rowspan="5">厚：3mm</td><td rowspan="5">Haake 装置或 Hart 装置(10gDOP，冷凝分重 4.65~5.15mg)</td><td>21</td><td>100</td><td>3</td><td rowspan="4">成雾值(60°)</td></tr>
<tr><td rowspan="3">38</td><td>85</td><td rowspan="3">6</td></tr>
<tr><td>95</td></tr>
<tr><td>110</td></tr>
<tr><td>21</td><td>100</td><td>12</td><td>冷凝分重</td></tr>
</table>

上述标准的试验方法、对试验设备的要求及测试参数基本一致，主要不同是加热温度、加热时间的要求不同。

下面介绍胶粘剂的冷凝组分试验方法，参见 DIN75201《汽车——内部设备所用材料雾化性能的确定》。

(一) 原理

模拟汽车内饰材料挥发出的有机物质和汽化出的物质在玻璃上形成的冷凝现象，通过加热雾化杯内的样品，将其散发出的组分再次冷凝凝结在铝箔上，计算其质量增重。

(二)试验方法

1. 试样准备

(1) 取 10g±0.5g 样品试验。

(2) 应将试样存放在干燥器皿内用硅胶(蓝色)预干燥 24h。

(3) 试样应是新生产的产品，并在产品下线时用密闭的塑料袋存放，试样在生产后两星期内完成试验。

2. 试验设备

(1) 起雾器(带冷却装置的加热装置)，见图 14-4。

(2) 烧杯、玻璃板、硅橡胶密封圈、金属环。

(3) 厚 0.03mm 的铝箔，做成直径 103mm 的圆片。

(4) 直径≥90mm 的圆过滤纸。

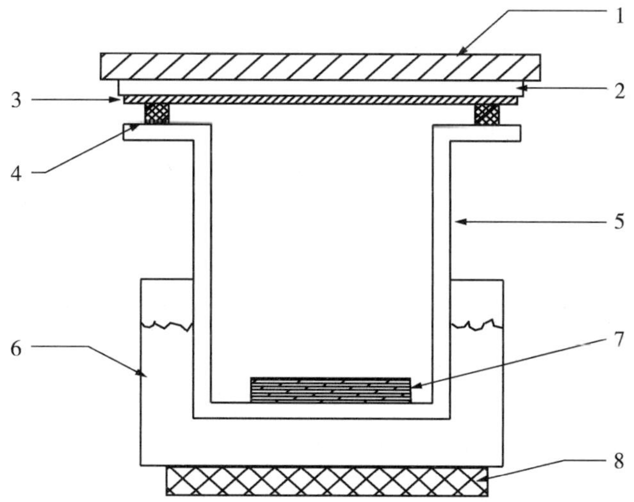

图 14-4 冷凝组分测定仪

1—冷却板；2—玻璃板；3—铝箔；4—密封圈；5—起雾杯；6—温控池；7—试样；8—加热板

3. 试验过程

（1）试样平铺于铝箔(此处仅作为铺垫用)上，然后在起雾杯内装入试样。

（2）首先铝箔片称重，精确到 0.01mg，结果为 m_0。将烧杯口装上密封圈，放上称重的铝箔片(光面朝下)。

（3）将烧杯放入加热液中，液温 100℃±0.5℃，在经称重的铝箔片上放上经清洗的玻璃片，再在其上放一圆形过滤器纸，小心地放上冷却板，防止试验装置移动。

（4）铝箔片蒙雾时间 16h±10min。小心取下铝箔片，将蒙雾的一面朝上，在干燥箱内放置 3.5~4h。

（5）将蒙雾并在干燥箱内放置过的铝箔片称重，精确到 0.01mg，结果记为 m_1。

（6）共对两块试样进行测定，取平均值。

（7）评定：按下列公式计算每块铝箔的冷凝组分 m。

$$m=m_1-m_0 \tag{14-4}$$

式中 m——冷凝组分质量，mg；

m_0——铝箔片质量，mg；

m_1——蒙雾并干燥后的铝箔片质量，mg。

4. 试验结果

根据两次测定结果算出的算术平均值，与标准要求值比较一下，测试值是否小于极限值。

第四节　有机物散发(VOC)

有机物散发(VOC)又称挥发性有机化合物。挥发性有机化合物(Volatile Organic Compounds，VOC)是指沸点范围在50~260℃，室温下饱和蒸气压超过133.3Pa，常温下以蒸气形式存在于空气中的一类有机物，包括烷烃类、芳烃类、烯类、卤烃类、酯类、醛类、酮类等。

TVOC是表示总挥发性有机物，表征部分VOC量的大小；VDA对TVOC的定义是$C_6 \sim C_{16}$有机物；国家标准对TVOC的定义是$C_6 \sim C_{20}$的有机物。

有机物散发测试包含各种有机化合物含量测试及TVOC测试，典型方法有VDA277《汽车内饰材料总挥发性有机物的测定方法》及VDA278《汽车内饰材料总挥发性有机物的测定方法》。胶粘剂中有机化合物散发测试方法，参考VDA277《车内非金属材料挥发性有机物测试》。

下面介绍胶粘剂中有机化合物(TVOC)散发测试方法，参考VDA 277—1995《非金属材料挥发物TVOC测试》。

(一) 应用范围

本方法用来测试汽车胶粘剂的有机化合物(TVOC)散发。

(二) 原理

样品被装入顶空瓶中，放入顶空进样器，在高温下保持一定时间，使得材料中的有机挥发物散发到顶部，然后连接针头，在载气加压的引导下，瓶中的挥发性有机物进入气相色谱仪中，再经过色谱柱分离，最后被氢火焰离子检测器检测到，根据进入检测器先后时间及量，定性和定量检测TVOC。典型TVOC色谱图如图14-5所示。

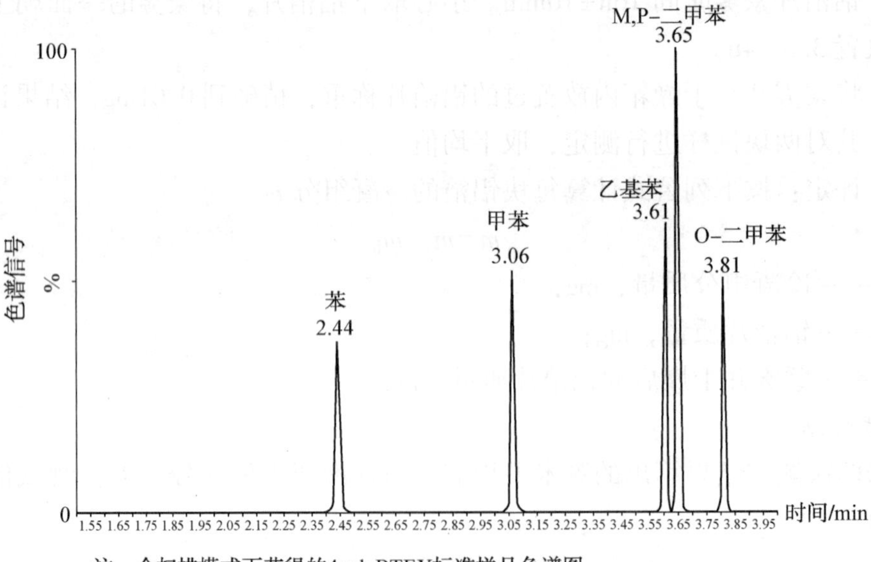

注：全扫描模式下获得的4ppb BTEX标准样品色谱图。

图14-5　典型TVOC色谱图

（三）设备和试剂

（1）气相色谱仪　分流、不分流进样口，氢火焰离子检测器。

（2）色谱柱　WAX30m×0.25mm×0.25μm。

（四）试验设备参数

1. 气相色谱仪（Agilent）参数设置

（1）柱温箱　50℃保持3min，以12℃/min速率加热至200℃，保持4min。

（2）进样口温度　200℃。

（3）检测器温度　250℃。

（4）载气　高纯氮气，1mL/min。

（5）分流比　1∶10。

（6）检测器　氢气40mL/min，空气400mL/min。

2. 顶空进样器（PE）参数设置

（1）炉温　120℃。

（2）针的温度　150℃。

（3）传输线温度　180℃。

（4）孵化时间　试样为5h，校正溶液为1h。

（5）加压平衡时间　3min；加压压力　151.7kPa（22psi）。

（6）进样时间　0.04min；

（7）拔针时间　0.5min；GC循环时间　27min。

（五）样品制备

1. 预处理

试样可以直接以原始状态测试，或者按实际应用条件涂抹于5cm×5cm铝箔上进行固化处理后再测试。若固化测试，则将胶粘剂均匀涂抹于铝箔上，按实际工艺条件干燥固化，然后放入样品瓶中。如果必要，可以按图纸上或供货技术条件规定的方法，但必须在测试结果中注明。

2. 样品称取

在10mL顶空瓶内装入0.100g±0.001g的原始状态试样（即称量误差最大为0.1%）。若是固化试样，记录固化前涂抹在铝箔上胶液的实际质量，然后将带有试样的铝箔直接装入样品瓶中。每个样品至少准备3份。

（六）试验步骤

1. 试验方法

（1）将准备好的样品放入顶空进样瓶内，保持120℃±1℃恒温5h±5min。将一个针头通过密封片插入瓶中，氮气通过针头注入瓶中，这样就提高了瓶子上部空间（顶空）中散发有机物的气体压力。含有机物的气体经过针头从瓶中压出，再与载气一起经过转移管，从进样口进入气相色谱毛细管分离柱被分离。各组分随载气以不同的保留时间先后进入氢火焰离子检测器(FID)。FID将组分的浓度变化转变为电信号并被记录。

(2) 每次试验必须做空白测试，空白测试是通过用空的顶空瓶至少进行3次测量所得到的响应值组成的平均值。空白值及校正结果的分析中定量必须一致，并且可以再现。

2. 标定

(1) 绘制校正曲线，以便对碳的总挥发量以及各种特殊物质数量进行定量标定。采用丙酮作为总挥发性有机物的标定物质。苯、甲苯、二甲苯、苯乙烯等单质以对应的标准物质作为标定物质。

(2) 在安装上新的色谱柱后，或者当仪器上有改动后应该用7种浓度的标准样品进行标定，此外，至少每4周要用3种浓度进行控制性标定。

(3) 对丙酮进行标定时应在正丁醇中配制浓度为0.1g/L、0.5g/L、1g/L、5g/L、10g/L、50g/L、100g/L丙酮正丁醇的溶液作为校正样品。质控标定时至少要配制0.5g/L、5g/L、50g/L三种浓度的溶液，标定前，必须保证在使用的正丁醇出峰和丙酮出峰不会发生重叠。单质的校正样品浓度与丙酮相同。

(4) 另外，所有标定时使用的物质必须至少符合每年的质量要求。

(5) 在标定测量时，使用一个5μL的微量注射器取2μL溶液注射进一个空的、干净的顶空进样瓶中。应注意，注射过程不能产生气泡。

(6) 标定样品在120℃下经过1h的恒温孵化后，按试验规范进行分析，每种浓度的标定溶液至少进行3次测量。

(7) 画出丙酮峰面积对较正样品浓度的直线，其斜率表示标定系数k。k_G表示总挥发性有机物含量，k_i表示单个物质散发量。

(七) 试验结果

1. 总挥发性有机化合物散发值E_G

由分析样品得出的总峰值面积(以正己烷和正十六烷之间出峰总和计)及丙酮标定的标定系数k_G得出：

$$E_G=[(\text{总峰值面积}-\text{峰值面积空白值})/k_G]\times 2\times 0.6204 \tag{14-5}$$

式中 E_G——总挥发性有机化合物的散发值，μgC/g；

k_G——丙酮标定的标定系数；

2——与“g试样”有关，因此，虽然试样为1g，也要将2μL标定液装入10mL玻璃杯中；

0.6204——表示丙酮中碳的含量。

2. 单个物质的散发值E_i

由分析含单个物质i试样得出的峰值面积及单个物质标定时的标定系数k_i得出：

$$E_i = (\text{单质的峰值面积}/k_i) \times 2 \tag{14-6}$$

式中 E_i——单个物质的散发值，μg/g；

k_i——单个物质标定时的标定系数；

2——与“g 试样”有关，因此，虽然试样为 1g，也要将 2μL 的标定液装入 10mL 玻璃杯中。

最后，由 1 个样品 3 次测量所得结果用来求平均值，以保证测量结果准确性。

第五节　禁限物质

参考 ELV 报废指令与电子电器行业 RoHS 指令我国颁布了 GB/T 30512—2014《汽车禁用物质要求》，标准规定了在汽车研发、生产、销售等环节禁止使用的铅、汞、镉、六价铬、多溴二苯醚、多溴联苯等 6 种有毒有害物质，标准于 2014 年 6 月 1 日实施，对镉（Cd≤0.01%）、汞（Hg≤0.1%）、铅（Pb≤0.1%）、六价铬（Cr^{6+}≤0.1%）、多溴联苯（PBBs≤0.1%）、多溴二苯醚（PBDEs≤0.1%）等的含量提出了要求，上述物质习惯称为禁用物质。

胶粘剂中禁（限）用物质测试对需要固化的可将胶粘剂按工艺条件固化，然后按照 GB/T 30512—2014 规定的方法进行试验，测试流程如图 14-6 所示。

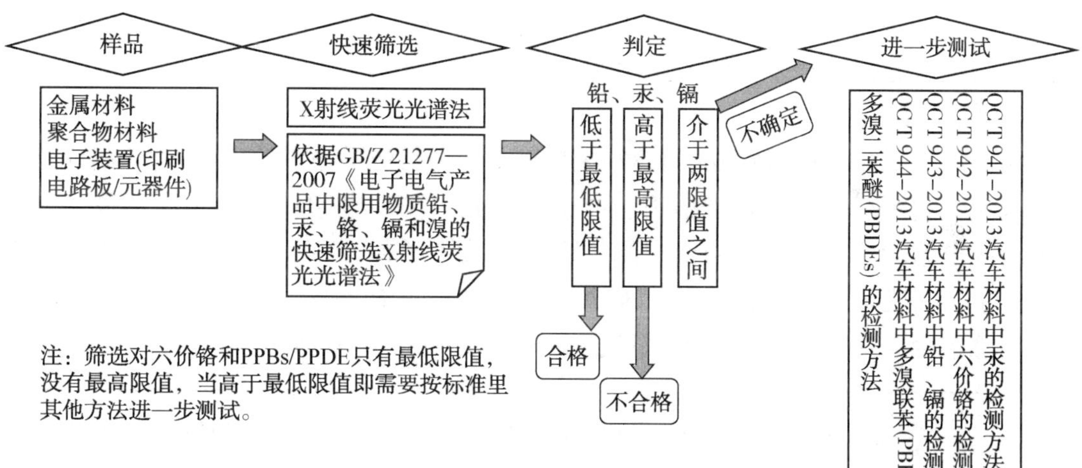

图 14-6　禁用物质测试流程

（一）禁用物质快速筛选

GB/Z 21277—2007《电子电气产品中限用物质铅、汞、铬、镉和溴的快速筛选 X 射线荧光光谱法》规定了汽车禁用物质快速筛选方法。

原理：根据试料的材质，采用适当方法制备样品，放入 X 射线荧光光谱仪的样品室内，按所选定的测试模式对样品进行分析，图 14-7 是主要禁用物质 X 射线荧光光谱吸收峰位置图。

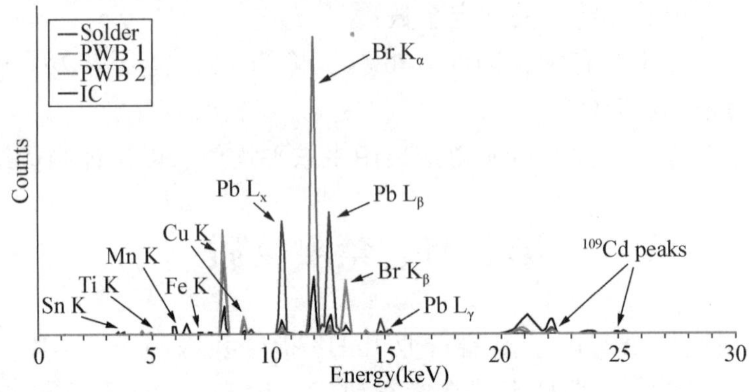

图 14-7　X 射线荧光光谱吸收峰

根据不同样品的筛选限值判断样品中各元素的含量是否合格以及是否需要进行精确测定。样品经快速筛选后如需要精确测定各禁用物质含量，可按下述方法进行测试。

（二）禁用物质含量测定

1. 汞的检测

QC/T 941—2013《汽车材料中汞的检测方法》规定了汽车材料中汞的检测方法，方法分为仪器分析法和直接测汞法。

1）仪器分析法

测试原理：称取适量样品，以微波消解或湿法回流消解的方法处理后制成均匀样品溶液。利用冷原子吸收光谱法、原子荧光光谱法、电感耦合等离子体原子发射光谱法或电感耦合等离子体质谱法测试样品溶液中的汞浓度。采用冷原子吸收光谱法和原子荧光光谱法时，在分析之前汞应被还原成原子状态。

电感耦合等离子体原子发射光谱法测试流程如图 14-8 所示。

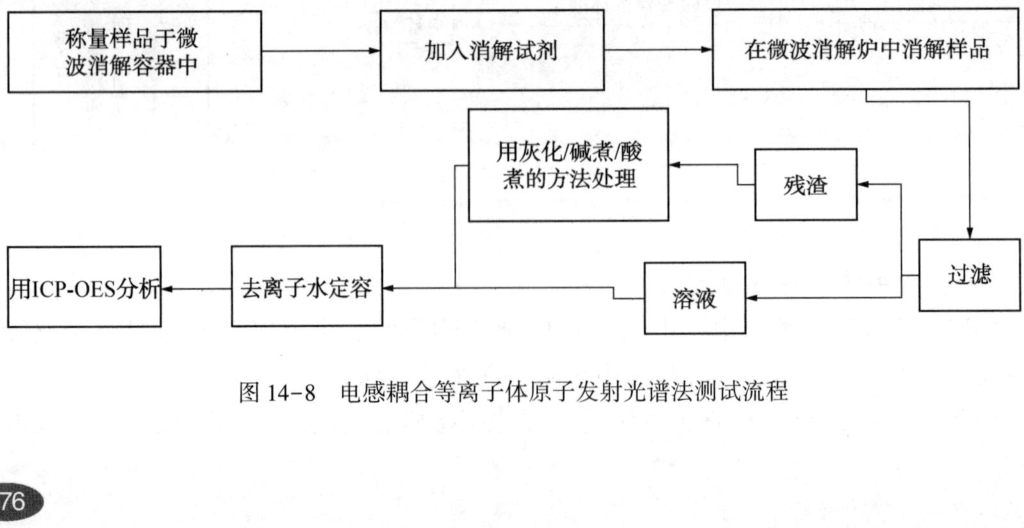

图 14-8　电感耦合等离子体原子发射光谱法测试流程

2）直接测汞法

测试原理：称取适量样品，放入仪器氧化分解炉中，利用热和化学作用分解样品，通过选择性吸附样品中的汞，再加热释放出来，用单波长原子吸收分光光度计检测样品中汞含量。直接测汞法测试流程如图 14-9 所示。

图 14-9　直接测汞法测试流程

2. 六价铬的检测

QC/T 942—2013《汽车材料中六价铬的检测方法》规定了汽车材料中六价铬的检测方法，测试方法有下列几种：

（1）金属镀层　沸水萃取和比色法定量测定。

（2）聚合物及电子材料　碱液萃取/比色法定量测定。

（3）皮革　磷酸盐萃取和比色法定量测定。

汽车胶粘剂与密封胶可选择碱液萃取/比色法定量测定。

测定原理为：采用碱性萃取法萃取样品中的六价铬，调节萃取液的 pH 值，在酸性条件下加入二苯碳酰二肼溶液，萃取液中的六价铬与二苯碳酰二肼反应生成紫红色络合物，在波长 540nm 处进行比色法定量。测试流程如图 14-10 所示。

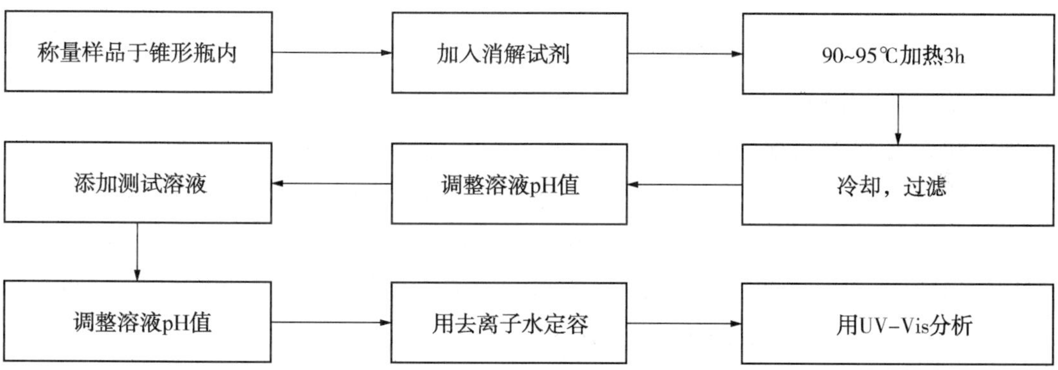

图 14-10　胶粘剂与密封胶 TVOC 测试流程图

3. 铅、镉的检测

QC/T 943—2013《汽车材料中铅、镉的检测方法》规定了汽车材料中铅、镉的检测方法。方法分为直读光谱法、原子吸收光谱法、电感耦合等离子体原了发射光谱法或质谱法。原子吸收光谱法、电感耦合等离子体原子发射光谱法或质谱法均可选择用于胶粘剂与密封胶的铅、镉含量的测定。

1）直读光谱法

适用于钢铁块状材料中铅、镉含量的测定。

测试原理：将加工好的试样经光源激发后，所辐射的光经入射狭缝到分光系统色散成光谱，对选定的光谱线经光电转换系统及测量系统进行光电转换并测量谱线的强度，依据相应的标准物质(标准样品)制作的工作曲线测出试样中铅、镉元素的质量分数。

2) 原子吸收光谱法、电感耦合等离子体原子发射光谱法或质谱法

适用于其他汽车材料中铅、镉含量的测定。

测试原理：称取适量试料，用溶解酸将样品消解完全制成均匀溶液。以原子吸收光谱法、电感耦合等离子体原子发射光谱法或电感耦合等离子体质谱法测试溶液中的铅、镉浓度。ICP-OES 方法测试流程图如图 14-11 所示。

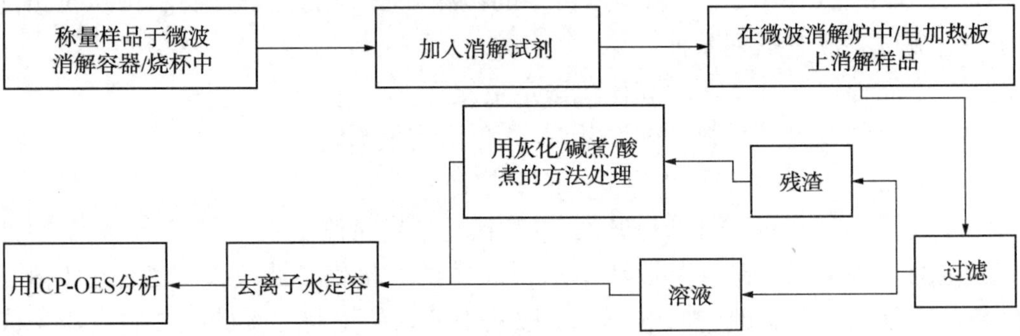

图 14-11　ICP-OES 方法测试流程图

4. 多溴联苯、多溴二苯醚的检测

QC/T 944—2013《汽车材料中多溴联苯(PBBs)和多溴二本醚(PBDEs)的检测方法》规定了汽车材料里多溴联苯(PBBs)和多溴二本醚(PBDEs)的检测方法。

测试原理：试样以甲苯为溶剂经索氏提取，提取液定容到适当体积后，使用气相色谱-质谱法(GC-MS)全扫描模式(SCAN)与选择离子监测模式(SIM)来定性和定量测试提取液中的多溴联苯和多溴二苯醚，然后计算出它们在汽车材料中的含量。GC-MS 方法测试流程图如图 14-12 所示。

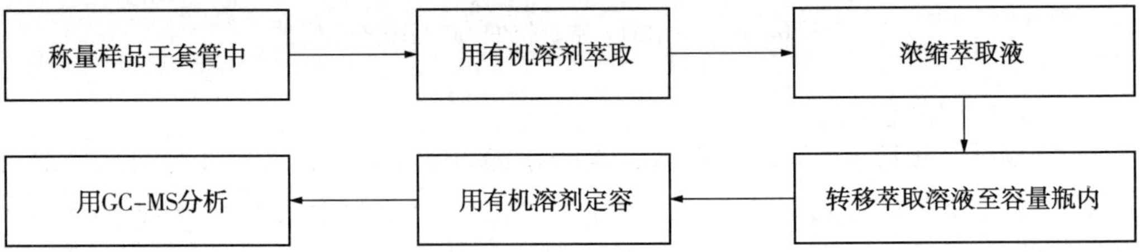

图 14-12　GC-MS 方法测试流程图

第六节　燃烧性能

（一）方法一：水平燃烧法

按 GB 8410—2006《汽车内饰材料的燃烧特性》规定的方法执行。

（二）方法二：垂直燃烧法

1. 应用范围

本方法用于评价胶粘剂连续燃烧性，适用于常见的干湿胶粘剂。参见 MS721-34。

2. 方法原理

样品固定于钢板上，测试被引燃后连续燃烧的时间。

3. 设备

喷灯/本生灯，内径 11mm。

4. 样品制备

1）固体胶粘剂

将测试样品放在不锈钢钢板(0.8mm 厚，100mm×300mm)上，纵向方向长度为 150mm。测试前将样品和钢板在双辊机上走一圈使得它们紧紧贴合在一起。

2）不成型胶粘剂

将测试样品用刮刀涂布在不锈钢钢板(0.8mm 厚，100mm×300mm)上，如图 14-13所示。

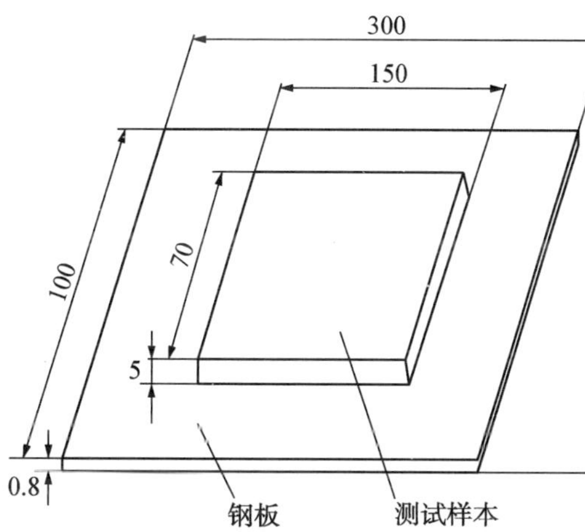

图 14-13　胶粘剂涂布尺寸(单位：mm)

5. 实验步骤

将测试样品和测试不锈钢钢板向下使得从喷灯火焰(约 15070kJ/m^3)顶部到测试样本中心距离为 10mm。如图 14-14 所示。保持此状态 10s，然后将测试钢板从火焰移开，保持垂直状态，测量燃烧时间，精确到秒。如测试样品燃烧时间不足到 2s，再次重复以上步骤将测试样品置于相同位置放到火焰上。重复试验 6 次，测量连续燃烧时间。

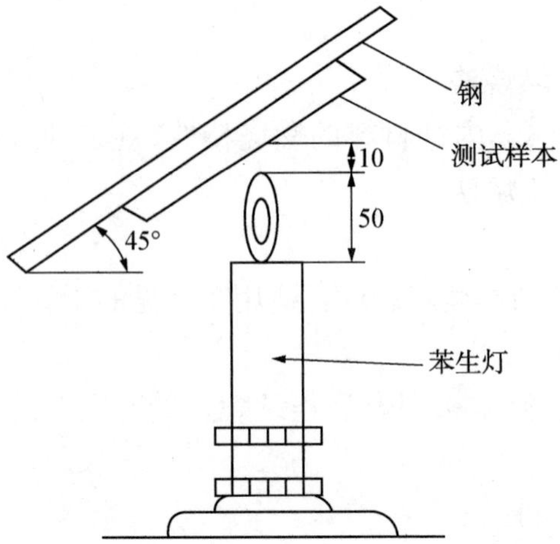

图 14-14　点火位置(单位：mm)

6. 结果记录

在 6 次试验结束时，若火焰自熄灭时间在 2s 以内，记录 6 次时间作为最终结果。若火焰自熄灭时间超过 2s，记录平均火焰持续燃烧时间和实验次数。

第十五章　其他性能

随着人们生活水平的提高，除了对汽车动力性、经济性、环保有较高要求外，对舒适性、安全性的要求也越来越高。在车辆的行驶中，来自发动机、传动系统、轮胎、制动等噪声、车身钢板振动带来的低频噪声和振动直接影响人们驾乘感受，汽车用胶粘剂除具有粘接/密封功能外，有时还具有吸音性能、隔热性能和补强等其他使用功能。

对汽车用胶粘剂密封胶性能测试，除测试基本的物理性能、机械性能、耐候性能、工艺性能外，还需要测定相关的吸声性能、隔声性能、损耗因子(抗振动性能)、隔热性能、补强性能等使用性能，本章对这些使用性能等特殊的一些性能试验方法进行介绍。

第一节　吸声隔声性能

(一) 吸声性能

吸声是声波撞击到材料表面后能量损失的现象，吸声可以降低室内声压级。描述吸声的指标是吸声系数 α，材料吸收的声能与入射到材料上的总声能之比，叫吸声系数(α)，当入射声能被完全反射时，$\alpha=0$，表示无吸声作用；当入射声波完全没有被反射时，$\alpha=1$，表示完全被吸收。一般材料或结构的吸声系数 $\alpha=0-1$，α 值越大，表示吸声能越好，它是目前表征吸声性能最常用的参数。

不同频率上会有不同的吸声系数。通常使用吸声系数频率特性曲线描述材料在不同频率上的吸声性能。吸声测试报告中吸声系数的频率范围是 100～5000Hz。将 100～5000Hz 的吸声系数取平均得到的数值是平均吸声系数，平均吸声系数反映了材料总体的吸声性能。

吸声系数测量方法有多种，常见的有混响室法、驻波法、传递函数法，方法有差异。较大面积的测试试件采用混响室法。对于胶粘剂产品，通常采用驻波法或传递函数法。

1. 方法一：驻波法

测试原理：声音正入射时的吸声系数，即入射角 90°。根据阻抗管中法向入射条件下入射正弦平面波和从试件反射回来的平面波叠加后产生的驻波图测定。

检测标准：GB/T 18696.1—2004《声学阻抗管中吸声系数和声阻抗的测量第 1 部分：驻波比法》或 ISO10534-1《阻抗管中吸声系数和比阻抗率的测量第 1 部分：驻

波比法》。

样件要求：样件面积应与阻抗管的横截面一样。

2. 方法 2：传递函数法

测试原理：法向入射条件下测定吸声系数，涉及阻抗管的使用、两个传声器的位置和数字频率分析系统。本方法 GB/T 18696.1 规定的方法相似，都要用一端接声源，另一端安装试件的阻抗管，但是测量方法完全不同。在本方法中，管中的平面波由噪声源产生，干涉场的分析则用两只安装在管壁一定位置的传声器(或一只可在管中移动的传声器)作两点声压的测量来实现，然后完成复传递函数、吸声材料法向入射吸声系数的计算。

该方法目的是提供另一种比驻波比法更为快捷的测量方法。

测试标准：GB/T 18696.2—2002《声学阻抗管中吸声系数和声阻抗的测量第 2 部分：传递函数法》或 ISO10534-2《声学阻抗管中吸声系数和比阻抗率的测量第 2 部分：传递函数法》。

样件要求：样件面积应与阻抗管的横截面一样。

(二) 隔声性能

噪声通过材料前后的声能量比为隔声量 R(dB)，隔声量反映了材料的阻尼性能，其值越大，声音被削弱得越多，隔音效果越好。对于不同的频率声音，具有不同的隔声性能，通常使用隔声量频谱曲线来描述材料在不同频率上的隔声性能。

隔声量的测量传统方法是采用混响法，在两个专门设计的混响室组成的隔声试验室中进行。把试验样品放在两个互相隔声的混响试验室间壁上，一个混响室作为声源室，另一个混响室作为接收室。通过两个室声压级的测量计算出隔声量，这种方法样品面积要求大，通常达 $10m^2$。对于测试车用胶粘剂或胶片等小样品，混响法不适用，通常用阻抗管法来测量小样品垂直入射时的隔声量，试件面积应与阻抗管的横截面一样大，将测试样品安装在阻抗管中，管中的平面波由激励源产生，在前后管中靠近样品的位置测得声压，求得传声信号的声压传递函数，用传递矩阵法计算样品法向入射透射系数，从而计算法向入射隔声量。

测试标准：GB/Z 27764—2011《声学阻抗管中传声损失的测量传递矩阵法》。

第二节　导热系数

导热系数是表示材料传导热量的能力，是指在稳定的传热条件下，1mm 厚的材料，两侧表面的温差为 1K 或 1℃，在 1s 内，通过 $1m^2$ 面积传递的热量，以 W/(m·K)或 W/(m·℃)表示。

导热系数无统一的测量方法，不同标准下，测量的导热系数差异较大。导热系数通常采用稳态法，适用于阻尼垫、空腔膨胀型阻尼材料及电池灌封胶导热系数的测量。

（一）原理

稳态法有两种方法——热流计法和防护热板法。

热流计法是使用热流计装置测定板状试件稳态传热性质的方法，对试样施加一定的热量、压力，测试样品的厚度和在热板/冷板间的温度差，得出试样的导热系数，该方法是根据被测试件与标准试件热阻相比较而得出的一种间接或相对的方法，参照标准 GB/T 10295—2008/ISO 8301：1991《绝热材料稳态热阻及有关特性的测定热流计法》。

防护热板法使用的是防护热板装置测定板状试验件稳态传热性质的方法，测量原理与热流计法基本相同，在测量区域(热板、样品、冷板)周边，增加了保护加热器，加热到样品的平均温度，通过减少样品与周边之间的温差，以减少横向的热损耗，提高了测量精度，该方法是测量传热性质的绝对法或仲裁法，参照标准 GB/T 10294—2008/ISO 8302：1991《绝热材料稳态热阻及有关特性的测定防护热板法》。

（二）试样要求

（1）试样应为均质的、平整的、且无裂缝。

（2）规格：200mm×200mm；厚度：5~50mm。

第三节　损耗因子(η)

损耗因子是衡量阻尼材料减振性能的重要指标，有时也称之为“阻尼系数”。通常采用悬臂梁共振法测定材料的阻尼性能。可参考标准 GB/T 18258—2000《阻尼材料　阻尼性能测试方法》标准进行检测。

（一）原理

采用矩形条状试样，试样垂直安装，上端刚性固定，下端自由，构成悬臂梁测试系统，该系统由激励和检测两部分组成。由信号发生器产生一个正弦或随机信号经放大器激励激振器，对试样施加激振力。由检测传感器检测试样的振动响应信号，经放大器放大后送入显示与记录仪器。保持激振振幅恒定，连续改变频率，测出试样的共振曲线。根据所测共振频率和半功率带宽，依据公式计算材料的损耗因子。测试过程在控温箱中完成，可测量不同温度下的损耗因子。

（二）适用范围

适用于结构振动、噪声控制的非沥青基阻尼胶片、沥青基阻尼胶片、液态可喷涂型隔音阻尼材料。

（三）设备

阻尼测试分析系统。

（四）试验过程

（1）在 200mm×10mm×1mm 的钢板或铝板的一端涂覆 1800mm×10mm×1mm 的

阻尼材料，形成复合样条；

（2）测试试样放置在高低温试验箱中，将试样未涂覆阻尼材料的一端用悬臂梁测试支架的夹具夹紧，调整检测传感器位于试样上端1/3处，距试样0.5~1mm后固定，调整激振器至试样正下方，距试样底部0.5~1mm后固定；

（3）将高低温试验箱温度调至设定温度，到达设定温度后再平衡15min后开始测试；

（4）测试软件点击开始运行，仪器自动进行测试，根据所测共振频率和半功率带宽，按下式计算得出复合样条的复合损耗因子，取二阶共振频率下的损耗因子为最终数值。

$$\eta = \Delta f_n / f_n \tag{15-1}$$

式中　η——复合试样损耗因子；

Δf_n——复合试样第 n 阶半功率带宽，Hz；

f_n——复合试样第 n 阶共振频率，Hz。

第四节　补强倍数

补强倍数是通过将铺贴补强胶片钢板与未铺贴补强胶片的钢板进行弯曲负荷的对比，经计算而得出的。可参考QCT 851—2011《汽车补强胶片》进行检测。

（一）设备或器具

（1）辊筒　质量1.5~2.0kg。

（2）油面冷轧钢板　150mm×80mm×0.8mm(油由供需双方商定)。

（3）电泳漆板　150mm×80mm×0.8mm(标准板或供需双方商定)。

（4）高温箱　温度精度±2℃。

（5）材料试验机　力值精度±1%；位移精度±0.5%。

（二）试验过程

（1）将150mm×25mm的补强胶片铺贴油面冷轧钢板或电泳漆板上，用辊筒来回滚压5次，压实。室温下放置1h后过高温箱烘烤，温度与时间按产品要求或汽车厂涂装线工艺要求，烘烤后在标准条件下放置24h。

（2）固化后的试板放置方向与底部支撑、压力头的位置如图15-1所示，压力头半径 R_1 为5mm±0.1mm，底部支撑半径 R_2 为2mm±0.1mm，以5mm/min的速度施加压力，测定并记录其位移2.5mm、5mm及最大负荷值，精确至1N。

（3）同样地，对未铺贴补强胶片的钢板(空白试板)以5mm/min的速度施加压力，测定并记录其位移2.5mm、5mm及最大负荷值，精确至1N。

（4）按下式计算补强倍数，测试5组试板，计算平均值。

$$A=C/B \tag{15-2}$$

式中 A——补强倍数；

B——空白试板在2.5mm、5mm挠度时的负荷或最大弯曲负荷，N；

C——铺贴补强胶片后试板在2.5mm、5mm挠度时的负荷或最大弯曲负荷，N。

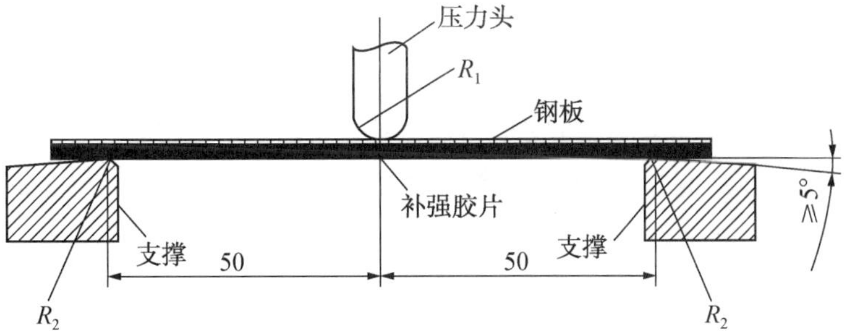

图15-1 试样与试验支架(单位：mm)

第五节 抗石击性

在汽车行驶过程中，车底涂料、裙边密封胶易受到飞溅碎石的冲击，胶层的破坏会影响装饰性或保护性，因此抗石击性是考核耐碎石冲击的一个重要指标。目前，国内一些企业多数采用如SAE J400《表面涂层抗石击性试验方法》、ASTM D3170《汽车表面涂层的抗石击碎裂性测试》、ISO 20567-1《色漆和清漆涂层的耐石击性的测定第1部分：多次冲击试验》等的试验方法。这些方法均是针对油漆涂层的，对考核胶层的耐碎石冲击性并不适合，这里介绍一种适用于胶层的抗石击性试验方法。

（一）设备

（1）试验装置 如图15-2所示。

（2）螺母 JIS B1181中的3型，M-4铜质。

（3）高温箱 温度精度±2℃。

（二）测试方法

（1）制样：在电泳板上刮涂0.5mm厚的胶层，按胶粘剂规定的温度和时间烘干。

（2）与水平面成60°角固定试样，使试样的中央到试验装置导管末端垂直距离为30mm，让螺母1个接1个落下，每次1kg，直到所有螺母落下，记录试样砸穿时的螺母质量。

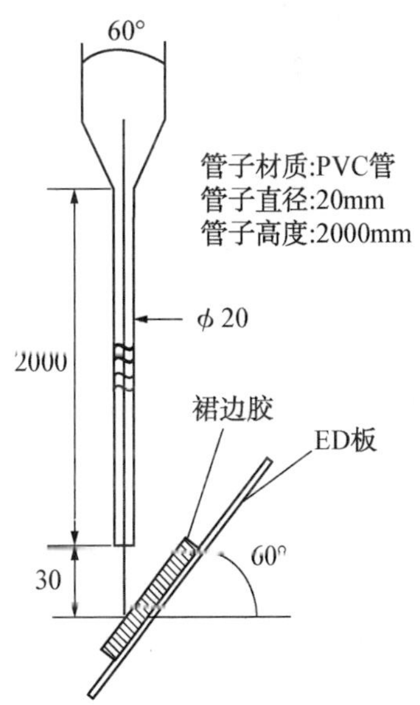

图15-2 试验装置图(单位：mm)

（3）应在相同条件下测试3个试样，记录3

次测量值的平均值。

第六节 持 粘 性

持粘性是压敏胶粘剂抵抗平行剪切外力所引起的粘接表面破坏的时间的能力。参考 GB/T 4851—2014《胶粘带持粘性的试验方法》A 法。

（一）原理

方法 A 是在恒定荷载以及温度 23℃±1℃，相对湿度为 50%±5%条件下，通过胶粘带的失效时间来测定胶粘带对标准钢板的持粘性。即将一条胶带在受控滚压速率下粘贴到一块标准钢板上，钢板垂直安装，在胶粘带的自由端挂一个标准质量的砝码，测定粘合失效时间。

（二）设备

（1）持粘性试验装置　符合标准 GB/T 4851 要求。包括夹具、试验砝码 1000g±5g、计时系统等。

（2）裁刀。

（3）机动或手动压辊　质量 2000g±100g。

（4）试板　不锈钢板材质，尺寸 125mm×50mm×1. 1mm。

（5）清洁试剂。

（三）试样调节

（1）将胶粘带样卷置于温度为 23℃，50%的状态条件恒温停放 24h。

（2）准备 3 个试样，每个试样的宽度 12mm±0. 5mm，长约 150mm。

（3）制样前，先除去样卷最外的 3～4 层胶粘带。以 500～750mm/s 的速率从自由转动的胶粘带样品上解卷。当宽度超过规定的宽度，用裁刀从胶粘带样卷中心位置裁取规定宽度的试样。在解卷后的 5min 内将试样粘贴到试板上。

（四）步骤

（1）用试剂擦净试板，将试样置于试板一端的中心位置，在未施加压力的情况下，以压辊自身的质量将胶粘带试样均匀地滚压在一个(12mm±0. 5mm)×(12mm±0. 5mm)的面积范围内。

（2）在滚压贴合过程中为了防止试板端试样损坏，将另一块相同的试板置于试样自由端下方，与试验板末端对齐。将试样从粘贴区域沿长度方向来回滚压一次。

（3）至少制备 3 个试样，将夹具夹在试样的自由端，夹具要完全夹住试样的整个宽度，并使荷载均匀分布。将整个试验样件放在试验架上，使试样的自由端垂直，确保无剥离力作用在试样上。将砝码轻施加到夹具，以免对试样产生剪切冲击力。记录试样从试板上完全分离所用的时间。在 1min 内完成这个测试。

（4）试样结果转化成它的常用对数或自然对数，获得所有对数的算术平均值，然后求合适的逆对数，得到时间。

第七节 体积膨胀率

体积膨胀率是反映测定加热后的密封胶或胶带体积膨胀的变化，也称为发泡倍率、体积变化率。

（一）设备或器具

（1）高温箱 温度精度±2℃。

（2）铝板或聚四氟乙烯板 50mm×50mm。

（3）天平 感量为0.1mg。

（二）试验过程

（1）先测定50mm×50mm铝板或聚四氟乙烯板在空气中的质量 m_1 和水中的质量 m_2。

（2）再将10mm×10mm大小的胶片或约2g的胶样放在铝板或聚四氟乙烯板上，用天平称量在空气中的质量 m_3 和在水中质量 m_4。

（3）然后将试样放置在高温箱中按产品要求的或供需双方协商的烘烤温度和时间进行烘烤，冷却后测定其在空气中的质量 m_5 和在水中的质量 m_6。

（4）按下列公式计算体积膨胀率 V。

$$V=\frac{(m_3-m_1)-(m_4-m_2)-(m_5-m_1)+(m_6-m_2)}{(m_3-m_1)-(m_4-m_2)}\times100\% \tag{15-3}$$

式中 m_1——铝板在空气中的质量，g；

m_2——铝板在纯水中的质量，g；

m_3——铝板和试样在空气中的质量，g；

m_4——铝板和试样在纯水中的质量，g；

m_5——烘烤后的铝板和试样在空气中的质量，g；

m_6——烘烤后的铝板和试样在纯水中的质量，g。

试验结果取3次平行试验的平均值，结果精确到0.1%。

第八节 水密封性

汽车车身多以金属薄钢板经过冲压、点焊而成，为防止空气和水分的入侵腐蚀焊点和钢板，需要用点焊密封胶来填缝和粘接，并对焊缝处进行密封保护。水密封性用于考核胶的水密封性能，参考标准JASOM323《汽车车身用密封剂》。

（一）设备或器具

（1）水密封试验器 如图15-3(a)所示；

（2）高温箱　温度精度±2℃。

（二）试验过程

（1）将胶铺设在水密封器的一边，中间有一个衬垫，厚度为 1.2mm 或 2mm，也依据胶的要求而定，将另一片与之合拢，用两个螺栓固定，如图 15-3（b）所示，将水密封器按胶的固化温度和时间水平放置烘干，温度调节后用于试验。

（2）用油灰、油腻子或其他耐水快干材料堵在水密封试验器的两端，将有颜色水装到 20mm 左右。

（3）将其水平放在滤纸上，24h 后观察有无有颜色水漏出。

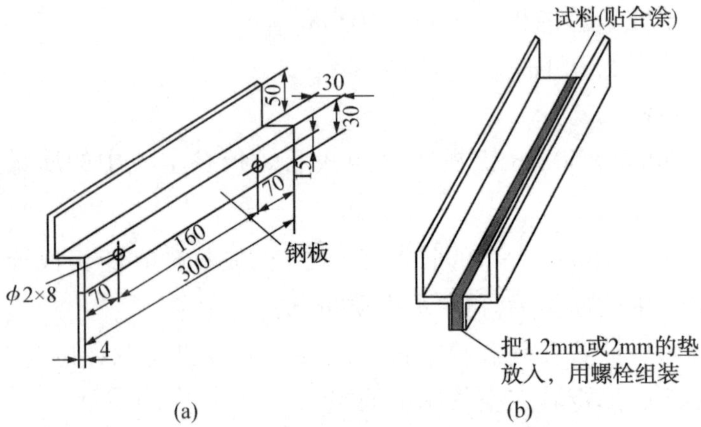

图 15-3　水密封试验器示意图

第九节　破坏扭矩

破坏扭矩为在拆卸下无底垫的螺纹组合件时，螺母和螺栓发生相对位移所测得的起始扭矩。适用于螺纹紧固件的厌氧胶粘剂扭矩强度测定。参见标准 GB/T 18747.1—2002《厌氧胶粘剂扭矩强度的测定（螺纹紧固件）》。

（一）原理

破坏扭矩是测定拧开螺母和螺栓粘接组装件所需的扭矩并以一定尺寸的扭矩代表扭矩强度的方法。包括破坏扭矩和牵出扭矩。扭矩可采用无底垫组装件和有底垫用指定的预紧扭矩紧过的组装件来测定。

（二）设备

（1）带绘图记录的测试仪器，含一个紧固螺母的夹钳装置，一个扭矩测量装置，一个以恒定速度旋转螺栓的装置（见图 15-4）及一个响应时间不超过 1ms 的记录仪。

如果不采用记录仪，为使扭矩数值能被重现和绘制，可采用一个数据贮存系统。

（2）直接读数的测试仪器，由一个固定螺栓头的夹钳装置以及一个精确到 15% 的扭力扳手组成，见图 15-5。

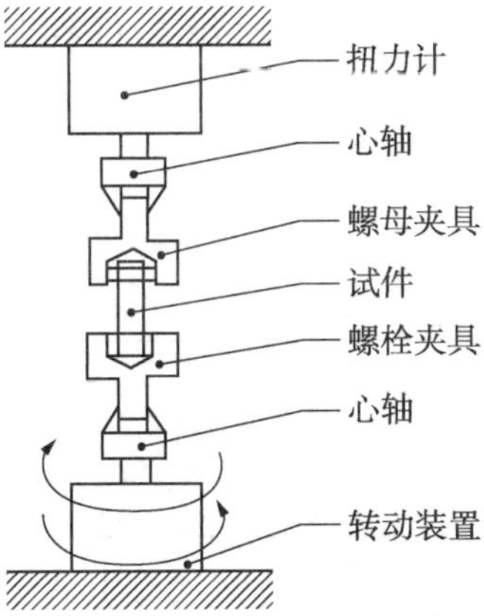

图 15-4　带绘图记录的测试仪器式样

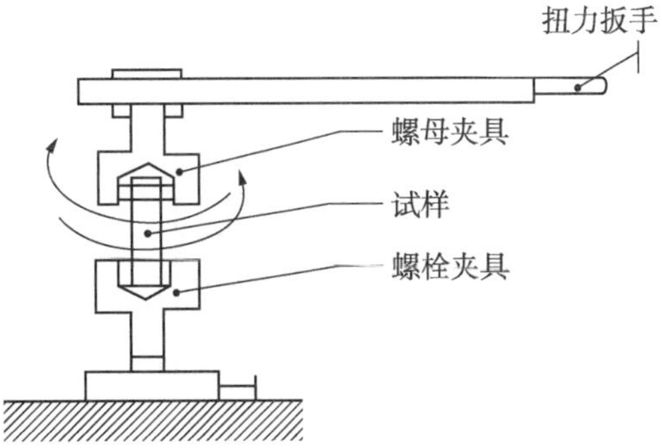

图 15-5　直接读数的测试仪器式样

（三）试样制备

1. 试件

（1）按试验规定，试样应符合 GB/T 5782—2000《六角头螺栓》和 GB/T 6170—2000《1 型六角螺母》中规定的螺栓、螺母。推荐采用螺栓 M10×(30~35) 螺母 M10。所有用在无底垫装配组装件在最小直径上必须有 0.1~0.2mm 的间隙。在其制造中使用的切削油必须是无羊毛脂。

注：组装件组合的尺寸和表面处理可由供需双方商定。

（2）所有的螺栓和螺母在许可的清洗介质中脱脂，贮存在室温干燥器中，并保持干净，脱脂的螺栓和螺母在四天之内使用，否则将弃之不用。

（3）除非另有规定，试样应在 GB/T 2918—1998《塑料试样状态调节和试验的标准环境》规定的标准环境下进行状态调节和试验。推荐的标准环境为 23/50(2 级)，状态调节的时间不少于 2h。

2. 涂胶

（1）螺母和螺栓在涂胶前要进行预组装。组装件上凡有因毛口或螺纹损坏形成刺戳的丢弃不用，然后拆卸组装件。

（2）在螺栓上涂上足够的胶，使之完全覆盖整个螺母高度加上两牙螺纹的区域，同时在螺母的螺纹上也涂上胶。

3. 组装

（1）不同组装件分别按照下列要求组装，每次不少于 5 个试样。

（2）对无底垫的组装件，用手把螺母旋入螺栓，允许露出两牙螺纹。对涂布胶粘剂的组装件，将螺母旋入涂过胶的螺栓上，用图 15-4 或图 15-5 所示的仪器测试并记录最大扭矩(拧入扭矩)，允许涂过胶的螺纹露出两牙，见图 15-6。

（3）对于有底垫的组装件，用手将螺母拧入螺栓直至螺母压住底垫。用图 15-4

或图 15-5 所示的仪器在组装件上施加一定的负载(预紧扭矩)，见图 15-7。

注：预紧扭矩最好是 40N·m。

(4) 根据胶粘剂制造商的说明书要求固化胶粘剂，固化时组装件保持垂直状态。

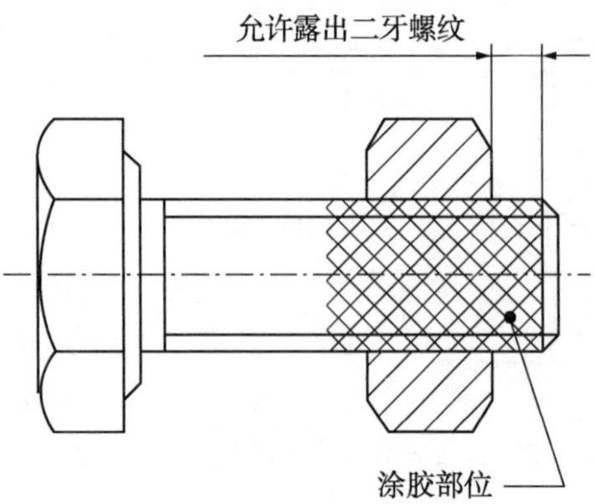

图 15-6　无底垫的组装件

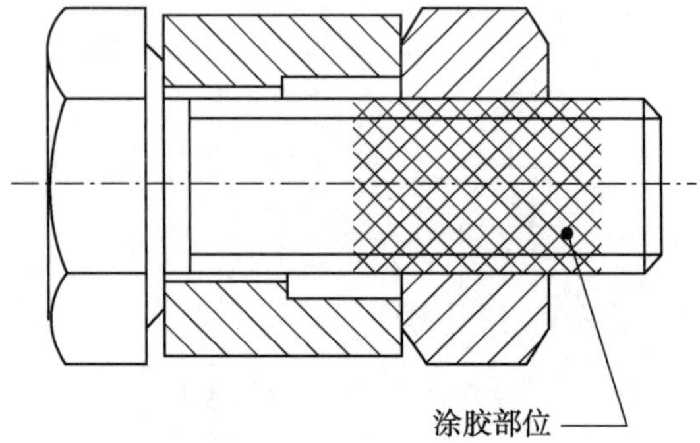

图 15-7　有底垫的组装件

(四) 测试步骤

(1) 把螺栓头固定在夹钳装置上，以一个恒定的速度旋松螺母，此速度应在试验报告中说明。其速度最好是 2r/min、5r/min 或 10r/min。

注：恒定的试验速度用如图 15-5 所示的扭力扳手难以做到，但尽可能用指定的试验速度进行。

(2) 扭矩可从图示的记录仪上测量或从扭力扳手直接读取，以"N·m"计，记录破坏扭矩。如果使用的是绘图的记录仪，破坏扭矩应在曲线图上初始偏离直线的这一点测出。

第十节　击穿电压强度

通过连续升压或逐级升压的方式，对试样施加交流电直至击穿，计算出击穿强度，可参考 GB/T 1695—2005《硫化橡胶工频击穿强度耐电压测定方法》。

(一) 设备

(1) 电极装置。

(2) 试验介质　变压器油或其他商定。

(3) 厚度计　精度 0.01mm。

(二) 试验过程

(1) 取 2 块防粘性材料(如聚四氟乙烯)薄板，用模板在防粘性材料薄板上涂上一层均匀的形状为 100mm×100mm、厚度为 3mm 的密封胶，按胶规定的条件进行干燥，样品表面要求平整、无裂纹、气泡。

（2）测量厚度　精确到0.01mm。

（3）连续升压　试验电压从零开始，按1kV/s升压速度均匀升压(击穿电压<20kV)或按2kV/s升压速度均匀升压(击穿电压≥20kV)直至试样被击穿，读取击穿电压。

（4）逐级升压　按连续升压法所测得的试样击穿电压值的50%作为起始电压，停留1min后如试样被击穿，则按表15-1规定的电压逐渐升压，并在每一级电压上停留1min，直至试样被击穿。如升压过程中发生击穿，应读取前一级的电压值；若击穿发生在保持不变的电压级上，则以该电压作为击穿电压。

表15-1　升压电压值表

击穿电压 U/kV	$U<5$	$5\leqslant U<25$	$25\leqslant U<50$	$U\geqslant 50$
每级升压电压值/kV	0.5	1	2	5

（5）击穿电压强度按下式计算：

$$E=\frac{U}{d} \tag{15-4}$$

式中　E——击穿电压强度，kV/mm；

U——击穿电压，kV；

d——试样厚度，mm。

（6）取3个试样的中位数为试验结果，保留小数后1位。

第十一节　体积电阻率

体积电阻率为单位体积内电介质所具有的电阻值。参见GB/T 1692—2008《硫化橡胶绝缘电阻率的测定》。

（一）原理

对试样施加直流电压，通过测定垂直于试样或沿试样表面的泄露电流，计算出试样的体积电阻率。

（二）设备

（1）专用设备，含电极、辅助电极和高阻测试仪。

（2）厚度计：精度0.1cm。

（三）试验过程

（1）取2块防粘性材料(如聚四氟乙烯)薄板，用模板在防粘性材料薄板上涂上一层均匀的形状为100mm×100mm、厚度为1mm的密封胶(硬质胶料为2mm)，按胶规定的条件进行干燥，样品表面要求平整、无裂纹、气泡。

（2）测量厚度，精确到0.1cm。

（3）试样置于23℃的干燥器中调节24h。

（4）将试样接入仪器，按说明书进行操作。

（5）当测试表阻值≤$10^{14}\Omega$，读取 1min 时的示值，阻值>$10^{14}\Omega$，读取 2min 时的示值，并记录。

（6）体积电阻率按下式计算：

$$\rho_v = R_v \frac{S}{d} \tag{15-5}$$

式中 ρ_v——体积电阻率，Ω·cm；

R_v——体积电阻，Ω；

S——电板有效面积，cm^2；

D——试样厚度，cm。

（7）试样数量不少于 3 个，结果以中位数表示。

＊南汽集团汽车工程研究院的史一鸣、蒋建强、孙志高、丁毕伟编与本篇的编写。

第五篇 施工篇

第十六章　胶粘剂密封胶的施工

第一节　胶粘剂密封胶常用施工方法概述

在一个粘接或密封工程中，当胶粘剂或密封胶选定后，首先面临的问题就是要选定施工方法和施工工具或设备。施工方法的正确与否，施工工具或设备的选择得当与否，其性能优良与否，直接影响到粘接或密封的工程质量和效果。

一般来讲，对于涂敷施工工具或设备的基本要求是使胶的涂敷达到快、准、省。所谓"快"，就是要满足被涂工件生产速率的要求。针对单件、小批量、大批量和自动化流水线生产等不同的生产速率，就要采用不同的涂敷工具或设备。"准"是要保证涂敷质量，应该涂胶的部位能准确地涂到，不该涂胶的地方就不应沾上胶，同时要保证涂敷处有足够的、均匀的胶线或胶层。"省"是使用涂敷工具或设备的目的之一，通过控制胶滴、胶线、胶条的粗细(挤出量)使涂胶用量控制在合适的范围之内，并保持涂敷的一致性。还要考虑涂敷设备的涂胶浪费问题。除上述三点之外，还要考虑到涂敷的方便、价格及安全因素等。针对各种工况条件，设计多种多样的涂敷设备，从而扩大胶粘剂密封胶的应用范围，提高涂敷质量和效率，以求达到良好的粘接密封质量和效果。

胶粘剂和密封胶的涂敷方法很多，尤其是随着自动化涂胶设备的不断更新，以及汽车工业对粘接工艺的要求不断提高，各种新的涂敷工艺不断涌现，总括起来常用的涂敷方法如表 16-1 所列。这些施工方法都各有其优点、缺点及应用条件，因此在选用哪种方法时必须结合具体条件来考虑选用。

胶粘剂和密封胶的涂敷工具与装置按其涂胶的形式分类，大致有点状涂敷、线状涂敷、带状涂敷、面状涂敷等几种主要形式。

按其涂敷的方式有手工涂敷和机械涂敷两大类，而机械涂敷又分为手动机械涂敷和机器人自动涂敷两大类。

按胶粘剂和密封胶的涂敷施工过程来分有预先涂敷和现场涂敷等。预先涂敷如热熔型压敏胶、网板印刷和微胶囊厌氧胶涂敷等，在装配生产之前即已完成涂敷作业；而现场涂敷则与产品装配同时进行，绝大部分涂敷作业均属现场涂敷。表 16-1 为胶粘剂和密封胶的常用涂敷方法。

表 16-1　胶粘剂和密封胶的常用涂敷方法

涂敷工具形式		胶粘剂及密封胶材料				用途				作业状态			动力源
		胶粘剂		密封胶		涂敷形式				连续作业	半连续作业	不连续作业	
		低粘度	高粘度	低粘度	高粘度	点状涂敷	线状涂敷	带状涂敷	面状涂敷				
简易涂敷工具	刮刀	○	○	○	○			○	○			○	手动式
	毛刷	○		○		○		○	○			○	手动式
	注射器	○		○		○	○				○	○	手动式
	棉签	○		○		○		○				○	手动式
	挤胶枪	○		○		○	○				○	○	手动式
	油枪	○	○	○	○	○	○				○	○	手动式
滚涂	手工浸蘸滚轮	○	○	○				○	○			○	手动式
	带供胶的滚轮	○	○	○				○	○			○	手动式
	滚涂机	○	○	○				○	○	○	○		电动式
卡套式挤胶枪	手动挤胶枪	○	○	○	○	○	○				○		手动式
	气动挤胶枪	○	○	○	○	○	○				○		气动式
	电动挤胶枪	○	○	○	○	○	○				○		电动式
压力罐式涂胶枪	涂胶枪	○		○			○			○			气动式
	涂胶刷	○		○				○	○	○			气动式
	喷枪	○		○				○	○	○			气动式
压送泵	涂胶枪	○	○	○	○	○	○			○			气动式或液压式
	喷枪	○	○	○	○			○	○	○			气动式或液压式
双组分涂胶装置	涂胶枪	○	○	○	○	○	○			○			气动式或液压式
	喷枪	○	○	○	○			○	○	○			气动式或液压式
自动涂胶机	自动涂胶枪	○	○	○	○	○	○	○		○			电动式
	自动喷枪	○	○	○	○			○	○	○			

第二节 胶粘剂密封胶的输送方式

胶粘剂密封胶供给喷枪或涂胶枪的常用输送方式有重力输送、虹吸输送和挤压输送三种基本方式。而挤压输送通常又分为压力罐压力输送和液流泵输送两种方法。

一、重力输送

重力输送方式的使用比现今应用更广泛的挤压输送供料方式要早。在盛装胶粘剂密封胶的容器上开设有进气孔是重力输送的关键，因为这样空气才能进入容器填补容器的空间而不产生真空。

重力输送设备的原始投入和输送费用较少。由于容器内部保持一个大气压，可以在不停止喷涂的情况下向容器中填加胶料。但这种方式存有一些弊端，如胶料的粘度和流动特性，软管的内径和长度都直接影响到胶料的输送流量，同时喷枪与容器中胶料液面的垂直距离发生变化所产生的压差变化同样对胶料的输送流量产生影响。

可以根据需要确定容器的容积，同时容器的安放位置必须满足喷枪对喷涂流量的要求(要考虑系统的流阻，软管越细、越长，阀门和接头越多流阻就越大)，另外还需考虑便于往容器中添料。

制造容器的材料必须与所盛胶料的组分相适应以防止腐蚀和化学反应的发生。容器应加盖，盖上应开有进气孔，此孔最好采用口朝下进气方式以减少灰尘的进入。

二、虹吸输送

虹吸输送方式仅用于空气雾化喷枪，更确切地说是外混式空气喷枪，混合式空气喷嘴位于虹吸式喷枪的外部，它喷射出空芯气柱，在液体喷嘴周围产生真空，于是将胶料从虹吸杯中抽取出来。虹吸进料喷枪由喷枪和接驳于喷枪上的料罐组成，它们被视为一体，由于喷枪和胶料的重量由操作者单手承担，其操作受限，用于一般喷涂时，料罐容量最大可达 0.95L。

1. 虹吸输送的优点和局限性

虹吸输送系统所需设备最少，建立喷涂系统所需的原始投入少，特别适用于小规模喷涂。在虹吸输送方式中，虹吸管的吸料口必须浸入胶料中。实际上这一限制因素并不重要，因为虹吸管是折线形的，虹吸管在料杯中的位置也是可以调整的，因此喷枪在喷涂时可以作 180°的翻转。喷嘴的设计以及产生虹吸效应所需的气压范围限制了喷雾的形状和流量的大小，同时由于操作者要承担喷枪及料罐的重量，在进行长时间喷涂作业时会十分疲劳。

2. 虹吸输送的注意事项

当料罐的密封圈干硬、开裂或出现其他老化现象时应予以更换，要用适合清洗的溶剂对料罐进行彻底清洗。不应使用对料罐产生浸蚀或与料罐发生化学反应的清洗溶剂。料罐清洗完毕后应装入干净清洁的溶剂以便对喷枪进行彻底清洗。同时应经常检查料罐的通气孔以确保其通畅，注意不能将虹吸料罐改造成压力料罐。

三、挤压输送

挤压输送即在压力供料方式下，胶粘剂密封胶被压力罐(压缩空气加压)或液流泵压送至喷枪或涂胶枪。压力罐只可将胶料单向输送至喷枪，液流泵即可用来单向输送胶料，又可将涂敷工位未及时使用的胶料输送回贮料罐，可实现胶料的循环输送。

1. 压力罐输送

压力罐输送是在封闭的料杯或罐中，通过压缩空气的压力将胶料压送至喷枪或涂胶枪上，压力罐与喷枪可组成一个联结体，也可以用软管将它们连接起来。压力罐属于压力容器，其耐压值由制造商标识并符合有关国家或地区的工业安全规范规定，用户若对压力罐加热、钻眼、焊接，则压力罐上标识的耐压值将无效。压力罐不可超压使用，一旦耐压失效将对人身造成伤害，因此所有压力罐应装配有安全阀。

2. 液流泵输送

液流泵有很多种结构，可满足不同应用的需要。各种结构的液流泵都有其独特的运行特性，液流泵主要分成两大类——叶片式泵和容积式泵。

1）叶片式泵

叶片式泵也称作负排量泵，在小流阻的工况下可提供持续稳定的液流，但在流阻增加时，泵的扬程急剧下降，在液体供应停止后泵仍可运行。离心泵和涡轮泵是两种主要的叶片式泵。

(1) 离心泵　它运用转动的叶片，将从位于叶片中心附近的液流入口中流出的流体推举到靠近泵壳体的液流出口处，这种泵可以做到大扬程(13788kPa)、大流量(3785L/min)，可输送磨蚀性和腐蚀性流体。由于离心泵一般不是自吸式的，只可用于输送粘度较低的流体。

(2) 涡轮泵　其工作原理是采用高速旋转的涡轮输送低粘度流体，流量中等(800L/min)，扬程较高(3448kPa)。涡轮泵一般不是自吸式的，用于输送非磨蚀性以及低粘度流体。

2）容积式泵

容积式泵也称为正排量泵，泵的每一个循环输送一定体积的流体，流体输送量由泵的运转速度以及每一个循环的排量决定。容积式泵有许多不同的种类，其中主要包括以下几种：齿轮泵、螺杆泵、柔性叶片泵、滑片泵、凸轮泵、隔膜泵和柱塞泵。

（1）齿轮泵　齿轮泵的工作原理是啮合在一起的两个齿将液流抽吸到泵中再将其排出，齿轮泵的排量可达11000L/min，扬程可达13788kPa。它们可以输送高粘度和有腐蚀性的流体，但不能用于输送含有磨蚀性材料的流体，也不允许空载运行。齿轮泵都是自吸式的，一般可双向运行。

（2）螺杆泵　螺杆泵运用一个转动螺杆与其啮合在一起的从动螺杆，沿着泵的轴线方向产生移动的气穴。这些气穴将流体从进口吸入，从出口排出。螺杆泵的扬程可达3792kPa，排量可达1022L/min。螺杆泵可提供持续稳定的液流，可输送粘度1000000mPa·s的腐蚀性流体。螺杆泵具有极好的吸入特性，是自吸式的，但不可空载运行。

（3）柔性叶片泵　柔性叶片泵的工作原理是改变泵室容积的方法将流体抽吸进来，排放出去，其排量在扬程689.5kPa时可达到1136L/min。柔性叶片泵最大扬程可达689.5kPa，可输送粘度达2000mPa·s流体。此种泵是自吸式的，不能空载运行。

（4）滑片泵　它的叶片在转子上可滑进滑出，在泵体内形成空腔，由于转子在泵体内偏心安装，因此随着转子的转动，空腔的体积忽大忽小，于是将流体抽吸进来再排放出去。滑片泵的排量可达378.5L/min，扬程可达6894kPa。此种泵可以输送略有磨蚀性和腐蚀性，粘度值达4500mPa·s流体。滑片泵是自吸式的，同时此泵对磨损有一定的自补偿功能。

（5）凸轮泵　其工作原理是采用一系列滚珠式凸轮将流体压入一段管子，被抽吸的流体只与管子内壁接触，解决了流体被污染及其他相关的问题。凸轮泵可输送有磨蚀性和腐蚀性的流体，排量可达1136L/min，扬程可达690kPa，流体粘度可达10000mPa·s，此泵可空载运行。

（6）隔膜泵　是采用柔性膜片和一系列止回阀将流体抽吸入泵缸，再将流体压出泵缸。隔膜泵有气动双隔膜和电动单隔膜等多种形式。隔膜泵在中压690kPa时，排量可达1136L/min，隔膜泵可以输送磨蚀性和腐蚀性极强的流体以及含有固体颗粒的流体。隔膜泵是自吸式的，但在泵室内壁，被泵送流体不与精密装配的旋转件或滑动密封件接触，因此可空载运行而不对泵造成损害。隔膜泵非常适合空气喷涂系统，不适用于气助无气式以及纯无气式喷涂。

（7）柱塞泵　其工作原理是运用一个往复式活塞和一系列止回阀将流体从入口处抽吸进泵缸，然后再将其从出口排出。它的排量可达11355L/min，扬程极高，可超过517050kPa。柱塞泵是自吸式的，可以输送粘度高达1000000mPa·s的流体，以及具有腐蚀性和略有磨蚀性的流体。

各种液流泵的特性见表16-2。

表16-2 各种液流泵的特性

液流泵	是否正排量	排量/(L/min)	扬程/kPa	粘度/mPa·s	涂料的腐蚀性	涂料的磨蚀性	是否自吸式	是否能空转	其他特点
离心泵	否	3785	13788	200	有	有	否		
涡轮泵	否	800	3448	200	无		否		
齿轮泵	是	11000	13788	10000	低	有	是	否	双向运行
螺杆泵	是	1022	3792	1000000	有	有	是	否	
柔性叶片泵	是	1136	689.5	2000	有	有	是	否	对磨损有自补偿功能
滑片泵	是	378.5	6894	4500	中等	中等	是	否	
凸轮泵	是	1136	690	10000	中等	高	是		
柱塞泵	是	11355	517050	1000000	中等	高	是	否	
隔膜泵	是	1136	690	1000	中等	高	是	是	涂料中可存在大固体颗粒

第三节 胶粘剂密封胶的涂敷方式

喷涂是借助不同的工作原理将胶粘剂或密封胶雾化成细小的雾滴，并送至被涂工件表面的一种涂敷方式。在汽车工业生产中，喷涂是涂敷粘接密封材料的重要方法之一，已被各个汽车厂家广泛采用，且多数厂家已采用自动喷涂设备进行施工作业。喷涂法是采用动力使胶粘剂或密封胶经过喷枪对工件进行喷涂的一种方法，输送胶粘剂或密封胶的动力源常用的有气动、液压和电动三种。根据其工作原理的不同可以分为空气喷涂、气助无气喷涂(混气喷涂)、无气喷涂和静电喷涂，以及上述基本喷涂形式的各种派生组合方式。

一、空气喷涂法

空气喷涂法是用压缩空气使涂料雾化成细小雾滴并在气流的带动下涂敷到被涂物表面的一种涂装方式。因此，空气雾化喷枪的基本功能是运用压缩空气将涂料击成雾滴，并将其吹送到被涂物上。

1. 工作原理

空气雾化喷枪上一般配有两个控制阀门，分别用来方便地接通和阻断压缩空气和涂料。当空气和涂料的混合发生在喷枪空气喷嘴的外部时，相应的喷嘴就被称为“外部混合式空气喷嘴”。当空气和涂料的混合发生在喷枪空气喷嘴的内部时，则相应的喷嘴就被称为“内部混合式空气喷嘴”。用另一种方法来划分，喷嘴又可以分为虹吸供料喷嘴和压力供料喷嘴。虹吸式外部混合喷嘴在其端面处产生真空，这一真空可将涂料抽吸到喷枪中来。由于喷嘴处产生真空，大气将置于敞开式容器中的涂料压入输送管并送至空气喷嘴以供雾化。这种涂料输送和雾化方式被称为“虹吸式空气喷涂”，参见图 16-1。喷枪结构详见图 16-2。当涂料粘稠或要求较高生产率时，宜使用对涂料加压的方式迫使涂料进入空气喷枪以供雾化。这种方法被称为“压力供料式空气喷涂”。

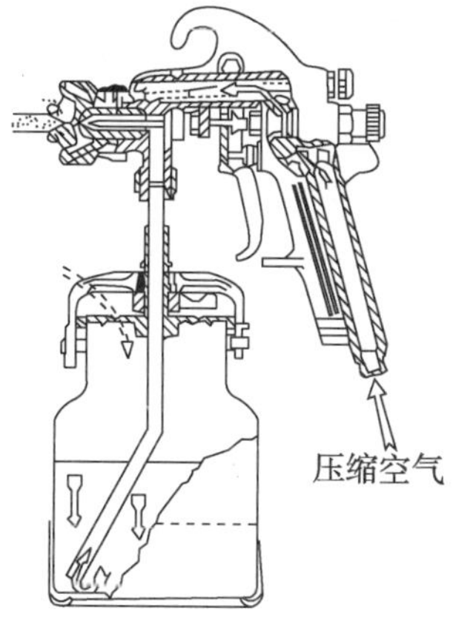

图 16-1　虹吸式空气喷涂

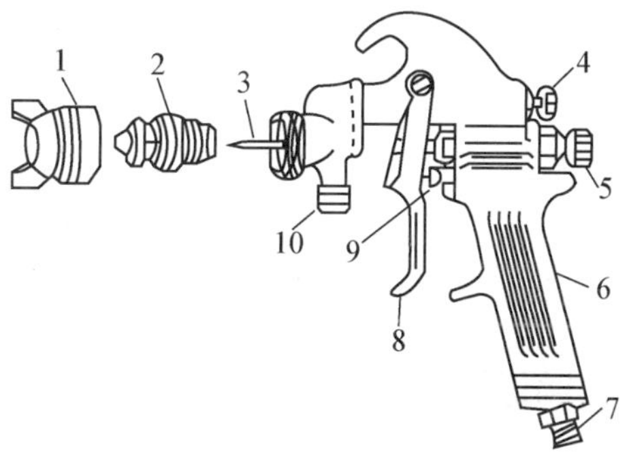

图 16-2　喷枪结构

1—空气喷枪；2—涂料喷嘴；3—针阀组件；4—侧喷控制；5—涂料控制组件；6—枪柄；7—空气入口；8—枪机；9—空气阀门；10—涂料入口

由于用压缩空气对涂料进行雾化的方法应用范围广，因此在当今的涂装行业中，使用最多的是空气雾化喷枪。空气雾化喷枪可喷涂所有可雾化的液体涂料，可完成最精细的涂装而且设备造价最低。此种喷枪的喷涂效率取决于喷枪种类的正确选择，喷涂技巧的使用和维护方式。

2. 常用的系统配置

常用空气喷涂系统如图 16-3 所示，系统主要由空气过滤器、空气调压器、压力罐、手动空气喷枪及空气软管、输胶软管组成。通常适应于低粘度的胶粘剂或密封胶的喷涂，压力罐的压力通常在 0.5MPa 以下。

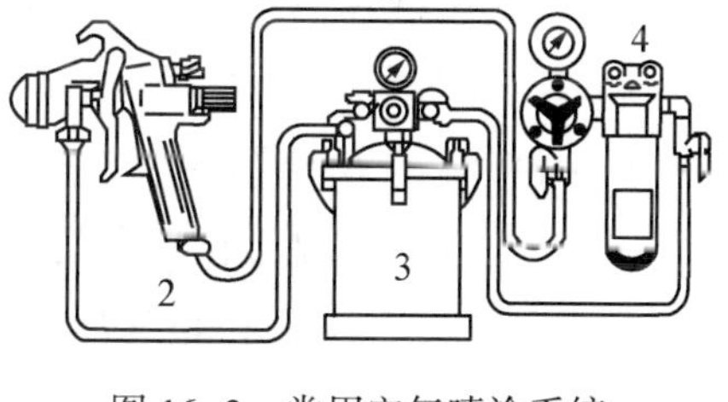

图 16-3　常用空气喷涂系统

1—空气；2—涂料；3—压力罐；4—空气过滤器

而对于粘度较高的胶粘剂或密封胶，在应用空气喷涂法时通常采用图 16-4 的系统，即采用启动柱塞泵，通过将涂料增压到空气压力的 2~4 倍，再经涂料调压器将涂料送至喷枪。采取这种配置在高压下就可以将较高粘度的粘接密封材料送至喷枪与空气相混合，经雾化后，以一定的压力喷向被涂工件。

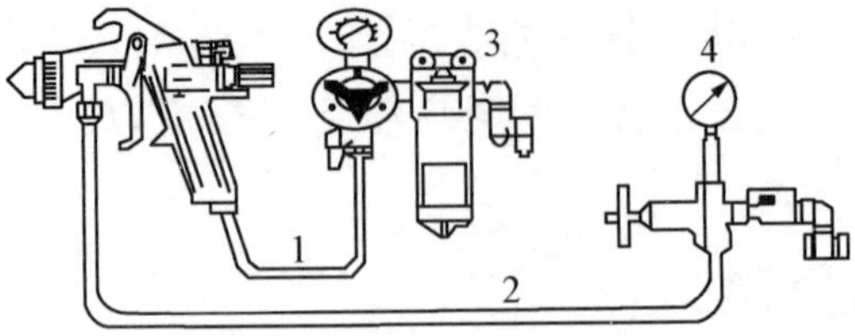

图 16-4　空气喷涂系统

1—空气；2—涂料；3—空气过滤器；4—泵/涂料调节器

由于胶粘剂或密封胶的粘度较高，为提高喷涂效率，通常采用的喷嘴直径为 1. 7~2. 5mm。应该特别说明的是：并非所有的胶粘剂或密封胶都适用于空气喷涂，因此在采用空气喷涂法时，首先必须要确认该材料是否适应空气喷涂。

二、无气喷涂法

无气喷涂法与空气喷涂法的不同是无气喷涂并不直接用压缩空气作为动力使涂料雾化来进行喷涂，而是依靠涂料在高压下自身进行雾化而进行喷涂。无气喷涂尤其适合胶粘剂和密封胶这种高粘度流体的喷涂，在汽车工业生产中得到了广泛的应用，充分显示了这一施工工艺及设备的特点和优越性。

1. 工作原理

无气喷涂是一种不直接用压缩空气对漆或其他涂料进行雾化的喷涂方法。其工作原理用泵给液体施以高压(3447~31030kPa)，高压液体喷出喷嘴的小喷孔时就产生了雾化。这是因为高压液体的高压一旦释放，液体就破碎成小液滴，形成细小的雾滴液体从小喷孔以高速喷出，在破碎成小液滴的同时还留有足够的动能使这些雾化颗粒飞到被涂工件表面。

正是由于在实现涂料雾化时没有使用空气，因此这种雾化方式被称为“无气”。例如，水是可以液压雾化的，如在原来的软管喷头上加装精细雾化调节器就可以实现水的雾化。由于水的粘度小，因此在低压状态下就可以实现雾化。涂料的粘度较高，需要更大的雾化压力，这就需要用泵进行增压。

在无气喷涂中，压缩空气只用于驱动气动马达，气动马达进而驱动柱塞式液流泵。液流泵的泵比由气动马达的空气活塞面积和液流活塞的有效面积决定。例如，泵比为 25：1 时产生的液压是施加在空气活塞上的气压的 25 倍，当气压是 0. 5MPa 时，产生的液压是 12. 5MPa。

随着技术的进步，相继又开发了加热无气喷涂、静电无气喷涂、加热静电无气喷涂等新式无气喷涂工艺。加热无气喷涂是在无气喷涂机泵后加一个加热器，使涂料加热升温、粘度降低，这样就可以在较低压力下雾化喷涂，同时被涂物表面也提高了流平性。

基本的无气系统主要有单端系统和循环系统两种。单端系统通常是泵出口直接通过软管接到喷枪，在喷枪开启时空气驱动涂料泵产生液压，液压将涂料送至喷枪，在喷枪关闭时，气压和液压达到平衡，泵停止运行。其喷涂质量和成本与操作人员的技巧、涂料的准备和喷嘴的选用有关。单端系统常用于喷涂不需加热的涂料。循环系统用于较高质量、高生产率的涂敷，喷枪与泵之间用一根软管连接，喷枪通过另一根回流软管和一个背压调节器连接，泵不断地向喷枪压送涂料，喷枪开启时，背压调节器保持喷枪处稳定的液压和流量，喷枪关闭时，泵依然运行，使徐料不断循环。在循环系统中，涂装质量和成本对人的经验和涂料的准备依懒性较弱，由于液压和流量稳定，实现了涂敷质量的一致。循环系统通常用于需加热的涂料。

2. 常用的系统配置

1）气动泵的选择。

无气喷涂需用气动泵给涂料施以高压，通常根据所喷涂料的类型、粘度、涂敷工作的规模、动力源的取得(气动、电动)来选择泵的压力和排量。通常汽车工业生产中大都采用气动泵，一般生产气动泵的公司都有很多种规格气动泵供用户选择。通常，粘度低的胶粘剂或密封胶可选用小口径喷嘴和较小泵比的气动泵，如果是粘度很大的胶粘剂或密封胶则需选用大口径喷嘴和较大泵比的气动泵。另外，还要根据涂敷工作所需的流量来选择气动泵的流量，一般大流量和大泵比的泵都可通用，但其价格比一般的泵高很多。

2）喷枪及喷嘴的选择

由于无气喷枪是在高压流体状态下运行的，因此通常阀座和喷嘴都是由超硬合金碳化钨制成的，其目的是为了提高抗磨性能，延长使用寿命。通常为减少喷孔的阻塞发生，也可在系统中安装过滤器，同时喷枪均配有安全连锁装置，一旦更换或折卸喷嘴，枪机就处于关闭状态。选择无气喷嘴时要确定喷嘴的喷孔孔径和产生喷雾的扇形角度(10°~80°)，喷涂低粘度涂料时一般采用小孔径喷嘴，涂料粘度较大时，选用的喷嘴孔径也应增大。在同样压力下涂料的喷涂流量由喷嘴孔径的大小决定(但不成正比)，涂层的厚度由孔径和喷雾扇形角度及喷涂压力决定。应明确的是，具有相同孔径而喷雾扇形角度不一样的喷嘴，其喷涂流量相同，但喷雾覆盖的面积不同。另外应注意的是，无气喷嘴的孔不是圆形的，而是椭圆形的，所谓的孔径则是折算成正圆后的直径。

3. 无气喷涂法的特点

与空气喷涂法相比，无气喷涂法具有明显的优点，但同时作为一种独特的工艺方法而言也有其自身的缺点。表 16-3 是无气喷涂法与空气喷涂法的比较。

表 16-3　无气雾化与空气雾化比较

比较内容	无气雾化	空气雾化
雾化方式	高液压使液体从小喷孔急速喷出	高压空气射流将液流击碎
喷雾形状的控制	喷孔形状和大小，若需改变喷雾形状就需换喷嘴	控制液压和气压，可对喷雾形状实现全面控制
耗气量	大约是空气雾化方式的 1/4～1/2	0. 113～0. 566m^3/min
对气压的要求	需要高气压(0. 7MPa)	低压-中压最好(0. 3～0. 5MPa)
对液压的要求	4. 14～27. 6MPa	低液压，在喷嘴处不超过 0. 13MPa
涂料流量	大至中等流量，涂装速度快。适用于大面积涂装	中等至小流量。一般每分钟不超过 946mL。生产率较无气方式低，控制量多
对空气的污染程度	飞漆多，但漆雾少。反喷也少，节省涂料，适用于高枯度除料	飞漆少，发散的漆雾和反喷多且与雾化气压的大小成正比
所喷涂料	不可雾化所有涂料，所喷涂料应梢细、均匀(粒度在 0～0. 2mm)，粒度大的、充有纤维的、有磨损性的、粘度大的涂料皆不可喷	适用于低粘度涂料，可自由流动的涂料就可被雾化
涂料的制备	需精心制备，以保证得到理想的喷雾形状	不必过于精细，按供应商的指导去做
维护	喷孔小，液压高，维护量大	维护量小
产品受系统污染情况	不会被气路中的杂质污染	涂层会被气路中的杂质污染
涂装优势	可对空腔和凹槽进行喷涂而且反喷少	难以对空腔和凹槽进行喷涂
雾化效果	一般比空气雾化差	雾化精细，可形成高质量涂层

1）无气喷涂的优点

（1）提高了胶粘剂密封胶的喷涂速度。表 16-4 是隔膜粘接用胶粘剂，在分别采用空气喷涂法和无气喷涂法时，其喷涂量的比较值。

表 16-4　无气喷涂与空气喷涂的喷涂量比较

喷涂方式	空气压力/MPa	粘度(20℃)/mPa・s	液温/℃	喷嘴直径/mm	喷涂量/(mL/min)
无气喷涂压送式	0. 5(压缩比 1/23)	100～300	20	0. 38	650～750
				0. 53	1800～2000
一般空气喷涂吸入式	0. 5	100～300	20	0. 64	2450～2550
				2. 5	200～300

从表16-4可以看出，当采用无气喷涂法时，单位时间内的喷涂量较之采用空气喷涂法时要大得多。因此，对于喷涂相同面积的工作，采用无气喷涂法将使喷涂速度大大加快，从而提高了工作效率。

（2）可以提高涂料的使用率。与空气喷涂法相比胶，在采用无气喷涂法时，粘接密封材料的使用率会得到相应的提高。这是因为当采用空气喷涂法时，涂料粒子是随空气流而流动，因而易于产生过量喷涂。而当采用无气喷涂法时，由于在高压作用下涂料自身雾化而进行喷涂，不受空气流的影响。因此不易产生过量喷涂。

（3）采用无气喷涂法可以对高粘度的抗石击涂料、隔热阻尼涂料进行雾化喷涂，解决了高粘度涂料在汽车工业生产中的机械化施工要求。

2）无气喷涂的缺点

（1）喷涂面的形状难以调节。当采用空气喷涂法时，调节喷枪的空气针阀就可以直接调节喷涂面的形状。而对于无气喷涂法而言，调节喷涂面形状必须依靠更换喷嘴来实现。

（2）无气喷涂法只适应于特定粘接密封材料的喷涂，很多低粘度粘接密封材料采用此法喷涂时雾化不了。无气喷涂喷枪的喷嘴孔径较之空气喷涂喷枪的喷嘴孔径要小得多(一般在0.4～0.6mm)，因此不适用于喷涂大粒子粘接密封材料。另外，有些非牛顿流体胶粘剂经高压无气喷涂喷枪喷嘴喷出后，在剪切力作用下会变成絮状，而不是均匀的胶膜，此类胶粘剂不能用无气喷涂法。

（3）设备价格较高。为了使粘度较高的粘接密封材料在高压下进行喷涂，需要配有高压泵，这就使无气喷涂的设备价格相应提高。

4. 施工技术要求

1）工件的前处理

与空气喷涂法相同，无气喷涂施工前被涂工件的涂敷面必须前处理，除去其表面的水分、油类、灰尘及锈斑，清洁后的工件表面需经充分干燥后才能进行施工。

2）施工技巧

向涂料泵供气并逐渐增加气压，使喷嘴处有胶料喷出。为保证涂层厚度的均匀，喷涂时枪身应与施涂表面保持垂直，喷枪运行轨迹应与施涂表面保持平行。喷枪做弧形喷涂时会产生大量飞溅，涂层也不均匀。在做弧形喷涂时，工件与喷枪垂直的地方落胶最多，在弧的两头，胶落得最少。喷枪做弧形运动是由于操作者只做了前臂和手的动作。正确的方法是使手腕、肘和肩都做运动。并且确定了喷枪与施涂表面之间的最佳喷涂距离(25～38cm)，在整个喷涂过程中都应保持这一距离。尽管对某些工件进行喷涂时不可能保持距离的一致，但应尽量保持一致。

在做每一个喷涂行程时应保持合理的移动速度，使所有的施涂表面都是润湿状态。若单次涂装无法达到所需的膜厚(一次喷涂过多会产生流挂)，涂膜经过闪蒸后可进行二次或多次涂装。喷枪的移动速度应使人感到舒适。如果为了防止流挂的产生而必须快速移动喷枪，就说明喷嘴孔径过大或液压过高了。如果为了保证施涂表面的润湿而必须缓慢移动喷枪，就说明喷嘴孔径过小或液压过低了。

正确的搭接(后续行程向下移动的距离)是形成均匀涂层的关键。每次喷涂行程后向下移动的距离应尽可能的小以满足对涂膜均匀性的要求。搭接量越一致，膜厚也越均匀。触发和释放枪机的作用是节省涂料和防止涂料在行程结尾处产生堆积。

3）施工注意事项

不要把喷枪对准人体的任何部位，高压液流可穿透人的皮肤，造成严重的伤害，一旦受伤应立即接受治疗，向医生说明受伤原因、致伤的涂料名称以及溶剂的种类，在使用无气系统的任何一种设备之前必须完全熟悉所有的操作规程。

4）喷嘴的选择

在无气喷涂法中胶粘剂密封液的雾化主要靠喷嘴进行，因此为了提高喷涂质量，适应不同条件下的喷涂需要，应该准备好不同规格的喷嘴。正确选择喷嘴以得到所需的涂料流量和喷雾角度，同时也可以调整喷涂压力和改变涂料粘度来更好地控制涂膜厚度。

5. 无气喷涂作业中的设备保养及故障处理

无气喷涂作业中常见设备使用问题及解决方法见表 16-5～表 16-7。

表 16-5　病态喷雾形状

问题	原　因	解决方法
峰尾	① 涂料流量不足 ② 涂料未被雾化 ③ 涂料流量不够 ④ 涂料聚合性太强	① 增大液压 ② 改用孔径较小的喷嘴 ③ 降低涂料粘度 ④ 清洗喷枪和过滤器 ⑤ 减少涂料泵所配喷枪数量 ⑥ 安装配套的衬套
喷雾过于集中	① 喷孔已磨损 ② 此涂料不能被无气方式雾化	① 同上①～⑥ ② 改用空气雾化方式
不对称	喷孔阻塞或已磨损	清洗或更换喷嘴
喷雾横向扩张并产生波纹	① 液体输送产生脉动 ② 涂料泵驱动气源不足 ③ 虹吸管泄漏 ④ 泵的输送能力不够 ⑤ 液体年度太大	① 换上孔径较小的锁嘴 ② 在系统上安装稳流器或排空已有的稳流器 ③ 减少喷枪数量 ④ 增加涂料泵的供气量 ⑤ 消除系统中的节流因素，清洗或更换滤网。如有必要，可换用更大内径的软管和增压能力更大的泵 ⑥ 检查虹吸管和软管是否泄漏 ⑦ 降低液体粘度

续表

问题	原　　因	解决方法
圆形喷雾	① 喷孔已磨损 ② 液体粘度过大 ③ 液体无法被无气方式雾化	① 更换喷嘴 ② 增加液压 ③ 稀释涂料 ④ 改变喷嘴规格 ⑤ 安装衬套 ⑥ 改用空气雾化方式
粒状喷雾	① 液体粘度过大 ② 无法被无气方式雾化	① 增加液压 ② 稀释涂料 ③ 安装衬套 ④ 改用空气雾化方式

表 16-6　喷枪出现的问题及解决方法

问题	原　　因	解决方法
产生断续喷雾	① 系统中有空气存在 ② 喷枪不清洗 ③ 针阀座破损 ④ 密封螺母过紧或未被润滑 ⑤ 反向去污喷嘴或喷嘴过滤网不清洁	① 检查接头和虹吸管的泄露情况 ② 拆卸并清洗喷枪 ③ 检查针阀，调节或更换 ④ 更换破损的阀座 ⑤ 拧松并润滑密封螺母 ⑥ 清洗反向去污喷嘴，清洗喷嘴过滤网
喷枪无法关闭	① 部件磨损，阀座破损 ② 针阀失调 ③ 喷枪不清洁 ④ 密封压盖或螺母太紧	① 检查喷枪，更换破损部件 ② 检查针阀并清洗 ③ 拆卸并清洗喷枪 ④ 拧松密封压盖或螺母，对针阀进行润滑
喷枪不出涂料	① 无涂料 ② 过滤器或喷孔阻塞 ③ 针阀破损	① 检查供料情况 ② 清洗喷孔和过滤网 ③ 更换破损针阀

表 16-7　气动泵出现的问题及解决方法

问　　题	原　　因	解决方法
涂料流量不足 （泵在运行态，不停机）	① 无涂料 ② 底部过滤网阻塞 ③ 泵未能被加注，涂料粘度过大 ④ 系统有泄漏 ⑤ 虹吸管有泄漏 ⑥ 底阀为异物阻塞 ⑦ 密封垫损坏 ⑧ 球或阀座损坏 ⑨ 气动马达的活塞杆与液流杆相分离 ⑩ 背压阀在开启状态	① 检查是否有涂料 ② 清洗底部过滤器 ③ 稀释涂料，使泵更慢运行以对泵进行加注 ④ 修理泄漏部位，拧紧接头 ⑤ 拧紧虹吸管上的接头，检查破损情况 ⑥ 将泵从涂料中取出，清洗底阀 ⑦ 更换密封垫 ⑧ 检查并更换破损件 ⑨ 检查并修理 ⑩ 关闭背压阀，如果关闭后仍有液体流出，修理或更换阀门

续表

问　　题	原　　因	解决方法
无涂料流动（泵不运行）	① 无压缩空气 ② 供料管路、过滤阀或喷孔阻塞 ③ 启动马达被冰冻住 ④ 长期不用后，活塞帽粘在蹦缸内壁上 ⑤ 先导阀或自动循环阀不动作 ⑥ 空气阀阀芯不动作 ⑦ 离合杆过松，在关闭先导阀之前，空气活塞已运动至气缸端头 ⑧ 对空气阀操作不当或空气阀磨损	① 检查供气情况 ② 清洗供气管路、过滤器和喷孔 ③ 安装带有抗冻剂的注油器 ④ 增加气压直至活塞帽滑动，然后降低至工作压力 ⑤ 拆下阀门进行修理，查看有否阻塞，部件有否破损，密封垫是否粘连、泄露 ⑥ 察看是否有磨损或污染，进行清洗和润滑 ⑦ 锁紧离合杆的调节螺栓，按正确步骤操作 ⑧ 参照空气阀门说明书，按正确步骤操作
滑块或自动循环阀移动过慢	① 活塞帽膨胀、粘连 ② 驱动活塞、阀面板不清洁或粘连	① 更换活塞帽或进行润滑 ② 更换、清洗、润滑
有载荷时启动马达阀门和自动循环阀泄漏	① 阀的面板或锁板卡住，球阀阀座有裂纹或不清洁 ② 自动循环阀失调	① 更换破损部件，清洗并润滑 ② 调节自动循环阀
先导阀或自动循环阀不断漏气，使泵的密封件损坏失去动力	① 先导阀或自动循环阀密封件损坏 ② 自动循环阀失调	① 更换损坏部件 ② 调节自动循环阀
涂料流动缓慢或泵只在单一动作方向出料	① 气压低或气量小，软管内径太小，软管太长，软管打结或弯折 ② 液流活塞球阀无回座或无很好的回座	① 检查供气情况，软管内径和长度，泵的耗气量，软管破损情况 ② 卸下液流部分，检查磨损、卡阻和损坏情况，进行清洗和更换 ③ 更换活塞帽或泵缸

三、气助无气式喷涂法

通过对涂料消耗的研究发现，空气喷涂法浪费掉的涂料比实际喷到工件上的还要多，在使用空气雾化方式时，平均传导效率在25%～30%，空气雾化方式也难以完成对凹槽和空腔的喷涂。而无气喷涂法是使高压涂料流过喷枪上的喷嘴而实现雾化，这种方式的喷涂速度快，可涂敷凹槽和空腔，没有空气雾化时的飞逸漆雾。然而它对某些涂料的雾化不够精细，无气喷涂法的另一个缺点是高压射流，设备投资大。在使用无气雾化方式时，平均传导效率达到40%～55%，提高了生产率。为了尽可能提高传导效率，人们把空气雾化和无气雾化的最佳特性结合起来，形成了气助无气雾化方式。这种喷涂方式的涂料流量比空气式的大，产生的柔和漆雾减少了飞逸喷雾的浪费。这种雾化方式适于在中、低速生产线上喷涂，适于中、低粘度的胶粘剂密封胶，提高了传导效率并减少浪费，减少了有害物质的飞散。

气助无气式喷枪同时具有空气喷枪和无气喷枪的特点。它首先用特殊的涂料喷孔对涂料进行预雾化，从空气喷枪喷嘴正面和空气帽上喷出的空气完成对预雾化的涂料的进一步雾化。如果不加雾化空气，所得到的喷雾粒度较大、形状不好，加雾化空气后，所得涂层的质量可与空气雾化方式相媲美。

在气助无气方式下，涂料由泵输送至喷枪，泵输送涂料时所用的压力在1.0~5.5MPa；最常用的泵是气动柱塞泵，压力比8：1或11：1。最重要的是应正确调节气动柱塞泵的气压和涂料调压器，防止涂料压力过大。

空气雾化、无气雾化及液压辅助FIVLP雾化三种雾化方式的比较见表16-8。

表16-8 三种雾化方式的比较

项目	空气雾化	无气雾化	液压辅助HVLP雾化
涂层外观	极好	粗糙	很好
涂料附着率	低	比空气雾化高20%~30%	比空气雾化高50%~60%
液体流量控制	局限于很低和中等流量，一般小于0.89L/min	大和很大流量，一般小于0.74L/min	流量范围大，在0.15~1.48L/min
喷涂场地的清理	存在大量飞雾，清理工作量大	飞雾少，清理工作量小	飞雾少，清理工作也最小
喷雾形状调节	可调	不可调	可调
喷孔阻塞现象	实际上无阻塞现象	会阻塞，对涂料需进行充分过滤	会阻塞，对涂料需进行充分过滤
设备寿命	因液压低，寿命很长	因液压高，喷嘴磨损快，泵寿命短	液压比无气雾化低，喷嘴和泵的寿命比无气式的要长
能源消耗	雾化能源效率低，耗气量大	雾化能源效率高	雾化能源效率中等
噪声	大	小	小
浑发物散发量	大	小	小

气助无气喷涂法的施工技术要求：

（1）工件的前处理　同空气喷涂法。

（2）涂敷方法　气助无气喷涂的施工方法与设备保养基本上与空气喷徐法和无气喷涂法相同，对此可参阅本书有关章节。

四、挤涂法

挤涂法广泛用于胶粘剂和密封胶的现场施工。其与空气喷涂法、无气喷涂法和气助无气喷涂法的区别在于，它不需要对胶粘剂和密封胶进行雾化。挤涂法用于点状、线状、带状和灌封等方面的施工，对于低粘度、中等粘度、高粘度和超高粘度的胶粘剂和密封胶，挤涂法均可施工，所用的气动加压泵与前叙几种喷涂法的配置基本上是一样的。

挤涂法在汽车工业中的应用非常广泛，汽车生产厂家大部分都是由机器人或自动挤胶机械来完成，胶粘剂和密封胶的挤涂量均由计算机控制，保证了粘接密封的可靠性和一致性，同时减少了胶粘剂和密封胶的浪费，降低了生产成本，提高了生产效率。

1. 工作原理

挤涂法的原理是利用空缩空气，带动气动高压柱塞泵，将粘接密封材料由胶桶中吸入泵内并增至高压(10~35MPa)，然后通过高压软管、挤胶枪、挤胶嘴将胶粘剂、密封胶挤涂在工件上。图 16-5 为挤涂法的一种配置简图。

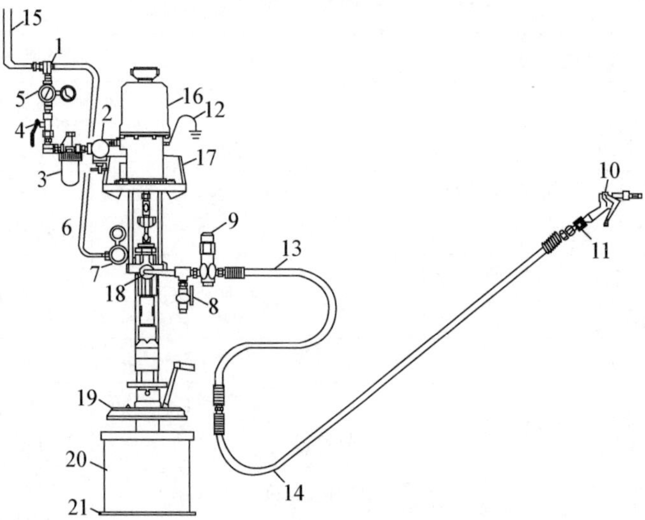

图 16-5　单立柱 5 加仑供胶机

1—压缩空气分歧块；2—泵空打保护阀；3—空气油雾器；4—主空气球阀；5—气动马达空气调压阀；6—单立柱供气管；7—举升空气高压阀；8—流体旁通排泄阀；9—流体高压阀；10—手动涂胶枪或自动涂胶枪；11—枪下回转接头；12—接地线；13—主流体管；14—鞭状流体管；15—主空气管；16—气动柱塞泵；17—5 加仑举升架；18—柱塞泵流体出口；19—压胶盘；20—5 加仑胶桶；21—举升架底板

在供胶机选型时，应根据胶粘剂密封胶的粘度、用胶量、工作环境参数、流量要求等，选择合适配置的供胶机。供胶机的主要技术参数包括：最大流体输出压力、最大空气输入压力、压力比、胶桶容量、立柱数量、建议最佳泵往复次数、活塞泵容积、流量、质量、加热方式、流量控制等。

2. 挤涂作业中的设备维护及故障处理

1）设备维护

(1) 经常保持泵及温控系统其他部件的清洁；

(2) 经常检查空气过滤器，及时清理过滤器中的积水和杂质，检查过滤器是否漏气；

(3) 应经常检查泵喉部油杯润滑液；

(4) 在进行设备的维修和保养时必须先进行系统卸压；

(5) 每天胶枪口在使用完后必须用擦布把挤胶口拭擦干净，根据材料供应商建议，决定是否密封胶枪口；

(6) 胶枪口的密封材料需得到材料供应商的认可；

(7) 每天检查整个系统设备的运行情况，发现问题及时解决；

(8) 为使管路内的胶能保持长期的流动性，请注意每隔 2~3 天将软管内残存的胶料排出，另外排胶间隔还与胶料的性质和特点有关，此时需要向胶料供应商咨询。

2）故障原因及解决方式

柱塞泵出现的问题及相应解决方法如表 16-9 所示。

表 16-9　柱塞泵出现的问题及解决方法

<table>
<tr><th colspan="2">问题</th><th>原　　因</th><th>解决方法</th></tr>
<tr><td colspan="2">泵不工作</td><td>① 空气供给不足或空气管道堵塞
② 挤(喷)胶口关闭或堵塞
③ 挤(喷)胶管道、阀门堵
④ 空气马达受损
⑤ 胶耗尽</td><td>① 增加空气供给；清洗
② 清理挤(喷)胶口；清洗管道
③ 清洗
④ 修理空气马达
⑤ 换桶</td></tr>
<tr><td rowspan="4">泵工作异常</td><td>泵在运行，但上下冲程输出量较低</td><td>活塞密封圈断列或磨损</td><td>清洗、修理、更换</td></tr>
<tr><td>泵在运行，但上下冲程输出量较低</td><td>入口阀关闭不紧或磨损</td><td>清洗、修理、更换</td></tr>
<tr><td>泵在运行，但上下冲程输出量都较低</td><td>① 空气供给不足或空气管道堵塞
② 阀门关闭或堵塞
③ 胶耗尽
④ 挤(喷)胶管道、阀门堵</td><td>① 增加空气供给；清洗
② 打开；清洗
③ 换桶
④ 清洗</td></tr>
<tr><td>泵连续空打</td><td>① 胶耗尽
② 压柱操作手柄未向下
③ 压柱向下的压力不够
④ 其他</td><td>① 换桶
② 操作手柄向下
③ 增大进压柱压缩空气压力
④ 寻找原因</td></tr>
<tr><td colspan="2">挤胶口出胶慢</td><td>① 管道堵塞
② 压力太小</td><td>① 检查管道，清理堵塞部分
② 增大进泵空气压力</td></tr>
<tr><td colspan="2">空气持续逸出</td><td>马达密封部件磨损或损坏</td><td>修理空气马达</td></tr>
</table>

第十七章　汽车胶粘剂密封胶常用自动涂敷设备

汽车胶粘剂密封胶在施工过程中需要使用一定的设备和工具，由于施工方法不同，所使用的设备及工具也不一样，通常可分为手工施工工具和机械施工设备及工具。手工施工如前所述包括刷涂、刮涂和滚涂等。其施工中所使用的工具都比较简单，汽车工业生产中使用最多的还是机械施工设备及工具，机械施工设备及工具又可根据自动化水平分为半自动化机械施工设备及工具和全自动化机械施工设备及工具，如图 17-1 所示。半自动化机械施工由操作人员配合施工设备完成工件的加工，全自动化机械施工则完全由设备通过自动控制系统控制完成。

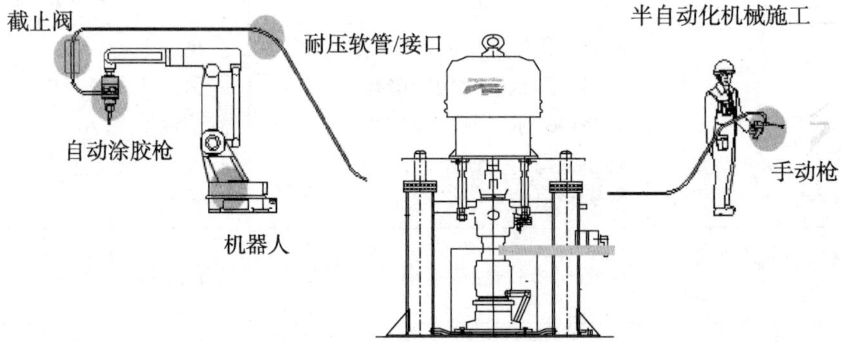

图 17-1　机械施工设备及工具

随着胶粘剂密封胶新品种的出现及应用，相应地不断有新工艺及新设备出现，本章就汽车工业常用的机械施工设备和工具分别作以介绍，尤其是新的施工工艺方法及设备的选用原则。同时对施工设备和工具的国内外生产厂家及常用的产品型号加以说明。

第一节　压缩空气供应系统

目前，汽车胶粘剂密封胶供胶系统的动力源供应系统主要有两种，一种是高压油提供动力源，一种是压缩空气提供动力源。本书只对压缩空气提供动力源进行介绍。

一、空气压缩机

空气压缩机是压缩空气供应系统中最基本的设备。空气压缩机采用机械的方法将其周围的大气压缩到贮气容器中，迫使一定体积的气体进入到一个更小的空间使气体压力上升而高于大气压力。经过控制的压缩空气在释放到大气中时产生压降，这一现象可提供空气动力，可根据工作量来确定向大气释放压缩空气的量。

（一）空气压缩机的类型

1. 活塞式空气压缩机

活塞式空气压缩机是较为普遍使用的空气压缩机。其主要工作原理是曲柄连杆机构将驱动机的回转运动转变为活塞式的往复运动，使气体在气缸内完成进气、压缩、排气等过程。

活塞式空气压缩机多用电动机驱动，也有用柴油机驱动，有些大型空气压缩机用燃气发动机或汽轮机驱动。

2. 回转式空气压缩机

回转式空气压缩机是依靠转子做回转运动改变工作容积而提高气体压力的机械，一般有进、排气孔口控制气流的进出。

3. 隔膜式空气压缩机

隔膜式空气压缩机由膜腔和膜片之间的空间构成压缩容积，膜片在油压作用下产生活动，从而使空气受到压缩成为高压空气。

4. 螺杆式空气压缩机

螺杆式空气压缩机采用螺杆压缩法制造压缩空气。螺杆式空气压缩机的优点是可大幅度降低噪声，如果用气量不是特别大，螺杆式空气压缩机可就近安装在使用现场。

（二）选择空气压缩机时应考虑的因素

在喷涂施工中，如果压缩空气不是由工厂集中供给，而是在现场独立供给，那么选择合适的空气压缩机则成为主要的问题。一般情况下应依照以下要求来进行配置：

1. 工作压力（排气压力）

确认喷涂施工所用设备的常用压力 p（MPa），根据 p 值选定空气压缩机的工作压力 p_1，p_1 应大于 p 值 0.1~0.2MPa 的余量。该余量是考虑从空压机安装地点到实际用气端管路距离的压力损失，根据距离的长短在 0.1~0.2MPa 之间适当考虑压力余量。同时，管路通径的大小和转弯点的多少也是影响压力损失的因素，管路通径越大且转弯点越少，则压力损失越小；反之，则压力损失就越大。

2. 容积流量（排气量）

首先应研究应用条件，明确用气设备的类型和数量，每个用气设备的耗气量，同时还要对今后可能添加的用气设备的耗气量作出预计，容积流量应是上述两部分耗气量之和。为保险起见，在上述基础上再留出至少20%的富裕量，以补偿系统效率下降、气体泄漏和其他不可预见的意外事故引起的供气不足。

3. 空压机功率

空压机功率是指所匹配的驱动电机或柴油机的铭牌功率，在确定工作压力、容积流量的基础上，参照空压机功率、工作压力、容积流量的对应表来决定空气压缩机的功率。

4. 空气压缩机控制形式的选定

根据空气压缩机的控制方式可将其分为自动卸荷式、压力开闭式、自动双控式和放散式四种。这四种控制方式的用途如表17-1所列。

表17-1　空气压缩机控制方式及用途

控制方式	压力开闭式	自动双控式	自动卸荷式	放散式
控制方法	根据压力开关的动作，在工作压力范围内自动开、停	空气压缩机根据压缩空气的使用状况，自动地选择压力开闭方式或自动卸荷方式	根据卸载器的动作，在压力范围内往复进行负荷、无负荷运转	如达到设定压力，自动打开放散阀将压缩空气放入大气，以防止超压的运转方式
用途	不用压缩空气时，电机自动停止，达到节能效果。适用于不连续作业的场合	由于可根据使用状况而自动选择控制方式，节能效果好。适用于各种用途	适用于连续、长时间或大量使用压缩空气的场合	适用于短期作业

在实际生产中应根据不同的工作条件及具体要求等来选用不同形式的空气压缩机。此外，在选定空气压缩机时，还应对驱动部分、噪声、空气净化、辅助元件等各方面进行考核。总括起来，空气压缩机的选定应按图17-2程序来进行。

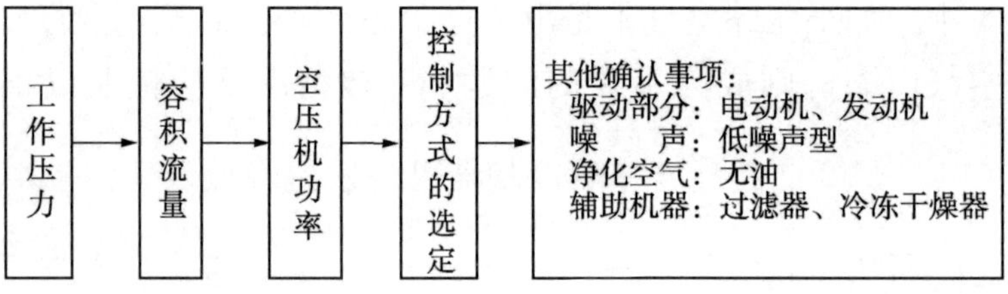

图17-2　空气压缩机的选定程序

二、压缩空气净化装置

空气压缩机所产生的压缩空气温度高，而且含有较多的水分、油分和灰尘，如果不经净化而直接用于喷涂施工，则会使用气设备、涂料和被涂产品受到损害。

标准的压缩空气站如图 17-3 所示。除配有空气压缩机外，空气压缩机所产生的压缩空气在用于喷涂施工之前应充分进行冷却、干燥和净化处理。

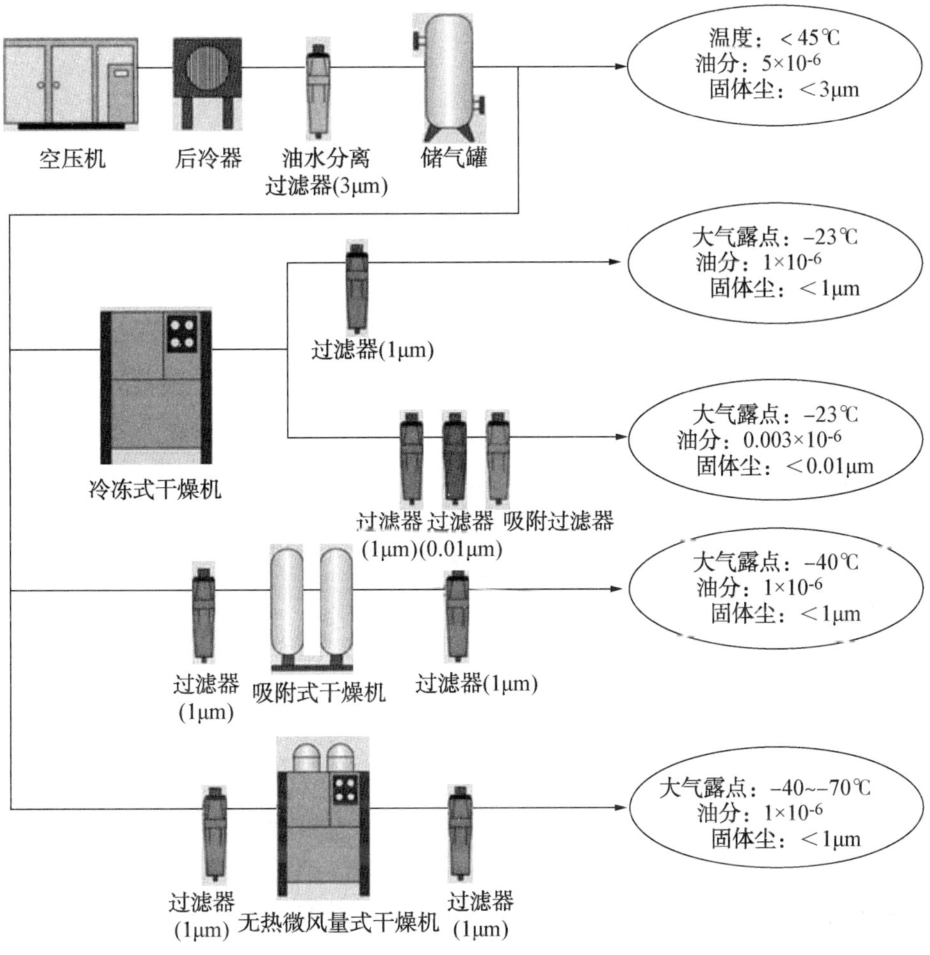

图 17-3　标准的压缩空气站

（一）后冷却器

气体被压缩后会变得很热，而且大气中的空气不是绝对干燥的，因此对压缩空气进行处理的第一步是降低其温度，后冷却器可高效地降低气体温度，去除压缩空气中的大部分水和油。后冷却器有多种结构和形式，最常用的一种是水冷“空气管”，空气从小口径空气管中流过，循环冷却水在位于空气管中曲折而行的冷水管中逆着气流的方向流动，此种方法的热交换效率最高。

（二）过滤器

压缩空气中除有水分外，还有油分、粉尘和各种异味成分，过滤器是用物理方法过滤除去这些压缩空气污染物的设备。其主要参数为处理流量（即净化流量）和过滤精度等级，如表 17-2 所示。

表 17-2　过滤器过滤精度等级

项目	P 级	A 级	F 级	AC 级	AD 级
作用	前过滤	后过滤	精过滤	除味活性炭过滤	除菌过滤(不锈钢罐体)
粒径/μm	1	1	0.01	无味	无油、无味、无菌、低露点
残油/$\times10^{-6}$	1	0.1	0.01	0.003	无油、无味、无菌、低露点

在选配过滤器时，必须按照过滤器过滤精度等级顺序逐级增加，同时选配过滤器的流量与空气压缩机容积流量相当。也可参照表 17-3 的压力修正系数选配。在大于 700kPa 的压力下使用时，将空气压缩机的容积流量除以表 17-3 的修正系数。

表 17-3　过滤器处理流量修正系数表

压力/kPa	700	800	900	1000	1100	1200	1300	1400	1500	1600
修正系数	1	1.12	1.25	1.37	1.5	1.62	1.75	1.87	2	2.12

(三) 贮气罐

贮气罐用于存贮压缩空气，缓冲压力，减小因压缩机排出空气的压力波动，使得压缩空气更稳定，同时，预除空气中部分水蒸气。选配贮气罐时，应考虑贮气罐的最高承受的工作压力及容积，一般选取贮气罐压力与空气压缩机的工作压力一致，容积大小约为空气压缩机容积流量的 1/5~1/10，环境条件允许的话，可选择大容积的贮气罐，便于存贮更多压缩空气。

(四) 干燥机

干燥机又分为冷冻式、吸附式(又称无热再生式)、微加热式和组合式等几种，常用的是冷冻式干燥机。

冷冻式空气干燥机主要用来清除压缩空气中的水分。其工作原理是：进入冷冻式空气干燥机的温湿压缩空气经过热交换器换热之后进入空气冷却装置。在强制冷却的条件下压缩空气中的水蒸气因露点变化凝聚而成水滴，水滴聚集后由自动排水装置排出，而使空气得以干燥。其主要参数为处理流量(即净化流量，单位：m^3/min)和工作压力，在选配干燥机时，应使干燥机处理流量与空气压缩机的容积流量相接近，工作压力和空压机的工作压力相当。

第二节　胶粘剂密封胶供胶系统

一、往复式柱塞泵

往复式柱塞泵在胶粘剂密封胶的机械喷涂系统中是必不可少的重要设备，尤其是由压缩空气作为动力的往复式柱塞泵在汽车工业中得到了广泛的使用。往复式柱塞泵由两部分组成：一是动力部分，另一个是液流部分。动力部分通常是气动或液压驱动的活塞，此活塞与液流部分的活塞相连，液流活塞也可以通过活塞杆与曲柄连杆机构由电动机或汽油机驱动。这种驱动方式的往复式柱塞泵在汽车工业生产线上很少使用，常用于缺少空气动力的场合，一般在维修或野外作业时使用，因此在本节中主要介绍气动或液压驱动的往复式柱塞泵。

(一) 往复式柱塞泵的结构

往复式柱塞泵的结构见图 17-4。动力部分包括气动活塞、空气阀门、配气机构等组件。液流部分由动力部分驱动的液流活塞-泵缸组件构成，它将涂料压送至喷枪。

下面按往复式柱塞泵组件的布置和动作顺序逐一介绍：

(1) 空气气缸及活塞　动力部分中做往复运动的部件由压缩空气驱动。

(2) 空气阀门　在工作时，向空气气缸活塞顶面和底面交替地施加压缩空气。

(3) 配气机构　配气机构直接与空气活塞相连并由空气活塞操纵，用于控制空气阀门的启闭时序。

(4) 液流活塞　液流部分中做往复运动的部件，它与空气活塞直接相连，由空气活塞驱动。

(5) 活塞连杆　用来将空气活塞和液流活塞直接相连。

(6) 气动马达密封和液流部分的密封　它们由橡胶、皮革或合成材料制成，可防止空气和涂料在活塞和活塞杆外泄漏。

(7) 液流吸入室　存在于液流泵缸中，其作用是在液流活塞做上升冲程时，将涂料从存贮处抽吸至吸入室中。

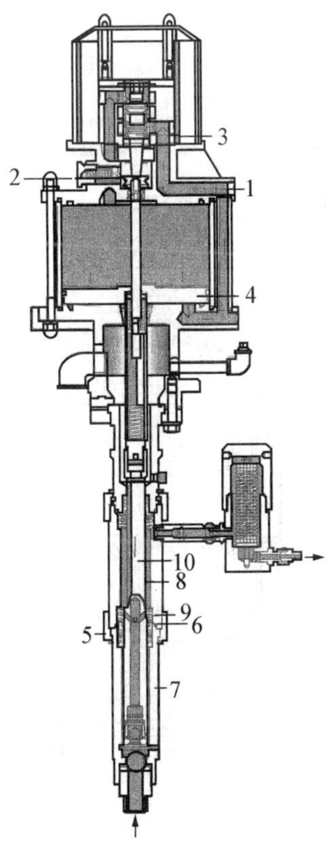

图 17-4　往复式柱塞泵

1—空气气缸及活塞；2—空气阀门；3—配气机构；4—液流活塞；5—活塞连杆；6—气动马达密封和液流部分的密封；7—液流吸入室；8—底阀；9—活塞吸入阀；10—排放室

(8) 底阀　其作用是在液流活塞做下降冲程时，防止涂料泄漏出吸入室。

(9) 活塞吸入阀　在液流泵缸中控制液流从吸入室向排放室流动。

(10) 排放室　位于液流泵缸中，在液流活塞做下降冲程时接受从吸入室输送过来的涂料。

（二）往复式柱塞泵的运行原理

1. 动力部分

动力部分通常采用压缩空气作动力，因此通常将此部分称作空气马达。空气马达的运行原理见图 17-5。当压缩空气进入空气活塞上腔时，活塞做下降冲程运动，下降冲程结束时，配气机构改变空气阀门的开关状态，即停止向空气活塞上腔送压缩空气，而是向空气活塞下腔送压缩空气，同时将空气活塞上腔的压缩空气释放到大气中，此时活塞做上升冲程运动。压缩空气从空气活塞上腔到下腔的转换是瞬间完成的。空气阀门的启闭动作在下降冲程结束时即刻完成，空气阀门的启闭动作只与活塞运动到的特定位置有关。这种阀门的启闭方式将压缩空气从上腔到下腔的转换时向减少到最短，上升冲程结束时，配气机构再次改变空气阀门的启闭状态，即停止向活塞下腔送压缩空气，将活塞下腔中的压缩空气释放到大气中去，同时向活塞上腔送压缩空气，活塞再次做下降冲程运动。

上述动力部分的循环称为“动力往复作用”，这一作用通过活塞连接杆直接传送到液流部分活塞上。

往复冲程被称为“双动”，这是因为空气活塞在上升冲程和下降冲程时受到两个方向的压缩空气驱动。

空气马达往复速度的快慢由进入空气马达的压缩空气流量决定，装在压缩空气管路上的空气调压器可以完成这一控制功能。

当流入空气马达的压缩空气流量一定时，活塞往复速度随着喷枪嘴处流阻的减小而加快，反之则往复速度下降。

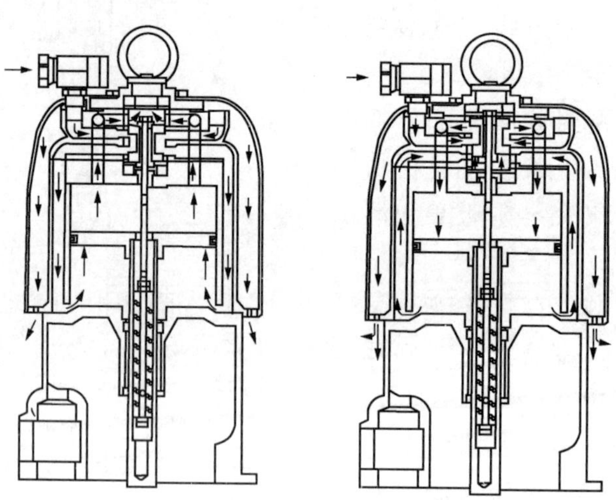

图 17-5　板式活塞空气马达运行原理图

2. 液流部分

（1）当液流活塞向上移动时。泵通过底阀将涂料抽吸到吸入室中。

(2) 当液流活塞向下移动时，在涂料上施加压力迫使底阀关闭并打开活塞吸入阀，活塞继续向下移动，迫使涂料通过活塞吸入阀进入排放室。

(3) 当液流活塞再次向上移动时，施加在排放室涂料上的压力迫使活塞吸入阀关闭，并将涂料从排放室压送至喷枪处，与此同时再次将贮罐中的涂料抽吸至吸入室。

(4) 当活塞再次向下移动时，涂料从吸入室被挤送到排放室中，过程如前所述。

液流部分动作原理见图 17-6 和图 17-7。

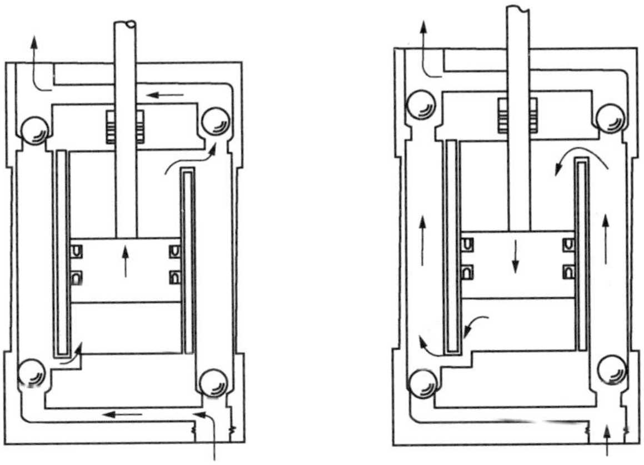

图 17-6 计量柱塞泵——四阀设计

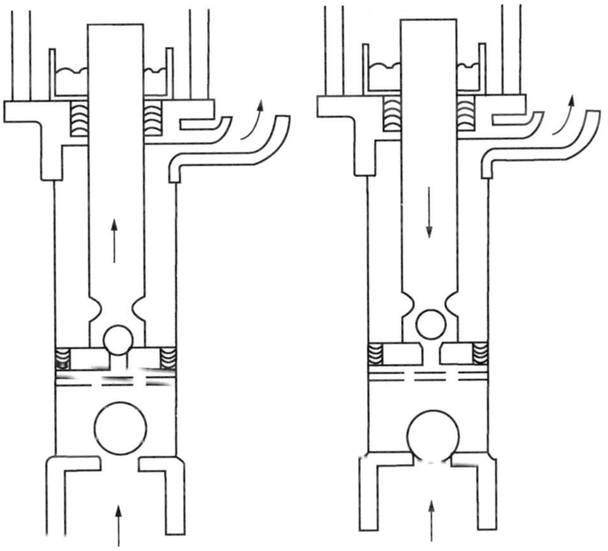

图 17-7 计量柱塞泵——双阀设计

为了保证液流活塞上下移动时输出流量平稳，无明显压力脉动，液流泵部分选择合适的活塞杆直径，使液流活塞运动过程中形成的吸入室的体积是排放室的2 倍。这样，在下降冲程时从吸入室进入排放室的涂料有一半送到喷枪，另一半涂料仍留在排放室中。在上升冲程时，这剩余的一半涂料也被压送至喷枪，这样的设计可保证在上升冲程和下降冲程时输送到喷枪中的涂料量是一致的。

（三）泵比原理

“泵比”是泵的一个特性参数，用作泵间的比较，也可用它来评价泵在其寿命周期中的运行情况。“泵比”一词比较笼统，它又可分为理论泵比、止动泵比和实际泵比。通常设备厂家提供的压力比是指理论泵比。泵比原理见图 17-8。

（1）理论泵比　即空气活塞有效面积与液流活塞有效面积之比。有效面积是指压缩空气可施加作用力的空气活塞面积或涂料可施加作用力的液流活塞面积。

（2）止动泵比　当泵止动时，液压与气压之比，由于泵内存在摩擦力，止动泵比比理论泵比小。

（3）实际泵比　在泵运行中液压与气压之比。当压缩空气压力稳定时，喷枪喷嘴口径增加或涂料粘度降低会使泵的往复速度加快，涂料的流量也随之增加，这是因为系统流阻降低了。

（四）高粘度胶粘剂密封胶施工用的往复式柱塞泵

对于粘度较低的胶粘剂和密封胶采用图 17-7 所示的双球柱塞泵即可。而对于高粘度的胶粘剂和密封胶来说，由于粘度很高流动性差，采用双球柱塞泵，吸入室吸入涂料时就会出现真空，涂料只会吸入一部分或根本就吸不进去。针对高粘度胶粘剂和密封胶则可采用压盘式柱塞泵，柱塞泵及压盘由单立柱或双立柱举升缸支撑，使用时压盘上的大气压力、压盘的自重、往复式柱塞泵的自重及单立柱或双立柱气缸向下的推力帮助柱塞泵进行吸料，同时液流泵的设计采用带辅助吸料挖勺的结构，具体结构参见图 17-9。

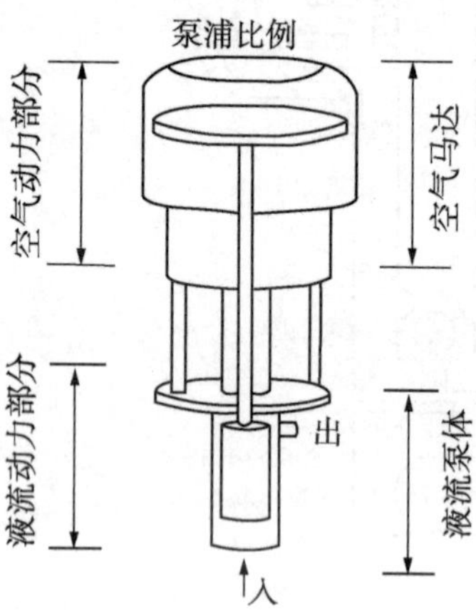

图 17-8　泵比原理示意图

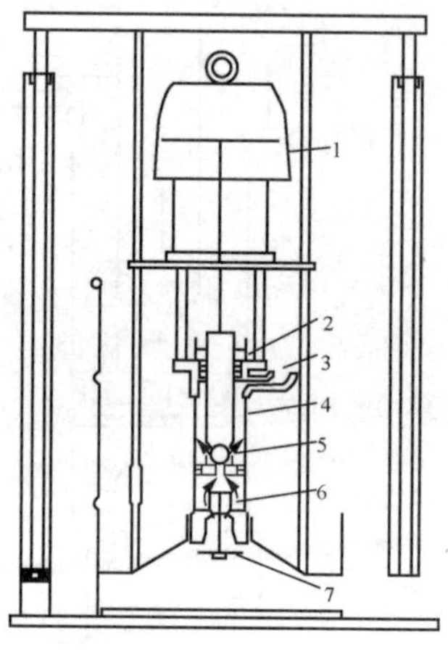

图 17-9　双柱式 55 加仑气动压盘

1—空气马达；2—湿杯；3-出口；4—流体泵；5—活塞出口阀；6—进口阀；7—辅助进料活塞

采取这样的结构设计可以保证吸入室有完整的涂料进入，具体的工作原理是：当柱塞泵做下降冲程时，辅助吸料挖勺的阀打开同时冲出入口筒体，这时入口止回阀始终处于关阀状态。高粘度的胶粘剂和密封胶靠单立柱或双立柱产生的作用在压盘上的压力进入入口筒体，当下降冲程结束变换成上升冲程时，活塞止回阀关阀，入口止回阀打开，辅助吸料挖勺的阀关闭，将入口筒体内的胶粘剂和密封胶兜入吸入室完成一个吸料作业行程。柱塞泵动作原理见图 17-10 和图 17-11。高粘度与低粘度活塞泵的区别就在于此，因此选用时必须注意。

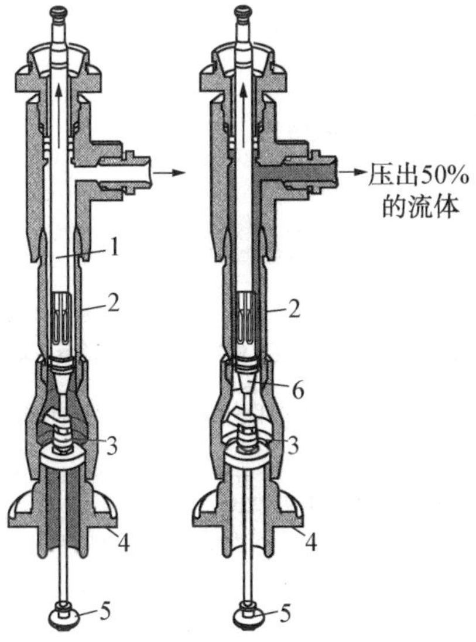

图 17-10　柱塞泵上升冲程动作原理图
1—计量杯；2—泵浦筒体；
3—入口止回阀；4—入口筒体；
5—辅助进料活塞；6—活塞止回阀门

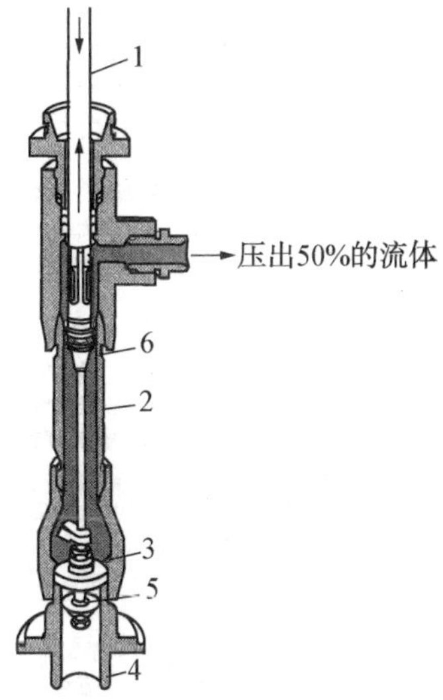

图 17-11　柱塞泵下降冲程动作原理图
1—计量杯；2—泵浦筒体；
3—入口止回阀；4—入口筒体；
5—辅助进料活塞；6—活塞止回阀

(五)胶粘剂密封胶粘度与液流泵的选用基本原则

(1) 对于粘度在 0~5000mPa·s 的胶粘剂密封胶，此时原料的流动特性表现为：流体在容器中很容易呈均匀状态，在这种粘度下设备的选用基本原则为：

① 液流泵的形式：双球柱塞泵；

② 液流泵的安装方式：桶盖式、壁挂式、小车式；

③ 液流泵的吸料方式：重力式、虹吸式、浸蘸式；

(2) 对于粘度在 5000~20000mPa·s 的胶粘剂密封胶，此时原料的流动特性表现为：流体在容器内不易呈均匀状态，在这种粘度下设备的选择基本原则为：

① 液流泵的形式：双球柱塞泵或带辅助吸料挖勺的活塞泵；

② 液流泵的安装形式：使用井口桶，采用引导盘或单立杆或双立柱压盘；

③ 液流泵的吸料方式：浸蘸式。

(3) 对于粘度在 20000~50000mPa·s 的胶粘剂密封胶，此时原料的流动特性表现为：流体在容器内不易呈均匀状态，在这种粘度下设备的选择基本原则为：

① 液流泵的形式：双球往塞泵或带辅助吸料挖勺的柱塞泵；

② 液流泵的安装形式：使用开口桶，采用引导盘或单立柱或双立柱压盘；

③ 液流泵的吸料方式：浸蘸式。

(4) 对于粘度超过 5000mPa·s 的胶粘剂密封胶，此时原料的流动特性表现为：流体在容器内很难呈均匀状态。在这种粘度下设备的选择基本原则为：

① 液流泵的形式：带辅助吸料挖勺的往塞泵；

② 液流泵的安装形式：使用开口桶，采用单立柱或双立柱压盘；

③ 液流泵的吸料方式：浸蘸式。

(六) 气动往复式柱塞泵的优点及选用时应考虑的因素

气动往复式柱塞泵的优点有以下几方面：

(1) 可以输送众多品种的液体或半液体的胶粘剂和密封胶，工作压力范围较宽，压力比可以从(1∶1)~(80∶1)。

(2) 压缩空气动力源在汽车生产厂很容易解决，而且气动柱塞泵可以很安全地用于易燃易爆工作场合，同时由于气动的特点，喷枪或涂胶枪不开枪时气动柱塞泵可以处于保压稳定状态，不需任何控制设备进行停机控制。

(3) 可以将胶粘剂或密封胶直接从原装料桶中泵出，既可盲端供料，也可实现循环供料。

(4) 空气马达的作用是液流泵的动力源，由于其位置处于胶粘剂及密封胶的液面之上，因此可不受被泵出原料的污染，同时气动马达也不会污染泵出原料。

(5) 液流泵的泵体和密封采用特殊材料及结构，可以输送含有一定磨蚀性或具有腐蚀性的胶粘剂和密封胶。

(6) 气动马达和液流泵泵体连接时采用的是分体结构，这样在维修时，气动马达和液流泵泵体均可单独拆下进行维修。

用户在选择气动往复式柱塞泵时首先应明确它所需要的流量和扬程，同时要考虑胶粘剂密封胶的成分、粘度和施工时的传送距离等。一般气动住塞泵的生产厂商都会提供技术参数及图表。用户可根据图表选择合适的液流泵及与之配套的气动马达。生产厂商所提供的技术参数及图表列出了在不同压力比的情况下泵的流量、泵速和耗气量之间的关系，选择泵时应取工作要求的上限，选择能力大一些的泵可以延长泵的使用寿命。一般生产厂商给出的泵流量值都是在泵运动频率为 60 个循环/min 时达到的，但通常选择气动柱塞泵时要降低一半的频率，即气动柱塞泵在 30 个循环/min 的流量即可满足最大工作流量。理想状态是气动柱塞泵的工作频率小于 20 个循环/min(气动柱塞泵的一个上升、下降冲程称作一个循环)。

(七) 气动柱塞泵的安装、使用、维护与保养

世界上各个厂家生产的气动桂塞泵包括双球式柱塞泵和带辅助吸料挖勺的柱塞泵。其工作原理都基本相同，但由于其规格、型号、结构形式和设计思想各不相同，故对其安装、使用、维护与保养的要求也各有其特点，因此应严格按照生产厂家提供的说明书进行。

在安装、使用、维护与保养方面应注意以下几个方面：

(1) 无论是何种形式的气动柱塞泵，都必须保证安装或安放的平稳性，支撑板或框架不能太弱，绝对避免气动柱塞泵工作时出现晃动或振动的现象。

(2) 空气供给压力应保持在与泵相适应的工作范围之内，同时应注意供气管路直径应足够大以保证气动马达的最大耗气量要求。另外，空气供给应保证足够的过滤精度，并在进入气动泵之前加装空气油雾器。

(3) 在正式使用之前，应使用涂料相适应的溶剂对液流泵进行彻底清洗，以除去设备内部的油类及杂质，防止对胶粘剂密封胶产生污染而影响其性能。

(4) 检查泵是否有泄漏时，用泵抽吸相适应的溶剂，在一定的气压下使泵止动保持一定的止动压力、察看系统内外是否有泄漏。如果泵不停止运动，泵外也无泄漏现象，此时应检查背压阀(有背压阀的话)是否在关闭状态。如果背压阀关闭而泵依然不停地运动，说明液流泵活塞的密封圈或止回阀有泄漏，这时应关闭气源，泄除液流泵内的压力并根据需要维修有关的部件。

(5) 气动柱塞泵运行时应采用尽可能小的气压来满足胶粘剂密封胶的输送需要，同时切忌不要使泵空载运行，不要使泵抽吸空气进行空打。

(6) 应定期对气动柱塞泵进行检查和润滑，润滑油的牌号应符合设备说明书的要求，存放柱塞泵时应将柱塞推到最低位置，有支架时可竖直安放，如拆解后须用包装箱加泡沫存放。

(7) 一定要明确所泵送的胶粘剂密封胶的特性，确保它们不会损害泵的液流部分。例如，抽吸水性胶粘剂密封胶时，液流部分应配装防腐蚀性部件；抽吸强腐蚀性溶剂时，需配装专用密封件。若泵送的胶粘剂密封胶有磨蚀性的物质时，则应采用具有耐磨材料的泵来输送，泵中可使用表面经硬化处理的部件来进一步减少磨损。

(8) 所有的气动柱塞泵应良好接地以防止由于静电积累而产生火花和火灾。

(9) 为泵选配合适的软管和接头，它们的承压能力、耐温性和强度应满足要求。

(八) 气动柱塞泵喷涂系统的主要附件

1. 气动柱塞泵的主要附件

用于胶粘剂密封胶喷涂的气动柱塞泵系统的主要附件如下：

(1) 过滤网及滤芯　位于柱塞泵吸入口和排出口。

(2) 空气过滤器及油雾器　用于对气动马达使用的压缩空气进行过滤和油雾润滑。

(3) 空气调压器　用于控制送往气动马达和空气雾化喷枪的气流。

(4) 搅拌器　防止胶粘剂密封胶发生沉淀。

（5）流体调压阀　调整并稳定涂料压力，减小涂料脉动的产生对喷涂造成的影响。

（6）稳压器　安装在气动往复式柱塞泵的出口管路上以减少液体压力的脉动。

（7）手动泄压阀　用于泄除管路中的高压液体。

（8）流体背压阀　用于循环系统中，装在回流管之前，维待系统的施工压力。

2. 涂料过滤网

涂料过滤网用于从涂料中滤除有可能污染涂层或阻塞喷孔的固体颗粒。在选择过滤网时，应首先了解过滤网的有关技术指标：

① 目数　通常过滤网的标称为"××目"。所谓目数是指直径 1in(25.4mm)圆面积上的孔数。

② 孔宽　过滤网孔的宽度，大于网孔宽度的颗粒不能通过过滤网。

③ 过滤区域　涂料流经的滤网区域。

用户可根据使用经验建立最佳的维护模式，一旦建立了模式就应遵照执行。过滤网应进行经常性清理，当出现以下几种情况时请检查过滤网：

① 涂料流动缓慢或必须使用更高的压力才能达到涂料的输送要求。

② 涂料过滤器入口、出口压力表显示压差过大超过规定值。

③ 涂层粗糙，颗粒大或有污物，这说明过滤器滤网可能已破裂。

3. 涂料调压阀

涂料调压阀用来调节流向喷枪的涂料压力，位于泵的涂料输出端，安装位置与喷枪越近越好。

1）选择涂料调压阀时应考虑的因素

（1）明确涂料的最大流量。

（2）明确工作压力的最大调节范围。

（3）明确流经调压阀的涂料是否有腐蚀性和磨蚀性。

2）使用调压阀的注意事项

（1）涂料过滤器应安装在调压阀入口之前，这样可以防止涂料中的杂质堆积在调压阀的阀座和阀杆上。

（2）调压阀的出、入口处都应装配有截止阀，这样就可以在不关闭整个系统的情况下对调压阀进行维修。

（3）管路中的压力不应超过调压阀的工作压力范围。

（4）调压阀与喷枪之间的管路越短越好。

（5）仔细阅读调压阀生产厂家对于操作和维修的指导意见并确实遵守。

3）背压调压阀

背压调压阀用于涂料循环泵送系统。在涂料循环系统中，有一条使涂料返回贮罐的返回管路，如果涂料从返回管路的排放口自由流出，则在涂料输送管路中无法建立起压力，涂料就不能被压力喷嘴雾化。因此，为防止涂料的自由流动，需在喷枪下游的返回管路上配装背压调压阀。在此背压调压阀的上游管路中建立并保持供喷涂使用的压力，同时将未及时使用的涂料返回贮罐再循环使用。

背压调压阀是可调的，可根据系统所用的泵、喷枪和涂料，在一定压力范围内进行正确的压力控制。背压调压阀的操作和注意事项与前面所述调压阀相类似。

二、胶枪/喷枪

喷枪是胶粘剂密封胶施工时的主要工具，经过加热或增压后的涂料由软管输送至喷枪，再经喷枪雾化或挤涂于工作表面，喷枪性能的优良与否及选择匹配是否正确直接影响涂敷的质量和生产效率。

本节将对空气喷枪、无气喷枪、混气喷枪、双组分喷枪的结构、类型等加以说明。

（一）空气喷枪

1. 空气喷枪的种类

空气喷枪的种类很多，按其涂料供给方式可分为上壶枪、下壶枪和压送式三种，而按使用方式可分为手动喷枪和自动喷枪两种。

目前在汽车行业胶粘剂密封胶的涂敷作业中，广泛使用的是压送式空气喷枪。小批量生产中使用的是加压式下壶枪、用于粘度较高的胶粘剂密封胶喷涂施工。

图 17-12 为 L88 型长杆式空气喷枪。其喷嘴的弯转角度有 0°、45°、90°三种，其中 L88-4530 型的喷嘴弯转角度为 45°，杆长 30cm。图 17-13 为 95A 型自动空气喷枪。

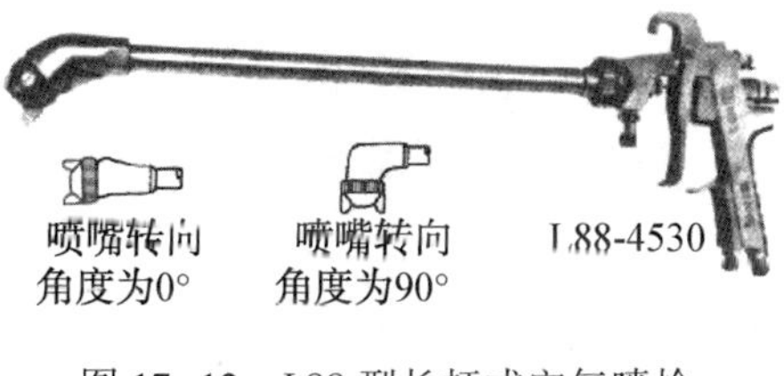

图 17-12　L88 型长杆式空气喷枪

图 17-13　95A 型自动空气喷枪

2. 空气喷枪的结构特点

为了更清楚地说明空气喷枪的结构特点，仅以日本岩田公司的 W 型空气喷枪（见图 17-14）为例简要说明如下：

（1）空气调节帽　当涂料吸入时，形成微细化的雾化作用，并形成特定形状的涂敷面。

（2）涂料喷嘴　涂料的喷出口。

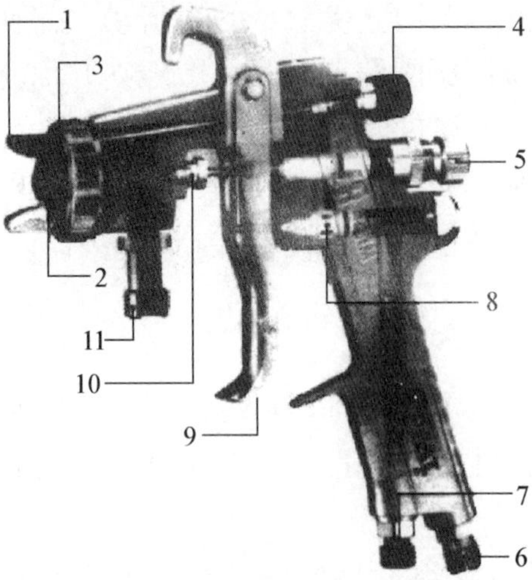

图 17-14 W 型空气喷枪结构简图

(3) 针阀 根据针阀和涂料喷嘴内的锥度配合来控制涂料的喷出量。

(4) 喷涂面调节装置 用以调节涂敷面的宽度。

(5) 涂料喷出量调节装置 这个调节装置实际上是一个调整螺栓。旋转调整螺栓即可改变零件 3 针阀的位置，从而达到调节涂料喷出量的目的。

(6) 空气软管接头 接续压缩空气软管。

(7) 空气量调节装置 实际上也是一个调整螺栓。旋动螺栓改变空气通路的大小，即可调节空气量。

(8) 空气阀 当按动枪机时，空气阀打开，便压缩空气进入空气帽。

(9) 枪机 是喷枪的总开关。

(10) 针阀密封填料。

(11) 涂料软管接头 接续涂料软管。

(二) 无气喷枪

由于无气喷涂从本质上不同于空气喷涂，胶粘剂密封胶的雾化不是靠压缩空气，而是靠其自身压力来进行的。无气喷枪一般为压送式喷枪，其分类从外形上区分有枪式和长杆式两种。从使用方法上区分有手动式和自动式两种。

图 17-15 为美国 ITW-BINKS 公司生产的 Airless1M 型和 711 型无气循环喷枪。

(a)

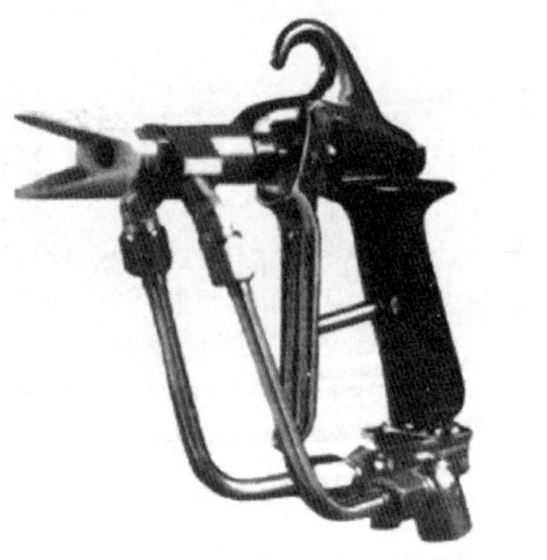
(b)

图 17-15 无色循环喷枪

Airless1M 型无气喷枪的最高使用压力为 27.6MPa，适应于一般性喷涂工艺；711 型无气喷枪为涂料循环到枪的高压无气喷枪，最高使用压力为 41.4MPa，适用于含有沉淀物质的涂料进行高压无气喷涂施工。

图 17-16 为美国 GRACO 公司生产的 Ultra-lite4000SD 型手动无气挤胶枪。该枪可广泛应用于粘接剂密封胶涂敷作业，最大工作压力为 27.6MPa。

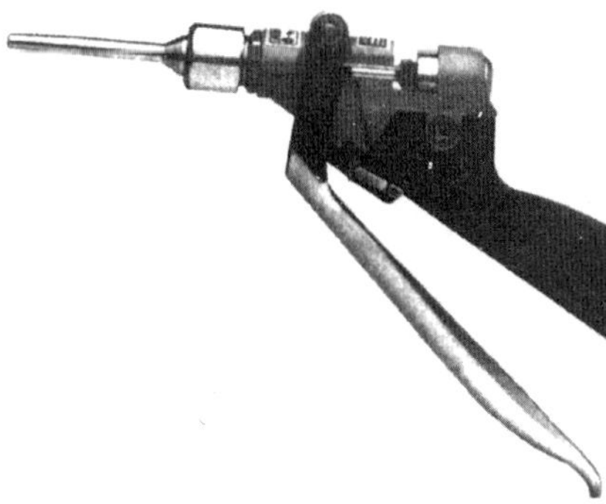

图 17-16　Ultra-lite4000SD 型手动无气挤胶枪

（三）混气式喷枪

混气式喷枪是结合空气喷涂和无气喷涂的特点而产生的一种新型喷枪。混气喷枪是在无气喷枪上增加一路空气，通入 0.1~0.2MPa 的低压空气对涂料进行辅助雾化，使涂料的雾化效果和附着率得到大幅度提高。

图 17-17 为美国 ITW-BINKS 公司生产的 Mach2SL 混气式喷枪。

（四）双组分喷涂专用喷枪

双组分喷涂所用喷枪种类繁多，如果两个组分事先预混，则喷涂时通常采用普通常用的空气喷枪、混气喷枪和无气喷枪进行喷涂作业。下面仅介绍一些专用双组分喷枪。

图 17-17　Mach 2SL 混气式喷枪

图 17-18 为美国 TTN-BINKS 公司生产的 FRP 喷枪。该枪采用外混方式，固化剂从空气帽侧面喷嘴喷到主雾化喷嘴处使两个组分混合（靠辅助雾化空气雾化），同时该枪上部还装有玻璃纤维切割器，可以一边喷涂双组分胶粘剂，一边喷涂玻璃纤维丝。

图 17-19 为美国 ITW-BINKS 公司生产的 43P 型双组分专用喷枪。该喷枪采用高压无气方式进行喷涂，两个组分单独接到喷嘴后面，靠高压冲击混合后喷出，喷枪下部还装有溶剂接口，停枪时可清洗混合部分及喷嘴。43PA 型为该类型双组分喷枪的自动喷枪。

总之，有关喷枪的种类、型式、规格等名目繁多，选用时请参阅有关设备厂家资料。

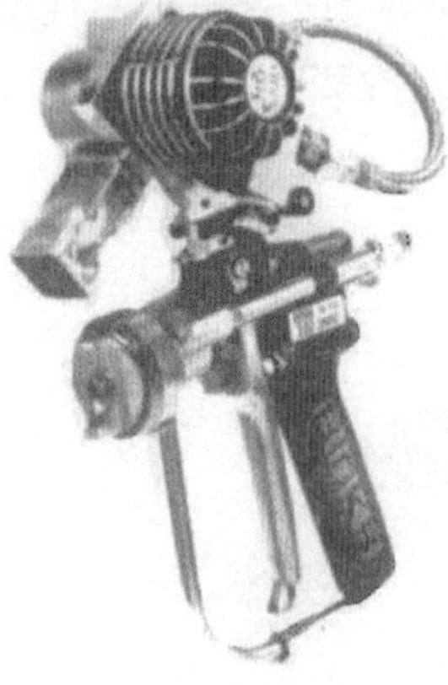

图 17-18　FRP 喷枪

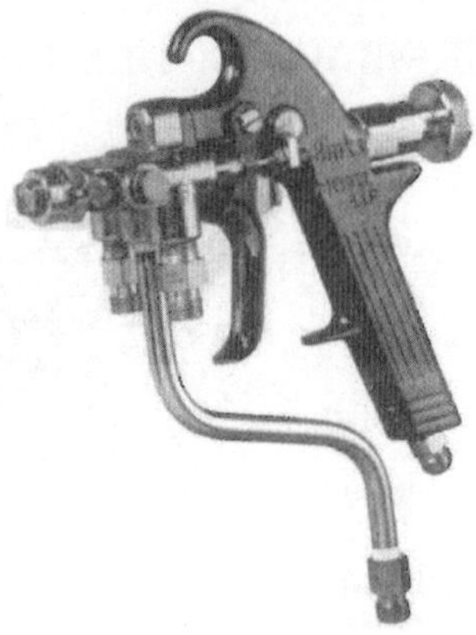

图 17-19　43P 型手动双组分专用喷枪

三、压力罐

压力罐是被加压的盛装胶粘剂密封胶的料杯或罐，在气压作用下向喷枪输送胶粘剂密封胶。压力罐由于结构简单、使用方便、投资较少，对维修保养要求很低，在低粘度胶粘剂密封胶的施工中被广泛使用。

压力罐属于压力容器，每个压力罐经制造商检验并印有永久性标记。压力罐不可超压使用，一旦耐压失效将对人身造成伤害，因此所有压力罐都应装有安全阀。

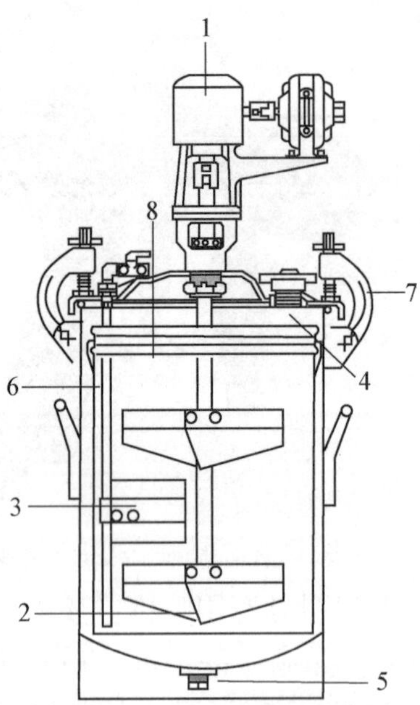

图 17-20　压力罐的结构简图

1—气动搅拌器；2—搅拌桨叶；3—静态扰流板；4—快速加料口；5—底部出料口；6—流体输出管；7—紧固压爪；8—压力罐衬桶

（一）压力罐的使用原理

压力罐的结构见图 17-20。进入压力罐的压缩空气由空气调压阀来控制，通过选择流体喷嘴孔径的大小，控制气压和调整流体阀门可实现对胶粘剂密封胶流量的控制。当多支喷枪共用一个压力罐时，在流体管路上要加装流体调压阀以控制各自喷枪的流量。

（二）压力罐的优点和局限性

压力罐没有运动部件，维修方便，可使用工厂中或施工工地上现有的压缩空气。压力罐通过软管向喷枪提供胶粘剂密封胶，可使喷枪以任意角度进行喷涂作业。压力罐可以同时为多把喷枪供料(但压力罐的容积受限制，加装的控制设备增多，通常一个压力罐最多带两把喷枪)。压力罐使用中可将原装涂料容器或衬桶直接放入压力罐中进行喷涂，以减少清洗时间，同时压力罐由于密闭可用作密封存贮容器，用于存贮胶粘剂密封胶。

压力罐的局限性是当对容器进行加料时需停止喷涂作业并对系统泄压，压力罐只可用于单向输送系统(如需涂料返回容器的循环系统中需配备泵)。

(三) 选用压力罐应考虑的几个因素

(1) 压力罐的容量　一要考虑原料的包装；二要考虑现场生产使用量，最好加装一次料能满足一班或至少半班的喷涂需用量。通常压力罐的容量为 10L、20L、40L、60L，生产线中最大可使用容量达 800L 的压力罐。

(2) 胶粘剂密封胶的粘度　对于粘度较大的胶粘剂密封胶应选择从罐底部出料的容器。

(3) 若胶粘剂密封胶会产生沉淀　则压力罐应配装搅拌器。

(4) 如果胶粘剂密封胶有腐蚀性　应选用不锈钢制压力罐或加装专用衬桶。

(5) 工厂的压缩空气气源必须满足压力罐和喷枪对气压和空气流量的需求。

(四) 压力罐启用时的使用方法

(1) 将从主气源来的空气软管接到位于压力罐罐盖上的空气调压阀入口端，检查空气的流动方向，关闭气路球阀，防止压缩空气进入压力罐内，打开泄压阀。

(2) 用空气软管连接空气调压阀出口和空气喷枪空气入口，用流体软管连接压力罐液流出口和空气喷枪流体入口。

(3) 打开压力罐罐盖，倒入少量与压力罐相容的溶剂(用作试验)。

(4) 仔细紧固罐盖，均匀地锁紧罐盖紧固庄爪，打开向压力罐供气的球阀，当听到泄压阀中有气体外泄的声音时，在调压器上设定压力值。

(5) 检查连接喷枪的空气和流体软管是否有泄漏。

(6) 排空压力罐中的溶剂后加入待用胶粘剂密封胶，不要将压力罐或内装容器加满，液面和罐顶之间应留 50mm 以上的距离，连接喷枪的流体软管中残留的溶剂会随着胶粘剂密封胶排出。

(五) 压力罐结束工作时的使用方法

(1) 关闭向压力罐供气的空气阀门。

(2) 打开泄压阀对压力罐进行泄压，待罐中的压力完全泄掉后打开压力罐罐盖。

(3) 拧松喷枪的空气帽，用层叠在一起的布块盖住空气帽上，然后扣动枪机，雾化空气会迫使流体管中的胶粘剂密封胶返回到压力罐中。

(4) 倒出压力罐中剩余的涂料，清洗压力罐并倒入少量适用溶剂。

(5) 用浸有溶剂的布擦拭喷枪、压力罐和空气、流体软管。

(6) 卸下空气喷嘴对其进行清洗(注意：清洗空气喷孔时不能使用金属丝刷或金属探针)。

(7) 盖上压力罐罐盖，依次拧紧紧固压爪，给压力罐通气加压。

(8) 停止向空气喷枪输送雾化空气。

(9) 用喷枪向废液桶中喷射溶剂，喷出的溶剂变清时关枪即可。

(10) 吹除喷枪、压力罐和流体软管中的溶剂，将软管盘起来待用。

(六) 压力罐的使用注意事项

(1) 用手拧紧紧固压爪后，空气还从罐盖与罐身接触部位泄漏，应更换压力罐罐盖的密封垫，切忌不能使用扳手拧紧紧固压爪。

(2) 当空气通过压力罐罐盖搅拌轴产生泄漏时，应更换此处的密封圈。

(3) 压力罐所用气压不要超过压力罐上标识的额定耐压值。

(4) 不可以在压力罐中直接承装对罐体有腐蚀作用的流体。

(5) 永远不要卸下安全阀。

(6) 安装地线以防止静电对人体的危害(使用静电喷涂时)。

(7) 切记不要用燃烧的方法清洗压力罐，只可用溶剂或脱漆剂进行。

(8) 只能用手拧紧压力罐罐盖的紧固压爪，每次都是拧紧相对的两个紧固压爪。

(9) 压力罐装有胶粘剂密封胶时不要摇动压力罐，这样会使胶粘剂密封胶进入空气管路中，同时压力罐罐盖上因摇动沾上胶粘剂密封胶还得进行清洗。

(10) 绝不能在没有泄压的情况下打开压力罐。

(11) 绝不能用高压气或是用锤子打开罐盖，应在紧固压爪的位置上用撬棍小心地将压力罐罐盖撬起。

(12) 尽可能通过快速加料口向容器内添加枯接剂密封胶，这样可以尽量减少打开罐盖的次数，延长罐盖密封垫的使用寿命。

(13) 在每次盖压力罐罐盖之前，应清除掉罐身顶部边缘溅落的胶粘剂密封胶，保持顶部边缘的清洁。

四、多组分供胶系统

多组分胶粘剂密封胶的喷涂与单组分胶粘剂密封胶的喷涂有许多类似的地方，比如它们既可以采用空气雾化也可以采用液压雾化(气助无气式或无气式雾化)，多组分系统中的各个组分在它们按适当的比例在喷涂过程中充分混合才会固化，多组分胶粘剂密封胶的固化原理是多组分经过混合和催化后产生了化学反应，同时释放热量并固化。

多组分喷涂设备必须能够精确计量两个或多个组分，然后将它们输送到混合区或混合室，给它们以充足的能量使其充分混合，最后将混合后的胶粘剂密封胶进行雾化或挤涂。多种组分材料只在混合器里才会接触，因此多种组分材料在混合器之前均与所谓“置放时间”无关，故不会因为材料没有及时用完而抛弃，产生浪费。因而多组分喷涂设备在胶粘剂密封胶的施工中具有诸多益处，具体有以下几方面：

（1）降低了多组分原料的消耗，因采用多组分喷涂设备用多少混多少，避免了预先混合使用不完造成的浪费。

（2）降低了熔剂的消耗，这种降低消耗是指调低粘度所需的溶剂和清洗使用器具所用的溶剂。

（3）提高了组分的配比精度，同时保证了混合的均匀性。

（4）提高了多组分胶粘剂密封胶的喷涂效率。

（5）适应了汽车行业对多组分胶粘剂密封胶自动化施工的工艺要求。

（一）多组分胶粘剂密封胶的应用及施工设备

多组分胶粘剂密封胶通常由基料、固化剂和促进剂三组分组成。为施工方便，通常调配成双组分，即基料和固化剂组成一个组分，基料和促进剂组成另外一个组分，变成双组分的胶粘剂密封胶。所以，通常的施工设备都是双组分喷涂设备。双组分胶粘剂密封胶施工方法分类见图 17-21。

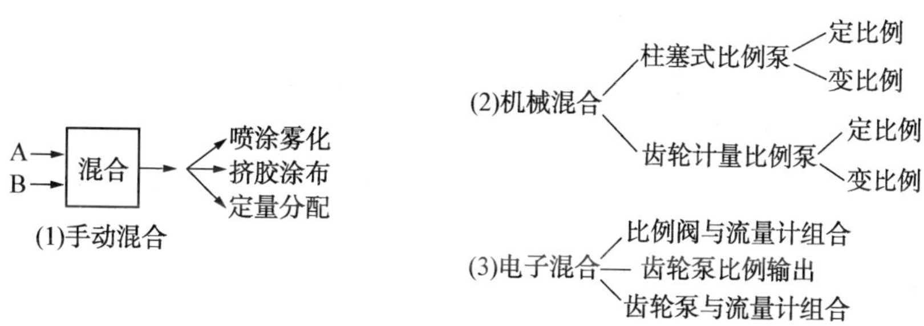

图 17-21　双组分胶粘剂密封胶施工方法分类

典型的双组分喷涂系统的工作原理见图 17-22。基料和固化剂分别由各自的供料泵从大包装桶中供送到双组分比例泵的料缸入口处，通过比例泵按两个组分的合适比例均匀泵出到混合器中。两个组分经过充分混合后，通过高压软管接到喷枪进行喷涂作业施工。喷涂系统中还配有清洗泵，当系统不用时用清洗剂将混合器以后的管路及喷枪均清洗干净。

1. 机械式双组分喷涂设备

机械式双组分喷涂设备顾名思义是设备没有任何电器元件，完全采用纯机械方式进行双组分涂料的比例控制和混合。常用的机械式双组分喷涂设备分为两大类。

1）柱塞式双组分比例泵

这一大类比例泵 A 分为定比例和变比例两种。定比例柱塞式双组分比例泵的工作原理是气动马达直接带动两个组分各自的柱塞缸，如果两个组分为 1∶1 的比例

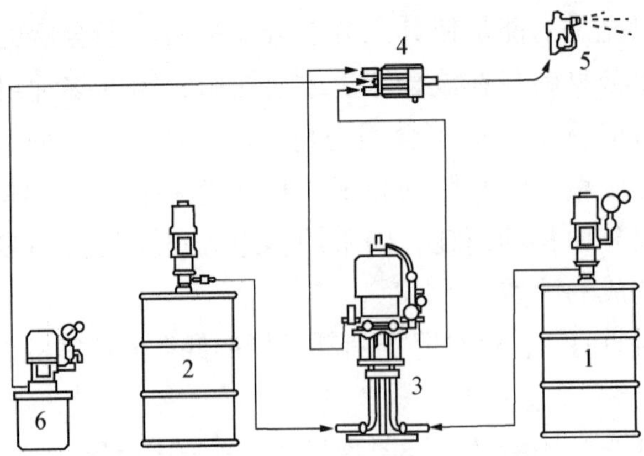

图 17-22　双组分喷涂系统工作原理图

1—固化剂；2—基料；3—比例泵；4—混合器；5—喷枪；6—清洗剂

关系，则气动马达带动两个容积比一样的柱塞缸；如果是其他比例，则气动马达带动三个柱塞缸，外面两个柱塞缸是一个组分，中间的柱塞缸是另外一个组分。这种配置结构保证了气动马达受力均匀，通过这三个柱塞缸的容积比可配出不同的定比比例。定比例住塞泵的优点是结构简单，缺点是比例不能调节、适应性较差。图 17-23为定比例柱塞式双组分喷涂机。

变比例柱塞式双组分比例泵的工作原理是：气动马达驱动杠杆机构的一端，杠杆机构另一端带动两个组分的柱塞缸，两柱塞缸的杠杆长度可调，因此柱塞缸的排量也变为可调。变比例柱塞泵的使用范围相对较广，搭配不同排量的柱塞缸外加可调杠杆长度使变比例柱塞式双组分比例泵更加灵活。图 17-24 为变比例柱塞式双组分喷涂机。

图 17-23　定比例柱塞式双组分喷涂机

图 17-24　变比例柱塞式双组分喷涂机

2）齿轮计量式双组分比例泵

这一大类比例泵也分为定比例和变比例两种。其工作原理是气动马达(叶片回转式)经过减速器和齿轮分配机构带动两个精密计量齿轮泵，通过齿轮分配机构实现两个组分的比例控制。齿轮分配机构为定比例的则称之为定比例齿轮计量双组分比例泵，齿轮分配机构为变比例的则称之为变比例齿轮计量双组分比例泵。图 17-25 为变比例齿轮计量式双组分喷涂系统。

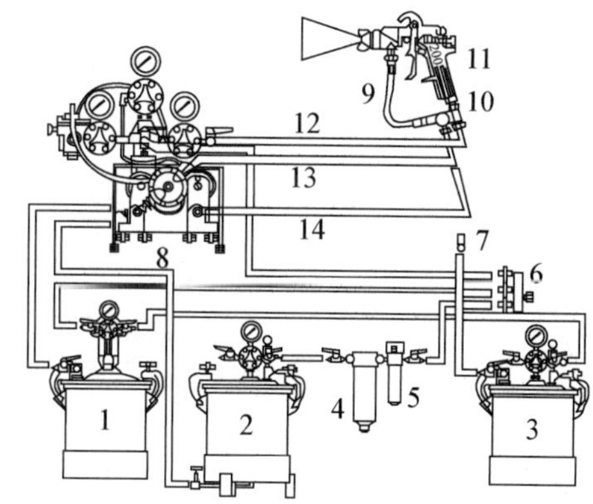

图 17-25　变比例齿轮计量式双组分喷涂系统

1—基料压力罐；2—固化剂压力罐；3—溶剂压力罐；4—空气过滤器；5—分子筛吸湿器；6—空气汇流板；7—溶剂管及快插接头；8—变比例齿轮计量式双组分泵；9—静态混合器；10—混合器汇流块；11—标准手动空气喷枪；12—空气管；13—基料流体管；14—固化剂流体管(特氟隆)

2. 电子式双组分喷涂设备

电子式双组分喷涂设备是采用电子设备对两组分的比例进行控制的双组分喷涂设备。这类设备的优点是更适应自动化施工使用，比较灵活，可以实现计算机控制，流量大小和混合比例都可伺服控制；相对缺点是设备投资较大。

电子式双组分喷涂设备分为两大类：一类是主动式电子计量双组分喷涂设备。此类设备的特点是采用伺服电机驱动两个组分的齿轮泵，两个齿轮泵可以通过同一个伺服电机驱动，也可以由各自的伺服电机驱动。另一类是电子柱塞式计量缸方式，两个柱塞缸的驱动可以采用伺服电机驱动，也可采用液压伺服驱动。

图 17-26 为主动式电子混合配比双组分喷涂设备。

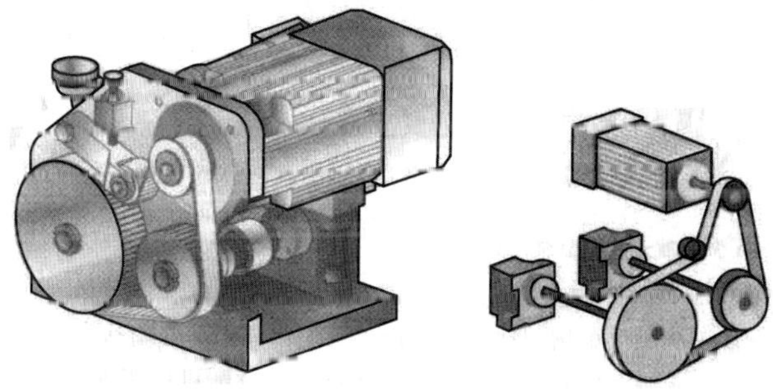

图 17-26　主动式电子混合配比双组分喷涂设备

另一类电子式双组分喷涂设备是被动式电子计量双组分喷涂设备。此类设备的工作原理见图 17-27。两个组分通过各自的往塞泵泵送系统输送到比例测量部分，即每个组分接到各自的比例流量阀上，然后再接到各自的流量计上。流量计出口接到混合器上，流量计检测出来的流量实时反馈到电器控制柜，经计算机处理后，通过比例流量阀控制流量。比例流量阀的工作原理是通过气动比例伺服控制流体阀的开度大小来控制流量。这种被动式电子计量方式更适合压力高的双组分喷涂系统。

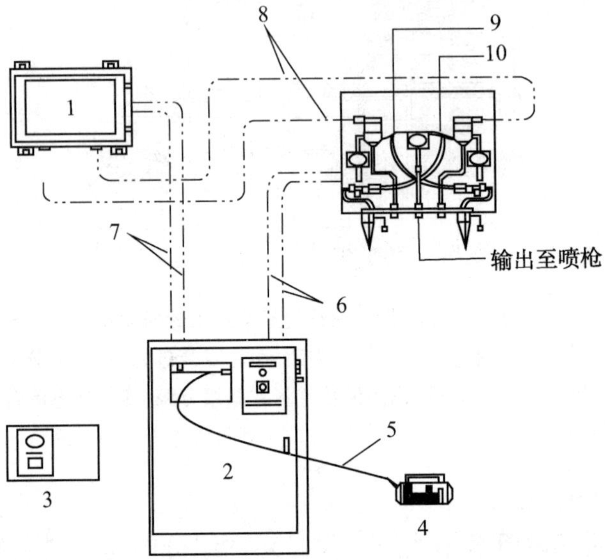

图 17-27　被动式电子混合配比双组分喷涂系统原理图(比例阀与流量计闭环控制)

1—气动比例伺服柜；2—双组分系统电器控制柜(非防爆)；3—遥控操作盒(安装在喷涂室内)；4—双组分遥控编程器；5—编程器附加电缆；6—流量计反馈电缆；7—气动比例伺服控制电缆；8—内径 1/8″空气管；9—基料供给管；10—固化剂供给管

(二) 双组分喷涂系统两个组分的混合方式

1. 预先混合

用常规的喷涂设备喷涂，须通过机械或电子配比设备预先混合基料和固化剂，其方式有两种：一种是两个组分离开计量装置即混合，然后再通过一段较长的管子接到喷具上。另外一种是两个组分离开计量装置后分别接到喷枪下，在喷具的下端通过混合器再喷出或挤出。

此系统的优点是：基料与固化剂混合得很好，对喷具无特殊要求，设计简单，便于维修。其局限性是系统不用时马上要对两个组分混合的部位进行彻底清洗。上述第二种方式与第一种方式相比，清洗的管路相对要短，所使用的清洗溶剂要少。

2. 外部混合

基料和固化剂在喷具外混合。

1）固化剂侧面喷入系统

两个组分在喷枪喷嘴前部实现外部混合。基料从喷嘴喷出，固化剂通过另外一个喷嘴从侧面喷到喷嘴外部这种混合方式需使用特殊设计的喷枪。

这种系统的优点是：两个组分互相分离，外部混合易于清理。其局限性是固化剂和基料混合不太均匀，侧面的固化剂小喷孔易阻塞，有时需要对固化剂进行稀释。

2）由雾化空气携带固化剂的系统

固化剂通过特殊喷枪喷嘴先喷射到喷枪的雾化空气帽中，在喷枪对基料进行雾化之前固化剂已与需雾化空气提前雾化，因此固化剂和基料在喷枪喷嘴外部均匀地混合在一起，固化过程即开始。

这种系统的优点是：两个组分互相分离，外部混合易于清理，同时两个组分混合较好。

3）双喷嘴喷枪系统

两份等量的基料分别按下述方法预先混合，其中一份混入够两份基料固化的固化剂，只要不与另外一份基料相混合，固化剂的量可使树脂在几小时或几天内才能固化。另一份基料中混入促进剂，两份等量的基料被分别输送到喷枪，并通过某种雾化方式使它们完全混合，这种混合可以是内部混合也可以是外部混合。促进剂迅速将固化剂分解固化很快就发生了。

此系统的优点是：喷涂流量大，混合较充分，没有易被阻塞的固化剂喷嘴。局限性是：用户必须对涂料进行预混合和预催化。喷涂系统在涂料发生固化之前要清洗干净，经催化的涂料在其固化之前应全部用完或清除。

（三）选择双组分施工设备时应考虑的因素

选择双组分设备时应首先明确工作任务及胶粘剂密封胶的种类，知道种类后确定胶粘剂密封胶的生产商，同时确定产品的最终要求和技术条件，完成工作任务所需要的设备。在上述方案选定后还必须获得以下信息：

1. 双组分胶粘剂密封胶

（1）在给定温度下各个组分的粘度、相对密度以及是否允许加热。

（2）两个组分的配比(体积比、质量比)。

（3）混合后的时间；乳化时间；上升时间；表干时间；实干时间。

（4）混合后的使用有效期。

（5）各个组分的贮存期。

（6）混合的精度要求或误差允许范围。

（7）各个组分的毒性、腐蚀性或其他特性。

2. 双组分施工设备

（1）选择空气雾化、气助无气雾化还是纯无气雾化，是喷还是涂或者浇注灌装。

（2）所需的工作压力，所需涂料的流量。

（3）如果设备是气动的，气源是否充足。

（4）胶粘剂密封胶的组分配比是固定的还是可调的。

（5）胶粘剂密封胶的输出量是固定的还是可调的。

（6）这些设备可否适用于其他多组分胶粘剂密封胶的施工。

（7）如果各个组分需加热，设备上可否加装加热器。

（8）设备制造厂家需提供操作维修手册，一旦需要维修可以得到有关的技术指导。

（9）对设备的维护要求。

（10）操作设备所需的培训工作量与操作设备有关的特殊要求。

（四）多组分喷涂设备的一般维护

要严格按照设备制造厂家的操作维修手册进行操作，要特别注意阅读预防性维护的章节和条目。下面列举一些对双组分喷涂设备进行操作维护时应考虑的因素：

（1）设备操作和维修人员必须经过全面的培训，以熟悉设备的特性。

（2）按照胶粘剂密封胶生产商的说明书操作，特别要重视有关胶粘剂密封胶的运输、装卸和存贮的内容。

（3）双组分喷涂设备一旦使用或经过一段时间存贮后再使用之前都必须进行彻底清洗。

（4）系统无论何时都应处于“湿”的状态，即系统用清洗液体填充。这样可以防止残留的胶粘剂密封胶接触到空气而固化。

（5）应使用与胶粘剂密封胶相容的溶剂，如果使用了不相容的溶剂，软管及流道中残留的流体就会发生变性或固化。

（6）设备无论在何时都不应是敞开的。这是由于许多材料（特别是异氰酸酯等）会和空气中的水分发生化学反应，另外系统中一旦使用了经预催化的胶粘剂密封胶，在固化之前一定要将它排出系统，在清洗系统时一定不要忽略软管和喷枪的流道。

（7）厂房应干净清洁，设备上如装有流体过滤器，要定期进行清洗（不管滤芯是否堵塞都要清洗）。

（8）不同组分所用的系统组件如软管、接头、泵、容器等不可混用。为保证双组分设备的良好运行，干净整洁的工作环境以及正确的维护是必须的，一旦由于维护不当而出现了问题很难解决。双组分喷涂设备的最大局限性就在于用户缺少对设备的责任心，特别表现在不对设备进行维护和清洗，很多双组分喷涂设备使用状况不好甚至废弃停用大都因为上述使用要求没有做到，因此用户使用双组分喷涂设备时应特别注意。

五、热熔胶供胶系统

热熔胶经加热熔化成流动的液态便于通过设备进行涂布、冷却后回复到原状态而达到粘接目的。热熔胶喷涂设备是近二三十年发展起来的，在汽车整车及零部件生产中应用越来越多，尤其在车灯、滤清器、内饰件等领域已有很多应用。热熔胶具有以下特点：

（1）不需要使用溶剂操作，不会有因溶剂造成的现场污染及可能产生的固有危险，用热量代替溶剂是现代环保生产的趋势。

（2）固化时间短，适应汽车行业大批量、快速生产的工艺要求，同时减少了产品的贮存时间及空间。

（3）对各类基材均具有良好的粘接性能。

（4）通常是完全的固态，易于运输、贮存。

热熔胶喷涂设备因热熔胶的特点要求，胶熔化后才能泵运和喷涂，因此胶泵、输胶管和胶枪都要具有加热保温功能。泵运部分一般分为两种：一种是带有熔胶缸型式的，另外一种是双立柱 5gal 或 55gal（20kg 或 220kg）带有加热压胶盘型式的。

（一）带有熔胶缸型式的热熔胶泵运设备

带有熔胶缸的热熔胶泵结构见图 17-28，通常胶缸的容量为 5~55gal，其内部涂有特氟隆涂层，加热器件放置在熔胶缸下部，采用渐进式加热方法，用多少熔化多少，以减少积炭产生。同时，为提高加热效率，大部分热熔胶泵运设备生产厂家将胶缸底部设计成鳍状以加快熔胶速度，节省能源。胶缸下面配有齿轮泵，熔化的热熔胶吸入齿轮泵后泵出，齿轮泵入口和出口均装有过滤器，同时出口装有溢流阀。齿轮泵由电机驱动，早期大都使用直流调速，现已有采用交流变频调整控制电机的转速，以达到与生产线同步变速而得到所需的出胶量。

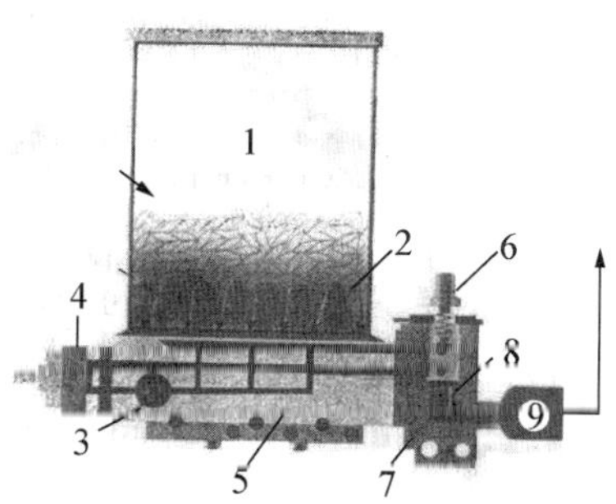

图 17-28　熔胶缸型式热熔胶泵结构图

1—涂有特氟隆防护内层的熔胶缸；2—鳍状预加热部位；3—泵入口保护过滤器；4—高精度齿轮泵；5—底部整体加热部分；6—泵压力溢流阀；7—外部接口加热部分；8—易清理主胶路过滤器；9—加热喉管

由于采用电机驱动齿轮泵，因此输出胶压连续一致，没有压力脉动，同时热熔胶熔化后像润滑油一样把齿轮润滑，从而减少了齿轮泵的磨损，工作寿命增长。

（二）双立柱 5gal 或 55gal 热熔胶泵运设备

此种泵运设备是为适应 5gal 或 55gal 国际标准桶包装的热熔胶施工而设计的。

因热熔胶是采用 5gal 或 55gal 桶包装，此种热熔胶泵采用双立柱带压胶盘和泵这种方式进行泵送热熔胶。压胶盘具有加热功能，比较好的压胶盘设计是底部采用鳍状突起，使接触压胶盘的胶更快地熔化，压胶盘的底部通常涂有特氟隆涂层。压胶盘加热的好处也是热熔胶用多少熔多少，这样提高了泵出效率和节省能源。采用双立柱是为了更好地铺助泵吸料，同时为了换桶方便。热熔胶的泵出方式有以下两种：

（1）采用电机及减速器驱动齿轮泵进行泵胶。齿轮泵的吸入口装在压胶盘上，在压胶盘的作用下保证齿轮泵有良好的吸入，不产生涡空现象。

通常的配置是齿轮泵带有加热功能，电机和减速器安装在双立柱横梁支架附近，通过加长轴来驱动齿轮泵。此种泵送方式的优点与带有熔胶缸型式的泵送方式相同。

（2）采用气动住塞泵进行泵胶。气动柱塞泵带有加热功能，内部结构与冷胶气动柱塞泵相同，只不过柱塞泵缸及所用密封元件均具有耐高温特性。采用气动住塞泵的优点是可以大量地供胶，通常用于高压状态下供胶，利用调整空气压力来控制胶的泵出压力。气动柱塞泵的缺点是气动马达换向时胶压有脉动，在要求较高的自动施胶方面，通常系统采用配置带加热及控温功能的计量供胶装置进行涂胶。

图 17-29 和图 17-30 分别为双立柱 5gal、55gal 热熔胶机配置图。

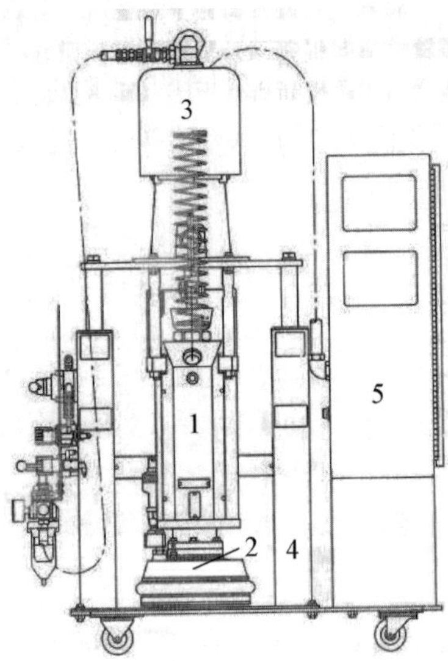

图 17-29　双立柱 5gal 热熔胶机配置图

1—加热胶缸；2—加热压胶盘；3—气动马达；4—5gal 双立柱举升架；5—加热及温控系统

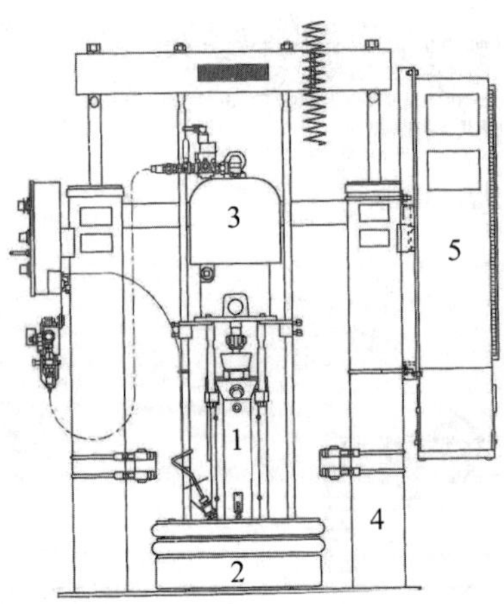

图 17-30　双立柱 55gal 热熔胶机配置图

1—加热胶缸；2—加热压胶盘；3—气动马达 4—55gal 双立柱举升架；5—加热及温控系统

（三）热熔胶加热胶管

热熔胶加热胶管由于具有加热功能同时还要求耐高压，因此其结构较复杂，通常内管为特氟隆，外部根据耐压要求编织或缠绕不锈钢丝，然后由里向外依次包裹耐热橡胶、加热电阻丝和测温元件、保温材料，最外层包裹耐磨外皮。由于是多层结构，以内径为 8mm 的热熔胶管为例，外径至少要在 30mm 以上。因此在使用热熔胶管时，选择一个正确的连接器是非常重要的，这样可以延长熔胶管的使用寿命。在现场使用中大部分热熔胶管的损坏是因为选用的连接器不适当而令管端处产生扭结或折曲的问题，为了确保热熔胶管能发挥最大的效用和寿命，45°弯头和 90°弯头可按不同的安装使用环境情况而选定。图 17-31 所示为三种不同的安装方式。

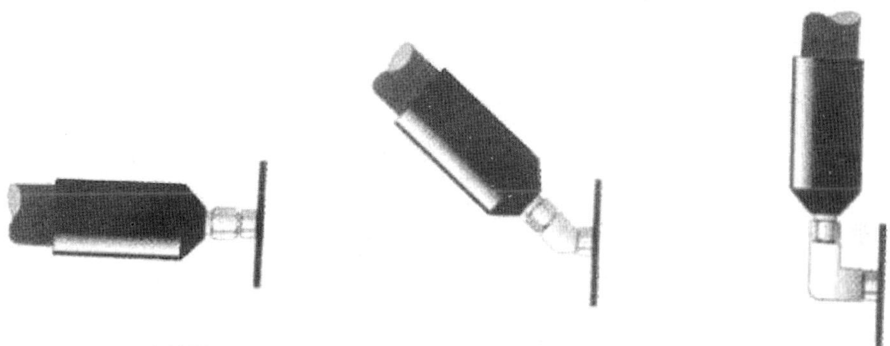

(a) 直接器　　(b) 45度曲接器　　(c) 90度曲接器

图 17-31　管路连接器方式

另外，各种内径尺寸的热熔胶管都有一个最小弯曲半径，无论热熔胶管外径大或小，过度的弯曲会使加热丝损坏而导致无法加热，因此使用时应特别注意。同时，对于较长的热熔胶管，安装时要采用尼龙吊带适当地支承热熔胶管，避免热熔胶管受挤压或过度弯曲；对于机器人或三轴自动施胶设备，可采用平衡器和吊带来支承热熔胶管，以避免自动涂胶设备运动中对胶管产生过度弯曲。

（四）热熔胶胶枪

根据使用方法热熔胶胶枪可分为手动和自动热熔胶胶枪两大类。因大多数热熔胶设备操作时，有可能产生热熔胶的烧焦炭化和变质现象，因此比较好的热熔胶胶枪都在胶枪枪体内部加装大容量过滤器，这样带加热功能的枪体可以使过滤器本身加热。过滤的流程是热熔胶熔胶从加热喉管输进涂胶枪加热，然后经过滤器而到涂胶嘴，这样排除了外接式过滤器受冷所导致的低效率过滤问题热熔胶胶枪可以加装空气雾化喷嘴对热熔胶进行喷涂作业，但此种方法现场污染较重，因有过喷现象，过喷的热熔胶固化后很难清理。因此，除非特殊需要，大部分的热熔胶胶枪采用螺旋式喷头来代替雾化喷嘴。

第三节　工业机器人

工业机器人一般指的是在工厂车间环境中，配合自动化生产的需要，代替人来完成材料或零件的搬运、焊接、装配、喷涂等操作的一种机器人。国际标准化组织ISO对工业机器人所下的定义是“机器人是一种自动的、位置可控的、具有编程能力的多功能机械手，这种机械手具有几个轴，能借助于可编程序操作来处理各种材料、零件、工具和专用设备，以执行种种任务”。

一、工业机器人的分类

工业机器人的分类方法很多，按机械结构类型分，包括直角坐标结构、圆柱坐标结构、球坐标结构、关节式结构和并联结构，如图17-32所示。

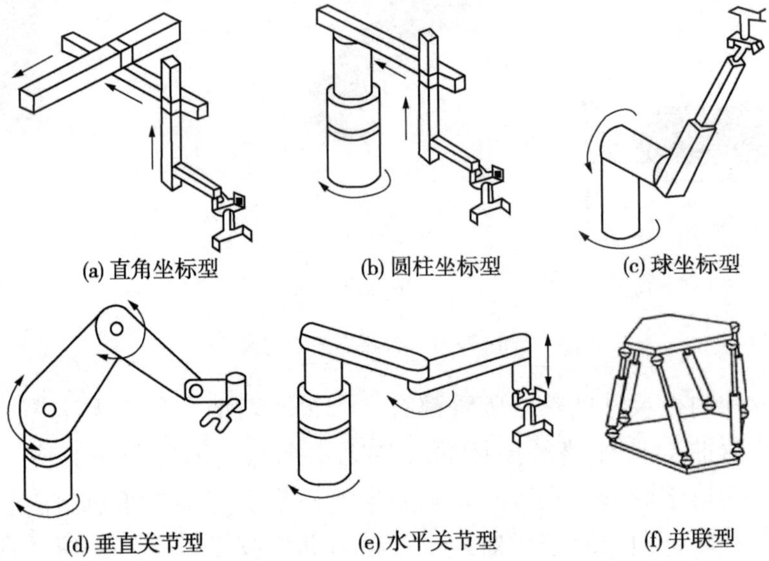

(a) 直角坐标型　(b) 圆柱坐标型　(c) 球坐标型

(d) 垂直关节型　(e) 水平关节型　(f) 并联型

图17-32　机器人常见结构形式

1. 直角坐标机器人

直角坐标机器人主要由空间上相互垂直的三个直线移动轴组成，通过直角坐标方向的3个独立自由度确定其末端执行器的空间位置，其工作空间呈长方体。

2. 圆柱坐标机器人

圆柱坐标机器人主要由旋转基座、垂直移动和水平移动轴构成，具有一个回转和两个平移自由度，其工作空间呈圆柱形。

3. 球坐标机器人

球坐标机器人采用球坐标系，由旋转、摆动和平移三个自由度确定，动作空间呈部分球面。

4. 关节机器人

关节机器人又分为垂直多关节机器人和水平多关节机器人(如 SCARA 机器人)，由多个回转关节组成，是工业机器人中最常见的构型。

5. 并联机器人

动平台和定平台通过至少两个独立的运动链相连接，机构具有两个或两个以上自由度，且以并联方式驱动的一种闭环机构。

二、选用工业机器人应考虑的几个因素

1. 机器人负载

机器人负载是指机器人在满足其他性能要求的情况下，能够承载的负荷重量。例如，喷涂机器人在喷涂作业时，其末端所配置的喷具不同，则要求机器人负载也不同。

2. 自由度

自由度是机器人的一个重要技术指标，它是由机器人的结构决定的，并直接影响到机器人的机动性。自由度是用以确定物体在空间独立运动的变量。机器人有六个自由度才能以期望的位姿运动到空间中的某点，如果少于六个自由度，机器人的能力将受到很大的限制。一般应根据待涂敷任务进行选购。如果涂敷轨迹为平面可考虑选购具有三个自由度的直角坐标机器人，X、Y 轴用于形成涂敷轨迹，Z 轴可用于胶枪的升降。

3. 工作范围

工作范围是机器人在其工作区域内可以达到的最大距离，如图所示。机器人可按任意姿态到达其工作区域的点，称为灵巧点，机器人只能以指定姿态到达其工作区域的点，称为非灵巧点。在选择机器人的时候，需要了解机器人要达到的工作范围，如图 17-33 所示。

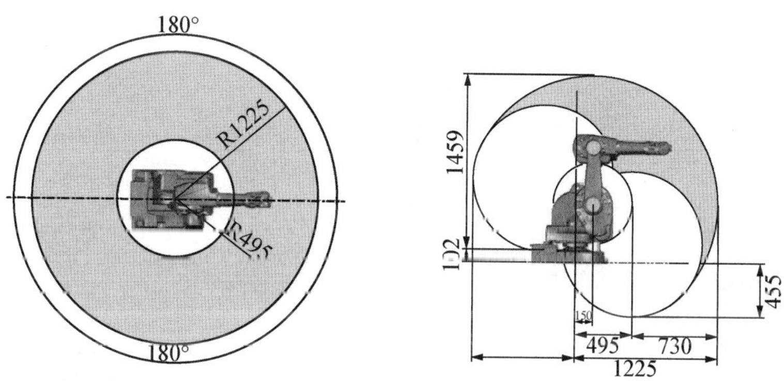

图 17-33　机器人工作范围

4. 重复定位精度

重复定位精度表示机器人对同一指令位姿从同一方向重复响应 n 次后实到位置的一致程度。

5. 速度/加速度

不同的用户需求所需机器人的速度/加速度也不一样，取决于工作需要完成的时间。厂家的机器人性能参数表中通常只是给出最大速度/加速度。分为单轴速度/加速度和路径速度/加速度，单轴速度是指单个关节运动时指定点所产生的速度/加速度，路径速度/加速度指的是机器人 TCP 沿路径每单位时间内位置/速度的变化。机器人的最大速度或最大加速度越大，则意味着机器人在空行程所需的时间越短，则在一定节拍内机器人的绝对施工时间越长，可提高机器人的使用率。需注意的问题是，在喷涂过程中，喷涂工具的运动速度与喷涂工具的特性及材料等因素直接相关，需要根据工艺要求设定。此外，由于机器人的技术指标与其价格直接相关，因而根据工艺要求选择性价比高的机器人。

6. 安装方式

安装方式可选择落地、斜置、壁挂、倒置等方式，也可安装在导轨上。

7. 防护等级

机器人在易燃环境中作业时，需要机器人有一定的防护等级。需要区分实际应用所需的防护等级，或按照当地的规范选择，通常机器人制造商会根据机器人工作环境的不同而为同型号的机器人提供不同的防护等级。

同时，工业机器人还具有离线编程、外部轴协调控制功能、伺服浮动功能等选配功能，使用者可以根据需要选配。

三、工业机器人与供胶系统的组合方式

工业机器人作为胶线轨迹的执行机构，与供胶系统有两种组合方式，一种是胶枪直接安装在工业机器人末端执行器上，另一种是涂胶塔的方式，工业机器人负责夹持待涂工件并执行相应的轨迹，如图 17-34 所示。

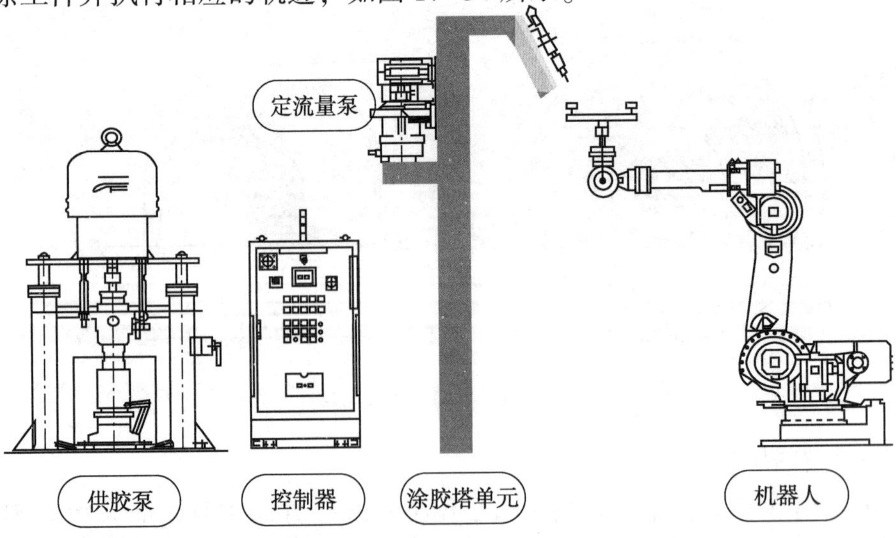

图 17-34　工业机器人和涂胶塔方式

第四节 软管和连接件

对于胶粘剂密封胶来讲，选择软管时首先要考虑的是软管材质对胶粘剂密封胶的适用性，其次是压降。由于胶粘剂密封胶的粘度相对都较大，如果对压降考虑不周会造成胶粘剂密封胶的施工设备达不到设备的设计指标，甚至造成施工设备不能使用。虽然软管看起来很简单，但对于胶粘剂密封胶的施工设备来讲是非常重要的。

一、压降

在对胶粘剂密封胶的施工设备选择软管和接头时，首先应考虑的是压降，并应了解什么是压降以及压降会对施工设备的选择产生什么影响。

在给定的条件下，设备的耗气量保持一定。当设备刚一工作，气流开始在管路中发生流动时，气压会有所下降，压降的大小与对设备的调整方式有很大关系。当有一定粘度的流体在管路中流动时更会产生压降，而且粘度越大产生的压降也越大。因此，正确选择流体软管和连接件时要考虑压力损失。

（一）软管产生压降的原因

压降是现实存在的，无法消除的现象。我们能做到的是了解和明确压降产生的原因并在系统设计中尽量减少压降。软管产生压降的原因如下：

（1）流体与软管内壁之间的摩擦阻力；

（2）流体流动时自身产生的摩擦损耗（内部阻力或剪切力），即由于流体在管路中心部位流动较快，而在管壁附近流动较慢所致；

（3）管路弯曲或管接头造成管径变化使流体流向发生改变时产生流阻；

（4）在给定时间内流过软管的空气或流体的体积（体积流量值）受系统中背压大小的影响。

（二）影响软管压降的主要因素

（1）软管内径或软管截面积：两者对流阻的影响最大，内径为6.3mm的软管产生的压降是内径为12.7mm的软管产生的压降的20倍。

（2）软管长度：软管长度增加，压降增加。在软管的整个长度范围内，压降的增加与软管的长度成正比见表17-4。3软管内表面的状况：此点也极大地影响压降值，粗糙的软管表面可使软管产生的压降增加50%。

在阀门关闭时，压力在整个管路中是一致的；在阀门开启时，空气和涂料经截流件后产生了压降。

表 17-4　流体经过一定长度的软管后产生的压降

分离器/调节器处介质压力(bf/in²)		在不同软管长度时喷枪处的介质压力(bf/in²)					
		5ft	10ft	15ft	20ft	25ft	50ft
软管内径 6.35mm(1/4in)	50	43	40	38	36	34	22
	60	51	48	46	43	41	29
	70	59	56	53	51	48	36
	80	68	64	61	58	55	43
	90	76	71	68	65	61	51
软管内径 7.94mm(5/16in)	50	47	48	46	46	45	40
	60	57	56	55	55	54	49
	70	66	65	64	63	63	57
	80	75	74	72	72	71	66
	90	84	83	82	81	80	74

注：1bf/in² = 6894.76Pa；1ft = 0.3048m；1in = 25.4mm。

二、软管的结构与分类

(一)软管的结构

如图 17-35 所示，大部分空气和涂料软管由内管、外管、套管三部分构成：

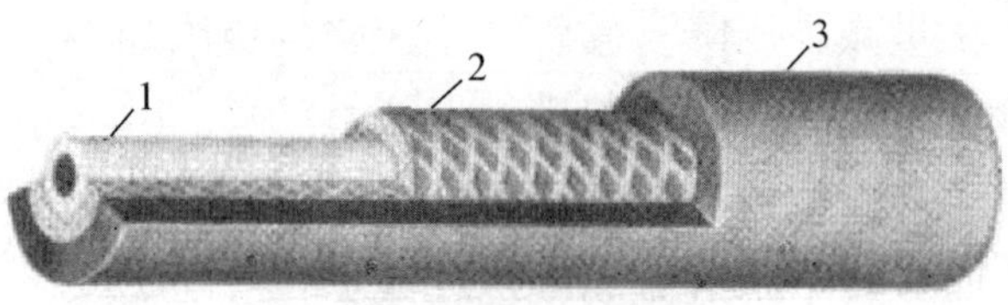

图 17-35　软管的结构

1—内管；2—外管；3—套管

1. 内管

内管是唯一与胶粘剂密封胶接触的部分，所运用的内管能抵御胶粘剂密封胶在工作温度和压力下对内管产生的溶蚀作用。

2. 外管

外管通常用单层或多层高弹纤维组成，高压软管还带有金属丝网骨架。外管位于内管和最外层管之间，其作用是承受工作压力并使软管系统灵活。

3. 套管

套管是软管的外部保护层用来抗磨损，同时防止油、化学物质和周围环境空气对软管的侵蚀作用。

(二)软管的分类

根据输送介质及压力要求的不同软管一般可分为空气软管和输送软管。

空气软管为低压软管，一般工作压力在1.2~1.8MPa以下。

输送软管又分为低压、中压、高压三种：

(1)低压输送软管　输送低粘度胶粘剂密封胶，一般工作压力在1.2~1.8MPa；

(2)中压输送软管　输送中等粘度胶粘剂密封胶，一般工作压力在15MPa以下；

(3)高压输送软管：输送高粘度胶粘剂密封胶，一般工作压力在15~40MPa。

三、空气软管

选择空气软管时应考虑的因素：

1. 流过软管的空气体积流量

这一流量是由软管同时供气的所有设备的耗气量的总和。应参看设备生产厂家的说明书以明确设备的耗气量，空气体积流量的大小决定了软管内径的大小。

2. 软管的总长度

软管总长度就是软管空气入口与软管空气出口之间的软管长度。若所需管路很长，就可以采用分段减少管径的方法，既减少了压降又节省了软管的费用。

3. 系统的工作压力

软管所需承受的工作压力应根据系统所能达到的最大工作压力值来确定。

作为空气软管应该具备的条件是：耐压性好，耐油性好，柔韧性好，质量轻。随着国外技术的引进，现国内生产厂家基本可以提供由改性聚酰胺树脂、聚氨酯、氯丁橡胶、丁苯橡胶和丁腈橡胶为材料制造的空气软管。管内径尺寸从3.175~25.4mm均可提供，基本上可以满足喷枪及气动泵对空气软管配套的要求。

四、胶粘剂密封胶流体管

(一)确定流体软管的内径及长度时应考虑的因素

(1)在给定时间内流体软管的流体流量　应能满足下游所有设备所用流量的总和。

(2)胶粘剂密封胶的粘度　可用仪器测量或向生产厂家索取技术指标，同时要考虑温度对粘度的影响大小，否则环境温度低造成施工设备不能使用。

流体管路中的压力损耗可用下式计算：

$$\Delta p=\frac{0.0273\times Q\times V\times L}{D^4}$$

式中　Δp——压力损耗；

Q——流量，USgal/min(1USgal/min=3.7854L/min)；

V——粘度，P(1P=0.1Pa·s)；

L——流体管路长度，ft；

D——流体管路内径，in。

(二) 选择胶粘剂密封胶输送软管材质及结构时应考虑的因素

1. 抗溶剂侵蚀能力

不是所有的流体管都可以耐所有类型的溶剂及化学物质的侵蚀，因此在具体应用中应选择适用的涂料软管。通常情况下一般的高压流体软管内管由聚酞胺制造，基本可以满足一般的使用要求。在双组分胶粘剂密封胶施工中，有些固化剂或促进剂的化学极性特别强，这时一般使用内管为特氟隆材质的高压软管，采用特氟隆内管可以保证不被化学物质侵蚀，同时还便于管路清洗。

2. 流体软管的耐压能力

其应大于系统所能达到的最大工作压力，软管的额定压力是根据它的工作压力和爆裂压力来确定的，软管耐受的工作压力决定了所用的外管类型及编织物的层数。

3. 防湿气渗透性

对湿气固化的胶粘剂密封胶(如有机硅胶、聚氨酯胶、异氰酸酯、聚硫胶固化剂、硅酮胶固化剂等)必须采用内管材质为防湿气渗透的高压软管，对湿气敏感的胶粘剂必须采用防湿气渗透的高压胶管。

4. 软管的柔韧度

软管的柔韧度也有一定的要求。

5. 管子的质量要求

胶粘剂密封胶高压输胶管早期主要由国外施工设备生产厂家提供，现北京圣科瑞科技发展有限公司已能生产提供管材质为尼龙或聚氨酯的高压输胶管。管径从3.175~25.4mm，耐压可达35MPa，同时该公司还能生产用于湿气固化胶施工用的防湿气固化高压输胶管。

五、连接件

(一) 不同形式和大小的螺纹形式连接件

在胶粘剂和密封胶施工设备中应用最普遍的是美国标准直管螺纹(NPSM)以及美国标准椎管螺纹(NPT)。

NPSM 接头一般用在大多数喷枪上、空气和流体入口处。NPT 接头一般用于连接管路。最常使用的连接件螺纹口径为 6.35mm、9.525mm、12.7mm、19.05mm 及 25.4mm。在某些情况下也可以用到 3.175mm 的螺纹。

通常可根据以下因素选择适用的连接件：

（1）所用软管的类型及软管的口径（内径和外径）。

（2）连接件与软管的连接方式。

（3）螺纹口的形式和种类，接头尺寸，阴螺纹还是阳螺纹，是用在设备上还是用在诸如适配接头、管接头和阀门等附件上。

（4）连接件的耐压能力。

（5）连接件与介质接触部分抗化学物质和溶剂的侵蚀能力。

（二）几种典型的连接件

（1）可重复使用的连接件　此种连接件见图17-36。通常用于低压空气管和流体管，当软管不能使用时可将连接件拆下重复使用这种接头的原理是先将锁紧螺母套在软管上，然后将软管推入连接接头上使软管胀开，然后将锁紧螺母与连接接头拧紧，将软管与连接接头箍住。这种连接件可以用于所有类型的生产用软管，但此种连接件只能用于低压软管。

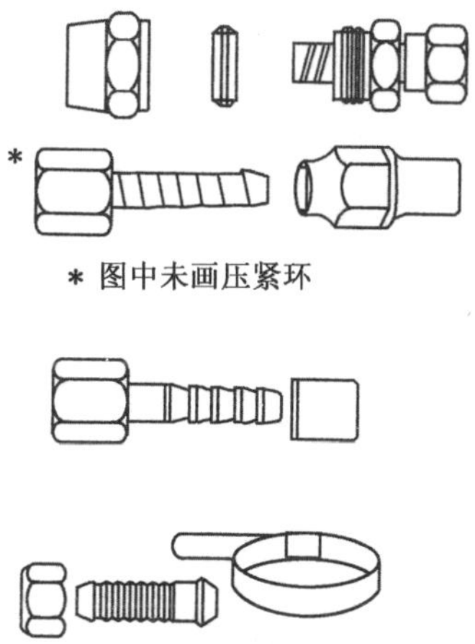

图 17-36　软管接连件

（2）螺纹锁紧弓形夹　可重复使用，用于低压软管及造价低的系统。

（3）带有阴、阳螺纹的弯头、三通、四通和带有旋转铰接头的弯头、直通等。

（4）快速接头　快速接头用于快速更换管路和设备。快速接头有适用于空气的和适用于低压流体的。选择快速接头时应注意快速接头的空气通过能力和流体通过能力必须满足生产型喷枪的要求。

（5）旋转接头。用于高压状态下的胶粘剂密封胶在旋转状态下的输送，即保证高压软管与喷枪或涂胶枪之间的接头可自由转动便于操作工人在施工时调整喷枪或涂胶枪的姿态，不至于比较笨重的高压软管影响工人的施工操作。

六、使用软管和管路连接件时应注意的事项

（1）在工作中一定要明确所用胶粘剂和密封胶中含有何种化学物质以及具有何种特性，这样才能正确选择适用的软管和管路连接件。

（2）同时应熟悉你所用的软管的制造材料及相应的化学特性。

（3）不可使软管在超压、超温状态下使用。

（4）特别应注意不要把常压软管和管路连接件用于高压系统中。

（5）当使用高压软管时，软管的弯曲半径不能小于允许值，否则软管会发生扭结，产生爆裂。

（6）检查所有的连接件，确认都连接牢固可靠后再打开空气和流体供应系统。

（7）装卸软管和管路连接件时应使用适当的工具，如活动扳手、开口扳手等，不要用钳子、台钳以及管钳。

（8）软管和管路连接件应使用相匹配的螺纹形式和相应的尺寸，应保证可靠连接和密封。

第十八章　汽车胶粘剂密封胶施工设备典型应用

第一节　焊缝密封胶自动涂胶系统

车身焊缝密封是汽车涂装过程中最为重要的工序之一，在涂装工艺中起到防水、防尘、防锈、隔音降噪等作用，同时可提高车身的密封性、耐腐蚀性、隔音降噪性能。密封胶涂胶工艺可分为粗密封、细密封工序。粗密封工序完成车底下表面和车身内搭接面涂胶，包含车身内驾驶室、前地板、中地板、后地板、前轮罩内侧、后轮罩内侧、行李仓内侧、发动机仓、左右侧板内侧及车身后侧围钢板焊缝。其作用是增强车身的密封性能达到防水、隔音隔热和加强钢板强度，涂胶质量要求均匀连续密实，无堆积断胶，涂胶后要用胶刷抹平压实(人工完成)。细密封工序完成车身外表面、门框和门盖的密封工序，包含顶盖流水沟焊缝、四门边缝、四门窗框焊缝、A/B/C 立柱外部焊缝、后盖流水沟等。由于焊缝密封胶每辆车用胶量较大，且焊缝涂胶的高精度要求，目前各汽车主机厂基本上都采用自动喷涂设备。

一、焊缝密封胶自动涂胶系统的组成

(1) 供胶系统　提供稳定、持续、准确计量的胶粘剂；
(2) 输送系统　运送车身到达指定位置；
(3) 工业机器人系统　完成涂胶及行李仓和发动机仓的打开和关闭；
(4) 安全系统　降低人员或其他设备误入工作区域受到伤害的可能性；
(5) 视觉系统　车身定位；
(6) 其他　温控系统等。

二、供胶系统

对于年产 10 万辆轿车喷涂线通常采用低压力比、大流量的胶泵为二次加压泵供胶，通过多台二次加压泵保证高压力、大流量现场供胶。其具体工作原理采用 2 台压力比为 26∶1 容量为 1000L 四立柱供胶泵供胶，如图 18-1所示，泵出的胶经过滤器及稳压器后接到 3 台压力比为 60∶1 的二次加压泵，3 台加压泵通常开 2 台，停

图 18-1　四立柱供胶泵

开1台作为备用。这样，采用2台二次加压泵为12个出口供胶，即可满足对流量的要求。由于涂胶出口多，管线很长，设计和规划此类供胶系统时应严格计算，充分考虑压力降问题，设计出合理的管径及走向，保证系统压力和流量的要求。

涂胶过程中会使用多种涂胶工具来完成焊缝密封，涂胶工具的多样化主要体现在涂胶枪嘴形式的变化，枪嘴形式的设计通常依据车身焊缝形式、位置来确定。目前，常用的枪嘴如图18-2所示。图18-3为其中一种涂胶胶线。

图18-2 喷嘴

图18-3 焊缝密封

三、工业机器人系统

对年产量大的涂装线，焊缝密封胶自动涂胶系统通常采用6台六自由度工业机器人配合完成涂胶任务，其中2台吊装的六自由度工业机器人完成行李仓和发动机仓的打开和关闭，4台分别搭载了行走轨道的六自由度工业机器人完成涂胶任务。工业机器人的示教通过离线编程的方式完成，如图18-4所示为离线编程软件，图18-5为带行走轨道的工业机器人。

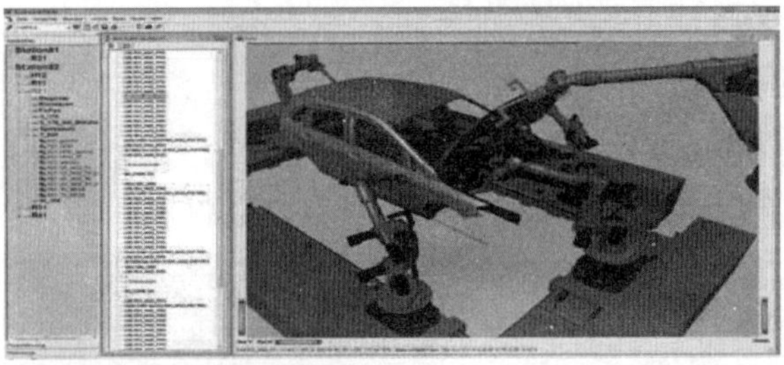

图18-4 离线编程软件

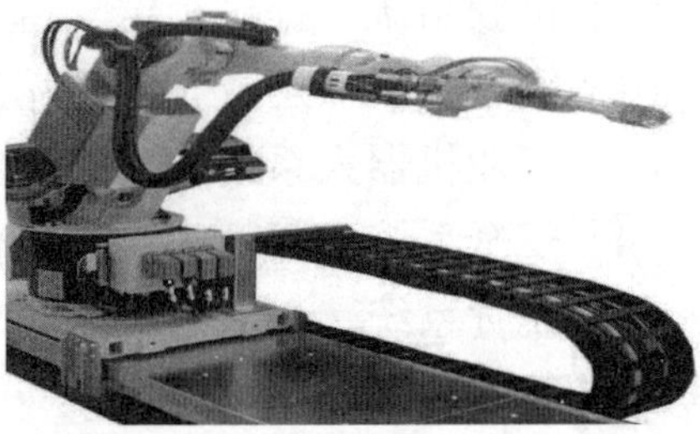

图18-5 带行走轨道的工业机器人

第二节 抗石击涂料(胶)自动喷涂系统

车身底部抗石击涂料(胶)通常为PVC胶，以下简称PVC胶。PVC胶粘度在50000~100000mPa·s之间，采用通常的高压无气喷涂用喷嘴进行喷涂作业，喷涂的胶膜厚度较薄。通常喷涂车底PVC胶采用孔径为0.6~0.8mm的无气喷嘴进行喷涂作业。一般根据产量大小及生产节拍快慢，配一把高压无气喷枪或两把高压无气喷枪，并采用双泵[20L(55 加仑)双立柱泵]配置。如配一把高压无气喷枪可采用压力比为 55∶1 的 20L 双立柱供胶泵(气动马达直径为 180～200mm)，如果配两把高压无气喷枪可采用压力比为 55∶1 的 20L 双立柱供胶泵(气动马达直径为 250mm)供胶，这样配置才可满足两把喷枪的流量。如果产量很大，生产节拍快，需要配 4 个工位(出口)，则相应地需要配低压力比、大流量的胶泵为二次加压泵供胶，以满足 4 个出口的胶流量要求。

需要注意的是喷胶系统中必须配备胶过滤器，过滤器滤芯孔径至少要 100 目以上，而且高压无气喷枪必须采用带反向去污的无气喷嘴。

1. 工业机器人喷涂车底 PVC 胶的系统配置

如果油漆线产量较大，车身底部涂敷面积较大，工艺节拍时间较短，通常采用四台机器人。两台安装在车底前部，另两台安装在车底后部，四台机器人均安装在行走轨道上，各负责 1/4 车底 PVC 胶的自动喷涂作业要求，如图 18-6 所示。

图 18-6　工业机器人喷涂车底 PVC 胶的系统

如果产量较小，工艺节拍时间较充裕，可以采用一台机器人，机器人附加一行走自由度，此自由度可让机器人沿车身长度方向移动，车身宽度方向靠机器人手臂的工作范围来完成喷涂作业半径的要求。

2. 采用机器人对车底进行 PVC 胶自动喷涂作业时系统配置应注意点

(1) 系统应采用双 20L 双立柱供胶泵供胶。

(2) 系统必须配备胶稳压过滤器(双配置)和胶调压阀。

(3) 系统应配喷枪堵塞自动检测功能和自动反向去污清洗喷嘴的功能。

(4) 对机器人本体和运动导轨的防污染保护措施。

第三节　汽车挡风玻璃自动涂胶系统

现代汽车设计尤其是轿车设计，车窗玻璃均采用了直接粘接工艺，这种装配工艺将车窗玻璃与车身连为一体，大大增强了车身的刚性，同时提高了车窗的密封效果。为保证粘接质量，现今车窗玻璃涂胶基本上都采用自动涂胶设备。车窗玻璃自动涂胶系统通常包括以下几大部分：

1. 聚氨酯胶供胶系统

聚氨酯胶的粘度很高，特别是低于5℃时胶的粘度增加很快，因此通过稍微加热即可使粘度下降。针对聚氨酯胶的这种特点，通常的做法是采用大截面的双立柱柱塞泵，提高压胶盘压肢的力量，同时压胶盘带有加热功能，更好地辅助柱塞泵进行充盈的吸胶和泵胶，柱塞泵的压力比通常选配大于60∶1。为减小胶的压力降，出胶管均采用带加热保温功能的高压胶管，同时其管径至少应大于25.4mm，以保证胶的流量满足涂胶速度的要求；再有聚氨酯胶供胶系统均为双泵配置(图18-7)，以保证自动涂胶系统的正常工作。

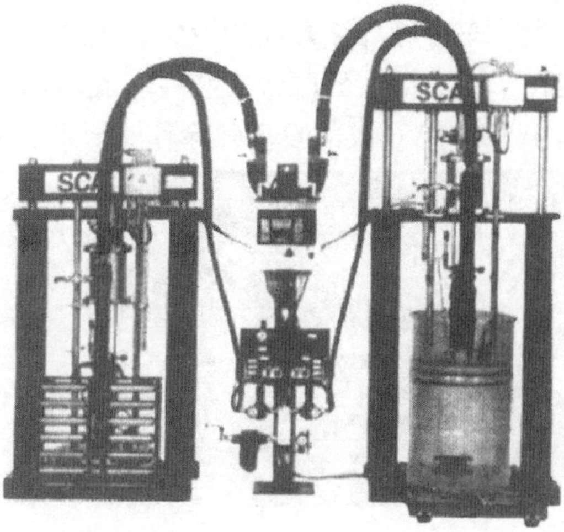

图18-7　聚氨酯胶双泵供胶配置

2. 聚氨酯胶计量供胶装置

由于挡风玻璃的涂胶胶形较粗(三角形)，用胶量较大，如不采用胶计量装置，在自动涂胶系统中很难保证胶形的稳定一致，因此在聚氨酯胶自动涂胶系统中都需配置胶计量供胶装置。聚氨酯胶计量供胶装置有以下两种基本形式：

1）齿轮计量泵供胶

这种计量供胶装置采用伺服电机通过减速器、联轴器带动齿轮计量泵进行供胶。齿轮计量泵靠每个齿的啮合均匀供胶，通过伺服电机控制齿轮计量泵的转速进行胶流量的实时控制。

2）柱塞式计量泵供胶

这种计量供胶方式是采用柱塞式计量泵供胶。其工作原理是：先通过二位三通阀将胶注入柱塞缸，然后二位三通阀切换到柱塞缸与涂胶枪相通，柱塞缸内的胶(足够一个工作循环的涂胶量)通过液压伺服缸挤出或是通过伺服电机带动滚珠丝杠挤出，同时，通过伺服控制与机器人协调控制胶的挤出速度。

3. 涂胶轨迹执行机构

由于挡风玻璃都是空间曲面，而涂胶的胶条形状断面为三角形，因此涂胶轨迹执行机构必须具有 6 个自由度。现大都采用六轴工业机器人作为涂胶轨迹执行机构。六轴工业机器人有两种采用方式，一种是工业机器人抓取胶枪，这种方式机器人只拿持涂胶枪，胶计量供胶装置放在机器人附近，原则要求是计盘供胶装置到涂胶枪的距离不能太远，而且供胶应采用带加热保温功能的高压胶管，管径应至少为 25.4mm 才能保证没有过大的压降(阻力)。另外一种是工业机器人抓取玻璃(如图 18-8)，这种六轴工业机器人计量供胶装置可以安装在机器人的小臂上，这样计量供胶装置到涂胶枪的距离可以很短，高压胶管的长度只要满足机器人手腕转动涂胶枪的需要即可。这种配置可以使胶管的阻力变得很小，涂胶枪开关时几乎不会对胶形造成影响。

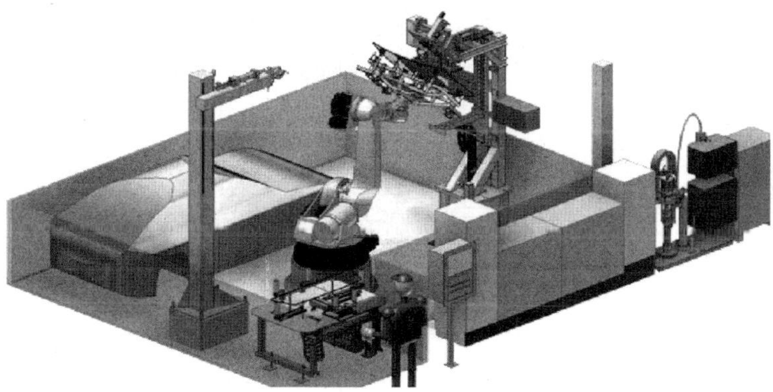

图 18-8　工业机器人抓取玻璃

4. 挡风玻璃工装夹具

挡风玻璃自动涂胶时需要用工装夹具定位，然后用真空吸盘固定。根据设计方式的不同，有以下几种挡风玻璃工装夹具：

1)平面回转转椅式挡风玻璃工装夹具

这种方式是挡风玻璃倾斜放置，在一个位置上机器人进行涂胶作业时，另一个位置上由人工用待涂胶的玻璃换下已涂完胶的玻璃。这种方式的优点是工装夹具占地面积较小，另外采用倾斜方式放置玻璃，工人可以直接用手工吸盘取走已涂完胶的挡风玻璃，涂胶系统不需要再配一台玻璃翻转机。这种方式的局限性是只能用于涂胶的部位在玻璃边缘里面，如有的车型涂胶的位置紧贴着玻璃边缘则不能采用这种结构。图 18-9 为平面回转转椅式挡风玻璃工装夹具，图 18-10 为后挡风玻璃及三角窗定位夹具。图 18-11 为平面回转转椅式挡风玻璃自动涂胶系统。

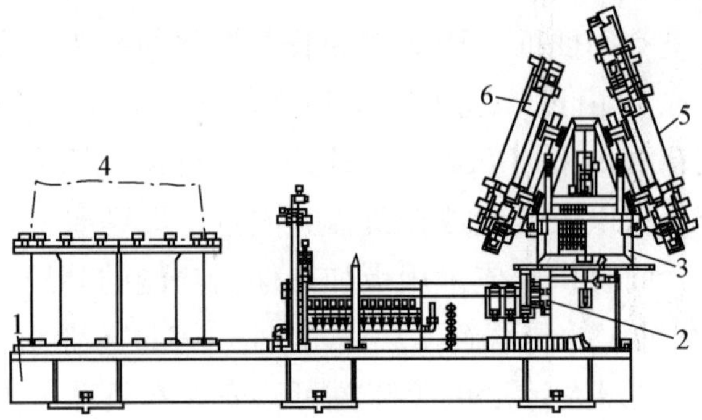

图 18-9　平面回转转椅式挡风玻璃工装夹具

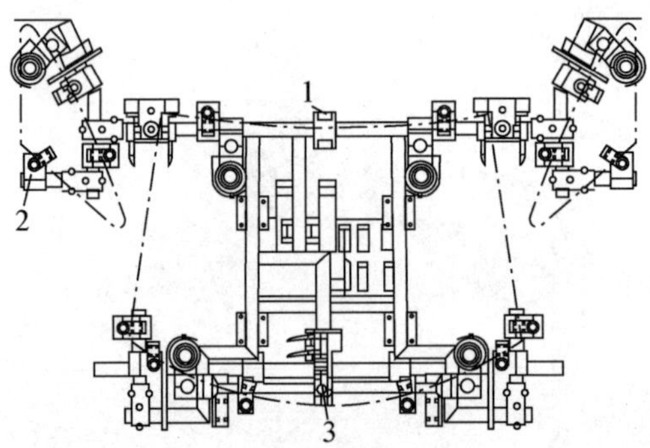

图 18-10　后挡风玻璃及三角窗定位夹具

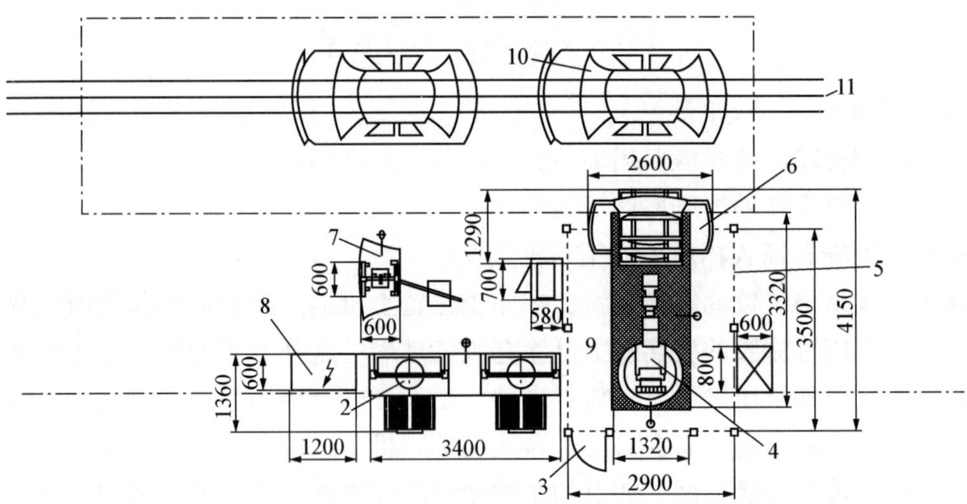

图 18-11　平面回转转椅式挡风玻璃自动涂胶系统

1—物流通道；2—双泵供胶装置；3—安全门；4—机器人；5—安全护栏；

6—转椅式挡风玻璃工装夹具；7—手动涂胶装置；8—系统总电源柜；9—系统控制柜；

10—装配车身；11—总装流水线

2）水平回转挡风玻璃工装夹具

这种方式是挡风玻璃水平放置，自动涂胶作业也分为两个工位，一个工位用于机器人涂胶作业，另一个工位用于玻璃翻转机取放待涂和涂后的挡风玻璃。这种方式满足各种玻璃的涂胶要求，对于涂胶部位没有限制，与上述一种方式相比只是多了一台玻璃翻转机，占地面积稍大一些。图 18－12 为水平回转挡风玻璃自动涂胶系统。

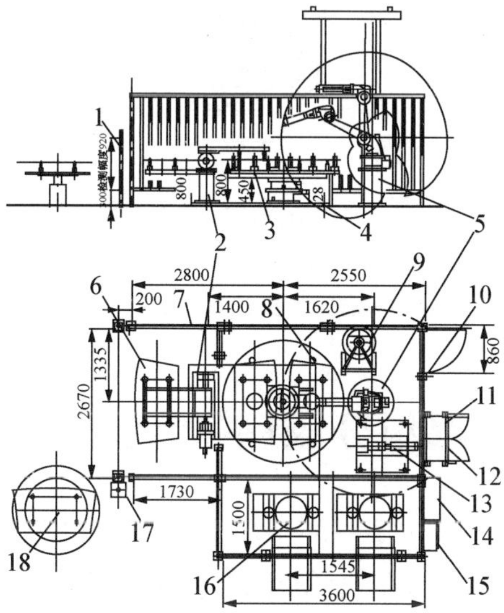

图 18－12　水平回转挡风玻璃自动涂胶系统

1—安全区域传感器；2—翻转机；3—玻璃定位夹具；4—转台；5—涂胶机器人；
6—工人取放玻璃工位；7—安全护栏；8—车窗玻璃定位装置；9—枪嘴清理器；10—安全插销；
11—机器人控制柜；12—系统控制柜；13—计量供胶泵；14—涂胶控制柜；15—温度控制装置；
16—55gal 双立柱胶泵；17—启动操作盒；18—手动涂胶装置

汽车挡风玻璃自动涂胶系统还应配备胶嘴清理装置和胶嘴防干胶装置，如果是全自动涂胶系统，系统还可配备气泡探测仪，检测胶里的气泡，以通知自动涂胶系统可能出现断胶现象。另外，由于挡风玻璃涂胶时出胶量较大，涂胶枪应专门设计大流道喷枪，同时高压胶管与涂胶嘴最好设计成同心，这样设计的涂胶枪可以避免加热保温高压胶管过度弯曲绞折。如果做得更好，可以采用图 18－13 所示的涂胶枪单元。该单元将机器人的第 6 个自由度（回转动作）通过一套齿轮传动机构传到涂胶嘴，涂胶嘴与涂胶开关阀之间为回转接头连接，采用这种结构涂胶嘴旋转角度时，涂胶开关间和高压胶管均不动，可以有效地保护加热保温高压胶管不受绞折，同时该单元还装有气动高度调节机构，它可以消除坡璃制造误差引起的定位偏差。

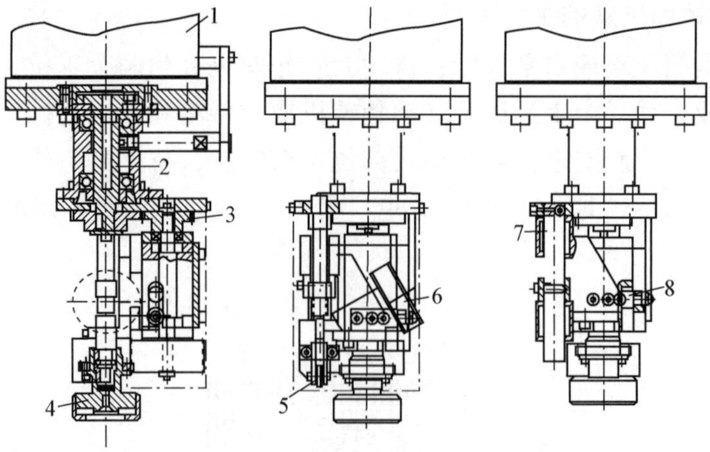

图 18-13　自调节防胶管绞折涂胶枪单元

1—机器人手腕；2—枪嘴回转驱动轴；3—回转齿轮；4—胶回转接头；5—驱动气缸；6—进胶接头；7—导向杆；8—导向滚轮

第四节　双组分胶粘剂密封胶涂胶系统

双组分胶粘剂密封胶的特性是，两个组分不混合各自存放时其化学性质是稳定的，而当两个组分按一定比例均匀混合后即发生化学反应快速固化，不需要外部条件(加热、紫外线、超声波、湿气)的帮助。由于双组分胶粘剂密封胶的这种特性非常适合汽车工业大批量、快速生产的要求，在汽车及零部件行业应用越来越多，本节介绍几种全自动和手工半自动双组分胶粘剂密封胶的施工设备。

1. 变比齿轮计量式双组分胶施工设备

这种双组分胶施工设备的外形见图 18-14。其工作原理是：双组分胶的基料和固化剂(分别装于 40L 压力罐中)分别从各自的压力罐底部压出，如果基料粘度较大，容易混杂气泡，可在基料压力罐上配备自动搅拌器对基料进行搅拌便于其流动，如果固化剂对湿气敏感，在固化剂压力罐空气入口处应配有除湿过滤器(或者往压力罐中充入氮气)，两个组分均供到各自的齿轮计量泵(外啮合齿轮泵或内啮合齿轮泵)，两个齿轮泵经各自的减速器，然后再与一个无级变速器相连(1∶4)~(1∶1)，保证两个组分的配比可以无级调整。

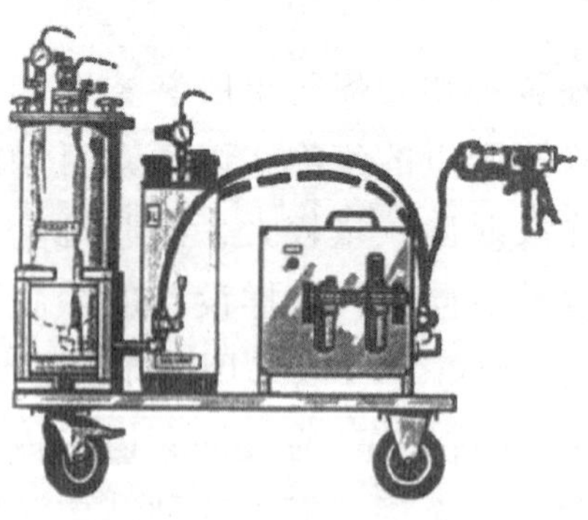

图 18-14　双组分施工设备外形图

齿轮泵的驱动动力为气动马达，利用气动的特性保证涂胶枪关枪时系统立即保压停止，涂胶枪开枪时则立即启动，两个组分通过各自的管线接到涂胶枪上，然后通过以下两种方式进行混合：

方式一：两个组分通过手动涂胶枪(图 18-15)枪外静态混合器充分混合后进行涂胶。这种方式适合两种组分粘度差别不是很大的情况。

方式二：两个组分进入自动双组分涂胶枪(图 18-16)枪体混合腔内通过动力混合器充分搅拌混合后进行涂胶，动力可以采用气动也可采用电动。这种混合方式适合两种组分的粘度差别较大、静态混合器混合不均匀的情况。这种混合方式两个组分混合部分体积较小，因此清洗时所用清洗溶剂较少。

图 18-15 手动涂胶枪

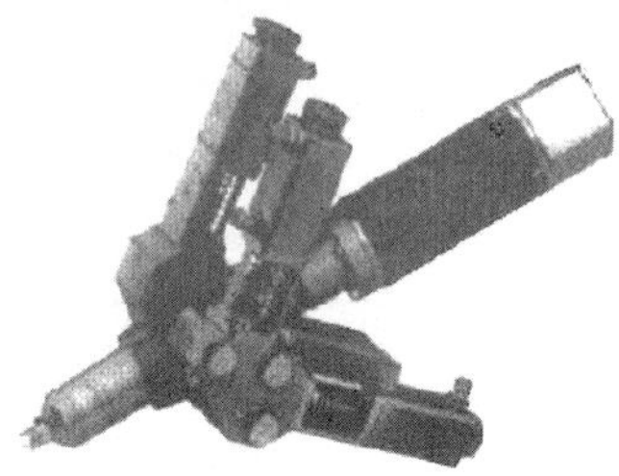

图 18-16 自动双组分涂胶枪

上述两种混合方式的涂胶枪上均有清洗溶剂接口，设备上装有清洗溶剂压力罐，涂胶枪不用时可手动或自动将两个组分的混合部分清洗干净，使用非常方便。

这种设备适用于中等粘度的环氧类、聚氨酯类、丙烯酸酯类双组分胶的施工，可手动也可配置成自动施胶设备。

2. 变比柱塞式双组分胶施工设备

此种双组分胶施工设备的工作原理与上述相同。双组分的基料和固化剂(分别装于 40L 压力罐中)从各自的压力罐底部压出供到两个组分的柱塞缸底部，保证柱塞缸有良好的吸料。基料柱塞缸直接由气动马达驱动，固化剂柱塞缸通过杠杆机构与基料柱塞缸气动马达连接，通过两个组分柱塞缸排量比外加杠杆可调比例就构成了变比柱塞式双组分施工设备。根据需要可以另外配置清洗溶剂泵，用于对涂胶枪两个组分混合部分进行清洗。

3. 机器人双组分胶自动施工设备

图 18-17 为机器人双组分胶自动涂胶设备。此配置适用于中等粘度的环氧类、聚氨酯类、丙烯酸酯类双组分胶的自动化施工。两个组分的供料可以采用压力罐或柱塞泵进行，但基料和固化剂的供料装置均应双配置，同时配有基料和固化剂液面检测装置，无料时可自动切换供料。基料和固化剂分别压送至各自的齿轮计量泵，两个齿轮计量泵分别由各自的交流伺服电机驱动，通过计算机伺服控制可以精确地控制两个组分的比例。两个组分通过计量泵计量后供至双组分自动涂胶枪，再经静态混合器充分混合后挤出进行精确涂胶。

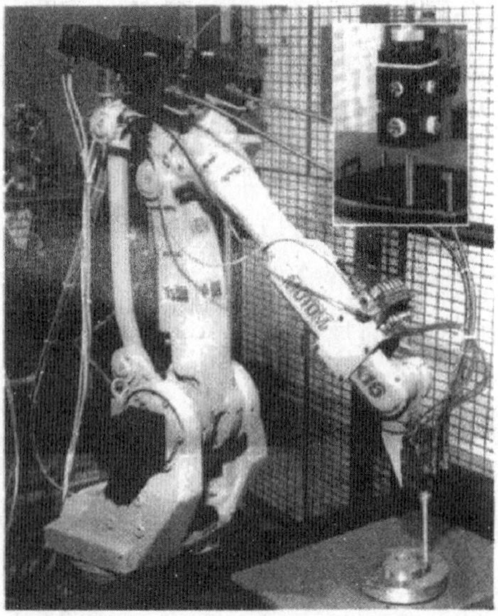

图 18-17　机器人双组分胶自动涂胶设备

4. 用于汽车片状模压塑料件粘接的双组分胶施工设备

图 18-18 为片状模压塑料件机器人自动粘接系统配置图。片状模压塑料件采用环氧类双组分胶进行粘接。由于两个组分的粘度都很大，两个组分各自均采用压力比为 55∶1 的双立柱供胶泵供胶。两个组分的计量采用液压伺服驱动的柱塞缸进行比例计量，柱塞式计量装置安装在机器人的小臂后部。由于供胶管线较长，采用加热保温外套对两个组分的高压胶管进行加温降低粘度(减小压降，保证流量)。计量柱塞缸的进料和排料由入口开关阀和涂胶枪上的各个组分的开关阀连锁控制，涂胶枪的每个组分入口处均装有单向阀防止窜胶造成事故。两个组分的混合采用静态混合器进行。洗枪时可以用一个组分清洗混合部分，直到出现该组分的干净胶即可。此种系统同样可以适用于其他高粘度的双组分胶(聚硫胶)的施工。

5. 用于汽车车身的高粘度双组分胶施工设备

图 18-19 为高粘度双组分胶自动粘接系统配置图。两个组分均采用双立柱供胶泵供胶，而且均是双泵配置，并配有缺料检测装置，胶桶无料时自动切换到另外有料胶桶进行连续供料。胶计量装置安置在机器人附近，计量装置采用柱塞式，两个组分的柱塞缸由滚珠丝杠驱动，滚珠丝杠的转速由伺服电机控制。两个组分进入柱塞缸由各自的入口阀和出口阀控制，两个组分按比例输出后接到机器人手腕上的双组分涂胶枪上进行混合涂胶。由于粘度都很大，采用静态混合器即可混合均匀。此种配置对于高粘度的双组分环氧胶、聚氨酯胶、聚硫胶都可进行施工。

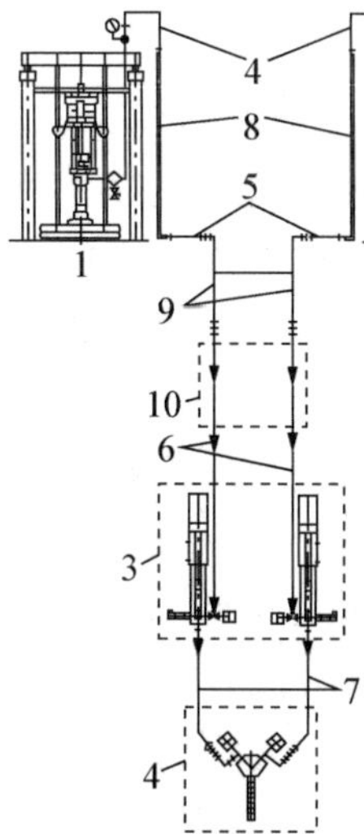

图 18-18　片状模压塑料件机器人自动粘接系统配置图

1—20L(55 加仑)供胶泵(A 组分)；2—20L(55 加仑)供胶泵(B 组分)；3—双组分计量供胶单元；4—双组分混合枪；5—高压软管(φ20mm)；6—高压软管(φ12mm)

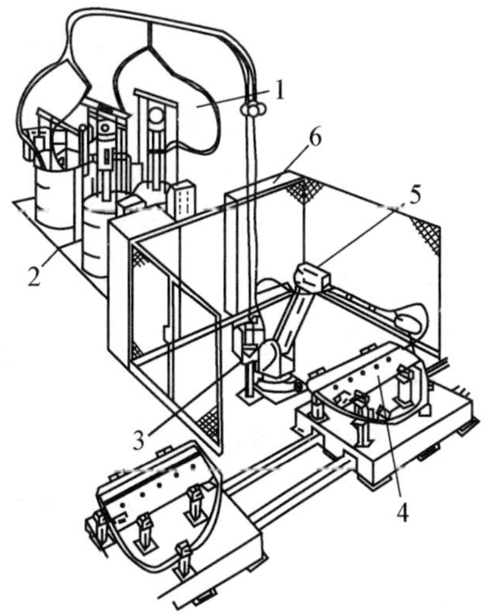

图 18-19　高粘度双组胶自动粘接系统配置图

1—A 组分双泵供胶系统；2—B 组分双泵供胶系统；3—双组分计量供胶装置；4—双组分混合自动涂胶枪

参考文献

[1] 周一兵. 汽车粘接剂密封胶应用手册[M]. 北京：中国石化出版社，2003.

[2] 张郧生 . 汽车胶粘剂密封胶及其应用技术的发展[J]. 粘接，2009(5).

[3] 雷文民，聂志华 . 薄板补强胶片在汽车工业中的应用[C]//汽车胶粘剂密封剂行业会议论文集，上海：2006.

[4] 杨晓军，王宇飞 . 结构胶连接与现代汽车车身连接技术[J]. 制造技术与材料，2010(4)：24.

[5] 田绍军 . 汽车车身侧围空腔填充技术及应用[J]. 装备制造技术，2011(10)：181.

[6] 郭文志，李宏华，赵福全 . 汽车车身侧围空腔膨胀胶填充技术[J]. 农业装备与车辆工程，2012(3)：42.

[7] 张俊华，齐海东，曹莹 . 结构胶对奇瑞车型刚度和模态的提升效果[J]. 粘接，2013(9)：28.

[8] 王晓宁，马立业，刘忠华 . 折边胶在汽车门盖制造中的应用[J]. 汽车工艺与材料，2013(6)：14.

[9] 任万里，张爱平，杨红新，等 . 新型增韧结构胶在汽车中的应用[J]. 粘接，2013(9)：32.

[10] 齐海东，张俊华 . 预成型胶粘剂在汽车车身中的应用[J]. 汽车工艺与材料，2015(12)：48.

[11] 陈南，张建润，等 . 汽车振动与噪声控制[M]. 北京：人民交通出版社，2005.